A HISTORY OF PHILOSOPHY

A HISTORY OF PHILOSOPHY

A HISTORY OF PHILOSOPHY

# 西方哲学史

（增补修订版）

［美］弗兰克·梯利（Frank Thilly） 著　　贾辰阳 解本远 译

吉林出版集团股份有限公司

**图书在版编目（CIP）数据**

西方哲学史 /（美）弗兰克·梯利著；贾辰阳，解本远译 .—长春：吉林出版集团股份有限公司，2017.11（2023.9 重印）

ISBN 978-7-5581-3991-8

Ⅰ.①西… Ⅱ.①弗… ②贾… ③解… Ⅲ.①西方哲学－哲学史 Ⅳ.① B5

**中国版本图书馆 CIP 数据核字（2017）第 281630 号**

**西方哲学史**

XIFANG ZHEXUESHI

---

**著　　者**　[美] 弗兰克·梯利（Frank Thilly）
**译　　者**　贾辰阳　解本远
**策划编辑**　李异鸣
**责任编辑**　齐　琳
**特约编辑**　刘志红
**封面设计**　象上品牌设计
**开　　本**　787mm×1092mm　1/16
**字　　数**　748 千字
**印　　张**　42
**版　　次**　2018 年 3 月第 1 版
**印　　次**　2023 年 9 月第 2 次印刷

---

**出　　版**　吉林出版集团股份有限公司
**电　　话**　总编办：010-63109296
　　　　　　发行部：010-81282844
**印　　制**　天津文林印务有限公司

---

ISBN 978-7-5581-3991-8　　　　**定价：**118.00 元

**版权所有　侵权必究**

# 修订版 前言

已故的梯利教授的《哲学史》第1版在35年前出版。在哲学和历史学领域，作为教科书和参考书，很少有著作能够像他的《哲学史》一样经久不衰。梯利教授的工作所具有的显著生命力可归功于这一工作的原创性构思和方法。

梯利教授写作哲学史的方法的显著特点可能在于他的历史态度的客观性以及不偏不倚，这使他避免了对历史发展的教条解释。梯利教授让哲学家们自己说话，他深信哲学史上晚期的哲学体系对早期的学派提出了批评，因而将他自己的批评降到最低限度。

梯利教授自己的两个主要哲学承诺是唯心主义和唯理论，但是他不允许自己用对哲学的偏好干扰对历史人物的解释。实际上，与他对自己赞同的历史理论的介绍相比，他对自己不赞同的历史理论的介绍通常更为成功。他的唯心主义并不是独断的黑格尔主义一类，而是接近康德的批判唯心主义。梯利教授认为心灵是不容置疑的事实，心灵的存在由内省的经验得到保证。但他的唯心主义并不是否认外部世界存在或者将外部世界还原为单纯表象状态的主观主义，他的唯理论认为经验或者自然具有理智的结构和一致性，理智的结构和一致性使得人的理智心灵能够理解经验或自然。他的唯理论也非假定先天和自明真理的笛卡尔主义一类，他坚持的是批判的唯理论，认为数学的基本真理、科学和哲学的基本假设都是理解世界必不可少的先决条件。

本书的第二个特点（这一特点解释了本书的持久成功）是作者站在哲学运动中的思想家自身的角度介绍他们时所呈现出来的比例感。梯利没有采纳哲学史的黑格尔式辩证逻辑，他认识到历史发展存在着内在的逻辑。作为个体的思想家被融合到运动中，而他们所处的运动又成为更大的历史样式的一部分。但是他对历史进程内在逻辑的确认并没有妨碍他承认：社会的、政治的、文化的、个人的或性格上的因素会影响个体哲学家。梯利将哲学家融入到他们所处的运动中，这一融入在他组织近代哲学史时特别精巧。培根和霍布斯作为两个相对独立的人物被放在一起，他们虽然并非洛克、贝克莱和休谟所属的英国经验主义的一部分，但已经在为这一理论作准备。笛卡尔和斯宾诺莎一起被认为是欧陆唯理论的创立者，而莱布尼茨并不是按照习惯被包括在创立唯理论的三个人之内，而是被放在英国经验主义之后，作为启蒙运动的哲学家来介绍。

本书的第三个特点是梯利教授的写作风格清晰而简洁。在和我讨论他的历史学创作时，梯利教授告诉我，写作这本书是因为在研究哲学史，并没有出版意图，仅仅是要阐明他对历史上的哲学家们以及他们之间关系的理解。梯利的研究成果清晰地贯穿全书。

梯利教授在哲学史上的兴趣和只是希望记录过去成就的历史考古学者的兴趣并不一样，他也不同于那些观念历史学家，后者只是在发现连续的观念和概念史。他将哲学史视为哲学观念的宝库，哲学家从中提取素材，形成自己的洞见。他拒绝只是为了哲学史而研究哲学史，同时也反对那些忽视以往哲学成就的人所追求的伪原创性。在本书的导言中，他说，哲学史的研究“是进行哲学思考的一种有益准备，从较为简单的推进到更为复杂和艰深的思想结构……有人试图完全独立于前人的工作构造出一个哲学体系，与文明初期的粗糙理论相比，他不可能走得更远”。梯利教授认为这就是这一历史研究对于他的价值所在，他希望对他的读者来说，哲学史研究也有这样的价值。

在修订版中，我努力保持原版所具有的客观和不偏不倚的态度，除了根据已改变的历史视角的指示进行的修改外，原版的基本结构都予以保留。修订版引入了相当多的新资料，特别是在导论性和过渡章节中。在第一章中探寻古希腊哲学的宗教来源时，根据康福德和耶格尔的历史学工作，更加清楚地指出了希腊哲学如何从希腊宗教中产生，以及希腊哲学和产生它的希腊宗教之间的本质差别。对

第五、六两章的结构改动是为了强调质和量的理论间的差别，给予德谟克利特的量的原子论更大的重要性。

在柏拉图一章中，我准备了关于“科学的等级”“宇宙论”和“灵魂不朽的学说”的新资料，在亚里士多德一章中，增加了“四因”和“亚里士多德的天才和影响”的资料。我对第十七、二十和二十二章全部进行了改写，以便为从古代到中世纪提供一个更为充分的过渡，也为经院哲学提供一个初步考察。

在第三编“近代哲学”，我对原版进行了更大规模的改变和增加。“文艺复兴时期的哲学”原来是在第二编的“经院哲学的衰落”中，在取得梯利教授同意的前提下，我将其调整到第三编。在“康德”一章中，我增加了“先验方法”“经验的初步分析”和“自我意识的统一性”等资料，以便阐明康德的哲学方法，并将其同经验主义和唯理论的方法更加清楚地区分开。在第六十六节我提供了一个尼采的全面解释；我将尼采放在德国哲学的历史语境下，而不是像梯利教授那样将其放在当代实用主义的语境下。

梯利教授在原版的结论性一节“唯理论及其反对者”中对一战前的哲学状况进行了评价。在修订版中，这一节作为第七十四章用来为当代哲学提供一个介绍。结论性的第七十五至八十一章——除了某些段落采用了梯利教授对马赫、阿芬那留斯、詹姆士、杜威和柏格森等人的讨论外——都是新的内容。全部书目都进行了更新，与原版相比，修订版适当减少了法语和德语书目的相对数量。

莱杰·伍德

纽约　普林斯顿大学

1951年5月15日

# 致谢

在准备修订版的每一阶段，我都得到了来自同事、朋友和我的家庭成员的热情帮助，使得修订版成为一个真正意义上合作的结果。首先，我要感谢梯利夫人始终如一的鼓励，她认为我非常适合承担这一修订工作，因为我同梯利教授有密切的私人交往，这一交往从我还是加利福尼亚大学的一名本科生时就开始了，并且在我成为康奈尔大学的研究生时也一直保持着。在第一、二编关于古代和中世纪哲学的修订中，我以前在普林斯顿的同事、现在鲍登学院任教的爱德华·波尔兹教授准备了一个新的分节“希腊哲学的宗教起源”以及“向中世纪哲学的过渡”“基督教神学的发展”和“经院哲学的性质和问题”等几章。我的同事沃尔特·考夫曼教授撰写了尼采一章，吸收了他在富有启发性的著作《尼采：哲学家、心理学家和反基督者》（1950年由普林斯顿大学出版社出版）中对尼采的解释。关于赫尔德民族主义的段落是在以前参加我的近代哲学史本科生课程的学生卡森先生的建议下添加的，他协助我准备了这一段落。我特别感谢我的同事，普林斯顿大学哲学系主任罗伯特·斯库恩教授，他将本书的第1版作为他的古代和中世纪哲学史一课的课本，并针对加强古代哲学的部分特别是有关斯多葛学派和伊壁鸠鲁学派的部分提出了非常宝贵的意见。

我的妻子承担了录入修订版的新内容这一繁重的工作，普林斯顿大学哲学系的前任秘书哈利·芬克夫人在1950年夏天不辞劳苦地汇编手稿。在阅读校样和准备索引过程中，我很幸运地得到了唐·康纳夫人的帮助。我在明德学院上学的女儿艾伦·伊丽莎白·伍德则利用她暑假的部分时间核对了修订的参考文献目录。

承蒙普林斯顿大学出版社惠允，我在康德一章中使用了我的论文“先验方法”的部分段落，有关美国新实在论的段落经哲学图书馆的允许才得以复制。

莱杰·伍德

# 目录

## 第一编　希腊哲学

### 第一篇　自然哲学

## ■第五篇　宗教运动



# 第二编　中世纪哲学

## ■第六篇　基督教和中世纪哲学的古典来源

# 第三编　近代哲学

## ■ 第十篇　文艺复兴时期的哲学

## 第十五篇　启蒙运动哲学



## 第十六篇　伊曼努尔·康德的批判哲学

## 第十七篇　德国唯心主义



## 第十八篇　黑格尔之后的德国哲学

## 第二十篇　反对理性主义和唯心主义

# 导论

哲学史旨在为各种不同的努力提供一个连贯的解释，这些努力要么是为了 1
解决存在问题，要么是为了使经验世界变得可以理解。它是从古至今合乎理性的人类思想的发展史；它不只是对哲学理论的列举和陈列，更是对哲学理论彼此之间的联系的研究，对产生哲学理论的时代的研究，也是对提出这些理论的思想家的研究。虽然每一个思想体系都或多或少依赖于产生它的文化、以前思想体系的特征和其创始人的个性，可是它反过来又对它自己所处的时代以及后继时代的思想和制度产生巨大影响。因此哲学史必须努力将每一种世界观放到与其相适应的背景中，将其理解为有机整体的一部分，将它与现在、过去和将来的理智、政治、道德、社会和宗教因素联系起来。哲学史还必须尝试探究人类思辨历史进步的线索，以表明被称为哲学的思想观点如何产生，各种问题及其解决方法如何又产生了新问题以及回答，每个时代为了实现这一目标取得了什么样的进步。

在论述这些不同体系时，我们应当注意让作者提出他们的观点，而不是从我们的立场大加批评。我们会发现，哲学史在很大程度上是对哲学自身最好的批评；一个哲学体系被其后继者所继承、改造、增补或者取代，它的错误和矛盾被揭示出来；这通常又成为新思想的起点。哲学史家在自己的研究中应当尽其所能采取一种不偏不倚的、客观的态度，并且避免在讨论中引入自己的观点。但是想要消除个人因素也是不可能的；在某种程度上哲学史家的先入之见必然会通过他的著作显现。这些先入之见以各种方式表现出来：在他对特定哲学的强调中，在
他对何为进步和衰退的理解中——甚至表现在给予不同思想家的篇幅上。这一切 2
都不可避免。但是我们应当让哲学家来讲述自己的故事，在他完全表明自己观点之前不要频繁地干扰他。我们不应当只根据一个体系现在的成就评论它，也就是说，不能用有损其观点的现在的标准衡量它。和近代理论相比，早期希腊的世界

观似乎是原始、幼稚和粗糙的，然而嘲笑这样的世界观却是不明智的；相反，如果从他们所处的时代看，作为人类理解世界的首次尝试，他们的世界观应当被视为划时代的成就而引人注目。我们在评价一个思想体系时必须根据它自身的目标和其所处的历史背景，根据它与其以前以后体系的比较，根据它的前因后果以及它带来的进步评价它。因此我们的研究方法将是历史批判性的。

哲学史研究的价值对每个人来说都是显而易见的。善于思维的人对存在的基本问题以及人类在不同时期为这些问题找寻的答案感兴趣。而且这样一种研究帮助人们理解他们自己的时代和其他时代；它通过揭示各种思想设定的基本原则，使人们了解伦理、宗教、政治、逻辑和经济思想。同样，这项研究是进行哲学思考的一种有益准备，从较为简单的推进到更为复杂和艰深的思想结构。它评价人类的哲学经验，在抽象思维方面对心灵进行训练。对过去理论的研究对于形成我们自己的世界观和人生观有着不可或缺的帮助。有人试图完全独立于前人的工作构造出一个哲学体系，与文明初期的粗糙理论相比，他不可能走得更远。

科学和哲学可以说起源于宗教，或者更确切地说，科学、哲学和宗教最初是一回事。神话是人们为理解世界而作出的最初尝试。人类最初是按照其粗糙的日常经验来解释现象，这些现象因为种种原因——主要是实践上的原因——吸引了人们的注意。他们将自己的本性投射到现象上，按照自己的形象来塑造它们，赋予它们生命，在某种程度上视它们为活的和“被赋予灵魂的”。在很多民族的意识里，这样的模糊不定的泛灵论观点被转变为清晰而明确的人格观念，这一人格比人类更高级，但是实际上和人类相似。这一类型的目的论解释被认为是拟人的
3 多神论——关于诸神具有被美化的人类形式的思想。但是这些神话创作不能被认为是单个个体的工作或者逻辑思维的产物；它们是集体心灵的表达，其中，想象

和意志发挥了重要作用。

哲学通史包括所有民族的哲学。但是并不是所有民族都产生了真正的思想体系，只有很少民族的思辨具有历史。许多民族并没有超越神话阶段。即使是东方民族的理论，印度、埃及和中国的理论也主要是由神话和伦理学说构成，他们的理论并不是完整的思想体系，而是渗透在诗歌和信仰中。因此我们应当将我们限定在对西方国家的研究上，并以古希腊哲学作为开端，我们自己的文明在很大程度上就是建立在古希腊文化之上。我们将遵循对历史时期的传统划分，将我们的研究范围划分为古代哲学、中世纪或者基督教哲学和近代哲学。

我们的研究来源是：（1）哲学家自己的著作，或者他们作品仅存的残篇：这是原始资料。（2）在缺少原始资料的情况下，为了理解他们的学说，我们就不得不依赖其他人对他们的思想所作的最值得信赖和最准确的论述。在对我们有帮助的资料中，有关于某些哲学家生活和学说的论述的，有关于哲学史的一般性和专门论著，有对某些学说的批评以及各种书中对这些学说的引用。在没有原始资料的情况下，这些第二手资料就是必不可少的。而且即使原始资料可以获得，第二手资料在阐明其所研究的体系方面也有着重要价值。哲学史家要从对其理解研究对象有所裨益的所有著作中寻求帮助。他还要求助于对他理解他所探讨的时代精神有帮助的任何研究领域：诸如科学、文学、艺术、道德、教育、政治、宗教等所有人类活动的历史。

## 关于哲学史的参考

**哲学史一般著作**：K.Fischer，《近代哲学史》，第一卷，第一篇，J.P.Gordy译，1887年；W.Windelband，《哲学史》，J.H.Tufts译，第2版，1901年；W.Turner，《哲学史》，1903年；H.E.Cushman，《哲学史入门》，1920年；V.Ferm，《哲学体系
4 史》，1950年；Martin，Clark，Clarke和Ruddick，《哲学史》，1934年；A.K.Rogers，《哲学史入门》，1926年；C.C.J.Webb，《哲学史》，1915年；A.Weber，《哲学史》（梯利翻译），以及《1800年以来的哲学》，R.B.Perry译，1925年；H.W.Dresser，《古代和中世纪哲学史》，1926年；G.Boas，《欧洲哲学的主要传统》，1929年；B.A.G.Fuller，《古代和中世纪哲学史》，1938年；S.G.Martin，《哲学史》，1941年；B.Russell，《西方哲学史》，1945年；F.Copleston，《哲学史》，1947年。

**更为高深的著作**：J.E.Erdmann，《哲学史》，三卷本，W.S.Hough译，1910年；F.Ueberweg，《哲学史》，三卷本，G.S.Morris译，1905年；G.W.F.Hegel，《哲学史讲演录》，三卷本，E.S.Haldane译，1892年。

**专史**：逻辑学和心理学：K.Prantl，《逻辑史》，四卷本（从开端到文艺复兴），1855年—1870年；R.Adamson，《逻辑学简史》，1911年；R.Hoenigswald，《认识论史》，1933年；L.W.Keeler，《从柏拉图到康德的错误问题》，1934年；B.Rand，《经典心理学家》（从阿那克萨戈拉到冯特），1912年。美学：B.Bosanquet，《美学史》，1892年；M.Schasler，《美学批判史》，1871年。伦理学：F.Paulsen，《伦理学体系》，F.梯利编辑并翻译（包含了对伦理学史的考察，第33-215页），1899年；H.Sidgwick，《伦理学史纲》，1892年；R.A.Rogers，《伦理学简史》，1911年； W.Wundt，《伦理学》，两卷本，1897年；J.Martineau，《伦理学理论类型》，第2版，1886年；R.Band，《经典伦理学家》（著作选），1909年；J.Watson，《从阿里斯提普斯到斯宾塞的享乐主义理论》，1895年；

P.Janet，《道德和政治哲学史》，1858年。政治学：F.Pollock，《政治科学史》，1883年；W.A.Dunning，《政治理论史》，1902年—1923年；C.H.Mcllwain，《西方政治思想的成长》，1932年；G.H.Sabine，《政治理论史》，1937年；C.M.Andrews，《著名的乌托邦》，1937年；H.Cairus，《从柏拉图到黑格尔的法哲学》，1949年。科学：F.A.Lange，《唯物主义史》，三卷本，E.C.Thomas译，1925年；W.Whewell，《归纳科学史》，三卷本，1837年；H.F.Osborn，《从希腊人到达尔文》，1894年；E.Clodd，《从泰勒斯到赫胥黎的进化论先驱》，1897年；W.Libby，《科学史导论》，1917年；B.Ginsburg，《科学探险》，1930年；L.Thorndike，《巫术和经验科学史》，1942年；M.P.Rousseau，《科学史》，1945年。

**哲学辞典**：J.M.Baldwin，两卷本，1901年—1905年；D.D.Runes编辑，《哲学辞典》，1942年。也参考了百科全书的词条，特别是《大英百科全书》和Hasting的《宗教和伦理学百科全书》，1930年。

**哲学家著作选集**：I.Erdman和H.W.Schneider编辑，《哲学上的里程碑》，1941年；T.V.Smith编辑，《哲学家的辩护》，1935年。

西方哲学史
A HISTORY OF PHILOSOPHY

第一编

# 希腊哲学

I

# 第一篇 7

# 自然哲学

## 第一章
## 早期希腊思想的起源和发展

### 第一节　希腊哲学史

很少有民族的发展能够远远超出神话阶段，除去希腊，其他民族可能都没有发展出一种真正的哲学。基于这一理由，我们的论述就从希腊人开始。他们不仅为后来所有的西方思想体系奠定基础，而且几乎提出了两千年来欧洲文明研究的所有问题和答案。从简单的神话开端发展到复杂全面的体系，他们的哲学是所有民族提供的例证中的最好例证之一。激励着希腊思想者的独立精神和对真理的爱从未被超越过，也极少有能与之匹敌者。基于这些理由，对于对较深的思辨思想感兴趣的研究者来说，研究希腊哲学应当是一件有吸引力、有价值的锻炼。

我们说的希腊哲学史是指在希腊起源并得到发展的理智运动。但是我们不仅应当将希腊人自己的体系，而且应当将那些展现希腊思想特征并兴盛于雅典、罗马、亚历山大或小亚细亚等地的体系包括在内，因为这些体系很明显是希腊文明的产物。

### 第二节　环境

我们要研究其哲学的这个民族居住在多山的希腊半岛，这一区域的自然特征

很适合一个强壮有活力的民族发展。这里有许多港口，有利于航海和商业，为移
8 民到各岛屿及大陆提供了口岸。希腊的殖民地从大陆到小亚细亚海岸，最后到埃及、西西里、意大利南部和赫拉克勒斯的石柱，构成了一条连续的链条；这些殖民地并没有同宗主国失去联系，在和有着不同风俗、传统和制度的民族的积极交往中，他们轻易从中获利。由这些条件带来的令人惊异的经济进步，商业、工业和贸易的发展，城市的兴起，财富的积累和日益增加的劳动分工，这些都对整个希腊的社会、政治、理智和宗教生活产生了深刻的影响，为一个新的、更加丰富的文明开辟了道路。这一自然和人文环境有助于激励理智和意志；它给人们的生活和世界一个更加宽阔的视野，激发了人们的批评和反思精神，促进了独特人格的发展，促成了人类思想和行动各个方面的发展。一个民族生来就具有敏锐的智慧、对知识的热望、精致的美感、注重实际的精力和雄心，这一环境为这个民族磨炼其力量和才能提供了物质资料，让它能够在政治、宗教道德、文学和哲学领域取得快速进步。

## 第三节　政治

无论是在本土，还是在其殖民地，希腊城邦的政治命运均呈现出某些共同特征：任何地方都是从部族首长专制经过贵族统治进而演化到民主制。《荷马史诗》所描述的社会是一个等级社会，政体形式是部族首长专制。少数人对财富和文化的获取导致了贵族统治形式的建立，随后是寡头政治的建立。随着社会条件的改变，公民阶级（平民）出现并开始夺取特权阶级的领导权。在公元前7世纪和6世纪，贵族制之所以向着民主制转变，是因为那些勇敢而又雄心勃勃的人不断尝试从君主手中夺取权力，并在整个希腊世界确立起僭主制。最后人们自己掌握政权，僭主制又让位于民主制。

## 第四节　文学

我们可以将这些变化中的社会和政治条件视为希腊人意识觉醒的结果。新运动既是启蒙的征兆，又是其原因：它是对传统事物不断进行反思和批评的外在标志，它产生于对旧制度的反对和变革的要求。公元前6世纪的希腊文学史显示了
9 反思和批评精神的发展，这同它在政治生活中的发展相似。以反映童年时代的天真为特征的荷马式乐观和客观性渐渐消失，诗人变得不太乐观，更加有批判性和主观性。甚至在荷马的著作中我们也发现了他对人类行为偶然的道德反思，反思

凡人的愚昧，生命的悲惨、短暂以及不正义的邪恶。在赫西俄德的著作中，批评和悲观的气氛更加浓厚；他的《工作与时日》是一本道德手册，这本书严厉批评了时代的弊端，提供了道德准则和生活中的实用守则，赞扬了朴素的美德，并悲叹过去的美好时光。公元前7世纪的诗人（阿乐凯奥斯、西蒙尼特斯、阿尔基洛科斯）以伤感和讽刺的笔调谴责僭主制的出现并悲叹人类的弱点，但是力劝他们要勇敢承受命运，让诸神来决定结果。这种教诲的和悲观的精神在公元前6世纪的诗歌中甚至更加明显；民族的政治命运成为谈论的主题，事物的新秩序受到谴责（通常更加严厉）。这一时期有寓言作家伊索和所谓的格言诗人（梭伦、甫西里第斯、特奥格尼斯），他们明智的准则包含了伦理反思，可以被认为是道德哲学的萌芽。个人开始分析和批评人生——而不只是在过活。他们在考虑人生的意义时不再满足于表达民族传统的思想和观念，而是被激励着去提出他们个人的伦理、政治和宗教的思想、希望。实际上这种从更大范围更复杂的经验中产生的探索和反抗的精神在对人类行为以伦理和政治理论为形式的哲学研究中达到了顶峰。

希腊人的宗教生活对于研究他们的哲学史来说特别重要，但是在希腊世界，宗教和哲学之间的关系既密切又复杂，因此对这种关系的概述必须忽略许多重要的考虑。而且柏拉图之前时期的历史证据非常不完整，没有定论，以致权威们在许多重要观点上争论不休。

## 第五节　希腊哲学的宗教起源

希腊宗教有两个主要方面：一个是关于奥林匹亚诸神的宗教，通过《荷马史诗》而为人熟知。在史诗中，诸神虽然规模宏大，但展示了人类具有的情感和对人类事务的关心。这一模拟人的形象的思想从早期延续到公元前5世纪和4世纪希腊文明的顶峰，经历了一个长期加工的发展过程。这一发展与哲学的发展有着错综复杂的关系。希腊宗教的另一方面作为其首要特征与所谓的神话崇拜有关联， 10
这一方面在公元前6世纪的宗教复兴中变得很重要。

在处理希腊宗教和希腊哲学之间的相互作用这一问题之前，我们应当指出，与基督教中的情形相比，在希腊历史中，宗教、艺术和哲学相互交融的程度要更大。作为诸神中的至高无上者，宙斯这一概念的发展可以作为一个例证。在荷马的著作中，宙斯像其他神一样服从命运，但是几个世纪后，在埃斯库罗斯的戏剧中，命运已经被等同于宙斯至高无上的意志。奥林匹亚诸神的宗教影响了哲学，反过来也受到哲学独立发展的概念的影响，并和我们已经提及的公元前6世纪的宗教复兴相互影响。有专家认为荷马时期诸神受控于命运的观念根源于一种精神，这种精神产生了第一批希腊哲学，即公元前6世纪的米利都学派的自然哲学，但米利都学派的思想被公认更具科学性。我们将在稍后讨论这一点。当然米利都学派哲学的后来发展无疑与毕达哥拉斯、巴门尼德和赫拉克利特的哲学（他们都受到了公元前6世纪新的十分不同的宗教虔诚的影响）一起为我们在埃斯库罗斯的宙斯那里发现的神话倾向提供了一个理智背景。这些哲学和其他各种影响混合在公元前4世纪的柏拉图和亚里士多德的哲学一神论中。

当哲学至少能够与希腊理智生活的其他要素区分开来的时候，人们通常发现某一时期的宗教精神不但存在于神话和偶像崇拜的表述中，也存在于哲学中，这并不出人意料。事实上，因为希腊宗教从未有过一个高度有组织和专门化的形式，希腊人通常将其宗教信仰表述在艺术、诗歌和哲学中。我们必须将注意力转向诗歌，来考察哲学和希腊宗教的第一方面——对奥林匹亚诸神的崇拜——之间的最初关系，这在所有关于这些形式的解释中是有代表性的。

荷马当然不是神学家，如果我们相信神学与传播宗教教义有关，他至少不是这一意义上的神学家。但是关于上帝的思考在赫西俄德的著作中已经相当理智化。他的《神谱》被认为创作于公元前8世纪，是一组叙事史诗中最重要的，在这些叙事史诗中，人们第一次试图以传统神话作为其思考基础，从神圣存在者的
11 角度来解释与他们有关的世界现象。事实上，就这样的著作在更加宽泛的意义上讨论宇宙结构而言，它们涉及了宇宙论；当它们涉及诸神的本性时，它们就是属于神学领域的思考；当重点分别放在世界和诸神的起源时，我们称其为宇宙进化论和神统系谱学。在赫西俄德看来，即使诸神开始存在，他所探究的学说是：产生是所有事物的根源，即使他是在考察最终的起源，他也不会提出这一问题：不能产生自身的事物是否需要产生的来源。因此在宇宙进化论和神统系谱学并存的语境中，他断言先于一切事物的卡俄斯（在真空的意义上）开始存在，在卡俄斯之后天和地开始形成；厄洛斯或者爱——他自己与天和地处于同一时期——使得天和地结合。从这一结合中厄洛斯的力量又产生了一系列的结合：具有宇宙进化重要意义的一群，其中世界的自然力量被赋予诗歌和神话解释，黑暗和夜晚产生了白天，大地由天孕育而产生河；具有宇宙进化理论和神统系谱学相混合的重要意义的一群，其中提坦从天和地的结合中产生，他们最终被由宙斯和其他奥林匹亚诸神所代表的更加有秩序的力量所取代。在较晚的时代，亚里士多德称赫西俄德及其同类人为早期原始的神学家，并将他们的方法与最早的哲学家的方法进行

比较，得出结论认为这些神谱作家宣扬思想并以神话形式进行解释，而最早的哲学家是用严格的证明方法进行思考。这一区分有些道理，但是很明显神谱虽然在严格意义上不是哲学，却为哲学准备了基础。在同荷马的神话方法的比较中存在着一个朝向理性解释的进步：在赫西俄德的著作中掌握着诸神的产生和关系的厄洛斯，与荷马著作中命运的神话概念相比，是朝向自然法观念的一个进步；相应地，有人认为在赫西俄德的厄洛斯概念中存在着单一自然原则这一概念的发端，这一原则是后来哲学家的特点。但是一般说来，早期的神谱作家不是以一种我们现在所理解的科学和逻辑的方法来解释事物的起源，而是使用了诗歌的想象和流 12
行的神话。

希腊的第一个哲学学派，即米利都的自然哲学家组成的学派，产生于公元前6世纪。其成员有泰勒斯、阿那克西曼德和阿那克西米尼，他们以希腊小亚细亚的主要城市米利都的伊奥尼亚城为活动中心。伊奥尼亚那个时候是希腊庞大殖民帝国的一个重要部分，作为帝国基础的海洋贸易已经开始改变希腊社会早期的封建特征。官方的奥林匹亚诸神崇拜曾长期处在贵族地主家族的控制之下，在那个时候已经成为一种习俗，受到怀疑论的检查。（我们很快将要研究的公元前6世纪的宗教复兴当然是完全不同的问题。）在这样一个繁忙和务实的社会，这些最初的哲学家从对世界的神话式理解朝向通过感官获得的以经验为基础的知识发展。他们哲学思考的起点是“存在的事物”，在那时这一表述包括了感官所能感知的一切；他们的目标是要确定这些事物的本质，或者自然（physis）。但是在这点上，不能认为这一新的思考方式与早期的宇宙进化理论和神统系谱学思考有着巨大差别。因为那时自然（physis）并没有我们用来翻译它的本质（nature）一词的含义。这个词最初与生长行为有关，与生长的来源有关，因此寻求事物的本质就是寻求基本的、现存的、生成的实在，万事万物从这一实在中产生。对这样一个最终原则的探寻超出了赫西俄德关心的范围，但是他与米利都学派的观点有一点相似之处，在两者中，实在都是按照成长和生成来思考的。在以下两个事实间存在着进一步的相似：一个事实是，米利都学派认为基本的实在——当然他们可能用其他的词来表述——从根本上讲是一，虽然它会按照某个适当原则将自己分为各种要素；另一个事实是，《荷马史诗》中的命运分配给诸神不同的职责。但是赫西俄德和这些（被认为更具科学性的思想者的）最初哲学家的观点之间最重要的相似之处可能在于他们对于神（the Divine）这一表述的使用，他们都将其作为他们思想得以建立的基本原则的名称。这一表述的意义在于，对它的应用并不必然限制在人身上，而是可以延伸到抽象的事物上。最初的哲学家将自然和

13 神明确等同起来，这种等同主要并不是以前宗教意义上的等同；但它使希腊宗教范围持续扩展，并深化了这一宗教，因为它代表了一种对神的探究，这一探究在赫西俄德那里并没有出现。当阿那克西曼德将他的基本解释性原则称为无定或无限的“神”，当泰勒斯如传说告诉我们的那样，说“万事万物都充满了神性”，这就回溯到了一种不太具有科学性的思考方式。但是人们所关心的这些与万物起源有关的问题非常深奥，以前的神话已经不能给出令人满意的回答。神的观念相应地得到了扩展和深化。诸神以前那些令人尊敬的属性现在被转化为这一基本的实在，被称为本质或者自然，人们用原来即存在的、不朽的、包容一切的、统治一切的等充满热情的语词来谈论它，无疑表明他们非常尊敬科学。在这一发展过程中，与泰勒斯、阿那克西曼德和阿那克西米尼所作的最初表述相比，自然包含了新的和可能更加丰富的洞见；当心灵或者作为自然的一种解释的努斯（nous）的概念越来越突出时，希腊的神的观念恢复到了原来的神人同性论，虽然是在一个更高的水平上。

公元前6世纪宗教情感的复兴激发了希腊人的才智，这一复兴应当归于一种类型的崇拜，这一崇拜与对奥林匹亚诸神的颂扬相比，更多地起源于平民的谦卑性质。虽然荷马的诗歌在很大程度上忽视了本地的神祇，希腊人崇拜奥林匹亚诸神，并同他们站在一起，但本地神祇在人们同土地的抗争中表现出了强大的力量。实际上，与贵族神话中的神祇相比，这些神祇享有更为重要的仪式上的重要性。他们保留着以前的特征，甚至奥林匹亚诸神的名字也开始依附于他们。他们现在获得了承认。从公元前8世纪希腊殖民地扩张就开始的政治和经济变化达到一定程度，这被专家们用来证明“阶级冲突”这一表述实际应用的合理性。新的宗教狂热是更加广泛的平民阶层权力日益增长的标志。当大量的乡村人因为经济变化而离开农村时，一种原来在乡村的崇拜形式就进入到城市；通常君主将对这些新神祇的崇拜作为一种煽动方式加以鼓励，这已成为当时的一个特征。狄俄尼
14 索斯，一个具有野蛮一面的色雷斯神祇，对他的崇拜是在希腊乡村的一次归化后被引入雅典的，他迅速在阿波罗的祭司那里受到了欢迎。得墨忒耳，一个希腊本土乡村的女神，也迅速被同化为奥林匹亚的神祇。对狄俄尼索斯的崇拜处于宗教复兴的狂热一面的核心。像其崇拜以艾留西斯为中心的得墨忒耳一样，狄俄尼索斯与春天大地的复苏联系在一起，以神祇死后的复活或者消失后的回归作为象征。在阿提卡，狄俄尼索斯作为酒神而受到崇拜，而得墨忒尔则作为丰收女神受到崇拜。对狄俄尼索斯的崇拜在不同地方会有所不同，但是它们都有相同的核心仪式：神秘仪式。新教徒通过这一仪式而被认为实现了与神祇合一，而这一神秘

仪式在整个希腊广泛散播。

除了包含神秘仪式〔这一希腊术语的拉丁语形式后来成了我们使用的词语“圣礼”（sacrament）〕的神秘崇拜外，这一崇拜还存在着公共和官方形式。在狄俄尼索斯崇拜的情形中，神秘仪式通常具有狂欢的特征，但是经过了修改以便更易于被市民接受；众所周知，实际上与对狄俄尼索斯的公共崇拜相联系的庆祝活动与阿提卡戏剧的演变有很大关系。对狄俄尼索斯的崇拜仪式和与奥菲斯这一名字有关的狄俄尼索斯宗教混合起来，从而经历了进一步的修正。奥菲斯是一个神话中的色雷斯歌手，他用里拉琴演奏，不仅使人和动物着迷，也令神祇着迷。奥菲斯希望用他令人愉快的音乐说服冥王的王后让他的爱人复生，但是最后却被狄俄尼索斯狂暴的女祭司撕成碎片。这样他就被等同于这一神祇，在一个狄俄尼索斯神话的奥菲斯式版本中，狄俄尼索斯也在重生之前被撕成碎片。

这一奥菲斯式影响在狄俄尼索斯运动中与其背景相比具有更少的原始性，在与神祇合一而追求永恒的努力中，这一影响包含了伦理要素。我们已经注意到，狄俄尼索斯崇拜是如何通过接受城市的平民生活而失去了很多原始特征的。奥菲斯运动代表了对这一宗教运动的一个进一步的加工，因此很容易理解为什么一位专家认为奥菲斯是被驯服和穿上衣服的狄俄尼索斯。

在公元前6世纪的宗教复兴中，能够在哲学中追溯的大多数影响可以被认为是奥菲斯教的影响。在这些影响中首先是奥菲斯教灵魂学说的影响，特别是毕达哥拉斯兄弟会所接受的奥菲斯教的修正形式。奥菲斯教相信灵魂的轮回，灵魂被 15
认为是不朽的，从神圣状态经历最初的下降，在接下来的转世化身中，灵魂又努力回到神圣状态。这一伦理上的关注在很大程度上修正了狄俄尼索斯教将重点放在大地的复苏上。在毕达哥拉斯的著作中，通过将灵魂原则等同于心灵，在稍晚的阿那克萨戈拉的类似倾向中，他们为柏拉图和亚里士多德所坚持的观点铺平了道路，后两人所持观点涉及到神性原则的理智特征和这一特征与人类灵魂的联系。

从总体上看，公元前6世纪的宗教复兴并没有为哲学提供教条式的预设，反而为宗教虔诚导向的思想发展提供了良好的背景。毕达哥拉斯学派、巴门尼德及赫拉克利特的哲学都显示了与其同时代宗教生活的一致性，而没有反思宗教生活的直接影响。这些哲学家用热情和个人品质在表达自己，这让人想起同时代的诗人埃斯库罗斯和品达，人们也可以说公元前6世纪宗教生活的最好例证出现在这些哲学家和诗人的著作中，而不是出现在神话崇拜中。

此处所提及的三种哲学都意识到了米利都学派自然哲学的背景，这种哲学虽然涉及到“神”，却首先对呈现在感官感知中的物质和事物充满空间的方面感兴趣。毕达哥拉斯学派、巴门尼德和赫拉克利特保留了米利都学派的唯理论；他们就像米利都学派的“自然哲学家”，但是他们更多强调了对神的理解。毕达哥拉斯学派对宇宙论感兴趣，这在柏拉图那里得到响应，但是他们学说的核心是关于“一”或者“单一”（monad）的观念，按照他们说的神秘主义，各种各样的可见物体从“一”中产生；统治这个不完善现象世界的存在的理性汇集在这个“一”的本质中。而且，既然所有的存在都从“一”中产生，就必须回到“一”中，可见世界受到贬损，所有的价值和完善都归于这个“一”。很明显，此处与奥菲斯教义中关于灵魂从最初的神圣状态下降的表述是相似的。奥菲斯教的情感
16 主义在这里被进一步遏制，他们把更大的重要性分配给对理论意义上的智慧的追求，理论是对理性和永恒真理的沉思；但同时奥菲斯教的实质洞见在毕达哥拉斯学派的“哲学是一种生活方式”的观点中保存下来。

对于巴门尼德和赫拉克利特来说，神性原则也被认为是“一”，这种一神论倾向在晚期希腊哲学中非常重要。巴门尼德将变化的、因而是虚幻的感知世界和实在世界区分开来，实在世界是不变的和神圣的存在，可以通过理性的洞察而达到。他将关于这一神圣实在的知识称为真理之路，用通过神启得来的赞美和虔诚的措辞来表述他对真理之路的体验。各种各样变化的事物如果可以描述，则完全是虚幻的，只能经由被命名为意见之路的宇宙论来把握，在其中“没有真的信念”。真理之路和意见之路这一区分的伦理特征就是奥菲斯教对灵魂的神圣状态和下降状态所作的区分。

赫拉克利特的学说也坚持了前述观点中的一神论和唯理论预设，虽然他没有贬损感觉世界。他将一个基本的和神圣的原则等同于火。灵魂实体，或者自然通过量度或者理性而得到限定，理性使得可见世界永不停息的所有变化都成为一种交换，因为理性使得所有的对立面保持和谐。赫拉克利特显然反对许多骗子的活动，这些骗子利用了神话崇拜的流行；但是他晦涩难懂的表述无疑具有一种宗教特征，他当然也对他的出生地伊奥尼亚发展出的最早的科学性没有兴趣。

## 第六节　希腊哲学概论

按照我们对希腊宗教和哲学的关系的讨论建立起来的观点，我们可以说希腊哲学开始于对客观世界的本质的探究。它从外在的自然开始，逐渐转向人自身内部。它的兴趣从自然转移到人身上，这一转移引发了对人类心灵和行为的研究：

逻辑学、伦理学、心理学、政治学和诗歌。在这些研究中，人们特别关注伦理学，哲学的主要问题现在变成了：最高的善是什么？生活的目的和目标是什么？在这一研究过程中，对形而上学和人类知识的研究独立出来。最后，上帝问题和人同上帝的关系这一神学问题被推到显著位置，希腊哲学正如它开始时一样，也在宗教研究中结束。

（1）在前智者时期，即大约从公元前585年到公元前5世纪中叶，哲学家们 17
提出了关于外在自然的第一个重大问题。这一时期的哲学活动区域是在殖民地世界，哲学在伊奥尼亚、南意大利和西西里繁荣起来。最早的希腊哲学是自然主义的：它关注自然；它主要是物活论的：它将自然想象为有生命的和活动的；它是本体论的：它要探究事物的本质；它主要是一元论的：它试图用一个单一原则来解释现象；它是独断的：它天真地设想人类心灵有能力解决世界问题。

这一时期的自然主义哲学家关心涉及外在自然的两个相互独立的问题：基本的实体（或者众多实体）是什么——自然对象是由什么构成的？它们源于何处？第二个问题是关于变化的问题：基本实体（或者众多实体）变成人们熟悉的感官对象，这一变化过程的本质是什么？

在米利都学派早期的自然哲学家——泰勒斯、阿那克西曼德和阿那克西米尼以及在毕达哥拉斯学派那里，这两个问题是少有区分的，但即使是这样我们也可以发觉两个问题之间的某个差异，一个问题是：构成事物的基本原料是什么？另外一个问题是：基本原料是如何变成事物的？在赫拉克利特和巴门尼德是主要倡导者的埃利亚学派那里，变化问题以一种激进的形式出现。对他们来说这个问题并不是变化是如何发生的，而是是否存在着任何变化。对于赫拉克利特来说，变化是最终的，不变只是感觉的表象。而对于巴门尼德来说，不变是基本的，变化仅仅是表象。对于这些哲学家来说，实体问题被降到次要位置。后来，在自然主义时期，在恩培多克勒和阿那克萨戈拉的哲学中，实体和变化问题都受到了重视。就哲学家们主要关注外在自然而言，这个时期的哲学是自然主义的。知识和行为的人文主义问题只是偶尔被论及，比如隐含在赫拉克利特和巴门尼德的理论中对理性和感觉的区分，毕达哥拉斯素朴的伦理观点以及德谟克利特的享乐主义伦理学。

（2）希腊哲学发展的第二个阶段是智者和苏格拉底时期，这一时期的哲学离开涉及外在世界的构成和起源的本体论和宇宙论思考，而几乎将注意力完全投入到人的问题——关于人类的知识和行为问题。

公元前5世纪的智者运动是一个转折时期。这一时期的哲学对人类心灵能够 18

解决世界问题表示了不断增加的怀疑，并对传统思想和制度相应地缺乏信心。这一运动是怀疑的、激进的、变革的，对形而上学的思辨不感兴趣或者怀有敌意。但是智者运动使得人们有必要对知识问题和行为问题进行更为全面的考察，并且它预示了苏格拉底时期的到来。

苏格拉底时期从公元前430年到公元前320年，这是一个重建时期。苏格拉底捍卫知识，反对怀疑论的指责，并表明了如何通过逻辑方法的应用获得真理。他还通过界定善的意义这一努力为伦理学打下了基础。

（3）两位伟大的古代哲学家柏拉图和亚里士多德的系统化时期。这一时期的特点是关心所有这些问题——与实在有关的形而上学问题和与人类知识、行为以及人在世界上的秩序有关的人文主义问题。柏拉图和亚里士多德以苏格拉底这位大师为基础，构建理性的认识论（逻辑学）、行为理论（伦理学）和国家理论（政治学）。他们还建立起思辨思想的广博体系（形而上学），并且用心灵和理性来解释宇宙。因此我们将这一哲学描述为批评的：它考察知识的原则；是理性主义的：它接受了理性在追求真理方面的能力；是人文主义的：它研究人；是唯灵论或唯心主义的：它使得心灵在解释实在时即使不是首要因素，也是重要因素之一。这一哲学是二元论的，因为它也将物质视为实在中的一个要素，虽然次于心灵。

（4）最后一个时期是伦理宗教时期，从公元前320年到公元529年查士丁尼大帝关闭哲学家的学院，这一时期被称为后亚里士多德时期。活动区域是在雅典、亚历山大和罗马。有两个阶段值得注意，一个是伦理的，一个是神学的。（a）斯多葛学派的芝诺和享乐主义者伊壁鸠鲁所关心的首要问题是行为问题：有理性的人努力的目标是什么，是最高的善吗？伊壁鸠鲁学派认为答案在于快乐的生活；而斯多葛学派则认为是有美德的生活。两派哲学家都对逻辑学和形而上学问题感兴趣；对前者来说，这样的知识能够破坏迷信和无知，有助于幸福；而对后者来说，这些知识能够教导人们将其对义务的履行视为理性宇宙的一部分。
19 伊壁鸠鲁学派是唯物主义者和机械论者；在斯多葛学派看来，宇宙是神圣理性的表现。（b）神学运动发源于亚历山大，是希腊哲学同东方宗教接触的结果。在这一运动的最高发展形式新柏拉图主义那里，这一运动试图将世界解释为从至高无上的上帝流出来，上帝既是存在的来源，又是其目标。

# 希腊哲学参考书

一般哲学史：J.Marshall，《希腊哲学史》，1891年；W.Windelband，《古代哲学史》，1899年；E.Zeller，《希腊哲学史纲》，Alleyne和Abbot译，1931年；A.W.Benn，《希腊史》，两卷本，1898年；J.Burnet，《希腊哲学史》，1914年；R.Adamson，《希腊哲学的发展》，1908年；A.W.Benn，《古代哲学史》，1912年，以及《希腊哲学》，第2版，1914年；B.A.G.Fuller，《希腊哲学史》，修订版，1945年；R.B.Appleton，《从泰勒斯到亚里士多德的希腊哲学纲要》，1922年；F. P.Boswell，《希腊思想入门》，1923年；M.E.J.Taylor，《希腊哲学导论》，1924年；W.T.Stace，《希腊哲学批判史》，1928年；J.M.Warbeke，《探索的希腊智者》，1930年；A.H.Armstrong，《古代哲学导论》，1947年。

较为高深的理论：E.Zeller，《希腊哲学》，九卷本，Alleyne等人译，1881-88年；T.Gomperz，《希腊思想家》，四卷本，Magnus和Berry译，1912年；M.Wundt，《希腊哲学史》，两卷本，1908年；H.Leisegang，《从柏拉图到亚里士多德的希腊哲学》，1923年；G.Sortais，《古代哲学史》，1912年；R.Hönigswald，《古代哲学：历史问题和体系考察》，1924年；E.Howald，《欧洲哲学入门》，1925年；L.Robin，《希腊思想》，1928年；C.Werner，《希腊哲学》，1938年；W.Jaeger，《教育》，第一卷，1939年，第二卷，1943年；E.Cassirer，《希腊哲学发展中的逻各斯、正义与秩序》，1941年；A.Cresson，《古代哲学》。

专著：H.O.Taylor，《古代理想》，1900年；J.P.Mahaffy，《希腊文明概论》，1896年，以及《希腊人对近代文明的贡献》，1909年；H.B.Cotterill，《古代希腊》，1913年；C.H.Moore，《希腊人的宗教思想：从荷马到基督教的胜利》，1916年；R.W.Livingstone，《希腊人的使命》，1928年；A.Messer，《古代和中世纪哲学史》，1923年；H.Gomperz，《希腊哲学家的人生观和内在自由的理想》，1927年；L.Robin，《希腊思想的享乐主义来源》，1942年；F.M.Cornford，《苏格拉底之前和之后》，1932年；L.W.Keeler，《从柏拉图到康德的错误问题》，1934年；H.Frankfort编辑，《古代人的理智探险》，1948年；W.R.V.Brade，《从普罗提诺到圣托马斯·阿奎那》，1926年；P.E.More，《希腊哲学》，1923年；A.O.Lovejoy，《伟大的存在之链》，1936年；T.G.Duvall，《希腊思想家》，1937年。宗教：F.M.Cornford，《从宗教到哲学》，1912年；E.Caird，《希腊思想家神学理论的演化》，1904年；E.Rohde，《灵魂》，1925年；J.Adam，《希腊人的宗教导师》，1904年—1906年。E.R.Bevan，《晚期希腊宗教》，1927年。逻辑和认识论：J.I.Beare，《关于基本认识的希腊理论》，1906年；E.Kapp，《希腊传统逻辑基础》，1942年。心理学、伦理学和美学：J.H.Hyslop，《希腊哲学家的伦理学，苏格拉底、柏拉图和
20 亚里士多德》，1903年；M.W.Bundy，《古典和中世纪的想象理论》，1927年；H.D.Oakley，《希腊伦理思想》，1925年；J.Walter，《古代美学史》，1893年；C.S.Baldwin，《古代修辞学和诗学》，1924年。科学：T.L.Heath，《希腊数学史》，两卷本，1921年；L.Robin，《希腊思想和科学精神的起源》，1928年；F.M.Cornford，《古代思想中的运动法则》，1931年；J.Croissant，《伊奥尼亚哲学中的物质和物理变化》，1944年；W.H.S.Jones，《古希腊的哲学和医学》，1946年；J.F.Callahan，《古代哲学中的四种时间观点》，1948年。

残篇文集、残篇的英语翻译等：H.Diels，《前苏格拉底残篇》，1934年—1938年；K.Freeman，《前苏格拉底哲学家，Diels的〈前苏格拉底残篇〉手册》，1946年；T.V.Smith，《哲学家的辩护》，1935年；A.Fairbanks，《希腊早期哲学家》，1898年；C.M.Backwell，《古代哲学资料》，修订版，1939年；M.C.Nahm，《早期希腊哲学选集》，第3版，1947年；K.Freeman，《前苏格拉底哲学家补充》，1948年（Diels的《前苏格拉底残篇》的残篇的完整翻译）。参考了亚里士多德的《形而上学》，卷一，还参考了H.Jackson的《从泰勒斯到亚里士多德哲学史文编》，1901年。

# 第二章
# 前智者派的哲学发展

思辨的推动力在伊奥尼亚物理学家，即毕达哥拉斯学派、赫拉克利特、埃利亚学派、恩培多克勒、原子论学派和阿那克萨戈拉那里首次得到了真正表述。这些哲学家试图通过自然原因而不求助神话事物来解释现象。前智者派哲学的发展展示了一个非常显著的逻辑模式：这一时期具有一个结构组织，在这个组织中每个问题都是自然地从以前的问题中产生，对问题的各种可能解决方案以几乎系统的形式加以探究。可能在哲学史的其他时期，没有任何问题和解决方案的历史顺

序同逻辑结构的原则所规定的制度如此吻合。正如我们已经指出的，早期哲学家向他们自己提出的第一个问题是实体问题，所有米利都派哲学家都将有形体的实体视为基本的实体。他们的问题是：构成世界的基础性质料是什么？他们用感觉的具体对象，例如水，空气或者一个假设的、感觉对象得以产生的未分化的东西来回答这一问题。他们使用单一原则（一元论）力求解释不同物体和它们的变化所具有的性质，这些物体及其变化都是原始质料的转化。他们的观察表明，实体
变成其他的实体（例如，水变成水蒸气），按照类似过程，最初的元素必定也已 21
经变成我们现存经验世界的不同实体。

米利都派哲学家也没有完全忽视变化问题；但是变化问题并没有与实体问题区分开来。变化事实自身由这一观点得到解释——所有早期希腊思想家都默认这一观点——实在是有生命的：原初的实体在其自身具有运动和变化的原因（物活论）。

作为个体的哲学家，虽然他们都是物活论者，都假定变化和运动的原因赋予原初实体以生命，而不是一个单独的原则，但是他们自己在表述事物是如何从原始质料中产生的这一点上并不相同。泰勒斯素朴地假设第一原则是水，水变成了其他事物——这些事物是由水的变化而产生的。在阿那克西曼德那里，他提出了更为精致的观点，认为事物在某种程度上是从无定中分离出来的，在无定中，事物最初是以混合或合并的方式存在的。阿那克西米尼在描述各种事物从原始质料即“气”中产生时，认为这是由于气的凝聚和稀薄。由此，这些早期的希腊思想者提出了三个原则性方案，来解决无数的派生性事物是如何从最初的基本实体中产生的：（1）通过一事物到另一事物的单纯转化，而不试图描述这一转化的准确特征。这可能是泰勒斯所采纳的方法。（2）通过事物同原初实体的分离，这一原初实体是事物的同质混合或者结合，这一观点在阿那克西曼德那里是默示的，而在赫拉克利特那里是明确的。（3）通过凝聚和稀释，阿那克西米尼坚持这一观点，认为空气凝聚时就成为水，而膨胀时就成为火。

实体问题也是毕达哥拉斯学派首要关注的问题，他们提出了抽象的数理论：数是事物的基本原因。他们并不关注具体的、感知的实体，而是关心事物之间的关系，如世界的秩序、一致性或者和谐。既然这些可以通过数表达，他们就将实体理解为数。

在赫拉克利特和埃利亚学派那里，变化问题最为重要。他们分别讨论变化的存在和不存在问题，但是也仍然讨论实体问题。赫拉克利特与伊奥尼亚学派一样认为有生命力的实体（火）是原则，但是他有意识地挑选出变化或者生成的事

22 实，认为这很重要。在他看来，世界处在不断变化之中；所有事物都处于流动状态；事物中没有真正的永久不变。与他的前辈相比，他更清楚地指出，是理性在统治着世界上发生的事情。埃利亚学派也将注意力转向变化的观念，但是拒绝变化观念，认为变化绝对不可设想。很难想象像火一样的元素会变成其他事物；一个事物不可能变成它自己以外的其他事物。无论如何，事物必定是它自己；永久，没有变化，这是实在的重要特征。

赫拉克利特和埃利亚学派之间的激烈争论对恩培多克勒和阿那克萨戈拉构成了挑战，他们希望在变化的哲学和不变的哲学之间寻找折中。

恩培多克勒和阿那克萨戈拉赞同埃利亚学派的观点，认为就变化一词的字面意义而言，绝对的变化是不可能的，没有事物能够变成其他事物。没有事物能够从无中产生；没有事物能够变成无；没有事物能够变化成为绝对不同的事物。尽管如此——赫拉克利特也赞同这一点——事物确实会变化。但这一变化是相对的，而非绝对的。存在着永久不变的元素或者微粒，它们的结合形成了物体：这就是事物的起源。物体的各个部分被分开：这就是事物的衰败。在绝对的意义上，没有什么事物真正地变化、产生和消失；但是世界上永久不变的元素能够也确实在改变着它们之间的关系。恩培多克勒和阿那克萨戈拉同物活论者和泛灵论者产生了重大区分，后者只是在表述他们的前辈。运动和变化的原因并不是存在于最初实体中，并赋予其生命力，而是倾向于同原始要素区分开来。恩培多克勒的爱与恨，阿那克萨戈拉的心灵就是这样分离的运动原则。在这两个人看来，形成所有事物的基本实体在性质上是有差异的；他们所赞同的观点被称为质的原子论，这一观点区别于留基伯和德谟克利特的量的原子论。量的原子论者接受了一个新的观点：元素不变，变化的是元素之间的关系。但是他们在其他方面与留基伯、德谟克利特并不相同：后者假设了元素和分离的运动力，而留基伯和德谟克利特则假设了物质的无数细小而不可分的微粒，他们称之为原子，并认为运动是原子自身所固有的。

在接下来的三节中我们将考虑：（1）实体问题，涉及泰勒斯、阿那克西曼德
23 和阿那克西米尼的具体实体理论，以及毕达哥拉斯抽象的数的理论；（2）变化问题，考察赫拉克利特的变化哲学与埃利亚学派的存在哲学之间的争论；（3）出现在恩培多克勒和阿那克萨戈拉的质的原子论同留基伯和德谟克利特的量的原子论中的实体和变化问题。智者派对这些问题都采取了消极的态度，宣称这些解决世界问题的尝试是徒劳无益的，因为在这一领域不可能存在确定的知识。

## 参考书

J.Burnet，《早期希腊哲学》，第4版，1930年；W.A.Heidel，《前苏格拉底哲学中的自然概念研究》；K.Goebel，《前苏格拉底哲学》，1910年；E.Zeller，《从早期到苏格拉底时期的希腊哲学史》，1881年；J.I.Beare，《希腊基本的认识理论》，1906年；N.Hartmann，《柏拉图之前的希腊哲学中的存在问题》，1908年；A.W.Benn，《早期希腊哲学》第一部分：从泰勒斯到柏拉图，1914年；G.Kafka，《前苏格拉底哲学》，1921年；E.Howald，《欧洲哲学开端》，1925年；R.M.Scoon，《柏拉图之前的希腊哲学》，1928年；R.K.Hack，《到苏格拉底时代希腊哲学中的上帝》，1931年；P.Guerin，《早期希腊哲学家体系设计中的正义理念》，1934年；M.T.McClure，《早期希腊哲学家》，1935年；H.F.Cherniss，《亚里士多德对前苏格拉底哲学的批评》，1935年；W.Capelle，《前苏格拉底哲学》，1935年；J.Croissant，《伊奥尼亚哲学中的物质和物理变化》，1944年；O.A.Gigon，《希腊哲学的起源，从巴门尼德到赫西俄德》，1945年；W.Jaeger，《早期希腊哲学家的神学思想》，1947年。残篇和残篇的翻译：H.Diels，《前苏格拉底残篇》（希腊语和德语），1934年—1938年；K.Freeman，《前苏格拉底哲学家补充》，1948年；C.M.Blackwell，《古代哲学资料》，修订版，1939年；M.C.Nahm，《早期希腊哲学选集》，第3版，1947年；A.Fairbanks，《早期希腊哲学》，1898年。

# 第三章
# 实体问题

## 第一节　泰勒斯

泰勒斯的重要性在于他直接提出了哲学问题，没有考虑神话事物而回答了这一问题。

泰勒斯约于公元前624年出生在希腊的殖民地米利都，死于公元前554年和前548年之间，他以政治家、数学家、天文学家和希腊第一个哲学家的身份而闻名。据说他预言了发生在公元前585年5月28日的日食。所有列举希腊七贤的作家都将他包括在内。泰勒斯可能从未写过什么；我们也没有他的工作成果，因为有人曾将《航海占星术》归于他的名下，但那是伪造的。因此我们对他思想的了解仅限于二手资料。

24 泰勒斯断言水是最初的元素，他得出这一结论可能是因为他观察到生命所必需的食物、热和种子都包含着水分。在选择将水作为他的基本实体时，泰勒斯可能是受到了海神俄刻阿诺斯和蒂锡斯神话的影响。考虑到希腊哲学产生于希腊神话和希腊宗教，这一观点有其合理之处。水能够呈现为固体、液体和气体形式，因此在人们看来似乎是处在变化之中；水在高温下蒸发，这很容易就被泰勒斯解释为由水到火的转化；水以雨的形式降落，并被大地吸收——这可以被解释为由水到土的转化；最后，水是生命所必需的。约翰·伯尼特在考察泰勒斯选择水的理由时，不相信生物学的理由，认为这是较晚时代的产物。万物皆产生于水，泰勒斯并没有告诉我们水是如何产生的，这可能是因为他将从一个实体到另外一个实体的转变视作一个经验事实加以接受，或者这对他来说根本不是什么问题。显然他将自然视为有生命的、运动的、活动的和变化的，这和所有早期希腊哲学家是一样的——至少亚里士多德是这样告诉我们的；如果我们可以相信希波吕托斯的话——在泰勒斯看来万物产生于水，又归于水。可能他认为水是一种黏液，这可以最令人满意地解释固体和液体以及生命的起源。我们关于泰勒斯的知识在很大程度上是推测性的；亚里士多德归于泰勒斯的观点可以简化为三点：（1）所有事物都充满神性；（2）地球是一个漂浮在水上的扁平体；（3）水是万物的本质原因。

## 第二节　阿那克西曼德

阿那克西曼德认为，事物的本质或者原则不是泰勒斯所假设的水——因为水自身必须进行解释——而是无穷或者无限，一个永恒不朽的实体，万物由这一实体产生，又归于它。他可能用其指向一种无穷的、充满空间的有生命的质料。对于这一无穷或者无限的本质他并没有进行具体界定，因为他将所有的性质归于这一无穷或无限。伯尼特列举了对阿那克西曼德的无限的解释[1]，这些相互冲突的解释是：（1）无限是一个混合物，事物通过分离从中产生出来——这一解释依赖于亚里士多德的一个多少有些问题的段落，亚里士多德将阿那克萨戈拉的第

[1] Burnet，《早期希腊哲学》，第59页。

一原则与恩培多克勒和阿那克西曼德观点的结合进行了对比。（2）无限是不明
确的、不确定的、在质上没有分化的质料——对亚里士多德的“不确定的潜在质 25
料”的预知。（3）无限是处在可观察的元素之间的某种东西，例如空气和水或者水和火之间。这第二个解释虽然是模糊的——可能正是因为这一点——但是具有相当的合理性；可能如伯尼特所认为的，对这些观点进行调和是可能的。他素朴地推论道，无限就是无穷无尽，或者更确切地说，是在程度上不确定，否则无限就会在产生事物时被耗尽。

这一未经分化的质料构成的大团东西由于其永恒的运动而从中分离出不同的实体；首先是热的，然后是冷的，热的像一个巨大的火球包围着冷的，火焰的热量使冷的东西变成湿气，然后又变成空气，空气膨胀并冲破火球从而形成轮状的圆圈。这些圆圈的开口好像长笛的小孔，从这些开口中喷出火来，这就是天体，空气围绕着它们，使它们绕着地球运动。太阳是天空中最遥远的天体，其次是月亮，再次是恒星和行星。地球位于这一体系的中心，是一个圆柱体，这一点的唯一支持证据是地球通过其他的天体处于平衡状态。对地球的这一看法表达了一个模糊的认识，即世界上不存在绝对的上和下。[2] 实际上，阿那克西曼德的宇宙论——尽管存在着许多不切实际的细节——预示了现代天文学的某些特征。

最早的生命是从湿气元素中产生。随着时间的推移，这些生命中的某些种类离开水来到陆地上较为干燥的部分，并使它们自己适应了新的环境。人和其他动物一样，最初是鱼。阿那克西曼德对生命起源的思考——像他的宇宙论思考一样——也令人惊讶地具有现代特点。所有事物必定回到产生它们的原始质料中，然后反复循环产生新的事物。这就是早期思想中流行的世界交替轮回学说。按照阿那克西曼德的循环往复学说，无数世界在实际上可能是相继的而非并存的。就事物的这种变化而言，事物的创造是不公正的，它们窃取了无限，正义要求它们返回到无限。这样就存在着一个永恒的、循环往复的进程，从基本实体中分离出来，又回到基本实体中去。（这一宇宙论假设可能是近代历史循环论的最初来源，历史循环论认为历史是以不同的文化媒介重复自身——虽然会有些差异。）

阿那克西曼德于公元前611年出生于米利都，死于公元前547年或公元前546 26
年。他被认为是泰勒斯的学生。我们可以认为，作为泰勒斯的同乡，他很熟悉泰勒斯的观点。我们知道他对天文学、地理学和宇宙论感兴趣，制作了地图和天体

[2] Burnet，同上书，第73页。

图，还将日晷引入希腊。他的论著《论自然》只剩下残篇，这也是我们知道的第一本希腊哲学著作，第一本用希腊语写作的散文著作。

阿那克西曼德的思想比泰勒斯的思想前进了一步。首先，他试图将元素（水）解释为衍生物，而泰勒斯将其设为一项原则。其次，他试图描述生成过程的阶段。阿那克西曼德似乎也具有某种质料不可还原的观点。他拒绝将质归于无限，这表明了与其前辈所持有的具体的可感知的实体观念相比，他倾向于一种更抽象的思维方式。

这并不是说阿那克西曼德的无限是抽象的无限；它是一个具体的无限实体，但是在他的思想中抽象的倾向已经很明显。我们必须防止一个由黑格尔所助长的错误——这一错误用抽象或逻辑术语来解释无限：它并不是数学上的抽象无限；它是一个无限的具体的质料。如策勒尔所指出的“无限是谓语，而不是主语”。虽然是具体的而非抽象的，但是无限区别于可由感官观察到的具体事物。采纳一个解释原则，而这一原则不同于像水这样的可观察元素，这是哲学思辨的一个进步。阿那克西曼德原始的生物学学说被认为是进化论的最早形式，而他的天体理论则在后来的天文史中成为重要的一部分。

## 第三节　阿那克西米尼

阿那克西米尼（公元前588年—前524年），也是米利都的居民，被认为是阿那克西曼德的学生。他用伊奥尼亚的方言写了一本散文著作，只有很少的残篇留传下来。

在阿那克西米尼看来，事物的第一原则或者基本实体，如他的老师所认为的那样，是一或者无穷，但并不是不确定的：它是空气，蒸汽或者水汽。选择将气作为第一原则可能是因为空气干而冷，介于火和水之间，火是温暖而干燥的元素，而水则是寒冷而湿润的元素。而且气是在我身体内的生命的原则：离开了呼吸，有机体就死亡了。因为气或者呼吸是给予人类生命的，它也是宇宙的原则。阿那克西米尼将世界描述成呼吸的。正如一个人的灵魂（灵魂是一种气）支撑着
27 他，呼吸或者空气也包围着或维持着整个世界。这种宇宙之气是有活力的，通过空间无限扩展。

与其前辈相比，阿那克西米尼的主要进步在于他的学说——通过稀释和凝聚来解释可观察元素由基本实体产生出来。通过稀释和凝聚的过程，万物从气中产生：当气变得稀薄时，它成为火，当气凝聚时，它成为风、云、水、土和石头。

这个观点很重要，因为它朝着真正科学的解释方法前进了一步：凝聚和稀释都是单纯量的概念——前者是占据一定体积的质料在量上的增加，而后者是在量上的减少。这样他的理论在由将质的差异还原为量的条件这一方向上，是一个长足的进步，德谟克利特的原子论对这一量的条件进行了明确阐述。或者从不同角度来表述这一进步：他试图将所有的变化都还原为运动。所有的变化都由运动产生，运动是永恒的。

米利都学派的后继者有：希波（生活于公元前5世纪）、伊德乌斯和阿伯隆尼亚的第欧根尼（约公元前440年—前425年）。

## 第四节　毕达哥拉斯和他的学派

我们刚才讨论的思想家们对事物的本质问题很感兴趣。他们会问，构成世界的质料是什么？他们视其为具体的实体，或者是像水和气这样的确定实体，或者是不确定的实体，水和气这样的元素从中分化出来。我们现在来研究毕达哥拉斯学派，他们不太关心实体问题，而更关心事物的形式和关系问题。作为数学家，他们对可衡量的数量关系感兴趣，并开始思考世界的一致性和规律性问题，试图通过数的实体来解释这一事实，并将其设为所有存在者的原则。

这一学派的建立者是毕达哥拉斯。关于他有许多荒诞古怪的故事，尤其是在他之后几个世纪的作家。据说他曾经进行过广泛的旅行，他的观点就来自于他曾经到过的许多国家，但是这些叙述都是不可信的。毕达哥拉斯出生在大约公元前580年至公元前570年之间的萨默斯，约在公元前529年移民到南意大利的希腊殖民地。据说他反对波利克勒第斯的僭主统治，而忠实于贵族政党，这使得他离开家乡。他在科罗托那定居并建立起一个团体，这个团体具有伦理、宗教和政治目的。他的理想是在其追随者中发展政治美德，教育他们为了国家的善而行动，使
自己服从于整体。为了实现这一目的，他强调进行道德训练的必要性：个人应当 28
学会控制自己，抑制自己的情感，使自己的灵魂和谐；应当尊敬长辈、老师和国家的权威。毕达哥拉斯的团体似乎是一个实践性的公民训练学校，领袖的理想在这里得到检验。它的成员培养友爱的美德，实践自我检查的习惯以便改进自己的品格。他们组成一个共同体，像大家庭一样生活在一起，在一起吃饭，穿同样的衣服，努力钻研艺术和手工艺，也研究音乐和医学，尤其是数学。通常其成员要经过一段学徒时期，格言是：首先倾听，然后理解。这个团体最初很可能是当时发生在希腊的大规模宗教复兴的一种形式，它的目标是致力于净化生活，让整个

民族参与到宗教崇拜中来，特别是通过所谓神秘仪式所展示的形式参加崇拜。在这些神秘仪式的教义中，灵魂的未来命运独立于他在尘世的生活行为。这些教义也为行为者管理自己的行为制定了规则。这个团体被认为通过使宗教运动适合有教养的贵族阶级的需要而扩展了其用途，原来这一运动仅仅在下层阶级中传播。

毕达哥拉斯团体的政治倾向同许多城市的政治权威发生冲突，他们在这些城市中都有拥护者，最终这个团体受到了严重迫害。可能是由于这些骚乱，毕达哥拉斯被迫离开了麦塔庞顿，他死于公元前500年。他的许多追随者被驱逐出意大利，在希腊找到落脚地。这些避难者中有塔伦丁的阿尔库塔斯（很可能是苏格拉底的同时代人）和逃到底比斯的吕西斯。这些不幸使得毕达哥拉斯团体作为一个有组织的团队走到了尽头，虽然毕达哥拉斯的追随者还在继续宣传和发展他的学说，有几百年之久。

毕达哥拉斯自己没有留下著作，我们可以确信的是，他具有前面所提及的伦理、政治和宗教思想。他很可能是数的理论的创始人，这一理论是学派的中心思想，并以毕达哥拉斯的名字命名，我们稍后将讨论这一理论。这一流传至今的体系是由菲洛劳斯制定，在公元前5世纪后半叶为学派的其他成员（阿尔库塔斯和吕西斯）所发展，一直到公元4世纪。

## 参考书

J.Burnet，“毕达哥拉斯”，选自Hasting的《宗教和伦理学百科全书》，1908年—1921年；K.S.Guthrie，《毕达哥拉斯》，1919年；K.Von Fritz，《毕达哥拉斯学派在南意大利的政治活动》，1940年。

### 毕达哥拉斯学派的数论

毕达哥拉斯学派对世界上的形式和关系这一事实印象深刻；他们发现量度、秩序、比例和一致的循环都可以用数字来表示。他们断定，没有数字就不存在这样的关系和一致性，就没有秩序和法则；因此数字必定是万物的基础。数必定是
29 真正的实在、事物的基础，一切事物都是数的表现。

对毕达哥拉斯学派来说，数是事物的原则——并不是在米利都学派的意义上作为事物的质料或者实体——这些原则构成了事物的形式或关系结构。事物是

数的复制或者模仿。毕达哥拉斯关于数和实物之间的区分已经预示了后来质料和形式之间的区分，这一区分在柏拉图和亚里士多德的形而上学体系中占据中心位置。毕达哥拉斯将数作为实体，正如今天许多人将自然法作为实体，认为这些法则好像就是所有事物的原因一样。他们高兴地发现在弦的长度和音调之间存在着数的关系，他们所说的数只是这一关系的象征或者表现，是这一关系的原因，存在于现象背后，并作为现象的基本原则和根据。

如果数是事物的本质，那么任何对数来说是真实的东西，对事物来说也是真实的。因此，毕达哥拉斯学派专心致志地研究在数中发现的无穷特性，并将这些特性归于整个宇宙。数被区分为奇数和偶数——奇数不能被二整除，而偶数可以——在此意义上，前者是有限的，而后者则是无限的。奇数和偶数、有穷与无穷、有限与无限构成了数和实在的本质。自然本身就是对立面的结合，奇数与偶数、有限与无限的结合。他们认为有十个这样的对立面：有限与无限、奇数与偶数、一与多、左与右、雄与雌、静止与运动、直与弯、光明与黑暗、好与坏、正方形与长方形。毕达哥拉斯关于有限和无限的二元论以及这两方面和谐一致的学说无疑可以追溯到阿那克西曼德和阿那克西米尼那里。阿那克西曼德预示了对立面之间冲突的学说，两人共同提出了无限的概念。[3] 毕达哥拉斯学派认为无限要优先于有限：个体事物的出现是通过对无限空间施加空间形式而对无限进行限定。

有形世界也是用数来表示的，以单元为基础。点是一，线是二，面是三，体是四。此外，土是六面体，火是四面体，空气是八面体，水是二十面体，等等。这就是说，物体的线和面被认为是独立存在的实体；因为物体必然会有线和面，而 30
线和面却可以离开物体而被思考。这些空间的形式是物体的原因，既然这些形式可以通过数表现，数就是最终的原因。数学上的差异也被引入到物理世界中。毕达哥拉斯学派根据这一转变形成了无限空间或真空的学说，这一无限空间同空间上的有限物体形成对比。[4] 毕达哥拉斯数论在物理学和天文学上的影响是相当大的；例如开普勒的理论就明显受到了毕达哥拉斯和新毕达哥拉斯学派的影响。[5]

## 天文学

毕达哥拉斯学派也很关注对天文学的研究，并出现了许多著名的天文学家。他们认为在圆球形状的宇宙的中心是火；行星由依附于行星的透明球体来推动，

[3] 参见Burnet，同上书，第106页及其后。

[4] 参见Windeband，《西方哲学史》，J. H. Tufts翻译，第46页。

[5] 参见E. A. Burtt，《近代自然科学的形而上学基础》，第49页及其后。

围绕着这一中心旋转。支配毕达哥拉斯的形而上学的这一有限和无限之间的对立同样出现在天文学中，出现在相对恒定和一致的恒星体系与缺乏这一恒定一致性的地球区域之间的二元性上。这两个天文区域之间的明确分离也被吸收在后来柏拉图和亚里士多德的希腊天文学体系中，直到近代才受到严重的挑战。恒星紧紧系牢天的最高弓形顶，弓形顶36000年围绕中心火转一周。在下面接着是同心的球体：土星、木星、火星、水星、金星、太阳、月亮和地球。但既然十是完美的数字，就一定存在着十个天体，因此毕达哥拉斯学派就在地球和中心火之间安置了一个反地球，这个反地球遮住地球，使它不受中心火的辐射。地球和反地球每天都围绕着中心火运转，但是地球永远以同一面对着反地球和中心火。因为这
31 个理由，我们生活在地球的另一面就看不见中心火。太阳每年围绕着中心火转一周，反射中心火的光。天体的运动表示了八音度，因此是和谐的，每个天体都发出自己的音调，这些音调的结合造就了天体之间的和谐。

毕达哥拉斯学派的这些天文学观点看上去荒诞古怪，却为约在公元前280年萨默斯的阿利斯塔克提出的太阳中心说铺平了道路。最后人们放弃了反地球和中心火的观点。希西塔斯和埃克潘达斯宣称地球绕着轴心旋转。赫拉克利德斯认为我们有理由拒绝所有行星都在同心圆球面上围绕地球运转这一观点，他将行星的运动与太阳的运动联系起来。阿利斯塔克断定，太阳的体积较大，因而不会围绕地球运转，而是地球围绕着太阳运转。[6]

毕达哥拉斯的数的神秘主义的影响在于：尽管它宣扬数与事物之间的荒唐古怪的相互关系，但是它代表了一种惯常的不懈努力，人们试图发现事物持久的秩序和合法性，并以数和数的关系的抽象概念术语来表述这一秩序。这一神秘主义无疑是可以用数学精确表达的自然法概念的一个主要历史来源，而这一概念正是近代科学和哲学的核心。

## 伦理学

毕达哥拉斯的哲学包含着伦理学——这一伦理学根植于数字神秘主义之中。毕达哥拉斯学派对非有形物体的解释与他们对有形物体的解释是相同的：爱情、友爱、正义、美德、健康等都是以数为基础的——爱情和友爱用数字八来表示，因为爱情和友爱是和谐的，而八音度也是和谐的。在一个著名的比喻中，据说毕达哥拉斯将人生比喻为一场公共运动会，与买者和卖者一致，区分了三个阶层的

[6] 参见E.A.Burtt，《近代自然科学的形而上学基础》，第49页及其后。

人——除了有利可图，卖者不会对游戏感兴趣；游戏的参与者追求的是赞扬和荣誉；而旁观者的目标既不是获利也不是荣誉，而是智慧。

## 参考书

T.L.Heath，《萨默斯的阿利斯塔克，古代的哥白尼》，1913年。

# 第四章
# 变化问题

## 第一节　永恒与变化

伊奥尼亚的物理学家对事物的实体本质感兴趣，而毕达哥拉斯学派则对事物的数量的关系、秩序、和谐和数感兴趣。引起他们注意的另一个问题就是变化或变易问题。最初的哲学家以一种素朴客观的方式来谈论变化、转化、起源和衰败的过程；这对他们来说根本不是什么问题。他们并没有停下来思考变化的观念，只是在他们的解释中使用这一观念，而没有对此反思。他们描述万物是如何从他们所设想的最初统一体中产生的，又如何复归于它；例如，空气是如何变成 32
云，云变成水，而水变成土，这些实体又是如何转化为最初的基质。这些实体转化理论都暗含着这一假设：没有事物能够绝对地生成或被消灭——同一个本原时而呈现为水，时而呈现为云，时而呈现为土。有的思想家将变化、成长、起源和衰败现象隔离出来，将变化的观念作为其体系的核心是很自然的事情。赫拉克利特就是这样做的。世界上变化的事实给他留下了非常深刻的印象。他断言变化构成了宇宙的真正生命，没有事物是真正永恒的，永恒性只是一个幻觉。虽然事物看上去可以保持稳定，但它们实际上处在无穷尽的变化过程中，处于一种连续的不稳定状态。埃利亚学派持相反的观点，他们否认变化和变易的这一可能性。对他们来说，实在会变化、一个事物真正会变成其他事物，这是不可想象的。他们断言变化是虚幻的，仅仅是感觉表象，而存在是永恒不变的。

## 第二节　赫拉克利特

像我们已经看到的，在赫拉克利特学说中的基本思想是，宇宙处在永不停息的变化中。“一个人不可能两次踏入同一条河中”，因为还会有其他的水流过。

赫拉克利特（公元前535年—前475年）出生于以弗所的一个贵族家庭。他一生都保持着坚定的贵族气质，对民主政治有一种极端的蔑视。他严肃、批判、悲观、独立地评论别人、独断、高傲、容易吹毛求疵。他以轻视的口吻谈论赫西俄德、毕达哥拉斯、色诺芬尼，甚至荷马，并以自学成才而自豪。“博学，”他说，“并不训练心灵，如果能的话，它应该已经使赫西俄德、毕达哥拉斯和色诺芬尼聪明了。”他的风格晦涩，可能是故意如此——事实上，他被称为“晦涩者”。但他又确实是一个很有说服力的作家，作品中充满了智慧和原创性的格言。他习惯于说出玄妙的言辞，而并不试图为此提供证明。他的著作只剩下残篇，被认为使用了《论自然》这样常用的标题，这本书分为三个部分：物理学、伦理学和政治学。而通常归于他名下的《信札》是一部伪书。

### 参考书

G.T.W.Patrick，《赫拉克利特〈论自然〉的著作残篇》，1889年；I.Bywater，《赫拉克利特残篇》，1877年；H.Diels，《以弗所的赫拉克利特》，1901年。

### 火和普遍的变动

为了突出持续运动这一观点，赫拉克利特选择将他所知道的最容易移动的实体作为他的根本基质，即永远不会停息的、永远活动的火——有时他称为水汽或
33 者气息——他认为火是有机体的重要基质和灵魂的本质。在某些解释者看来，火基质只是不停息的活动或过程的一个具体的物理标志，它自身并不是实体，而是对所有实体的否定。但是赫拉克利特很可能并没有通过推理得出这样一个极好的观点。对他来说，找到一个不停变化和连续进行性质转化的基质，这就足够了。而火就满足了这一要求。赫拉克利特的火并不是他的前辈们说的不变的基质，火是不停地转变成其他事物的存在者。

火变成水，又变成土，而土又变回到水和火。“因为上升之路和下降之路是

一条路。”“所有的事物都与火相互转化；正如货物被交换为黄金，而黄金又被交换为货物一样。”事物看上去是永恒的，是因为我们没有觉察到事物之中永不停息的运动。甚至太阳每天也都是新的，升起时发出光芒，而降落时则熄灭光芒。

## 对立面及其统一

原始的统一体自身处于不断的运动变化之中；它的创造是毁灭，它的毁灭是创造。当原始的统一体变成其他的事物，例如从火变成水，火就消失在一种新的存在形式中。每一事物都变成其对立面，因此每一事物都是对立性质的统一体。不存在持久的性质，因此没有事物能够凭借其性质而保持不变。每一事物既存在，又不存在；普遍的过程就是一种条件到它的对立面的转化，在这层意义上，每一事物都在其自身内与其对立面结合。只有这样的对立才使世界成为可能。例如，音乐上的和谐是由于高音和低音的结合形成的，也就是说，是从对立面的统一中形成的。

世界为冲突所支配：“战争是万物之父，万物之王。”如果不是因为冲突或者对立，世界就会停滞，毁灭。“一剂药如果不搅动就会分解为各种成分。”对立和冲突统一起来就成了和谐。实际上，没有包含着内在对立和冲突的运动变化，就不可能存在这样的秩序。最终，对立面将会在这一普遍原则中和解；世界将会回到火的最初状态，而火也就是理性，这一过程又重新开始。在此意义上，好和坏是一样的。“生和死，清醒和睡梦，年轻和年老都是一样的；因为后者会变成前者，而前者又会变成后者。”对上帝来说，所有事物都是公平、善和公正 34
的，因为上帝按照事物应当是的样子来安排事物，使所有事物在整体的和谐中达到完善；但是人类错误地认为有些事物是不正义的，而其他事物是公正的。和谐是对立面的统一，同样这一法则也统治着变化过程。这个法则不应当被解释为过程之外的东西：过程和其法则是相同的。

## 和谐和理性法则

因此，宇宙的法则不是偶然和任意的，而是依据“确定的准则”；或者像我们今天说的，是由法则所支配的。“事物的这一秩序既不是上帝也不是人制定的，它过去、现在和未来一直是永远运动的火，这火根据这一确定的准则而燃烧和熄灭。”赫拉克利特有时候把事物的秩序说成是命运或者正义的作为，因此将必然性的观念引入他的变化哲学中。在所有的变化和冲突中，一直能够持续保持其自身的就是这个不可阻止的法则，所有的运动、变化和对立都以它为基础；它存在于事物中的理性，是逻各斯（logos）。因此始基是理性的基质；它是有生命的，并被赋予理性。“只有这一原始基质才是有智慧的，它能够理解那贯穿于一切事物之中并指导万物的理智。”我们并不能绝对确定他是将其设想为有意识的理智，还是非个人的合理性；逻各斯学说被认为在这两种方式上都对后来的哲学产生了影响，但是可能后一种解释更为常见。

## 心理学和伦理学

赫拉克利特将他的心理学和伦理学建立在他的宇宙理论上。人的灵魂是宇宙之火的一部分，由它所滋养。我们呼吸火并通过感官来接受它。最干燥和最温暖的灵魂是最好的灵魂，很像宇宙之火的灵魂。感觉知识比理性知识低级；眼睛和耳朵是最坏的见证者。没有反思的感知并不能向我们显示隐藏的真理，只有理性才能发现真理。

人身上的支配性元素是与神圣理性相似的灵魂。在他的道德行为中，人必须使他自己服从普遍理性，即充满事物的法则。“那些言谈明智的人必须牢牢坚持所有事物中的这一普遍要素，就如一个城市要坚守法律一样，而且必须更加有力地坚持。因为所有的人类法律都是由一个神圣的法则所滋养。”合乎伦理规范就是要过一种有理性的生活，遵守理性的命令，而理性对于我们所有人乃至整个世界来说都是一样的。但是“虽然理性是共同的，但是大多数人在生活中好像认为
35 他们对理性有着自己独特的理解”。合乎道德就意味着尊重法则、自律、控制情感；合乎道德就是要让理性原则来约束自己。他的著作中的如下摘录显示了赫拉克利特伦理学高尚的理想主义：“人们应当为法律而战，就像为自己的城垣而战斗一样”“品格是一个人的守护神”“同情欲抗争是很困难的，因为对于情欲所要得到的任何东西，它都会以灵魂为代价来得到”“在我看来，一个最优秀的人抵得上一万个人”。

赫拉克利特蔑视大众，认为“他们相信街头卖唱的人，以庸众为师，而不知道多数人是坏的，只有少数人是好的”。人生至多是一场悲惨的游戏：“人生像是一个小孩在玩跳棋；王国是属于儿童的。”“人像黑夜中的灯，被点燃后又被熄灭。”他还对流行的宗教表示了蔑视：“他们用血来净化自己，就像一个人陷入泥潭中却希望用泥浆来洗净自己。如果有人看到他这样做，会认为他发疯了。他们向这些偶像祈祷，就像一个人在同自己的房子说话一样，因为他们并不知道神或者英雄是什么。”

## 第三节　埃利亚学派

赫拉克利特对变化和运动现象印象深刻，埃利亚学派则认为变化和运动是不可思议的，事物的原则必定是恒久、不运动、永不变化的。这个学派的名字来源于意大利南部的埃利亚小镇——这个学派的真正创始人巴门尼德的家乡。我们将埃利亚学派的时期分为三个阶段：（1）色诺芬尼，他是埃利亚学派哲学的始祖，因为他以神学形式将这一学派哲学的基本观点表示出来，但是他很少被认为创建了这一学派，因为虽然提出了神是永恒的观点，但是他认为变化的世界与永恒的神并存；（2）巴门尼德是这个学派的真正创始人，因为他将永恒的学说发展成为一个完整的本体论体系；（3）芝诺和麦里梭是这一学派学说的捍卫者：他们是埃利亚学派的辩论家。芝诺试图通过揭示反对者的荒唐来证明埃利亚学派的观点，而麦里梭则为这一理论提供了一个积极的证明。

### 参考书

Y.Freudenthal，《色诺芬尼的神学》，1886年；H.Diels，《巴门尼德》，1899年；K.Reinhardt，《巴门尼德和希腊哲学史》，1916年。

### 色诺芬尼 36

在色诺芬尼那里，我们看到了希腊思想中怀疑论的最早探寻：关于神和事物本性的知识是不可能的。但是他断言我们可以自由地提出神学上的设想，并认为这样的设想有可能接近真理。这样，色诺芬尼就不是哲学家，而是一个思辨的神学家。像毕达哥拉斯一样，他受到公元前6世纪广泛流行的宗教运动的影响。色诺芬尼批评带有拟人论特征的多神论，强调神的统一性和不变性。“但是凡人认为神就像他们一样被生产出来，有感知能力、声音和形体。”“但是如果牛和狮子有手，像人一样能用手绘画、制作艺术品，马就会将神的外形画得像马，而牛会将神的外形画得像牛。每一种动物都会按照他们自己的外形来表现神。”“因此埃塞俄比亚人说他们的神是黑皮肤、塌鼻子的，而色雷斯人则认为他们的神是黑头发、蓝眼睛。”神在身体和心灵上与凡人不一样，神是一；他不用费力就可以用心灵的思考统治万物。他居住在某个地方，完全不移动；他的各个部分都全视、全思、全听。神是永恒的——没有开端，没有结束。就没有什么事物能与之相比而言，神是无限的；就神是一个球体，是一个具有完善形式而非没有形式的无限而言，他又是有限的。作为一个整体，神是不动的，因为运动同神作为存在的统一体是不一致的——但是在神的各部分又存在着运动或变化。

色诺芬尼（公元前570年—前480年）是诗人、怀疑论者和神学家，他从小亚细亚的克罗丰移居到意大利南部，在那里他作为一个史诗吟诵者流浪各地。他是一个讽刺诗人而不是哲学家；他批评希腊的习俗和信仰——他的主要批评是反对宗教上的拟人论和多神论。他的宗教态度是怀疑论的——但是他的怀疑论是心灵的倾向和态度，而不是一种经过明确阐述和缜密分析的哲学上的怀疑论。他可能很少写作，因为只有很少的残篇留传下来。

色诺芬尼是一个泛神论者，认为神是宇宙的永恒原则，是所有事物都存在于其中的“一”和“一切”。换句话说，神就是世界，他并不是纯粹的精神，而是整个有生命的自然。色诺芬尼将神与世界同一，这一泛神论认同的重点不在神，而是在世界上；他对将神还原为自然力量很感兴趣，而对在神这一层面上评价世界则不感兴趣。色诺芬尼从未解决不动的“一”和持续变化的世界之间的不相容性，在他的泛神论中，这一矛盾向他的后继者提出了挑战。色诺芬尼接受了
37 早期希腊的物活论，将自然看作是有生命的。如果他相信物活论的神，那么他是将神视为世界的组成部分，是自然现象；在他的自己的神学理论中，神赋予世界以生命。

虽然色诺芬尼没有提出总的本体论或宇宙论假设，但是他确实提出了某些自然科学理论。从石头中的贝壳和海洋产物的印迹这样的证据中，他推断出包括人在内的所有生物，都是从水和土中形成、成长的。以前，大地和海洋混合在一起，但是随着时间的推移，大地从潮湿中摆脱，某一天大地还会沉入海中，变成泥浆，而物种又将重新开始。他将太阳和星星视为燃烧的云，每天熄灭、燃烧。

## 巴门尼德的本体论

巴门尼德是埃利亚学派的形而上学家。他向赫拉克利特的学说提出了挑战，赫拉克利特认为万物都在变化，火变成水，水变成土，而土又变成火，事物开始存在，然后又不存在。巴门尼德问，这怎么可能？一个事物怎么能既存在又不存在。一个人怎么能思考这样一个矛盾？一个事物怎么能改变其性质？一种性质怎么能够变成另外一种性质？说存在这样的变化，就是在说某物既存在又不存在，

某物能够产生于无，某物能够变成无。或者使用另外一种证明思路：如果存在是生成，它必定或者产生于非存在，或者产生于存在。如果产生于非存在，那么它产生于无，这是不可能的；如果产生于存在，那么它就是产生于自身的，这就等于说它同其自身是同一的，因此一直是这样。

因此，很明显从存在中只能产生存在，没有事物能够变成其他事物，无论什么事物都总是已经存在，并将一直存在，任何事物都总是其所是。因此，只可能存在着一个永恒的、非起源于他物的、不变的存在者。既然这个存在者总是一样，除了存在之外没有其他东西，它必定是连续的和不可分的。这个存在者里没有间断，因为如果间断是真的，那么这个间断自身就是存在者，而存在者是连续的；如果间断不是真的，这个间断就不存在，那么存在者还是连续的。而且，存在者还必定是不动的，因为没有非存在（没有存在者的空间）让存在者在其中运动。而且，存在和思维是一回事，因为不可能被思维的就不可能存在；不可能存在的，例如非存在，就不可能被思维。也就是说，思维和存在是同一的；任何能够被思考的东西都是存在的。这样，巴门尼德可以被认为是一位理性的或者辩证 38
的唯心主义者。巴门尼德可能还认为存在和思维的同一是在实在被赋予心灵这一意义上而言的，但是没有充分证据将他归为唯心主义的心灵主义者一类中。

存在或者是一个同质、连续和不确定的东西——我们的哲学家的审美想象将其描绘成一个球体——存在具有理性，是永恒和不变的。所有的变化都是不可想象的，因此感觉世界就是幻觉。将我们通过感官感知到的东西视为真实的，这就将存在和非存在混淆起来。巴门尼德展现了对理性的坚定信念：实在同理性一致，而同思维有矛盾的就不可能是真的。

除了我们刚才概括的“真理”学说之外，巴门尼德还提出了一个基于感官知觉的关于“幻觉”的学说，根据这一学说，存在者和非存在者都存在，因此会有运动和变化。世界就是温暖、光明的元素和寒冷、黑暗的元素两种基质混合的结果。有机物从黏液中产生，人的思想取决于他体内元素的混合，温暖元素感知世界上的温暖和光明，其他元素则感知其对立面。

巴门尼德在他的“真实”学说中向我们表明，逻辑思维驱使我们将世界设想为一个不变、不动的统一体。另一方面，感官知觉则向我们显示了一个杂多变化的世界：这就是表象和意见的世界。至于这样一个世界是怎么存在的，或者如何才能感知这个世界，巴门尼德并没有告诉我们。思维和幻觉之间的差异在赫拉克利特的哲学中具有相当的合理性，他通过保持在变化过程中每一时期的恒定的比例来解释永恒的幻觉。这种差异在巴门尼德的框架中是不一致的。在一个同质、连续的存在者中，错误和幻觉具有什么样的位置？可能从巴门尼德这里所得到的主要教训是消极的：将思维和语言的对象实体化就是要去掉感知世界的质上的差异。在《西方哲学史》一书中，罗素指出，巴门尼德是从语言到实在这一语言学谬误的牺牲品。在谈到巴门尼德的推理时，罗素说：

“总体上看，巴门尼德的推理在哲学上是从思维和语言证明世界的第一个例子。这一证明当然不可能被作为有效证明而加以接受，但是我们很有必要看一下这一证明所包含的真理……这整个证明表明了从语言中得出一个形而上学结论是
39 多么容易，以及避免这种谬误推论的唯一方法就在于把对语言的逻辑学和心理学研究推进得比绝大多数形而上学者所做的更远一步。”

## 芝诺的辩证法

芝诺（约公元前490年—前430年）是埃利亚的政治家，巴门尼德的学生。他试图通过指出反对观点的荒谬来证明埃利亚学派的学说。他认为，如果我们假设杂多性和运动，我们就将自己置于矛盾之中；这样的概念是自我矛盾的，因此我们不可能接受。他对杂多的反驳是这样的：如果存在的整体是杂多，那它就是由许多部分组成的，并且这一整体可以被证明既无限小，又无限大：无限小是因为这一整体是由无限小的部分（它的任何部分，不论如何小，都总可以被进一步再分）构成，这样的部分的总量自身将是无限小；无限大是因为我们总可以将其他部分的无限大的数目加到任何有限的部分上（不管存在者的总量有多大，总是有更多的存在者），得到的总量将会是无限大。说同一个整体既是无限小又是无限大是荒唐的，我们必须完全拒绝对杂多的这一最初假设。基于同一理由，运动和空间也是不可能的。如果我们说所有的存在都在空间中，我们就必须假定这一空间也在一个空间中，以此类推，以至无穷。同样地，让我们假设一个物体在空间中移动。为了通过一定的空间，这个物体首先必须通过这个空间的一半；为了通过这一半的空间，它首先必须通过这一半空间的一半，以此类推，以至无穷。总之，这个物体不可能到任何地方；运动是不可能的。

## 运动的悖论

芝诺提出了四个关于运动不可能的著名证明——通常被称为芝诺的运动悖论——亚里士多德重现了这四个悖论。[7] 在这四个证明中，第一个证明指出，

［7］《物理学》，第六卷，第九章，239b。

从某个位置运动到一个目的地是不可能的，因为人们在起点和目的地之间必须走无数个点。第二个证明是阿基里斯和乌龟的悖论，这个证明指出经过一个运动的目标是不可能的：阿基里斯——尽管他的速度很快——不可能追上乌龟，因为当阿基里斯在从他的始发点向乌龟的始发点运动时，乌龟已经走了一定的距离，而所有的随后间距都始终存在。第三个证明——飞矢的悖论——表明一支向靶子移
动的箭在任何既定的瞬间都在一个确定的空间位置上——也就是说，它是静止的 40
或者零运动，零的总和不可能产生运动。所有这三个证明都是基于一个有问题的假定：时间和空间分别是由分离的瞬间和点构成的。[8] 芝诺还提出了第四个证明，这一证明诉诸于可观察运动的相对性：感觉的多变性和矛盾性的证明，取决于一个运动中的对象是从一个静止位置来观察，还是从以不同速度运动的位置来观察，这就削弱了运动的可能性。虽然这一证明在其预设上与其他三个证明不同，但是在芝诺那里可能基于同样的兴趣。诚然，芝诺悖论可以得到解决，但是只能在关于连续和实在的数学、物理学和哲学理论的语境中得到解决。

## 萨默斯的麦里梭

萨默斯的麦里梭是一个成功的海军将领，他试图为埃利亚学派的理论提出一个证明。同巴门尼德一样，他断言存在是一。而且存在不可能被产生，因为那意味着在存在之前有一个非存在；并且从非存在中不可能产生存在。因此存在在时间上是无限的，或者是永恒的。麦里梭认为存在在空间上也是无限的；他关于存在在空间上是无限的学说不仅不同于巴门尼德的观点，后者认为存在是一个有限的球体，而且不同于希腊思想的一般倾向，后者认为无限是无意义和不可思想的。在麦里梭看来，没有真空或者非存在，因此需要空间的运动是不可能的。如果既不存在杂多，也不存在运动，那么也就不存在分离或者结合，也就不存在变化。因此感觉在呈现运动和变化上欺骗了我们。

[8] Windelband，《西方哲学史》，J. H. Tufts翻译，第43页及其后。

# 第五章
# 质的理论

## 第一节　变化之谜的解决

早期自然哲学家都含蓄地假定，没有事物能够产生或者消失，绝对的产生或者毁灭是不可能的。但是他们并没有有意识地对待这一思想，而是不加批评地接受了它。在他们的心灵中这一思想是隐含的而非明确的。埃利亚学派充分认识到了这一原则。他们不只在其推理中含蓄地预设这一原则，而且有意识地将其作为一个绝对的思想原则，严格加以使用。没有什么事物能够产生或者消失，能够变成
41 其他事物；没有一种性质能够变成其他性质，因为那将意味着一方面是一种性质的消失，另一方面是一种性质的产生。实在是永恒不变的，变化是感官的虚构。

但是，事物看上去是持久的，看上去又是变化的。事物如何既是持久又是变化的呢？我们如何能够逃脱这一僵局呢？哲学不可能对这一问题放手不管。持久和变化之谜必须得到解决，世界是静止的和世界是运动的，这两种观点必须以某种方式得到和解。赫拉克利特和巴门尼德的后辈们试图作出这样一个和解。

一般来说，这一谜题的解决方法是沿着这些思路：他们认为绝对的变化是不可能的；在这一点上埃利亚学派是正确的。而一个事物产生于无，变成无，进行绝对变化，这是不可能的。但是我们仍然有权利在相对的意义上说起源和衰败，生长和变化。存在或者实在微粒是持久的、原始的、不灭的、非派生性的，这些存在或者实在微粒不可能变成其他事物：它们是其所是，并且必定如此，就像埃利亚学派所坚持的那样。但是这些存在或者实在微粒能够结合或者分离，结合时它们形成物体，分离时它们又分解成为元素。实在的原始微粒不能被产生或者毁灭，或者改变性质，但是它们可以改变相互之间的关系，这就是变化的意义。换句话说，元素的绝对变化是不可能的，但是相对变化是完全可能的。起源意味着结合，衰败意味着分离；变化是元素间相互关系的改变。

恩培多克勒、阿那克萨戈拉和原子论者对赫拉克利特和巴门尼德提出的问题给出了相同的一般回答。他们赞同绝对的变化是不可能的，但是存在着相对变化。他们对以下问题的回答并不相同：（1）构成世界的实在微粒的性质是什么？

（2）是什么使这些微粒结合或者分离？在恩培多克勒和阿那克萨戈拉看来，这些元素具有确定的性质；而在原子论者看来，这些元素并没有确定的性质。恩培多克勒断言存在着四种质元素：土、空气、火和水；而阿那克萨戈拉则认为存在着无数种这样的元素。按照恩培多克勒的观点，两种虚构的存在，即爱和恨导致了元素的统一和分离；而阿那克萨戈拉则认为，这些元素之外的心灵引起了运动。量的原子论者，留基伯和德谟克利特断言运动内在于元素自身。 42

## 第二节 恩培多克勒

对于恩培多克勒来说，在严格的语词意义上，既不存在起源也不存在衰亡，而只存在着混合和分离。“因为任何事物都不可能从绝不存在的东西中产生，存在将会毁灭，这既不可能，也从未听说过；因为存在总是将会存在，不论人们将其放于何处。”[9] 有四种元素，或者“事物的根源”，每一种元素都具有其特殊性质：土、气、火和水；它们是非派生的、不变的和不灭的。物体由这些元素汇聚而形成，并通过它们的分解而毁灭。一个物体对另外一个物体的影响被解释为一个物体的流出物进入到和它们相适合的另一物体的细孔中。

恩培多克勒于公元前495年出生在南西西里的阿格里根特，那是一个富裕和有公德心的家庭。他长期担任其出生城市的民主派领袖，据说他拒绝接受王位。公元前435年，已经是流浪者的恩培多克勒死在伯罗奔尼撒。关于他跳进埃特纳火山口自杀的故事只是传说。恩培多克勒不仅是政治家和演说家，而且还是一个宗教教师、物理学家、诗人和哲学家。许多故事都讲述了他的奇迹，而且好像他本人也相信自己的魔术力量。我们现在有他两首诗的残篇，一首是关于宇宙论的《论自然》，一首与宗教有关，名为《净化》。参见《恩培多克勒的残篇》，由W.E.伦纳德于1908年以英语韵文译出。

是什么使得元素统一和分开？恩培多克勒通过假定两种虚构力量来解释变化。除了四种元素外，爱和斗争或者恨控制着它们的统一或者分开。恩培多克勒并不否认这两种动机性的力量——我们可以称其为吸引和排斥——可以共存，前者让物体形成，而后者则导致了物体的毁灭。最初，这些元素混合在一个球体中，在这个球体中爱处于至高无上的位置，而恨被排除在外。但是渐渐地，恨占据上风，进入球体并分散了元素。在这个过渡时期，当元素部分分离时，事物仍

［9］Burnet译，《早期希腊哲学》，第221页。

然存在；但是随着恨取得最终胜利，元素彼此间完全分离，也就不存在任何种类的个体事物。在这一时刻，这一过程又反过来，爱又进入球体，并逐渐重建了原始的同质混合体；到那时候，分解的过程又重新开始，在周期性的变化中一直如此。在这两种极端状态中——完全的统一和完全的分离——不存在个体；由世界
43 的现在状态所例示的个体阶段是部分混合与部分分离之间的过渡状态。

在形成目前宇宙状态的过程中，气或以太首先分离，形成天空的穹顶；接着火形成下面的星球；通过旋转运动把水从土中挤压出来形成海洋；通过天空之火而形成的水蒸气产生了较低的大气层。有机生命从土中产生：首先是植物，然后是动物的不同部分，即胳膊、眼睛和头。这些部分偶然间结合，产生出各种各样没有定形的块状物和怪物——具有双面的动物，长着人脸的小牛，长着牛头的小孩——这些块状物和怪物又重新分开，直到经过许多次试验后，产生出适合生存的形式；这些形式一代代延续下去。

人是由四种元素构成的，这解释了他知道这些元素的能力。通过相似者认识相似者：通过土我们看见了土，通过水我们看见了水，通过气我们看见了壮丽的气，等等。感官的感知通过物体作用于感官而得到解释。例如，视觉就是在外在微粒的吸引影响下，火和水的微粒从所见对象投射到眼睛里，在那里它们遇到经过眼睛小孔的同样微粒。这些物体在接近眼睛表面的地方接触，就产生了影像。但是只有同眼睛细孔相适合的微粒才能影响眼睛。在听觉方面，空气进入耳朵就产生了声音；在味觉和嗅觉方面，是因为微粒进入到鼻子和嘴。而心脏则是理智的所在地。

恩培多克勒采取了早期希腊自然哲学家的物活论观点，将精神生活归于一些生命："所有的事物都有思维能力。"在他的宗教著作中，恩培多克勒宣扬人的堕落和灵魂的轮回。这些学说似乎将他与影响所有希腊人的伟大的奥菲斯教派联系起来。

## 第三节　阿那克萨戈拉

阿那克萨戈拉的问题同恩培多克勒的一样，要解释变化问题。他接受了埃利亚学派的观点，认为绝对的变化是不可能的，没有一种性质能够变成另外一种性质，实在在其本质的意义上必定是持久不变的："没有事物形成或者消失。"但是他并不否认变化的事实。存在着相对的变化；在元素混合和分离的意义上，事物确实生成并消亡。在他看来，元素的数目必定多于恩培多克勒所提出的四个；

因为一个像我们的世界一样丰富和具备各种性质的世界不可能通过如此少的元素得到解释。而且，土、气、火和水根本不是元素；它们是其他实体的混合物。因此，阿那克萨戈拉认为具有特定性质的无限数目的实体是它的最终元素，“这些 44
元素具有各种形式、颜色和味道”，如肉、头发、血、骨头、银、金的微粒等。这些极端细小但却并非不可见的微粒是自存的和不变的，因为“肉怎么可能从不是肉的微粒中产生？”它们的数量和性质是恒定的，不能增加或者减少，或者在性质上改变。他是通过如下的反思而得到这一观点：身体是由皮肤、骨头、血和肉等构成的，这些东西在明暗、冷热和软硬等方面并不相同。身体由食物滋养，因此食物必定包含了构成身体的这些成分，既然食物从土、水、空气和太阳中获取其成分，那么后者必定具有形成食物的成分。因此，恩培多克勒所说的简单元素在现实中是所有事物中最为复杂的事物，是所有种类最为细小的物质微粒的真正储藏所。它们必定包含在有机体中所发现的所有成分中，否则我们怎么能够解释身体中皮肤、骨头和血的存在呢？

阿那克萨戈拉（公元前500年—前428年）出生在小亚细亚的克拉左美尼，后在雅典定居，成为伟大的政治家帕里克勒斯的朋友，后者致力于使他的城市成为希腊的知识和政治中心。由于帕里克勒斯的敌人以无神论控告阿那克萨戈拉，他离开居住了三十年的雅典（公元前464年—前434年），在拉姆萨卡斯定居，一直到去世。我们有他的著作《论自然》的重要残篇，此书以清晰而简洁的散文写成。

## 参考书

F.Breier，《阿那克萨戈拉的哲学》，1840年；M.Heinze，《论阿那克萨戈拉的努斯》，1890年。

在宇宙的最初状态，在世界形成之前，无限小的物质微粒——我们的哲学家称其为根源或者种子，亚里士多德在他对阿那克萨戈拉的解释中，将其称为同质的要素或成分——混合在一起，形成混乱的一团，填塞整个宇宙：没有被空虚的空间分开。最初的一团是无限数目的无限小的种子构成的混合物。世界像它现在存在的这样，是构成这一团的微粒的混合和分开的结果。但是这些分散在这一团中的种子是如何从混沌中被分开的，又是如何结合成一个宇宙或者世界秩序的呢？通过机械的方法或者运动，通过位置上的变化。但是这些种子既没有像物活论者所认为的那样被赋予生命，也不是通过爱和恨而运动。那么是什么让它们运

动的？阿那克萨戈拉从我们所观察到的天体转动中发现了答案的线索。在这一团
中的某个点上产生的一种迅速有力的旋转运动将根源分开；这一运动不断向远处
45 延伸，将相似的微粒聚在一起，并继续伸展，直到最初的混合物被完全分解。最
初的旋转运动将浓稠和稀薄、温暖和寒冷、明亮和黑暗、干燥和湿润分开。“浓
稠的、湿润的、寒冷的和黑暗的汇集在土现在所在的地方；稀薄的、温暖的、干
燥的和明亮的被分离到太空中较远的地方。”这一分离过程继续进行，导致了天
体的形成，天体是通过旋转运动的力量从地球上投掷出来的固体团块。这一分离
过程还导致了地球上各种物体的形成。太阳的热量逐渐使湿润的土地变得干燥；
充斥在空气中的种子通过降雨被贮存在泥土中，有机体就是从这种子中产生。阿
那克萨戈拉将灵魂归于这些有机体，以便解释它们的运动。

这整个复杂的世界进程，像它现在所显示的，是一个长期系列运动的结果，这些运动必然是从最初的旋转运动中产生的。但是什么造成了旋转运动？为了解释这一最初的运动，阿那克萨戈拉求助于一个有理智的本原，即心灵或者努斯，世界秩序的精神，他将其设想为绝对单一和同质的实体——不同于该元素或者种子混合，而是同它们绝对分离，并区别于它们——它具有支配物质的力量。努斯是一个自发的积极存在者，是世界上所有运动和生命的自由来源：它知道所有事物的过去、现在和将来，它安排所有的事物，是所有事物的原因。它统治着所有有生命的东西。努斯是一个目的论的或者有目的的本原，这一目的论的观点排除了存在着多个相继或者同时存在的世界；发布命令的心灵只形成唯一的和最完善的世界。在阿那克萨戈拉这里，我们第一次遇到有人将目的论与世界秩序的唯一和完善联系起来。如果世界的规划是一个有目的的心灵的产品，那么就不可能有像恩培多克勒宣称的循环往复。

心灵或者努斯是纯粹精神，还是极好的物质，还是某种既不是完全物质又不
是完全非物质的东西，在这一点上，阿那克萨戈拉的解释者观点不一。虽然阿那
克萨戈拉有时候在这一问题上表现得很笨拙，称心灵是所有事物中最稀薄的，因
此认为它是一种物质，但它可能是一种独特的本原，因为心灵从来不与其他东西
混合。相应地，我们可以将他的观点描述为一种模糊的二元论，一种没有得到明
确界定的二元论，心灵使得世界进程开始，但它似乎也存在于世界上，存在于有
机体中甚至是物质中——实际上，它存在于运动需要由它来解释否则便无法解释
46 的地方。心灵存在于它周围的团块中，存在于已经分离出去或者正在分离出去的
事物中。用近代的术语来说，心灵是超验的又是内在的：一神论和泛神论在这一
体系中并没有被严格分开。亚里士多德在批评阿那克萨戈拉时正确地指出，他只

是在机械解释失败时才求助于心灵："阿那克萨戈拉将心灵用作构造宇宙的一种手段，当不能解释为什么事物必然存在时，他就将心灵引入，但是在其他情形下他又用其他的原因而不是用心灵来说明事物的形成。"[10] 事实是，阿那克萨戈拉力图通过机械的本原来说明事物，当心灵成为最后的凭借时，他就求助于这一理智的原因。

# 第六章
# 量的理论

## 第一节　德谟克利特的原子论

恩培多克勒和阿那克萨戈拉为以原子论命名的宇宙自然科学观点铺平了道路，这一自然科学观点在今天的科学中仍然保持着影响。恩培多克勒和阿那克萨戈拉的学说在几个重要方面需要修正，作为原子论者的留基伯和德谟克利特进行了这项工作。

原子论者赞同他们的前辈，接受了实在微粒是原初的和不可改变的，但是他们否认这些微粒具有恩培多克勒和阿那克萨戈拉归于它们的那些质的特性，并拒绝承认这些微粒是由爱和恨或者心灵从外面促使它们运动的。土、气、火和水并不是恩培多克勒所宣称的"事物的根基"，也不存在阿那克萨戈拉所假设的具有不同性质的无数"种子"。这样的事物并不是真正的元素，它们自己就是由更为简单的单元构成的，这些单元是不可见、不可入的空间实体，或者称之为原子，它们在形式、重量和大小方面有差别；这些单元或者原子具有自身固有的运动。

阿那克萨戈拉的质的理论和德谟克利特的原子论之间存在着重要区别，这些区别使得原子论取代了质的理论：（1）阿那克萨戈拉假定了无数具有不同性质的元素；而德谟克利特则认为无数的原子只是在形状、大小等量的方面彼此不
同。（2）阿那克萨戈拉承认元素可以被无限分割成越来越小的微粒；而德谟克 47
利特的原子则是简单的，并且在物理意义上是不可见的，因为用来解释其他所有事物的原子必须是最终的，不能被反复分割成部分的。（3）阿那克萨戈拉并没

[10] Fairbanks译。

有谈论真空，他可能认为实在是质的无处不在；而德谟克利特则坚持将真空的实在性作为原子运动的一个条件。（4）阿那克萨戈拉通过心灵来解释运动——心灵是与运动元素分开的本原；而德谟克利特则将运动视为原子的内在属性。（5）最后，阿那克萨戈拉的心灵是一个有目的的或者目的论的本原；而德谟克利特的原子则服从机械法则。

原子论学派的创始人是留基伯和德谟克利特。我们几乎不知道留基伯的任何事迹；有些人怀疑他的存在，而其他人则赞同亚里士多德的观点，将他视为原子体系的真正创始人。[11] 后一种观点可能是正确的。留基伯据说来自米利都，在埃利亚的芝诺那里学习，并在阿布德拉创立了原子论学派，他的学生德谟克利特使这一学派闻名于世。留基伯的著作很少，据称已经并入其追随者的著作中。

德谟克利特于公元前约460年出生在色雷斯海滨的阿布德拉的商业城市，死于公元前370年。他游历极广，写了许多关于物理学、形而上学、伦理学和历史学方面的书，他还是一个出色的数学家。

德谟克利特的著作残篇流传下来的相对较少，并且我们不能确定哪些是属于他的，哪些是属于留基伯的。但是我们可以通过现有资料对原子理论有一个非常充分的了解，即使对作者的身份还必须存疑。

### 参考书

A.Brieger，《原子的最初运动》，1884年；F.Lortzing，《德谟克利特的伦理学残篇》，1873年；P.G.Natorp，《德谟克利特的伦理学》，1893年。

## 第二节　形而上学和宇宙论

原子论者赞同埃利亚学派，认为绝对的变化是不可能的；实在在其本质意义上是永恒、不灭、不变的。同时不可否认的是，变化在进行，事物在持续运动。运动和变化没有真空（或者巴门尼德称为非存在的虚空）是不可思议的。因此，原子论者坚持认为非存在或者真空是存在的。他们大胆地断言，巴门尼德的非存在实际上存在——它是原子在其中活动的真空。这并不是说真空在有形体的意义

[11] 参见Burnet，《早期希腊哲学》。

上是真实的，而是说它具有自己的实在类别。物体并不比空间更真实；一个事物
可以没有形体但却是真实的。对原子论者来说，原子和原子在其中活动的真空都 48
是实在：事物或者是充实的或者是虚空的。存在或者充实，非存在或者虚空都是同样真实的。也就是说，真实的事物并不像埃利亚学派所认为的，是一个连续、不可分和不动的存在，而是通过真空彼此分开。

这些存在者的每一个都是不可分、不可见和简单的原子。原子并不像许多近代人所设想的那样，是数学的点，或者力的中心，原子是有广延的。既然原子有广延，它就不是数学上不可分的点，而是物理上不可分的微粒，也就是说，它不可能在物理上被分割成部分。所有的原子在质上是相同的；它们既不是土、气、火，也不是水，也不是具体类别的根源。它们是非常小而紧密的物理单元，在形状、大小、重量、排列和位置上不同。它们是非派生性的，不灭而且不变。它们现在是这样，过去和将来也是这样。换句话说，原子是一个由巴门尼德的存在分成的不可被进一步分割的细小部分，是不可分的存在，每一个原子都具有永恒、不变和不可分的特性，而巴门尼德将这些特性归于他的单一存在。

这些原子彼此间被真空分开，它们是实在的基石，不同的对象通过原子得以形成，就像喜剧和悲剧是由同样的字母拼成的文字构成的一样，只不过是以不同的方式进行结合和再结合。所有的物体都是原子和空间的结合：起源意味着结合，而毁灭则意味着分离。物体有差异是因为原子是以前述的不同方式构成了物体。只有通过压迫、冲击或者通过流射物离开一个物体碰撞到另外一个物体上，通过直接接触，原子才能相互作用——原子论假说排除了远距离的作用。使原子结合或分离的是原子自身固有的运动。原子的运动受不变的机械法则控制："没有什么会毫无根据地发生，万物必然有其理由和必然性。"原子的固有运动像原子自身一样不是被引起的；它们永不静止，从开始就处于运动之中。空间不可能是运动的原因；因此运动必须被视为每一个原子的固有属性。由于原子有许多不同形状，有些有钩，有些有眼睛，有些有沟，有些隆起或者凹陷，它们相互交织而钩在一起。由较大的原子群构成的物理对象的坚固和刚硬也是由于这一联结的缘故。

世界的演化被解释如下：原子沉重而向下坠落，但是较重的原子下降更快， 49
使得较轻者上升，这种作用引起了旋转运动，旋转运动不断向远处延伸，因此具有相同大小和重量的原子汇集在一起，较重者位于中心，形成了空气，其次是水，再次是固体的土；较轻者位于天空之火和以太的外围。这样就产生了许多世界，每个系统都有其中心并形成了球体。有的系统既没有太阳也没有月亮，而其

他的系统则比我们的系统有更大更多的行星。地球就是这样产生的星体之一。生命从湿润的泥土或者黏泥中产生。热原子遍布整个有机体，这解释了生命体内的热量；热原子在人的灵魂中特别丰富。

## 第三节 心理学和认识论

灵魂是由最好、最圆和最为机智的热原子构成，这种原子散发到整个身体中——在两个原子之间总是存在着一个灵魂原子——这就产生了身体的运动。身体的某些器官是特殊的精神功能的中心：大脑是思考的中心；心脏是愤怒的中心；肝脏是欲望的中心。每一个对象，无论是有生命还是无生命的，之所以能够抵制周围的压力，是因为在对象中存在着这样的灵魂。我们呼吸灵魂原子，只有当这一过程继续，生命才能存在。当生命死亡时，灵魂原子就散去；当装着灵魂的容器破碎时，灵魂就溢出。我们在这里看到了建立在唯物主义基础上的生理心理学的粗浅开端。

感官知觉被解释为由被感知物体相似的流射物、影像或者幻象在灵魂中所产生的变化。所有的物体都投射出影像，这些影像通过中介性的空气最终作用于感官。由物体投射出的影像改变了物体附近的微粒排列；它又立刻改变了与之相毗邻的物体，依次类推，直到流射物触及感官和（由原子构成的）灵魂。如果在传送过程中，来自于物体的影像或者流射物相互干扰，就会产生幻觉。如果它们的传送没有受到干扰——如果它们直接影响感官，最终影响灵魂——真的知识就形成了。相似者感知相似者，也就是说，只有当从一个物体中散发出的影像和由感官流射出的影像相似，知觉才有可能。通过这样遍布各地的物体发散出的影像，德谟克利特解释了梦、先知的幻象和对神祇的信仰。

50 我们归于不同物体的可感性质（颜色、声音、味道和气味等）并不在事物自身之中，而是由于原子的结合对我们的感官所产生的影响。这样的原子除了我们已经提及的性质之外，如不可入性、形状和大小，再没有别的性质。因此，感官知觉并不产生关于事物的真正知识；它只是指出了事物如何影响我们。希腊的原子论者预料到了这个我们将在近代哲学中遇到的第一性质（不可入性、形状等）和第二性质（颜色、声音、气味等）之间的区分。我们不可能看见原子的本来面目；但我们能够思考它。感官知觉是模糊的知识；思想是唯一真正的知识，它超越了我们的感官知觉和表现并到达原子。和所有早期希腊哲学家一样，德谟克利特是一个唯理论者。但是理性思维并不是独立于感官知觉的；实际上作为“求知的真正之路”的理性始于感官知觉终结的地方。感官只是揭示了物体的粗浅一面；当“研究进入到细微之处”，理性就必须超越感觉知识。理性是灵魂最高级的功能——实际上，对德谟克利特来说，理性和灵魂是一回事。

## 第四节　神学和伦理学

神也存在并且由原子构成；神像人一样也是会死的——虽然神祇活的时间更长一些。神比人类更为有力并且占据了高一级的理性。人们通过梦或者其他可能的方式知道神，但神并不干涉人的事务，因此人类并不需要对神感到害怕或者取悦神。像其他事物一样，神也服从于原子运动的客观法则。

我们已经指出，在德谟克利特的认识论中理性具有对感觉的优越性，这一优越性也延伸到了伦理学领域：所有行为的目的都是好生活，好生活在他那里不是单指感官的快乐，更是指伴随理性禀赋的运用所得到的满足。在归于德谟克利特的残篇中，我们可以找到精致的享乐主义伦理学的概括。唯物主义和享乐主义的联系首次在这里出现。这无疑反映了这两种学说之间的密切关系；快乐具有质的和可感知的特性，这一特性同唯物主义和享乐主义哲学协调一致。德谟克利特认为人生的真正目的就是幸福，他将幸福描述为满足或者快乐的内在状态，取决于灵魂的安静、和谐和无畏。这种内在幸福并不依赖于财富或者物质上的善，
也不依赖于身体的快乐——因为这些东西是短暂的，能产生痛苦，还需要不断重 51
复——而是要靠快乐的适度和人生的和谐。我们的欲求越少，我们越不容易失望。实现这一目标的最佳途径就是通过对美好行为的反省和沉思来锻炼我们的精神上的能力。

就其有助于幸福这一最高的善而言，所有的美德都是有价值的；其中主要的美德是正义和仁慈。心灵的妒忌、猜疑和愤怒会产生纷争，对所有的人都有害。我们做正确的事情不应当出于畏惧惩罚，而应当出于义务感。为了成为好人，一个人不仅应当不做坏事——他甚至不应当有做坏事的欲求。“要区分一个人真诚还是虚伪，你不能只通过他的行为，而且还要看他的欲求。”“正义的人总是倾向于做正当合法之事，整日心情愉快，身体健壮而无忧无虑。”我们应当为国家服务，因为“一个管理良好的国家就是对我们的最重要的保护”。“当国家处于良好状态，一切都蓬勃发展；当国家衰败时，一切都走向毁灭。”[12]

---

［12］译文摘自Bakewell，《古代哲学史料》。

# 第二篇 52

# 知识和行为问题

## 第七章 智者时期

### 第一节 思想的进步

自从神统系谱学和宇宙进化论时期以来，哲学有了巨大的进步。在哲学的影响下，旧的世界观和人生观发生了深刻变化。这一变化的程度通过充满神祇和玄奥的神话形式的朴素理论和原子论者的机械论之间的对比得到了清晰的展现。但是自由探究的精神并没有被限制在哲学家的各个学派中，而是不可避免地渗透到了思想的其他领域。新的观念逐渐取代了旧的观念。我们在埃斯库罗斯（公元前525年—前456年）、索福克里斯（公元前496年—前405年）和欧里庇得斯（公元前480年—前406年）的戏剧诗歌中可以注意到这种变化；他们的人生观和宗教观通过批评和反思得到了深化和拓展。我们在历史学家和地理学家的著作中也可以看到这一变化：以前很容易被接受的传说故事和迷信受到了质疑，希罗多德（生于公元前480年）为历史的批判性研究开辟了道路，修昔底德（生于公元前471年）是这一研究的最为优秀、经典的代表。在医学方面，旧的荒唐思想和实践被行会领导所摒弃；人们感觉需要关于自然和人的知识，哲学家（他们有许多人就是医生）的物理理论被应用到治疗技术上。希波克拉底的名字成为希腊在引领医学的科学研究上取得进步的一个里程碑。医生的探索通过展现观察和经验的重要性，对于哲学研究也具有重大价值。[13]

53 我们现在面对的时期是希腊思想史上重要思想体系的构建处于暂时停滞的时期。有些思想家只是在继续发展现存学派的学说，其他人则采取折中的态度，试图将早期哲学家的学说和后期大师们的思想结合起来；有些人将他们的注意力转向医学学派所从事的自然科学探究，其他人则对形成法律、道德和政治基础的人文学科感兴趣。人们的研究热情非常浓厚，并扩展到所有类别的问题上，这些问题涉及国家的起源和目的，行为、宗教、艺术和教育的原则。人们写出了大量高度专门化的手册；为每一种人类活动形式都制定了规则，从食物的烹调一直到艺术品的创作，从散步到进行战争。在所有这些努力中，哲学起到了潜移默化的作用。作为希腊哲学开端时期特征的独立的反思和批评精神涌入研究的每一个领域，并且为思辨思想的另一个重大时期作了准备。但是人类的心灵不得不走许多弯路，并在到达顶峰之前迷失在许多死胡同中。我们将尝试描述公元前5世纪后期哲学的命运，这个时期对于希腊历史和一般的人类文明具有重大的意义。

## 第二节　希腊的启蒙时期

我们已经注意到，在希腊人的政治、道德、宗教和哲学发展中，有一个日渐增长的朝着自由和个人主义发展的倾向。对生活和人类制度的批判性态度在他们的早期诗歌中已经显示出来，这一态度在荷马的著作中还表现微弱，而在赫西俄德和公元前六七世纪的诗歌中则逐渐明显。这些人反省他们所处时代的风俗习惯，社会政治制度，宗教观念和实践，神的起源、本性和行为。他们关于神的观念发展得更加纯粹，并且在他们的神统系谱学和宇宙进化论中为即将到来的哲学开辟了道路。在公元前6世纪的哲学中，独立思考的倾向几乎发展成熟。在这个世纪和公元前5世纪前半叶，自然科学和自然哲学大行其道；人们由对心灵的探究转向对外在世界的物理事物的探究。人们努力理解宇宙的意义，提出一个又一个体系来解决宇宙之谜。人们的主要兴趣对象是世界和它的运转方式，人在自然中的位置取决于形而上学所达到的结论。

54 公元前5世纪，希腊人在政治、经济和文化方面的经验非常有利于表征其哲学家特性的启蒙精神的发展。波斯战争（公元前500年—前449年）使得雅典成为海上的霸主和世界强国，同时也是希腊的商业、文化和艺术中心。诗人、艺术家、教师

[13] 参见T.Gomperz，《希腊思想家》，第一卷。

和哲学家进入雅典，为雅典的富有公民提供服务并指导他们；重要的建筑和雕塑装饰这座城市，剧院里回响着自足的人们的掌声。当我们回想起公元前5世纪后半叶居住在这座城市中的杰出的人物——伯利克里、阿那克萨戈拉、修昔底德、菲迪亚斯、索福克里斯、欧里庇得斯、阿里斯托芬、希波克拉底和苏格拉底——我们就可以充分理解伯利克里在一篇著名的悼词中的自豪宣言：雅典是希腊的学校。

巨大的经济进步和由事物的新秩序培育的民主制度的建立，进一步推动了独立思考和行动，随之而来的是对权力和对带来权力的事物的欲求：财富、名声、文化、效率和成功。传统的宗教、道德、政治、哲学、科学和艺术观点受到了批评。旧的基础受到检查，并在许多方面被推翻。否定的精神在这个国家广泛传播。学习新的研究学科的要求日益增长。公共生活为雄辩善说的人提供了精彩的舞台，修辞、演说和论辩艺术的培养成为实践上的需要。

我们所表述的这个时代是一个启蒙的时代，和近代18世纪的启蒙运动非常相似。这个时代所产生的新的精神态度必然会鼓励个人主义的滋长。个人开始摆脱群体中的权威，为自己而创新，不依赖旧的传统而思考自己的观点并找出自己的解决方案。虽然思想的这一批判性态度对希腊文化的发展产生了不可估量的贡献，但是在某些地方采用了夸张的形式，在诡辩和吹毛求疵中达到顶峰；在其他方面，它倾向于发展成为理智和伦理的主观主义和相对主义：我恰巧认为是真的，就是真的；我恰巧相信是正确的，就是正确的。一个人的观点和另外一个人的观点一样好，一个人的行为方式和另外一个人的行为方式一样好。并不奇怪，在这样的环境下，没有哪个人的观点应当受到高度尊重，怀疑论理所当然地在理论领域中兴起，实践领域也在鼓吹自我利益的福音。这个摘自修昔底德著作的经常为人们引 55
用的段落，虽然可能有些夸张，但或多或少反映了这一新运动的堕落状况：“随意颠倒文字的通常意义；将最为鲁莽的有勇无谋之徒视为最值得交往的朋友；将谨慎中庸之人称为懦夫；将听从理性的人视为毫无用处的傻瓜。人们得到的信任同他们的暴力和不择手段成正比，没有人像成功的阴谋家那样广受欢迎，除非有人足够聪明，能够从事阴谋家的职业而又胜过他，任何试图真诚地消除这些背信弃义的原因的人都会被认为是背叛了他的党派。至于誓言，没有人认为他们应当信守片刻；如果你已经让你的敌人相信你的话，从而设法抓住他，那么消灭他事实上是一种额外的快乐。”[14]

---

［14］《伯罗奔尼撒战争史》，第三卷，第82页。

阿里斯托芬在他的戏剧中也向我们展示了新文明的丑恶一面。贝恩指出，在阿里斯托芬看来，“古代的风纪最后变得非常随意。富人懒散而奢侈；穷人违抗命令，年轻人对他们的长辈越来越傲慢无礼，宗教受到嘲笑，所有的阶层都受到赚钱这一共同欲望的驱使，并将钱花在感官享乐上面。”[15]

这就是这幅自由思想、个人主义和追求财富的时代产物的图景的一个方面，另一方面，我们看到保守的人，他们是过去美好时代的代表，反对新思想和新教育，反对新的美德，或者更确切地说是新的恶习，因为对知识的追求在他们看来似乎导致了“非宗教和非道德，使年轻人完全不同于他们的先人，在某种程度上同随意交友和过放荡生活相联系”。[16]

## 第三节　智者派

智者派是新运动的代表。智者一词最初意指一个有智慧、具有熟练技巧的人，但是在我们所描述的时代，这个词开始被用到职业教师身上，他们游历四方，通过在思考和说话的艺术方面提供指导而赚钱，为年轻人从事政治作准备。但是智者这个名称逐渐变成一个谴责用语，部分是因为智者收费，部分是因为某些晚期的智者的激进主义，玷污了智者的传统意义。智者以极大的热情投身于他
56 们所选择的事业。根据柏拉图的表述，普罗泰戈拉对一个年轻人说：“如果你跟我学习，你回去的那一天将比你来时变得更好。”当苏格拉底问他将如何做到这一点时，普罗泰戈拉回答道：“如果他到我这里来，他将学到他想要的东西。这就是在私人和公共事务中保持谨慎；他将学到以最好的方式处理家务，他将能够在国家事务中使自己的言行符合国家最大利益。”为了使自己适合某一职业，年轻人有必要在论辩、语法、修辞和演说方面完善自己。智者们出于严格的实用目的来研究这样的问题，但是他们不经意间开辟了理论研究的新领域。他们还将注意力转向道德和政治问题，因此极大地推动了对伦理学和国家学说的系统、全面的讨论。时代道德热情日渐衰退，并被不惜代价追求成功的欲望所取代，某些晚期的智者急于使他们的学生有所成就，往往会走极端。他们施教的目标就变成教育他们的学生如何通过正当或者卑鄙的手段战胜他们的对手，使较坏的看上去成为较好的，用各种逻辑谬误使对手感到困惑——实际上，“诡辩”和“诡辩术”

---

[15] Benn，《希腊哲学家》，第一卷，第74页。

[16] 同上，第93页。

这两个术语就是作为这样的错误推理的名称——使对手显得荒唐可笑。

## 认识论

智者的时代首先并不是一个道德和宗教改革的时代——这是一个错误的观点，这个观点夸大了智者时代同18世纪的启蒙时代之间的相似性。相反，诡辩最初是为了反对自然哲学家和宇宙论者自相矛盾的结论。[17] 智者的注意力集中在由希腊自然哲学家的各种观点引起的知识问题上；智者们提供的结论是：他们的前辈没有达成一致意见，是因为人类思维能力的局限性，人类的思维能力不能够解决宇宙论者所提出的问题。换句话说，在很大程度上由哲学培育的时代的批判精神开始影响哲学自身，并引起了对形而上学思辨的暂时轻视。哲学在不确定中权衡自己，发现自己有不足；哲学开始进行自我批评。人们认为，在实在的实质是什么这一问题上，没有两个哲学家的回答能够达成一致。一个人认为是水，另外的人则认为是气、火或者土，还有人认为是所有这些东西；一个人宣称变化是不可能的，另外的人则认为没有什么事物不变化。如果不存在变化，就不可能有
知识：我们不能说什么事物具有什么性质，因为一如何能够变成多？如果万物都 57
是变化的，也不可能存在知识，因为没有事物持续不变，我们如何能够说什么事物具有什么性质。如果像某些哲学家所认为的那样，我们只能在事物作用于感官的意义上认识事物，那么，我们就不可能有认识，因为那样我们就无法理解事物的性质。所有这些观点的结论就是我们不可能解决宇宙之谜。智者们逐渐知晓这一事实，即人类的心灵是获取知识过程中的一个重要因素。智者以前的思想家都认为人类理性的能力能够获取真理；尽管具有批判的敏锐，但他们却忘记批判理智自身。智者将目光转向认知的主体，并断定知识依赖于具体的认知者，在一个人看来是真的东西，对他而言就是真的，不存在客观真理，而只存在主观的意见。“人是万物的尺度。”普罗泰戈拉这样教导人们。普罗泰戈拉的相对主义学说是对哲学家们——特别是巴门尼德和芝诺——自相矛盾的结论的否定，他赞同关于个人的常识判断。在普罗泰戈拉的准则中，“人”并不是一般意义上的人，而是指个人。个人在知识问题上是他自己的法则。个人观点经常彼此反对，按照这一准则，所有的个人观点都是真的：“没有什么东西是一个而不是另外一个。”两个相反的陈述可以都是真的——每一个都与做出这一陈述的个人的性格相关。因此，智者的工作并不是要证明真理，而是要说服人们接受两个相互反对

[17] 参见Burnet，《希腊哲学》第一部分，“从泰勒斯到柏拉图”，第109页。

的陈述中的一个，而不是另外一个。即使普罗泰戈拉坚持认为两个相互矛盾的陈述都可以是真的，他也承认一个可能比另外一个“更好”——他可能是指一个比另外一个更加正常或者自然：正常眼睛的视觉比生黄疸病的眼睛更为可信。通过诉诸于正常事物，普罗泰戈拉在否定了所有的标准之后，又恢复了一个关于真理的标准。[18]

但是普罗泰戈拉通过断言所有的观点都是真的，解决了由这些观点的冲突所产生的问题——虽然有些观点比另外一些更为正常——高尔吉亚则采取了极端的观点，认为所有的观点都是不真的。在他的名为《论自然和非存在》的著作中，他通过三个陈述提出了一种完全消极的哲学：（1）不存在任何事物；（2）
58 即使有某物存在，我们也不可能知道它；（3）即使事物存在并且我们能够知道它，我们也不可能将这一知识传达给别人。智者的认识论绝大部分是消极的和怀疑的，但至少就它的某些拥护者而言，这一理论也具有其积极的一面。智者所使用的辨证论证，虽然是智者用来反驳其对手，不是用来建立真的知识的，但这些论证以其清晰和独创性为柏拉图的辩证法和亚里士多德的逻辑学铺平了道路。智者的另外一个积极贡献在于承认知识的实用性一面。他们极力主张，绝对的理论真理是不可能达到的，但是个人获得的相对知识对日常生活中的行为具有实践意义。在他们强调与个人有关的真理所具有的应用性和可行性上，智者提出的观点在近些年已经以实用主义的名称得到复兴。

## 伦理学

表征智者认识论特点的主观主义和相对主义也出现在他们的伦理观点中。理论上的怀疑论到伦理学上的怀疑论并不遥远，人们将自己作为行为的准则。如果知识是不可能的，那么关于正确和错误的知识也是不可能的，不存在普遍的正确和错误，良知完全是一个主观的事情。智者的伦理学证明与认识论的证明相类似：正如自然哲学家相互冲突的宇宙论假设使得智者质疑理论知识的可能性，不同民族的风俗、道德和传统的不同也使他们质疑任何绝对客观的行为和社会活动准则的正当性。这些极端的伦理学结论并不是由早期的智者，像普罗泰戈拉（约生于公元前490年）和高尔吉亚提出来的。普罗泰戈拉的社会和政治哲学既不激进，也不具备变革性；不可否认，他认为所有已建立的制度，包括法律和道德，仅仅是依据习俗的，但是他同时也承认这些制度的必要性——换句话说，即便不

[18] 同上，第116页。

存在任何社会和道德秩序，也必须遵守一定的法律和道德规则。道德和社会习俗使得人类高于兽类，成为社会动物。高尔吉亚虽然在知识领域持有激进的怀疑论，但也分享了普罗泰戈拉的道德保守主义观点。在道德和法律上更为消极的观点盛行于年轻而激进的团体中，其成员包括波拉斯、特拉西马库斯、卡利克勒斯和欧提德莫斯等。他们是柏拉图的《对话》中的发言人；但是即使他们也不接受一种完全的伦理虚无主义。因为对他们来说道德只是传统；它代表了有权力要求 59
团体成员遵守其要求的那些人的意志。道德规则与“自然”相反。智者在很大程度上要为“自然”和“习俗”之间的区分负责，这一区分在希腊思想的随后发展中发挥了支配性作用。根据这一区分他们问：行为的道德标准和规则是基于事物的本性和构成方式，还是人类的习俗和任意约定的产物？智者认为后一种观点是合理的。在某些智者看来，法律是由弱者和大多数人制定，以便限制强者——那个“最优秀者”，阻挡终极胜者得到他们应得的，因此法律违反了自然正义的原则。自然权利是更强者的权利。在其他智者看来，法律是一种阶级立法；它们是由少数人、强者和特权者制定，以促进他们自身的利益。将法律施加到其他人身上，这有利于强者，使他可以更为有利地违反法律。智者的观点是，法律和正义是依据习俗为促进群体利益而设，这一观点的两种形式在柏拉图《对话》的如下引文中得到了表述。

在柏拉图的对话《高尔吉亚篇》中，卡利克勒斯说，法律的制定者是作为弱者的大多数；他们从自己的角度出发，为了自己的利益而制定法律，做出赞扬或者谴责；他们恐吓群体中能够比他们做得更好的强者，以便强者无法超过他们；他们说不诚实是可耻和不正义的；他们用非正义一词来指一个人想比他的邻居得到更多；我觉得他们知道自己处于劣势，因而热衷平等。因此，想要比许多人占有更多的奴隶通常被认为是可耻的和不正当的，被称为不正义。但是自然本身却指出，更加优秀者比较为低劣者得到更多，更有力者比较弱者得到更多，这是正义的；自然在许多方面表明，在人类中同在动物中一样，实际上在全部城邦和族类中，正义就在于优秀者统治低劣者，并比低劣者得到更多。波斯王薛西斯入侵希腊，或者他的父亲入侵塞西亚，是基于什么样的原则？（更不用说无数其他事例。）没有，但是他们依据自然而行动；是的，他们依据上天的意旨，按照自然的法则而行动，或许并不是按照人为的法律，我们制定这些法律，强迫同时代的人遵守，并从他们当中挑选出最优秀、最年轻的人来，像驯养幼狮一样驯养他们——用动听的言辞来使他们高兴，告诉他们必须满足于平等，平等是光荣而公正的。但是如果有人具有足够的力量，他会摆脱、突破这一切并从中逃脱出来；

他会将我们所有的准则、符咒和所有与自然相对的法律都踩在脚下：奴隶会起来
60 造反并统治我们，自然正义之光将照耀世界。

在《理想国》中，特拉西马库斯发展了同样的主题，只不过重点不同：

公正的人同不公正的人相比总是失败者。首先，在私人契约上：无论何时，只要不公正者与公正者合作，你就会发现当这种合作关系解除时，不公正的人总是得到更多，而公正的人总是所得较少。其次，在他们同国家的交往中：如果存在着所得税，公正的人会缴得更多，而不公正的人在同样收入的情况下缴得更少；当有所收益时，前者一无所获而后者所得甚多。再来看一下他们在政府任职时会有什么不同，公正的人会忽视自己的事情，可能还会遭受其他损失，除了任职收入外一无所获，因为他是公正的。而且他还受到朋友和熟人的怨恨，因为他拒绝通过违法的方式满足他们。但是所有这些在不公正的人那里就完全相反。同前面一样，我所说的不公正行为是大量的，这很明显有利于不公正的人；如果我们来看一下不公正的最严重一类，罪犯是最快乐的人，受害者或者那些拒绝实行不公正行为的人处境最悲惨，那么人们将会最清楚地理解我的意思——也就是说，暴君用欺骗和暴力掠夺其他人的财产，不是一点一点，而是整个地掠夺；不论是神圣的还是世俗的东西，私人还是公共财物，他都整个据为己有；如果他被发现只干了其中任何一件坏事，他都会因此而受惩罚，遭受巨大的耻辱——那些只做个别坏事的人被称为神殿的盗窃者、绑架者、夜贼、骗子和惯偷。但是当一个人除了拿走市民的钱财，还将他们变成奴隶，他就不会以这些名称而受指责，而被称作是幸福和神圣的，不但市民们这样认为，而且所有听过这种极端不正义的人都会这样认为。人们谴责不正义，是因为害怕他们成为不正义的受害者，而不是因为他们不愿意做不正义的事情。因此，苏格拉底，如我已经表明的，不正义如果有足够大的规模，就比正义具有更多的力量、自由和统治权；正如我最初说的，正义是强者的利益，而不正义则是一个人自己的好处和利益。[19]

上述这段引文所表达的理论观点并不完全是消极的和虚无主义的；在伦理学上，就像在理智领域一样，许多智者倾向于发展一种积极的理论，这同他们占支配地位的怀疑论相矛盾。说正义是强者的利益，当强者没有考虑其他人而主张自己的权力时，正义就占据上风，这并不是要否认伦理学的正义概念的全部意义。正义在伦理学领域像真理在理智领域一样，具有实际的重要性。

---

[19] B. Jowett翻译，《柏拉图对话》中的“高尔吉亚篇”，第483页及其后，“理想国”第343页及其后（边页码）。

## 智者的重要性 61

由于柏拉图和亚里士多德不友善的批评，以及某些年轻的智者的虚无主义学说，智者运动的重要性在思想史上长时间被错误估计。只有从黑格尔和格罗特开始，人们才尝试着给这些思想家一个较为公正的评价，他们的学说存在着好的和不好的一面。思考和批判对于哲学、宗教、道德、政治和人类努力的一切领域的合理思想都是不可缺少的。诉诸理性本身是值得称赞的，但是缺点在于智者派没能以一种建设性的方式使用理性这个工具。正如西塞罗所说，智者将哲学从天堂带到了人间，将注意力从外在自然转向人自身；对他们来说，对人类的恰当研究就是研究个人。但是他们没有认识到人身上的普遍性元素；他们看到树木而看不到森林，看到个人而没有看到人类。智者派夸大了人类判断中的差异性，而忽视了一致性；他们过分强调了感觉的虚幻。在强调人类知识和行为中的偶然性、主观性和单纯的个人因素时，智者派没有公正地对待构成所有人接受的真理和原则中的客观因素。

但是，他们对知识的批评使得人们有必要对知识问题做更加深入的研究。以前的思辨者朴素和独断地认为心灵能够到达真理；在否认确定和普遍知识的可能性后，智者迫使哲学检查思想过程自身，为认识论开辟了道路。他们使用了各种各样的逻辑谬误和诡辩，使得人们有必要研究思考的正确法则，这加速了逻辑学的诞生。

道德知识和实践也是如此。求助于个体的良知是合理的；道德从单纯盲目、愚钝地遵从习俗提高到反思个人选择的阶段。但是当这一求助变成求助单纯的主观意见和私利时，就不恰当了。思想的独立很容易蜕变为理智和道德上的混乱状态；从个人主义蜕变为单纯的自私。但是在这一领域，智者派也做出了贡献：对正确和错误常识、公共和私人正义的激进批评，这使得人们有必要对伦理学和政治学进行进一步研究——这种研究很快就结出硕果。

整个智者运动的重要价值在于：它唤醒了思想，向哲学、宗教、习俗、道德 62
和以其为基础的制度提出了挑战，要求用理性来为它们提供辩护。他们否定了知识的可能性，这使得知识有必要进行自我辩护：他们促使哲学寻求知识的标准。他们攻击传统道德，迫使道德为自己辩护、反对怀疑论和虚无主义并为正确和错误找到理性的原则。他们攻击传统的宗教信仰，迫使思想家认为有必要发展更为一致和纯粹的神的观念。他们批评国家和它的法律，这使得人们不可避免地要发展一种关于国家的哲学理论。他们迫使哲学家建立更为牢固的基础，思考最重要的原则：什么是知识？什么是真理？什么是正确，什么是错误？神的真正概念是什么？国家和人类制度的意义和目的是什么？这些问题最终促使希腊思想家以新的视角重新考虑老问题，这一问题曾暂时表述不清，但是任何伟大的文明都不可能长期忽视这个问题：世界的本性是什么，人在自然中具有什么样的位置？

## 参考书

G.Murray，《欧里庇得斯和他的时代》，第2版，1946年；W.J.Oates和E.G.O’Niel编辑，《希腊戏剧全集》，两卷本，1938年；F.R.B.Godolphin，《希腊历史学家》，两卷本，1942年；Hastings的《宗教和伦理学百科全书》中“智者派”和“普罗泰戈拉”词条。

# 第八章
# 苏格拉底和苏格拉底学派

我们已经描述了公元前五世纪末开始形成的哲学和伦理学状况。需要一个思想家将秩序引入到这一理智和道德混乱的时代之中，辨别真伪，区分本质和偶然，将人们引上正确之路，帮助他们在事物的正确联系中认识事物——需要一个中庸者在极端保守派和极端自由派之间保持平衡。苏格拉底就是这样一位思想家，他是思想史上最伟大的人物之一，是一系列哲学家的理智鼻祖，他的观点和理想统治了两千年的西方文明史，并且对思想的影响一直持续到今天。

苏格拉底于公元前469年出生于雅典，是一个穷人家庭的儿子，父亲是一个雕刻家，母亲是一个助产士。我们并不知道他是怎么受的教育，但是他对知识的热爱很明显为他在这座文化城市的理智成长创造了机会。他继承父业，但是很快感到“神谕要求他通过向别人提问检查他自己”。他有一个习惯，在大街上、市
63 场上和体育场同各种各样的男人女人交谈，谈论各种话题：战争、政治、婚姻、友爱、爱情、家政、艺术、贸易、诗歌、宗教和科学，特别是道德问题。他熟悉人类的一切事情。生活和他的所有兴趣都成为研究的主题，他只对世界的物理方面不感兴趣。他敏锐而富有热情，能够很快发现证明中的错误，善于将谈话引向

问题的核心。虽然在性格上温和有礼并且风趣幽默，他却喜欢揭露其同时代的庸医和骗子，用他的机智和逻辑来揭穿他们的真面目。

苏格拉底在他的行为中示范了他所教导的美德：他是一个具有出色的自制、慷慨、高尚、节俭等品质的人，具有很大的忍耐力，需求极少。在七十年的一生中，他充分证明了自己在身体和道德方面以及在战争和履行自己正义义务的过程中所具有的勇气。他在接受审判时表现出来的风度为人们提供了一幅令人印象深刻的图画，描述了他在道德上高贵、坚定、始终如一的品质。他做自己认为正确的事情，没有恐惧和喜好。他的去世像他活着时一样壮丽，他对所有人都仁慈，不怨恨任何人。他受到自己城市人民的谴责，这一虚假的指控认为他宣扬无神论并腐化青年，他被判处死刑并喝下毒芹酒（公元前399年）。他自己遵守法律，并认为其他人也应当遵守，这表明了他对权威的尊重和对国家的忠诚。在他被判刑之后，朋友们为他安排了一个出逃计划，他拒绝领受，因为他在他的一生中已经从法律中获利，不能再在年老时对他的保护人不忠。

苏格拉底相貌平平。他矮小而粗壮，眼睛模糊，塌鼻子；他大嘴厚唇，不修边幅，笨拙而丑陋。他的外表像撒梯（森林之神）。在柏拉图的《会饮篇》中，亚西比德将其与赛利纳斯（年迈的森林之神）的半身像联系起来。但是当他开始讲话时，他的个人魅力和他的非凡谈吐就会使人们忘记他的独特相貌。

## 参考书

色诺芬，《回忆苏格拉底》，在《色诺芬著作集》第三卷中，H.G.Dakyns译，1890-97年；柏拉图的《对话集》，特别是《普罗泰戈拉篇》《申辩篇》《克里托篇》《斐多篇》《会饮篇》和《泰阿泰德篇》，Jowett译，第3版，1892年；亚里士多德，《形而上学》（第一卷，第六章；第十三卷，第四章），W.D.Ross译；亚里士多德，《伦理学》，J.E.C.Welldon译，1892年；E.Zeller，《苏格拉底和他的苏格拉底学派》，O.J.Raichel译，1885年；J.T.Forbes，《苏格拉底》，1905年；A.E.Taylor，《苏格拉底的追随者》，1911年；R.Cross，《苏格拉底，这个人及其使命》，1914年；R.P.Millet，《苏格拉底和近代思想》，1920年；F.M.Cornford，《苏格拉底之前和之后》，1932年；G.Bastide，《苏格拉底的历史时刻》，1939年；A.E.Chaignet，《苏格拉底生平》，1868年；A.Fouilée，《苏格拉底哲学》，1873年；E.Pfleiderer，《苏格拉底，柏拉图和他们的学派》，1896年；M.M.Dawson，《苏格拉底的伦理学》，1924年；

A.K.Rogers，《苏格拉底的问题》，1933年；A.D.Winspear和T.Silverberg，《苏格拉底是谁》，1939年。

苏格拉底是哲学史上独一无二的人物。他没有著作，但却是一个真正的思想家，通过他的学生柏拉图，苏格拉底对西方哲学史的整个发展产生了不可计算
64 的影响。柏拉图的对话展示了苏格拉底和柏拉图的思想结合，将实际上由“真实的”历史上的苏格拉底提出的学说与柏拉图的学说（苏格拉底只是一个代言人）区分开来，这是一个无法解决的问题。罗素很恰当地指出：“对许多人，可以确定地说我们知之甚少，对其他人，可以确定地说我们知道很多。但是对于苏格拉底，我们并不确定我们是知道很少还是知道很多。”[20] 将历史上的苏格拉底和柏拉图的理想化的苏格拉底区分开来的独立证据是非常不充分的。阿里斯托芬在《云》中给了我们一幅苏格拉底的漫画，但是我们从中找不到与其哲学有关的东西。色诺芬在他的《回忆录》中对苏格拉底及其哲学做了一个同情的但是极为枯燥的叙述；他的冷静而不夸张的陈述可以作为柏拉图理想化的苏格拉底的一个矫正。但是色诺芬是一个军人，没有特别的哲学思维能力，而且他的判断在哲学问题上并不完全可信；罗素对色诺芬的评论是中肯的：“一个愚蠢的人对一个聪明人言语的报道永远不可能是准确无误的。……我宁愿让最刻薄的哲学家敌手来报道我，也不愿让一个对哲学无知的朋友来进行报道。”[21] 为了重构苏格拉底的哲学，我们必须单独依赖柏拉图的对话。针对哪些学说是苏格拉底的，哪些是属于柏拉图的这一问题所做的决定在很大程度上仍然是猜测性的。少数解释者走向极端，将实际的苏格拉底减少到最低程度，只是视苏格拉底的哲学为柏拉图哲学的一个发展阶段；其他人则走向相反的极端，将柏拉图的形式或观念理论归于苏格拉底。正确的观点可能介于这两个极端之间；我们无疑可以认为苏格拉底在柏拉图的对话中发明了概念分析和定义的哲学方法，并将这一方法应用到了伦理学概念的定义中。

## 第一节　苏格拉底的问题

苏格拉底最关心的是应对智者派的挑战，这一挑战破坏了知识，威胁到道德

[20]《西方哲学史》，第82页。
[21] 同上，第83页。

和国家的基础。他认为哲学反思是完成这一任务最适宜和具有实践性的方法，因为如果怀疑论是时代的最终结论，那么我们就没有希望逃脱流行人生观中的虚
无主义结论。他很清楚地看到盛行的伦理和政治谬误源于对真理意义的误解， 65
而知识问题是整个状况的关键。怀有这一信念，对人类理性有能力解决时代的实践困难充满信心，他承担了这一使命。苏格拉底给自己设定的目标并不是要构建一个哲学体系，而是要激发起人们对真理和美德的热爱，帮助他们正确思考，以便他们能够正确地生活。他的目的是实践的而非思辨的；他对获取知识的正确方法而不是对这一方法的理论或方法论感兴趣。他根本没有提出任何理论，而是实践了一种方法，按照这一方法生活，并以身作则地教导其他人遵守这一方法。

在苏格拉底看来，为了达到真理，我们不能轻易相信进入我们头脑中的任何一个偶然观点。混乱、模糊和空洞的思想充斥着我们的头脑；我们有许多尚未充分理解的观点，甚至从未检查过这些观点，我们基于信念而接受了大量偏见，而并不理解这些偏见的含义；我们做出大量任意的断言，而并没有为其提供辩护。事实上，我们根本没有真正的知识，没有真正的信仰；我们将理智的大厦建立在沙土上，除非我们重建大厦的根基，否则整个大厦就会坍塌。我们最迫切的任务就是使我们的观念明晰，理解术语的真正含义，正确定义我们所使用的概念，准确地知道我们正在谈论什么。然后，我们还应当为我们的观点提供理由，证明我们的论断，要思考而不是去猜测，用事实来证实我们的理论，并进行相应的修改和纠正。智者认为没有真理，我们不可能获得知识；人们彼此之间存在差异，一种观点反对另外一种观点，一种观点和另外的观点一样好。苏格拉底说，这是一个危险的错误。思想存在着多样性，这是真的；但是我们有义务去发现是否不同的观点后面不会有根本的一致，所有观点都基于某个共同的基础，所有观点都能够赞同某个原则。发展这样的普遍判断就是苏格拉底在讨论中所使用的方法。这一方法就是巧妙地反复诘问。对正在讨论的题目，他装作和其他人一样所知甚少；实际上，他经常自称知道的少于其他人（苏格拉底式的讽刺）。但是人们很快就感觉他是掌控局势的大师，他正在使他们自相矛盾，一直在巧妙地将他们的思考引导进他的思路中。他的一个听众抱怨道，“你总是习惯于问那些你已经完全知道其意义
的大部分问题。”在一个人眼前，争论者混乱模糊的概念逐渐成型，越来越清晰 66
而明确，最后非常醒目，像美丽的雕塑。苏格拉底学到了雕刻艺术的精髓。

## 第二节　苏格拉底的方法

在讨论一个题目时，苏格拉底通常从他的同伴的那些普通而仓促形成的观点开始。他用取自日常生活的实例来检验这些观点，在有必要时就指出这些观点没有充分根据，需要进行修改和纠正。他通过提出相关实例，帮助人们参加到对话中，使他们自己形成正确的观点，直到逐步发现真理才算满意。色诺芬举的一个著名例子将苏格拉底的方法所具有的本质特征清晰地展现出来。在这个例子中，通过富有技巧的提问，苏格拉底使一个叫欧提德莫斯的年轻人承认他怀有雄心，想成为一个伟大的政治家。苏格拉底之后向他建议，为了实现他的雄心壮志，他必定自然地希望自己成为一个正直的人。这个年轻人认为他已经是这样的人了。

苏格拉底说，但是必定存在某些行为，它们是正义的适当结果，正如某些行为是功能和技巧的适当结果一样。没有问题。那么你当然可以告诉我们那些行为及其结果是什么。当然我能，我也能够说出不正义的行为及其结果。非常好；那么假设我们写下相反的两栏：作为正义结果的行为和作为不正义结果的行为。欧提德莫斯说，我同意。好，那么虚伪怎么样？虚伪应该被放在哪一栏？当然放在不正义一栏。那么欺骗呢？在同一栏。盗窃呢？也是在不正义一栏。奴役呢？还是在不正义一栏。这些行为都不能放到正义一栏吗？从未听说过可以将其放在正义一栏。苏格拉底说，好吧，假设一位将军必须处理某个对其国家犯了极大错误的敌人；如果他征服并奴役这个敌人，这样做错了吗？当然没有。如果他拿走这个敌人的财物或者用策略欺骗他，这些行为怎么样？那样做当然完全正确。但是我想你是在谈论欺骗或者虐待朋友。那么，在某些情形中，我们必须将同样的行为放在两栏上吗？我认为是这样的。

好吧，现在假设我们将讨论限定在朋友上面。设想一个将军所带的军队士气低落，组织混乱。假设他告诉士兵们预备队即将到来，欺骗他们接受这一信念，使他们摆脱沮丧，并赢得了胜利。这个欺骗朋友的例子怎么样？我想我们不得不将这一行为放到正义一栏中。再假设一个小孩需要药物，但是又不肯吃，他的父亲欺骗他，使他相信药是好东西并吃了药，从而救了他一命。这一欺骗行为怎么样？这一行为也必须放到正义一栏中。或者假设你发现一个朋友处于极度疯狂中，你偷走他的剑以免他自杀。对于这一偷窃行为你认为如何？这一行为也必
67 须放到正义一栏中。但是我记得你说过朋友不能盗窃是吧？好吧，如果你愿意，我愿意收回刚才的观点。非常好。但是现在我要问你另外一个问题。你是认为一

个自愿违反正义的人不正义，还是不自愿违反正义的人更为不正义？苏格拉底，说实话我对自己的回答已经丧失了信心，因为整个事情已经与我之前认为的完全相反。[22]

这样，苏格拉底通过归纳过程逐步引申出定义来。在例子的帮助下，先形成一个暂时性的定义；通过其他的例子来检验这个定义，对定义进行拓展或者限制，最后得到一个令人满意的定义。这就是后来弗兰西斯·培根所称的“否定例证”，这些例子同传统的定义提供的例子相反，在归纳定义中发挥着重要作用。归纳定义的目标是要找出被定义对象的本质特征，获得清晰而明确的观念或者概念。有时苏格拉底还通过追溯最初的原则来检验所提出的陈述，根据被认为是正确的基本定义来评论这些陈述。这里的方法是演绎的。例如，你说这个人与那个人相比是一个好公民。但是你的断言只是一个主观的观点，没有任何价值，除非你根据可接受的定义给予你的观点以理由。你所讨论的这个人是否是一个好公民，这一问题只有当你知道一个好公民的含义并准确界定你的术语后，才能得到解决。

无论何时，当任何人在任何一点上同某个人相矛盾，后者说话不明确，或者毫无证据地断言，他所提及的某个人（与苏格拉底提到的其他某个人相比）在公共事务上更加聪明或更好，或者具有更大的勇气，或者在某些方面更优秀，他就会以如下某种方式使整个论证回到基本命题上：你是说你所推荐的这个人比我推荐的人更是一个好公民吗？我确实这样认为。为什么我们不首先考虑一下，一个好公民的义务是什么？让我们来这样做。那么他不是在管理公共钱财从而使国家更富有这一点上更为优秀吗？毫无疑问。他不是在战争中更善于战胜敌人吗？那当然。他不是在外交事务中更善于将敌人变为朋友吗？肯定如此。他不是更善于让人民停止纷争、团结一致吗？我认为是这样。当这一讨论返回到最初原则上，对那些反对他的人来说，真理就变得很明显了。

当他检查论证中的任何主题时，就提出其真理性以及广为承认的命题，认为
这样就为他的推理提供了一个确定的基础。因此当他讲话时，就我所认为的人来 68
说，他最容易说服他的听众赞同他的论证；他曾经说过，荷马之所以将无可置疑的演说家这一名号送给尤利西斯，是因为他能够根据所有人都接受的观点来形成自己的推理。[23]

[22] 色诺芬，《回忆苏格拉底》，第四卷，第二章，Marshall译，《希腊哲学》。
[23] 色诺芬，同上，第四卷，第六章，第十二节，Woston译，伯恩图书馆版本。

因此，知识毕竟是可能的，但前提是我们要遵循合理的方法；我们必须正确定义我们的术语，必须将我们的推理返回到基本原则上。知识和一般、典型有关，和特殊、偶然无关。智者没有理解这一点，而苏格拉底纠正了他们。但是他在一个很重要的方面赞同智者派：他同智者持有相同的信念，认为宇宙论和形而上学的思考毫无用处。“事实上，同其他人相比，他坚决反对讨论诸如宇宙的性质这样的高深问题；宇宙（如学者所表述的那样）如何形成，或者是什么力量产生了天体现象。他认为，用这样的问题来劳神费力，这是在干蠢事。”他的兴趣是伦理和实践上的，他看不出宇宙论和形而上学的思考会有什么结果。

他说，研究人类知识的学者，希望他自己的研究能够如他所愿的那样，对自己或者他人有益。当这些探索上天运转的人发现是什么促成各种自然现象发生时，他们希望随意产生风、水以及富饶的季节吗？他们想要操纵这些以及类似者来满足他们的需要吗？……他自己从来没有厌倦讨论与人有关的问题。什么是虔诚？什么是美？什么是丑？什么是高尚？什么是卑鄙？正义和不正义是什么意思？清醒和狂热、勇敢和胆怯是什么意思？国家是什么？政治家是什么？什么是高高在上的统治者？什么是占统治地位的人物？他还研究了类似问题，掌握了关于这些问题的知识的人是高贵的，而缺少这些知识的人则可以被理所当然地视为奴隶。[24]

在强调苏格拉底的方法时，我们必须记住，苏格拉底并不是方法论学者；他自己并没有明确表述他的哲学研究方法——亚里士多德是第一个为自己设置方法论任务的哲学家。但是苏格拉底的确将一种方法应用到实践中，而他自己的思考非常好地诠释了一个哲学程序的模式，很难相信他完全没有意识到这个模式的特征和它的主要步骤。苏格拉底所使用的这个方法在他的哲学分析中具有五个很容易辨别的特征：

69 （1）这一方法是怀疑论的：该方法开始于苏格拉底针对所讨论问题的真理的真正或自称的无知。这就是苏格拉底式的讽刺，被他的某些听众认为是不真诚的做作，但是这一讽刺无疑表明了苏格拉底的真正有才华的谦虚。苏格拉底和智者派共同分享了怀疑论，他对怀疑论的采纳表明他很可能受到智者派的影响。但是智者的怀疑论是明确的和决定性的，而苏格拉底的怀疑论则是尝试性和暂时性的；苏格拉底的怀疑和假定的无知就像笛卡尔的最初怀疑一样，是追求知识不可缺少的第一步。（2）这一方法是谈话式的；它使用的对话不仅是一种辩证策

[24] 色诺芬，同上，第四卷，第一章，第十二节及其后，Dakyns译；也可参见第四卷，第七章。

略，而且是发现真理的一个技巧。苏格拉底坚信，尽管人们持有各种不同观点，但是存在着人们都能够赞同的真理，基于这一信念，苏格拉底通过讨论或者问答让真理呈现出来。由团体中的某个成员提出一个流行的或仓促形成的概念，或者从诗歌或其他传统资源中提出这样的概念，从这一概念开始，苏格拉底让其经受激烈的批评，由此形成一个更加充分的概念。他的方法在这方面经常被描述为助产士方法；这一方法是理智的助产士的艺术，催生了其他人的观点。（3）这一方法是与概念的或者定义有关的，因为它将知识的目标设置为获得诸如正义、虔诚、智慧、勇气等伦理学概念的正确定义。苏格拉底不明言地假定真理包含在正确的定义中——这一假定很少能站得住脚；准确的定义对于知识来说无疑不可缺少，但是仅凭定义自身不可能构成知识。（4）苏格拉底的方法是经验的或者归纳的，因为他是依据具体事例来对别人提出的定义进行批评；苏格拉底通过诉诸于常识经验或者一般习俗来检验定义。但是（5）这一方法也是演绎的，因为该方法是通过引出某一定义的含义，推演它的结果来检验这一定义。苏格拉底的定义性方法对哲学探究的逻辑是一个真正的贡献：它导致了柏拉图的辩证方法的产生，对亚里士多德的逻辑学产生了相当重要的影响。[25]

## 第三节　苏格拉底的伦理学

苏格拉底对知识的信念，对清晰且理由充分的思考的信念是强烈的——这一信念如此强烈，以至于他认为知识可以解决人类的所有问题。他将自己的方法应用到所有人类问题上，特别是道德问题，并试图为行为找到理性的依据。我们已 70
经看到，激进的思想家将他们所处时代的伦理观念和实践仅仅视为习俗；毕竟强权塑造了公理。保守者认为习俗是不言自明的：行为准则不是一个人能够推理出来的；准则必须得到遵守。苏格拉底力图理解道德的意义，发现正确和错误的理性原则，凭借这一原则来解决道德问题。在他的脑海中最重要的问题是我应当如何安排我的生活？理性的生活方式是什么？一个理性存在者，一个人应当如何行动？智者认为人是万物的尺度，凡是让我（具体的我）满意的，就是正确的；不存在普遍的善。智者的这一观点不可能是正确的。事情不止如此；必定存在着某个原则、标准或者善，所有的理性动物在仔细思考后都承认和接

［25］这一方法的一个启发性描述由文德尔班在他的《西方哲学史》中给出，参见第96页及其后，罗素在自己的《西方哲学史》中对这一描述的价值及局限做出了评价，参见第92页及其后。

受这一原则、标准或者善。那么什么是善，什么是——所有其他事物都藉以成为善的——最高的善？

苏格拉底这样回答：知识就是最高的善。苏格拉底伦理学的中心观点包含在这一公式中："知识即美德。"正确的思考对于正确的行动来说是根本的。一个人要掌舵或者治理国家，就必须具有关于船的构造和功能的知识，或者关于国家的性质和目的的知识。类似地，除非一个人知道什么是美德，知道自制、勇气、正义和虔诚的含义以及其对立面，否则他就不可能是有美德的；而他知道了什么是美德，就会成为有美德的人。知识既是美德的必要条件，也是充分条件：没有知识，也不可能有美德，拥有知识也就确保了有美德的行动。"无人自愿为恶或者不自愿地为善。""没有人自愿追求邪恶的东西或者他认为是邪恶的东西。宁愿为恶而不愿为善，这不是人的本性；当一个人被迫在两个恶之间选择时，没有人会在可以选择较小恶的情况下选择较大的恶。"有人反驳道："我们看见了好的并且赞同它，但是却去追求恶。"苏格拉底认为我们不可能在真正了解善的情况下还去选择恶。在他看来，关于正确和错误的知识并不只是理论上的观点，而且是一个坚定的实践上的信念；不仅是一个理智问题，而且是一个意志问题。

苏格拉底从他对知识和美德的同一这一观点中推出许多其他结论来。既然美德是知识，由此可知，美德是一：知识是一个统一体，一个真理的有组织的体
71 系，因此各种美德只是美德的许多不同形式。而且，美德不仅是善自身，它也对人有利。所有高尚和对人有用的行为倾向会使生活无痛苦而且快乐；因此高尚的行为也是有用的和善的。美德和真正的幸福是同一的；没有人能在缺少节制、勇敢、明智和正义的美德的情形下幸福。

在《申辩篇》中，苏格拉底说，我劝你们所有人，年老的和年轻的，不要考虑你们个人或者财产，首先最重要的是关心灵魂的进步。我告诉你们，美德并不是通过钱财而获得的，而是美德带来了钱财和所有其他人类的善，公共的和私人的。

他在受审时说的最后的话是：

我仍然对他们（我的宣判者和告发者）有事相求。当我的孩子长大，如果他们关心财富或者任何东西，而不是美德，或者如果他们自称具有美德，实际上却一无是处，我将请求你们，我的朋友们，要惩罚他们，像我使你们感到不安一样使他们感到不安。如果他们不关心他们应当关心的事情，在没有取得成就时却认为自己了不起，请像我责难你们一样来责难他们。如果你们这样做了，我和我的儿子们都会认为你们做了正义的事情。

## 第四节　苏格拉底学派

正如我们已经指出的，苏格拉底没有建立一个形而上学体系，也没有提出一个知识或行为理论。他的学生们仍然需要在这位大师奠定的基础上建立这一理论。有的学生将通过他的方法而提出的逻辑问题作为自己的研究主题，其他人则将他们的注意力转向暗含在他的伦理学方法中的问题，试图建立伦理学理论。由欧几里德（公元前450年—前374年）创立的麦加拉学派将苏格拉底“美德是知识”的学说和埃利亚学派“存在是一”的学说结合起来：善的概念构成了事物的永恒本质；任何其他东西——物质、运动或者变化的感觉世界——都不是真正的存在。因此，只存在一个美德，因此外在的善不可能有美德。欧几里德的后继者们夸大了他的学说中辩证法的一面，沿着芝诺、埃利亚学派和智者派的传统，热衷于各种细微和琐碎的争论（诡辩）。

苏格拉底的伦理学有很多方面，其不同部分之间经常彼此冲突。每个冲突的方面都被他的追随者夸大。有两个重要的伦理学派，每个学派都以苏格拉底某一时期的学说为依据。这两个学派分别是由亚里斯提布斯（约生于公元前435年）在昔勒尼建立的昔勒尼学派和由安提斯泰尼（死于公元前366年）在雅典的赛诺萨吉斯运动场建立的犬儒学派。昔勒尼学派采纳了苏格拉底对快乐的热烈描述和 72
满足源于理智追求的观点。对他们来说，至善或者最高的善意味着获得最大数量的快乐和避免痛苦。昔勒尼学派的学说是一种单纯的量上的享乐主义：这一学说并没有区分较高级的快乐和较低级的快乐，而是倡导追求这些快乐的最强烈形态，无论其为肉体上的快乐还是精神上的快乐。朴素的享乐主义自身包含着悲观主义的萌芽：让快乐在量上超过痛苦，这是不可能实现的，对快乐的排他性追求导致了厌世和痛苦。这一学派的悲观主义者海格西亚斯认为达到一种无痛苦状态的人是幸运的；对大多数来说，人生就是痛苦压倒快乐。在这些情境下，自杀就成为唯一的出路，这样他就成为“自杀的倡导者”。

犬儒学派夸大了苏格拉底的学说，认为与知识同一的美德是因为其自身的原因而有价值，而与任何快乐形式的报偿无关。因此一个人有义务成为有美德的人，并力求独立于所有欲求。强调独立和不受欲求的限制，这是对苏格拉底所奉行的品格的赞扬——他的人格独立性和对其他人的观点保持中立。美德和义务的伦理学导致其倡导者采取极端的训练、约束、克制并不受财产影响——换句话说，就是禁欲。这一学说还导致了其倡导者拒绝文明的不自然，而倡导回到自然状态中。锡诺普的第欧根尼是犬儒学派激进一面的实践上的拥护者。

这两个苏格拉底伦理学派尽管存在着彼此反对的地方，但是他们的学说有一个共同的重要因素。他们都寻求对个人的拯救，一个在快乐中寻求，另一个在对快乐的放弃中寻求。这两个学派在后期希腊哲学中发挥了同样的影响：昔勒尼学派关于快乐是最高的善的学说被伊壁鸠鲁接受并加以修正，而犬儒学派拒绝快乐并提倡为了美德自身而有美德的学说则由斯多葛学派加以发展。[26]

## 参考书

G.Grote，《柏拉图和苏格拉底的其他同伴》，四卷本，1888年；J.Watson，《从阿里斯提普斯到斯宾塞的享乐主义理论》，1895年；P.E.Moore，《希腊哲学》，第一章，1923年。

［26］参见D. R. Dudley，《犬儒主义史》。

# 第三篇 重建时期

## 第九章 柏拉图

### 第一节 柏拉图和他的问题

所有这些苏格拉底学派都没有成功建立一个全面而完整的思想体系。但如果我们必须要完成这位大师所开创的工作，这一任务似乎是有必要的。由他提出的问题必须得到彻底思考；它们之间关系密切，并且同存在者的最终本性密切相关。除非人们研究这些问题之间的相互关系，并将其作为一个更大问题的部分，否则就不可能对这些问题有充分的回答。人生的意义问题，人类的知识、行为和制度问题，对这些问题的充分回答都依赖于对一般的实在意义问题的回答。这就是苏格拉底最重要的学生柏拉图所承担的任务。他不仅发展了认识论，行为理论和国家理论，而且还通过建立宇宙论圆满地完成了这一任务。

在柏拉图的体系框架内，我们看到他对希腊思想领袖们的学说进行了结合和改造。柏拉图赞同哲学学派的观点，认为知识——如果知识被限制在表象上——是不可能的；他赞同苏格拉底，认为真正的知识总是经由概念获得；他赞同赫拉克利特，认为世界处在不断变化中（感官表象由变化来表征其特点）；他赞同埃利亚学派，认为真正的世界——对柏拉图来说是理念世界——是不变的；他赞同原子论者，认为存在是杂多（柏拉图承认理念的杂多）；他赞同埃利亚学派，认为存在是一（善的形式是一个统一体）；他赞同几乎所有的希腊思想者，认为世界是理性的；他赞同阿那克萨戈拉，认为心灵支配着世界，心灵区别于物质。柏拉图的体系在他的时代是希腊历史的成熟果实。

74 柏拉图生于公元前427年，其父母是贵族。据传他首先跟随其他教师学习音乐、诗歌、绘画和哲学，然后在公元前407年成为苏格拉底的学生，直到苏格拉底去世（公元前399年）。他和悲痛的苏格拉底门徒一起到了麦加拉。据说他游历了埃及和小亚细亚，访问了意大利和毕达哥拉斯学派的信徒。他在叙拉古的暴君狄奥尼西奥斯的王宫中住了一段时间，此人最后变成他的敌人并将他作为战俘转卖为奴隶；但是所有这些故事都已经被否定。他在雅典阿卡德摩的小树林中创立了一所学校，即学园，在那里他通过连续的讲课和对话，教授数学和哲学的各个分科。据传他两次（公元前367年和前361年）中断教学工作，再次访问叙拉古，大概是希望帮助掌权者实现他的理想国，结果这一理想没有实现。柏拉图死于公元前347年。柏拉图是一个诗人和神秘主义者，也是一个哲学家和辩证学者；他极为罕见地将逻辑分析和抽象思考的强大力量与诗意想象的奔放和深邃的神秘情感结合起来。他品格高尚，出身贵族，也具有贵族的气质，是一个坚定的理想主义者，反对一切卑鄙和庸俗的东西。

柏拉图的所有著作似乎都留传了下来。在这些以他的名字留传下来的著作中（35篇对话，13封信和一本定义集），大部分信件和全部定义集是伪作，至于对话中的真品，赫尔曼认为有28篇，施莱尔马赫认为有23篇，策勒尔和海因茨认为有24篇，而鲁托斯拉夫斯基认为是22篇。由柏拉图的学生亚里士多德为柏拉图对话的真实性提供证明是没问题的，但是很不幸，亚里士多德没有提及所有这些著作。

许多学者试图按照年代顺序来排列这些对话，但是还不能确定地说出对话创作的准确时间和次序。因此，柏拉图学说发展的完整历史还不适合讨论。但是我们可以区分出早期的、与苏格拉底哲学有关的一组，这一组包括与伦理有关的对话，在这些对话中，柏拉图并没有提出超出其老师的实质性观点。这一组对话包括：《申辩篇》《小希庇亚篇》《卡尔米德篇》《拉凯斯篇》《吕西斯篇》《欧绪弗洛篇》《克里托篇》《普罗泰戈拉篇》。第二组著作没有第一组著作那样容易确定。在这一著作中，柏拉图发展了他自己的观点并提出了他自己的方法论。策勒尔认为这一组著作包括：《费德罗篇》（此篇包括对这一时期各种学说的概要）《高尔吉亚篇》《美诺篇》《欧绪德谟篇》《泰阿泰德篇》《智者篇》《政治家篇》《巴门尼德篇》和《克拉底鲁篇》。这一体系的完成是在最后一个阶段，策勒尔认为这一时期的著作包括：《会饮篇》《斐多篇》

《斐莱布篇》《理想国》《蒂迈欧篇》《克里底亚篇》和《法律篇》。策勒尔认为是伪作而加以否定的是：《伊庇诺米篇》《阿尔西比亚德斯篇上、下》《恩特拉斯篇》《希巴克斯篇》《泰戈斯篇》《米诺斯篇》《大希庇亚》《伊安篇》和《美涅克塞努篇》。

## 参考书

B.Jowett，《柏拉图的对话集》，第3版，五卷本，1892年；Jowett翻译的《对话集》，附有R.Demos的导论，两卷本，1937年；《柏拉图选集》，R.Demos编辑，1929年；《理想国》，F.M.Cornford译，1942年。

T.Gomperz，《希腊思想家》，第二卷和第三卷，1905年；T.G.Ritchie，
《柏拉图》，1902年；G.Grote，《柏拉图》，1865年；E.Zeller，《柏拉图和
他的学园》，1888年；W.Pater，《柏拉图和柏拉图主义》，1893年；J.Adam，
《柏拉图主义的生命力》，1911年；J.A.Stewart，《柏拉图的理念学说》，
1909年，以及《柏拉图的神话》，1905年；T.Nettleship，《〈思想国〉讲演录》， 75
1914年，以及《柏拉图〈理想国〉中的教育理论》，1935年；B.Bosanquet，《柏拉图〈理想国〉指南》，1895年；F.M.Cornford，《柏拉图的知识论》，1935年，以及《柏拉图的宇宙论》，1937年；W.Temple，《柏拉图和基督教》，1916年；P.E.Moore，《柏拉图主义》，1917年，以及《柏拉图的宗教》，1921年；A.E.Taylor，《柏拉图及其著作》，1926年，以及《柏拉图主义及其影响》，1927年；C.Ritter，《柏拉图哲学的实质》，A.Allan译，1933年；G.Santayana，《柏拉图主义和精神生活》，1927年；G.M.A.Grube，《柏拉图的思想》，1935年；E.Barker，《柏拉图的亚里士多德的政治理论》，1906年，以及《希腊政治理论：柏拉图及其前辈》，1918年；A.S.Pringle-Pattison，《永恒的理念》，1922年；W.Lutloslawski，《柏拉图逻辑思想的起源与成长》，1905年；E.Rhode，《灵魂》，1894年，1925年；J.Burnet，《苏格拉底的灵魂学说》，1916年；G.C.Field，《柏拉图和他的同代人：公元四世纪的生活和思想研究》，1930年；J.Stenzel，《柏拉图的辩证法》，1940年；K.Reinhardt，《柏拉图的神话》；W.Jaeger，《教育》，第三卷（柏拉图时代文化理想的冲突），1945年；R.Schaerer，《柏拉图的问题》，1938年；J.Stenzel，《教育家柏拉图》；J.Wild，《柏拉图的人论》，1946年；J.Moreau，《柏拉图哲学的二元结构》，1939年；A.Koyré，《发现柏拉图》，1945年；L.Robin，《柏拉图》，1935

年；R.Demos，《柏拉图的哲学》，1939年；P.Léon，《柏拉图》，1940年；M.Heidegger，《柏拉图的真理理论》，1945年；R.Schaerer，《上帝，人和柏拉图之后的生活》，1944年；P.Lachièze-Rey，《柏拉图的道德、社会和政治观念》，1948年；O.Reverdin，《柏拉图学派的城邦宗教》，1945年；J.B.Skemp，《柏拉图晚期对话中的运动理论》，1942年；P.Louis，《柏拉图的暗喻》，1945年；P.Shorey，《柏拉图说了什么》，1933年，以及《古代和近代的柏拉图主义》，1938年；F.C.A.Anderson，《柏拉图的论证》，1934年；W.A.Hardie，《柏拉图研究》，1936年。

苏格拉底曾经教导人们，为了过一种理性和善的生活，我们必须具有关于善的知识，并且他深信获得这样的知识是可能的。虽然苏格拉底没有提出一种关于获得这些知识的方法的理论，但是他以对话的形式实践了这一发展真理的艺术。柏拉图在他的著作中不仅运用了这一追求真理的方法，达到了非凡的艺术效果，而且他还思考这一方法。他阐述了一种方法论——辩证的或者逻辑的——在这个方法中，他描述了概念的形成与结合的艺术。在他对逻辑推演（我们通过这一推演而达到真理）的说明中，我们看到了认识论和形式逻辑的开端。但是柏拉图并不满足于描述人们如何获得真的概念和判断；他的首要目标是要获得这些真的概念和判断，知道实在的各个方面——物理、精神和道德方面——以便从统一和整体上来理解实在。他显然知道，如果不理解世界的本性，就不可能解决知识问题。因此，根据苏格拉底这位伟大思想家（柏拉图将他的哲学方法作为自己的
76 典范）的学说，柏拉图发展了一个普遍的哲学体系。虽然他并没有明确地将哲学分为：（1）逻辑学或者辩证法（包括认识论），（2）形而上学（包括物理学和心理学）和（3）伦理学（包括政治学），但是这一划分已经暗含在他的工作中。因此我们将按照这一顺序来再阐述他的思想。我们首先从逻辑学或辩证法开始。

## 第二节　辩证法或者认识论

柏拉图清楚地知道知识问题在其所处时代的哲学中非常重要，并且一个思想家对知识的本质和起源的看法在很大程度上决定了他对那些在其时代引人注意的问题所采取的态度。柏拉图认为，如果我们只是依赖感官知觉或者意见，那么智者在主张“不可能存在真正知识”上就是完全正确的。感官知觉并没有揭示事物

的真实实在，只是给我们以表象。但是意见可能为真或者为假；即使它被证明为真，也是依赖于说服或者情感，因此没有任何价值。单纯的意见不是知识，因为即使它碰巧是真的，它也不可能为自己辩护。而知识是建立在理性基础之上，可以证明自身的真实性。大多数人在思考时并不知道，当他们思考时，他们为什么要那样思考。通常的美德基于感官知觉和意见；它并没有意识到自己的原则。人们并不知道当他们行动时为什么要那样做。他们基于本能、冲动、习俗或者习惯而行动，像蚂蚁、蜜蜂和黄蜂一样。他们行动自私，为了快乐和利益，因此大众是十足的无意识的智者。智者的错误在于混淆了表象和实在，快乐和善。

要实现从感官知觉和意见到真正知识的进步，我们就必须对真理具有一种欲望或者爱，后者被称为厄洛斯，它是由对美好理念的沉思而产生，并导致了对真理的沉思。对真理的爱促使我们进行辩证论证，促使我们超过感官知觉到达对理念的概念性知识，从特殊到一般。辩证法首先在于把分散的个别事物概括成为一个理念，其次在于在将理念划分成种或类，也就是说，辩证法在于概括和分类。按照这个方法就可以进行清晰一致的思考；我们从概念到概念，上行或下行，概括和分列，结合或划分，综合或分析，对概念的创造就好像一个雕刻家在用一块大理石雕刻一尊美丽的塑像一样。辩证法就是这一思考概念的艺术；概念不是感觉或者影像，它构成了思想的本质对象。例如，我们不能称一个人是正义或者不 77
正义的，除非我们具有一个关于正义或者不正义的概念，除非我们知道正义是什么；唯有这样的知识才能使我们确定一个人是否正义。

但是柏拉图警告我们，概念或者理念——例如正义的概念或理念——并不是源于经验；我们无法从具体的正义情形中通过抽象得到正义的概念或理念。这些具体情形仅仅是作为手段，用来澄清或者明确已经模糊地或者隐含于我们灵魂中的正义概念。在发展像正义这样一个理念的意义或含义的过程中，我们就获得了一个新的、绝对确定的知识的体系。因此说人实质上是万物和全部真理的尺度，是指普遍的概念、理念和原则根植于人的灵魂，并形成了他所有知识的起点。

经验不是我们的概念的来源，因为在经验中，在感觉世界中，没有什么事物与真理、美和善的概念完全相符合。具体事物没有绝对美的和善的，我们用真的、美的和善的理念来接近感觉世界。除了这些价值观念，柏拉图还将数学概念和某些逻辑观念和范畴，诸如存在和非存在，同一和差别，单一和杂多视为先天的或者先验的。

因此，概念知识就是唯一真正知识：这是苏格拉底的学说，柏拉图将其作为自己研究的出发点。但是问题出现了：是什么保证我们具有这样的概念知识？柏拉图的回答是以他的某些前辈，特别是巴门尼德的形而上学观点为基础。知识是思想和实在或存在的一致；知识必定有其对象。如果概念作为知识具有某种价值，那么某个真实的实在必定与概念相符合——例如，必定存在着与美的概念相符合的纯粹、绝对的美——必定存在着与我们的所有普遍概念相符合的实在。换句话说，这样的理念不可能仅仅是人类心灵中流逝的思想。数学真理，美、真和善的理念必定是真实的，必定独立于我们对它们的知识而存在。如果我们理念的对象是不真实的，那么我们的知识就不是真正的知识。因此概念知识预设了与理念相符合的范型或者抽象对象的实在。

通过另一种方式也可以达到同样结果。真理是关于实在和存在自身以及实际存在的知识。我们感官所感知的世界不是真正的世界；它是一个变化和转瞬即逝的世界，今天是这样，明天又是其他样子。赫拉克利特正确地描述了感觉世界，
78 但是在柏拉图看来，这个世界只是表象和幻觉。真正的存在者是持久、不变和永恒的——它具有巴门尼德的存在者的特征。唯有思想，概念思想能够把握永恒不变的存在；它知道什么存在，什么持续，知道什么在所有的变化和多样性中能够保持为同一个，即事物的本质形式。

柏拉图在《理想国》第六章用著名的线喻概括了他的认识论。一条垂直的线被分成四个部分，每一部分都代表了一个层级的知识；这四类知识的每一类都具有特定的对象和相应的研究方法。（1）最低的一部分代表想象，一种与影像幻影、倒影和梦等有关的知识。在沙漠中看到的海市蜃楼无疑是柏拉图称为想象的一个很好的例子。想象的知识仅仅是猜测，至多是可能的，但即使这一低级的认知也为认识它所歪曲反映的物理对象提供了某种线索。（2）线段的第二部分代表信念，即关于感觉对象（像树木、山脉、河流等物质对象或者像房屋、桌子和手工艺品这样的人工作品）的知识。信念的来源是感官知觉，虽然它比想象更为可靠，但也是可能知识。在《泰阿泰德篇》中，柏拉图批评性地考察了将知识与知觉同一的观点——他将这一观点归于智者普罗泰戈拉。[27] 想象和信念被柏拉图一同放在“意见”这一标题下，意见包括了所有源于感觉的知识。（3）线段的第三部分代表了推理的才智或者理解力，这一智力或理解力并不是专注于刺激感官的特殊事物，而是专注于数学实体，例如数、线、平面、三角形和其他算术和几何对象。这一知识形式基于假设，因为它是从定义和未经证明的假设中推论

[27] 参见罗素关于“柏拉图的知识与知觉”一章，《西方哲学史》第149页及其后。

出来的。当柏拉图提出数学是基于假设或者推测，而不是基于自明的原则或准则时，他对数学的这一理解无疑先于近代对数学的假设性解释。使用感觉图像也是数学知识的一个特征，例如在几何证明中使用图表，或者用物体或者点的积聚来代表数。在这一类型知识中运用的感觉图像发挥的作用只是表现在它在智力的思想进程中，通过符号化的方式促进了智力；在一个几何图表中的图形是代表理想 79
的圆形和三角形的符号，而几何证明涉及到的是理想图形。（4）线段的最后部分代表了理性的洞察力，这一洞察力的对象是形式或者理念；获得此类知识的方法是辩证法。辩证法并不是将形式视为孤立的本质，而是认为形式构成了一个系统的统一体——认为这些形式与善的形式相关。辩证知识基于绝对的最重要的原则，而不是基于假设，辩证知识完全不需要感觉图形。线喻中用符号表示的每一层级的知识，不仅具有特有的方法，而且有特有的对象。

## 第三节　科学的等级

柏拉图在《理想国》第七章中提出了科学的等级，连同他的高等教育理论，清楚地描述了每一种抽象科学的性质、对象和特殊的重要性，这些抽象科学从数学开始，以辩证法结束：（1）他将算术表述为数和数的关系的抽象科学；它的理论价值在于这一事实：算术将智力从感觉中解放出来，因此促进了抽象思考。按照其准确的、量的方法，算术也能够解决感官知觉中的明显矛盾。虽然柏拉图主要将算术视为一门单纯或者抽象的数学，但他也注意到算术的应用性，注意到它在实践艺术中的运算功能。（2）在算术之后，柏拉图提及了平面和立体几何，即二维或者三维图形的科学。虽然柏拉图对这一科学的关注也是理论性的，即它将心灵引向永恒形式的抽象能力，但他并没有忽视将几何应用到作战、建筑和土地丈量等方面。（3）这一等级接下来的科学是天文学，他用天文学来指运动的固体的科学。柏拉图明确指出，对他来说天文学并不是指天体运动的描述性科学，而是研究支配这样的运动的科学——用现代术语来说，他所指的是天体力学或天体物理学，而不是描述性天文学。这一知识的主要价值在于它将心灵引向天体运动的法则和和谐，因而为永恒形式的和谐的辩证研究铺平道路；但是柏拉图也没有完全忽略这一科学在航海技术中的实践应用。（4）和声学是对能够产生和声的运动物体的研究。像天文学一样，它将心灵引向理想的和谐。在柏拉图的方案中，和声学是研究和谐原则的科学，这些原则当然也被例示在音乐上—— 80
音乐是应用的和声学——但这门两科学并不是一回事。（5）辩证法是科学的顶部基石，是这一等级中前面所述科学的系统整体；它涉及到这些科学有机统一体的形式。在其理论方面，辩证法是科学探究的完成和实现；在其实践方面，辩证法是道德和治国才能和其他人文研究的指导。

柏拉图的认识论包含着各种科学的研究对象和知识层级。很明显，知识论或认识论对他来说不可能同形而上学或实在理论分开。柏拉图认识到，为了使知识合法有效，很有必要诉诸于形而上学和他的世界观。感觉知识——智者所相信的知识——向我们呈现的是流逝的、变化的、特殊的、偶然的事物。感觉知识并不是真正的知识，因为它并没有揭示真理或者触及实在的核心。概念知识是关于事物的普遍、不变和实质要素的知识，因此是唯一真的知识。哲学的目标就是要获得关于具体和暂时的感觉表象背后的普遍、不变和永恒实在的知识。

## 第四节　理念学说

我们已经看到，理念或者概念包含或者容纳了许多具体事物所共同具有的本质特征；事物的本质在于其普遍的形式。普遍本质的学说很难把握；我们更倾向于将这样的类概念仅仅看作是精神过程。如果只有具体事物存在，那么在心灵之外就没有与这样的理念或类型相对应的事物。像安提斯泰尼说的，“我看见一匹马，但是我看不见抽象的马。”柏拉图并不同意这一观点；在他看来，理念或者形式并不是人类心灵甚至上帝心灵中的思想——实际上，神的思想自身指向理念或者形式。他认为理念存在于自身之中，并为了其自身而存在，理念具有实在性特征。理念是实体，是真正的或实质性的形式，是事物原初和永恒的超验原型，理念先于事物并与事物分离，因此不受事物变化的影响；是我们所感觉到的具体事物这一永恒形式的不完善的复制或者反映。具体事物有生有灭，但理念或形式却永远存在。人有生有死，但是人的理念是永恒的。存在着许多物体和复制品，但是一类事物只有一个理念。理念的多样性和差异性是无穷尽的，没有事物
81 会因为低级或者不重要而没有其理念。存在着事物、关系、性质、行动和价值的
理念；存在着桌子、床和椅子的理念；存在着小、大和相似性的理念；存在着颜色、气味和音调的理念；存在着健康、静止和运动的理念；存在着美、真和善的理念。

理念或者原型虽然在数量上无限，但却不是没有组织和混乱的；他们构成了一个秩序良好的世界或理性宇宙。理想的秩序形成了一个相互联系的有机统一体；这些理念按照逻辑次序排列，处在最高理念之下，最高理念是善的理念，是

其他所有理念的源泉。这一理念是至高无上的；不存在高于这一理念的其他理念。真正真实的和真正善的理念是同一的；善的理念就是逻各斯；逻各斯是宇宙的目的。因此统一包含着多；在理智的或者理想的世界中，不存在没有多的统一，不存在没有统一的多。柏拉图强调多样理念的统一，这表明他受到了巴门尼德的影响。由柏拉图设想的宇宙是一个理念的逻辑系统，或者有机统一体，它受普遍目的或善的理念的支配，因此是一个理性的重要的整体。感官不可能把握善的理念。因为感官仅仅感知到善的不完全和短暂的影像，永远不能把握完善和持久的理念。哲学的职责就是运用理性，理解宇宙的内在秩序和联系，根据逻辑思维来思考宇宙的本质。

柏拉图的理念理论是他最具原创性的哲学成就。虽然之前的很多理论为其理念理论提供了准备，如毕达哥拉斯的数的神秘主义，巴门尼德的永恒存在，赫拉克利特的逻各斯学说，阿那克萨戈拉的量的原子论，当然最重要的是苏格拉底的概念学说，但是普遍理论作为一个得到充分表述的形而上学观点，应当完全归功于柏拉图。这一理论在柏拉图的对话中得到了清晰的描述，我们不需要冒过分简单化这一理论的风险就可以用几条明确陈述来对其进行概括。（1）形式或者理念，作为与抽象概念相符合的对象，是真正的实体；柏拉图的形式是苏格拉底的概念的具体化或者实体化——这一形式具有埃利亚学派的存在的特性。（2）形式非常多，包括事物的种类的形式——房子、狗、人等等；质的形式——白色、圆；关系的形式——平等、相似性；价值的形式——善、美等。（3）形式属于抽象实体的领域，属于“理念的天堂”，与时空中的具体事物相分离。形式和范
例之间的分离通常被称为柏拉图的二元论。（4）形式在实在性和价值的程度上 82
要优于具体事物，形式是实在，而具体事物仅仅是表象。形式是事物的模型或者原型，而具体事物只是其复制。（5）形式是非物质的，独立于任何有见识的心灵而存在；它们不是存在于人心灵或上帝心灵中的“观念”。有种意见认为，形式只是“我们心灵中的思想”，是具有共同称谓的一组具体事物的名字，柏拉图认真考虑但可能拒绝了这一观点，因为除非存在着一个名称所针对的“共同本性”，否则名称就是无意义的。形式的存在方式是唯一的；它们既不是精神的也不是物质的，但却是真实的。（6）形式是非时间性的，也是非空间性的，因此就是永恒不变的。（7）形式在逻辑上相互联系，构成一个等级。[28] 在这一等级中较高级的形式和较低级或次要的形式“交流”，这一等级中的最高形式是善的

[28] 参见《智者篇》，259b（Jowett版本的边页码）。

形式。（8）形式为理性所把握，而不是为感觉所把握——虽然感觉能够为人们理解它包含的形式提供时机和刺激。（9）最后，在特殊事物和它所例示的形式之间的关系被称为“分有”；所有具有共同谓述的具体事物分有了一致的形式，当具体事物发生变化时，它就分有了不同的形式。分有学说展示了理念理论存在的严重困难——柏拉图完全认识到了这些困难。[29]

上面的陈述所总结的哲学观点通常被称为柏拉图的实在论，这一观点从柏拉图的时代到现在一直有其支持者。不过最受其影响的时期是中世纪。

## 第五节 自然哲学

我们现在来考察柏拉图的理念世界同所说的“真实世界”之间的关系。如上所述，自然中的具体对象是理念的复制品。如何解释这一点？纯粹的、完善的和不变的原则如何能是不完善且永远变化的感觉世界的原因？为了回答这一问题，柏拉图诉诸另外一个基质，这个基质同理念截然相反，是不完善的可感知的原因。亚里士多德将这第二个基质称为柏拉图的“物质”，它是现象世界的根据；物质提供了未加工的材料，而由形式使其成型。物质是易消亡的、不完善的和不
83 真实的，它是非存在；无论感觉世界具有什么样的实在、形式或美，它们都是由理念造成的。有些解释者认为柏拉图的“物质”是空间；其他人则认为“物质”是一团没有形式、填充空间的东西。柏拉图需要在理念之外提供另外的东西来解释我们的感觉世界或自然，感觉世界或自然并不是感觉的幻象，而是比不变的理念实在较低一级的实在。这一未受理念基质影响的基底（substratum），必须被设想为不具备所有性质——它无形、不可定义、不可感知。自然将其存在归因于理念世界和非存在或物质的相互作用；像一束光通过棱镜被分散成为许多束光，而理念也通过物质被分成许多物体。没有形式的事物是非存在（non-being），并不是在不存在的意义上而言，只是这样的事物具有较低一级的存在；“非存在”一词表达了一个价值判断。就感觉世界呈现一定的形式而言，它在某种程度上分有了存在或实在。柏拉图并没有对这两个领域之间的关系所具有的性质进行准确界定，但是很明显理念在某种程度上是事物所具有的全部实在的原因。事物将其存在归因于它们身上的理念的存在；事物分有了理念。同时，非存在或基底是体现同一理念的许多不同事物所具有的多样性和不完善性的原因。这样

[29] 参见《巴门尼德篇》，156a及其后。

就存在着两种基质，理念是真实的存在，具有最重要价值的东西，是所有事物形成的原因，并是所有事物的本质，是宇宙间的法律和秩序的基质；而另外一种要素，物质则是次要的、迟钝的、非理性的和反对性的力量，是理念的不情愿的奴隶，虽然不完善，但在某种程度上也呈现出理念的特征。物质同理念的关系亦敌亦友，物质既辅助理念，又阻碍理念，是自然和道德上的恶的根据，是变化和不完善的原因。既然理念世界是善的来源，非理念的物质就必定是恶的原因；理念是事物的首要基质，而物质则是较低级和次要的基质；但是两者都不能还原为另外一个。

## 第六节　宇宙论

柏拉图在他的《蒂迈欧篇》中试图解释自然的起源，这一工作让人想起早期的苏格拉底哲学，因为早期苏格拉底致力于宇宙起源的思考。柏拉图的宇宙论中渗透着许多神话元素，经常同他的其他学说相矛盾，他认为其宇宙论只具有可能性。造物主或创造者像艺术家或工人一样，按照理想世界的模式来创造世界；
他以善的观念为指导，形成一个尽可能完善的宇宙，但受制于作为基质的物质。 84
造物主并非真正的创造者，而是一个建筑师；理念和物质两种基质都已经存在，它们并不是由造物主产生。造物主的职责是将形式加到先前已经存在的材料或者容器上。如此创造的这个世界是由四种物质性元素：土、气、火、水和有生命的灵魂（世界灵魂）构成。世界灵魂由不可分的和可分的、同一和变化的东西混合而成，因此既能知道理念事物，又能感知物质事物。世界灵魂具有自己原初的运动，这一运动是所有运动的原因。在自己运动时，它也使物体运动。它散布于世界各个地方，是所有美、秩序和和谐的原因。世界灵魂是理念世界和现象世界的中介，是所有法则、数学关系、和谐、秩序、一致性、生命、心灵和知识的原因。它按照固定的法则运动，因此是天体领域中物质运动和散布的原因。除了世界灵魂，造物主为行星创造出灵魂或神——他按照毕达哥拉斯的和声学来安排行星——以及有理性的人的灵魂，让较低级的神来创造动物和人类灵魂中的非理性部分。所有的事物都是为了人类而被创造，植物为人提供营养，动物躯体是为了给堕落的灵魂提供居所。因此我们在柏拉图的宇宙论中看到了许多神——他并没有明确地将个人归于这些神——整个理念世界包括善的观念、造物主、世界灵魂、植物性灵魂和流行宗教的神。

柏拉图的宇宙论是一种穿着神话外衣的目的论世界观，他试图将世界解释为一个有目的的、秩序良好的世界，解释为一个有理智的、受理性指导并朝伦理目标前进的世界。目的或者最终因是世界的真正原因，自然原因只是协作性的原因。宇宙中所有善的、理性的和有目的的事物都归因于理性；而所有恶的、非理性的和无目的的事物都归因于物质。

柏拉图的宇宙论可以被视作他对产生实际世界的“原因”或创造因素进行区分的尝试。他的阐述可以用神话学的语言表述为“创世的故事”，但是这个阐述并不是要从字面意义上将创造理解为一个暂时的过程，而是对世界的构成性要素的一个分析。他要表述的似乎是，真实的或实际的世界包含着各种特征，人们可以通过将这些特征视为它们（好像）由一个创造过程产生出来的，从而理解这些特征。《蒂迈欧篇》所列举的四种要素包括：（1）造物主或者上帝是世界的积
85 极和动力性原因。如前文所述，造物主是一个世界建筑师而不是世界的创造者，因为他是将已经存在的物质塑造成形而不是从无中创造出世界来。造物主是自然和心灵中所有力量、活力、活动性的来源和基质。虽然上帝不是一个人格神，但他是世界的善而非恶的来源。（2）作为世界原型的模型。造物主在创造世界的过程中以永恒、预先存在的模型为指导，这一模型位于形式世界，是存在的理念要素的来源，是自然进程的秩序、合法性和规则性的来源。（3）储存所。这一基质为创世提供场所和发源地，它是世界所具有的不确定性、无理性实在、混乱和恶的来源。（4）善的形式。这一基质在柏拉图的宇宙论中是事物目的的来源，是自然、心灵的目的和价值部分的来源。[30] 整个自然（包括自然事物和心灵在内）秩序是一个创造物，其中源于四个要素的特征融合在一起。就像个人灵魂使其身体具有生命一样，使得整个自然界具有生命的世界灵魂，也为创造物所拥有。

柏拉图的宇宙论思考在历史上的影响非常巨大。我们在亚里士多德的物理学和目的论（造物的四要素同亚里士多德分析中的四因非常一致：（1）动力因（2）形式因（3）质料因（4）目的因和新柏拉图主义的创世理论中将会看到这一影响。经过希伯来创世说说明的修正后，它支配了经院哲学的创世观念。可能除了柏拉图的理念论之外，没有其他的柏拉图学说能够比他的宇宙论发挥更大或更为持续的影响。

[30] R. Demos按照四个造物要素对柏拉图的思想提出了一个系统的重构，参见《柏拉图的哲学》，第一部分。

## 第七节　心理学

柏拉图在其认识论中区分了两种不同类型的知识：（1）依赖于感官知觉的意见和（2）真正知识或科学。与这一知识的二元论相对应的部分很明显存在于柏拉图的心理学中。在感觉和意见上，灵魂依赖于身体，但就灵魂专注于理念世界而言，它是纯粹的理性。身体是灵魂的阻碍，灵魂必须摆脱身体的束缚以便关注纯粹的真理。纯粹理念的复制品因为存在于现象世界，只是刺激灵魂进行思考；感觉引起和刺激对理念的理解，但是并不产生这一理解。灵魂在某种程度上 86
必定先于它与经验世界的联系从而获得对理念的理解。柏拉图教导说，灵魂曾经见识过理念，但后来忘却了。感觉世界中理念不完善的复制品让灵魂想起它的过去，想起它过去看到过什么。因此所有的知识都是回忆，所有的学问都是灵魂的再度觉醒。柏拉图通过诉诸回忆说来建立灵魂的先在学说。《费德罗篇》中关于驭者的神话表达了这一洞见：灵魂在它与身体结合之前必定已经存在。人的灵魂部分地是纯粹理性，这一理性部分是其最具特点的部分。当灵魂进入身体，一个有死的和非理性的部分附加到它上面，这一部分使灵魂适合在感觉世界上存在。非理性的部分进一步被分成精神的部分和欲望的部分，柏拉图用前者来指位于心脏的高尚的冲动（生气、雄心和爱的力量），用后者来指位于肝脏的较低级的欲求和情欲，灵魂通过这一部分来产生爱和饥渴。身体上冲动和欲望的统一对灵魂理智上的追求是一种阻碍，冲动和欲望的存在对理性在伦理方面的至上性是一种阻碍，正如柏拉图在其伦理学中指出的，理性自身必须力求克服这一障碍。

柏拉图的心理学是二元论的，他将灵魂分为较高级的理性部分和较低级的非理性部分。但是既然非理性部分又被进一步分为精神部分和欲望部分，实际上他就将灵魂划分为三个部分：（1）理性的能力。如我们已经看到的，理性的能力首先是理智的，但是柏拉图似乎将某些品格特征，如，慷慨、谦逊和尊敬包括在理性能力之中，虽然这些品格特征并不是纯粹理智的，而是与一种哲学上的气质相联系。（2）精神的能力。这是一种类似于意志的执行能力，但是如果将其与作为决策和自由选择能力的意志等同起来，就是令人误解的。意志概念是中世纪思想的产物，起源于希伯来和基督教思想，而不是发端于柏拉图的观点。非常令人怀疑的是——虽然这是一个有争议的问题——柏拉图是否设想了选择的自由和意志自由。精神的能力只是在有活力和有执行力的意义上类似于意志。柏拉图认为精神能力包括情感和情绪，以及雄心、愤怒、怨恨和义愤等品格特征。

（3）欲望的能力。这一能力与近代心理学中的术语“欲求”非常接近。柏拉图所说的身体欲望包括对快乐、财富、食物、居所和其他身体上的满足的欲求。快乐并不是一种排他性的欲望；有一种快乐伴随着灵魂的每一种能力的运用：那些
87 在数学、科学和辩证法中运用理性能力的人享受到理性的快乐；那些成功实现政治、科学和军事进步方面抱负的人享受到荣誉和名望带来的快乐；那些满足身体欲望的人享受到感官的快乐。快乐的优先性的次序如我们已经在前面列举的那样，快乐的分类标准由熟悉这三种灵魂类型的称职的批评者做出裁决。因为自由散漫的人或者有野心的人的判断是有偏见和不可依赖的。柏拉图关于快乐和痛苦的心理学极具微妙和精致的特点。他注意到，虽然快乐和痛苦都是积极的情感，但在快乐和痛苦之间有一个不确定的状态，这一状态与后来的痛苦相比似乎是快乐的，而与先前的快乐相比似乎又是痛苦的。柏拉图可能是第一个阐述心理相对主义学说的人。

## 第八节　灵魂不朽说

柏拉图将不朽归于灵魂，并在几篇对话中为灵魂不朽提供了证明。这些证明中最具特色的证明来自于灵魂对形式的认知：沉思纯粹、永恒理念的灵魂必定（至少部分地）像这些理念一样是纯粹和永恒的；因为只有相似者才能知道相似者。他还利用回忆说来证明灵魂的在先存在，在肉体已经死去之后还可能继续存
88 在。这一证明从灵魂占有解释性的基质和自明真理推论出灵魂的在先存在，而在今生灵魂并不占有这一基质和真理。既然这些基质是灵魂天生禀赋的一部分，它们必定是对永恒真理的重新回忆，灵魂在较早的状态中理解这些真理，并在感觉经验中回忆起这些真理。柏拉图在《斐多篇》（作为第二个证明出现）和《斐德罗篇》中阐述了这一回忆说的证明，这一证明的认识论基础在《美诺篇》苏格拉底向童奴的提问中得到了充分论证：通过一系列提问，苏格拉底能够从童奴那里诱导出几何理论的证明，而此前童奴并不知道这一证明。如果不假设几何知识在他出生时已经潜在于灵魂中，且童奴以一种在先存在的状态获得几何知识，那么如何解释童奴不经教导即掌握了这一知识呢？

除了这两个关于灵魂不朽的认识论证明，柏拉图提出了许多形而上学的证明，其中有两个特别著名：来自灵魂统一、简单的证明和来自灵魂的生命力的证明。灵魂按其本性是简单和不可分的；因此它既不可能通过复合而产生，也不可能通过分解而毁灭——任何简单的东西都不可能被分解（《斐多篇》的第三个

证明）。灵魂是生命的基质或者自发性；假设生命的基质会死亡，这是有矛盾的——生不可能变成死；因此灵魂是不朽的（《斐多篇》的第四个证明）。来自于灵魂的生命力的证明反映了柏拉图思想中泛灵论概念的残留，同宇宙起源论的证明极为类似，这个证明认为，灵魂或者精神作为世界上运动的最终来源必定是永恒的。作为运动来源的灵魂是自动的，从其内部发起运动。因此灵魂的运动同灵魂的生命一样是持久永恒的。柏拉图最后提出了许多价值上和道德上的证明，这些证明将永恒归于灵魂，其根据是灵魂具有至高无上的价值和正义要求。一个主要的价值证明是：灵魂较高级的尊严和价值证明了他能够超越粗糙的能够持续相当长时间的躯体而存在。这一点又通过关于正义的考虑而进一步巩固：世界是合乎道德和有理性的，正义的命令要求来世对今生的纠正和不完善进行报偿和惩罚。这个道德证明的一个有趣的变种出现在《理想国》的第十章中：每一事物都因其特殊的或固有的恶而被毁灭；最坏的恶、不正义、不节制和无知都是灵魂的特殊的恶；但是它们并不会摧毁邪恶的灵魂，因此灵魂是不可毁灭的。这些证明的每一个——认识论的、形而上学的或者价值论的——在单独进行考察时可能都不是令人信服的；但它们合起来就构成了一个令人赞叹的系列。不过我们可以仔 89
细探究后来关于灵魂不朽的哲学文献，很难发现有什么证明取得了进步，柏拉图已经清晰地预示了这些证明。

问题依然存在：纯粹的理性灵魂是如何同肉体结合的呢？在这一点上，柏拉图再次求助于神话解释，将他的认识论和经验心理学提出的概念与奥菲斯教和毕达哥拉斯学派的神秘主义结合起来。纯粹的理性灵魂由造物主所创造，曾经居住在一个天体上，但是，由于被追求感性世界的欲望所占据，就被囚禁在物质性的身体中，就像被放在监狱中一样。如果它成功克服了其本性中较低级的一面，它就会回到天体上，否则就会越沉越低，接着进入不同动物的身体（灵魂的转世或者轮回学说）。如果灵魂在天国的生活中抵御住了欲望的诱惑，它就会继续享受超凡的存在，让自己全神贯注于理念的沉思。既然灵魂无法做到这一点，它就不得不经历一个净化阶段。

柏拉图心理学中的一个重要方面就是厄洛斯学说。正如感官知觉在灵魂中唤起关于纯粹理念的回忆和先在状态中理解的真理的记忆一样，激起感官之爱的对感性之美的知觉也唤起了灵魂中对理念之美的记忆，理念之美在其先前的存在中被沉思。对真理和美的这些记忆激励着灵魂渴望过与纯粹理念世界相联系的更高一级的生活。因此感官之爱和对美和善的渴望来源于同一种基本的冲动。感官的冲动试图寻求种的延续，在其较高级的表现形式上，则渴望名声，即创造科学、艺术和人类制度的冲动。在渴望永恒价值上，灵魂渴求不朽。实际上，这些冲动被用作灵魂不朽的证据，因为灵魂所热烈渴求的也必定是可得到的。

## 第九节 伦理学

在苏格拉底那里，最重要的问题与道德上的善相关：善的本性或者意义是什么，什么是善的生活，我们如何证明这样一种生活合乎理性？一个理性存在者应当如何行动，他的支配原则应当是什么？苏格拉底在提出这些问题之后都给出了自己的回答。虽然苏格拉底并没有提出一套全面系统的人生哲学，但是他为这样一个道德哲学体系奠定了基础。柏拉图接受了这些问题并试图依据其全面的世界
90 观来解决这些问题。如前所述，他认为人生和人类制度的意义和价值问题包含在世界和人的本性及意义这一更大的问题中。柏拉图的伦理学像他的认识论一样以他的形而上学为基础。

宇宙从根本上说是一个理性的宇宙，一个精神系统。感觉对象，即围绕我们的物质现象，只是永恒不变的理念的短暂的幻影；这样的对象转瞬即逝，没有绝对的价值，因为只有持续存在的事物才是真实的，具有其价值。唯有与最高的善有关的理性才具有绝对价值。因此人的理性部分是人的真正部分，他的理想就是要培育其理性，即他的灵魂中不朽的部分。躯体和感官与灵魂相反，躯体是灵魂的牢笼和束缚，摆脱这一束缚是精神的最终目标。“为此我们应当尽我们所能离开尘世，离开尘世就是成为上帝那样。”灵魂从躯体中的解放和对美好理念世界的沉思——这就是人生的最终目标。

从躯体中解放是灵魂的最终命运，具有理性部分、精神部分和欲望部分的灵魂正被关在尘世的牢笼中，需要解决它自己的问题。灵魂的理性部分是聪明的，必须代表整个灵魂进行事先考虑：因此它的基本职责是命令。由理性来支配灵魂其他冲动的个人就是聪明的，他知道什么对内在的整体及灵魂的各个部分有利。灵魂中精神部分的职责是服从并支持理性部分。在这两种基质得到训练和教育，并且保持一致后，它们开始控制身体的欲望。理性提出建议，而精神部分的能力则为理性而战，服从理性，通过它的勇敢将理性的建议付诸实施。因此，当一个人灵魂的精神部分历经苦乐，始终坚持理性的教导，将其视为是否应当畏惧的一个标准，这个人就是勇敢的。当一个人的精神和欲望服从理性的权威，他就是节制的。节制或者自制就是控制某种快乐和欲望。当这三种内在基质保持一致，每一种基质都会发挥其适当的作用，一个人就是正义的。正义和值得尊敬的行为

就是一个人在这样一个心灵框架内行动。当一个人是聪明、勇敢和节制的，当一个人将和谐引入灵魂中，他就达到了一种合乎伦理的态度。这样的人不会拒付定金，不会渎神和偷窃，不会对朋友不忠，不会背叛他的国家，也不会犯类似的罪行。正义是至高无上的美德，具有这一美德的灵魂不可能做任何错事。

因此，合乎伦理的典范就是一个秩序良好的灵魂，在其中，较高一级的部分 91
支配较低一级的部分，明智、勇敢、自制和正义的美德发挥作用。有理性或者美德的人生就是最高的善。幸福伴随着这样的人生，正义的人就是幸福的人。虽然快乐自身不是目的，但是与欲望的满足一致的是：欲望越合理，欲望的满足就越令人快乐。[31]

我们已经提及柏拉图理论学说的另一方面，它特别强调灵魂中的理性要素，而将其非理性部分视为仅仅是次要的，应当服从理性部分并最终被抛弃。他的学说的这一部分不同于通常的希腊观念；它的风格是禁欲主义的，预示了我们在早期基督教那里见到的贬抑现世（contemptus mundi）的学说：我们所感觉到的世界是一个短暂的展览，“这世界的壮丽，和其上的情欲，都要逝去。”对柏拉图来说，唯一持久存在的就是理性，是真理；其他的一切都是虚幻。物质是不完善的，是灵魂的绝对负担；从这一阻碍中摆脱出来，使自己专注于对美好理念的沉思中，或者像基督教所宣扬的那样关注上帝，是一种虔诚期盼的圆满状态。柏拉图哲学的这一禁欲倾向在神秘主义中达到顶峰。

## 第十节　政治学

柏拉图在《理想国》中阐述了其国家理论，这一理论以其伦理学为基础。既然美德是最高的善，个人则不可能单独获得此善，而只能在社会中获得，国家的任务就是要促进这一美德和幸福；国家机构及其法律的目的就是要创造条件，使尽可能多的人成为善的，也就是说，要确保全体的福利。社会生活是个人完善的一种手段，其自身并不是目的。无疑，个人必须使自己的个人利益服从于社会福利，但那只是因为他自己真正的善与社会福利有着密切的关系。如果所有的人都是理性的和有美德的，就不需要法律和国家：一个完全有美德的人是受理性支配而不是受外在的法律支配。但是很少有人是完善的，因此有必要用法律来确保我们的真正善的实现。这样，国家就是因为人性的不完善而产生。国家应当像整体

[31] 参见《理想国》，第四卷，第581节及其后。

上的宇宙或者个人有美德的灵魂一样得到有效安排，也就是说，理性应当处于支配地位。

国家中存在着许多阶级，就像灵魂存在着许多功能一样。这些阶级彼此间的和谐关系类似一个健康灵魂中各部分之间的关系。那些具有哲学洞见的人体现了
92 理性，应当成为统治阶级；武士阶级的成员具有灵魂中的精神部分：他们的任务是保卫国家；农民、艺术家和商人则代表了较低级的欲望，他们的职责是生产物质性产品。在柏拉图所处的时代，他认为腓尼基人为较低级的欲望所支配，北方的野蛮民族例示了灵魂中的精神部分，而希腊人则代表着理性。一个国家要实现正义，就需要社会的每一个阶级，工业、军事和守卫等各司其职，要关注自己的事务而不要干涉其他阶级的事务。一个国家如果各个阶级都具有相应的品质和条件，这个国家就会是节制、勇敢和有智慧。当大众的欲望受少数人的欲望和智慧支配时，当统治者和被统治者在谁应当统治的这一问题上达成一致时，国家就是其自己的主宰者。每一个人都应当在国家中有其职业，他的自然才能最适合这个职业。正义就是要在社会中拥有适合自己能力和地位的职业，考虑自己的事务而不要干涉别人。

理想的社会是一个完整的统一体，一个大家庭。因此，柏拉图反对个人财产和一夫一妻制，主张两个由劳动者供养的上层阶级实行共产主义和共同占有妻儿。他的其他建议有：对婚姻和出生实行优生学的监督，遗弃弱婴，推行义务性国家教育，对妇女进行作战和参政的教育，对艺术品和文学作品进行检查。柏拉图对艺术评价不高，认为艺术是对感觉世界的模仿，而感觉世界不过是对事物的真实本质的复制，因此艺术是对模仿品的模仿。尽管他贬低艺术，却认为艺术可以用来促进道德修养。

国家是一个教育机构和教化工具，它必须建立在可获得的最高级别的知识，即哲学的基础之上。

除非哲学家在国家中获得王权，或者那些被称为国王或者君主的人充分掌握了真正的哲学，也就是说，除非政治权力和哲学掌握在同一个人手中……否则无论是城邦还是人类都不会得到解救。[32]

93 国家应当对高等阶级的子女进行教育，遵循一定的教学计划。这一计划针对二十岁之前的男女市民，应当包括：为了对其进行伦理感化而选择的神话故事；体育锻炼，这不仅有利于强壮身体，也可以用来发展灵魂的精神方面的能力；阅

---

［32］《理想国》，第五卷，第473节。

读和写作；诗歌和音乐，这可以用来激发美感、和谐和均衡，并鼓励哲学思考；数学使人的心灵从具体和可感事物上转向抽象和真实的事物。当年轻人长到二十岁时，从他们中间挑选出优秀者，这些人将研究他们童年所学的不同学科之间的关系，并学会将其作为一个整体来考察。那些三十岁时在他们的研究中，在军事上以及在其他活动中表现出最大才能的人将会被挑选出来，利用五年的时间学习辩论术。然后他们将会在遵守军事命令和服从城邦公职方面接受检验。到了五十岁，那些证明自己优秀的人将会投身于哲学研究，直到他们有机会为了国家掌握高一级的官职。

柏拉图的《理想国》是对完善国家的描述，是对体现了正义原则的社会的梦想。它通常被称为乌托邦，柏拉图自己事实上也认识到他的理想国家在任何实际的社会中都不可能实现；人们至多能期望的是一个和乌托邦理想近似的国家。但是在柏拉图看来，理想国家无法实现，这并没有减损它作为实际社会组织和管理上的指导所具有的价值。而且，我们必须记住，柏拉图是将理想国家作为一个小的城邦国家来设想的，他的许多“理想”在当时的斯巴达都是实际存在的事物。因此用乌托邦的不切实际来频繁地反对柏拉图的理想国家，这一批评得不到彻底辩护。在其晚期著作《法律篇》中，柏拉图对其政治理论进行了重大修正，他抛弃了早期方案中的某些理想主义和唯理论的特征。除了理性或者洞见之外，一个好的国家还应当有自由和友爱。所有的公民都应当是自由的，共同参与国家管理；他们也是土地所有者，而所有的贸易和商业则交由奴隶和外国人管理。家庭恢复到其原有的位置。知识并不是一切：还存在着美德行为的其他动机，例如快乐和友爱，痛苦和厌恶。但是美德仍然是典范，道德教育是国家的一个主要目标。对政治和社会制度的道德基础的关注是柏拉图整个政治哲学的特征。 94

## 第十一节　柏拉图的历史地位

柏拉图认为关于宇宙的理性知识是可能的，知识来源于理性而不是感官知觉，在此意义上，他的哲学是唯理论的。但是经验在知识中发挥着不可或缺的作用；我们的先验观念由经验刺激并唤起。柏拉图的哲学是实在论的，因为他断言存在着精神之外的实在——形式或者理念；他的哲学是理想主义的，因为他认为这一形式世界是一个超越时空的理想领域；他的哲学是现象主义的，因为他感觉世界被还原为真实世界的现象或者表象状态。柏拉图拒绝将实在与物质世界等同，因而他的哲学又是极端反唯物主义的。柏拉图认为所有的现象都是理智的世界——秩序的表现，并且他引入了一个无处不在的世界灵魂，在此意义上，他的哲学是泛神论的。在其接受造物主（这个有创造力的基质能够将形式印在可塑的贮藏所上）的意义上，柏拉图的哲学是有神论的。他的学说是超验的，因为他的理念世界高于实际的经验世界：纯粹的理念避免了受到物质元素的污染。柏拉图的哲学是内在论的，因为世界灵魂散布于所有空间。他的哲学是反机械论的和目的论的，因为柏拉图在最终原因或目的上寻求世界的最终解释，而所有的原因和目的都被包含在一个普遍目的之中：善的理念。柏拉图采用两种基质来解释事物，一种是理念的，一种是物质的，因而他的哲学是二元论的。整个世界的最终原因是善的理念，这一理念包含着伦理、审美和逻辑价值，因而他的哲学从根本上将是评价性的。柏拉图的伦理学理论是反享乐主义的、直觉主义的和理想主义的，是自我实现理论的一种形式。柏拉图的政治理论将主张贵族统治与社会主义和共产主义的要素结合起来。柏拉图的哲学体系通过将明显互不相容的学说统一为一个有巨大创造力的综合体，从而避免了哲学折中主义的极端不相容性和不一致性。

柏拉图的哲学体系对晚期希腊思想和基督教哲学及神学产生了深远影响，这一点很容易理解。它是一种具有广阔视野的世界观；它试图为人类的兴趣和努力的几乎所有领域都找到理性的解释。对于基督教来说，当基督教试图使其教义在有教养的罗马人看来是明白合理时，柏拉图的哲学就成为一个思想宝库。他的唯心主义、目的论、作为现实世界之原型与模式的理念体系的观点、二元论、神秘
95 主义、对理性的赞扬和对感觉世界的蔑视、伦理上稳固的国家、对灵魂不朽的证明、人类堕落的学说——所有这些主张以及其他许多方面都非常适合那些希望为这一新信仰提供理性辩护的人。我们在后面还有机会指出基督教神学在多大程度上应当归因于希腊人，早期教会的最伟大思想家圣奥古斯丁是如何深受柏拉图的影响。柏拉图的唯心主义所具有的极强生命力，都很明显地贯穿于整个欧洲世界哲学的每一步骤，直到现在。

## 第十二节　柏拉图学派

柏拉图死后，他的学生们继续主持由他所创建的学园。最初这个学派追随晚年柏拉图接受的毕达哥拉斯学派的学说，后者认为理念和数同一。这一学派也重视伦理学研究。学派的这一时期被称为老学园派：其学者或领导人有柏拉图的侄子斯彪西波（公元前347年—前339年）、色诺克拉提（公元前339年—前314

年）、波莱谟（公元前314年—前270年）和克拉提（公元前270年—前247年）。老学园派的其他成员包括：本都的赫拉克利德斯、奥布斯的菲利普、皮林塔斯的海斯提厄斯和尼多斯的欧多克索斯。克拉提的继任者阿尔凯西劳斯（公元前247年—前241年在任）将怀疑论引入学园派并创建了第二阶段或中期的学园派，这一学派保持阿尔凯西劳斯的学说直到卡尼阿得斯成为学派的领导（约在公元前156年），后者创立了第三阶段或新学园派。

# 第十章
# 亚里士多德

## 第一节　亚里士多德的问题

柏拉图是第一个构建范围广博的唯心主义哲学体系的希腊思想家。但是他的体系存在着诸多困难和矛盾，人们需要考虑这些困难和矛盾，如果可能的话，要克服它们。早期的柏拉图学派在发展其创始人的思想上没有什么贡献。它只是做了一个学派通常做的事情，把它接受的学说又传播下去。这一工作留给了亚里士多德，一个思想独立的学生，他对这一体系进行重构，并以一种看上去更加一致和科学的方式发展了这一体系。首先，必须对先验理念的问题进行重新考虑：柏拉图似乎将亚里士多德所说的永恒形式置于星体之上，将它们与经验的现实世界分离，将后者贬低为只是单纯的表象。然后是次要元素的概念，即柏拉图的物质，这一概念需要对其进行更加准确的界定，以便成为一个令人满意的解释基质。形式和物质之间的沟壑必须架上一座桥：遥远而不变的理念如何能够将其印 96
记加在无生命、无理性的基底之上？还存在着其他的问题。我们如何解释事物日见增多的变化形式；如何解释个体的不朽灵魂的存在和它们在人体中的存在？造物主和世界灵魂乃是权宜之计；求助于神话和大众宗教只是在承认无知。理念和事物之间的基本的二元论仍然存在，而且影响着这一体系的每一方面，至少在亚里士多德看来是这样。

亚里士多德仍然保留了柏拉图不变的永恒形式和唯心主义的原则，但是拒绝了它们的超验性。可以说，他将理念从天堂带回到地上。形式不再与事物分离，而是内在于事物；理念不是超验的，而是内在的。物质不被视为非存在，而是被视为有活力的存在者；形式和物质不是分离的，而是永远在一起；物质和形式结合在一起构成了个体事物，每一个个体都在其形式的支配和引导下运动、变化、生长和发展。感官世界，现象的秩序并不只是对真实世界的模仿或真实世界的影子；它就是真实的世界，物质和形式合在一起，是科学的真正对象。亚里士多德是以这样一种实在论的方式来看待科学领域，所以他在这一领域感到无拘无束，以一种同情的态度来研究科学，而他的理论总是同科学密切相关，并且促进了自然科学的发展。

亚里士多德于公元前384年生于斯塔吉拉，是马其顿国王菲利普的御医尼各马可的儿子。他在十七岁的时候进入柏拉图的学园，在那里他作为学生和教师生活了二十年。柏拉图死后（公元前347年），亚里士多德游历了米希亚的阿索斯，后来去了米提林尼。据说他回到雅典建立了一个修辞学学校。公元前342年他应菲利普国王之邀指导其子亚历山大（后来被称为亚历山大大帝）的教育。几年后，他返回雅典，这一次他在供奉吕克昂太阳神阿波罗的运动场建立了一所学校，这所学校在历史上因为这个运动场而被称为吕克昂学校。它也被称为逍遥学派，因为亚里士多德在授课的时候有散步的习惯。他通过授课和对话来教育学生。在亚历山大于公元前323年突然去世后，亚里士多德被雅典反马其顿的政党指控犯有渎神罪，他被迫逃到埃维亚，并于公元前322年死于那里。

亚里士多德是一个具有高尚品格的人，他的个性实现了他在其伦理学体系中所教导的适度与和谐的希腊理想。他对真理的爱极为强烈，他的判断清醒、不偏不倚而且准确；他是一位精通辩论术的大师、一位细节的热爱者、一位伟大的阅读者、一位审慎的观察者，也是一位专家。他的写作风格就像他的思考一样，冷静、科学、平实、不加修饰、缺少想象，甚至有些枯燥。人们很少从他的著作中感受到他人格的光芒。他只是偶然间才会表达一下自己的情感。在这些方面，他不像他的伟大导师柏拉图。在仔细研究他的著作时，我们似乎是在非个人的理性
97 面前。亚里士多德是思想史上最伟大的人物之一，是一位全才。他在许多论题上写下了大量著作：逻辑学、修辞学、诗歌、物理学、植物学、动物学、心理学、伦理学、经济学、政治学和形而上学。

亚里士多德大量的著作集流传了下来，其中大部分是真品。但是他的许多著作似乎已经失传。安特洛尼克斯在公元前60年到公元前50年间出版了亚里士多德的著作，他认为亚里士多德的著作的数量——我们应当称篇数——有一千本之多。安特洛尼克斯为范围极广的读者出版的这些著作，仅有残篇流传下来；保存下来的材料是亚里士多德为了给他的学生讲课而准备的，并没有打算出版。

亚里士多德的现存著作可以分为以下几类：

（1）逻辑学（亚里士多德的追随者称为《工具论》，用来获取知识的工具或者手段），《工具论》包括：《范畴篇》，虽然后人对此有所增减，但此书大部分是真的；《解释篇》，一本基础性著作，虽然有人怀疑此篇的真实性，但是现在通常被视为真品；《前分析篇》和《后分析篇》，包括了亚里士多德对三段论、定义和证明的解释，通常人们认为这两篇是真品；《论题篇》（包括九卷，主要涉及可能性）；《辩谬篇》是《论题篇》的最后一卷。

（2）自然科学。《物理学》（共有八卷，其中第七卷是插入到书中的）；《天文学》（四卷）；《论生灭》（两卷）；《气象学》（四卷）；《宇宙论》（伪作）；《植物学》（伪作）；《动物志》（共有十卷，第五卷是伪作）；《动物之构造》（四卷）；《动物之行进》（有些人认为不是真品）；《动物之起源》（五卷）；《动物之运动》（伪作）。

（3）心理学。《论灵魂》（共八卷，处理感觉、记忆。想象和思考等问题）；一组短文，被称为《自然诸短篇》，包括《论记忆》和《论梦》等。

（4）形而上学。共有十四卷，主要处理第一原理，在安特洛尼克斯出版的著作集中被直接放在物理学著作之后，得到了物理学之后这一名称，或者在物理学著作之后的著作，仅仅是表明这一著作在著作集中的位置。这就是形而上学这一术语的起源：亚里士多德自己从来没有使用过这一术语，但是称这些关于第一原理的讨论是“第一哲学”。这十四卷著作并不是按照亚里士多德的意图编成一本书。第二卷（a）和第六卷的部分内容是伪作。

（5）伦理学。《尼各马可伦理学》（共十卷，第五卷至第七卷根据《欧德谟伦理学》进行了增补。）；《欧德谟伦理学》（欧德谟对《尼各马可伦理学》的一个修订本，只有第一至三卷和第六卷保存下来）；《大伦理学》（是前两本著作的汇编）。

（6）政治学。《政治学》（共八卷，很明显是不完全的）；《雅典政制》（《政治学》的一部分，于1890年被发现）。归于亚里士多德的经济学方面的著作均系伪作。

（7）修辞学。《与特奥得克忒斯谈修辞学》（基于亚里士多德的学说，但不是他的著作）；《修辞学》（共三卷，第三卷是可疑的。）艺术理论是在《诗学》中，但是只有一部分流传下来。

## 参考书

由J.A.Smith和W.D.Ross主编的亚里士多德著作翻译，1910年—1931年。E.Wallace，《心理学》，1882年；W.D.Ross，《亚里士多德选集》，1927年；R.P.McKeon编辑，《亚里士多德的基本著作》，1941年；《亚里士多德导论》，R.P.McKeon编辑（包含《前分析篇》《论灵魂》《尼各马可伦理学》的译文），1895年；P.Wheelwright编辑并翻译，《亚里士多德：自然科学、心理学和尼各马可伦理学》，1935年。

E.Zeller，《亚里士多德和早期逍遥学派》，两卷本，1897年；E.Barker，《柏拉图和亚里士多德的政治思想》，1906年；A.E.Taylor，《亚里士多德》，第2版，1919年；E.Wallace，《亚里士多德哲学纲要》，第3版，1908年；A.Grant，《亚里士多德》，1874年；G.Grote，《亚里士多德》，两卷本，1883年；D.P.Chase，《亚里士多德的伦理学》，1890年；T.Davidson，《亚里士多德和古代教育理想》，1892年；T.E.Jones，《亚里士多德在自然科学方面的研究》，1912年；H.Siebeck，《亚里士多德》，1899年；F.C.Brentano，《亚里士多德和他的世界观》，1911年；C.Piat，《亚里士多德》，第2版，1912年；T.Gomperz，《希腊思想家》，第四卷，1912年；W.D.Ross，《亚里士多德》，1923年；J.L.Stocke，《亚里士多德主义》，1925年；W.Jaeger，《亚里士多德》，第2版，1948年；G.Kafka，《亚里士多德》，1922年；C.Lalo，《亚里士多德》，1922年；H.F.Cherniss，《亚里士多德对前苏格拉底哲学的批评》，1935年；J.M.Le Blond，《亚里士多德哲学的逻辑与方法》，1939年；N.Hartmann，《亚里士多德和概念问题》，1939年；L.Robin，《亚里士多德》，1944年；A.Mansion，《亚里士多德的〈物理学〉导论》（第2版），1945年。

## 第二节　哲学和科学

亚里士多德接受了他老师的有机论和目的论预设：宇宙是一个理想世界，是一个由相互联系的部分构成的有机整体，是一个永恒不变的理念或者形式系统。这些理念或形式是事物的本质或原因，是使得事物成为其所是的指导性力量或目的。但是理念并不与我们所感知的世界分离，而是世界的一部分，内在于这个世界；理念给予世界形式和生命。我们的经验世界并不是不值得信任的表象，而是我们需要研究和理解的实在。经验是知识的基础。从经验开始，我们达到关于最终原理的科学。这一实在概念同亚里士多德对具体和个别事物的重视是一致的，说明他在自然科学方面的兴趣决定了他的方法。但是真正的知识并不在于熟悉事实，而是要知道这些事实的理由或者原因，知道它们为什么只能是现在这样。哲学或科学在广义上包括所有这样经过理性思考得来的知识。它包括数学或具体的科学。研究事物的最终或者第一原因的科学和哲学被亚里士多德称为是第一哲学；我们称其为形而上学。形而上学与作为存在的存在有关。其他各种科学涉及存在的某些部分或阶段；例如，物理学涉及存在的变化和运动。具体科学或哲学被称为第二哲学。亚里士多德将知识划分为不同的科目或学科，这一做法一直延 99
续到今天。我们已经非常习惯于将物理学、化学、生物学和其他学科看作不同的知识领域，将其彼此分开，也同哲学分开，很难想象在这一划分之前的知识状况。在亚里士多德做出这一变革之前，所有的知识，无论所涉及的是自然、人还是上帝，都被包括在哲学中——哲学就是对所有形式的智慧的热爱。

由亚里士多德提出的这一学科分类具有非常大的优点，即使在今天也非常重要，尽管自他的时代以来科学的进步非常巨大。他将科学划分为：（1）逻辑学，阐述所有其他科学使用的研究方法。（2）理论科学，涉及纯粹和抽象知识。亚里士多德所列举的理论科学包括：数学、物理学、生物学和心理学，以及第一哲学，现在被称为形而上学。（3）实践科学，所涉及的知识是作为行为手段而不是目的自身。实践科学包括伦理学和政治学。（4）创制性科学。这一科学所涉及的知识服从于美的创造。亚里士多德的《诗学》是对这一领域的研究；现在我们称其为美学。

亚里士多德对科学的划分非常合乎逻辑，我们完全可以依据这一划分来阐述他的哲学。但是我们可以省略掉数学，因为亚里士多德在这一学科上并没有原创性的贡献，他满足于使用当时的数学研究成果。我们也有合理的理由忽视他的物理学和生物学的大部分细节，因为他的许多理论在这一学科上已经过时，也因为他的许多结论具有很少的哲学价值。除了这些相对次要的偏离外，我们将完整地保持他的科学框架。

## 第三节 逻辑学

创建逻辑科学，在某种程度上是亚里士多德最令人惊叹的成就。在人类理智探寻的整个历史中，由一个思想家完成一门新科学，除了亚里士多德创建逻辑学之外，再没有第二个例子。在芝诺的辩证证明中有逻辑理论的某些预备，智者提出了细节上的证明，苏格拉底提出了定义概念的方法，柏拉图使用了辩证法，这都是真的。但是没有人能够否认亚里士多德才是逻辑学的真正创建者，他以一种科学的态度对待理性推理的有效形式，他最先详细规划了逻辑学，并使其成为一
100 门具体学科。由亚里士多德制定的逻辑学在一种几乎令人难以置信的程度上统治了后来时代的思想。近代以来，对传统逻辑的背离主要有两次。第一次是弗兰西斯·培根所提倡的归纳法；第二次是当代数理逻辑学家对传统逻辑的背离。除了这两次例外，亚里士多德的逻辑学无可争辩地影响人类思考达两千年之久。逻辑学的职能是描述获取知识的方法。亚里士多德视逻辑学为一种获得真正知识的重要工具，认为除非我们自己熟悉了逻辑思考的原理，否则就不会在第一哲学的研究和事物本质的科学研究中进步。因此，逻辑学是初步工作——或者使用更为技术化的表达，是预备性科学。逻辑学是对探求所有知识的方法进行阐述，因此先于对具体科学的研究。在此意义上，逻辑学可以被描述为“科学的科学”。它并不是其他科学之一，与物理学、生物学和政治学等同，而是所有科学不可或缺的准备。亚里士多德将他的逻辑学视为一门科学研究的工具或者手段，将其应用到知识的所有领域。我们首先来描述一下他的逻辑学的广义特征。

逻辑学的主旨是关于形式、思想内容以及我们获取知识过程的分析，是正确思考的科学。亚里士多德的逻辑学精确地界定了真正的科学知识的先决条件。科学真理具有严格的必然性的特征，用亚里士多德自己的话说，是“某种只能是它自己的东西”。为了建立一个科学命题，仅仅表明某物被发现具有某种特征，这是不充分的，人们必须证明它不可能具有相反的情形。“二加三等于五”这样的数学命题是所有科学真理的范型。我们完全不能想象这一命题是假的。另一方面，“天鹅是白的”或者“火能够生热”这样的陈述可以被设想为不真的；这些陈述可以是偶然或者或然判断，必须从知识领域排除出去。思考就在于推理或科学证明，在于从普遍得出具体，从原因得出受原因限制的结果。推论由判断构成，判断在语言学中被称为命题；判断由三段论的项所表述的概念组成。

亚里士多德在其逻辑学中并没有详尽地处理概念，但是他将概念与项和其定
101 义联系起来，在讨论最高一级的概念或范畴时也涉及到了概念。亚里士多德最关心的是判断或命题的逻辑。他讨论了判断的性质和不同种类，判断之间所具有的各种联系，以及证明的不同种类。

亚里士多德以相当的篇幅讨论了证明的性质——从原初事实到派生性命题的阐述过程。他的证明或推论总是采用一个或一系列三段论的形式。亚里士多德最

先发现三段论是所有思维运动的基本形式，并将这一形式冠以三段论的名字。三段论作为一种论述方法，是指从某些命题（前提）必然得出某些新（结论）。三段论包括两个前提（被称为大前提和小前提）和一个结论。在常用的三段论“所有的人都是有死的，苏格拉底是人；所以苏格拉底是有死的”中，“所有的人都是有死的”是大前提，通过小前提“苏格拉底是人”而得出“所以苏格拉底是有死的”这一结论。在三段论中，具体命题源自于普遍命题；因此三段论是一种演绎推理——实际上，对亚里士多德来说，所有的推论都可以还原为三段论。因此，有效的或者科学的证明总是采用三段论的形式：证明是三段论的或演绎的。为了保证推理的真实，结论必须从前提中必然推论出来。故而所有的前提自身都必须是普遍必然的，必须得到证明，比如基于其他前提而得到证明。知识的目标就是完善的证明。在亚里士多德的时代，理想知识是数学知识，他将对数学的使用作为典范，来解释演绎推论在其逻辑学中的重要作用。他的目标是要在其他科学中实现数学所具有的证明的确定性。这一目标只有在一系列的三段论中才有可能，三段论的结论依赖于前提，而这一前提又是其他前提的结论，等等。但是这一过程不可能永远继续下去；我们必须最终找到不能通过演绎推论而证明的命题或者原理，这些命题或者原理具有绝对的确定性。这样，科学知识体系就是建立在某些既不允许也不需要证明的公理或基本真理之上。它们是所有真理的基础，自身不可证明。“一条基本真理，”亚里士多德说，“就是没有命题先于它。”公理是我们漫长推理链中的最初一环。人们通过直觉，例如通过对理性当前或直接的洞见来知道基本真理。直觉是在具体事物中来理解普遍要素。既然直觉是从对具体事物的理解出发，亚里士多德将这一过程称为归纳过程，他说，“我们通
过归纳而知道基本前提。”例如理性使我们确信，整体比其任何部分更大。考察 102
一个原理的某个例子就足以使我们确信这一原理所具有的普遍真理。这样清楚的或直觉上自明的原理的其他例子包括数学公理和矛盾原理。每一具体科学都具有自己的普遍原理，而且，还存在着适用于所有科学的普遍原理，也就是第一哲学或形而上学的原理。

基本公理或原理内在于理性（灵魂的最高级部分）自身；它们都是理性的直接直觉。直觉是归纳的基本要素，归纳的过程就是思想从感官知觉或者从对个别事物的知觉中产生一般概念或普遍知识的过程。人类理性具有在形式的具体例示中辨认形式的能力。这样的形式构成了事物的本质，是真实的；同时它们又是理性的原则。因此这样的形式既是思维的形式，又是实在的形式。思维和存在一致，这是亚里士多德的一个基本观点。真理就是思维和存在的根本一致。基本真

理在心灵中是潜在的，而经验作为必要条件使理性注意到真理，并有意识地理解真理。这样，亚里士多德就以一种更加精确和更少比喻的方式重申了柏拉图的回忆理论的洞见：理性知识隐藏于心灵中，而通过经验使真理显现。我们的知识总是开始于感官知觉，从具体的事实上升到普遍的概念，从“我们更熟悉的事物”上升到“我们更熟悉而其自身更确定的事物”。普遍的东西是我们思考过程最后把握的东西，而它们在本性上却是最初的：它们是实在的第一原理。

归纳是演绎的准备。科学的理想必定总是从普遍中推演出具体，提出论证或必要的证明；只有完成归纳工作，只有经验唤起潜藏在我们理性中的普遍知识，这一理想才能实现。亚里士多德通过将获取知识的不同职能分配给经验和知识，从而调节了经验主义和唯理论。没有经验就不可能有知识，但是仅仅源于经验的真理不可能是确定的——它们只能产生或然性——因此源于经验的真理还必须有一个理性或先验的基础。总结一下亚里士多德的逻辑学：真正的科学知识是大量的必然性真理，其中有些是基本的真理，由直觉作保证；其他的真理则通过三段论推论出来。

逻辑学自身涉及关于形式的思考，涉及我们的思考如果要达到确定真理就必
103 须符合的形式。显然，思考被引向某个或其他对象，因为不是关于某个事物的思考毫无价值。这样，从逻辑学或者认识论过渡到形而上学或者存在的理论，就是自然和不可避免的事情。

亚里士多德著名的范畴理论尽管包含在他的逻辑学说中，但也是其形而上学的一部分。范畴是基本的和不可分割的思维概念；它们同时也是真实事物的基本特征。如果不将任何真实和存在的事物归入到一个或更多个范畴之下，我们就不可能思考事物。任何随意举出的事物都属于实体、质量、数量、关系或者亚里士多德所列范畴名单中的其他范畴。“白”是性质范畴，“这里”是地方范畴，“昨天”是时间范畴，等等。范畴是存在的不同种类，而不是单纯的主观概念。

实体是亚里士多德范畴名单上的第一个范畴，是诸范畴中一个有重要地位的范畴。亚里士多德用实体在首要的意义上指“既不述说一个主体也不存在于一个主体中的东西”。亚里士多德是在以一种多少有些晦涩的方式指出，实体是最根本的事物，它独立于其他所有事物而存在，而其他事物则必须依赖于实体。只有个别事物符合这一定义的实体要求；道德可以用来述说个体的人，例如苏格拉底，但是用苏格拉底来述说任何事物都是没有意义的。

亚里士多德用范畴来指最根本和最普遍的谓述，这些谓述可以用来断言任何事物。他列举了十个（有时只有八个）这样的范畴，我们可以说一个东西是

什么（人：实体范畴），它是如何构成的（白色：质的范畴），它有多大（两码长：量的范畴），关系如何（更大，双倍：关系范畴），它在哪里（在吕克昂：空间范畴），什么时间（昨天：时间范畴），采取什么姿势（躺着，站着：位置范畴），处于何种状况（武装的：状态范畴），它在做什么（燃烧：运动范畴），它遭受了什么（被火烧：被动性范畴）。所有这些范畴都是指我们的经验对象在时空中存在，可以被度量和计算，与其他事物有联系，作用和被作用于其他事物，具有本质或偶然的性质。范畴并不只是思想或语言的形式，也是实在的谓述。一个具体的可被感知的实体是所有这些范畴的载体，这些范畴都可以述说这一实体。因此，实体范畴是最为重要的范畴，其他范畴只是在他们都够述说实体的意义上存在。科学研究存在、本质和实体之类范畴，例如研究事物的本质构成。这样，我们就从逻辑学过渡了到形而上学上面。

## 第四节　形而上学 104

实体在逻辑学中被进行了形式的和抽象的界定，在亚里士多德的形而上学中其含义得到了完善和丰富。实际上，实体概念是形而上学的关键概念。在亚里士多德的意义上，形而上学被界定为一门研究存在之为存在的本性的科学，也就是研究实体的科学。

亚里士多德的实体概念可以通过与柏拉图的实体概念进行对比，从而得到阐述。对柏拉图来说，实体是普遍的类型或者形式，他认为形式存在于一个另外的世界，即永恒和超验的理念世界。亚里士多德拒绝了实体的这一解释，而采取了其极端的对立面：对亚里士多德来说，实体即是具体的个别事物。在批评柏拉图的理念论时，他提出了七个证明，亚里士多德对柏拉图的批评实际上主要是两个，所以这些证明相应地可以分为两类。第一个批评是，柏拉图虽然试图用理念来解释事物的本性，但理念并不足以做到这一点。这一观点被发展成为四个具体证明：（1）理念是抽象的，不能解释具体事物的存在。（2）理念是静止和永恒的，因此不能解释具体事物的运动和变化。（3）理念是后于而不是先于具体事物，因此不能用来解释具体事物；简言之，理念是事物的复制，而不是它们的原因。（4）理念是对事物的不必要复制，不能解释事物。对理念论的第二个宽泛批评认为事物和理念之间的关系无法得到解释。这一批评被扩展为三个证明：（1）通过说事物“复制”或者“分有”了理念，这没有解释任何东西；说个体的人分有了理想的人，这对我们理解个人没有任何增益。（2）理念和相对应事物的所谓关系导致了一个无穷倒退，因为在个体的人和类型的人之间存在着一种理念关系，这一关系必须既与个体的人有关，又必须与类型的人有关。这一批评通常被称为“第三人”证明，因为除了个体的人（第一人）和类型的人（第二人）之外，它引入了“第三人”（个人的人和类型的人之间的关系），这一证明接下来有需要第四人或者第五人，因此导致了无穷倒退。（3）理念论完全将事物的本质或形式与事物自身分离开来，但是这样一种分离与由心灵所注意到的具体事物的统一是不相符的。

形而上学的问题就是要发现实在的最终原则。我们如何解释这个世界，它
105 的本质是什么？亚里士多德对这一问题的建设性解决方案既与原子论者的自然主义或唯物主义有关，也与柏拉图的理念论有关。德谟克利特和他的学派用运动的物质原子来解释世界，而柏拉图用在某种程度上影响无形式物质的理念来解释世界。亚里士多德拒绝了这两种回答，他试图在这两者之间进行调节。理念或形式不可能像柏拉图所认为的那样是一个独立存在的本质；不可能存在无物质的形式。而为我们所感知的变化的实在也不可能像唯物主义者认为的那样，通过完全无目的的运动物质得到解释；不可能存在没有引导性目的或形式的物质。柏拉图将具体的经验对象视为普遍理念的不完善的复制，是偶然的，而将形式视为实体；亚里士多德则将具体的对象或个别事物视为真正的实体。但是特定的具体存在的本质或者真正本性是由其形式构成的，由这一具体存在所属的类别的本质属性构成。因此对亚里士多德来说，形式或者理念也是最为实质的要素。

在亚里士多德看来，个别的实体是杂多的；他的形而上学立场是多元论而不是一元论的。而且实体按照向上的等级排列自己。实体的界限是位于最底层的不确定的物质和位于最上端的上帝或形式；实体的整个序列——个体的物理对象、植物、动物和人——位于这两个极端之间。每一个实体都是形式和物质的混合体。亚里士多德将形式理解为事物的普遍性一面，形式是由所有同一类型事物分享的本质统一。另一方面，物质则提供特殊性和唯一性。形式和物质是个体事物不可分割的两个部分。在这一点上亚里士多德极其不同于柏拉图，后者主张形式与事物相分离；亚里士多德则坚决主张普遍和特殊融合在个体事物的完整统一体中。个体事物变化或者成长；可感知的都是变化的。它时而具有这些性质，时而具有那些性质，它发芽，长成幼树，成为大树，开始结果。我们如何解释这一变化过程？必定有某种东西构成了变化的基础，在变化中持续存在，不同的性质都从属于这种东西。这种使事物特殊化和个体化的东西就是物质。亚里士多德认为物质并不是早期唯物主义哲学家所认为的自我充分的实体；物质无法与形式分

离，而是与形式共存。因此，当我们说一个物体改变了其形式，我们并不是说形式自身发生变化或者变得与自身不同；一种形式不可能变成另外一种形式。物质具有不同的形式，一系列的形式，一种形式接着另外一种形式；物质最初具有的
形式并不是变成了另外一种形式，而是一种新的形式塑造了这一物质。不同的形 106
式总是存在，它们并不是突然形成的。物质和形式既不产生也不消失；它们都是事物永恒的基质。为了解释变化和成长，我们必须假定一种持续存在并变化的基底（物质），假定一些性质（形式），这些性质虽然永远不变，但却是我们周围这个丰富和不断成长的世界的原因。

与形式和物质之间的对立关系密切的是潜在和现实之间的对立。形式和物质不可分离，是一个简单实体可辨别的两个方面，潜在和现实则是实体发展过程中的两个阶段——潜在的存在较早而现实的存在较晚。亚里士多德通过具体的例子界定了这一区分：就像从橡子到橡树、从建筑物的原材料到完整的结构、从睡眠到醒来、从闭眼到眼睛看到东西一样，从潜在到现实也是如此。潜在是潜存于一个事物之中的存在；现实是完成的事物。这一区分无疑是相对的，也就是说，同一个事物可能在同某个事物的关系中是现实，而在同其他事物的关系中可能是潜在。例如橡树是橡子的现实，又是一张橡木桌子的潜在。再从潜在到现实的上升序列中，形式对于物质的更大优势逐步得到实现。因此，形式和物质与潜在和现实之间的区分虽然不是同一回事，但却是相似的。当一个事物发展成熟，它就实现了其企图、目的或者形式：形式是其真正的存在、实现或者完成。事物的可能性得到实现，潜在成为现实。物质具有了形式。将要变成橡树的橡子是潜在的橡树；橡树是这一潜在的实现，是明显、真正和现实的存在。因此，亚里士多德将物质称为潜在的基质，将形式称为实在或者现实的基质。最初的或者无形式的物质只是潜在，我们可以思考它，但无形式的物质不具有现实的存在；具体事物总是具有形式，在某种意义上是现实的。但是相对于其他的形式或现实而言，它又仅仅是潜在：种子是橡树的物质；大理石是雕像的物质。于是，为了解释我们变化的世界，我们必须假定形式和物质。每一种形式像柏拉图的理念一样都是永恒的，但不是外在于物质，而是内在于物质：形式和物质总是共存的；它们是事物永远共存的基质。形式在事物上实现了自身；它引起事物运动并实现某个目的。
在自然进程中可觉察的形式和物质的合作在人的创造性活动中可以得到更加清楚 107
的说明。艺术家在创作一件艺术品时，在他的心中有一个想法或者目的；他通过手的运动而作用于物质，由计划来支配自己的行为，因而实现了目的。通过潜在和现实、形式和物质之间的对立得以体现的发展过程是由原因支配的。

## 第五节 四因

因果概念在亚里士多德那里的应用要比在近代科学中的应用广泛得多：事物的出现所必需的条件都被称为原因。亚里士多德确认了在任何过程都起作用的四种基质或者四种原因：（1）质料因，他理解为天然的、未分化的材料，事物就是由质料因构成的。米利都的自然哲学家在试图用水、气或其他某种物质性基底解释世界时就是引入了这一原因类型。亚里士多德用雕塑家计划塑造其雕像所使用的无形式的青铜来阐明质料因。（2）形式因是指当事物完全实现其目的时，在事物身上所体现出来的模式或结构；形式因是事物本质上的所是。一个雕像的形式因就是雕塑家所想象的关于这座雕像的一般计划或观念；亚里士多德的形式因与柏拉图的形式相对应。（3）效力因或者动力因是积极的作用者，将产生的事物作为其结果。正是通过动力因，事物得以产生。塑像的动力因包括雕塑家在工作中使用的凿子或其他工具。（4）目的因是引导过程的目标或目的；目的因是制作事物的目的。在雕塑中，目的因是充分实现雕塑家目的的完整雕像。

我们不能错误地认为，每一个个体事物只有一类原因。所有事物，不论是自然物、有生命的植物、动物还是人造物都可以通过所有这四种原因来说明。这四种原因在虚构物或艺术品中可能更易于辨别，但是亚里士多德认为在自然进程或者生命有机体的成长中也能辨别出这四种原因。发现一种原因绝不会排除掉其他类型的原因。这四种在人的创造活动中很容易辨别的原因在自然中也同样起作用，特别是在有机世界中；唯一的区别在于，在自然中艺术家和他的作品不是分离的，而是一回事；可以说，艺术家在他的作品中。计划的形式和目标或目的是
108 一致的：有机体的目的就是其形式的实现，形式或理念也是动力因，因此我们只有两个基本原因——形式和物质——它们构成了一个不可分的整体，只有通过思想才能加以辨别。

形式是有目的的力量，在物质世界中实现其自身。有机体通过理念或者目的的活动而成为其所是。在种子中有一个引导性原则发挥作用，这一原则使种子只可能变成产生种子的同一类植物或动物。虽然个体产生和消逝，但是形式和类都是不变的。

如果形式支配着作为潜在形式的物质，那么自然如何经常没有实现其目的，经常是不完全、不完善和有缺陷的？亚里士多德将自然的失败归于物质的不完善：物质不再只是可能性，还是某种阻碍形式的东西，具有自己的力量。表述某

一类型的个体的多元和差异，雌雄之间的差异，以及世界上所有的怪物和畸形，都是由物质对形式的抗拒引起的。

运动或变化被解释为形式和物质的统一。理念或形式导致了物质的运动；理念是施动者，而物质是受动者。运动即事物由潜在状态成为现实。仅由理念的存在如何引起运动？物质努力实现其形式，理念的存在激发了物质的运动，使得物质具有了实现其形式的欲望，并且既然形式和物质是永恒的，运动也就是永恒的。

## 第六节　目的论

亚里士多德的形而上学在目的论这里达到了顶峰：在他看来，物质所具有的永恒运动预设了一个永恒的施动者，这一运动者引起了运动，而自身却并不运动。宇宙中一个特定的运动是由其他运动产生的，而后一运动又是由第三个运动产生，等等。既然不可能存在无限倒退，就必然要有一个不动的施动者或者上帝，作为这一系列运动的第一因。如果运动的第一因自身运动，那么它就必须被其他运动的事物推动，如此永远往复，这就无法解释运动。在某个地方，运动必须由不动的事物引起。因此必定存在着一个永恒不动的第一施动者，它是自然中所有生命力的最终根据。

亚里士多德从运动到不动的运动原因的这一论证可能是被称为上帝存在的宇宙论证明的第一个完整表述。由不变和不动的上帝产生运动，亚里士多德试图 109
解决这一形而上学之谜，他认为上帝在其他事物中产生运动，这一产生方式类似于一个设定的理想或可欲对象推动人们的意志去行动。“欲望的对象和思想的对象，”他说，“以这样一种方式运动，它们运动而不是被其他事物推动。”上帝作用于这个世界，并不是真正移动事物，而是像一幅图画或一个理想作用于灵魂。换言之，上帝是所有事物的目的因；他是世界的最高目的或者最高的善。世界上所有的存在者，如植物、动物和人都因为这一最高的善或上帝而渴望实现其本质，上帝的存在是它们欲望的原因。因此上帝世界的统一的和指导性原则，是所有事物努力实现的目标，是解释世界上所有秩序、美和生命的原则。

上帝是没有掺杂物质的纯粹形式；第一因是不动的，必须是没有物质的形式，是纯粹的形式，因为哪里有物质，哪里就有运动和变化。所以上帝就是物质和形式不可分离这一原则的例外。亚里士多德的一些批评者认为他的这一观点放弃了其哲学的中心观点，回到了柏拉图主义。柏拉图所坚持的形式世界和事物世界之间的二元论是不是以一种新的形式复活了？必须承认，这一反对具有相当的说服力。上帝是完全的现实性，也就是说，上帝是所有事物努力实现的目的或目标。但是他自身没有潜在性。在诸实体中，唯有上帝享有所有事物实现状态的特征，而同时又没有任何潜在性。他是最为卓越的实体，在最为卓越这个词的重要意义上，他可以被认为是唯一的实体。最后，上帝是思考思维的思维，在人类的所有活动中，唯有思维可归于上帝。思维是人的最高级功能，是人的真正神圣的特征。人的理性被认为是神圣理性的标志。但是上帝的思维的对象是什么？很明显唯一有价值的是上帝自身，正是在这一意义上，上帝被描述为思考思维的思维。用亚里士多德自己的话说，“上帝必定是自身思考思维；并且他的思考是思考思维的思考。”上帝的思维特征明显不同于人的思维。人类的思维是推论性的，也就是说，是以从前提到结论这一形式一步一步推进；而上帝的思维则完全是直观的，也就是说，他通过洞见来把握对象。上帝不能被认为是通过三段论进行论证；无论知道什么，上帝都立刻知道。

110 亚里士多德的上帝观作为反思的思维——返回自身意义上的反思——受到了许多嘲讽，其中有一些不无道理。上帝既充当了知识的主体，又充当了知识的对象，这不是很难理解吗？一种真实的和直接的自我知识不是完全不可能的吗，即使对上帝来说？即使我们承认这是可能的，这具有什么重要性吗？这样的思考是脱离实际的思考，如此纯粹以至空洞。上帝的思考没有对象，他自己的思考的活动性就像一面镜子反射另一面镜子，因此没有反映任何东西。亚里士多德上帝概念的不充分性非常明显，以至于不需要进一步考虑。上帝的活动性在于思维，在于对事物本质的沉思，在于对事物完美形式的洞察。上帝没有印象、感觉和欲望，没有欲求意义上的意愿，没有激情意义上的情感；他是纯粹的理智。而我们的理解力是推理的，我们的知识是零碎的，需要一步一步向前推进，而上帝的思维则是直觉式的；他同时理解所有事物，并且完全理解它们。上帝没有痛苦和激情，并且极为幸福。他是一个哲学家渴望成为的最为重要的事物。

让我们用一个简短的表述来结束对亚里士多德目的论的这一阐述，这一表述包含了其目的论的主要特征。亚里士多德所认为的现实是由众多个别实体构成，每一个实体都是形式和质料的结合；这些实体按照形式对质料的支配排成一个连续的系列；至高无上的实体就是纯粹形式或者上帝。

## 第七节　物理学

亚里士多德的物理学，即物体和运动的科学，以反对德谟克利特的原子论和机械论为特征。他反对以从量的角度来解释变化，将有形世界的变化过程解释为原子局部位置发生变化的结果。亚里士多德对物质的解释比德谟克利特的解释更有活力，后者认为物质是被动迟钝的；事实上亚里士多德有时赋予物质以物活论者曾经加于其上的性质。真空连同原子一起被否定；空间被定义为作为包围者和被包围者的物体之间的界限。凡是未被其他事物包围的事物都不在空间中；因此恒星以外并没有空间，因为没有限制它们的物体。没有物体存在，也就不存在空间。不可能存在无限的空间；世界有限的；它作为一个整体是不运动的，而只是部分在发生变化。既然空间不可能被设想为不运动，而上帝又不运动，因此上帝不在空间之中。

亚里士多德用运动来指所有种类的变化；在他的目的论理论的语境下，他将 111
运动定义为“可能性的实现”，列举了四类运动：实体的（起源和消亡）；数量的（物体通过增加或减少而在大小上的变化）；性质的（从一个事物变成另外一个事物）；局部的（位置的变化）。在亚里士多德看来，四种元素（他有时候列举了五种）可以相互转换；实体的混合产生了一种新的实体。性质并不像原子论者所认为的那样，是数量变化的纯粹主观结果，而是事物自身的真正性质。因此数量上的变化不能被机械地解释为是原子局部安排上的变化；物质存在着绝对的性质变化。

所有这些观念都在根本上反对由原子论者提出的自然科学理论。对亚里士多德来说，自然是有活力的而不是消极的，是有目的的而不是机械的，是质的而非量的。他确信自己的形而上学预设的真理性，在解决科学问题时经常通过断言某些事情不可设想，因而不可能——也就是说，在他的形而上学框架内是不可设想的。从直到近些年都在近代科学兴盛、并且仍然有一些科学倡导者支持的机械论观点来看，亚里士多德的观点无疑是思维进程的一次退步；但是最近亚原子物理学的发展倾向于重述他对自然的活力或“能量的”解释。

宇宙是永恒的，既不产生也不衰亡。地球是宇宙的中心。在同一轴心的层围绕地球的是水、气和火。然后是某些天体，由以太构成，有些天体携带行星、太阳和月亮。最后是最外层的恒星。为了解释行星的运动，亚里士多德引入了大量的反天体或“向后运动”的天体。上帝包围着恒星所在的最外层，并使其运动；

这一层天体影响其他层天体的运动。但是亚里士多德有时违背这一解释，因为他也分配给每一层的天体一个精神，这一精神使得天体自身开始运动。

## 第八节　生物学

亚里士多德可以被认为是系统和比较动物学的创始人。他的生物学和其物理学一样反对关于自然的单纯数量、机械和因果的观念；他使这一观念附属于关
112 于自然的质的、活力的和目的论的解释。自然中存在使运动开始并引导运动的力量；如我们所看到的，形式是有活力的和有目的的，是有机体的灵魂。身体是工具或者器具；器具为人所使用，预设了使用者，即灵魂；灵魂使身体运动并决定身体的结构；灵魂是生命的本原。亚里士多德的生物学理论就其假定在有机体中有一个有活力的、指导性的必要本原而言，可以被描述为物活论。人有手是因为他有心灵。身体和灵魂构成了一个不可分的整体，但是灵魂是控制、指导性的本原；也就是说，整体优先于部分，整体的内在目的优先于这一目的在部分中的实现；除了将部分与整体联系起来外，我们不可能理解部分。

哪里存在着生命——生命的踪迹遍及自然，甚至存在于无机自然界中——哪里就有灵魂。与不同的生命形式相对应，灵魂存在着不同的程度或等级。灵魂不可能离开身体而存在，灵魂都具有特定的身体：人的灵魂不可能居于马的身体中。有机界形成了一个由最低级到最高级排列的上升的身体等级；并且形成了一个分级的灵魂系列，从管理营养、生长和繁殖功能的植物灵魂，到占有另外的和更高一级能力的人类灵魂。

## 第九节　心理学

人类是微观的宇宙和自然的最终目标，通过占据理性而区别于所有其他生命存在。人类的灵魂与植物灵魂相似，因为它具有维持生命所必需的较低一级的功能，与动物的灵魂相似，因为它具有感觉、所谓的共通感、想象、记忆、快乐和痛苦、欲望和厌恶等方面的能力。感官知觉是所感知事物通过感官的中介而在灵魂中产生的变化。不同的感觉使灵魂知道事物的性质；共通感的感官是心脏，共通感是所有感觉的汇集处，经由共通感我们能够将由具体感觉提供的性质结合起来，并获得对物体的总体印象。共通感还能够给我们一个关于性质的清晰描述——例如数量、大小、形状、运动和静止——这一描述为所有感觉所共有。共

通感还形成了类的形象和混合形象，并且具有记忆或回忆以及联想思考的能力。快乐或痛苦的感觉被归因于知觉；当功能得到促进，快乐就会产生，而功能受到阻碍则会产生痛苦。这些感觉激发了欲望和厌恶，唯有欲望和厌恶能够使身体运动。只有当值得欲求的被灵魂认为是善的事物出现时，欲望才会产生。伴随着审 113
慎的欲望被称作理性的意志。

除了前面提到的功能，人类的灵魂还具有概念思考的能力，思考事物的普遍和必然本质的能力；如同灵魂通过知觉理解可感知对象一样，它也通过理性把握概念。理性潜在地是灵魂能够设想或思考的任何东西；概念性的思考则是实现了的理性。理性如何思考概念？为了回答这一问题，亚里士多德区分了积极理性或创造性理性和消极理性。创造性理性是纯粹的现实性；创造性理性的概念由创造性理性实现，本质被直接认识到——在这里思维和其对象是一个东西；创造性理性与柏拉图的沉思理念世界的纯粹灵魂相似。在消极理性中概念是潜在的；消极理性是质料，作为形式的创造性理性作用于质料；在消极理性中潜存的概念通过创造性理性成为真实的或者实存的。如同在一个特定有机体的成长中存在着这个有机体会在其质料中实现的完全形式或者理念，在推理过程中，形式必定潜存于消极理性。亚里士多德在形式和质料之间作的一般的哲学区分被应用到精神世界时，他似乎需要区分理性的形式和质料阶段、积极理性和消极理性、实际理性和潜在理性：在消极理性中潜存的概念在创造性理性中则是现实的。

知觉、想象和记忆与身体相联系并且随身体一起消亡；消极理性因为以感官影像为中介运行——这样的影像是消极理性中概念被激起的原因——所以同样是会消亡的。但是创造性理性并不会被感觉所污染；它可能优先于身体和感觉灵魂而存在；它绝对是非物质和不毁灭的，不受身体的束缚，因此是永恒的。积极理性是来自外部的神圣心灵的火花；与其他物理功能不同，积极理性在心灵的发展中并不出现。因为积极理性并不是个体的理性，个体的不朽对积极理性来说没有意义；某些亚里士多德的解释者甚至将积极理性等同于普遍理性或者上帝的心灵。

## 第十节　伦理学

亚里士多德的形而上学和心理学构成了他的伦理学理论的基础，而他的伦理学则是第一个综合性的道德科学理论。他的伦理学试图给苏格拉底关于最高的善的问题一个确定的回答。所有的人类行为都具有某个目的。这个目的可能是一个更高目的的手段，而这一更高目的又是更高一级的目的的手段，等等；但是最

114 后我们必须到达一个最高的目标或者目的，一个最终的原则或者善，我们追求所有其他善都是为了这个最好的目标或目的。最高的善是什么？一个事物的善在于其特定本性的实现；每一个创造物的目标或目的就是要实现或显露其特定本质，这一本质使其区别于其他所有创造物。对于人类来说，这一本质并不是身体的存在或感觉，不是植物或动物功能的运用，而是理性的生命。因此对人来说，最高的善是那些使他成为人的功能的完全的、惯常的应用。这就是亚里士多德用“幸福”（eudaemonia）一词所指的东西，这个词已经被翻译成我们使用的单词“幸福”（happiness），只要后者不被解释为意指快乐，这个翻译就没有问题。在亚里士多德看来，快乐是伴随着有美德的活动产生的一个附属性活动，是被包括在最高的善中而不是等同于最高的善。

但是灵魂并不只是由理性构成；它不但有理性的部分，也有非理性的部分——包含情感、欲望和嗜欲。理性应当与这些部分合作；为了实现灵魂的目的，灵魂的不同部分必须以正确的方式行动，身体必须合理地运转，整个个体必须占有充分的经济财物——奴隶和儿童都不能实现这一伦理目标，贫穷、疾病和不幸可能会阻碍这一目标的实现。一个有美德的灵魂就是秩序良好的灵魂，在这个灵魂中存在着理性、情感和欲望的正确关系。理性完善的活动构成了理智的效能或“智力”的美德，即智慧或洞见的美德；灵魂中受情感推动的功能的完善活动被称为“伦理”美德，包括节制、勇敢和慷慨等。在所有的活动领域中都存在着“伦理”美德；它们对身体的嗜欲、恐惧、生气、愤怒和经济财物的欲望等采取一种理性的态度。问题随之产生：这一态度存在于何处？亚里士多德的回答是：存在于对两个极端之间的中道的追求中；美德就是一种适度，因为美德追求的是中道——过与不及之间的中道。例如，勇敢就是鲁莽和懦弱之间的中道；慷慨是奢侈和贪婪的中道；谦虚是羞怯和无耻的中道。亚里士多德并没有主张中道原则是普遍适用的；在对许多情形的讨论中，他经常认为这一原则不适用而予以摒弃——某些活动和情感，例如，怨恨、无耻、妒忌、通奸、偷窃和谋杀本身就是恶的，而不是在过度和不及的情形中才是恶的。中道对于每一个体和情形来说并不是一样的；中道“与我们自己相关”，并且“由理性确定，或者像一个公正的人将会决定的那样”。但是中道并不是主观意见和任意选择的问题；道德行为
115 由公正的人决定：有美德的人是事物的标准和尺度；他正确地判断所有事物，在所有情形中真理对他来说都是显而易见的。需要记住其他两点：道德行为并不存在于一个独立的活动中，而是存在于稳定的品格或意愿倾向中。而且道德行为是自愿的行动，是自觉的有目的的行动，是自由选择的行动：“美德和恶一样在我

们的能力之内。”亚里士多德在下面的定义中包含了这些观念：“美德是一种倾向或习惯，包括深思熟虑的目的或者选择，存在于和我们自己相关的中道之中，这一中道由理性决定，或者像审慎的人所确定的。”[33]

对人类来说，最高的善就是自我实现。但是亚里士多德没有将自我实现解释为自私的个人主义。当一个人热爱其存在的最高级部分，也就是理性的部分并使其满意，当他被高尚的动机所激发，当他促进其他人的利益，服务于他的国家，他才实现了真正的自我。一个人只需要阅读亚里士多德在《尼各马可伦理学》中关于友爱和正义的章节就可以理解他的学说中高尚的利他主义精神。“有美德的人的行动通常符合他的朋友和国家的利益，并且在需要的时候他甚至会为了朋友和国家牺牲自己。他愿意放弃金钱。荣誉和这个世界所争夺的所有善，只为自己保留高贵，就像他宁愿享受短暂的强烈快乐而不愿享受长时间的温和的快乐，宁愿高贵地生活一年，也不愿默然地苟活数载，宁愿实行一个高尚的行为也不愿实行许多微不足道的行为。”对于一个为了他人而牺牲自己生命的人来说，这也是真的；他为自己选择了最伟大的高贵。[34] 有美德的人将大多数高尚行为分给自己，所以是爱自己的人。人是社会存在者，倾向于同其他人生活在一起；他需要对某些人做好事。“一个有美德的朋友对于有美德的人来说自然是值得欲求的，因为自然地善的事物自身对于有美德的人来说是善的和快乐的。”也就是说，有美德的人因为善自身而热爱善，他也必定会热爱有美德的朋友；在此意义上，对有美德的人而言，朋友是他的第二个自我。

正义是一种包含着与其他人关系的美德，因为它促进另一个人的利益，无论他是统治者还是仅是一个市民。正义有两种意义，即合法和公平。法律为了作为 116
整体的共同体的利益或者为了共同体中在美德或其他方面最优秀或最重要的公民的利益而向所有公民发布。这些美德都包括在正义的概念之中；美德和正义之剑的唯一差别在于它们被考虑的不同情境：在与一个人邻居的关系中被考虑的是正义，作为一种品格状态被考虑的是美德。[35] 正义也在更加受限制的意义上被使用，用来指给予每个人应得的（分配正义）。

亚里士多德的幸福理论也不能在享乐主义的意义上被理解为一种快乐理论。快乐是有美德的行动的必然和直接的结果，但不是人生的目的。快乐是行动的完成：快乐是一种附加的东西，正如年轻人的美丽附加在年轻人的力量上面。快乐

[33]《尼各马可伦理学》第二卷，第六章，此处及以后的引文引自Welldon的译本。
[34] 同上，第四卷，第八章。
[35] 同上，第五卷，第一章。

伴随着行动，并且“行动在最完善的时候是最令人快乐的，当行动是处于合理状态的部分的行动，并且是按照行动范围之内的对象的最卓越者而行动，这一行动是最为完善的”。[36] 追求快乐是合理的，因为快乐使我们每个人的生命完善。快乐和生命必定在一起，而不可能分开。没有行动就不可能有快乐，每一个行动都通过快乐而得到完善。在亚里士多德看来，对有美德的人来说光荣的和快乐的行动是真正的光荣和令人快乐。那些没有体验过纯粹和自由的快乐的人求助于肉体的快乐，这一事实并不能证明肉体的快乐更好；在伦理问题上，只有真正有美德和高尚的人的判断才是值得信赖的。

最高级的幸福是思辨活动，这一活动采取了沉思的形式。沉思的生活是最高级的、最为连贯的、最令人快乐、最自我满足和最具有内在价值的生活方式。这样的生活对于人类来说似乎过于高贵，实际上，人类享有这样的生活并不是基于他的人性，而是根据他身上某种神圣的性质。

“如果理性与人的本性的其他部分相比是神圣的，那么符合理性的生活与一般意义上的人类生活相比就是神圣的。有些人认为人类的思想对人性而言不应当太高尚，或者人性的思想对会死的人而言不应当太高尚，听从这样的人的建议是不正确的；因为就一个人的本性而言，他应当追求不朽，并尽其所能过一种符合其本性最高级部分的生活。”[37]

117 亚里士多德不认同苏格拉底的格言，后者认为，关于美德本性的知识足以确保有美德的行动，在此意义上，知识即美德。在亚里士多德看来，除了关于美德的知识外，我们还必须努力占有并实践这一知识。理论可能强大到足以激励具有自由思想的年轻人，但是单靠思想不足以激励大众采取高尚的行为。有道德的行为唯有通过有道德的社会才能养成，除非人们在有美德的法律中成长，否则他很难从年轻时就对美德形成一个正确的倾向。影响大多数人的是必然性和对惩罚的恐惧，而不是理性和高尚的爱，因此当我们成年后，也需要法律来教导我们生活上的义务。国家应当努力为其国民提供一个有助于修养道德的社会环境，并且在必要时使用惩罚和其他法律手段来推行道德。因此，任何人如果想提高民众的修养，他自身就必须熟悉立法的原则。为了使其人生哲学尽可能完善，亚里士多德考察了政治学的论题。他从来没有将伦理学和政治学分开：人的道德目标通过法律和政治手段得到促进。

[36] 同上，第十卷，第七章。
[37] 同上，第十卷，第四章。

## 第十一节 政治学

人是社会动物，只有在社会和国家中才能实现其真正的自我。家庭和小的共同体在时间上先于国家，但是国家作为人类生活发展的目标，在价值和重要性上优于作为其组成部分的家庭和小共同体，这一点与亚里士多德关于整体优先于部分的原则相符。社会生活是人类存在的目标或者目的。但是这一学说并没有使亚里士多德认为个体要完全服从于社会和国家。亚里士多德在“个体是生活的目的”和“社会是目的”这两种观点之间进行了调和：社会是由个体构成的，社会的目的是使得个体公民能够过一种有美德和幸福的生活。与柏拉图相比，亚里士多德可能更为成功地在“国家主义”和个人主义之间找到了一条中间道路。

国家的政体必须适应其国民的品格和要求。当人们是平等时，国家就赋予人们以平等的权利，而当人们不平等时，国家则赋予人们不平等的权利，这样的国家就是正义的。公民们在个人能力、财产条件、出生和自由等方面是有差别的，正义要求根据公民的这些差别来对待他们。

存在着好的政体和坏的政体；君主制、贵族制和公民几乎平等的政体都是好 118
的政体，而僭主制、寡头制和民主制则是坏的政体。亚里士多德认为，在他的时代，最好的政体是城邦制，在这一政体下，只有那些受教育和有地位的公民才有资格积极参与国家管理，这种政体也就是贵族制。他基于奴隶制是一种自然制度因而认为奴隶制是合理的：在希腊由外国人构成奴隶阶级是公正的，因为外国人不如希腊人优秀，不应当享有和希腊人相同的权利。

## 第十二节 亚里士多德的天才和影响

亚里士多德的“知识渊博的大师”这一称号很容易就能够被证实。无论我们采取何种标准来评判他，他在哲学上都占据着独一无二的位置：学术的渊博、原创性或影响力。从这些方面来评价他的重要性，使用溢美之词是不可避免的。亚里士多德的哲学在其领域之内可能是人类心灵所能达到的最为广博的知识体系。在古代、中世纪或者近代——可能德国哲学家黑格尔是个例外——没有其他思想家在其体系中包含数量如此广博的知识。亚里士多德的哲学包括了科学的全部领域：逻辑学和数学；物理学；生物学和心理学；伦理学、政治学、美学和形而上学。亚里士多德的哲学不只是一部关于事实的百科全书，它是一个原创性的综合。正是这一特点使得真正的哲学与单纯对理论的兼收并蓄相区别。亚里士多德的天才在于他能够将数量庞大的知识结合成为一个统一整体。他通过某些整体性的概念实现这种统一：实体、质料和形式、现实性和潜在性，等等。亚里士多德对后来的全部哲学产生了难以估量的影响。他为哲学创制了基本的概念，并详细制订了一套术语，从他的时代一直到今天，这套术语已经被包含在所有的思辨中。亚里士多德在中世纪的影响是最巨大的，在近代最伟大的哲学体系中，包括斯宾诺莎、康德和黑格尔的哲学体系中，这一影响也是显而易见的。

## 第十三节　后亚里士多德哲学

亚里士多德的哲学通过他的学生得以继续，其中许多人在思想上具有独立性。狄奥佛拉斯塔（死于公元前287年）作为学派的领导而继承他的学说，他写了一本关于植物学的著作和“物理学家”的学说史。欧德谟斯以他的数学史和天文学史闻名于世；阿里斯多赛诺斯则以他对音乐理论的研究著称；狄西阿库斯以地理学和政治学著称；斯特拉图在公元前287年至公元前269年是狄奥佛拉斯塔在学派的继任者，他致力于自然哲学。斯特拉图的继任者吕科（公元前269年一前
119 225年）之后，逍遥学派失去了其重要性，亚里士多德的著作被人们忽视。在公元前1世纪，这一学派将注意力转向文本批评和解释上，这一工作是由泰勒诺和罗德岛的安得罗尼库斯开始的，延续了很多世纪。依靠这一运动，亚里士多德的著作得以保存和传播。

亚里士多德之后的希腊哲学史是一个不断衰退的故事。这一时期没有出现伟大的原创性体系；大部分思想家们满足于柏拉图和亚里士多德这两位伟大的经典哲学家们的观点。这一时代的特征是：（1）个人主义，（2）折中主义，（3）关心伦理学问题。在这个社会和理智混乱的时期，个人主义大行其道；个人除了他自己的福利之外，不再关心其他东西，哲学只是用来理解个人的命运和定数。折中主义取代了创造性哲学活动的位置，那个时代的哲学家满足于盗用前辈们的洞见，并尽其所能加以修补。伦理上的兴趣是最主要的。人们在抽象的形而上学探究上缺少信心；只有当实在性问题与生命行为直接相关，他们才会专心于此。理论只是附属于对实践的关心。

# 第四篇 伦理运动

120

## 第十一章 概论

对苏格拉底来说，至关重要的问题一直是伦理问题：他将使他的时代正确处理道德问题和真理问题视为他的使命。他在知识问题上的兴趣源于他深信：清晰的思考对于正确的行动来说是基本的，并且发现为所有有理性的人接受的伦理原则，这是可能的。苏格拉底诸学派也认为伦理问题是最为重要的——虽然麦加拉学派也表现出对辩证讨论的喜爱——并且柏拉图的早期著作中也吸收了其老师的伦理精神。甚至在其成熟体系中，这位学园派创始人也没有忽视最高的善；他的整个哲学构成了其伦理唯心主义的理性基础。亚里士多德在其关于上帝的观点中，赞扬理论的活动性，这是真的；但是他也将伦理的自我实现视为人的最高尚的目的。在柏拉图和亚里士多德死后，他们的学派大部分人在提倡学派创始人的学说，在思想的发展上少有进步，只是在使用学派创始人留给他们的理智遗产。昔勒尼学派和犬儒学派继续宣扬各自相反的享乐主义学说和禁欲主义；受锡诺普的犬儒学派的第欧根尼的影响，麦加拉学派的斯提尔波将其注意力转向伦理问题。

在苏格拉底运动中得到促进的社会条件并没有随着苏格拉底的去世而消失。时代的一般道德风气并没有改进，对享乐和财富的追求并没有得到抑制，流行宗教的信念并没有得到加强。在希腊诸城邦之间爆发的长期和频繁的战争破坏了一个又一个政权，使得希腊轻易被马其顿所征服。伯罗奔尼撒战争（公元

前431年—前404年）以完全推翻雅典这一政治霸权而结束；科林斯战争（公元前
121 395年—前387年）摧毁了科林斯；底比斯战争（公元前379年—前362年）导致了斯巴达的失败。经过长期而顽强的奋斗，马其顿的菲利普在喀罗尼亚战争（公元前338年）中打败了雅典人和底比斯人组成的盟军，成为希腊的统治者。亚历山大大帝征服了波斯，在他去世（公元前323年）之后，他的将军们瓜分了这个国家的大部分，马其顿人统治的希腊被移交到一个新的世界霸权手中：在公元前146年，希腊成为罗马的一个行省。

在我们所描述的情况下，在许多富有思想的人那里，伦理问题又不可避免地成为首要问题。旧的制度崩溃，公共生活和私人生活普遍道德败坏，人生的意义问题又变得紧迫起来。当国家丧失了独立性，公民义务退化为单纯的服从，一个人如何拯救自己这一问题被强加到有理智的个人身上。疲倦的灵魂如何找到安宁？当生活对人们来说变得过于复杂和困难时，当他们面临着迷失于混乱之中的危险时，人们就会思考这个既古老又常新的问题。这是关于价值的问题，是关于最高的善的问题：世界上最有价值的东西是什么，一个人应当怎样塑造他自己的生活？他努力追求的是什么？如同现在一样，不同的思想家派别对这个问题给出了不同的回答。按照伊壁鸠鲁学派的观点，最高的善或者理想是快乐；享乐是唯一值得追求的目标，其他任何事物都在它们能够带来快乐和作为幸福的手段的意义上是有价值的。在社会动荡时期，使心灵保持平静，在处理事物时为自己争取最大可能的利益是智慧的一部分。而在斯多葛学派看来，最有价值的事物不是幸福，而是品格、美德、自律、义务、是特定的利益服从于普遍的目的。

伊壁鸠鲁学派和斯多葛学派的学说与柏拉图和亚里士多德的博大经典体系相比，具有更加广泛和通俗的吸引力；但是像经典体系一样，他们感到需要为伦理观点提供一个理性的基础，证明其合理性，并将它们与形而上学理论联系起来。他们的学说基于这样一个信念：如果没有关于事物本性的知识，道德问题就不可能找到一个令人满意的回答；我们不可能辨别一个人在世界上应当如何行动，除非我们知道世界的含义。人的行为取决于他生活的范围；他的生活理论为他的世界理论所决定，他的伦理学为他的形而上学所决定。虽然这些学派都坚持实践研
122 究，但是他们从未失去对思辨的热爱。

为了实现最高的善，有必要知道宇宙的意义，认识真理。问题随之产生：什么是真理？真理的标准和起源是什么？我们如何能够知道我们获得了真理。逻辑学为我们回答了这些问题：它为我们提供了知识的标准或准则，使我们能够区分

真理和谬误。因此伊壁鸠鲁学派和斯多葛学派将其人生哲学建立在逻辑学以及形而上学的基础之上；他们的体系包括对如下领域的探究：（1）逻辑学或者认识论，（2）形而上学或者关于宇宙的理论，（3）伦理学或者行为理论。他们的主要兴趣是在伦理问题上，但是逻辑学和形而上学为他们的伦理探究提供了一个必不可少的背景。

伊壁鸠鲁学派将其关于善的观点建立在德谟克利特的机械论唯物主义的基础之上，在德谟克利特看来，宇宙是无数物质原子相互作用的结果，没有目的或理智来引导它们。人就是相互冲撞的物质原子的许多结合物之一，是在永远变化的存在之流中经过许多次实验和失败后才形成的；他延续短暂的生命，然后又分散到产生他的巨大原子旋涡之中。因此，当他活着的时候，不要让他为现在和以后的迷信的恐惧所困扰；让他尽情地享受人生的短暂时光，管理自己以便从人生的游戏中尽可能地获得幸福。另一方面，斯多葛学派则将宇宙视为一个美的、善的和秩序良好的宇宙，被一个理智的原则或目的结合在一起，并受其管理；对他们来说宇宙就是一个活的上帝。人的职责就是在这个巨大的理智整体中发挥作用，使其自身服从宇宙的和谐，使其意志服从法律和理性，协助实现上帝的意愿。他做的一切不是为了他自己狭隘的个人利益，也不是为了快乐，而是为了整体的完善。对斯多葛主义者来说，除了通过对宇宙的理性和法则的遵守获得的幸福外，不可能存在获得幸福的其他途径。

## 第十二章
# 伊壁鸠鲁学派

在古代同享乐主义伦理学联系最密切的思想家是伊壁鸠鲁。他的形而上学理
论几乎完全是对我们已经研究过的德谟克利特体系的复制。德谟克利特和昔勒尼 123
学派已经预示了伊壁鸠鲁伦理学说的基本特征。描述伊壁鸠鲁主义的历史表述是昔勒尼学派的享乐主义的改良版本，是德谟克利特的机械主义、唯物主义原子论的修正形式。

公元前341年伊壁鸠鲁出生于萨摩斯岛，父母是雅典人。通过他的老师劳西芬尼，伊壁鸠鲁熟悉了德谟克利特的著作和皮浪的怀疑论学说。在希腊的许多城市讲学之后，他于公元前306年在雅典建立了一所学校，在那里他平静地生活，

直到公元前270年去世。他的周围有一群崇拜他的学生和朋友，其中有许多妇女。可能没有哲学家比这位和蔼而令人愉快的哲学家受到的不公正的诽谤和误解更多，他的名字已经成为一个责备用语。

伊壁鸠鲁是一位多产作家，出版了许多著作（一种著作是三十七卷的《论自然》），只有残篇保存下来。他用44个命题总结了自己的体系（一种学说问答），其主旨见于第欧根尼·拉尔修《意见集》的第十卷。[38] 伊壁鸠鲁的继任者对他的体系修改很少，他们的工作主要在于复述他的思想。从公元前1世纪起，伊壁鸠鲁的哲学开始获得许多皈依者的支持。他的追随者中最为著名的是罗马诗人卢克莱修（公元前94年—前54年），卢克莱修在他的《物性论》[39] 中详细阐述了这一唯物主义哲学，并使其在奥古斯丁时代的许多诗人和文学家中流行。伊壁鸠鲁的著作现在流传下来的有三封书信（其中有两封被认为是真的）和几个残篇。赫尔古朗的残篇主要来自他的《论自然》。

## 参考书

C.Bailey，《伊壁鸠鲁，现存残篇》，1925年。W.J.Oates，《斯多葛学派和伊壁鸠鲁学派哲学家》，1940年，包括伊壁鸠鲁和卢克莱修全部现存残篇的译文。

W.Wallace，《伊壁鸠鲁学派》，1880年；R.D.Hicks，《斯多葛主义者和伊壁鸠鲁主义者》，1910年；W.Pater，《伊壁鸠鲁主义者马里乌斯》，两卷本，1910年，重印于《现代文库》，1920年；E.Zeller，《斯多葛学派，伊壁鸠鲁学派和怀疑论者》，1892年；A.E.Taylor，《伊壁鸠鲁》，1910年；P.H.de Lacy和E.A.de Lacy，《菲拉德莫斯论推理方法：古代经验主义研究》，1941年；H.A.J.Munro，《卢克莱修的〈物性论〉》，三卷本，1905年—1910年；J.Masson，《卢克莱修的原子论》，1884年，以及《卢克莱修，伊壁鸠鲁主义者和诗人》，1907年—1909年；G.Santayana，《三位哲学诗人》，1910年（第二章，第19-73页）；C.Bailey，《希腊原子论者和伊壁鸠鲁》，1928年。

[38]《名哲言行录》，R. D. Hicks翻译，1925年。

[39] H. A. J.Munro翻译，也由C. Bailey翻译。还可参见G. Santayana的《三位哲学诗人》的“论卢克莱修”。

## 第一节　主要问题

在伊壁鸠鲁看来，哲学的目标是要使人们过一种幸福生活。像音乐、几何、算术和天文学等学科无助于实现这一目的，因而是没有价值的。某些逻辑学知识或认识论向我们提供了知识的标准，因而是必要的。我们需要物理学或关于宇宙的形而上学理论，以便于我们理解事物的自然原因；这样的知识是有用的，因为 124
它使我们免于对上帝、自然现象和死亡的恐惧。对人性的研究会教导我们欲求什么，避免什么。但是主要的事情是我们要知道所有的事物都是由自然的而不是超自然的原因产生。因此我们可以将伊壁鸠鲁的哲学划分为逻辑学或者准则学，形而上学和伦理学。

## 第二节　逻辑学和认识论

逻辑学的——更确切地说是认识论的——问题是要确定命题应当如何构成，以便是真的。对这些命题的真实性检测的准则——如伊壁鸠鲁在其著作《准则学》中所说的——或者标准是什么？这一标准必须以感官知觉为基础；我们听到的、看到的、闻到的和尝到的都是真实的，“就像痛苦一样是真实明显的。”没有感觉，我们就没有知识。错觉并不是感觉的欺骗，而是判断的欺骗；当作为物体副本的感觉被错误地解释或被用来指称错误的对象时，错觉就会产生。产生错觉的原因有很多，其中包括感官上的干扰，物体副本在到达感官过程中受到歪曲。但是感觉的错误判断可以通过重复观察和诉诸于其他经验得到纠正。伊壁鸠鲁主义者完成了精致的认识论，获得了感觉经验方面的真理；他们是认识论中的经验主义传统的先驱。

一般的观念或者影响同产生它们的感觉具有同样的确定性，但是没有同这些观念相符合的抽象性质。没有柏拉图和亚里士多德所宣称的独立本质；同观念相符合的唯一实在就是属于一定类别的特定和具体的事物，而一般观念只是一个标记或符号。伊壁鸠鲁因此成为中世纪的唯名论和近代经验主义的先驱。

除了感觉和观念之外，我们还形成了意见和假设。为了成为真的，这些意见和假设必须直接被感官知觉验证或核实，或者至少为感觉观察所暗示，而不是同它们冲突。这样，我们就形成了假设性的观念和如原子这样的无感觉的实在；我们通过类比我们的一般经验，并将我们的感官知觉所显示的性质分派给感觉经验，从而做到这一点。通过实证方法证实命题的伊壁鸠鲁主义者在相当程度上预先考虑了当代逻辑实证主义的许多特有学说。

125 在理论领域，感觉是真理的标准；我们知道我们所知觉的东西；我们想象并且也有权利想象我们没有知觉的事物与我们所知觉的事物相似。伊壁鸠鲁将其感觉值得信任的全部证据建立在德谟克利特的感官知觉理论基础之上。我们直接知觉的并不是事物自身，而是它们的副本，由物体对感官施加影响而产生。他的真理理论同他的感觉理论共进退。

## 第三节　形而上学

我们的感觉只向我们展示物质物体，但是如果只有物体存在，就不存在容纳物体存在的东西，或者物体在其中运动的东西；因此除了物体之外必定存在着真空，“无形的自然”或者非存在。既然在绝对意义上没有什么能够被创造或者被毁灭，那么事物的起源、生长、变化和消失只能被解释为不可毁灭的元素的结合和分离。这些元素是极为细小的物质微粒，这些微粒不可感觉，在物理上不可分割、不可毁灭并且不可改变。虽然像我们已经看到的，原子之间存在着真空，但原子是绝对的充实，例如在原子内部并没有真空。而且原子是绝对坚硬和不可进入的，它们不可能被打碎或者分割，正是凭借这一特性，它们才被称为原子。除了已经列举的在大小、形状和重量等方面相互不同的性质外，原子还处在持续的运动状态中。物体的差别可以用原子的大小、形状和重量等方面的不同以及原子之间的关系进行解释；在伊壁鸠鲁看来，各种形状的数量是有限的。既然原子的数量是无限的，必定存在着无限的空间，例如一个无限的宇宙来容纳它们。

由于原子有重量，它们以相等的速度向下做垂直运动。但是如果它们仅是以这种方式运动，我们只会有恒久不变的原子雨，而不是世界。因此我们必须想象原子能够稍微偏离垂直线。伊壁鸠鲁赋予他的原子以自发性，在一定程度上解释了物理世界，使人可能具有自由意志。除非构成人的原子具有自由行动的能力，否则自由意志就是不可能的。伊壁鸠鲁认为自由观念比盲目的命运和不可阻挡的必然性较少困扰人心灵的安宁。

126 在物质世界运转的相同原则也可以用来解释生物。生命有机体最初起源于大地；起初产生的是怪物，它们的形状不能适应环境并活下来，后来被更能适应环境的有机体所取代。天体也可以用同样的自然方式进行解释；它们不是上帝的创造物，也不具有灵魂，因为灵魂不可能在生命形式之外存在。

伊壁鸠鲁主义者声称神祇存在，但是神祇并不是人们在恐惧和无知中通常想象的样子。他们的存在可以通过对他们的通常信念得到证明——神祇的观念是一个自然观念，我们有必要为我们的这一观念设定一个原因。但是神祇并不创造这个世界；为什么极为幸福的存在者会感到有必要创造一个世界？而且，他们从何处得到这样一个世界的观念？最后，这样完善的存在者怎么会创造这样一个不完善的世界？这些神祇居住在中间地带（intermundia）；他们有人的形状，只是他们更加美丽。他们有性别，需要食物，甚至说希腊语。他们对于人的事务并不关心，也不会干涉人世间的事情，只是过着和平而神圣的生活，没有烦心的事情。

## 第四节　心理学

灵魂像其他的事物一样是物质性的，否则它就不能做任何事情，也不能感受什么。灵魂是由极端精巧、细微、圆形的因而灵巧的原子构成的；火、气、呼吸 127
和一种更加精细、灵活的物质参与构成了灵魂。灵魂弥漫于整个身体，在身体有感觉的任何地方都存在着灵魂。在胸部存在着一个指导的和理性的灵魂部分，灵魂的其他部分都服从这部分灵魂的意志和倾向。灵魂并非永恒，当身体消散，灵魂也就分散成元素从而失去其力量。当我们确信意识随着死亡而消失，也就不会惧怕死亡，对于来世也没有恐惧，因为死亡已经结束了一切。卢克莱修说："因此死亡对于我们来说什么也不是，与我们毫无关系，因为心灵的本性被证明是终有一死的。"[40]

伊壁鸠鲁按照德谟克利特的方式通过幻象或影像或像薄膜一样的形式来解释感官知觉，这些东西从我们周围的物体流出，撞击到感官上面。错觉、幻觉、梦和类似的状态是由已经不存在的物体的影像产生的，或者通过相互粘附的影像产生，或者通过其他完善的自然方式产生。意志被解释如下：比如说，行走的影像将其自身呈献给心灵的理智部分；这一影像的力量被传达给灵魂的其余部分，而灵魂分散于整个身体，最后灵魂的力量撞击身体，身体因此运动。

## 第五节　伦理学

人的本性倾向于快乐；所有的动物从它们出生的一刻就根据其自然本能寻求

［40］《物性论》，第三卷（Bailey的译本）。

快乐并避免痛苦。因此快乐是我们都努力追求的目标，实际上也应当追求这一目标：幸福是最高的善。所有的快乐都是善的，所有的痛苦都是恶的。但是我们应当审慎地选择快乐。如果一种快乐的持续同另外一种快乐一样长久和强烈，那么这两种快乐就一样好。如果给予放荡的人以快乐的事情让其心灵安宁，那么没有人可以谴责他过一种放荡的生活。但是情况并非如此。并不是每一种快乐都值得选择，并不是每一种痛苦都应当避免。有些快乐之后是痛苦或者快乐的丧失；许多痛苦之后是快乐，这些痛苦因此要比许多快乐更好。而且，快乐在强度上并不相同。精神上的快乐要比肉体的快乐更为重要，精神上的痛苦要比肉体的痛苦更加糟糕，因为肉体只对当前的快乐和痛苦敏感，而灵魂则使人想起过去的苦乐并预期未来的苦乐。不仅精神上的快乐比肉体上的快乐更为重要，而且没有精神上
128 的快乐，肉体上的快乐也不可能。伊壁鸠鲁因此断言，选择理智生活的快乐是智慧的一部分。这一点的理由很明显。我们害怕自然灾难、神祇的愤怒、死亡和来世；我们担心过去、现在和将来。只要我们这样做，就不可能幸福。为了摆脱恐惧，我们应当尝试理解事物的自然原因，也就是说，要研究哲学。

我们可以通过满足欲望或者没有欲望而获得快乐。伴随着满足像饥饿这样的欲望的快乐是不纯粹的，而是快乐和痛苦的混合；当欲望已经满足并消失，当我们不再有欲望时，纯粹的快乐就会产生。摆脱痛苦的自由是快乐的最高程度；这一快乐不可能再被加强，因此以超过这一快乐状态为目标的欲望就是毫无节制。

为了摆脱麻烦和恐惧，我们应当知道事物的原因，以这一知识为依据决定追随和避免什么样的快乐。换句话说，我们应当采取审慎的态度。如果我们态度审慎，就是有美德的，遵从道德法则，因为没有人能够不过审慎、高尚和公正的生活而幸福。美德或道德自身并不是目的，而是像康复的艺术一样，是增强快乐、幸福和精神安宁的一种手段。我们因为它的功效而赞美它并运用它。伊壁鸠鲁式的幸福不可能通过对肉欲的沉溺和放荡而获得。伊壁鸠鲁像柏拉图、亚里士多德和斯多葛学派一样赞扬同样的美德——智慧、勇敢、节制和公正——但是基于不同的理由。虽然伊壁鸠鲁是一个享乐主义者，但他获得了所有时代最为高尚的伦理地位之一。伊壁鸠鲁的伦理体系的起点和基础是这一假定：快乐是唯一的善，痛苦是唯一的恶；但是以此为基础，他建立了一个非常适度和精致的理论。伊壁鸠鲁主义在通常的用语中意味着放荡和自我沉溺，但是这和它的创立者的意图大相径庭。虽然伊壁鸠鲁的快乐理论不是给感官以快乐的学说，但很容易理解他的许多追随者如何解释这一理论，他们使用这一理论来为自己过一种奢侈生活和感

官享受的欲望进行辩护。如果快乐对所有人来说都是最高级的善，那么能使人快乐的任何东西都是善的。如果一个人宁愿过满足感官的生活，而不愿获得更高级的快乐，如果他能够不过一种有理智的生活，不进行哲学思考，就能使心灵摆脱迷信的恐惧，达到心灵的安宁，谁能够反驳他？“如果快乐的数量相同，推针游戏和诗歌一样好”——用边沁的话来说。伊壁鸠鲁更加偏爱诗歌、科学和有美德
的生活，而阿提库斯、贺拉斯和卢克莱修也是如此。事实是，伊壁鸠鲁的哲学本 129
质上是一种启蒙的自我利益的学说；个人被要求将个人幸福作为其所有努力的目标，这样一种人生理论可以用来为对其他人的自私漠视进行辩护。

## 第六节　社会和政治哲学

伊壁鸠鲁的社会哲学用社会契约来解释社会的起源：社会是建立在自利原则的基础之上；个人结成团体是为了自我保护。正义和正当因为源于社会契约，所以只是约定俗成的：不存在绝对正义这样的东西，所谓的自然权利是人们因为其效用而赞同的行为规则。所有的法律和制度是正义的，只是就其有利于个人的安全而言，也就是说，是就其有用而言的。我们是正义的，因为这样做符合我们的利益。不正义的行为并不存在内在的恶；只有不正义的后果才是恶的。我们应当避免不正义以便不落入当权者手中或者不生活在对惩罚的持续恐惧中。既然参与公共生活无助于幸福，明智的人会尽可能避免这种参与。经验发现，某些行为规则无论在何地对于人们一起在社会中生活都是必需的，这也解释了为什么这些普遍的法则能在所有社会盛行。伊壁鸠鲁的社会和政治哲学将正义和正当建立在利己和效用之上，而不是建立在理性和实在结构之上，这同柏拉图和亚里士多德的理论形成了鲜明对比；实际上，它是对智者派所提出的理论类型的回归。我们将看到，斯多葛学派的社会哲学是一种绝对主义的、在形而上学上根植于希腊哲学主要传统的理论。

伊壁鸠鲁主义的伦理学和社会哲学可以总结如下：（1）心灵的令人愉快的安宁状态要更好于伴随着肉体欲望和激情的强烈快乐；伊壁鸠鲁主义者对心灵安宁的这一态度与斯多葛学派的漠不关心形成对应。（2）理智的快乐虽然在质上与肉体的快乐没有差别，但是它们持续时间更长并且使人免于痛苦因而更为可取。（3）伊壁鸠鲁赞扬在追求快乐生活时所表现出来的审慎；这一审慎的享乐主义者超越当前时刻的快乐而关心一生的快乐；人们通常有必要为了将来的更大快乐而牺牲当前的快乐，或者甚至要忍受当前的痛苦来避免将来更大的痛苦。

伊壁鸠鲁还强调预期或者回忆的快乐，因而提倡回忆崇拜。（4）他赞扬理想主
130 义的正义、勇敢和节制的美德，但是同他基本的享乐主义观点一致，他认为这些美德有价值并不是因为它们自身就是目的，而是因为它们有助于快乐地生活。（5）最后，伊壁鸠鲁并没有忽视社会和政治生活的伦理重要性；但是同他的基本的享乐主义观点相一致，他将社会美德还原为启蒙的自我利益，并且因为法律和社会制度有利于个人的安全而赞同它们。

# 第十三章
# 斯多葛主义

## 第一节　芝诺和他的学派

斯多葛主义的世界和人生观念同伊壁鸠鲁主义的自然主义、享乐主义和利己主义相反。与伊壁鸠鲁主义相比，斯多葛主义同苏格拉底、柏拉图和亚里士多德所教导的哲学更为接近。在这些伟大的先驱去世之后，他们的人生理论的基本内容由斯多葛学派以通俗的形式提出。斯多葛学派由芝诺于公元前300年左右在雅典建立。这一学派在希腊和罗马有许多追随者，其存在一直持续到基督教时期。芝诺受到昔勒尼学派和麦加拉学派的影响，也受到柏拉图和亚里士多德的影响。他使昔勒尼学派的伦理学摆脱狭隘性，将其置于一个逻辑和形而上学基础之上；他以修正的形式利用柏拉图和亚里士多德的观念，但是拒绝认为形式和质料在种类上不相同，因而回复到赫拉克利特的物活论。描述斯多葛主义的历史表述是：赫拉克利特的形而上学理论——特别是逻各斯学说——是其伦理学的基础，而其伦理学虽然来源于昔勒尼学派，但是受到了柏拉图和亚里士多德的适度影响。

芝诺（公元前336年—前264年）生于塞浦路斯的基提翁，这个城市有大量外国人，可能是闪米特人。芝诺于公元前314年来到雅典，在犬儒学派的克拉底、麦加拉学派的斯提尔波、柏拉图学园派的帕雷蒙等人的门下学习，这些人都影响了他的学说。公元前294年，芝诺在画廊（彩色的走廊或游廊）建立了一所学校，他的学说因此而得名。芝诺因为其正直的品格、简单的生活、和蔼以及对道德的热诚而受到尊敬。

芝诺的学生克里安提斯（公元前264年—前232年）在芝诺之后成为斯多葛学

派的领袖，他似乎没有能力应付伊壁鸠鲁主义者和怀疑论者的攻击。在他之后是
西里西亚的索里城的克吕西波（公元前232年—前204年），这个人很有能力，他
明确界定了斯多葛学派的学说，使其体系化，并捍卫这一学说以反对怀疑论。克
吕西波的学生中有塔尔苏斯的芝诺，巴比伦的第欧根尼和塔尔苏斯的安提帕特。
经过克吕西波的发展，斯多葛主义在罗马共和国时期广受欢迎。巴内修斯（公元 131
前180年—前110年）是最早的罗马重要提倡者之一。在罗马帝国时期，这一学派
分为两个派别，一派是通俗派，代表人物是穆索尼乌·斯鲁弗斯（公元1世纪），
塞涅卡（公元3年—65年），爱比克泰德（公元1世纪），以及罗马皇帝马可·奥
勒留（公元121年—180年）。另一派是科学派，其唯一目标是保持并解释原有学
说。最近发现的科林斯和赫洛克莱斯关于《伦理学》的著作属于这一类。我们将
要介绍希腊学派发展过程中的斯多葛派哲学，仅限于其最为重要的阶段。

除了《克里安提斯的颂歌》和后来著作的大量引用外，我们对早期斯多葛学派（公元前304年—前205年）和中期的斯多葛学派（一直到罗马帝国时期）没有其他第一手资料。因此我们关于斯多葛学派的学说方面的知识必须依靠第二手资料，特别是第欧根尼·拉尔修、斯托布斯、西塞罗、普鲁塔克和塞克斯都·恩皮里克等人的著作。虽然我们不能确定地区分这些领袖人物各自的贡献，但从他们的著作中我们可以知道这一派哲学的精神。在晚期斯多葛学派方面，我们有大量的希腊文和拉丁文著作。除了已经提及的残篇集外，还可以参阅J.冯·阿尼姆三卷本的汇编、皮尔逊的《芝诺和克里安提斯的残篇》、迪耳斯的《希腊人拾遗》。

## 参考书

英译材料：爱比克泰德，《论文集》（有手册和残篇），Long和Higginson译；马可·奥勒留，《沉思录》，Long译；爱比克泰德和马可·奥勒留的现存著作残篇的英译见W.J.Oates，《斯多葛学派和伊壁鸠鲁学派哲学家》，1940年；也参见G.H.Clark编辑的《希腊哲学选集》，1940年；A.C.Pearson，《芝诺和克里安提斯残篇》，1891年；E.Zeller，《斯多葛学派，伊壁鸠鲁学派和怀疑论者》，1892年；W.L.Davidson，《斯多葛学派的信条》，1907年；R.D.Hicks，《斯多葛学派和伊壁鸠鲁学派》，1910年；E.V.Arnold，《罗马的斯多葛学派》；F.W.Bussell，《马可·奥勒留和晚期斯多葛学派》，1910年；G.Murray，《斯多葛派哲学》，1915年；E.R.Bevan，《斯多葛学派和怀疑论者》，1913年；R.M.Wenley，《斯多葛学派及其影响》，1927年。

## 第二节　逻辑学和认识论

斯多葛派哲学的目标是要为伦理学找到一个理性基础。斯多葛学派同伊壁鸠鲁学派一样认为：除非我们有了一个关于真理的标准和宇宙理论，也就是说，除非我们研究了逻辑学和形而上学，否则我们就不能理解善的意义。斯多葛学派将哲学比作一块田地，逻辑学是围墙，物理学是土壤，而伦理学则是果实。

我们从逻辑学开始，逻辑学是关于例如概念、判断和推理以及它们在语言中的表述等思考和论述的科学。斯多葛学派将语法引入逻辑学中，因而是传统的语法科学的创立者。我们的研究将限于辩证部分，这一部分处理认识论，讨论两个主要问题：知识的起源是什么，或者我们如何达到真理？知识的标准是什么？

我们的知识是通过知觉获得的，并不存在像柏拉图所认为的先天理念；灵
魂在人刚出生时是一块白板，接受事物的印象，正如蜡板接受图章的印象一
132 样。克吕西波说感觉是意识的改变。印象的持续形成了记忆影像，记忆影像合
起来构成了经验。从感觉和影像中形成了一般观念，这些观念建立在普遍经验的基础之上，被称为普遍概念。它们对所有人而言都是一样的，不容易受到幻觉和错误的干扰。但是科学概念作为自愿反思的结果，为人们有意识地和有条理地产生。

科学概念是我们所有知识的基础。心灵有能力形成关于大量相类似的具体情形的普遍观念和概念。这一理性的能力是关于思维和语言的能力，在本质上与我们充满世界的普遍理性是一样的。人类的心灵能够知道世界秩序，因为人类的理性和世界理性在本质上是同一的。概念如果要成为真的，就必须与事物的理性秩序相一致。斯多葛学派假设了世界的客观合理性，但是反对柏拉图的理念学说。他们认为只有具体的事物才真实存在，而将普遍事物视为主观的抽象。

因此，我们的知识基于知觉和源于知觉的普遍观念和概念。一个感觉影像如果是其感觉对象的准确复制，这个影像就是真实的。但是知觉和概念也有可能是虚假的。很明显我们的许多知觉和概念都是虚妄的，不会产生真理。那么我们如何区分真伪？我们的标准是什么？我们如何分辨是否存在着与我们的观念相一致的事物呢？我们如何知道它们不是我们的想象所产生的呢？我们的所有知识都是建立在知觉的基础之上，知觉要成为真实的，就必须伴随着意识并直接确信存在着一个与知觉相对应并与其相符合的真实对象。当一个人确信他的感官处于正常

状态，知觉清晰明确，并且他自己和其他人的重复观察验证了他的第一印象，他就有资格确信真理。芝诺称具有这样的确信的感觉是“概念印象”，或者如某些人所翻译的那样，是“理解性的表象”。

知识的标准就是印象或者概念的不证自明，是对存在着与印象或概念相对应的实在的确信。我们的某些概念引起了这样的感觉，有些则没有。单纯的主观或
想象观念没有伴随这样的意识；我们不需要认可这样的观念，或者发表没有经过 133
确信的判断，因此我们自己要对认可没有经过确信的判断而犯的错误负责。理智判断包含了自由意志的行为。但是有理性的人不能拒绝赞同清晰呈现在意识中的“概念印象”。

关于真理的知识并不是对科学或者哲学的排他性占有。所有人都通过他们的普遍观念而分享知识。但是这样的一般观念并不像经过推理而获得的真正知识那样具有说服力。科学是由真正的判断所构成的有组织的体系，在这一体系内，一个命题通过逻辑必然性而从另外一个命题推论出来。因此，进行正确推理的能力是达到真理的另一手段，逻辑论证是斯多葛派哲人的一个基本条件。斯多葛学派给予形式逻辑以相当的注意力，特别是对三段论的学说，他们认为三段论是形式逻辑的最高阶段；实际上，他们对亚里士多德的三段论逻辑进行了某些细小的增加，并修正了亚里士多德的范畴表。

斯多葛学派逻辑的主要目的是要表明心灵自身不可能创造知识，我们所有知识的来源是知觉，知觉提供了知识的素材。但是斯多葛学派并没有否定思维的活动性；实际上，他们认为知识的进步是通过如下方式进行的：对经验进行反思，将原材料组织成为概念，形成与知识有关的判断，由直接获得的知识推及在时间上和空间上遥远的事物的知识。

## 第三节　形而上学

斯多葛学派的形而上学可以被认为是亚里士多德形而上学的唯物主义的版本；它被转变为更原始的、具有前苏格拉底自然哲学意味的亚里士多德主义。斯多葛学派赞同亚里士多德的观点，认为万物都由两种基质产生，一种基质作用、运动和形成事物，另一种基质被施加作用、被运动和被形成。他们也赞同亚里士多德的观点，认为这两种事物并不是分离的实体——虽然它们在思维中可以被区分，却结合成为一个实在。然而他们在关于基质的本性的概念上不同于亚里士多德。对斯多葛派来说，真实的事物或者是施加作用，或者被施加作用；既然只

有有形物是主动或被动的，因此形式或者力和质料都是有形的。但是它们在有形物体的存在等级上是不一样的。力构成了更好一类的东西，而质料则是粗糙、无形和不动的。如我们已经说过的，力和质料互不可分；不存在没有力的质料和没有质料的力：质料充满着力而无处不在。世界上的所有事物，包括人类心灵和上
134 帝都是有形体的。甚至性质也是有形体的；它们是由火和气混合而成的精神实体（普纽玛）构成的。正是这些性质使得任何具体的事物成为其所是。火和气是积极的元素，是生命和心灵和基质；水和土是消极的元素，完全地不动和无生气，像陶工手中的陶土。普纽玛充满所有的质料微粒；它并不只是充满于微粒之间的空间。它存在于实在的最细小的部分中，并横贯整个宇宙。每个具体事物都拥有使之区别于其他事物的性质，这是因为质料形式渗透在事物之中。

只有力具有因果关系，并且原因只可能作用于物体。但是结果总是没有形体的；原因在另外一个物体中引起一种状态，一种运动或者变化，这既不是物体也不是物体的性质。因果的运动和力在这里是同一的，因果运动只可能被运用到物体上面；但是这一运动引起的结果既不是原因也不是力，而只是物体的偶然状态。如果结果是物体，力就会产生另外一个物体，而这是不可能的。关系也不是有形体的。但是必须记住，积极的质料是有生气和有理智的；在这一方面，斯多葛学派接近于亚里士多德的作为纯粹形式的上帝概念。但是他们的感觉主义和唯物主义的观点不允许他们将积极质料设想为纯粹形式或者思维。在希腊思想的发展中，斯多葛学派的形而上学是从柏拉图——亚里士多德哲学到较早期的物活论的部分回复；它以某种反常的方式结合了唯物主义和唯理主义的泛神论。宇宙中的力形成了一种遍及各地的力量或者火——如同赫拉克利特所宣称的——最后的基质是理性的、积极的世界灵魂。这一基质必定是一，因为宇宙是一个统一体，因为其所有部分都是和谐的；这一基质被设想为火，是因为热产生了万物，使万物运动，是生命的给予者。最为重要的是，事物的这一有生命的基质是理性——理智的、有目的的和善的。天地万物是宇宙——一个美丽的、秩序良好的、善的和完美的整体。理性的基质与世界相关，如同人的灵魂与其身体相关一样。整个生命和运动的来源是逻各斯：它是上帝，包含着生命的萌芽或种子（spermata）；整个宇宙潜存于其中，就像植物潜存于种子中一样。斯多葛学派的形而上学设定了一个充满宇宙的理性基质，是纯粹的泛神论，从秩序和谐的宇宙来论证其起源于理性的基质中，这已经预示了后来上帝存在的目的论证明。

135 普遍的理性或者灵魂充满整个世界，正如人的灵魂充满整个身体一样。但

是，正如灵魂的支配性部分位于身体的一个具体部分一样，世界灵魂的统治部分，即上帝（Deity）或者宙斯位于世界的最外层，从那里它的影响遍及世界。上帝的两个部分形成了单一的神，虽然一部分具有世界的形式，而另一部分仍然保持其最初的形状。上帝是万物之父，是完善和神圣的存在者，他具有预知能力和意志，爱护人类、仁慈、关心万物、惩恶扬善。在这些方面斯多葛学派的上帝就像有神论的上帝一样。但是二者有一个区别：斯多葛学派的上帝在被作为一个整体加以考虑时，并不是一个自由的人格、世界的自由创造者，而是如我们已经看到的，是作为实体，万物根据自然过程的必然性从这一实体中产生。斯多葛学派将意志和远见赋予上帝，但又将上帝等同于必然法则。斯多葛学派体系中的泛神论和有神论的方面并没有得到一致地贯彻。就像许多近代体系一样，泛神论和有神论共存于斯多葛学派的体系中。但是在斯多葛学派的神学中，泛神论的方面胜过了有神论的方面，这一点无疑是真的。

## 第四节　宇宙论

斯多葛学派提供了一个关于世界从其最初的神圣之火演化的详尽表述。气、水和土产生于火；火是神圣的或积极的基质，总是充满于土和水这样的较低级元素中，它们可能是火的浓缩形式；换句话说，当火失去其动力时，这些较低级的质料形式就作为废弃产品而遗留下来。而神圣元素自身可以被区分为各种不同纯度等级的形式，在无机自然中作为盲目的因果律发挥作用，在植物界作为不理智但是有目的的力量发挥作用，在动物界作为受理念指导的有目的冲动发挥作用，在人类这里作为有理性的、有意识的目的发挥作用。自然物被解释为四种元素的结合；自然物之间的区别，部分地被解释为元素混合上的差别，部分地被解释为神圣之火在形成自然物的作用不同。宇宙是一个漂浮在真空之中的完美球体，其灵魂将宇宙结合为一体，并使其生机勃勃。它适时地产生，并将在巨烈的燃烧中回归于火，回归到产生它的纯粹生命和纯理性中，然后再反复经历同样的循环，世界也因此没有止境。但是每一个循环出现的世界都与之前的世界在所有细节上相似——这就是循环往复的理论——因为所有世界都是根据同一法则产生的。所有事物都是完全被决定的，甚至包括人的意志；宇宙形成了一个连续的因果链，在这一因果链上没有任何事情是偶然发生的，所有事物都必然是第一原因或推动者的结果。人在他能够赞同命运的法则这层意义上是自由的，但是无论他赞同与 136
否，他都必须遵守命运的法则。世界的法则或者理性以及与此相联系的必然性依赖于上帝的意志，就此而言，任何事物都与上帝的意志相符。任何产生于原始基质的事物都与上帝的意志相符。在此意义上，命运和上帝的意志并不会相互反对：命运或者法则就是上帝的意志。

问题出现了：如果所有事物都是上帝的显现，我们如何解释世界上恶的存在？斯多葛学派采取两个方案来解决恶的问题：（1）所谓的消极解决方案，即否定恶的存在：世界是善的和完美的，我们称为恶的东西只是相对的恶，就像图画上的阴影或者音乐中的不和谐音，它们有助于整体的美和完善；（2）所谓的积极解决方案，即将例如疾病这样的恶视为自然过程的必然和不可避免的结果，或者视为实现善的必要手段。他们还认为，既然自然的恶不可能影响单独具有内在价值的人的品格，那么它就不是真正的恶。至于道德的恶，他们认为没有美德的对立面就不可能有美德——实际上，美德在同邪恶的抗争中会变得强大。事实上，从宇宙的角度来看，世界是一个美好的、善的和完善的整体，其中所有部分都具有适当的位置和目的。如果将任何一部分与整体联系起来考虑，没有哪一部分是丑陋或者邪恶的。

## 第五节　心理学

人是由灵魂和肉体构成的；灵魂是物质性的实体，是神圣之火的火花。它位于心脏的统治部分，能够运用所有的心理功能：知觉、判断、推理、情感和意志；在时间的进程中，它成为有理性的，具有了进行概念思考的能力。人具有逻辑思考的能力，在此意义上，人是自由的；但是人不只是像兽类一样受影像和冲动的控制，而是能够进行审慎思考，选择理性所赞同的行为。当一个人的行动符合理性，也就是说，符合自然的永恒法则时，他就是自由的。因此在有智慧的人想要做的事情和理性或本性命令做的事情之间是没有冲突的。拥有真理的完善体系的哲学家和上帝自己一样自由。斯多葛学派的自由概念是理性的自我决定的概念；自由的行动就是那些符合人的理智本性并在根本上符合宇宙的理智本性的行动。符合理性法则的自由非常不同于伊壁鸠鲁学派的偶然的或者不受因果律决定的自由。

斯多葛学派关于灵魂不朽并没有一个单一的观点。根据这个学派某些成员的
137 观点，所有的灵魂都持续存在，一直到世界末日；而根据另一些成员的观点，只有有智慧和美德的灵魂才持续存在。斯多葛学派的循环往复学说意味着所有的灵魂都必然随着宇宙的再生而重新出现。

整个斯多葛学派的哲学具有人本主义的倾向；作为宇宙理性之反映的人类理智本性学说，同自然相符合的人类自由学说，以及人类灵魂不朽的思想，对于斯多葛学派来说都至关重要。实际上，如果我们认为人是自然或者上帝的目标或者目的——如果我们没有忽视这一补充原则，即人的目标或目的为宇宙核心的纯理性所规定，那么我们就不会歪曲斯多葛学派的立场。

## 第六节　伦理学

斯多葛学派的道德哲学与我们在前面已经详述的斯多葛学派的心理学和形而上学理论关系密切，是一个整体。他们设想宇宙并不是一个机械的因果关系，而是一个有组织的理智体系，一个美好的、秩序良好的整体，在其中每一个部分都发挥着与这一整体相关的功能，所有事物都为了共同善而运转。对它们来说，宇宙是一个有着支配性目的的和谐统一体，一个有活力、有理智的上帝。人类是这个宇宙秩序的一部分，是神圣之火的火花，是一个小的宇宙（微观宇宙），它反映了大的宇宙（宏观宇宙）。因此，这使得人类适合于在行动上与宇宙的目的和谐一致，努力使自己的目的适合于由神圣目的所设想的更大目的，达到最大可能的完善程度。为了做到这一点，他必须使自己的灵魂井然有序，使理性像统治世界一样统治他自己。他应当使自己的意志服从世界意志，服从宇宙的法则，明白他在更大的秩序中的位置，努力有意识、有理性和自愿地去做他作为宇宙一部分而应当做的事情。对于一个人来说，按照本性生活就是要在行动中遵从理性，即逻各斯。这就是斯多葛学派的“我们应当按照本性生活”这一命令的全部含义。对于斯多葛学派的伦理学来说，美德就是至善和最大的幸福，因为只有具有美德的生活才可能是一种幸福的生活。这样生活就是实现一个人的自我，实现一个人的真正自我就是要实现宇宙的理性的目的，为宇宙的目的工作。斯多葛学派的伦理理想包含着一个具有同样权利的有理性的人的普遍社会；因为理性在所有人那里都是一样的，而所有人都是同一世界灵魂的部分。

通过考虑人的自然冲动也可以得出同样的结论，因为按照斯多葛学派的观 138
点，宇宙的逻各斯既表现在人的理性中，也表现在较低一级的本能中。每一个存在者都努力保存自身；自我保存而非快乐乃是冲动的目标，而快乐仅是冲动的成功实现的伴随物。但是个人的自我保存并不是唯一的目标，因为所有生命都具有保存族类的本能，这是一种超越自我保存的欲望。随着理性的发展，人们开始将自己的理智本性作为其真正自我，并在任何地方的理智完善中和对理智目的的促进中得到满足。他对自己的爱也必定包含在对其他人的爱中。对斯多葛学派来说，理论的思辨自身并不是目的；理性只是因为它向我们显示了我们的义务，才受到高度重视。美德是唯一的善，而恶行是唯一的恶，其他事物都是中性的。按照斯多葛学派的理想，健康、生命、荣誉、财富、地位、权力、友谊和成功自身并不是善的；而死亡、疾病、耻辱、贫穷、卑微的出身自身也并不是恶。快乐和幸福并不是绝对的善，两者都是由行动引起，但都不是目的。对于快乐和幸福这样的东西的获得并不在我们的能力之内，虽然我们可以控制自己对它们所采取的态度。它们的价值取决于我们用其来做什么，取决于对我们的品格的影响；它们自身没有任何善恶可言。只有美德具有内在价值，只有美德能够使人们真正幸福。

一个真正有美德的行为是一个有意识的实现更高目的的行为，人们在实行这样的行为时对于道德原则具有自觉的知识。因此，对于行为者来说，有美德的行为包含着对善和有意识的目的的完全和确定的知识，包含着实现至善。毫无意识地行动并且对行动毫无知识，这不是美德。如果我们以这一方式来看待美德问题，美德是一，因为一切都依赖于品性，依赖于善的意志：一个人或者具有美德，或者没有美德，没有中间情况；他或者是有智慧的人或者是一个愚人。在这意义上，一个人有一种美德，就有其他美德。诸美德是同一倾向的表现，因此彼此不可分离。

美德是一个整体的学说是斯多葛学派的通常观点，只有克吕西波不接受这一观点。他认为美德对人来说并不是天生的，而是通过实践和接受教导而获得的。由于美德包含着完善的知识，只有成年人才能够具有美德。这一观点所基于的假设是：人们根据他们的判断而行动，他自然会为了看上去对他是善的东西而努
139 力，并且避免恶的东西。因此，恶的行为是错误判断或者虚假意见的结果：斯多葛学派有时候将恶视为激情或无节制的冲动的原因，有时候视为其结果。他们认为有四种这样的激情：快乐、欲望、悲伤和恐惧。对于当前善的错误判断引起了快乐，或者由快乐引起；对于未来的善的错误判断引起欲望；对于当前的恶的错误判断引起悲伤或者痛苦；对于未来的恶的错误判断产生恐惧。这些激情和它们的变化是我们心灵的疾病，我们有义务不是减轻而是根除这些激情，因为它们是非理性的、夸张的情感——是错误意见的结果。因此，漠视或摆脱激情是斯多葛学派的理想。为了实现这一理想，完全的知识是必要的，并且这样的知识与意志和品格的强度相联系。摆脱激情意味着要勇敢和有节制，但是一个人是否要服从道德法则，这由他自己来决定。在这一意义上，人的意志是自由的。有人认为斯多葛

学派在形而上学方面宣扬决定论，而在其伦理学上则宣扬自由意志；但是斯多葛学派所假设的道德自由同决定论的形而上学并非不相容。

## 第七节 政治学

正如我们已经表明的，斯多葛学派的伦理学不是利己主义的。人不仅具有自我保存的冲动，而且还有一种社会冲动，这种冲动引导他过一种不断扩展的群体生活。理智思维使人们意识到这种社会本能的驱使，并增强这一驱使；理性宣称我们是理性存在者构成的宇宙社会的成员，我们对这个社会负有义务，这一义务由正义和仁慈所规定。这个社会是一种普遍国家，其中只有一种法则——一种权利——自然权利，因为只有一个普遍理性。在这个普遍国家，道德是区别公民的唯一标准；在这里神和圣贤是享有特权的个人，但是人人都可以同他们结合。所有人都是相互关联的，彼此都是兄弟，都是同一父亲的孩子；他们具有相同的起源和命运；他们都认同同一普遍理性；他们坚持一个法则，都是一个国家的公民；甚至我们的敌人有权利要求我们提供帮助并原谅他们。理性要求我们将普遍的福利置于我们个人利益之上，我们应当在理性需要的时候牺牲我们自己，因为在实现普遍善的过程中，我们履行了自己的真正使命，保全了我们的真正自我。这就是斯多葛学派的世界大同主义。

和坚持远离公共事务的伊壁鸠鲁学派不同，斯多葛学派推荐人们参与公共事务：作为一个世界公民参与社会和政治生活，为了他自己的民族和国家的福利
而劳作。但是他们永远不可能成为狭隘的沙文主义者，因为拥抱整个世界的人道 140
主义拓宽了他们的民族主义。具体的国家的法律一定要根植于普遍国家的普遍法则和正义中；自然权利是成文法的基础。友谊和婚姻受到了斯多葛学派的高度重视，实际上他们重视社会生活的所有形式，认为个人可以从社会生活中学习以便使自己服从普遍的理想。

## 第八节 宗教

在斯多葛学派看来，真正的宗教和哲学是一回事。他们是流行宗教的捍卫者，将人类对宗教的这一普遍认可视为宗教具有真理性的一个证明。在他们眼里，宗教是道德的一个必要支持。但是他们反对流行宗教中的迷信和人类学的因素，并为它们提供了一个讽喻的解释——可能是在这一方面所作的第一个系统尝试。

虔敬是对神祇的认识和崇拜：它包含着形成关于神祇的概念，并模仿他们的完善。服从普遍的意志或者听天由命是宗教的真正本质。

## 第九节　希腊伦理学概要

几乎所有希腊道德理论都具有秩序、和谐和调和的理想：人应当使自己服从理性的规则，控制自己，在所有事情上保持适度。唯物主义者和唯心主义者在理智的重要性上意见一致：正确的行为依赖于正确的思考。相对立的学派在有助于过好的生活的行为类型上也无不同意见。基本的美德——智慧、自制、勇敢和正义——得到了修正的享乐主义者和他们的反对者的共同推荐：他们一致坚持认为通过过一种有美德、明智、适度、勇敢和正义的生活，人就会获得幸福、精神的安宁和心灵的平静。他们的不同之处在于：享乐主义者为了幸福而要求人们具有美德，而伦理的唯心主义者则将秩序良好、完美的灵魂视为自身即是善的，即使没有带来幸福，也是某种值得实现的东西。所有的派别都重视对同胞的善良、友谊、仁慈和手足情意；斯多葛学派和伊壁鸠鲁学派都将同情扩展到整个人类。伊壁鸠鲁学派至少在理论上倾向于将社会行为建立在自我利益的基础之上：除非同我们的同胞处于和平状态，否则我们就不可能幸福。另一方面，斯多葛学派认为对邻人的爱自身就是善：我的同胞并不是实现我的幸福的手段，就我而言，我的自身就是目的。

斯多葛学派的道德哲学在重视人的价值方面甚至超过了柏拉图和亚里士多
141 德。这两人都为某种形式的奴隶制辩护，都受到了民族偏见的影响，都认为“异族人”是低等民族，奴隶制是自然和公正的制度。他们的理论中并没有普遍的手足之情和平等的理想。他们宣扬的正义和平等权利针对的是所有完全有资格和平等的国家公民，并且认为建立国家是为了和平而不是征服。但是他们所认为的公民总是自由和聪明的希腊人。直到希腊丧失独立，由亚历山大大帝进行的所谓野蛮人的征服后，某些有才智的人才开始具有了针对所有有理性的人的普遍的手足之情和平等权利的观念。斯多葛学派就宣扬这样的理想。在他们的体系中，人类的团结成为一个中心思想。他们发展了人的尊严的观念：所有理性存在者都是同一父亲的孩子，都是世界公民，具有同样的权利和同样的义务，服从同样的法则、同样的真理和同样的理性。人的价值不是依赖于他的财富、地位和阶层，而是依赖于他的道德价值和善的意志。“美德不鄙视任何人，不管他是希腊人还是异族人，男人还是女人，富人还是穷人，自由人还是奴隶，聪明人还是愚昧者，健康者还是病人。”[41] 品格是人的最重要财富，没有人能够给予，也没有人能够取走。

# 第十四章 怀疑论和折中主义

## 第一节 怀疑论学派

我们已经讨论的哲学运动虽然主要与伦理学问题有关，但它们提供了一个全面的形而上学体系，并且试图证明人类的理性具有认识真理的能力。在这一方面，他们追随苏格拉底之后的伟大思想家的脚步，这些思想家为知识辩护，反对怀疑论的攻击，并且恢复了对思维自身的信念。但是一个否定的阶段似乎又时机成熟。与斯多葛学派和伊壁鸠鲁学派同时代，作为他们的独断论的阴影，一种新的怀疑哲学出现了。这种哲学由爱利斯的皮浪宣扬，被称为皮浪主义，这一名称已经成为怀疑论的同义词。

皮浪（公元前365年—前270年）年轻时跟随德谟克利特的一位学生学习这位
伟大的原子论者的哲学，熟悉埃利亚—麦加拉学派的学说，他自己没有任何著
作；但是他的观点由费鲁斯的泰门（公元前320年—前230年）记下，但是泰门的
讽刺作品只留下残篇。泰门之后，怀疑论学派被柏拉图的学园吸收，直到学园自
身清除了怀疑论之后，这一学派才又作为一个独立的运动团体出现。阿尔凯西劳
斯（公元前315年—前241年）是学园第一个放弃这种传统学说的领袖，转而致力 142
于批评斯多葛学派和伊壁鸠鲁学派，他认为这两派都是虚假的哲学。他在辩证法
或者证明和反驳任何论题的艺术方面训练自己的学生。他提倡对与形而上学问
题有关的判断进行悬置。学园派的最重要的怀疑论者是卡尼阿得斯（公元前213
年—前129年）；他的追随者有克里托马库斯（死于公元前110年），拉里萨的斐
洛（死于公元前80年）和阿斯卡隆的安提库斯（死于公元前68年）。

学园派——在怀疑论时期被称为中期学园派——在拉里萨的斐洛和安提库斯的领导下清除了怀疑论；公元纪年初期，怀疑论在埃奈西德穆领导下又成为一种

[41] Denis，《道德理论和道德观念史》。

独立的运动，后期以塞克斯都·恩皮里克（活跃于公元180年—210年）为代表。埃奈西德穆写了一本关于皮浪主义的著作，塞克斯都保存了其著作的片段，塞克斯都写了《反对数学家》和《皮浪学说要旨》。

### 参考书

塞克斯都·恩皮里克，《反对数学家》，见《著作集》，R.G.Bury译，三卷本，1933年—1936年。

M.M.Patrick，《塞克斯都·恩皮里克和希腊怀疑论》，1899年；N.Nicoll，《希腊怀疑论》，1869年；L.Robin，《皮浪和希腊怀疑论》，1944年。

## 第二节　怀疑论学派的学说

这一学派的共同思想是：我们不可能知道事物的本性。我们的感觉只告诉我们事物如何向我们显现，而不是它们自身是什么。如果感觉是我们所有知识的来源，我们永远不可能超出感觉，那么我们怎么能知道对象是否同感觉相一致？而且，我们的思维同感觉相冲突，我们在这里没有标准来区分真伪（皮浪）。伊壁鸠鲁学派将每一感觉都作为真理的标准；斯多葛学派认为只有经过确信的感觉才能获得我们的认同；但是哪一个标准都不是安全的标准。感觉经常欺骗我们；没有事物与之相符的知觉同真实的知觉一样可以是清晰、明确和不证自明的——阿尔凯西劳斯提出了这一证明。我们不能分辨感觉是否为真实物体的复制，因为我们永远没有同感觉相比较的物体。而且卡尼阿得斯认为，我们不可能赞同某个观念，我们只可能赞同某个判断，而判断是一种需要标准的思维形式。他还认为我们什么也不可能证明，因为要证明什么，我们就必须或者假定这一真理所遵守的前提，而这样做是在祈求论题，或者我们必须通过将这一前提建立在其他前提之上，来尝试证明这一前提。如果我们采取了后一程序，我们永远也不可能到达论证的停止点，因此我们永远也不可能形成确定的结论。

如果我们不可能知道任何东西，那么我们应当悬置判断，也就是说，不假设任何东西。我们所有能说的就是：我们具有某某意识状态，一个物体显得是白的
143 或黑的，而不是说它是白的或者黑的——这对于所有的实践目的来说足够了（皮浪）。知识的确定性在道德问题上也是不可能的，如果我们能够悬置判断，不再为理想而奋斗，那么我们可能使自己避免大量的不幸。心灵的安宁是道德上漠不

关心和听天由命的态度所产生的结果。卡尼阿得斯认为，虽然我们在知道事物的本性的确定性上没有标准，但是我们有充分的确信，例如知觉的清晰生动，在实践行为上引导我们。在他看来，存在着不同程度的可能性；因此没有必要完全悬置判断。明智的人会根据观念的可能性程度来赞同某个观念；但是他总是会记住，即使最高程度的可能性也不能保证是真理。卡尼阿得斯的这一态度培养了折中主义，一种将各种来源的真理结合起来而不寻求统一的确定知识体系的常识哲学。

卡尼阿得斯攻击斯多葛学派的体系，力图找出这一体系的矛盾，表明所有知识的无用。他驳斥斯多葛学派对上帝存在的目的论证明，这一驳斥的根据是：世界并不是理性的、完美的和善的；即使世界是这样，这也不能证明是上帝创造了世界。他批评斯多葛学派的上帝概念或者世界灵魂，理由是如果上帝具有感觉或者情感，他就是可变化的，而一个可变化的上帝是不可能永恒的。另一方面，如果上帝是不变的，那么他就是坚硬的无生命存在。如果上帝是有形体的，他就是可变的和可以消亡的；如果上帝是无形体的，他就既没有感觉也没有情感。如果上帝是善的，那么他就由道德法则决定，因而不是至高无上的；如果他不是善的，那么他就低于人类。上帝的观念充满了矛盾；我们的理性不可能把握上帝；因此关于上帝的知识也就是不可能的。

拉里萨的斐洛认为虽然斯多葛学派的真理标准是不充分的，但是并不能由此推出知识是不可能的。他不相信阿尔凯西劳斯或者卡尼阿得斯是有意要否定知识的可能性。安提库斯则放弃怀疑论而选择了折中主义。

## 第三节　晚期怀疑论

晚期的怀疑论者埃奈西德穆和塞克斯都更加详细地论述了怀疑论的观点。埃奈西德穆认为知识不确定性的理由如下：同样的物体在不同存在者、不同人、同一个人、不同的感觉、在主体和环境的不同境遇和不同条件下的同一感觉那里看上去并不相同。每一种感觉都受到主观和客观因素的限制，因此在两个不同场合
永远不可能是相同的。他还提出证明来反对证明的可能性，反对因果观念，反对 144
上帝存在的证明。

怀疑论运动在哲学史上并非没有影响。它往往会削弱某些学派的极端独断论，使得哲学家修正他们的观念来回应怀疑论的攻击。通过指出不同体系中存在的矛盾，怀疑论使得思想家们缓和他们的差别，强调他们的一致。怀疑论促使思

想家从所有哲学体系中选择对他们的常识来说有吸引力的观点。这样，被称为折中主义的哲学运动出现了。

## 第四节 折中主义

折中主义也受到了希腊和罗马学者之间日益增长的理智交流的鼓舞。罗马人并没有真正的哲学；他们缺乏思辨的力量，并且极少关注世界和人生理论。直到公元前168年，马其顿被罗马征服，希腊成为罗马的一个行省（公元前146年），哲学反思上的兴趣才开始出现。希腊教师来到罗马，罗马的年轻人进入希腊的哲学学校，希腊哲学开始被视为更高级文化的一个不可缺少的部分。但是罗马的思想家从来没有提出一个独立的思想体系：他们都是折中主义者，从不同的体系中吸收对他们最有吸引力的观点。即使他们接受某个体系，也要修正这一体系以符合他们的爱好。他们对缜密的论证、论辩术和矛盾不感兴趣，并且避免令希腊人着迷的琐碎和细致的区分；他们也不喜欢论战辩论。罗马人不是抽象的思想家，他们受常识的支配，如丹尼斯所说："他们在哲学上寻求和发现的只不过是行为准则和管理的方法。"[42]

折中主义几乎遍及学园派、逍遥学派和斯多葛学派等所有学派；只有伊壁鸠鲁学派仍然忠实于他们的信条。这些学派的代表有：新学园派的安提奥古斯，中期斯多葛学派的巴内修斯（公元前180年—前110年），西塞罗（公元前106年—前43年），塞克斯都（生于公元前70年）。L.阿尼厄斯·科尔努图斯（生于公元1世纪），L. 阿尼厄斯·塞涅卡（公元3年—65年），以及C.穆索尼乌·斯鲁弗斯（生于公元1世纪）。

---

[42] Denis，《道德理论和道德观念史》。

# 第五篇 宗教运动



## 第十五章 犹太—希腊哲学

### 第一节 哲学和宗教

我们已经回顾了柏拉图和亚里士多德的伟大体系之后的不同哲学运动，现在来到了一个哲学在宗教中寻求庇护的历史时期。伊壁鸠鲁主义将世界解释为一台机器，劝告其追随者要充分利用世界，从中尽可能地获取快乐。斯多葛学派将自然设想为一个有目的的系统，发现使他们自己服从普遍的意志并协助实现整体的目的是明智的。怀疑论拒绝对宇宙的本性问题给出任何回答，建议人们抛弃所有的哲学和忠告，拒绝将其作为实践问题的指导，而是要遵循自然、习俗和可能性。最后，折中主义采纳了这些理论都认为是善的东西，并将手头的资料拼凑成一个令人满意的世界观。

但是这些哲学并没有满足所有的人。具有某些气质的人感到他们不可能将世界视为原子的相互机械作用，从而不必再为上帝问题困扰。他们不可能压制自己的渴望，使自己服从普遍的意志，“在他们纯洁的内心中”找到安宁和神力。他们也不会赞同怀疑论，成功地彻底根除对上帝的确定知识的欲求；他们拒绝使自己屈从于盲目的命运，不仅渴望知道上帝，而且要看见上帝。策勒尔用下面的话描述了这一时期的特征：

“同上帝疏远的感情与渴望更高的启示是旧世界最后世纪的特征。这一渴望

表明人们意识到古典民族及其文化的衰落，并且预感到新的时代的到来；它不仅
146 使得基督教兴起，而且甚至使得基督教之前的异教和犹太的亚历山大主义和类似
现象兴起。”[43]

这一态度产生了一种带有强烈宗教神秘主义色彩的哲学；希腊思想汇集了其思想史的成就，就如同开始于宗教一样，也以宗教结束。希腊的思辨与埃及、迦勒底亚特别是犹太宗教的联系促进了这一宗教运动。位于埃及的世界城市亚历山大利亚为各种力量的结合提供了有利的物质媒介。我们在这一宗教哲学中可以识别出三种倾向：（1）一种倾向试图将东方宗教、犹太教和希腊的思辨结合起来：犹太—希腊哲学；（2）一种倾向是试图基于毕达哥拉斯学说构建一种世界宗教：新毕达哥拉斯主义；（3）一种倾向是试图将柏拉图的学说变成一种宗教哲学：新柏拉图主义。这三种神学或神智学的共同点是：作为超验存在者的上帝的概念，上帝和世界的二元论，关于上帝的启示的、神秘的知识的观念，禁欲主义和否定世界，相信存在着居间的存在者，即魔鬼和天使。这些共同点中的某一些，如一神论、二元论、启示和预言、天使学等是我们所讨论的这个时代出现的犹太教的特点，因此犹太教很容易采取了一种融合的形式，同某些希腊思想体系相结合。所有这些体系都体现了希腊和东方文化的结合：在新柏拉图主义那里是希腊的因素占主导地位，而在犹太—希腊哲学中则是东方文化最为浓重。

## 第二节　犹太—希腊哲学的开端

由亚历山大大帝于公元前333年建立的亚历山大城，在其将军托勒密的后代的统治下（公元前323年—前181年），成为世界主要的商业和文化城市以及希腊和东方文明的主要交会地。托勒密二世执政时（公元前285年—前247年）建立了一个宏大的科学博物馆，其中有一座藏书达70万册的著名图书馆。这座博物吸引了古典世界各地的诗人、科学家和哲学家。在他们当中有诗人卡利马科斯、忒奥克里托斯和罗得岛的阿波罗尼奥斯，数学家欧几里得、佩尔加的天文学家阿波罗尼奥斯、阿里斯提勒斯、提摩克拉斯和托勒密（《天文学大成》的作者和天文学的地心说或者托勒密理论的创始人）以及地理学家埃拉托色尼。托勒密二世执政期间为了大量已经忘记母语的犹太人而将神圣的犹太教《圣经》翻译成希腊文

[43] Zeller，《希腊哲学》，第三部分，第二卷。

（七十子希腊文本《圣经》）。国王安条克四世努力使犹太人希腊化，并得到耶路撒冷有教养的阶层的支持，由此我们可知，希腊对犹太思想的影响并不限于亚历山大城，而是延伸到了巴勒斯坦。 147

犹太和希腊思想结合的第一条直接线索可以在一个叫亚里斯托布鲁斯（大约在公元前150年）的逍遥学派犹太人写的一篇论文中找到，他写了《摩西五书》的注释。亚里斯托布鲁斯试图表明旧约教义与希腊哲学家之家的和谐一致，并坚称希腊人——奥菲斯、荷马、赫西俄德、毕达哥拉斯和柏拉图——从犹太教的《圣经》中汲取了知识。为了支持他的观点，亚里斯托布鲁斯求助于大量的希腊诗歌，这些诗歌后来被证明是伪作。他还试图模仿斯多葛学派的方式，通过比喻的解释来清除《圣经》中的神人同性论，以便调和《圣经》和希腊思想。他将上帝设想为一个先验的、不可见的存在者，会死的人看不见上帝，因为只有纯粹的智慧才能看见他。亚里斯托布鲁斯认为斯多葛学派的世界灵魂并不是上帝自身，而是上帝的一个方面，是统治万物的神力。这些观点显而易见受到了亚里士多德和斯多葛学派的影响。希腊哲学的踪迹也可以在其他犹太著作中找到，例如，《所罗门智慧书》《马加比书》《西比路神谕》《赛拉齐智慧书》。

## 第三节　斐洛

这些倾向在斐洛（公元前30年—公元50年）的体系中达到了极致。斐洛出生于一个亚历山大的犹太教士家庭。他写了历史、政治、伦理和诠释经书方面的著作，其中许多保存了下来。在斐洛看来，犹太教是人类智慧的全部。无论是希腊的哲学家毕达哥拉斯和柏拉图，还是摩西和先知们受到神灵启示的教义，都在表明同一个理性。为了证明这一点，斐洛通过在亚历山大城常见的比喻方法，将希腊哲学特别是柏拉图主义和斯多葛主义加入到对《圣经》的解读中。亚当代表了精神或者心灵，夏娃代表了感官享受，雅各代表了禁欲主义，等等。

### 参考书

《斐洛著作集》，见《洛布丛书》，1939年；C.D.Yonge译的《著作集》，四卷本，1855年—1900年；J.Drummond，《斐洛》，两卷本；1888年；F.Conybeare编辑并翻译，《斐洛论沉思生活》，1895年；H.Lewy，《斐洛选集》，1947年；E.R.Goodenough，《斐洛导论》，1940年；H.A.Kennedy，《斐

洛对宗教的贡献》，1919年；H.Wolfson，《斐洛》，1947年；T.H.Billings，《斐洛的柏拉图主义》，1919年。

148 斐洛体系的基本概念是上帝的观念。上帝是绝对超验的存在者，远在我们之上，以至于我们不能理解或者定义上帝；上帝是不可言喻的、最伟大的善，在知识和美德之上。我们知道上帝存在，而不知道上帝是什么；我们立刻就确信了他的存在，通过我们最高的理性或者纯粹理智知道了他。但是我们也可以证明上帝的存在。上帝是万物的根据和来源；万物都包含在上帝中。上帝是绝对的权力、绝对的完善、绝对的善、绝对的幸福，是纯粹的心灵、理智或理性。上帝非常崇高，无法同不纯粹的物质取得联系。为了解释上帝对世界的作用，斐洛使用了犹太教中天使与魔鬼的概念，以及希腊哲学中世界灵魂和理念的概念来连接上帝和世界。斐洛有时将这些神力描述为上帝的特性、上帝的观念或思想、普遍权力或理性的组成部分，有时候将其描述为上帝的使者或者仆从、灵魂、天使或者恶魔——他有时候依据希腊哲学来思考，有时候依据犹太教来思考。他将这些力量结合成为一个：逻各斯，神圣的理性或者智慧。我们通过自身的逻各斯来想象逻各斯，我们自身的逻各斯是知识的第二能力，与纯粹理智相区别。逻各斯是所有观念的储存地或者汇集场所，是所有能力的能力，是最高的天使、上帝的长子、上帝的影像、第二个上帝、神人、神圣的亚当。事实上，斐洛的逻各斯就是斯多葛学派的世界灵魂、世界的模型、宇宙的样式或者柏拉图的理念世界，被当作介于上帝和世界之间的存在。有时候斐洛将这一基质说成是神圣之光的辐射，这在某种程度上预示了普罗提诺的流溢说。斐洛是否将逻各斯设想为一个人，这是不确定的。

逻各斯是实体化了的上帝的智慧、能力和善，或者被设想为不同于上帝的实体。为了让逻各斯有可以施加作用的对象，斐洛引入了另一个基质：无性质的物质或者占据空间的团块，上帝是其原因。从这混沌的团块中，上帝以逻各斯为工具，造出了可见的世界，这个世界是理念的影像或者复制。我们知道逻各斯的可见影像是通过感官知觉，而感官知觉是人的知识的第三种能力。斐洛坚持犹太教的创世观念，认为世界在时间上有开始，但是没有终点；当世界被创造出来时，时间和空间也被创造出来。既然逻各斯是完美的和善的，世界的缺陷和恶就必定源于物质。

149 人是最为重要的创造物，是像宇宙一样的微观宇宙，由灵魂和物质构成。但是纯粹的思想构成了人的主要本质。肉体和灵魂的非理性部分属于物质世界；

支配性的部分由欲望、勇敢和理性（逻各斯）构成。非物质的心灵或者纯粹理智被从上面加到灵魂中，使人成为上帝的影像。肉体是人的恶的来源；灵魂同肉体的结合是堕落：通过与肉体的结合，灵魂变得倾向于邪恶。如果堕落的灵魂不能使自己摆脱感觉，它就将进入其他有死的躯体中。在斐洛看来，虽然人的理智同神圣的心灵持续联系，但是它可以自由地决定赞同或者反对上帝，自由地沉迷于或者克服感官享受。但是斐洛并没有说明这是如何可能的。人应当使其自身摆脱肉体的束缚，肉体是恶的基质，通过理论的沉思（禁欲生活）来根除激情和所有的感官享受。但是我们不可能单独做到这一点，因为我们太软弱、罪恶深重，需要上帝的帮助。上帝必定会启发我们，理解我们的灵魂。“意识的太阳必须落下。”在这一出神状态中，我们直接就理解了上帝，使我们自己沉醉于存在的纯粹源泉中，真正地领悟了上帝（神秘主义）。在斐洛的哲学中，禁欲主义和神秘主义的学说以某种方式结合起来，后来特别是在中世纪，这一结合成为一种通常的模式。

# 第十六章
# 新柏拉图主义

## 第一节　新柏拉图主义的毕达哥拉斯来源

公元前6世纪由毕达哥拉斯创立的学派在希腊哲学的古典时期处于一种不稳定状态。在其神秘主义和伦理学方面，毕达哥拉斯学派的哲学同柏拉图主义混合在一起，在宗教时期的合适舆论氛围中得到复兴。毕达哥拉斯本人的学说强调其数的神秘主义的伦理、政治和宗教方面的含义，致力于伦理宗教方面的改革。在他去世后，其学说实践的一面保存下来，特别是在意大利，但是这个学派作为一个哲学组织在公元前4世纪就消亡了。柏拉图在其晚年吸收了毕达哥拉斯学派的数理论和宗教神秘主义，其学派的直接继承人强调这位大师晚期的学说。随着亚里士多德主义和晚期希腊体系的兴起，学园派放弃将毕达哥拉斯主义作为其正式的信条。毕达哥拉学派的秘密团体及其神秘仪式保持一种不稳定的存在状态，直到公元前1世纪罗马世界急剧增长的宗教热情复兴了这一学派，时代的精神激发 150
他们再次投身于哲学。但是这一运动的领导者并没有回到早期的毕达哥拉斯主义中去，他们采纳了出现于柏拉图主义中的学说，用当时的折中主义方式将其与其他希腊理论结合在一起。毕达哥拉斯被认为是神启知识的来源。新毕达哥拉斯者将他们所接受的真理，以及柏拉图、亚里士多德和斯多葛学派的著作中吸引他们的东西都天真地归于这位伟大的导师，他的个性和著作已经被神秘的光环所围绕。

新毕达哥拉斯学派中的主要人物有公元1世纪的P.尼吉狄乌斯·菲古卢斯、塞克斯都的学生索提翁、提亚安那的阿波罗尼乌斯，2世纪的尼科马库斯和斐洛斯特拉图斯。阿波罗尼乌斯认为毕达哥拉斯是救世主，而斐洛斯特拉图斯将这一称号给予阿波罗尼乌斯自己。新毕达哥拉斯学派也影响了许多新柏拉图主义者：喀罗尼亚的普鲁塔克（50年—125年）、泰尔城的马克西穆斯、阿普列乌斯（生于126年至132年间）、医生盖伦（2世纪）、塞尔苏斯、努墨尼奥斯和其他人。

## 第二节　新柏拉图主义

以希腊思想为基础构建一种宗教哲学，这一企图在新柏拉图主义这里达到了顶峰。柏拉图的体系成为一种宗教世界观或者神智学的框架，这一世界观独立地利用其他理论，特别是逍遥学派和斯多葛学派中一切有价值的东西。上帝被认为是万物的来源和目标；万物来自于他，又复归于他；上帝是第一和最后一个，是开端、中间和结局。因此与上帝交流或者全神贯注于上帝是我们所有努力的真正目标，宗教就如同宇宙的脉动。

这一学派可以区分为三个阶段：（1）亚历山大——罗马学派，属于这一学派的有：创始人阿摩尼阿斯·萨卡斯（175年—242年），他没有留下著作，普罗提诺（204年—269年）发展了他的体系，还有普罗提诺的学生波菲利（232年—304年）。（2）叙利亚学派，代表有扬布里柯（死于330年）。（3）雅典学派，这一学派的主要人物有小普鲁塔克（350年—433年）和普罗克拉斯（410年—485年）。

### 参考书

关于新柏拉图主义参见E.R.Roberson，《新柏拉图主义选集》，1924年；P.E.Moore，《希腊哲学》，1923年；T.Whittaker，《新柏拉图主义者》，第2版，1929年；P.Klibansky，《柏拉图主义传统的延续》，1939年。

## 第三节　普罗提诺 151

普罗提诺（204年—269年）生于埃及的利科波利斯，在亚历山大城的阿摩尼阿斯·萨卡斯那里学习哲学有11年之久。243年，他到罗马并在那里建立了一所学校。直到50岁的时候他才将其哲学写成著作，在他去世之后，他的学生波菲利出版了他的手稿，并附有他的传记，将其编成六卷的《九章集》，每一卷有九篇文章。这本著作留传了下来。

### 参考书

普罗提诺，《九章集》，S. Mackenna译，1917年—1930年；G.H.Turnbull，《普罗提诺精要》，1934年；英译也参见G. H.Clark，《希腊哲学选》，1949年；B.A.G.Fuller，《普罗提诺论恶的问题》，912年；W.R.Inge，《普罗提诺的哲学》，两卷本；1948年；E.Bréhier，《普罗提诺的哲学》，1940年；B.Switalski，《普罗提诺和圣奥古斯丁的伦理学》，1946年。

### 上帝是所有存在者的来源

上帝是所有存在者、所有对立和差别、心灵和身体、形式和物质的来源，但是上帝自身没有杂多和分歧，而是绝对的太一。上帝是太一，在无限中包含着万物；他是没有原因的第一因，产生万物，流射出万物。因为杂多预设了统一，统一先于并且高于所有存在者。他的超越性在于，我们对他所说的任何言语都是在限制他。我们不能将美、善、思想或意志归于上帝，因为所有这些属性都是限制，实际上都是不完善的。我们不能说上帝是什么，而只能说他不是什么。我们不能将其界定为存在者，因为存在者是可思考的，而可思考的东西包含着主体和客体，因此是一个限制。上帝比美、真、善、意识和意志更高级，因为这些东西都依赖于上帝。我们不能设想上帝思考，因为这意味着思考者和思想；即使一个思考自己的具有自我意识的存在者也被分成了主体和客体。说上帝思考或者意愿什么就是用他所思考或者意愿的内容限制了上帝，这会剥夺他的绝对独立性。

虽然世界产生自上帝，但上帝并不是创造了世界，因为创造意味着有意识和意志，也就是限制。上帝并没有决定要创造一个世界，这个世界也不是从上帝演化而来的，因为上帝是最为完善的。世界是从上帝流射而来的，是从他的无限能力或者现实性中溢出的。普罗提诺使用了不同比喻来揭示流射的含义。上帝是源泉，溪流从中流出而并没有使无限的源泉枯竭；或者上帝是太阳，光芒从中射出而并没有使太阳受损。普罗提诺用这些比喻来表达始基的绝对力量和独立性。这一原因并没有转移到或者消失于其结果中；结果也不会限制原因。就上帝而言，
152 结果是非本质的。世界依赖于上帝，而上帝并不依赖于世界。上帝就像有机体繁殖中的双亲，在繁育后代之后仍然是其自身。

我们离光芒的源泉太阳愈远，就离黑暗（物质）愈近。创造是从完善到不完善的堕落，我们在存在物的等级愈加向下，就愈加不完善、杂多、变化、分离。每一个在后的阶段都是在前的阶段的必然结果——是其复制品、阴影或者偶然性。但是每一个在后的阶段都努力想向其更高阶段发展，回到其来源中，从产生其存在的东西那里找到其目的或者目标。

## 存在的三个阶段

流射的过程可以分为三个主要阶段：（1）纯粹思维或者心灵，（2）灵魂和（3）物质。在第一阶段，上帝的存在被分为思维和观念，也就是说，上帝思考思想，他沉思纯粹的理念世界。但是在这一阶段，思维和其观念，主体和客体是一，在时空上没有分开：在神圣心灵中，思维者和其思维是同一个东西。如果上帝的思维要成为完善的真理，思维者和其思维就应当如此，因为真理意味着思维和其对象的同一。上帝思考他自己的思想，这思想产生自他的本质：在神圣心灵中，思维的活动性——思维者——和思维是一回事，没有分离。他的思维并不是推理的，从观念到观念，从前提到结论，而是直觉式的、静态的，好像同时深思了作为整体的观念体系。存在着许多观念——这些观念同现象世界的具体事物一样多——这些观念彼此互不相同一，但是就像柏拉图所认为的那样，它们形成了一个统一的体系。上帝的绝对统一和始基都反映在这一由许多不同观念组成的体系中。

感觉世界中的每一个具体事物，在上帝的心灵中都存在着一个观念。纯粹思维的世界在时空上都是无限的，是一个完善的、永恒的、和谐的理智世界，为现象世界提供样式或者模型。观念并不只是样式；它们也是动力因；如我们看到的，流射过程的每一个阶段都是后一个阶段的原因。

灵魂是神圣的流射过程的第二个阶段，它从纯粹思维中产生；只要存在着观念和目的，它们就必定力图实现自身，产生某些事物。灵魂是纯粹思维的结果、影像和复本，就像所有的结果和复本一样，灵魂与作为原物的纯粹思维相比，较

不完善。灵魂是超感官和只能凭借理智理解的；是主动的，具有观念；灵魂具有思维的能力，虽然这一能力是推理的，没有纯粹思维完善，这一能力是自我意识 153
的，虽然超越了知觉和记忆。灵魂具有两个方面：首先灵魂会朝向纯粹思维，其次灵魂会朝向感觉世界。在前一方面，灵魂像纯粹思维一样思考和沉思；在后一方面，灵魂不得不为物质制定秩序，从而有了欲望。普罗提诺将第一方面称为世界灵魂，将第二方面称为自然。有时他的谈论好像表明存在着两个世界灵魂：第二个世界灵魂从第一个世界灵魂——有意识的灵魂中流射出来，构成了有形存在的无意识灵魂。因为有意识的灵魂具有观念，沉思心灵，因而是不可分的；而具有欲望的灵魂推动现象世界的物体，是可分的。

除非灵魂有可以施加作用的对象，否则它就不可能实现自己运用能力、采取行动和形成某物的欲望。于是灵魂就产生了物质——流射过程的第三个和最低级的阶段。物质自身既没有形式、性质、能力，也没有统一性。它是绝对无能力和缺乏，是恶的基质。物质离上帝最远，是黑暗。我们对物质不能形成任何影像。我们所能做的就是假设它是性质变化的现象背后的必要基质，在流逝的感觉世界持续存在。包含在世界灵魂中并与其观念同一的能动力量或能动灵魂对物质施加作用，将其塑造成包含在神圣理智中的可知世界的可感影像或者复本。这些具体的能力或者灵魂将其自身印在物质上面，因而产生了时空上具体的可感事物，这些灵魂自身全部包含在不可分的世界灵魂中，因而既不存在于空间中，也不分散。物体的空间安排完全归于物质，而现象世界的美、秩序和统一性则归于世界灵魂，世界灵魂则回归到上帝。

普罗提诺将世界从世界灵魂的流射设想为世界灵魂的必然本性，这一流射过程并没有时间上的开始——比如说，对意志的活动作出回应。从纯粹思维到世界灵魂的流射，物质的创造，物质分化为物体，这构成了一个连续的过程，虽然抽象的思维可以将这一过程分解为不同的阶段，但是这一过程是一个永恒和不可分的行为。同亚里士多德一样，普罗提诺宣扬宇宙的永恒。同时，他认为物质只能相继地接受其形式，世界灵魂创造时间以便它能够发挥作用。同样他接受了斯多葛学派的周期循环学说。普罗提诺并没有指出这些观点是如何和谐共存的，他试图强调的一般观点是：世界一直存在，也将继续存在，感觉世界虽然在部分上是 154
变化的，但作为整体是永恒的。

## 人的灵魂

人的灵魂是世界灵魂的一部分，其自身是超感觉和自由的。最初，在同身体结合之前，人的灵魂在神秘的直觉中沉思永恒的努斯，它朝向上帝，知道了善。但是后来它将其视角转向大地和身体，便因此而堕落。这一堕落部分是世界灵魂塑造物质的欲望的一个必然结果，部分对于特定灵魂自身来说，是感觉生命的一个不可避免的冲动的结果。这样，灵魂就失去了它最初的自由，因为它的自由存在于朝向远离感官享受的其他方向，与其更高的本性相符合。如果灵魂没有这样做，也就是说，如果它仍然沉迷于肉体生活，灵魂在人死后就会按照其所负罪责的程度依附于另一个人、动物或者植物的躯体上。但是灵魂发散到物质躯体的部分并不是真正的灵魂自身，而只是灵魂的影子，是灵魂的非理性的和动物的部分，是嗜欲和感官知觉的中心，是罪恶甚至是美德的来源。真正的自我是思维和逻各斯，它只有从满足感官的生活转向思维，并通过思维朝向上帝，才能够实现自己的使命。但是这一对上帝的回归在尘世生活中只有在很少情形中是可能的。

## 神秘主义

通常的美德不足以实现与上帝结合的目标。节制冲动是不够的；灵魂必须清除自身的所有感官享受，使自己摆脱肉体的污染。但是还存在着一个比净化更高级的阶段，净化仅是对理论沉思或者对观念当下直觉的准备。理论高于实践，因为理论使我们更接近于看见上帝。但即使通过对崇高的上帝的思维，也不可能实现与上帝结合的最高阶段，这一阶段只有在出神状态才可能实现，在出神状态中灵魂超越了自己的思想，使自己沉醉于上帝的灵魂，与上帝为一。这就是对上帝的神秘回归。

普罗提诺的这一体系是希腊哲学和东方宗教的结合。它是有神论的，宣扬超验的上帝；它是泛神论的，认为万事万物，一直到最低级的物质，都是上帝的流射。这一体系是宗教的唯心主义，因为灵魂的最终目标是要在上帝的心灵中寻找安宁。虽然这一点在此生不能实现，但是人们应当通过使其心灵与上帝保持联系，摆脱感官的束缚，为实现这一目标作准备。

普罗提诺并不反对多神论；神祇是神性的化身。他还相信尘世领域中善和恶
155 魔的存在，以及精神在远处发生作用的可能性：整个宇宙都是有精神的，精神之间应当和谐地相互作用。普罗提诺的许多后继者夸大了这些迷信想法，沉迷于巫术和神通。

## 第四节　晚期新柏拉图主义

提尔城的波菲利（232年—304年）是普罗提诺的学生，他出版了老师的著作，并附有其传记。波菲利的目标是要解释普罗提诺的哲学，而不是对其加以发展。他比其老师更为强调禁欲行为和流行宗教，并将其作为净化的手段，因而接受了各种迷信的信念和实践，例如鬼神学、预言、偶像崇拜、巫术和神通。波菲利还写了一本毕达哥拉斯的传记，对柏拉图和亚里士多德的著作进行了注释，还有《（亚里士多德的）范畴篇导论》《（普罗提诺哲学的）概要》《与阿奈玻论魔鬼书》以及十五卷的《反基督徒》。其中《导论》在中世纪哲学中发挥了重要作用。《概要》（拉丁文译本）、普罗提诺和毕达哥拉斯的传记、《与阿奈玻论魔鬼书》以及简短注释的残篇仍然存在。

叙利亚学派的扬布里柯（约死于330年）是新毕达哥拉斯主义和新柏拉图主义的追随者，他主要用哲学来为其多神论宗教进行辩护和证明。与波菲利的学说相比，扬布里柯的学术中，迷信发挥着更为重要的作用。他的著作有：《毕达哥拉斯生平》《哲学的劝诫》以及柏拉图和亚里士多德的注释。

杨布里柯的追随者有：背教者朱利安（361年—363年间的罗马皇帝），他试图恢复旧宗教；阿锡尼的提奥多勒斯；德米斯特是优秀的柏拉图和亚里士多德的注释者；马克罗比乌斯；奥林匹奥多罗；希帕提娅也是一位柏拉图和亚里士多德著作的注释者，她被亚历山大城的基督教徒杀死（415年）；她的一个学生叫辛奈西斯，后来成为一名基督教主教。

### 参考书

Lamblichus，《埃及人的秘密》，A.Wilder译，1915年，以及《波菲利的生平》，T.Taylor译，第3版，1918年。

## 第五节　雅典学校的关闭

新柏拉图主义在5世纪由雅典学园的领袖普罗克拉斯（410年—485年）复兴。他的后继者有阿里乌斯、伊西多罗斯和达马斯基奥斯。529年，雅典的学校根据皇帝查士丁尼的法令被关闭，希腊哲学的历史正式结束。在这之后，辛普里 156

丘、小奥林匹奥多罗、著名的《哲学的安慰》的作者波依修斯、菲洛普努斯等人出版了一些关于柏拉图和亚里士多德主义的优秀注释。波依修斯的著作和他对亚里士多德著作的翻译以及波菲利的《导论》在很大程度上促进了中世纪早期人们对希腊哲学的了解。

但是这一哲学不再有活力。它对旧的多神论的恢复和对旧文化的挽救是徒劳的；这一哲学已经失去了其作用。未来属于基督教，这一哲学曾经与之进行过激烈的争斗。这一新宗教在试图征服理智世界时，机缘巧合地同希腊哲学结成了联盟。

## 参考书

普罗克拉斯，《神学纲要》，E.R.Dodds译，1933年；L.J.Rosán，《普罗克拉斯的哲学》，1949年。

第二编

# 中世纪哲学

II

第六篇 159

# 基督教和中世纪哲学的古典来源

## 第十七章 向中世纪哲学的过渡

### 第一节　中世纪的划界

在前面的章节中，我们对古代哲学的研究一直持续到其正式的结束，即公元529年，查士丁尼下令查封在雅典的学校。现在我们发现有必要回溯过去，因为基督教纪元的最初数百年既标志着罗马帝国和希腊罗马（Graeco-Roman）或希腊（Greece）哲学的衰亡，也是新的基督教作为一种教义和制度建立起来的时间。我们现在要考察的这个时代中，基督教凌驾于一切之上，统治着西欧的知识分子。

我们所研究的中世纪哲学将主要涉及与罗马天主教有关的基督教哲学；产生于东方帝国的拜占庭文化的阿拉伯和犹太哲学对西欧哲学施加了影响，因而我们要稍微研究一下这些哲学。

历史学家为了便于处理他们所掌握的材料，经常任意地为不同时期划界，他们有时候将中世纪定义为从公元395年狄奥多西去世，帝国被他的儿子们分裂，到1453年君士坦丁堡被土耳其人攻占这段时期。公元395年对我们的研究目的来说有些重要，因为它标志着古代智力的衰落。但是我们无法辨明在那一很早年
代用来界定中世纪一词的诸多特征。H.O.泰勒[44]用文明而不是年代来划定中世 160

［44］《中世纪思想》第4页及其后。

纪，他找出了中世纪思想的三个相互作用的特征：（1）新形成的民族的性格，这些民族由在帝国衰落时攻占帝国的北方野蛮人和已经存在于西欧的拉丁民族结合而成；（2）主要通过拉丁语资料而传播的希腊文化和希腊-罗马世界文化；以及（3）拉丁而不是东方（希腊）形式的基督教。泰勒没有表明这一结合在8世纪之前大范围地发生过，他甚至认为教皇格里高利（590年—604年）时期是教父时期和中世纪之间的过渡。我们不需要证明这一点，因为每一个中世纪的定义和历史兴趣都对这一时期的划界有其规定。当然，我们目前的兴趣要求我们从395年之前很久开始，以便弄清楚中世纪哲学的预设和发展。

## 第二节　教父时期

我们将视教父哲学为中世纪哲学自身的开端。教父时期在属灵的恩赐上至少是一个富裕和希望的时代，根据最严格的解释，从基督时期开始，到430年圣奥古斯丁去世。根据最宽泛的解释，教父时期也包括基督教教义的进一步发展，这一发展一直持续到692年的特鲁洛会议。教父哲学值得被视为一个哲学史的时期而加以讨论，这一时期既区别于中世纪自身，也区别于我们已经考察过的非基督教的希腊化哲学。教父时期是早期基督教和希腊哲学的结合，在神学上比在哲学上更为丰富。这一时期最伟大的代表是圣奥古斯丁，他可能是这一时期唯一配得上哲学家称号的人。奥古斯丁没有哲学上的直接继承人，直到后来的中世纪他才受到重视。在这一节我们将概述一下教父时期。在后面的章节中我们将对其进行详细讨论，以便更为清楚地了解基督教的部分同源于希腊哲学的部分之间的相互影响。

最早的基督教团体在类型上非常多样化，但是通常可以被归入非犹太教一类和主要趋向犹太教一类。在一个其细节复杂又模糊的非常早的时期，从这两个来
161 源中出现了一种基督教形式，被称为希腊的基督教，圣徒保罗例示了这一宗教。这一新宗教力图使其教义能够迎合一般大众和有教养的知识分子，并且与盛行于古代世界的异教和犹太教教义相区分。在圣徒保罗的著作中——特别是在他的《希伯来书》中——以及在《约翰福音书》中，我们可以辨别出教父哲学的两个特征：首先是上帝的化身和唯一的儿子耶稣基督的升天；其次，用在希腊世界占主导地位的哲学概念来解释基督这个人。

对耶稣基督这个人的性质的基督教理解直到与哲学思辨相结合之后，才具有了明确的形式。如在圣徒保罗的著作中所表述的，这一理解仅包含着晚期三位一

体教义和基督的人性和神性结合的萌芽。而且，保罗教义也包含着对最终未被接受的信条的预见，这一点在尼西亚会议之前的争论中得到了充分证实。三位一体的教义是整个西方基督教神学的最终基础，这一教义直到325年的尼西亚会议才有了明确的形式。阿里乌斯教徒和阿塔纳修的追随者之间的三位一体争论在381年的君士坦丁堡会议上得到解决，涉及基督的人性和神性之间关系的进一步争论在451年的迦克墩会议上得到解决（至少对西方教会来说是这样），三位一体教义才被确立为新教会的可靠的、公认的基础。在这些发展之前，存在着相当多的神学争论，这些争论使用在希腊化世界通行的哲学术语。这一术语学主要是在前尼西亚时期的柏拉图主义和基督教的哲学推理，大部分属于源于斐洛的新柏拉图传统。斯多葛学派和亚里士多德主义的成分也存在于早期基督教思想中，但是新柏拉图主义的部分占统治地位。实际上，这一时期的基督教哲学有时给人的印象是：基督教的部分在吸收希腊化哲学时失去了其独有的特征，但希腊化的部分在这一过程中变化很小。这对在东方和希腊中心有根据地的前尼西亚哲学来说几乎是真的，对于接替克莱门特成为亚历山大城基督教派领袖的奥利金（254年去世）来说则尤其如此。

尼西亚会议（325年）拒绝了新柏拉图主义，它为耶稣基督的基督教概念制 162
定了一个原则，这一原则将基督描述为神子，同时他自己又是上帝的真正化身。因为基督教的新柏拉图主义已经根据其流射原则将逻各斯等同于基督，使后者成为次要的神，介于超验的上帝和可感知事物的世界之间。实际上，尼西亚定义是特别用来拒斥亚历山大城的主教阿里乌斯的异教信仰，后者的哲学前辈是斐洛、奥利金和新柏拉图主义者。在尼西亚会议进程中，由一个较早的亚历山大城的宗教会议对阿里乌斯作出的罢免得到批准，阿里乌斯的学说受到谴责。尼西亚定义确立了基督教徒将要遵守的信仰的意义，其辩护者更多地诉诸于他们所理解的《圣经》而不是哲学的或者神学的思辨。

正是在同阿里乌斯的持续许多年的论争过程中，阿塔纳修给予尼西亚原则一个更具哲学思辨的特征。他作为执事参加了尼西亚会议，在328年他接替亚历山大担任亚历山大城主教区的主教。阿塔纳修通过将三位一体的第三个成员——圣灵包括在尼西亚定义中，从而完善了这一定义，并使得这一定义成为一个真正的哲学学说的出发点。通过这一做法，他为圣奥古斯丁对真正的基督教哲学的表述奠定了基础，这一哲学利用了古典的希腊术语而又不从属于它。

虽然公元4世纪是一个动荡的世纪，这既表现在新教会的宗教生活上，也表现在帝国的政治生活上，但是在这一时期帝国的大部分都完好无损。在这个世纪末，境况开始发生变化。395年狄奥多西去世，这通常被认为是整个罗马帝国处于一个相当有效而统一的准则统治之下的最后一年。此后，他的两个儿子霍诺里乌斯和阿卡狄乌斯继位，东罗马帝国和西罗马帝国走上了各自的道路。在为中世纪基督教哲学发展提供场所的西罗马帝国，除了日耳曼侵略者或另外一个指挥者所提出的规则外，不存在其他有效的规则。392年，在狄奥多西去世前的第三年，他正式宣布基督教——其正统形式已经得到了热烈地拥护，并且由坚持不懈的阿塔纳修在尼西亚会议之后许多年对其进行了精致的阐述——是罗马帝国的官方宗教。在混乱的5世纪，基督教成为西罗马帝国丰富的希腊罗马遗产的唯一有组织的持有者，并成为影响巨大的力量，这一传统被转变为一种成熟的、具有自我意
163 识的基督教教义，并通过基督教流传到北方的侵略者那里。希腊罗马传统很深地影响了他们，并转而在成为中世纪西欧文明的思想综合中得到修正。

## 第十八章

# 基督教的开端

## 第一节　早期基督教

在希腊思辨的末期，一种拥有适合时代发展诸多要素的新宗教在罗马世界使人们发生了信仰的转变。这一宗教从犹太教的土壤中产生，宣扬仁慈、公正和一视同仁地爱他的孩子的父神的福音，并承诺通过上帝的儿子耶稣基督来救赎人类。这一宗教宣扬没有人会因为太低贱而得不到救赎，所有人都有希望，基督会再次降临来建立他的王国，首先是在尘世，然后是在天国，但是不论在尘世还是在天国，他的王国都是正义和爱的王国。这一宗教宣扬在审判日，邪恶者虽然可能富有并强大，但是他们将被罚入地狱，心灵纯洁者虽然可能贫穷或者低贱，但是他们将沐浴天堂的荣耀。通过承诺从罪恶的世界中解脱并在未来过上幸福的生活，基督教触动了大众的心弦，满足了时代的渴望。解脱的条件不依赖于外在的和偶然的善，而是依赖于一种有美德的生活、忏悔、对上帝和人的爱。基督教的创始人将法利赛人按字面解释法律的观念改造为关于圣灵的正义的教义。人们应当出于对上帝的爱和崇敬而行动，而不是出于恐惧；在上帝看来，心灵的纯洁比对利未族法令和惯例的外在遵守更为有益，内在的精神要比外在的形式具有更大

的价值。实现救赎的路只有一条，那就是使自己摆脱邪恶情感：妒忌、愤怒、憎恨和报复心；甚至原谅那些伤害过我们的人，因为遭受冤屈比做错事要好一些。爱和原谅取代了憎恨和报复心。每个人都应当像爱自己一样爱他的邻人，而每个人都是与其他人为邻的。

## 第二节　基督教和古典文化

基督教在精神上的一元论，关于来世生活的学说，它的爱的福音以及基督受难的事例，这使得这一新宗教吸引了罗马这一世界帝国的人们。随着皈依基督教的有教养阶层者的增多，基督教就不能忽视根植于它必须在其中取得成功的文明中的哲学概念。实际上，出现于巴勒斯坦的基督教至少在部分上应将其起源归于 164
这一希腊罗马文明；犹太教没能抵制盛行于罗马帝国的伦理、政治、社会、宗教和理智的影响，基督教的反抗部分地就是这些影响的一个结果。这一新的世界宗教在时代适合它出现的时候出现了。促进基督教出现并传播的诸多要素包括：一个世界帝国的存在；斯多葛主义者所极力主张的世界大同主义和四海之内皆兄弟精神的日益增长；哲学家所教导的精神性上帝概念的盛行；对流行的希腊神话和东方宗教的灵魂不朽概念的广泛接受；犹太教的有人格的上帝这一理想的影响，其成功地唤起了宗教精神，而形而上学的抽象概念没能做到这一点。基督教在很大程度上可以说是其时代的产儿，是犹太教和希腊罗马文明的产儿。但是时代的影响并不会随着新宗教在世界上出现而消失，基督教在向希腊人和罗马人宣传自己的过程中，逐渐吸收了这一世界的文化，它自己将消息带给这个世界。如果这一新宗教的犹太—基督教派将自己视为犹太教的一个阶段，并取得成功，那么基督教很可能已经埋葬在耶路撒冷的城墙下了。

为了有效地传达其教义，基督教必须解决许多具有挑战性的问题。它必须证明自己忠实于理性，为了捍卫自己而必须反击最终注意到它的政治家和哲学家的进攻。基督教的领袖们有必要站在自己的立场上与反对者交锋，利用他们所熟悉的哲学概念，用他们自己的理智武器——他们自己的哲学同反对者斗争。这样的捍卫信仰的人或者护教者在需要时出现了。但是还有必要为基督教的信条进行界定，系统地表述信仰的条款，建立一个教义或者信条的体系。在这里，受过哲学训练的智者再次为理智地表述基督教共同体的传统信仰提供服务。希腊思想再次对基督教施加了重要影响。基督教的教义通过教会的重要会议而得到正式规定，但是在达成一致意见之前还有许多工作要做：许多解决方案提出来又被否决，各方围绕信仰的许多解释进行斗争以获取胜利。获胜的信条就成为正统的信条，在规定信条的过程中发挥重要作用的思想家被称为教父。

165

## 参考书

A.Harnack，《基督教是什么》，T.B.Saunders译，1901年，以及《基督教的使命和扩张》，J.Moffatt译，1908年；A.C.McGiffert，《基督教思想史》，两卷本，1932年—1933年；Gibbon，《罗马》，第十五章；T.Mommsen，《罗马史》（特别是论述行省的一卷）；W.E.H.Lecky，《欧洲道德史》，第一卷，1870年；G.P.Fisher，《基督教教义史》，重印，1922年；A.C.McGiffert，《早期基督教的上帝》，1924年；S.J.Case，《基督教的上帝》，1934年；K.S.Latourette，《第一个五世纪》，1937年。也参见Cheyne，《圣经百科全书》；Hastings，《圣经辞典》以及《宗教和伦理学百科全书》。

# 第十九章
# 基督教神学的发展

## 第一节 早期神学

如前所述，新宗教很快就不得不对其教义作出规定，并进行辩护，面对盛行的犹太教和希腊思想模式构造出基督教神学以便表明它的态度。在基督教时代的初期，最适用当时紧迫需要的是我们已经概述过的犹太—希腊哲学。“对旧约的比喻式解释成为将新信仰与旧的启示结合起来的不可缺少的手段，”策勒尔说，“斐洛的逻各斯学说同犹太—基督教的弥赛亚信仰，在未来几百年构成了基督教神学教义运动的核心。”

我们在圣徒保罗的著作中找到了基督教教义神学的开端。保罗是第一个提出基督教神学和历史哲学的人。归于保罗的书信表明他受到了与在所谓的《所罗门智训》中所包含的概念相似的概念的影响——保罗无疑熟悉这本书——并且这些概念在斐洛哲学中得到了发展。基督被等同于上帝的权力和智慧，即逻各斯；他作为原型的人而预先存在，但为上帝所创造。

## 第二节　诺斯替教

这些观念构成了规定相当明确的神学。基督教的历史部分根据希腊的逻各斯学说而得到解释；宗教和哲学部分则被紧密结合在一起以强调宗教的方面：逻各斯是一个人，是有生命的父亲的儿子，而不是冷冰冰的哲学抽象。

但是其他具有很强思辨倾向的思想家自然会根据他们自己的哲学观点来解释这一新宗教，将其理性化，并将信仰转换成为知识。这一工作是诺斯替教在公元2世纪时做的。犹太人斐洛已经根据希腊哲学来解释犹太教，并力图对希腊形
而上学家和犹太教学者的思想进行调和。诺斯替派努力为基督教做同样的事情； 166
他们思考自己的信仰，并提出了关于基督教的哲学和基督教哲学，提出信仰和知识、宗教和科学之间的和谐。

诺斯替教是处于萌芽期的经院哲学，虽然它很粗糙和荒诞。我们将他们称为基督教的斐洛主义者，他们断言他们的学说是由耶稣传达给他的那些能够接受这些学说的追随者们的，并且这些学说构成了有教养的基督教徒所秘传的教义。他们宣称基督教是一个全新而神圣的学说，而犹太教则是堕落的宗教形式，是较为下等的存在者的启示，而异教徒则是邪恶精神的作品。他们认为犹太教的上帝或者造物主是一个假的上帝，与最高神灵居所的光明王国相对立，同真正的上帝相对立。基督是最高的神灵之一，他进入人的身体以便解放由造物主囚禁于物质之中的光明的精神。那些能够理解基督真正教义的人就成为诺斯替教徒，或者“精神存在者”，最终会从物质的束缚中解放出来——禁欲就是摆脱束缚的手段之一；那些不能够摆脱可感物质束缚的人将会随着物质而消亡，而获得自由的人或者“精神存在者”将会升入造物主的天堂。尘世是堕落的结果；物质是恶的基质。公开的教义包含在基督教的信条中，而秘传的教义则秘传给诺斯替教徒。

主要的诺斯替教徒有：克林都斯、萨图尼努斯和瓦伦丁。马西昂于144年在罗马建立了一个教堂，将圣路加的福音和十封保罗书信作为权威，他的体系包含了类似于诺斯替教的学说，但是更强调信仰而不是知识，因而不能被归于这一教派。

### 参考书

E.de Faye，《诺斯替教徒和诺斯替教》，第2版，1925年；E.K.Rand，《中世纪的缔造者》，1928年。

很明显，诺斯替教没有胜任他们的工作：他们仅仅提出了一个“半基督教的神话”，而不是一个真正的哲学体系。此外，他们的学说同耶稣教义的流行概念相冲突；他们否定《旧约》，区分了秘传和公开的基督教，他们将耶稣理解为一个身体为天国的基督所用的人，他远在上帝之下，甚至在天使之下，他们相信具有特殊禀赋者或者精神存在者，他们的比喻式解释遭到护教者和其他保守的基督教领袖的反对，因而这些学说被宣判为异端邪说。与此同时，诺斯替教运动也对
167 新宗教及其神学产生了相当的影响，促进了基督教神学对信仰的哲学表述。诺斯替教的一些来自希腊哲学的基本观念出现在教会早期作家的著作中，成为基督教教义发展的构成性因素。

## 第三节　护教者

护教者同诺斯替教徒一样，致力于使新宗教清楚明白；他们诉诸于哲学来辩护他们的信仰，反对异教徒，也反对诺斯替教的荒诞解释。对护教者而言，基督教既是哲学也是启示；它的真理具有超自然的来源，并且是绝对确定的，但是基督教的真理又是理性的真理，即使它们只能被受到神灵启示的心灵所理解。哈纳克认为：

“护教者的共同信念可以总结如下：基督教是哲学，因为它具有理性的内容，因为它对所有真正哲学家们力图回答的问题给出了一个令人满意的和可被普遍理解的回答；但是它又不是哲学，实际上它与哲学直接对立……就基督教是启示的真理而言，它因此具有超自然的、神圣的来源，它的教义的真理性和确定性都因此为最终依据。”[45]

护教者们熟悉他们时代的文学和哲学，并与有教养的阶层交往。实际上，教会的许多早期领袖在改变信仰之后都竭力捍卫新宗教，为新宗教在有文化修养的阶层中赢得支持。这就解释了为什么哲学的部分通常在他们的著作中占据主导，而纯粹宗教的部分则通常处于次要位置。

护教者的领袖有：殉道士查士丁（166年去世）、达提安、阿特那哥拉斯，西奥菲勒斯、伊勒纳乌斯（生于120年至130年间）、希波里图斯（死于235年以后）、米纽修斯·费里克斯（2世纪）、德尔图良（164年—140年）、西普里安（200年—258年）、亚历山大城的克莱门特（126年去世），以及奥利金（185

[45]《教义史纲要》，第121页，Mitchell翻译。

年—254年）。这一运动在各个教义问答学派那里达到了顶峰，可能第一个学派是由潘塔诺斯于180年在亚历山大城建立的，潘塔诺斯以前是一个斯多葛派的哲学家。这些学派的目标不仅是要捍卫新宗教并证明其合理性，而且为了便于教士开展工作要将教义简化为系统的形式，这样教士就能够使用基督教的原则来指导那些异教徒和犹太皈依者。亚历山大学派最伟大的领袖奥利金提出了一个综合性 168
的基督教神学，这一神学受产生于亚历山大的新柏拉图主义的影响非常显著。

## 参考书

教父著作集（拉丁文和希腊文），Migne编辑，1840年；de Gerjardt及其他人编辑，1875年；新版《拉丁教父著作集》，维也纳学会编辑（从1897年起）。英译资料：《尼西亚前时期的基督教丛书》，Roberts和Donaldson编辑，以及《尼西亚和后尼西亚时期的教父丛书》，Schaff和Wace编辑。

E.R.Goodenough，《殉道士查士丁》，1923年。

## 第四节　护教者的学说

护教者著作中的基本思想是这样的：世界虽然会毁灭，却显示出理性和秩序的踪迹，并且指向一个永恒不变、善而正义的第一因，它是所有生命和存在者的来源。这一基质超越所有的生命和存在者：上帝的崇高、力量、智慧、善和恩典超越了人类的所有概念而难以形容。但是这个所有创造物的第一因必须是理性的；理性必须作为其内在本性的一部分而潜在其中。宇宙中的秩序和目的都是因为上帝的理性或者逻各斯的存在而存在。换句话说，理性和善是世界的基础，而上帝是所有变化者中永恒持久的基质。

通过自由意志的行为，上帝发射出逻各斯：逻各斯来自于上帝，就像光来自于太阳一样。太阳发出的光并没有离开太阳，而神圣的理性在产生过程中也没有离开上帝；上帝通过产生理性，这一理性与他不可分离，很显然上帝并没有丧失掉他的理性；逻各斯仍然属于上帝，与产生它的来源一起存在。同时，逻各斯被设想为另外一个人——与上帝在本质上同一，但是在数目上不同——它是第二个上帝，与上帝永远共存。逻各斯在耶稣基督那里成为人，基督成为逻各斯的化身，“道成肉身”。圣灵是上帝另外的显现，也被设想为实体。

我们在这些概念中所接触到的神性理性的人格化在希腊宗教哲学中就已经很

熟悉了。理性是塑造世界的工具，上帝通过理性间接地作用于世界。护教者公开声称上帝的超验性，但是又试图保持逻各斯的独立性。逻各斯被认为永远与上帝在一起，与上帝一样永恒，潜存于上帝之中，与上帝的真正本性同一。同时，根
169 据伊勒纳乌斯的观点，圣父被认为是逻各斯的存在和活动的来源，因此逻各斯似乎是隶属于圣父的创造物。而且，逻各斯按照上帝的意志成为人；因此有一段时间他并不存在，这又意味着他是一个创造物。奥利金为了解决这一困难，将两个观念结合起来，宣称逻各斯是永恒地被创造。创造活动并不是一个历时的活动，而是一个永恒而连续的过程；圣子被圣父永恒而连续地创造着。

世界的创造是按照希腊观念来解释的。上帝是所有事物的原因和目的；万物从上帝产生，又复归于上帝。逻各斯是所有创造物的模型或者原型；万物是由理性或者神圣理智的力量按照理性的影像创造出来的。造物主用无形的物质制造出世界，而物质是他从虚无中创造出来的，上帝的这一制造符合了存在于他心灵中的样式或者理性计划。对护教者来说，这一理性主义的思想体系是一个有人格的实体，这一实体作为一个能动的原因形成、保持并且控制着万物。在大多数护教者看来，创造是一个历时的活动；而奥利金则认为上帝是在永恒中创造的，创造物总是存在的，但是现存的这个世界有一个开端，并将消逝，然后为其他另外的世界所取代。

创造是上帝的爱和善的表达，是为了造福于人。但是世界虽然是为了人而被创造出来的，人的目标却不是在今世而是在来世。向往来世、远离尘世、灵魂离开感官世界而回到上帝那里，这就是最高的善。所有的护教者都以某种形式宣扬肉体和灵魂的复活；有时候灵魂和肉体都被认为在本性上是终有一死的，但仍能获得不朽，这不朽是上帝根据灵魂的善行而恩赐给它们的（圣查士丁）；有时候人被认为除了肉体和灵魂外还具有较高级的精神，这精神在本性上是不朽的，通过精神，肉体和灵魂也分有了不朽（达提安）。某些护教者认为上帝将这一与灵魂相区别的精神赋予那些控制激情的灵魂。

护教者所共有的另外一个学说是关于自由意志和人的堕落的学说。上帝创造了精神，使得精神有能力区分善恶，并在善恶之间进行自由选择。这些精神中的某些精神会违抗上帝，趋向肉体的欲求而离开上帝；作为对这一罪恶的惩罚，这些精神将会堕落到较低一级的生命中——堕落到居于肉体的生命中。而人通过
170 过一种基督徒的生活，在上帝的恩赐和逻各斯真理的启示下，可以重新获得他失去的地位。经过在地狱和炼狱的短暂停留后，在审判日那一天，正义者将会过上永恒的生活，不正义者将会被永远抛弃。唯有奥利金相信所有人最后都将获得救

赎。贯穿于护教士的学说中的主旨是：第一个人或者上天的神灵在犯罪时很可能将罪恶带到尘世上，人类因为这一罪恶而受难，但人类如果脱离感官事物而寻求与上帝重聚，那么就存在最后救赎的希望。

基督教的基本信仰认为人类通过上帝之子耶稣基督而获得救赎，上帝之子将会来到世间使人类摆脱罪恶。这一简单命题产生了许多问题，基督教神学家为此争论了几个世纪，经过漫长而激烈的争论后才正式解决了这些问题。这一命题包含了三个重要概念：上帝、耶稣基督和人。在拯救的过程中，我们如何看待作为天父的上帝、上帝之子和人性？天父，圣子或者逻各斯，圣子和作为人的耶稣，上帝和人，他们的相互关系如何？

## 第五节　逻各斯学说

逻各斯学说在早期基督教神学中占据非常显著的地位，但是并没有渗透到早期教会的普通教徒中。最初几个世纪淳朴的基督教徒生活在多神教的共同体中，相信圣父、圣子和圣灵但没有在形而上学上解释其信仰；对他们而言，耶稣这个人在某种程度上是上帝的儿子，圣灵是第二个超自然的存在者，他并没有试图去理解上帝之子和圣灵的形而上的本性和彼此之间的关系。教会有才智的领袖在努力辩护他们的信仰以反对诺斯替教徒和异教哲学家的过程中，越来越深入到希腊学派的思辨中，直到他们最后使福音希腊化。逻各斯的学说在许多地区不可避免地遭到了反对，护教者们努力对基督教的基本信条进行了较少形而上的解释。出现许多教派，这些教派试图以一种为那些不熟悉神学思辨的人所容易理解的形式来表述基督教的教义。从公元130年到300年，在基督教团体中拥有最多追随者的学说是形态论，这一学说在西罗马世界是作为圣父受苦说而出现的，而在东方则是作为撒伯流主义而出现。根据前者的观点，上帝具有肉体而成为人，并亲自受苦——因此被称为圣父受苦说；根据后者的观点，上帝通过三种相继的方式或者 171
力量显示自身，即圣父、圣子和圣灵。在这两种情形中，这三者都是以不同形态出现的同一个上帝（形态论）。

但是这些构想不严谨的观点并没有压倒逻各斯神学；在三世纪末期哲学的神学获得胜利，哈纳克认为："它甚至用信条来理解教义。"奥利金的影响占了上风；他的后继者们将信仰变得极端哲学化，以至于外行难以理解。他们以损害拯救观念为代价强调纯粹宇宙论和哲学的部分；在这一学说的某些表述中，基督的名字甚至没有被提及。奥利金体系的新柏拉图主义威胁到基督教，使其陷于困境。[46]

逻各斯和上帝或者圣子和圣父的关系问题构成了325年的尼西亚会议的一种重要争论的主题，这一争论发生在阿里乌斯的追随者阿里乌斯教派和反阿里乌斯教派之间，阿塔纳修后来成为反阿里乌斯教派的领袖。根据阿里乌斯的观点，基督是上帝的创造物，被赋予自由意志，上帝预见到他将会用此来行善；因此上帝在创造基督时赋予基督以上帝的尊严。在阿塔纳修看来，圣子作为拯救的基质，由圣父产生而不是制造；他与圣父共存，与圣父是同一个实体，完全享有圣父的本性，既没有使圣父受到损失，又没有成为一个不同的人。历史上的耶稣，即逻各斯——上帝或者圣子在本质上与人体结合，是一个完全的化身。圣灵是第三个存在者；上帝是三位一体，由三者构成，而在本质上是同一的。

反阿里乌斯教派在尼西亚会议上取得了胜利；阿里乌斯的学说受到谴责，阿里乌斯和他的追随者被开除教籍。“被产生而不是被制造，同圣父是一个实体。”这段话被写入后来被称为《尼西亚信经》的教义中。参与争论的两派都从奥利金的新柏拉图主义哲学中寻找证据，以支持他们自己的观点；正统的解释和被击败的理论一样以逻各斯学说为依据。后来有人试图通过宣称上帝和基督并不是同一实体，而是具有同样的本性，在阿里乌斯教派和阿塔纳修教派之间进行调和，但是没有成功。在这一观点上没有达成一致，这导致了罗马和希腊教会之间的分裂。

另一个引起争论的问题是耶稣这个人同逻各斯—上帝之间的关系的问题，即基督论的问题。护教者们提出了许多回答，结果形成了许多小派别以支持不同理论。有一种解释是，基督具有两种本性，“每一种本性自身都是完善的，并与另一种相区别，却在一个人身上完美地结合，这个人同时是上帝和人。”这一解释被451年的迦克墩会议接受，并成为正统的教义。

172 在确立了《尼西亚信经》之后，基督教哲学的研究主要是在亚历山大的奥利金学派进行。他们采纳正统的教义，奥利金的体系中同正统教义相冲突的教义被抛弃。这个学派协助进行重建工作的代表有：尼撒的格列高利（394年去世），大巴西尔（394年去世），纳西安的格列高利（390年去世）。普罗提诺所宣扬的新柏拉图主义也拥有大量的追随者，其领袖有：辛奈西斯主教、尼梅修斯主教、加沙的埃涅阿斯、学者扎卡赖亚斯、语法学家约翰尼斯和约翰·菲罗帕纳斯，他们都是公元6世纪的人。被错误地归于雅典最高法院的法官狄奥尼西奥斯的新柏拉图主义著作出现于公元5世纪末。

[46] Harnack，《教义史纲要》，第193页及以后。

## 第六节　自由意志和原罪

第三个需要得到正式解答的问题是：在拯救的计划中人类处于什么样的位置？根据一种广泛流传的观点，整个人类因为第一个人或者堕落天使的罪恶而堕落；人类需要上帝以某种方式对其进行救赎。基督为了拯救人类而从天堂降到人间，这一信仰的基本观点似乎支持了这样一种解释：如果有必要将人从罪恶中拯救出来，那么显然人自己不可能拯救自己。他是罪恶的奴隶，在本性上是一个罪人（原罪学说），或者在某种方式上成为一个罪人；无论在哪一种情形中他都无法拯救自己。这一概念从摩尼教派那里获得了支持，摩尼教派人数众多，接受波斯的摩尼（277年去世）的学说，摩尼将波斯的二元论和诺斯替教学说加入到对《圣经》的理解中，并将基督教和拜火教创始人琐罗亚斯德的学说结合起来。摩尼教宣扬人的光明基质受到物质这一黑暗基质的束缚，只有通过禁欲，远离肉、酒、婚姻、财产和劳动，灵魂才能得到净化，回到产生他的光明王国。但是也可以一种完全不同的角度来理解这一信仰观点：基督将人类从罪恶中拯救出来。罪恶意味着人有罪，有罪意味着有罪的人要负责；只有能够在正确和错误之间自由选择的存在者才可能是罪人。因此，如果人类犯罪，他必定是自由的。通过另外 173
一种方式也可以得出同一结论：上帝是绝对的善和正义，不可能对罪恶负责；因此人自身必定是罪恶的产生者，并且只有他是自由的，他才可能不犯罪。

公元400年，一位叫贝拉基的僧侣来到罗马，他的学说同原罪的观念相反：上帝是善的和正义的，他创造的一切都是善的。因此，人性不可能完全是邪恶的。亚当在选择犯罪还是不犯罪上是自由的；他的感官本性是邪恶的，当他选择罪恶时，这一本性就占据了上风。但是罪恶不可能一代一代传下去，因为每个人都有自由意志：犯罪包含了自由。自由来源于神圣恩赐的原初活动；它是由善的上帝赋予的最初的礼物，因此人能够不借助外在帮助而抵制罪恶，并欲求善。虽然亚当的罪没有传下来，但是他犯罪的事例却是有害的，对他的坏事例的模仿成了一种难以克服的习惯，这也解释了人类的堕落。但是教士问：如果人不为罪恶所奴役，如果他的选择自由没有受到破坏，那么神的恩赐和基督教在人的救赎中发挥什么作用？贝拉基派回答，通过神的恩赐活动，在《圣经》中，在耶稣的教诲和事例中，在教会的教义中，神将知识启示给人——知识会帮助人类选择善，例如洗礼和信仰耶稣基督的知识对于拯救来说是必要的。上帝是全知的，他准确地知道人们在他们的生活中将会作出什么选择——他们将会如何使用他们自由的力量——并提前决定将要给予他们的奖励和惩罚（宿命论）。

但是我们现在必须重回原来的路，从一个新的角度来审视这些神学发展。在这一重新考察过程中，我们将重点强调新的信仰和古典哲学之间的相互作用，通过这一方式力求解释古典哲学和中世纪哲学之间的区别，解释后一种哲学所具有的独特的基督教特征。

# 第二十章
# 基督教和古典哲学

## 第一节　基督教作为信条

到了公元3世纪，早期基督教和古典哲学之间相互作用的第一阶段已经进行了很长时间。但是在该世纪，新教会还没有控制它试图吸收的观念，虽然在其他问题
174 上它已经取得了令人惊叹的成就。在2世纪末期，教会已经按照当时世俗社会的机构制度来组织自己：例如，主教像市政当局的官员那样行使职权。教会以主教会议的形式作为主教体系统一行动的方式，将这一体系建立在权威的使徒传统基础之上，在这一传统中，罗马的主教处于核心的地位。教会已经从与教会领袖有关的著作中挑选了《圣经》的原则。最后，教会已经用简单的摘要或者信条规定了自己的信仰而不是哲学。教徒在洗礼时表示要效忠的信条或者信仰规则的重要性是不能被低估的。这信条体现了教徒必须遵守的教义，当一种私人的思辨倾向促使他试图给这些教义一个哲学的形式时，尽管他发现困难，他都会遵守这些教义。这一信条在某种形式上是我们所知道的使徒信条的来源，它在3世纪的罗马教会已经成为传统。它表达了对唯一的上帝和他唯一的儿子耶稣基督的信仰，耶稣基督通过圣灵和圣母玛利亚而出生为人；它在肉体复活的教义中许诺整个人类的永恒生活。

教会的拯救教义主张个体灵魂具有无限价值，并且包含了一种在爱的管理下，基于信仰基督而具有的四海之内皆兄弟的信念。作为公开行为最终标准的共同体以及与此相联系的、处于古典伦理学概念核心的理性观念因而受到了挑战。因此一种非常复杂的反世俗主义本应早日出现，这并不奇怪。这一倾向在圣徒保罗的表述中已经出现，在他看来，这个世界的智慧不过是愚蠢的东西；后来出现在殉道者查士丁那里——他在这些问题上的观点是2世纪背离柏拉图主义的观

点——也出现在德尔图良对罗马帝国所有价值和主张的攻击上。这一倾向最后在圣奥古斯丁对尘世之城和上帝之城的区分那里达到了顶峰，这一区分是奥古斯丁反思410年罗马城被洗劫而作出的。

我们的一个主要观点是，基督教徒通过他们的信仰而取得了独立，独立于古典世界的价值主张和方案，因此他们能够有信心面对罗马和希腊遗产。我们选择3世纪是因为它标志着一个重要的转折点。在3世纪，德尔图良非常清楚地意识到信仰在形成一种对国家、历史和自然的新观点时所发挥的作用，他激烈地谴责古典意义上的理性，认为它是错误、混乱和异端邪说的来源。在一段典型的声明中 175
他表达了这一谴责："上帝之子出生了。我并不因其是羞耻的而感到羞耻；上帝之子死了，正是因其是荒谬的，所以才可信；上帝之子被埋葬后又重生，因其是不可能的，所以才是确定的。"[47] 这是对基督教观点引起争论的夸张表述，但是它向我们暗示了在3世纪，从一种作为信仰的基督教的立场来看，古典主义在认识论上和伦理学上都破产了。

基督教徒将基督教作为一种信仰和制度所特有的信心并没有被扩展到将其作为一种哲学的思辨中来。至少在3世纪，基督教利用当时盛行的哲学来表述宗教，这一努力与将教会作为一个整体、制度和信仰相比是令人非常不满意的。由护教者在2世纪所发起的这一思辨的努力在同最早的伟大的基督教异端诺斯替教徒的战斗中经历了最为严峻的考验。在3世纪德尔图良的时代，诺斯替教的倡导者是亚历山大的教义问答学派的克莱门特和奥利金。亚历山大的克莱门特（216年去世）是这一学派的第一任领袖，奥利金是他的继任者（185年—254年），奥利金可能是3世纪阐释基督教和哲学之间关系的最重要人物。但是如果我们忘记了普罗提诺（204年—289年）也生活在该世纪〔他给了新柏拉图主义一个明确的形式（我们对此已经研究过）〕，那么我们对于这个时代的特征就不可能有清晰的观念，因为普罗提诺的哲学倾向主导了他那个时代的哲学基调，在奥利金的工作中这一点表现得尤其明显，奥利金曾一度参加过阿摩尼乌斯·萨卡斯的学派，后者是新柏拉图主义的创始人和普罗提诺的老师。

## 第二节　亚历山大学派

在亚历山大学派，3世纪的基督教徒试图吸收长期盛行于亚历山大的非物质

[47]《论基督的肉身》，Cochrane翻译，参见《基督教和古典文化》，第223页。

主义一类的古典哲学，但这一努力是徒劳的。我们在圣徒保罗那里已经注意到了这一努力，而在护教者同诺斯替教徒的放纵言行的斗争中，这一努力也很明显。奥利金成功地为《尼西亚信经》的制订者们提供了一个他们能够使用的准则，但是这一显著的成就根植于一个新柏拉图主义的框架中，这一框架代表了一种与阿塔纳修后来为之战斗的信仰十分不一致的哲学精神。

在奥利金的论文《论（基督教哲学的）首要原则》中我们看到了亚历山大的非物质主义运动的巅峰，这一运动可以追溯到斐洛那里。这一运动甚至包括了像巴斯
176 业特和瓦伦丁这样的诺斯替教徒，其首要的特征是：它试图超越形式和物质的古典二元论，从一个单一的非物质的基质中得出所有的实在性。奥利金的上帝在极端的意义上是超验的，这一点为与他同时代的年轻人普罗提诺所认可：上帝是绝对的、单一的实体，超越所有的思想和存在。在用这一超验和非物质的基质的流射来解释变化和物质的宇宙时，有必要提供一个中介，这就是分配给基督的附属职责，基督被认为是作为逻各斯的思想，或者超验的上帝的实体化的神圣智慧。“他具有同上帝相同的本质，与上帝有区别但不分离，就像日光和太阳一样。”他被表述为产生出来的，但是永恒存在；圣子从来没有不存在过。虽然圣子为圣父的本质所产生，但他也是一个永恒的确定的神圣位格（hypostasis）——奥利金的这一准则在尼西亚会议上获胜；基督仍然是一个较低一级的神，不是为圣父所生，而是一个创造物。虽然并不是在变化的世界中，他却接近这一世界，因为作为中介，基督包含着属于精神世界的存在多样性的萌芽形式或者原型。在这些为圣子或者逻各斯所创造的理性存在中，圣灵是最高级的；但是因为圣灵是由圣子创造的，圣灵又低于圣子，而圣子低于圣父。所有的理性存在都低于圣灵，是非物质的灵魂，具有同样的自由；某些缺乏爱的灵魂运用这一自由从其原初状态下降，被束缚于物质世界，而上帝创造物质世界的目的就是为了囚禁这些灵魂。通过信仰作为纯粹精神的基督，这些灵魂又可以再次上升到他们原初的精神状态。很明显在奥利金哲学的基督教中我们已经非常远离肉体重生的福音教义所宣扬的统一的人，在这一新柏拉图哲学中也看不到福音书中道成肉身的基督。

## 第三节 《尼西亚信经》

亚历山大教派的学说从基督教的立场来看表明了一种哲学上的缺点，古典观点在反对基督教哲学化的努力中所具有的持久的生命力也证明了这一点。非基督教的新柏拉图主义对基督教的持续攻击贯穿了3世纪，在4世纪我们仍看到由背教者朱利

安所鼓励的对基督教的传统反对。因此，基督教在奥古斯丁那里达到顶峰的发展最初并不是从我们在奥利金那里发现的那种思辨中获取力量的，而是从在《尼西亚信经》那里达到顶峰的信条中获取力量的，这并不奇怪。虽然尼西亚会议确实利用了 177
来自于奥利金的原则，但是会议并没有接受这一原则的精神，相反使用了这一原则的语句来反对阿里乌斯和奥利金的新柏拉图主义，虽然这两个人在某些重要方面有分歧，但是也有共同之处。而且，尼西亚会议并没有努力给其对三位一体的解释提供思辨的基础，也没有努力从哲学上证明基督的两性合一，即神性和人性的合一。对这一立场的唯一辩护是在《圣经》的经文中。在这方面，4世纪的教会承认他们同3世纪古典哲学的关系就像德尔图良认为的一样浅。但是，承认这一点并不意味着贬低了人类理性，相反，意味着理性选择了一个新的起点，一个起始的根据。最后，这一根据的特质影响了圣奥古斯丁的著作和他对人类理性的看法。在这一发展中所建立起来的信仰和理性的特殊关系表明了教会的力量，其教义此前仅仅体现在其信条中，现在采取了一种思辨的形式，并将古典哲学的遗产拿来为自己所用。

阿塔纳修的工作可以最好地表达尼西亚会议的成就的精神。在他的著作中，信仰和理性之间的关系问题，并不是以权威认可的观点与理性阐明的观点之间的尖锐对立的形式呈现出来的。三位一体的教义实际上是难以理解的，对三位一体的符合逻辑的解释困难重重；但是它的实在性，它在我们这个世界上的运转方式和力量对教徒来说是显而易见的。三位一体是第一原则，所有的解释都必须最终基于这一原则，三位一体也是所有其他事物的可理解性的来源。在希腊思想中似乎是充分的自明的范畴现在失去了说服力，或者至少失去了其根本性，它们的性质似乎只有通过较高一级范畴的解释才能是可理解的。虽然三位一体教义源于宗教的领悟或者先入之见，它也是一个可辩护的理性观点。上帝被认为是所有存在的来源；形式和质料都被认为依赖于一个自由的创造活动——这一活动既是存在（圣父）也是秩序（圣子）的来源。这两者互相内在、共同永恒的教义意味着圣子没有被认为是次要的造物力量，并且所有实在对圣父的依赖使得圣父的流溢成为必要。如果反对观点认为三位一体教义——基本的根据——难以理解，阿塔纳修的回答是，虽然在狭隘的理 178
性主义的意义上难以理解，但是它在最高的宗教意义上是可以理解的。

正如宇宙在整体上依赖于三位一体，并且从三位一体中获得可理解性，人类和其历史也是如此。[48] 就解释不只是被解释的语境要素而言，对三位一体的解

[48] 在这一点上我们应当注意阿塔纳修主要关心基督的重要性，而将三位一体的第三个成员（圣灵）的问题留给了后人。

释再次成为重点。自由创造万物的上帝可以赋予人性以自由甚至是错误，人性一旦堕落，只有上帝自己真正成为人，才能够恢复。对阿塔纳修来说，《圣经》坚持主张基督一直是圣子，是上帝的命令和智慧，并且他成为圣母玛利亚的儿子，同时在他的受难和所施的神迹中一直完全是上帝和人。其他人在他的道成肉身中是潜在的分担者；他们作为统一的个人存在保持着救赎的可能性。

## 第四节　圣奥古斯丁的背景

在这一背景下来思考圣奥古斯丁时，我们看到没有相当的条件，他是不可能被称为一个新柏拉图主义者或者柏拉图主义者。在创立一种哲学时（他的哲学即使不是系统性的，也涉及了所有通常的哲学问题），圣奥古斯丁受惠于古典主义；但是他的精神接近于阿塔纳修。他利用古典术语——有时候是柏拉图的，有时候是亚里士多德的——将阿塔纳修和安布罗斯的信仰在伦理学、认识论、形而上学和历史哲学中进行表述。他的学说的核心是以阿塔纳修的精神解释的三位一体。在他的不朽著作《论三位一体》中，他将三位一体视为一个永无穷尽的原则，不加怀疑地加以接受，认为这一原则将可理解性赋予了整个实在：

对不可理解之事物的探究须如是：当一个人能够发现他所追问的事物是何等难以理解时，谁都不会认为他徒劳无获。那么为什么当他知道他所追求的事物是难以理解的，他还那样追求，这只能是因为只要他在对难以理解的事物的追求中取得进步，并且在追求这样一个伟大的善时变得越来越好，人们发现这个善是为了追求善，而追求善又是为了发现善，那么他就不会停止追求……信仰追求，理解力发现……其次，理解力仍然是为了追求它所发现的上帝……

这一追求的成果就是洞见或者智慧（sapientia），它是理性的最高功能，指向有创造力的基质，所有可理解性，包括可以获得科学智慧（scientia）的可理解
179 性在内都依赖于这一基质。知识之理性（Ratio scientiae）转向外面，试图通过分析从外面获得的东西来发现自然的要素或者基质。另一方面，智慧之理性（ratio sapientiae）转向内部，发现上帝和灵魂。正如唯一的上帝被认为是存在、秩序和运动的三位一体，实质性的灵魂统一体作为对三位一体的反思，也显示了存在、知识和意志。发现一个也就是要发现另外一个：奥古斯丁所发现的自我（他发现他对自我的知识要比对外部自然的知识更为可信）既是他在三位一体教义的激励下寻求的上帝的产物，又是对寻求上帝的帮助。偶然性的自我依赖于三位一体，因而不可能完全纳入到它同古典意义上的理性所理解的自然的关系。如果自我是

一个实体，那么它在某种程度上就超越了外在的自然，就像三位一体超越了整个被创造的实在。而且，自我具有一种可理解性的身份，这一可理解性类似于三位一体的可理解性；因此对自我或者灵魂的辩护或解释不会在自然世界中被发现。但是在较高一级的可理解性的语境中，灵魂像上帝一样是完全可知的。

如果我们转向与人的地位相关的其他问题，相似的考虑也是适宜的。因为知识之理性的本性是完善的，其要素至多被分解为两个对立的部分，就像形式和质料之间的区分，这些区分产生了诸如必然性、可能性、命运和偶然这样的问题。因为智慧之理性的本性看上去依赖它的创造者，在其创造者那里，他独立于他所创造的东西，并且不能被理性的范畴所理解，因此与必然性、可能性、命运和偶然有关的问题就可以被避免。在三位一体的奥秘中所理解的上帝无法在自然之内寻求，人的地位和他的历史的意义也是如此。

如果这一切包含着对可理解性和心灵的力量的传统概念的变革，那么这一切都与信仰的观念和谐一致。按照这样的解释，奥古斯丁的格言“信仰以便你能够理解”就既不同于德尔图良对理性的拒绝，也不同于极端的二元论，这种二元论一方面反对信仰和评价，一方面反对理性。

包括圣托马斯在内的许多哲学家在解释信仰和理性、意志和理智、爱和知识、恩典和自然之间的关系时，与圣奥古斯丁并不相同。他们的不同很可能是由如下愿望决定的：避免使理性处于附属地位。但是奥古斯丁的“信仰以便理解” 180
在13世纪压倒了亚里士多德的理性主义影响；该世纪在其鼎盛时期从亚里士多德阐述的古典理想中得不到完全的满足。圣托马斯将他的自由创造的三位一体的上帝概念归于信仰而不是理性，虽然他无疑将对亚里士多德关于现实和潜存的区分的扩展单独归于理性，他将这一区分从有限的形式和物质的语境中扩展到存在和本质这样一个较广的语境中。虽然存在着这些分歧，圣奥古斯丁和圣托马斯在超出形式和质料最终的古典二分这一点上似乎是一致的，可以公正地认为，对托马斯来说，对具有自由创造能力的三位一体的信仰需要一个新的类型的第一原则来满足一类新的可理解性的需要，对奥古斯丁来说也是一样。

还存在着其他具有亚里士多德精神的托马斯主义的变革，基督教的信仰需要通过这些变革明确它自己的可理解性的标准。所以托马斯在下一节中提出了同三位一体教义一致的范型论：

因此我们必须说所有事物的模型都在神圣的智慧中，我们称其为理念——也就是存在于神圣心灵中的范型。虽然这些理念通过它们与事物的关系而增加，但是它们与神圣本质并没有真正区别，因为那一本质的相似性可以被不同事物以不同方式分有。因此，上帝自身以这样的方式成为所有事物的范型。[49]

这样说并不是暗示这一解决方法无法凭借其自身而被理解；它只是要追问这一解决方法是否可以没有信仰的鼓励而实现。

## 参考书

G.F.Moore，《宗教史》，第二卷；C.N.Cochrane，《基督教和古典文化》；R.Jolivet，《论希腊思想和基督教思想之间的关系》；E.Gilson，《中世纪的理性和启示》，1938年；《圣奥古斯丁研究导论》《托马斯主义》《圣托马斯·阿奎那哲学导论》，第五次修订、增补版（这一版包含许多新材料，在本书的写作时并未有英译本）。

# 第二十一章 圣奥古斯丁

圣奥古斯丁是早期基督教会中最伟大的有创建性的思想家。在其体系中，他讨论了同时代最重要的神学和哲学问题，并发展了一个代表了教父思想顶峰的基
181 督教的世界观，这一世界观成为基督教哲学未来几个世纪的指导原则。鉴于圣奥古斯丁的观点对于中世纪哲学以及对于宗教改革运动和近代神学的重要性，我们将对他的哲学的各个方面进行一个系统阐述。

奥里留·奥古斯丁于353年出生在北非的塔加斯特，父亲是异教徒，作为基督徒的母亲莫妮卡对他影响很大。他最初在其母邦担任修辞教师，后来到了米兰，投身于神学和哲学问题的研究，这些问题使他从摩尼教转到怀疑论，但怀疑论也让他感到不满意。386年，他开始阅读到柏拉图和新柏拉图主义的某些著作，这些著作使他的思想变得稳定。同时，他开始受到雄辩的米兰主教安布罗斯的影响。387年在他皈依基督教之后，奥古斯丁回到了塔加斯特，在那里，他按照修道院的规定生活了3年，并被任命为牧师。396年，奥古斯丁被升任非洲希波主教，一直到430年去世，他都以其非凡的才能致力于天主教学说的发展和传播。

---

［49］《神学大全》，第一部分，问题44，第三节。

## 参考书

英译资料：《著作集》，Dods编辑，十五卷本，1871年—1877年；《圣奥古斯丁的基本著作》，W.J.Oates，1950年；J.McCabe，《圣奥古斯丁和他的时代》，1902年；Boissier，《异教徒的终结》，两卷本，第7版，1913年；J.N.Figgis，《圣奥古斯丁的〈上帝之城〉的政治一面》，1921年；E.Chapman，《圣奥古斯丁美的哲学》，1939年；J.Ritter，《理智世界》（圣奥古斯丁的本体论）；E.Gilson，《圣奥古斯丁研究导论》，1931年；H.Pope，《希波的圣奥古斯丁》，1937年；H.I.Marrou，《圣奥古斯丁和古代文化的终结》，1938年。

## 第一节　认识论

能够体现整个基督教时代精神特征的是奥古斯丁的这一观点：唯一值得拥有的知识就是关于上帝和自我的知识。其他所有科学，如逻辑学、形而上学和伦理学，只是在它们促进关于上帝的知识这一点上才有价值。我们有义务理解我们所坚定相信的东西，理解我们信仰的理性基础。“理解以便你能够相信，相信以便你能够理解，有些事情除非我们已经理解，否则就不会相信，而其他事情除非我们已经相信，否则就不会理解。”除了自然知识，对神圣启示的信仰是关于上帝的知识的来源。我们需要理智来理解信仰所相信的东西；我们需要信仰来相信理智所理解的东西。理性必须首先决定启示是否实际上发生；当信仰确认了启示，理性就试图理解和解释它。但是我们不可能希望理解我们所相信的所有事情，而必须完全根据教会的权威来接受信仰的真理，教会是上帝在尘世间的代表。 182

我知道我存在；我的思想和存在具有不可置疑的确定性，并且我知道存在着永恒不变的真理。我的怀疑恰恰证明了我意识到了真理。我称一个判断为真或者为假，这一事实表明了真理世界的存在。在这里，奥古斯丁遵从柏拉图的方式，将真理视为真正的存在，并认为人的心灵天生具有关于真理的知识。有时候他的谈论表明好像人的心灵能够真正直觉神圣理念，有时候他又说上帝在我们心灵中创造了神圣理念。无论在哪一种情形中，他都认为真理是客观的，而非心灵的主观产物；它是独立的和强制性的；不论你和我是否理解，真理都存在并且一直存在。这个永恒不变的真理世界的来源就是上帝；实际上，这些柏拉图式的理念、形式、范型或者本质都居于神圣心灵中；除了普遍理念之外，神圣心灵还包含了特殊事物的理念。

## 第二节 神学

在奥古斯丁的神学中处于统治地位的是：柏拉图主义的绝对概念和上帝的庄严，以及脱离了上帝的创造物的无足轻重。上帝是永恒超验的存在者，他全能、全善、全智；也就是说，上帝是绝对精神。他绝对地自由，但是他的决定像他的本性一样是不变的；他绝对地圣洁而不可能意欲为恶。在上帝那里，意欲和行动是一回事：他可以不需要任何中介物或者逻各斯而完成他所意欲的事情。所有的理念或者形式都存在于他的理智中；这意味着他理性地进行创造世界的活动，所有事物都是因他的力量而具有形式。奥古斯丁接受了阿塔纳修的三位一体学说，但是他对这一学说的解释受到了撒伯流派（圣父受苦说）的影响。

上帝从无中创造了世界；这一创造并不是像泛神论的新柏拉图主义者所认为的那样是上帝自身存在的必然演变，因为他的存在超越了其创造物的本性。上帝的创造是一个连续的创造，因为除非由上帝支撑，否则世界就会消亡；世界绝对而持续地依赖上帝。我们不能说世界是在时空之中被创造的，因为在上帝创造时间之前，既没有时间也没有空间；在创造世界时，他创造了时间和空间；他自己则不在时空之中。但是上帝的创造并不是一个永恒的创造；世界有一个开端；创造物是有限的、可变化的和易消亡的。上帝也创造了物质；物质并不比形式更早，虽然在本质上先于形式；也即是说，我们必须预先假定物质在逻辑上是形式
183 的基础。上帝的全能要求所有可设想的事物，甚至是最微不足道的事物都存在于宇宙中。

## 第三节 恶的问题

为了坚持上帝全能说，奥古斯丁就不得不面临这样一种观点：上帝是所有事物的原因；为了坚持上帝的善，奥古斯丁不得不将恶排除出这个世界，或者为其提供辩解。世界的整个创造过程是上帝的善的表现；在创造宇宙时，上帝为他无穷的爱所推动，但是——奥古斯丁匆忙加上一句，因为他担心剥夺上帝的绝对力量——他并没有义务创造，他的爱使他倾向于（不是强迫）创造；创造是他的自由意志的活动。因此每一种事物的存在都是善的；我们应当根据它与神圣意志之间的关系而不是从人类效用的观点出发来判断其价值。如果上帝已经创造并且预先决定了所有事物，同时他又是一个绝对善的存在者，那么上帝希望做的任何事

情都是为了他的创造物的最好利益，甚至所谓的恶在这一意义上也是善的。就像图画中的阴影有利于整体的美一样，恶对于世界的善来说也是不可缺少的。恶不是善，但是有恶存在是一件好事。或者，恶可以被认为是缺陷，是本质的缺乏，是善的遗漏；按照关于恶的这一缺乏理论，恶是善的否定或者缺乏；善没有恶是可能存在的，但是恶没有善就不可能存在；因为就所有事物都具有某种存在而言，它们都是善的。善的缺乏是恶，因为这一缺乏意味着本性所应当具有的某种东西的缺少。所有种类的恶，包括道德上的恶，都被归类于缺乏的概念之下。道德上的恶不可能损害创造宇宙之美，因为它是产生自人和堕落的天使的意志；道德上的恶是邪恶的或者有缺陷的意志的结果，而邪恶的或者有缺陷的意志则没有任何积极的东西，只是代表了善的缺乏。最坏的恶是神性的缺乏，即拒绝上帝或者最高的善，而转向易消亡的世界。

恶的问题，正如它自身向奥古斯丁所呈现的，本质上是一个神学问题：如何可能在上帝的善与全能的他所创造的世界上存在的恶之间实现和解？这一问题对乐观主义者来说是存在的，乐观主义者相信世界最终是善的。上帝本可以在创造事物的方案中完全排除恶，但是他更倾向于将恶作为一种手段来服务于善。例如，上帝预见到人将会离开善而犯罪；他允许人犯罪并且已经预先决定了他对犯罪者的惩罚。为了保持上帝的善和他的全能，奥古斯丁利用了神学乐观主义者所 184
特有的策略：（1）他给予恶以相对的地位；恶是善的必要手段；（2）他将恶定义为善的缺乏；（3）他将对恶应负的责任归于人。在不同场合他在解决恶的问题时采纳了这些相互补充的不同解决方法。

## 第四节　心理学

人作为自然中最高级的创造物，是灵魂和肉体的结合。这一结合并不是犯罪的结果；肉体并不是灵魂的牢房；它并非天生就是恶的。灵魂是一个单一的非物质的或精神的实体，它在本质上与肉体完全不同，但同时它的生命基质指导并形成了肉体；但是灵魂如何作用于肉体是一个谜。感觉是一个精神而非物理的过程。

奥古斯丁拒绝了灵魂预先存在的学说。他并没有解决灵魂如何产生的问题。在他那个时代的两种盛行观点中，他很难决定支持哪一种，这两种观点分别是：（1）上帝为每一个出生的婴儿创造了一个新的灵魂（神创说）；（2）灵魂就像肉体的产生一样，是由父母的灵魂在父母的肉体创造子女肉体的同时被产生的

（灵魂传殖说）。

虽然灵魂在时间上有开端，但是它并不会死亡。奥古斯丁通过他那个时代的通常论证来证明灵魂的不朽，这些论证都来自于柏拉图。虽然灵魂在其持续存在的意义上是不朽的，它在实现永恒幸福的意义上并不是必然不朽的。灵魂所享有的源于上帝的永恒幸福不可能被证明：我们对永恒幸福的期望是一种信仰活动。

## 第五节　伦理学

人类行为的最高目标是一个宗教的神秘理想——心灵在上帝的显圣中与上帝结合。这一结合在不完善的世界是不可能发生的，而只能在来世，即真正的生活中发生。我们在尘世的生活只是一个朝拜上帝的旅程；与永恒的幸福相比，它并不是生活，而是死亡。奥古斯丁例示了为早期基督教特有的关于可见世界的悲观主义，也例示了就来世而言的令人振奋的乐观主义：一方面轻视此世，一方面又爱上帝。正如我们已经看到的，奥古斯丁关于善的上帝和恶的世界的二元性在某种程度上通过他关于恶的理论而得到缓和，这一理论认为不存在绝对的恶。

在他对美德的解释中，奥古斯丁也提出一种途径，通过这一途径来缩小最高级的、超脱尘世的善和我们日常道德之间的理论二元性的差距。我们通过爱与上
185 帝结合，因此爱就是至高无上的美德，是其他所有美德的来源。节制和自制是对上帝的爱，同对尘世的爱相对立；坚毅是通过爱来克服痛苦和折磨。智慧是由对上帝的爱引导而进行正确选择的力量。对上帝的爱是对自己和其他人的真正的爱的基础。唯有对上帝的爱才能使所谓的异教徒的美德成为真正的美德；除非由对上帝的爱所激发和推动，否则异教徒的美德只不过是“奢华的恶习”。

对上帝的爱是神的恩赐在人的灵魂内发挥作用，是在上帝的力量的影响下，通过教会的圣礼而发生的神秘过程。信仰、希望和仁慈相互作用，对于皈依来说都是必须的。“没有（爱）信仰不会得到任何东西；没有爱，希望也不会存在……没有爱就没有希望，没有希望也就没有爱，没有信仰也就不会有爱和希望。”[50]

这一学说与早期基督教的理想相比，存在着一种朝向尘世生活和人类制度的有可能更加积极的态度。早期基督徒对人类制度，例如婚姻、国家事务、战争、

[50]《指南》，J. F. Shaw译。引文参见Edman和Schneider，《哲学入门》，第203页。

司法工作和商业事务等采取了一种消极的态度。但是随着一个有组织的教会的发展和罗马帝国的基督教化，人在尘世上的事务受到更大的重视。这使得人们在否定世界和肯定世界之间摇摆不定。奥古斯丁在苦行的理想和尘世的理想之间犹豫不定，他的态度体现了中世纪道德学家的特征。他承认财产权；他不赞同年老的教父关于财产共有的观点，即所有人都对财产享有平等的权利，财产是建立在不正义的基础上的，财富就是“可恶的强夺”（安布罗斯）。奥古斯丁还认为穷人和富人都能获得拯救。但是他将私人财产的占有视为灵魂的障碍物，给予贫穷以较高价值。他说道，因此让我们放弃对私人财产的占有，或者如果我们做不到这一点，就让我们远离对财产的贪恋。奥古斯丁在对婚姻和独身的评价上也表现相同的二元性：婚姻被认为是神圣的事情，但是独身则更高一级。他关于国家的观念也表现出了二元倾向：尘世的国家是建立在自爱甚至是蔑视上帝的基础上的；上帝之城是通过对上帝的爱和对自我的蔑视而实现的。尘世的国家实际上是一个
伦理共同体，其使命是为了促进正义的统治，并实现幸福。国家的目标是相对 186
的，而教会的目标则是绝对的；因此国家要服从于教会。教会的权威是永远有效的，因为它是上帝王国的显现。

简言之，圣奥古斯丁提出了一个双重理想：最高的善或者完善是超验的善，即使基督徒也不能在活着的时候实现此善，因为他仍然处于肉欲的支配下；这一完美的善存在于对上帝的爱中，存在于绝对的善良意志中。但是相对的完善，某种神圣性可以通过实行外在的善行而达到：轻罪可以通过祈祷、禁食和斋戒而消除。但是毕竟最重要的和真正的目标是摒弃尘世，退出社会生活，禁欲，仿效基督。对奥古斯丁来说，隐修生活仍然最为接近基督教徒的理想。

理想主义是奥古斯丁的伦理学说最为显著的特征。宇宙中的最高价值在存在的物质方面找不到，而只能在精神中找到；人的最高级部分不是他的肉体，也不是他的为感官满足所驱使的天性，而是他的精神。

## 第六节　自由意志

圣奥古斯丁反对贝拉基教派的自由意志理论。以亚当为代表的人可以自由地犯罪或者不犯罪；上帝不仅创造了自由的人，而且还赋予他超自然的恩赐的礼物——不朽、神圣性、正义、摆脱难以控制的欲望，但是亚当选择了背叛上帝，因此失去了神圣的礼物，而且还使整个人类堕落，结果使得人类成为“沉沦的一群”。亚当遗传了他有罪的本性，惩罚也就必然与这一本性相联，遗传给了他的

后代，因为他代表了整个人类。现在人已经不可能不犯罪：他自由地犯罪，但是无法自由地摆脱罪恶。亚当的罪不只是罪的开端和事例，而是原初的、遗传性的罪。结果整个人类遭受谴责，没有人能摆脱应受的惩罚，除了经由上帝的仁慈和自由地赋予的恩赐。唯有上帝能够改造堕落的人。他在挑选其恩赐的接受者时不是根据他们的善行——事实上，犯了罪的人的善行在善行这个词的真正意义上不可能是善的。只有那些他挑选作为其恩赐受惠者的人能够实施善行："人的意志不是通过自由行动而获得恩赐，而是通过恩赐而获得自由。"上帝可以改变人的灵魂，使得它重新获得对善的爱。在亚当堕落之前，人的灵魂曾经拥有这种爱。对最高的善或者上帝的认识和爱使人重新恢复了行善的力量，拒绝感官生活的力
187 量以及将其自身从肉体中解放出来的意志。对善的爱与自由同义；只有善才是自由的。

奥古斯丁关于自由意志的整个学说基于这样一种信念：除非人有善的观念，除非他知道什么是真正的善并热爱它，否则他就会迷失方向。有些人具有善良意志，其他人则没有。奥古斯丁的问题是要解释为什么善良意志在某些人身上出现，而在其他人身上没出现。他的解释是，归根到底，善良意志是上帝自由的礼物。

为什么上帝选择给某些人以永恒的幸福，而给其他人以永恒的惩罚，这是一个谜；但是他的选择并没有不公正之处，因为人类因为原罪已经丧失了他本来可以要求得救的权利。但是这并不是与宿命论相同的预定论；这不是意味着上帝已经预先决定谁将得救、谁将被毁灭，并且他的选择是纯粹任意的吗？预定是上帝的永恒决定，他通过绝对正确的恩赐方法，赋予这个人或者那个人以永恒的生活。预定意味着上帝能够预知人的选择，但是奥古斯丁认为这样的预知绝不会损害人类的自由。人曾可以自由选择永恒的生活，但他没有那样选择；上帝知道人不会那样选择，预先决定拯救谁，不拯救谁。这又是奥古斯丁关于上帝具有绝对权力的观念的一个例证。他一点也不愿意限制神的自由。上帝可以随心所欲的对待人，他已经永恒地为每个人安排好了将要在他们身上发生什么。亚当作为人类的代表曾经有选择的机会，但是他滥用了这一特权。上帝知道亚当将会滥用特权；但是既然人并不是被迫地做错事，就没有人有权因为没有被上帝选中而抱怨。但是，如果一个人真的爱上帝，如果他具有善良意志，那么他就将被救赎。

那些被上帝选择救赎的人构成了上帝之城，那些被上帝选择毁灭的人构成了尘世之城，即罪恶之国。人类的历史表现了两种王国之间的斗争，这一斗争的最后阶段就是基督所开创的时期，上帝通过基督将神圣的恩赐赋予人。上帝的王国在基督教会那里实现了完善，基督教会是尘世上的上帝的王国。没有人能够在

教会之外得救，虽然在教会之内的所有人并不是都能得救。没有人知道谁能够得救。善和恶这两种力量之间的斗争将会以正义的胜利而告终；接着就将是伟大的安息日，在这一天上帝之城的成员们将会享受永恒的幸福，而邪恶的子民们将会与魔鬼一起在永恒之火中遭受永远的惩罚。

# 第二十二章 188
# 经院哲学的性质和问题

## 第一节 “经院哲学”的含义

“经院哲学”这个词具有多种含义，这使得我们有必要说一下它的历史以及我们将在什么意义上使用这个词。为了我们的目的，我们将忽略其早期的历史，而是从它在查理曼时代在他所建立的学校对这个词的使用开始。一个被任命为经院学者的人可能被认为在三学科（语法、辩证法和修辞术）和四学科（算术、几何、音乐、天文）或者神学上学识渊博。随着时间的推移，这一应用越来越宽泛，直到最后，经院学者这个词被用来指任何有学识的人，无论他是在科学还是在哲学方面，无论他是否是一个老师。在中世纪的大部分时间里这是一个受尊敬的称号；但是到了文艺复兴时期，这个词成了一个表示蔑视的术语。文艺复兴时期的作家根据经院哲学代表人物推定的诡辩和迂腐，以及经院哲学（被认为）苍白无力的方法，从而认为这一哲学是粗俗的。

许多近代哲学史家倾向于认为中世纪在哲学上是同质的，因而将中世纪哲学等同于经院哲学。有些哲学史家仅仅将这一认同建立在按年代顺序标准的基础上，其他哲学史家则强调教学方法的主导地位，经院哲学家的方法通常完全是演绎的。换言之，他们认同的标准是理性服从权威，这一点在大多数中世纪哲学的神学倾向上是毫无疑问的。但是无论使用什么样的标准，文艺复兴给予经院哲学这个词的贬义通常被保留了下来。在我们自己的时代，因为对于这一中世纪哲学的重新兴起的兴趣，更为具体地，是因为托马斯主义哲学的复兴，经院哲学的最初意义被恢复使用，许多当代作家自豪地将他们自己的哲学描述为“新经院哲学”的范例。

历史学家德·伍尔夫代表了这一新观点，他提出诸多好的理由来拒绝用年代学、方法、与伟大的中世纪学校和大学的关系以及对神启权威的服从来定义经院哲学。他承认中世纪占主导地位的哲学确实包含了这些要素，但是认为这一哲学也是一种学说传统。诸如坎伯雷的安瑟伦、阿伯拉尔、哈勒的亚历山大、圣托马
189 斯·阿奎那、邓斯·司各脱许多人，他们虽然有许多分歧，但是都接受了多元论和唯灵论，相信自由、人格的不朽和人类知识的客观性。德·伍尔夫用经院哲学的这一核心来反对各种反经院主义的哲学，这些哲学提倡泛神论的一元论、唯物主义、道德决定论、非人格的不朽和主观主义。德·伍尔夫所列的这些反经院倾向可以再增加上其他两种重要的兴趣：神秘主义和自然科学，它们不属于以圣托马斯·阿奎那的哲学为顶峰的这一经院哲学传统。这样我们将把经院哲学界定为中世纪占主导地位的哲学，这一哲学与修道院生活或者教堂学校相联系，并在研究方法、学说和问题上具有相当的连续性。

我们已经指出，经院哲学作为一条发展路线，最适合被认为在圣托马斯·阿奎那那里达到顶峰，因为他的哲学在思想史上占有重要位置——就如同这一哲学在政治领域占有重要位置一样。但是对经院哲学的这一描述有时也会让人产生误解，因为，在这样界定的经院哲学传统内，对某些问题的解决同这个或那个人提出的所谓非经院哲学传统完全一致。因此，在对共相的争论中，一个在极端实在论方面提出解决方案的经院哲学家会发现，其完全赞同新柏拉图主义传统的泛神论者。

## 第二节　经院哲学的问题

经院哲学传统本质上的一致性和内部的多样性可以通过考察这一哲学的某些核心问题而得到最好的说明。为此目的我们选择了以下四个问题：（1）信仰和理性之间的关系，以及启示和理性之间的关系，后者与前者并非始终重合；（2）意志和理智之间的关系；（3）自然和恩典之间的区别——至少就当前的目的而言，我们可以将这一问题视为从属于前两个问题；（4）共相的地位。我们从其中任何一个问题开始，都会发现自己很快就会触及其他问题。

## 第三节　信仰和理性的关系

我们已经表明对基督教的接受如何会影响基督教哲学家所持有的可理解性的标准，并促使他们重新解释自己从古代思想那里接受的诸范畴，由此考虑了信仰

和理性的关系。在这一联系之中，我们关心的是基督教信仰对理性经典概念的影响，而不是信仰和作为真理来源的理性之间的关系。现在让我们转到这一问题，
说明中世纪哲学家在这一问题上所持的主要立场。 190

对于圣托马斯来说，信仰是来自上帝的礼物，它完善人的有限本性，没有信仰，这一本性就不可能完善。人的有限本性有一个超自然的目的：一个由对上帝的爱和直接知识构成的至福。人的有限本性应当遵守这一超自然的目的；但是因为这一目的是超自然的，人的本性永远不可能在缺少上帝帮助的情况下实现这一目的。虽然这一赋予人以信仰的恩典在某种意义上来自外部，但是因为它来自于上帝，而上帝对所有创造物的存在负责，所以，这一恩典是以内在的方式发挥作用，信仰内在于它要完善的本性。经由信仰完善的本性也就具有了完善的理智；因此，信仰赋予了理智或理性一种进行深入探索的能力，甚至是探索信仰自身的理性领域。在这方面，圣托马斯和他的导师圣奥古斯丁意见一致，但是，理性在缺乏协助的情况下能够达到何种高度，他们对此的确切界定却不尽相同。

理性和信仰、恩典和本性的一致是圣托马斯思想的核心。在这一情况下重要的问题有：对于那些具有信仰的人来说，他们的理性能够以自己的方式做些什么？理性应当尝试做什么？理性所关心的是什么，理性应当如何限制自己？在对这些问题的回答中，圣托马斯始终坚持理智在其领域内所具有的重要性和洞察力，虽然那一洞察力是在信仰的帮助下获得的。他发现只有很少的东西是理性所不能获得的——比如对三位一体的充分理解——并且没有什么东西是理性所不应当追求理解的，因为在今生得不到的东西，可能在来世就会得到。圣托马斯的主要观点是：信仰和理性的一致；理性的广度和它所关心的事物的独立性——这一独立性使得纯粹的自然神学有可能单独建立在理性基础之上；信仰在今生的优越性以及理性在来世的优越性。

在圣托马斯之前和之后，存在着两种比他的这一适度立场更加严重地依赖信仰的思想形式——每一种形式都以不同的方式依赖信仰。在他之前的情况是，如果我们对纷繁复杂的发展过程进行高度简化，可以说理性从属于信仰，其主要目的是将启示的真理理性化。这一时期的大多数思想家认为理性完全能够胜任这一任务；实际上他们中的某些人比如杜尔的贝伦加尔、贡比涅的罗瑟林和阿伯拉尔
对理性信心十足，甚至于认为理性通常违背信仰，并且纠正信仰。在圣托马斯之 191
后的时期，人们不太倾向于相信理性是信仰的适当的附属物，因此，启示神学和信仰开始被认为与理性截然不同。这一观点限制了理性的活动，使得其活动范围至少在自然神学中显得不足或者完全不存在。作为自然神学和启示神学之间的这种不连贯的一个结果就是：在启示神学中所使用的理性不过是伪装的信仰。对信

仰合理性的这一彻底的分离以及随之而来的对理性的力量所持有的怀疑论观点似乎越来越严重。在邓斯·司各脱看来，理性虽然是不完善的，在其活动范围上受到约束，但是最终仍然与启示神学的观点一致；而在奥卡姆和奥特库尔的尼古拉看来，理性不得不退出神学。

在这两种思想形式的发展中——先于和后于圣托马斯的两种形式——信仰比理性扮演了一个更为重要的角色，因为单靠信仰就可以确保我们获得拯救。但是存在着一群与阿维洛伊有关联的思想家，他们认为关于理性的证明是毋庸置疑的，即使这意味着修改或者重新解释被普遍接受的信条。布拉班特的西格尔就受到了这一倾向的影响，奥卡姆坚持认为只有信仰才能胜任宗教问题，这在某种程度上是对西格尔的一个回应。我们稍后将提及双重真理学说在这一运动中所处的地位。

在圣托马斯之前的发展中，我发现贝伦加尔、罗瑟林和阿伯拉尔过分自信地使用理性，使得理性无法实现其最初的目的；他们将理性等同于辩证法。图尔的贝伦加尔（1088年去世）坚定地信任辩证法的方法。诉诸于辩证法就是诉诸于理性；理性使得我们获得关于上帝的形象；因此人的最高的善就在于遵从理性，无论理性将他引向何处。这一过度的唯理主义使得贝伦加尔否认关于信仰的两个主要信条。在那个要求过修道生活的热情又重新恢复的时代，有许多人以信仰的真理这一名义攻击这种自负的辩证理性，他们极力主张真正的知识是通过坚定地信仰《圣经》的真理而获得的。这些人中主要有彼得·达米安（1007年—1072年），他不允许用人类逻辑微不足道的必然性来反对神圣的力量。在12世纪，理性和信仰的对立愈加强烈，站在理性一边的有贡比涅的罗瑟林（约1052那年—约1120年）和阿伯拉尔，站在信仰一边的是圣伯纳德。

阿伯拉尔——他一直是有争议性的人物——在贝伦加尔和达米安的分歧中持
192 有一种更加温和的观点。贝克和坎特伯雷的兰弗朗斯（1005年—1089年）是贝伦加尔的同时代人，他已经主张通过理性来证实信仰，这是非常合理的，实际上，启示可以通过适当地运用理性而得到确认和证实。圣安瑟伦（1033年—1109年）正是抱着这一想法用“我信仰是为了理解”这句话总结了他的导师圣奥古斯丁的智慧，他用这句话来表示在我们获得知识或者理解的这两种力量中，信仰是支配性的力量。真理是如此浩大，以至于包含在《圣经》中的知识无法穷尽我们可能获得的真理；因此通过理性来理解包含在《圣经》中的信仰，这使得人类更加接近于上帝的显圣。我们不仅必须相信信仰的奥秘，而且必须迫使理性来理解这些奥秘。凡是关于信仰的重要真理——包括道成肉身的教义——安瑟伦都是试图给出一个逻辑证明；在这一方面他要比圣托马斯更有信心。但是与安瑟伦相比，托马斯给予独立的理性以更多的领地，因为他认为有一些真理，比如三位一体、道成肉身和启示的奥秘是理性不能证明的。在某种程度上属于由安瑟伦所代表的奥古斯丁传统的其他人虽然没有将研究活动限制在宗教问题上，但他们所从事的工作与安瑟伦相似。罗吉尔·培根（1214年—1292年）和雷蒙德·拉尔（1315年去世）分别试图通过几何图形和符号演算来为这些最为深奥的教义问题提供完善的解释。而另一个奥古斯丁主义者圣波那文图拉则试图用由信仰统治的神学来取代哲学；虽然他保留知识，将其作为信仰的附属物，但认为上帝的恩典甚至在心灵最低级的活动中也存在。

因此在圣托马斯之前占据统治性地位的观点是：坚信理性附属于信仰，尽管理性时而显得自信十足，时而又闪烁其词。13世纪之后盛行的对理性的不信任促进了双重真理学说的出现，这一学说可以被解释为或者削弱了理性，或者削弱了信仰，这要取决于解释的重点是放在信仰的宗教真理还是理性的世俗真理上。

中世纪晚期的双重真理这一理论的来源主要可以追溯到布拉班特的西格尔
（约1235年—约1281年）那里。西格尔是圣托马斯的著名反对者，后者认为在某 193
些问题上，启示和理性可能给出两种回答，而这些回答有可能是相矛盾的。西格尔可能出于谨慎，也可能出于对宗教的顺从（这一顺从即使在那些时代最为激进的思想家那里也是可以理解的），通过为启示的内容保留“真理”的名称稍微缓解了这一对立。结果这一理论严格地说，就不是一个双重真理理论，而是在被理解为真理的启示和被理解为自然知识的哲学之间的冲突。双重真理的极端形式认为，即使理性告诉我们一个学说是假的，从信仰的角度来看它也可能是真的。

和西格尔不同，邓斯·司各脱（约1270年—1308年）相信信仰和理性之间的和谐：他认为基于信仰的神学是一门实践科学，它与我们的得救而不是启蒙有关，在神学范围内，只有当被证明的信条首先以安瑟伦的方式被相信，对这些信条的合理的、必然的证明才是可能的。这一实践“科学”是要反对哲学的自然理性，后者不能证明许多真理，而圣托马斯认为自然理性可以获得这些真理。虽然司各脱并没有否认上帝的存在能够得到证明，但是14世纪的奥卡姆迈出了这激进的一步。奥卡姆采取这一极端的立场，是基于他对人类理性的批评性分析，以及他真心希望这些信仰的真理免于破坏性的批评。根据奥卡姆的唯名论，我们关于殊相世界的知识只能获得或然性，即便是在关于作为第一推动者的上帝的存在这样的问题上。这样的知识对于自然神学的目的来说无疑是不充分的。奥卡姆根据这些考虑，将神学从关于理性和自然的知识领域中完全排除出去，从而采纳了双重真理理论。奥卡姆主义者、奥特库尔的尼古拉试图使奥卡姆的立场免于极端的怀疑论，他认为具有确定性的东西很少，他的这一观点对哲学帮助很小。无论如何，尼古拉并不想扩展这一帮助，因为他主要关心的是如何使宗教和道德生活免于推理过程的不确定性。中世纪末期的特征是经验主义、唯名论、怀疑论和宗教信仰的结合，在这一结合中我们已经可以看到近代科学的精神以及宗教改革对信仰的态度。

194

## 第四节　意志和理智的关系

当我们转而考察如下重要问题：灵魂的两种主要能力，即意志和理智谁更高级，就会发现这一问题是对信仰和理性之间争议的响应。因为中世纪的人们认为信仰使用意志，而推理根据定义使用理智。这一问题的一种形式就是：意志活动是否能够产生理智观念，或者理智能否以观念的形式为意志提供选择。所有基督教哲学家们都致力于辩护自由意志，而自由意志的性质问题当然要在这里讨论。在经院哲学中关于自由意志的任何讨论都会因为意志和神赐的恩典之间的关系而变得复杂，通常人们认为神赐的恩典影响着意志。我们要讨论的基本问题就是：意志作为较高一级的能力是否绝对是自我决定的；或者意志自身是否为善的知识所决定的。在拥护意志的奥古斯丁主义者（包括司各脱和奥卡姆）和拥护理智的亚里士多德主义者之间存在着相当清楚的界限。在中世纪，这一划分通常与方济各会修道士和多明我会修道士之间的划分相一致。虽然将圣托马斯视为一个亚里士多德主义者很方便，并且在许多方面是正确的，但是这一观点要附加许多限定条件。同样重要的一点是，我们在这里谈到的是奥古斯丁主义者，而不是圣奥古斯丁，因为许多体系都是由它们非体系的创建者进行了详尽阐述。似乎圣奥古斯丁不应当出现在这一争论中，因为他将人的存在、意志和理智的统一比作三位一体的存在、运动和秩序的统一。但是尽管奥古斯丁坚持这一人格的统一，他还是非常强调物力论的，似乎将意志作为最重要的能力，奥古斯丁的许多门徒都这样解释他的思想。

我们将首先概述一下圣托马斯的观点，他的立场温和，不可能被归类到纯粹理智主义的立场中。经常有人说圣托马斯坚持理智决定意志的观点，文德尔班甚至将他的观点称为“理智主义的决定论”。他在解释圣托马斯的观点时说：“理智不仅理解一般的善的观念，而且在每一个别情形中，都能辨认什么是善的，因此决定了意志。”[51] 我们稍后将更为详细地讨论圣托马斯对在个体的道德或认知行为中意志和理智关系所持的观点；但是我们应当注意到，与人们通常所认为 195
的相比，他关于信仰和爱的立场与奥古斯丁有更多相同之处。对于一个具有最重大意义的对象来说，对它的热爱远胜过对它的支离理解。由于我们今生今世的局限，对上帝的爱便被他看作是我们最高的智能，而信仰这种理解模式，作为上帝所恩赐的礼物，与对上帝的爱相呼应。意志是我们的能力之一，被完全包含在信仰和对上帝的爱中。根据上帝恩赐这一教义，在这一交流中起作用的力量是客体-上帝——而不是主体-人。圣托马斯的理智主义出现在上述语境中而不是出现在他关于来世的学说中，因为被信仰占有胜过被欲望占有，因为理解被等同于占有，而至福被认为就在于对于上帝本质的认识。爱上帝的意志是理智这一活动的结果，只有在这一点上，圣托马斯的立场才可能被认为明显地反对邓斯·司各脱的观点，后者宣扬至福在于意志的活动，在这一活动中创造物完全通过爱接受上帝的命令。

作为对刚才阐述的原则的一个延伸，圣托马斯认为在今生，在有限对象的情形中，理智的占有是比意志的占有更为高级的活动；因此知道要比相信更好。我们试图知道并证明所有我们能够知道的东西；就上帝而言，这将是自然神学的主题。但同时意志应当始终警觉，我们应当在理智的证明无能为力或者不适当时准备去相信和爱上帝。

当我们转而考虑意志和理智的能力在一个给定的道德或认知行为中的关系时，会发现在邓斯·司各脱与圣托马斯·阿奎那之间存在着更为清楚的对立，但是，如果不加以放大的话，描述这一对立就会很困难。因为，对于邓斯·司各脱而言，无论是上帝的还是人的理智都与“决定”和“自然”概念有关。在有限的创造物那里，理智根据其目标而进行的自然运动必须先于意志能够增加给它的自愿行动而完成；“自然”和“自愿”被认为相互对立。自然“和”自愿“在人身上的区分与其在上帝那里的区分相对应，一方面上帝知道自己的决定性质，另一方面，上帝具有绝对自由和自愿的抉择，并通过这种抉择使得事物实际存在，虽然他在其本质中洞悉了这些事物，但它们对于上帝的推动影响却仅仅具有或然性。因此，任何事物，无论是在上帝那里或是在人那里，只要它是自由的，便是属于意志的，因为意志是非决定性原则。任何必然的或者决定的事物都是自 196
然的，理智也居于此列。尽管更为倾向于唯理主义的理论宣称由理智所提出的选项使得自由选择成为可能，但是司各脱的唯意志论将自由归于一个自发的意志活

[51]《哲学史》，James H. Tufts译，第330页。

动，意志经过审慎考虑之后，在不同的选项之间作出决定。如同在其他问题上一样，在这一问题上司各脱所表现出来的倾向在奥卡姆那里得到了进一步增强。奥卡姆认为一个善的事物的善的性质来自于上帝的命令。

尽管圣托马斯的立场总体而言是强调理智，但是他的立场与邓斯·司各脱的学说也有某些共同的特征。圣托马斯将意志作为实体中所有运动的来源，他坚持认为意志具有绝对的自发性和不确定性——具有根本意义上的自由。存在者可以做出或者停止某个行动——一个人自由地意愿想或者不想某个善。我们可以主张意志甚至促使理智理解其对象。但是意志仅仅是不完全地由其绝对的自发性和不确定性所界定的，它还必须包含一个评价性的要素，因为意志寻求善，实际上必然意欲至少一个善——至福。而且，在这一评价性活动中，意志与理智具有密切的联系，因为意志不仅促使理智理解其对象，而且意志就属于理智所要理解的对象。很明显，无论表述上有什么困难，圣托马斯都想要提出一个关于自由意志的更为复杂的定义，在这一定义中，用自由意志的其他特征来补充非决定性或不受影响性。[52] 但是同样明显的是，正是这一补充给关于自由意志的描述带来了困难，就意志和理智之间的关系而言，这一困难可以总结为如下矛盾：尽管意志促使我们行动，这一行动包含了认识，但是意志只能欲求由理智向其提供的善。“理性探究意志，而意志欲求理性。”[53]

我们现在来看意志的另外一个特征——它有能力实现与人的本性相适应的目标和人类最终所期望的超自然的目标。在这里我们发现了其他困难，如果我们考虑信仰问题，这些困难可能更为明显；因为信仰不仅是灵魂得救的先决条件，而且在圣托马斯看来，对信仰的意义的理解需要对上帝的恩赐、自由意志以及它们之间的关系有一个理解。圣托马斯告诉我们，“通过赞同属于信仰的东西，人就
197 会超越他的本性”。因此，信仰“必须从某个内在地影响他的超自然的基质来使他得到启示……就这一赞同是信仰的主要活动而言，信仰是上帝通过恩赐内在地影响人……相信某物的确依赖相信者的意志；但是人的意志需要通过上帝的恩赐作好准备，以便他可以被提升到超越其本性之上……”[54]

因此，对这一自由的意志的完整表述必须包含着某种它有能力实现其目标的解释；目的依然是要保留自由，即使这一能力似乎来自别处：“……上帝通过自己的方式影响所有事物……但是人的本性拥有自由的选择能力，这是适当的。因此如果没有自由选择的活动，上帝的正义的意向就不可能在使用自由选择权的人

[52]《神学大全》，第二部分的第一部分，问题10，第三节。

[53] 同上，问题17，第一节。

[54]《神学大全》，第三部分的第二部分，问题6，第一节。

那里实现；但是上帝在赋予人以正当的恩赐礼物的同时，又促使人们用自由选择权来接受这一恩赐的礼物，从而能够接受上帝的这一影响。”[55]

在意志和理智之间关系的情形中存在的表述上的困难——通过继承得来的亚里士多德主义的术语自身也存在着问题——不应当使我们无视这一事实：如同圣奥古斯丁一样，圣托马斯也试图坚持一个既非唯意志论也不是严格的理智主义的决定论。哲学家们经常会发现对意志问题的阐述同其本意相违背。如果得到正确对待，这些困难中的许多都有可能消失：创造活动不需要被视为同制造相类似，而是可以被视为一个来自内部的创造的持续，或者像前文中说的，这一创造是伴随着时间的，而不是在时间中。这样创造物的自由就是一个创造活动中的助手的活动，恩赐就是无限的创造者和有限的创造物之间的纽带——这一纽带对于保持人所必须面对的“应当”的意义来说是必要的。无论如何，中世纪晚期的倾向是在意志和理智、信仰和理性、恩赐和自然之间的分离，这同早期的自由学说是不一致的，早期的自由学说是要寻求——尽管很少成功——一种理论，这一理论能够将不确定性、价值和力量合而为一，修正意志和理智、自由意志和恩赐之间的关系。

## 第五节　共相问题

我们将稍微简短地讨论一下共相问题，因为这一问题将在随后几节中得到详细论述。关于共相问题的争论的根据出现在下面引文中，引文摘自由波依修斯翻 198
译的波菲利的《亚里士多德的<范畴篇>导论》的拉丁译本：“接下来，就种和属而言，它们是实际上存在，还是只存在于思想中；它们是有形的存在还是无形的存在；它们是与可感事物相分离，还是只存在于可感事物之中？我不回答这些问题；这是一项非常深奥的任务，对于基础工作是不合适的。”波菲利对初学者的告诫没有受到重视，这一启发性的推测——早期的中世纪作家必定这样认为，因为他们不知道波菲利有一个他不满意的回答——是早期中世纪的主要的、纯粹哲学上的争论的基础。

如前所述，这些争论最初只能根据亚里士多德的逻辑学以及新柏拉图主义和奥古斯丁主义的材料才能得以进行；但是这并没有阻止人们甚至在亚里士多德的形而上学的出现扩展了他们的知识面之前就给出非常复杂的回答来阐述这些

[55]《神学大全》，第二部分的第一部分，问题113，第三节。

问题。中世纪的思想家对这些问题的回答可以分为三类：（1）有些哲学家认为种和属具有真实的存在，独立于考虑它们的心灵，也独立于被认为例示了种和属的个体世界，这些哲学家被称为实在论者。他们的学说可能兼有对感觉世界的贬低，并与一种我们可以不太严格地命名为柏拉图主义的认识论相结合；或者与基督教拯救众多个别的具体的实体这一愿望相一致，他们的学说坚持个别事物只有通过其形式或者构成要素才能被设想。（2）与这一观点相对的另一种观点认为只有个体才是真实的，在严格意义上所谓的种和属只是名称，我们根据这些名称来命名相似的事物。根据这一唯名论的极端和朴素的形式，通项只是名称、简单的词或者仅仅是声音。根据其更为精致的形式，虽然唯名论者坚持认为这些通项无论如何都是精神性的，但是也关注通项所包含的意义。这一学说被称为唯名论（在指称唯名论时，阿伯拉尔用“sermonism”一词，奥卡姆用“terminism”一词）。唯名论的这一形式有时被近代学者称为概念论。（3）在唯名论和实在论之间的是第三种观点，持有这一观点的哲学家在阐述其观点时依靠亚里士多德的认识论，因而也就是依靠亚里士多德关于个别实体由形式和质料构成的分析。这一观点的支持者将其观点称为温和实在论，这一观点与唯名论的共同点仅在于它
199 们都将个体视为最根本的存在；但是温和实在论者也赞同实在论的观点，即接受柏拉图和亚里士多德所共有的观点。这里我们不讨论这一问题：从长远看，亚里士多德就其坚持永恒形式将现实性赋予最根本的个别实体而言，是否与柏拉图十分接近。实际上我们可以注意到，形式同个别事物的本质是一致的；本质存在于个别事物之中，并使得个别事物能够被定义；因此，形式就是个别事物与同一种类其他事物所共同具有的东西。但是我们必须附加一点：形式可以具有非精神的存在，这一存在属于个别的、具体的、由形式和质料构成的实体——在具体的实体中，质料是使其个体化的因素。对于圣托马斯的以亚里士多德的认识论为前提的温和实在论而言，形式和质料的结合物就是本质和存在的合成物；但是为了让心灵注意本质，由此给予本质以它所缺少的普遍性（普遍性是具体的个别事物的要素），认知者就需要现存的、具体的个别事物，从中进行抽象。因此共相就有三重存在：它在个别事物中存在，但并非在严格意义是普遍的；经过抽象之后，共相就具有了一种以个体存在为基础的存在，但是增加了一个普遍性的说明；最后在圣奥古斯丁的范型论的影响下，圣托马斯认为种和属先于个别事物而在上帝的心灵中存在。但即使在这里，圣托马斯仍然保留了亚里士多德对个别事物的强调，他坚持认为这些范型只是个体事物以一种不完善的方式对上帝本质的模仿：可以说，因为上帝是存在者，所以他可以洞察他的存在可以被其他事物所分有的

任何方式。

在经院哲学的最早期，实在论的极端形式是在共相问题上最有影响的解决方法。约翰·司各脱·爱留根纳的观点是新柏拉图主义的变种，他认为最高级的一般性与最高级的实在性相联系。但是随着经院哲学的发展，唯名论迅速盛行。唯名论最初与亚里士多德的逻辑学相联系，他的逻辑学要比其形而上学更加形式化，这给人一种印象：唯名论主要与词语而不是事物有关。毋庸置疑，在唯名论的早期形式中，这一观点会破坏我们的知识的充分性。只是因为过于自信的辩证学者这一身份，罗瑟林和他以前的学生阿伯拉尔同神学家产生了冲突。主要是在同奥古斯丁主义者、实在论者安瑟伦所进行的神学辩论中，唯名论在中世纪早期失去 200
了支持。如果不是对宗教的虔诚，罗瑟林会毫不犹疑地认为，他的唯名论向三位一体的信条提出了怀疑，神学家圣安瑟伦同样会认为我们信仰的信条——他认为这些信条是可证明的——需要以实在论作为证明的根据。安瑟伦的许多证明——特别是著名的本体论证明——依赖于这一假设：理解的完善程度等价于存在的程度；或者用另外一种方式表述，从本质推出存在是可能的。

读者会注意到上面的论述与我们对圣安瑟伦关于信仰和理性之间关系所持观点的论述有相似之处。实在论（无论是极端的奥古斯丁主义——柏拉图主义的形式，还是由圣托马斯所例示的更为温和的亚里士多德主义的观点）在12和13世纪的经院哲学中占据统治地位。阿伯拉尔既不同于他的老师罗瑟林，也不同于另外一位老师、实在论者香浦的威廉，他对这两种观点的折中总的来看是不成功的。唯名论在中世纪晚期又重新复兴，前面已经提到过，这时唯名论者对于理性和信仰之间的和谐已经不再有信心。如果我们只处理名称或者概念，如果个别事物构成的世界是最根本的，并且唯有这一世界才是可以直接观察到的，那么圣托马斯用来支持信仰的理性主义科学必定逐渐被经验科学所取代，而经验科学要到17世纪才成熟。

## 参考书

M.De Wulf，《中世纪哲学史》，第3版，E.C.Messenger翻译并编辑，1935年，以及《中世纪的哲学和文化》，1922年；F.J.Picavet，《中世纪哲学一般和比较史纲要》，1907年；E.Gilson，《中世纪哲学》，第2版，1944年，以及《中世纪哲学的精神》，A.H.C.Dorones译，1936年；B.Haureau，《经院哲学史》，三卷本，1872年—1880年；W.J.Townsend，《中世纪伟大的经院学者》，1922年；E.Bréhier，《中世纪哲学》，1937年；H.Schaller，《中世纪思想》，1934年；E.C.Thomas，《经院哲学史》，1941年；C.Prantl，《西方逻辑史》，第二至四卷，1855年—1870年：中世纪逻辑；H.Siebeck，《心理学史》，1880-84年；P.M.M.Duhem，《世界的体系》，1913年—1917年；A.D.White，《科学同神学的冲突史》，1898年；L. Thorndike，《巫术和经验科学史》，1923年；G.Sarton，《科学史导论》，1927年；W. Betzendörfer，《理解并信任中世纪的伟大思想家》，1931年；S.H.Mellone，《中世纪的西方基督教思想》，1935年；F.Paulsen，《德国的大学》，F.梯利和W.W.Elway译，
201 1906年；H.Rashdell，《中世纪欧洲的大学》，三卷本，1895年；H.O.Taylor，《中世纪的古典遗产》，第3版，1911年，以及《中世纪智者》，两卷本，第4版，1911年；G.B.Adams，《剑桥中世纪史》中的《中世纪文明》，1922年；M.Grabmann，《中世纪的理智生活》，1926年—1936年；E.Gilson，《中世纪的理性和启示》，1938年；R.L.Poole，《中世纪思想和学术史》，第2版，1920年；R.P.McKeon，《中世纪哲学家选集》，两卷本，1929年—1931年。

# 第七篇 ················

# 经院哲学的形成期

## 第二十三章
## 约翰·司各脱·爱留根纳：新柏拉图主义的复兴

公元5世纪出现的一本文集被误以为是古希腊雅典最高法院法官狄奥尼修的作品（狄奥尼修被认为是雅典的第一个主教），但是这本书却表现出新柏拉图主义的精神。这本文集激起了人们的极大兴趣，对中世纪思想产生了深远的影响。在对这本文集的神秘的泛神论着迷的人中，有一个人叫爱留根纳，他将这本文集翻译成拉丁语，并以此文集为基础，建立了一个哲学体系。公元810年，爱留根纳出生于爱尔兰，在爱尔兰的学校中接受教育，并被秃头查理任命为巴黎宫廷学校的校长。虽然爱留根纳被认为活到公元877年，但我们并不知道他去世的时间。他的哲学体现在他的《论自然的区分》一书中。

### 参考书

Migne，《拉丁教父学》，第二十二卷。（伪狄奥尼修的著作，希腊语和英语，参见Migne，《希腊教父学》，第三卷和第四卷。）

A.Gardner，《约翰·司各脱》，1900年；H.Bett，《约翰·司各脱·爱留根纳》，1925年；E.von Erhardt-Siebold，《约翰·司各脱·爱留根纳的天文学》，1940年。

## 202 第一节　信仰和知识

司各脱·爱留根纳将神学和哲学、权威和理性以及信仰和知识等同起来，认为宗教的真理就是理性的真理。真正的宗教和真正的哲学是一回事。信仰并不是单纯轻信地接受一个命题；它是合理的、明智的信仰。他认为，教义是由理性所发现、并由教会的神父所传达的真理。为了坚持他的理性主义立场，司各脱不得不经常使用比喻的方法来解释《圣经》和教会权威们的著作。

## 203 第二节　泛神论

司各脱的神学在人们熟悉的新柏拉图主义和奥古斯丁主义思想的气氛中发展。上帝是所有事物的开端、中点和归宿；万物源于上帝，在上帝之中，通过上帝而存在，并且将复归于上帝。上帝从无中创造了世界，他是没有原因的第一因，从自身中产生万物。或者如司各脱所表述的：自然（作为上帝）是非创造的创造者，是非创造的创造性基质。他根据心灵（逻各斯）中的计划或者永恒的模式创造世界，这世界是他存在的一个表现；他的理智是事物的形式和秩序的原因，并继续影响着事物。或者如司各脱所说：自然（作为逻各斯）是一个被创造的创造者，而自然（作为由逻各斯所产生的事物）则是被创造的，并且没有创造能力。所有事物，无论是物质的还是精神的，都将复归于上帝，并在上帝那里安息，因为上帝是所有创造物的最终目标；在司各脱看来，自然在这一方面既不是被创造的也不是创造性的。上帝作为存在者是圣父；作为逻各斯或者智慧是圣子，作为生命则是圣灵。

宇宙是上帝本质的表现或者产物：万物——上帝的思想、逻各斯和现象世界——皆源于上帝。但是上帝的显现并没有与上帝分离；它是上帝的活生生的表现，而不是被上帝所抛弃的东西。上帝与他的创造物是同一的；他在创造物中，而他的创造物又在他之中。上帝在其创造物中显示自己，在此意义上他们是同一的；不可见和不可理解的一使得他自己成为可见的。他自己没有形式和性质，但是能设定形式和性质。在人看来，宇宙似乎是一个分开的、繁杂或多元的宇宙，是神的显现；但是就其本性而言，上帝是一个单一的、未被分割的整体，在这一整体中所有的对立都得到和解。

上帝在世界上无处不在；但是他又是超验的。也即是说，司各脱不愿意认为宇宙耗尽或者甚至降低了神性。宇宙只是神性的不完全的展现，与展现在自然中的神性相比，上帝的神性是无穷尽的。正如一束光可以被看见，一个声音可以被许多人听见，而光和声音并没有减少，万物都分有上帝的存在而并没有减损他的存在的完整性。上帝的本性超越了人的理解能力，无论我们用什么词语都不能表述这一本性：他超越了语言所能表述的任何事物，远远超越了所有思想范畴。实际上，对上帝的任何断言都是在限制他；肯定一种形式就否定了另外一种。上帝具有至高无上的本质：他超越了善、神性、真理、永恒和智慧。说起来似乎自相矛盾，上帝是不可形容、不可理解、不可知晓和不可定义的基质，对于上帝，我
们不能作出任何论断，而就万物都是上帝本性的表达或者显示而言，我们又可以 204
断言上帝的任何本性。

由这一泛神论的学说可以推知：人也是神圣基质的显现；但是司各脱并不愿意得出这一结论，因为这将意味着人类的决定论，并将恶归于上帝。人不只是可感知的肉体，他还是微观的宇宙，是活生生的精神，并且他自己应当为离开上帝而堕落的行为负责。上帝不可能是恶的原因；因为上帝没有恶的观念。如同圣奥古斯丁所宣扬的，恶不过是善的匮乏。逻各斯与人性结合，帮助人们通过与上帝结合，使他们恢复最初对上帝的爱，从而拯救人类。

## 第三节　神秘主义

万物来自于上帝，又都力求复归于上帝：上帝是万物存在的来源和目标。通过神秘的狂热和对神性的沉思，通过超脱感觉和理性，只沉思上帝存在的不可理解的超越性，人就能够复归于上帝。在这种神秘的无知状态中，我们进入到神秘的黑暗，忘却自我。

司各脱·爱留根纳可以被认为是经院哲学的先驱，他致力于通过将基督教的观点融入一个普遍体系中，从而使得这些观点清楚明白，并且他的哲学中包含了中世纪实在论的萌芽。但是他的思考远不是独立性的，他的学说同正统的观点基本一致，因而在他同时代的学者中不受欢迎。人们不能期望这些学者偏爱这位冒充的狄奥尼修更甚于奥古斯丁。帕斯卡西乌斯·拉伯图斯的工作更为符合时代的需要，他以简化的形式介绍了奥古斯丁的思想。

# 第二十四章
# 关于共相的争论的开端

## 第一节　早期经院哲学家

约翰·司各脱·爱留根纳只是黑暗的中世纪的短暂火花；在他去世之后，人类在理智方面又陷入了长时间的沉寂。“七艺”的教师们继续讲授确立已久的教科书上的传统论辩术，而没有花费精力来建设神学。他们依靠奥古斯丁，如果倾向于泛神论，就会沉醉于伪狄奥尼修的泛神论神秘主义中，在那时伪狄奥尼修的著作是由司各脱·爱留根纳翻译的拉丁译本，或者人们直接研究司各脱自己的著
205 作。在逻辑研究方面，早期的经院哲学家关注一个与认识论和形而上学都有关系的问题；这一问题注定要成为经院哲学史上的首要议题。正如波菲利在他的《导论》中所表述的，这个问题是：共相（种或属）是真正的实体还是仅仅存在于心灵之中；如果它们是实在的，它们是有形的还是无形的；它们是脱离可感事物而存在还是存在于可感事物之中。波菲利表述的这个问题是柏拉图的理念和亚里士多德的形式的实在性问题，这一问题在伟大的古希腊哲学家的理论中占有非常重要的地位。留传到这个时期的各种逻辑学论著对这个问题作出了不同回答。有些支持柏拉图的理念论（共相先于事物存在），有些支持亚里士多德实在论（共相存在于事物之中）；其他的支持唯名论（共相只是具体事物的名称，并不是先于事物，也不是在事物之中，而是后于事物），波菲利是一个坚定的实在论者，马克罗比乌斯和卡西底乌斯则坚持中间立场，而马提亚努斯·卡佩拉则是一个明确而坦率的唯名论者，约翰·司各脱自己是一个实在论者：他认为共相先于具体事物而存在，并且在具体事物之中；现象世界是上帝思想的表现，因而不可能脱离共相而存在。在公元9世纪和10世纪其他人持有类似观点，只不过以这一观点尚未得到发展，直到后来才得到完善。许多不熟悉亚里士多德著作的逻辑学家虽然接受了他的个别事物是真正的实在这一观点，但却是在唯名论的意义上解释这一观点，而他们自己尚不清楚唯名论的含义。

在这一方面要提及的有：欧塞尔的埃里克；他的学生雷米吉乌斯；拉班·马罗的一个学生写的《非凡的波菲利》——他们都是9世纪的人；坡波、莱因哈

德、诺特克·拉贝奥、盖尔贝特（作为教皇西维斯特二世于1003年去世）、弗尔贝特、杜尔的贝伦加尔（1088年去世）。人们对这些题材的热情越来越高涨，辩证法学者试图使《圣经》教义服从于辩证法的权威，而更加保守的教士则反对他们的这一企图；彼得·达米安宣称逻辑应当是神的婢女。

## 第二节　罗瑟林的唯名论

直到11世纪下半叶，人们才开始理解实在论和唯名论学说的重要性以及它
们与形而上学和神学的关系。罗瑟林宣扬明显的唯名论，并将其作为他对三位一 206
体解释的根据。他的证明如下：只有个别实体存在，一般的概念仅仅是名称和词语，我们根据它们来称谓个别对象。因此并没有与上帝这个一般名称相对应的单一实在；我们将用到三位一体上面的神性这一概念仅仅是一个名称或者词语。并不是只有一个上帝实体，而是有三个个别的实体或者位，他们具有相同的力量。

## 第三节　实在论的意义

罗瑟林的这一唯名论观点直接反对正统的三位一体教义，激起了巨大的愤慨和反对。苏瓦松会议谴责了罗瑟林对三位一体的解释，并要求他放弃主张。虽然唯名论自身并不在谴责范围之内，但是它却失去了声誉，直到14世纪才重新出现。经院学者转而采纳柏拉图的实在论，这一实在论虽然以不同方式经过修正和发展，但是在整个12世纪一直是占据统治地位的观点。它非常适合于防止像罗瑟林对三位一体那样的攻击，并且给整个教会教义提供了理性的支持。如果共相是真实的，那么三位一体的观念就不仅仅意指三个分离的位。关于共相问题的争论不仅是一个逻辑学的争论；对这个问题的回答包含了影响深远的形而上学和神学含义。实在论的观点认为我们的一般概念和逻辑思想不仅仅是心灵的主观观念，而且自身具有独立于心灵的实在性，这一观点意味着共相是合理的和可知的。因此真理就不只是主观的意见；存在着客观的、普遍有效的真理，哲学的任务就是要通过概念思考获得这一真理。实在论还意味着除了产生又消失的具体的个别现象之外，还存在着永恒不灭的实在。教会的学者在这一观点中找到了极好的基础，而将他们的整个理智和教会结构建立在这一基础上。上帝就是一个这样的普遍观念，高于现象存在，并比后者更持久；人类是这样一种普遍的实在，这一实在在亚当那里堕落并在基督那里得到救赎；教会是这样一种永久性的实体，超越

于构成教会的成员之上：是一个理想整体，在本质上不受其部分的产生和消逝的影响。很明显，正统的经院哲学并不是突发奇想才搁置唯名论而聚集在柏拉图的
207 实在论旗帜之下的：他们选择了在他们看来可以赋予基督教的世界观和生活规划以意义的学说。

## 第二十五章
# 坎特伯雷的安瑟伦：第一个经院哲学的思想综合

安瑟伦（1033年—1109年）是坎特伯雷的大主教，他用建立在柏拉图和亚里士多德的原则基础之上的思想体系来反对罗瑟林的唯名论异端。他是经院哲学家的典型，坚定地相信基督教义的真理，又具有强烈的哲学冲动，他力图通过理性证明根据权威应当接受的教义。在他试图将信仰理性化的努力中，他不仅将上帝存在的主张这一一般性的命题包括在他的神学中，而且将灵魂得救、三位一体、道成肉身和人的救赎等教会教义全部包括在内。我们必须相信天主教的教义——这当然无可指责——但是我们也应当努力理解我们所相信的，并且知道为什么它是真实的；我们也总是应当记住，理智所不能理解的，我们应当虔诚地相信。

安瑟伦的著作主要有：《独白》《宣讲》《神何以成人》。这些著作以及僧侣高尼罗对安瑟伦的本体论证明的批评是由S.N.迪恩翻译的。

### 参考书

R.W.Church，《圣安瑟伦》，1888年；A.C.Welch，《安瑟伦及其著作》，1901年；J.M.Rigg，《坎特伯雷的圣安瑟伦》，1896年；M.Rule，《圣安瑟伦的生平及其时代》，1883年。

### 第一节　上帝存在的证明

安瑟伦对上帝存在的著名论证是建立在柏拉图的这一观点之上的：共相具有独立于个别事物的存在。在他的《独白》（约写于1070年）中，他使用了宇宙论的证明，这一证明已经由圣奥古斯丁提出，因而不需要重复。但在他的《宣讲》

中，安瑟伦提出了另一个证明，这一证明同样基于柏拉图的实在论；这就是所谓的本体论证明，通过这一证明安瑟伦的名字与思想史连在一起。本体论证明就是从上帝的概念推论出上帝的存在，表明上帝的这一观念包含了他的存在。上帝的观念——关于无与伦比的伟大事物的观念——也就是，一个完美存在者的观念。如果上帝不存在，这个观念就不是可思考的最伟大事物的观念；还存在更伟大的事物。具有其存在的观念要比没有其存在的观念更为完善。因此，上帝作为最完善的存在者必定存在。通过这一方式，安瑟伦力图证明上帝的完善包含了他的存在。

但是安瑟伦的前提并不能必然得出这一结论。他的推理仅仅证明了：当我 208
们思考某个事物，认为它存在，我们是在思考一个比不存在的事物更为完善的事物。关于存在的事物的概念是一个比被设想为不存在的事物的概念更为完善的概念。他并没有证明上帝存在，而只是证明了存在的上帝的观念要比仅仅是主观的上帝的观念在内涵上更为丰富。但是应当指出的是，本体论证明对于接受实在论预设（共相具有精神以外的实在性）的人来说是令人信服的；因此，共相的实在论理论是关于上帝存在的本体论证明的一个隐含的前提。

僧侣高尼罗在他的匿名出版的著作《驳安瑟伦〈宣讲〉中的推理》中揭露了安瑟伦的错误。他指出，就其被思考而言，上帝在心灵中的存在同其他任何事物在心灵中的存在都是一样的，人们按照安瑟伦证明上帝存在的同一方式也能证明一个完美的岛屿的存在：将岛屿定义为可以被设想的最完美的岛屿，按照安瑟伦的逻辑可推知存在着一个完美岛屿。托马斯·阿奎那在一百多年以后仔细分析了这一证明，发现它不是决定性的。但是在经院哲学中人们经常使用这一证明——例如欧塞尔的威廉和哈尔斯的亚历山大。

在《神何以成人》（写于1094年至1098年之间）一书中，安瑟伦提出了救赎的安排的理论，他将救赎设想为正义和上帝的仁慈之间的冲突。亚当的堕落给整个人类带来了罪。上帝的正义要求得到满足，但是他的爱阻止他惩罚人类或者使人类遭受与罪相当的苦难。于是上帝之子基督清白无罪，为了人类牺牲自己，因而满足了上帝的正义要求。

## 第二节 安瑟伦的同时代人

罗瑟林将唯名论应用到神学上，使他的同时代人和后继者认识到共相问题的极端重要性。我们已经指出，安瑟伦从实在论的立场批评唯名论观点，这一批评

很好地适用于他的正统目的。共相是真实的；构成一类的个别物体形成了一个真
209 实的统一体。“属于一类的许多人是一个人”，正如“（三位一体中的）许多位是一个上帝，他们的中的每一个单一的位都是完美的上帝”。于是问题出现了：这一共相同个别物体之间是什么关系；个别事物在这一系统中具有什么作用？香浦的威廉（1070年—1121年）坚持一种极端的实在论，他认为个别事物所属的种和属完全存在于每一个个别事物之中，个别事物相互区别，这只是因为它们的偶然属性，也就是说，它们在本质上并没有差别。阿伯拉尔反驳道，如果情况是这样，那么同一个实体将会有不同的甚至是相互矛盾的属性；例如，这个实体将会在同一时间处于不同地方。如果普遍的“人”完全在苏格拉底身上，他就不可能在柏拉图身上；但是如果我们说他也在柏拉图身上，那么柏拉图必定是苏格拉底，而苏格拉底必定既在自己的位置上，又在柏拉图的位置上。面对这一反对，香浦的威廉不得不修正自己的理论，认为他原本的意图并不是要否定个别事物的本质差别；但是似乎他并没有看到自己对共相的实在论解释所面临的困难。

根据《种和属》（作者不详，但被归于12世纪早期）一书的观点，共相是事物固有的，并不存在于个体事物自身，而是存在于同一类的所有个别事物之中。这样，为同一类的所有个别事物所共有的要素是物质；而使得一事物区别于其同一类中的其他事物的要素——它的个体性——是形式。

## 第二十六章

# 彼得·阿伯拉尔和12世纪的经院哲学

在这些经院哲学家中，最令人感兴趣的是彼得·阿伯拉尔，他于1019年出生于巴莱德，在同教会的诸多冲突之后，于1142年在巴黎去世。阿伯拉尔天资过人，是他那个时代最为杰出的老师。他所使用的方法是在讨论每一个重要论题之后，给出对于这一论题的相互反对的权威观点，然后提供决定选择某种观点的原则，让读者自己解决这一问题。他的学生伦巴第人彼得在一本神学教科书中采用了这一方法，这本教科书成为后来这一类中世纪著作的典范。阿伯拉尔的著作有：《书信集》《神学导论》《伦理学》《是与否》《哲学家、犹太人和基督徒之间的对话》《我的苦难史》（自传）。

## 参考书 210

阿伯拉尔，《书信集》，C.K.Scott-Moncrieff译，1926年；J.McCabe，《彼得·阿伯拉尔的生平》，1928年；J.G.Sikes，《彼得·阿伯拉尔》，1932年。

阿伯拉尔似乎持有一种介于罗瑟林的唯名论和香浦的威廉的实在论（这两人都曾是他的老师）之间的中间立场，但是他并没有为这一问题提供一个明确的解决方案。阿伯拉尔反对实在论的观点，这一观点认为共相是外在于上帝心灵的真实实体，他认为我们不能用一个事物来称谓另外一个事物，但是可以用共相来称谓许多事物；因此共相不可能是一个事物。他同样反对唯名论的断言：共相只是一个词；共相被用来称谓一类对象、同所表示的对象有关，只是就这个来说共相是一个词；共相并不是语词（voces），而是概念性的谓项（sermons）。阿伯拉尔可能用这一观点来表示：表述一类对象共同属性的普遍观念是心灵中的概念，用来表示这些概念的词项或者单词是用来称谓个别事物的词（sermones）。这就是被称为概念论的观点，可能也是阿伯拉尔所坚持的观点。但是他似乎并没有完全制定这一观点；他主要感兴趣的是表明共相并不是与事物相分离的实体，以及事物之间存在着本质的差别。阿伯拉尔很有可能怀疑这一观点的正确性；他对柏拉图和亚里士多德的称赞可能使他感到这两人都是正确的。他特别要强调的是，我们的思维应当是关于事物的，言语的目的是为了表达思想，但是思想必须符合事物。

阿伯拉尔的《神学导论》在1140年的桑斯会议上受到谴责，在这本书中他强调：有必要审查我们的信仰，使其不可能是一个盲目的信仰；为了这一目的，阿伯拉尔推荐逻辑训练，并在神学中使用逻辑方法。理性应当先于信仰，但并不是要取代信仰。他显然相信，我们不可能为宗教教义提供一个严格的逻辑证明，对教义的接受是自由意志的活动，通过对信仰的根据的认识，我们在来世会因为信仰而得到酬报。这样，阿伯拉尔受到了经院哲学方法的严格限制，尽管他的思想具有独立性，并重视理性，但是他的方法在本质上仍然是经院式的。他说，尽可能深刻地反思宗教教义，直到你探究到它的充分理由后再接受它；但是在你怀疑并且探究之后，教义在你看来似乎仍然是不合理的，那么你也要下决心接受它，因为你必须接受它。

阿伯拉尔的《神学导论》中引起强烈反对并招致谴责的部分是他的关于三位
一体的学说。他认为，在三位一体中，圣父是太一或者善；圣子是逻各斯或者上 211

帝包含着观念的心灵；圣灵就是世界灵魂。他还将三位表述为上帝的力量、智慧和自由意志。

在其《伦理学》中，阿伯拉尔强调善良意志的重要性。一个行为的正确和错误并不在于行为，而在于行为者的意图；行为本身是非善非恶的，应当归于原罪的为恶的自然倾向也是一样，“上帝并不考虑行为者所做的，而是考虑他以什么样态度做的。他的功劳或者对上帝的赞美并不在行为中，而是在意图中”。犯罪在于我们赞同我们认为是恶的东西——愿意去做我们知道是错误的事情——因此也就是自由意志的活动。换句话说，道德是一个良知问题。只要行为者的行动与他的良心一致，与他认为是正确的观点一致，他可能会犯错误，但是不可能犯罪。但是行为者的行为只有在他认为正确的事情是正确时，在他的主观信念同客观的正确原则一致时，才真正有美德。阿伯拉尔心中所想的是主观地有道德和客观地有道德的行为之间的区分。在更为宽泛的意义上，任何同正确的事物相矛盾的事物都是有罪的；但是在狭义上，只有对恶的有意识和自愿的追求才是有罪的。

为什么赞同被认为是错误的东西是有罪的？因为这一赞同包含着对上帝十足的蔑视、不遵守神圣意志、违反上帝的命令，而这是所有罪恶中最大的罪恶。对上帝的爱和遵守神圣命令的行为激发了善良意志。阿伯拉尔认为这些神圣命令自身是神圣自由的随意宣布；它们在不同时间也有所不同，但是遵守它们是符合道德要求的，也是必须的。在这里我们再一次看到，尽管有独立思考的偶然征兆，但是经院哲学的精神最终获得了胜利。

## 第一节　沙特尔学派

沙特尔学派的领袖是沙特尔的伯纳德和他的兄弟蒂埃里，其追随者有：杜尔的伯纳德、康切斯的威廉、普瓦捷的吉尔伯特、莫塔格尼的沃尔特、巴思的阿德拉德。这一学派研究并试图发展柏拉图的学说，他们在那时为人们所知，有时与亚里士多德的观点联系在一起。亚里士多德的《分析篇》《论题篇》《辩谬篇》最初是以拉丁译本（1128年）的形式为经院哲学家们所知晓的。沙特尔学派不仅在辩证法研究方面，而且在天文学、数学、医学、物理学、生理学和心理学问题
212 上都表现出了强烈兴趣，他们所依据的书籍是从阿拉伯文翻译过来的。这个学派讨论逻辑学问题的人接受了类似柏拉图的实在论的观点：共相或者种属概念（根据杜尔的伯纳德的观点，还包括具体事物的观念）以一种纯洁的状态存在于神圣心灵中。物质以某种方式从共相中得到其形式。物体存在于共相中，就像水存在

于河床中一样；他们提出“自然的形式”来解释物体——这一形式与神圣心灵中的纯粹观念有关，就像事物与其模型有关一样；这一联系的性质是不明确的。物质性的物体模糊地表现形式或者观念。理智能够通过抽象来理解物体的形式或者共有性质。[56]

## 第二节　箴言集派

我们已经指出要注意阿伯拉尔在教学和著作中所使用的方法，即陈述不同权威在所讨论的议题上的观点。这种方法并不新鲜；大量的神学教科书已经采用了这一方法，这些教科书被称为《箴言集》或者《箴言摘要》；其他教科书还有罗伯特·普莱恩（1150年去世）的《箴言八书》和圣维克托的雨果的《格言集》（这些书的作者也被称为总述学者）。伦巴第人彼得充分利用了这些书，出版了一本《箴言四书》，这本书成为后来几个世纪神学教学基础，并为书的作者赢得了箴言大师的称号。这本书的四卷讨论了：上帝作为绝对的善；创造物；道成肉身；救赎以及各种美德；七项圣事。这一时期的其他总述学者有：默伦的罗伯特、鲁昂的雨果（1164年去世）、普瓦捷的彼得（1205年去世）和图尔奈的西蒙。里尔的阿兰（1203年去世，即因苏里斯的阿兰努斯）用教义体系的形式介绍了箴言学派所讨论的议题。在《受教规约束的宗教》和《神学规章》中，他使用了数学演绎的方法，试图将神学建立在基本原则之上。尽管阿兰有理性主义的理想，但是他在著作中表现出怀疑论和神秘主义的倾向：教会的教义比我们的世俗科学更为确定，但是并非绝对确定。如果它们并非绝对确定，那么相信这些教义也就没有什么功劳了。

## 第三节　索尔兹伯里的约翰

索尔兹伯里的约翰（约1115年—1180年）是英国人，我们从他那里了解到他的同时代许多经院学者的信息。约翰批评整个经院哲学运动是在处理徒劳无益的争论。他在《实质逻辑学》中要求对逻辑学进行改进，在《论政治原理》一书中 213
提倡在教育上实行实在论的研究，并将教会与政权绝对分离。他认为，所有的知识都应当是实践的，凡是在影响自然和履行职责方面对我们没有帮助的东西都是

[56] 参见Ueberweg-Heinze，第25节。

无用的。我们真正的善在于过虔诚的生活；即使我们无法证明教会的教义，我们也应当相信它们。

# 第二十七章
# 12世纪反经院哲学的倾向

## 第一节 神秘主义

我们已经讨论的哲学—神学运动的目标是要给基督教的宇宙——正统的教会所设想的宇宙一个理性的解释。这一目标预设了：上帝的目的、本性和活动能够为理性所理解，并且人们能够基于基督教的信条建立一个体系。这就是为教会的正统教义所规定的唯理主义或者理性主义。但是经院哲学作为一种完全理性化的神学从未毫无争议地占据基督教世界。在与经院哲学并行的理论中，且常在这一哲学内部，我们会发现一种反神学的倾向，一种对信仰过分理性化的反对，和对宗教生活进行更为注重实际的表达的渴望。对于这一运动而言，宗教不只是宗教哲学，后者使人们在将信仰理论化的过程中得到满足，而是从中获得体验的宗教信仰；宗教的主要诉求并不是要证明上帝的存在并规定他的性质，而是要与上帝建立一种非理智性的关系。这一神秘主义的思路代表了基督教中保守的奥古斯丁主义的成分，实际上最初的神秘主义学派的领袖就是巴黎圣维克托的奥古斯丁修道院的僧侣们。

根据神秘主义者的观点，人们只能通过神秘的沉思而不是辩证法或者逻辑才能与上帝建立联系；神学的功能就是告诉我们如何实现这一点。他们强调人的内在信仰，灵魂的内在体验，因此很自然对灵魂的经验性研究更感兴趣。神秘主义是实践的神学，宣扬神秘沉思的艺术。但是他们也有自己的理性神学，这一神学强调信仰的超理智性。随着这一学派的发展，神秘的沉思被强调甚至被夸大：对于圣维克托的理查德来说，神秘的沉思高于知识；而在沃尔特看来，逻辑则是所有异端邪说的来源。信仰不仅超越了知识，而且同知识相矛盾。圣维克托的沃尔
214 特写了《反对法兰西的四迷宫》一书，认为吉尔伯特、阿伯拉尔、伦巴第人彼得和普瓦捷的彼得都是异端。

神秘主义者的最高目标是“灵魂神秘地升入天堂，脱离肉体而令人愉快地

返回到精神的家园，自我复归上帝，并沉醉于其中。”实现这一目标之路超越了感官知觉甚至是概念思考而倾向于沉思，在沉思中，理想的对象直接向灵魂显现。知识分为三个阶段：认知、默想和沉思；最高的阶段是超越理性又外在于理性，将心灵带入宗教的神秘状态中。在知识的最高形式中，个体意识在沉思中停息。这一最重要的洞见是对上帝的非同寻常的热爱；人所能做的就是让自己做好准备“投入到无限真理的神秘海洋中”。正统的神秘主义学派的主要代表有：明谷的伯纳德（1091年—1153年）、圣维克托的雨果（1096年—1141年）、圣维克托的理查德（1173年去世）和圣维克托的沃尔特。12世纪的神秘主义由博纳文图拉（1221年—1274年）继续发展，埃克哈特大师（1260年—1327年）、约翰尼斯·陶勒（1300年—1361年）和约翰尼斯·勒伊斯布鲁克（1283年—1381年）是泛神论的神秘主义，他们的学说受到了天主教会的谴责，并被视为异端。

## 参考书

R.A.Vaughan，《神秘主义》，两卷本，1888年；F.von Hügel，《神秘主义的宗教纲要》，两卷本，1909年，第2版，1923年；R.S.Storrs，《明谷的伯纳德》，1892年；E.C.Butler，《西方神秘主义》，1922年。

## 第二节　泛神论

12世纪正统的思想家们的目标是要使信仰理性化，为了实现这一目标，他们求助于逻辑学和形而上学。他们作出这一理性的努力是基于他们希望理解教会所宣扬的、他们自己已经相信的教义。传统的神学是基于实在论的先入之见，这似乎使得哲学思想和教会的教义达成了一致。但是即使人们从相同的前提出发，他们仍会经常得出不同的结论。这经常发生在基督教的教义制定时期；在此后这种事情也不时发生。约翰·司各脱、罗瑟林和阿伯拉尔并没有成功地使他们的思想同官方的要求完全一致。在那些令思想家们感兴趣的异端学说中，泛神论从未完全失去力量：它在撒伯流主义、伪狄奥尼修和司各脱·爱留根纳那里得到了表述；而神秘主义也并未远离泛神论。在12世纪末，泛神论重新出现并且取得了某些进步。它的主要代表是修道院院长、弗洛里斯的约阿希姆、在巴黎教授神学的 215
博尼斯的阿马利克或阿莫里以及迪南特的戴维，对于他们的生平我们所知很少。这些泛神论者通过演绎他们所认为的柏拉图主义实在论的逻辑意涵就十分简单地得出了结论。如果共相是真实的，那么最高级的共相，即上帝必定是最为真实的存在者，而其他事物都是这个神圣本质的显示。共相的实在论似乎包含着泛神论的上帝概念和他与个别事物的世界之间的联系，阿马利克同约翰·司各脱·爱留根纳一样宣扬这个由变化和可分的现象构成的世界来自于上帝，最终又将复归于上帝，作为一个永恒不变的个体与上帝在一起。这样的泛神论学说受到了许多人的支持，并形成了一个阿马利克教派，这一教派传到了瑞典和阿尔萨斯。教会谴责这一学说，虽然阿马利克在去世之前被迫放弃主张，但教会还是将阿马利克的尸体挖出来，并且解散了这一教派。1225年，教会谴责司各脱·爱留根纳，将其视为异端。在亚里士多德的《物理学》以译自阿拉伯语的拉丁译本的形式传到西方世界后，1210年巴黎的主教区会议将其列为禁书。

# 第二十八章
# 不安的征兆

## 第一节 经院哲学的反对者

我们发现在12世纪，除了占统治地位的经院哲学，还存在着许多反对性的倾向。一方面，更加保守和正统的经院学者反对传统的体系，因为这一体系过分强调辩证法；对他们而言，这一体系不够严格。另一方面，有些思想家比这些经院学者更加独立，他们得出了同官方的基督教思想体系相反对的结论，并认为后者过于严格。还有一些人对于所有构建理性神学的尝试都持一种怀疑的态度，或者是因为他们不相信理性是内在的强烈信仰的同盟，或者是因为盛行的哲学讨论在他们看来似乎与教会的真正实践问题没有关系。在某些领域，人们希望进一步探究普遍观念或者共相与具体事物构成的世界实践的关系，这一愿望发展成为一种对自然科学的兴趣，阿拉伯的科学书籍的拉丁译本则满足了这一兴趣。

216

## 第二节 学术组织

存在着许多不安的征兆；问题和困难大量增加，许多思想家开始认识到，不仅证明教会明确的教义很难，而且证明一般的神学命题同样困难。尽管经院学者大胆使用三段论的解释，但是他们不得不承认：结论虽然可能比我们关于尘世的任何知识都更为确定，但是缺少绝对合理的确定性。不过他们的基本信念仍然存在：宇宙是一个理性的宇宙，上帝明智地、为了至善而行动，只要人们能够理解真理，就存在着真理。但是追求的目标是确定的；损害信条是亵渎神圣和危险的事情；强大的教会组织持有令人生畏的精神和世俗武器，准备惩罚那些误入歧途的人。基督教世界的理智活动也逐渐变得团结而形成组织，大学从大教堂和修道院中产生，学者组成的团体从事神学和哲学、医学和法律；某些修道院的神职人员组成简单的哲学学校，就像古希腊的学校一样持续数世纪来研究他们所支持的学说。巴黎大学是宏大的国际性大学，由圣母神学学校和在圣吉纳维芙的逻辑学校联合而成，于1208年得到特许状。多明我会和圣方济会的牧师成为13世纪重要的教义宣扬者，那个时代几乎所有杰出的教师和作家都属于其中的一个教派。这些团体——教会、大学和修道院的牧师团体——他们联合起来，使基督教的传统教义牢固可靠。思想家个人的职责就是使理性和信仰一致：这不是哲学，但时代已经形成的思想使其成为必要的任务，并且这条路阻力最小。

这个时代并不想要放弃宗教信条，它也没有能力构建一个独立于宗教和哲学传统的思想体系；它也缺乏关于经验事实的充分知识。经验科学处于低潮期，人们找不到相关的书籍来获取这样的知识。经验科学的兴起必须等待稍晚时代——文艺复兴的时代的巨大变革的到来。

## 第三节　发现亚里士多德

正是在我们所讨论的这个时期，一个新世界展现在西方基督教世界的面前，这个新世界给经院哲学的研究带来新的动力。人们通过译自阿拉伯文本的拉丁译本，开始了解到关于数学、天文学和医学方面的希腊著作、亚里士多德和他的某
些希腊同时代人的著作（阿佛洛狄西亚的亚历山大、德米斯特）、著名的阿拉伯 217
和犹太哲学家以及亚里士多德的注释者们的著作。1150年左右，约翰·艾维戴森和多米尼克·贡迪萨尔维将亚里士多德和犹太及阿拉伯哲学的主要著作从阿拉伯语翻译成拉丁语。在1210年到1225年之间，亚里士多德几乎所有著作都已为人所知。人们热切地研究这些书，最初使用本着新柏拉图主义的精神，按照阿拉伯人的方式对其进行解释。

教会用怀疑的态度对待这些亚里士多德的新文献，无疑部分是因为它们的阿拉伯解释者赋予这些文献的泛神论色彩。无论如何，我们发现1215年的巴黎大学

的法令明确禁止人们研究亚里士多德的《物理学》和《形而上学》，教皇格里高利九世在1231年禁止人们使用《物理学》，直到这一著作被检查和删改为止。但是这些禁令似乎并没有起到什么效果，人们阅读这些书，最杰出的学者开始为这些书写评注。这一世纪后期，这位伟大的逍遥学派哲学家的主要著作被从希腊原文翻译过来，真正的亚里士多德被及时地同阿拉伯人的新柏拉图主义的假冒者区分开来。

林肯的主教罗伯特·格雷特黑德翻译过亚里士多德的著作，特别是《尼各马可伦理学》（1250年），莫依贝克的威廉翻译了亚里士多德的著作（包括《政治学》）。布拉班特的亨利翻译了某些著作（约1271年）。1254年，《物理学》和《形而上学》成为巴黎大学的课程，而在40年前，这所大学还谴责过这些书。亚里士多德开始被认为是“在某种程度上是真理的准则，在那里，自然被证明是心灵最高级别的完善”“基督在自然事物中的先驱就如同施洗约翰在恩典问题上一样”。伟大的百科全书出现了，它以新哲学为依据，由塞戈维亚的贡迪萨尔维（12世纪）、奥弗涅的威廉、罗伯特·基尔瓦比和最伟大的博韦的文森特（1264年去世）编撰而成。

# 第八篇 218

# 经院哲学的成熟期：13世纪

## 第二十九章 阿拉伯哲学

### 第一节　希腊来源

西欧最初是通过译自阿拉伯文本的译本、那些用新柏拉图精神来解释亚里士多德的阿拉伯哲学家们的体系和注释了解亚里士多德的著作。632年，穆罕默德的追随者带着让所有异教徒都皈依伊斯兰教的热情，开始征服世界；到711年，他们控制了叙利亚、埃及、波斯、非洲和西班牙。在叙利亚，这一激进的新宗教学者开始了解亚里士多德的哲学，这一哲学带有新柏拉图主义的色彩，在东方帝国，几个世纪以来它已成为基督教神学家和异教哲学家的主要研究对象，由流亡的聂思脱里派带到了叙利亚。阿拉伯语译本最初译自叙利亚语，后来译自希腊文本，这些不仅包括亚里士多德的著作译本，还包括了亚历山大的阿佛洛狄西亚、塞米斯提斯、波菲利和阿摩尼阿斯等注释者们的译本，以及柏拉图的《理想国》《蒂迈欧篇》《法律篇》（876年）的译本。阿拉伯学者们还研究数学、天文学、医学和其他自然科学方面的希腊著作译本，并在一些领域作出了重要贡献。阿拉伯学者所接触到的亚里士多德披着由后来的注释者给予的新柏拉图主义的外衣；还有一些来源于新柏拉图主义却冒充亚里士多德著述的伪作。因此，阿拉伯学者很容易就用新柏拉图主义的流射说来解释逍遥学派的哲学了。

219 ## 参考书

T.J.De Boer，《伊斯兰教哲学史》，E.Jones译，1903年；H.A.Wolfson，《克拉斯卡对亚里士多德的批评》，1929年；P.K.Hitti，《阿拉伯史》，第4版，1949年。

## 第二节　相互矛盾的学派

在这些文献的帮助下，伊斯兰学者成功地将其宗教建立在了哲学基础之上，并且创立了目标同西方相似的经院哲学体系。同基督教徒一样，他们认为关键的问题是神圣启示同人类的知识与行为之间的关系；他们的科学的目的是使《古兰经》的教义与理性达成一致，因而使信仰理性化。

早期，让这些学者之间产生争论的问题涉及神圣预定与人的自由之间的关系，以及上帝的统一性与他的属性之间的关系。正统教派接受了《古兰经》的教义而没有试图为这些教义进行辩护。他们认为只有一个全知全能、预先决定一切的上帝。被称为穆尔太齐赖派的不同意见者或自由思想家反对传统的正统观点，他们将理性作为真理的检验。这些思想家感到需要一种哲学，因而用各种希腊理论来支持他们的观点，但并没有建立他们自己的体系。10世纪，在理性主义学派内部出现了一种反对哲学、支持正统教派的倾向。无论是亚里士多德关于非人格的、反思性的上帝及永恒宇宙的概念，还是新柏拉图主义的流射说都被人们抛弃，因为它们同伊斯兰教非人格的世界创造者的概念不一致。这些反对者以阿沙里（873年—935年）的名字命名，被称为阿沙派，他们对传统原子论的一种形式表现出极大的偏爱，这一形式的原子论对原子理论的某些基本原则进行了修正。他们将原子设想为上帝的持续不断的创造物，并抛弃了因果概念和自然的统一性，以便维护上帝绝对的、不受约束的权力，使上帝有可能进行超自然的干涉。

理性主义学派中那些仍然忠心于哲学的学者发展了许多体系，在这些体系中，亚里士多德、新柏拉图主义甚至是新毕达哥拉斯学派的成分按照不同比例结合在一起。这一学派的某些成员强调信新柏拉图主义的学说，强调实践、伦理和宗教学说；其他人则强调亚里士多德的观点，坚持将逻辑学研究作为形而上学的预备，并将他们的形而上学建立在他们认为的自然科学的基础上。

220 阿拉伯的新柏拉图主义的一个典型例子是包含五十一篇论文的《科学百科全书》。这本书是由10世纪一个被称为真诚兄弟的宗教哲学修道会的成员创作的，对整个伊斯兰教世界产生了巨大影响。这种民众团体通过哲学研究，将类似上帝的灵魂的完善作为自己的理想，这让我们想到了意大利的古老的毕达哥拉斯教派。它的伦理——宗教的学说是建立在新柏拉图主义的流射说基础之上的，流射说认为所有的事物都源于并复归于上帝的绝对统一体。人这个微观宇宙是对宇宙的复制，必须从物质的束缚中摆脱出来，经过净化，复归到产生他的来源。《百科全书》在神秘主义上达到了顶点；最后的部分陷入了对占星术、巫术、炼丹术和末世学的深入讨论中。

在《道德修养》一书中，伊本·密斯凯维提出了一个伦理体系，这一体系是柏拉图、亚里士多德和新柏拉图主义观念的古怪混合物，被称为苏菲派禁欲神秘主义，它强调新柏拉图主义的神秘一面：现象世界被视为幻象，物质被视为神性的最低级的流射；通过禁欲和出神，灵魂穿过虚幻的帐幕而与上帝融合。这一形式的苏菲派禁欲神秘主义宣扬将个体灵魂绝对投入到虚无之中，在这一点上它受佛教的影响很明显。

## 第三节　理性主义者

阿拉伯学派另一分支的主要代表有东方的阿根德、阿尔法拉比和阿维森纳（1037年去世），他们坚持逻辑学的重要性，认为逻辑学是哲学研究的入门，并且强调将形而上学建立在研究自然这一基础之上的重要性。但是他们的自然科学观点是非常粗糙的，充满着荒诞的观念、宗教迷信和各种神秘主义理论。他们将对梦、神通、炼丹术、占星术和自然巫术的解释也当作自然科学的合理部分；他们相信星灵，将其等同于《古兰经》和《圣经》上的天使；他们几乎都是神秘主义者。没有受到迷信影响的学科只有逻辑学和数学。这些思想家的大部分人都没有掌握亚里士多德的真正学说，因此将其解释为新柏拉图主义也就不足为怪。要想发现真正的亚里士多德并非易事，因为他已经在新柏拉图主义的评论和解释中被湮没了几个世纪。

这些阿拉伯哲学家在其逻辑学研究中，一般都展示了良好的判断和辩证技巧。他们也对共相问题感兴趣，这个问题是基督教经院哲学的一个重要部分。在 221
阿尔法拉比看来，共相离开具体事物就不存在，它们在事物之中。阿维森纳也认为，共相除了存在于上帝心灵中外，作为先于事物的单独实体并不存在；在我们自己的心灵中，共相存在于事物之后，作为对具体事物的抽象；它们也存在于事物之中，并与事物的偶然属性相混合。

在他们的形而上学中，阿尔法拉比和阿维森纳向他们的宗教要求做出让步。他们试图通过区分必然存在和潜在存在，削弱亚里士多德关于永恒宇宙的概念。同亚里士多德一样，他们认为永恒的原始存在者是智慧（上帝最主要的和唯一直接的作品），这一永恒存在是必然的，并且独立于任何原因；其他任何事物的存在都依赖于这一原因，因而是有条件的，也就是说，是潜在于上帝之中的。世界从其根源的演化就是一个流射过程。对阿尔法拉比来说，物质是这一过程的一个阶段；而对阿维森纳来说，物质是永恒的、非创造的。但是他们都认为创造意味着物质的潜在的现实化或者具体化；形式在某种意义上由上帝赋予物质。上帝似乎将作为潜在的形式赋予物质，然后通过他的积极理智实现形式或使其现实化。这在阿尔法拉比看来是一个时间过程。阿维森纳则认为这一从较高级到较低级的流射是一个永恒过程，因为结果必定与原因同时发生，而原因是永恒的；因此共相是永恒的。

上帝的许多流射中，有一个是积极的或创造性的思想，即月球的神灵，它将万物准备接受的形式赋予万物。通过这一普遍的积极理智，潜在理智得以实现，或者人类的知识才得以出现。在阿尔法拉比看来，人的理智被实现，就成了一个单一的永恒实体。

哲学的目标是要尽可能地知道上帝并且像上帝一样。在阿维森纳看来，通过教导和神的启示，这一点可以实现；而在阿尔法拉比看来，灵魂与上帝的神秘结合是“无稽之谈”。

## 第四节　东方哲学的衰落

在东方，阿拉伯哲学在11世纪的转折点走到了尽头。安萨里在他的《哲学家的毁灭》一书中从符合流行宗教利益的角度攻击这些哲学家的学说，并且否认哲学具有获得真理的能力。在各派体系中，他并没有找到伊斯兰正统派所特别强调的教
222 义：创造理论，个人的永恒学说，以及对上帝的绝对预知和天意的相信（认为上帝知道并预知生命的所有细微之事，并且在任何时候都能够对其进行干涉）。

## 第五节　西班牙学派

但是，阿拉伯哲学继续存在，并盛行于西班牙摩尔人的伊斯兰教统治区，特别是在一个著名学校的所在地科尔多瓦，在那里，伊斯兰教徒、犹太教徒和基督

徒可以进行研究而不受干涉。在阿拉伯思想家中最重要的有：阿芬帕斯、阿布巴塞和阿威罗伊（伊本·路世德，1126年—1198年）。这些人不仅是哲学家也是物理学家。他们当中最伟大的是阿威罗伊，他的思想影响了基督教的经院学者，是阿拉伯哲学的巅峰。

阿芬帕斯否认个体的永恒性，认为只有普遍的理智才是永恒的，它在具体的人的心灵中显示自己。阿芬帕斯也反对神秘主义；人类的理想是要超出灵魂生活的较低阶段而到达完善的自我意识，在自我意识中，思想实现了与其对象的同一。但是这一目标不是通过出神状态而实现，而是通过我们精神机能的逐渐而自然地发展才能实现。阿布巴塞在很大程度上同意这一点，在他的哲学传奇故事中，他描述了一个单独居住在荒岛上的人，他的自然能力逐渐进化，通过禁欲和出神最后与上帝融合。

阿威罗伊对亚里士多德持有很高的评价，认为他的才智是人类心灵的完善。阿威罗伊的主要抱负是要再现亚里士多德——但是很难说他实现了这一抱负。这一任务对他来说是不可能的——部分是因为他在解释这位伟大的哲学家的学说时所采用的新柏拉图主义的先入之见，部分是因为几乎所有中世纪哲学家的特征：他们都希望将自己的理论与其宗教相结合。无论如何，阿威罗伊接受了伊斯兰教的受到损害的亚里士多德主义的基本信条：流射说和普遍理智学说。

阿威罗伊宣称，形式暗含于物质中，不是像阿尔法拉比和阿维森纳认为的那样，被附加在物质上，而是更高级形式的活动的展开、演化和实现，最高级的形式就是神圣理智。因此他拒绝了通常意义上的创造。有一个普遍的、积极的心灵影响具体的个人，并使他们有知识。阿威罗伊用如下方式解释了这一点：个体 223
灵魂自然地预先倾向于这样的影响；通过普遍的、积极的心灵的活动，这一有预先倾向的心灵成为一个潜在的心灵，因而具有了暗含的理智，普遍心灵同能够接受它的灵魂相结合，就产生了个体化的灵魂：就如同太阳光通过照射一个能够接受它的物体，从而被个体化或具体化一样，能够接受理智的灵魂通过普遍精神进入灵魂，从而被个体化。普遍心灵进一步作用于个体化的灵魂，隐含于灵魂中的知识得到显示或实现。个体化的灵魂上升到最高级的自我意识，在这一形式中同普遍精神合一，或者被后者吸纳（神秘主义）；它成为人类所共有的心灵的一个阶段或部分。在此意义上，也只有在此意义上，而不是在个人的永恒性意义上，个体灵魂才是永恒的。阿威罗伊认为，普遍心灵自身是上帝的许多流射物种的一个；它是人世间的精神或推动者的流射物。

阿威罗伊同他的学派的所有阿拉伯哲学家一样，认为普通人不可能掌握所有的真理，在宗教中，普通人通过象征而获得真理，哲学家用比喻解释真理，而普通人则从字面上理解。因此一件事可能在哲学上是真的，而在神学上则不是真的，反之亦然。阿威罗伊由此断言，他通过理性能够必然推理出理智的统一性。但是他却根据信仰坚定地相信相反的观点。在晚年，阿威罗伊因为宣扬有害于伊斯兰教的学说而受到指控，并被逐出科尔多瓦的哈里发宫廷。

不难理解为什么基督教会以怀疑的态度对待阿拉伯人的哲学礼物。她自身需要同与其对抗的泛神论异端进行斗争，因而不愿意开门接受异教徒的异端邪说。

### 第六节　犹太哲学

前文所描述的阿拉伯人思想的不同倾向深深影响了中世纪的犹太哲学，并反映在这一哲学中。11世纪生活在西班牙的阿维斯布朗（所罗门·伊本·加比罗尔）在他的《生命之源》一书中，提出了一个新柏拉图主义的纲要，他的这本书在欧洲的经院学者中得到广泛流传。这一时期最重要的犹太哲学家是科尔多瓦的摩西·迈蒙尼德（摩西·本·迈蒙，1135年—1204年），一个亚里士多德主义的追随者，也是《迷途者的指南》一书的作者。他接受亚里士多德在世间的权威，但是
224 在神圣知识上求助于犹太教的启示，坚持从无生有的创世说和人类事务中有一位全智的上帝。他也宣扬意志自由和灵魂（也就是后天的积极理智）的永恒。

## 第三十章
## 亚里士多德的影响

### 第一节　经院哲学和亚里士多德

虽然对亚里士多德哲学的研究给经院哲学带来了新的生机，但是这一研究在那个时代的哲学思想中并没有立刻产生重大变化。实际上，亚里士多德之所以被人们欣然接受，是因为他的哲学可以被用来巩固当时盛行的经院哲学体系。经院哲学家们的主要目标一直是要实现宗教和哲学之间的和谐一致；现在他们有一个完善的思想体系，这一体系是希腊智慧最为成熟的结果，他们可以方便地用它来构建这一联盟的一方。亚里士多德的思想体系包含了人类知识的所有分支，得

出了明确的结论，用清晰准确的语言加以表述，并具有确定的术语。这一体系作为平静的、客观的理性成果，打动了经院学者，正如它打动任何人一样。它满足了经院学者在辩证法方面的爱好，对每一个重要的论题都给出了赞同和反对的理由。因此，这一思想体系是逻辑大师的作品。

亚里士多德的学说中有许多内容符合经院哲学的要求。如果有不一致的地方，经院哲学家就会通过适当解释或修正亚里士多德的学说，轻易实现二者的一致，以满足官方的观点。亚里士多德宣扬单纯的精神性上帝的存在，这一上帝与宇宙相区别，并超越宇宙，但又是宇宙的最初因和最终因——这一有神论和二元论的概念证实了基督教的观点。亚里士多德提供了一个彻底的自然目的论，这一理论总是诉诸常识，对于一个对自然研究感兴趣的时代特别有吸引力。亚里士多德的体系完整地组织了人类的知识领域，就如同基督教的教义体系完整地组织了启示知识领域一样。“知识巨擘”很快成为“自然事物”的最重要权威，经院哲学家开始用亚里士多德的学说来支持基督教的世界观，这并不让人感到奇怪。

事实上，亚里士多德的体系和基督教哲学之间存在着重要差别，这些差别在
经院哲学的历史进程中是显而易见的。亚里士多德宣扬宇宙的永恒，而教会宣扬 225
从无到有的创世；亚里士多德否认个人灵魂的不朽，而教会则肯定这一点；亚里士多德的伦理学是自然主义的，而教会的伦理学则是超自然主义的。但是当这两种权威理论产生分歧难以达成一致时，经院哲学家就会对这两种理论进行协调、和解、修正和补充，以便适用他们的需要——经院哲学家的这一工作成果卓越。

## 第二节　奥古斯丁的神学

但是，12世纪传统的神学运动并没有随着亚里士多德的出现而结束。教会的教义在柏拉图的思想影响下继续发展，而代表了正统思想和希腊哲学第一个伟大综合的奥古斯丁神学继续对神学运动产生着重要影响。在13世纪初，经院哲学的任务是尽可能地吸收新材料，对其进行改造，以符合经院哲学自己的体系——结果它自己也逐渐发生了改变。但是基督教的某些老师很少受到这一新哲学的影响，仍然主要忠诚于12世纪的传统。这些人中有哈尔斯的亚历山大和根特的亨利。其他人像大阿尔伯特和圣托马斯·阿奎那试图对传统神学和逍遥学派的思想进行综合；还有一些人像布拉班特的西格尔则致力于一种他们所理解的、纯粹的亚里士多德主义。不久的将来的发展路线就是朝着逍遥学派哲学和经院哲学的以

往成就的结合这一方向的。

哈尔斯的亚历山大（1245年去世）是一个英国的方济各会僧侣，他在箴言集（《神学大全》）中首先用这一新学说证明过去的教义。首先提出问题，然后对问题进行回答，再引用典籍对回答进行演绎证明。他将安布罗斯、奥古斯丁、杰罗姆、可敬的比德、阿尔昆、安瑟伦、维克托教派、伦巴第人彼得和克莱沃的伯纳德等人视为信仰问题上的权威，将柏拉图、亚里士多德、阿尔法拉比、阿维森纳、安萨里、西塞罗、马克罗比乌斯、波依修斯、卡西奥多罗斯视为理性的权威。在他的神学、形而上学和心理学中，亚历山大显示了他对奥古斯丁主义的偏好，也表明了他没有非常深入地理解新运动的思想。

## 第三节　大阿尔伯特

1193年，大阿尔伯特出生于符腾堡的劳因根，他在帕多瓦和博洛尼亚的大学里学习哲学、形而上学、医学和神学，于1222年进入多明我会的修道会。他在巴黎和科隆作为哲学教师赢得了巨大的声誉，并以大阿尔伯特闻名于世。阿尔伯特于1280年去世。他注释了亚里士多德的著作、《圣经》和箴言集；他的哲学著作
226 和神学著作有：《宇宙的起因和过程》《论理智的统一性，反对阿威罗伊主义》《神学概要》《精神的极乐世界》。

### 参考书

《大阿尔伯特》，J.Sighart编辑，三十六卷本，1857年。

阿尔伯特作为教会博士，最早建立了以亚里士多德哲学为基础的经院体系。但是在他的著作中，阿拉伯人的影响是显而易见的。在讨论与神学有关的问题时，他也遵循迈蒙尼德的《迷途者指南》，这本书似乎比他的其他权威和正统观点更为一致。阿尔伯特在自然科学研究方面表现出浓厚的兴趣，经常被称为罗吉尔·培根在这一领域的先驱。但是尽管他坚持根据经验来研究自然，却还是陷入了通常的经院哲学习惯，用亚里士多德的眼光来看待自然。阿尔伯特以其研究的广度而非深度著称，在批评的敏锐和思辨的力量上要逊于他那伟大的学生圣托马斯·阿奎那。

阿尔伯特认为，哲学问题应当以哲学的方式来对待，神学问题应当以神学

方式来对待。这种分为哲学和神学两个领域的倾向预示了后来的双重真理学说，之所以出现这种倾向，是因为许多学者越来越相信，某些像三位一体说和道成肉身说这样的教义不可能从逻辑上证明。例如，没有什么东西能够从无中产生，这一原则在物理学上是真实的，但是在神学上却并非如此；这对具体的或次要的原因来说是真的，但并不适用于最终原因。奥古斯丁是阿尔伯特在信仰问题上的权威，而亚里士多德则是他在自然科学和理性神学方面的权威，但他也承认这位希腊思想家并不总是同教条的神学相一致。

阿尔伯特的学生圣托马斯以一种杰出的方式发展和完善了他的思想，圣托马斯的广博体系是13世纪经院哲学的最好范例。

## 第三十一章
# 圣托马斯·阿奎那：经院哲学的巅峰

托马斯是阿奎那的兰道夫伯爵的儿子，1225年或1227年出生于那不勒斯附近一个古老的城堡，在蒙特卡西诺修道院的本笃会僧侣那里接受教育。年轻时他不顾父亲的反对，加入多明我会，然后一直在科隆、巴黎和博洛尼亚。在那里，他成为大阿尔伯特的学生。学习期满后，托马斯在科隆、巴黎、博洛尼亚、罗马和那不勒斯教授神学和哲学。在这段旅行和教学期间，他专心建构有史以来最重要的天主教思想。托马斯死于1274年，被同时代人称为天使博士。1323年，托马斯 227
被教皇二十二世封为圣徒。

圣托马斯对许多著作进行了注释，其中包括亚里士多德的著作，并写了许多哲学和神学专著。他的主要著作有：《神学大全》《反异教大全》和《论君主制》（只有一部分是他的）。

## 参考书

《神学大全》英译本，1912年—1922年；《反异教大全》，1923年—1924年；A Pegis，《圣托马斯的基本著作》，1945年，以及R. McKeon，《中世纪哲学选集》，两卷本，1930年，包括英译本选集；P.Rouselot，《圣托马斯的唯理论》，第3版，1924年；M.Grabmann，《托马斯·阿奎那》，1920年，V.Michel英译本，1928年；E.Gilson，《圣托马斯·阿奎那的哲学》，1924年；D.J.Kennedy，《圣托马斯·阿奎那和中世纪哲学》，1919年；M.De Wulf，《以圣托马斯·阿奎那体系为例的中世纪哲学》，1922年；A.E.Taylor，《哲学研究》，1934年；A.C.Pegis，《圣托马斯和希腊人》，1939年；M.C.D'Arcy，《托马斯·阿奎那》，1930年。

## 第一节　哲学和神学

圣托马斯的体系是我们已经表述过的运动的典型代表。这一体系的基本目标是要证明宇宙的合理性是上帝的启示。在其一般纲要上，圣托马斯的体系与奥古斯丁的形而上学一致，他接受已经成为教会遗产的学说，将其作为指导原则。但是他接受了亚里士多德的方法，并始终运用亚里士多德的概念。我们再次听到纯粹作用、形式和质料、现实和潜在、四因以及其他逍遥学派的解释原则。但是他的体系中并没有削弱教会教义的倾向。亚里士多德的自然主义绝不会干涉基督教思想体系的超自然主义，因此圣托马斯严格的正统性没有招致任何异议。

在圣托马斯看来，哲学是由事实到上帝；而神学则是由上帝到事实。他遵循阿尔伯特关于理性和信仰的区分：像三位一体说、道成肉身说、原罪说、创世说和圣礼这样的教义不可能通过自然理性得到证明；它们并不是哲学的对象，而是信仰的问题，是启示的真理——位于理性之上。我们不可能证明这些教义，也不可能反驳它们，但是我们可以反驳对这些教义的反对意见。例如，没有必然的证据可以证明世界在时间中被创造的教义，那是启示的问题，否则我们就不会知道这一教义。只有相信这些信条，才能理解它们的合理性、可理解性和似真性。任何试图给宗教神秘性以理性证明的做法实际上都破坏了信仰，因为只相信理性能够证明的东西，这没有什么好处。信仰是意志问题：意志要求人接受信仰。圣托
228 马斯将这一强制性解释为内在的本能（上帝诱导我们相信教义），或者作为神迹的结果从外界来到我们这里。

巴黎大学在一项法令中正式承认将启示的神学与自然的或者理性的神学分开，“哲学教师不应当考虑任何明确属于神学的问题”。正统的基督教，无论是天主教还是新教都接受了这一规定。圣托马斯的这一区分对哲学是一个真正的贡献，这实际上将神学问题排除在哲学讨论之外。邓斯·司各脱和他的追随者们进一步使理性的或自然的神学不受理性的裁判。

## 第二节　认识论

圣托马斯在神学和哲学关系问题上的态度可以通过他关于知识的方法和理论而得到部分解释，在认识论上他主要遵从亚里士多德。真正的知识是概念知识，但是概念在感觉中有其基础：理智中没有什么不是首先在感觉中出现的。灵魂具有不同的功能或能力：感觉能力、积极理智的能力和潜在理智的能力，通过这些能力灵魂可以通过不同方式发挥作用。灵魂的每一种能力都与其所接纳之物相适合。通过感觉，灵魂接受到具体事物的副本或者形式，即所谓的“可感觉的种类”。因为潜在理智是完全独立于肉体的，或者说是超有机体的，所以，可感知的副本要为潜在理智所知道或者接受，就必须摆脱所有物质或有形的东西。这一点是通过积极理智做到的，它从可感觉的副本中抽取符合积极理智性质的元素，将可感觉副本塑造成为为理智所理解的副本。因此，如圣托马斯所说的，为理智所理解的副本或“为理智所理解的种类”就不是在时空中具有所有偶然属性的具体事物的副本，而只是包含了本质属性。潜在理智通过这一为理智所理解的副本而理解或把握事物的普遍概念。要不是感觉，心灵就不可能具有认知；如果心灵没有自然倾向形成关于感觉的偶然性的普遍概念，它也不可能有所知。圣托马斯的学说注意到了我们知识中既有感觉的一面，也有概念的一面，既有特殊的一面，也有普遍的一面。他还强调我们思想的积极的或自发的性质，认为这是其先 229
验特征的来源。心灵具有以某些方式活动的倾向，知识暗含于心灵之中，当心灵通过感觉的激发而行动时，知识就变得明显起来。

通过外在事物对灵魂的作用，心灵中较高级的能力接受知识的素材，并将其加工成概念性的知识。因此真正的知识或科学在感觉或经验中有其基础，我们只可能知道我们所经验过的东西。相应地，哲学家有必要将经验世界作为他解释的出发点，从分析经验上升到事物的原则或本质。这一关于存在的科学就是形而上学。形而上学就是从具体事物抽取出它们的共同性质，并按照事物的共相来思考事物。因此只有存在共相，只有存在具有共同属性的具体事物，才会有科学。既然所有的精神存在者都是独自的一类，也就不存在关于精神存在者的普遍概念，因此也就没有关于他们的真正知识。

## 第三节　形而上学

科学以共相为对象，因而共相必定是真实的，否则就不可能存在真理。但是共相在脱离具体事物的意义上并不是真实的：它们并不是“实际存在”的事物，例如它们并不是作为实体而存在。共相存在于具体事物之中，是多中的一，是事物的本质，或者如圣托马斯所称，是事物的实质或者所是。同时，圣托马斯和阿尔伯特一样认同亚里士多德的观点，认为理念、形式或者共相内在于上帝的心灵中，也是人的心灵对事物的抽象。

因此，形式或共相是形而上学必要的解释基质。但是仅靠它们还不能解释自然对象的世界。圣托马斯同亚里士多德一样引入了第二基质，即质料：自然是形式和质料的结合。有形物体的本性或实质是由形式和质料构成的：他用实质来指事物借以是其所是的性质，自然对象通过质料和形式而是其所是。在这两种基质的帮助下，圣托马斯不仅解释了自然中的秩序和目的性，而且解释了具体事物或事物的繁杂、多样。有些实在论者认为形式是具体的个别事物存在的原因，是个体化的基质。在圣托马斯看来，质料是个体化的基质。同一类的个体事物的多
230 样性取决于物体构成的不同。特指质料（materia signata）或个体质料（materia individualis）或具体的自然事物所具有的一定量的质料，加上这一确定量的质料所具有的所有偶然性，就使得具体的个别对象成为其所是的样子。就人而言，这是因为灵魂与具体的有机体相联系，因而他才是这一个具体的人。苏格拉底是苏格拉底而不是其他人，是因为他所特有的个别质料。

除了存在于质料中的形式（固有的或者物质的形式）外，还有能够独立存在的形式，它们不需要借质料成为真实（实际存在的形式）。在这些形式中，有纯粹精神的存在者，或天使和人的灵魂。它们借以是其所是的本质或本性并不是质料或形式，而只是形式：它们自身即具有个体性。

## 第四节　神学

上帝是纯粹的形式，是纯粹的现实性。我们根据信仰而拥有关于上帝的知识，但是也可以通过推理，以前面已经指出的方式来理解上帝。但是这样的知识是间接的或者有中介的知识。我们在所有推理中从已知到未知，从结果到原因，从有条件的到无条件的。我们从上帝的创造物中推知他的存在，只能通过后验的方法证明他的存在。圣托马斯拒绝了安瑟伦的本体论证明，而利用了亚里士多德、圣奥古斯丁以及阿拉伯哲学家使用的许多证明。（a）每一个被推动的事物都需要某物来推动它，每一个结果都包含了原因：因此必定存在着一个最初不动的运动的基质，否则我们将在因果系列上无休止地前进，而永远不能到达终点。

必定存在着一个自身即存在的东西，它不需要通过其他任何事物而获得存在（亚里士多德）。（b）自然事物只是偶然的或者可能的，这个或者那个具体事物并不是必然存在；但是必定存在着某物，它不只是可能的，而是真实的或者必然的，是偶然或者可能事物的根据或者基础，是绝对的必然存在（阿尔法拉比）。这两个证明构成了康德后来所称的宇宙论证明。（c）事物形成了一个循序渐进的卓越性的等级，必定存在着一个完善的最高级的形式或者等级，使得这一存在不同完善程度的事物的系列得到完善。既然所有事物都是由第一因引起，这个第一因就必定是最完善的原因，是最完善的存在者，是宇宙中所有完善事物的原因（圣奥古斯丁）。（d）任何事物在本性上都要实现某个目的或意图。这样的行为暗含着有一个理智来引导它。一个有目的宇宙必然意味着有一个伟大的产生目的者，即有理智的上帝。最后这两个证明是目的论证明，为希腊人和经院哲学家 231
所共同使用。

因此，上帝就是宇宙的第一因、最终因或目的因。他是纯粹的现实性或创造力。如果他只是潜在的存在者，就需要其他某个事物来使得他成为现实的或真实的，那样他就不会是第一因。作为纯粹的现实性，上帝是绝对单纯和绝对完善的。他也是绝对的理智，包含了绝对意识和绝对意志。

上帝从无中创造了包含质料在内的世界。如果上帝是所有事物的第一因，他必须既是质料的第一因，也是形式的第一因。因为他是纯粹的精神，没有与质料混合，质料就不可能发源于上帝，他必定是从无中创造了质料。但是从哲学上不可能证明世界在时间上有开端，也不可能证明世界在时间上没有开端，因此两种观点都是可能的。从无中创造只是意味着世界是由上帝创造的，上帝是其必然的原因；它并不意味着暂时的或者永恒的创造。因为，我们凭借启示而相信世界在时间上有开端。时间开始于创世。上帝不仅创造了世界，而且世界在每一时刻都依赖上帝而存在：他的创造是一个持续的创造。上帝选择这个世界作为所有可能世界中最好的世界，因为他的意志为善决定，所以只可能希望最好的世界。上帝创造世界的目的就是要以所有可能的方式来显示他自己，因此他创造了所有可能等级的事物。

## 第五节　心理学

上帝创造了自然、人的灵魂和天使。天使是纯粹的非物质的精神，有多少个别的天使，就有多少种类的天使。自然物是有形的，其形式存在于质料中。还存在着植物灵魂和动物灵魂，但是它们并不是离开质料而存在的。人既是纯粹精神，也是质料；他是单个人，包含了存在的两种基质，将其结合在一个完善的实体中。人的灵魂是非物质的“实存”形式，是肉体的生命原则。灵魂是有机的、有感觉的和有理智的。灵魂作为对肉体有影响的或者重要的原则，具有三种不同的能力或者功能：运动功能、感觉功能和理解功能。人的胚胎仅仅具有有机的和感觉的灵魂；理智灵魂在人出生时才加到人身上——一旦肉体有接受灵魂的倾向或者准备接受灵魂，上帝就创造灵魂。理智和意志构成了人的灵魂的本质，并将
232 其与其他灵魂区分开来。虽然灵魂同有机体紧密结合在一起，它的理智部分仍然是超有机体的，完全不受肉体束缚。换句话说，人是心灵和肉体的结合体，心灵和肉体紧密结合，但是显然不是像自然中一般的形式和质料那样不可分割。灵魂是有理智的、有感觉的、为生命所必需的基质，这种三位一体感觉、思考、意欲，并形成和推动肉体倾向于接受这样的作用。

因此，有理智的灵魂没有肉体也能够运用它的功能，所以是不朽的：“在肉体死亡后，它仍然是活跃的。”并不存在像阿拉伯人所坚持认为的唯一的普遍理智；如果存在这样的理智，那么人将既不是理性的存在者，也不是道德存在者，他的思考和意志将会是和他不同的事物造成的。个体的灵魂在个体死后，其各个部分仍然作为理智、感觉和有机灵魂而存在——这些部分又构成一个单一的灵魂——形成一个像原来的躯体一样的新躯体。

圣托马斯所使用的这些灵魂不死的证明是以前的柏拉图主义的证明，后者已经成为基督教和阿拉伯世界的共有财产。人的灵魂知道共相，因此是非物质的，灵魂与肉体的分离也就不可能破坏灵魂。既然灵魂是现实的形式（一个活生生的基质），它就不可能死亡，因为现实性（生命）意味着持续存在。而且，灵魂希望不朽的意愿是它永恒存在的另外一个理由；每一个自然欲求都必定得到满足。

与感觉知识和超感觉的或者理性的知识相一致，人还具有感官欲求和理性欲求或意志。人并不像兽类一样，其欲求和行动绝对由感觉印象所决定，人还拥有自我决定的能力，通过这一能力他可以行动或不行动。但是为了让意志来作决定，意志必须首先具有善的概念。因此，理智推动意志而不是强迫意志。理智将意志的对象（目的或者意图）置于意志面前，以此来推动意志。另一方面，就意志促使理智和感性发挥作用而言，意志是“灵魂王国的第一推动者”，但是超越于有机体之上的生活，意志就无法控制。因此在圣托马斯看来，理智和意志彼此相互决定，但是理智优先于意志。意志为理智根据理性目的认为是善的东西所决定。但是这并不是强迫；强迫只有在存在者被外在原因所决定的情况下才存在。

人是自由的，因为他是理性的，不为他所不认同的外在原因驱动，并且可以在实 233
现他的理性所认为的善或目的方法上进行选择。

## 第六节　伦理学

圣托马斯的伦理学是亚里士多德思想和基督教思想的融合。其基本假设是：上帝基于一个目的而创造万物——是为了在创造中显示他的善——万物的本性都朝向这一目的，都通过实现其真正存在而实现这一真正理念，并且显示上帝的善。从客观方面考虑，至善就是上帝；从主观方面考虑，对创造物来说，至善就是他们最为重要的可能的完善，或者与上帝的类似。圣托马斯认同亚里士多德，认为对人来说的至善（亚里士多德称为幸福）就在于实现他的真正自我。非理性的存在者为上帝赋予它们的自然或者感官冲动所决定，以实现它们的目标，而理性存在者则试图有意识地和自愿地实现他们的目标。行动的最高级形式是思辨或者沉思，而思辨的最高级对象就是上帝。因此，人通过认识上帝来实现他的真正自我——他的完善和最高级的幸福。生活中存在着许多种认识上帝的方式。我们拥有的是一种自然、直接的、未经反思的关于上帝的知识。但是这不能给我们完善的幸福，因为这一认识不是完善的活动。我们可以通过推理获得关于上帝的知识，但是并不是所有人能够由此而获得这一知识，而且这一知识并不十分确定。我们可以通过信仰来理解上帝，但是信仰依赖于意志，缺乏自明性。关于上帝的最高级知识是直觉性的：这一知识只有通过来世获得，而且永远存在；它产生了至上的幸福，是人类努力追求的最终目标。那些像上帝认识他自己一样去认识上帝的人，与上帝最为相似。

圣托马斯用基督教的内容填充了亚里士多德的伦理学。对亚里士多德来说，至善是思辨知识、哲学和对上帝的纯粹沉思。毕竟哲学家或者有智慧的人才是他的理想。对圣托马斯来说，关于上帝的知识是至善，人们通过直觉获得这一知识：但那是极其幸福的梦想，唯有在来世才有可能实现。在此意义上，那是超自然的善；在它是超自然的恩赐礼物的意义上，此善是超自然的。既然幸福就是获得至善，那么没有快乐伴随就不会有幸福。爱是幸福另外的伴随者：人们不爱上帝就不会沉思上帝。

圣托马斯在他的伦理学中并没有局限于至善的讨论，而是着手仔细分析道
德行为，并且充分讨论了美德。当行为是慎思和选择的结果时，也就是自由的理 234
性存在者的行为时，它们才被称为合乎道德的。一个行为的善或恶取决于它所要

实现的目标、行为者的目的或者意图以及行为的环境。这些因素必须符合理性的规则，而理性的规则是人类行为的原则。道德行为的最高标准是上帝的理性、永恒或者神圣的法则、《旧约》和《新约》中的法则。《旧约》中的法则具有世俗的目标，它要求公正地工作，以恐惧为动机；而《新约》中的法则具有天国的目标，它要求意志的神圣性，其动机是爱。而上帝的法则并不是任意的法则，上帝只可能希望善。除了永恒法，还存在着自然的或者人类的法则，这些法则写在我们心中。因此，为了成为好人，人们应当遵守由神圣法和自然法所激发并作为指导和灌输结果的理性。

圣托马斯以中世纪的方式解释良知。理智是思辨的，也是实践的；理性被赋予理论和道德两种原则。作为道德原则的能力，理性被称为具有普遍意义的良知（synteresis）。具有普遍意义的良知提供三段论的大前提：所有恶都应当避免；较低级的理性提供小前提：通奸是恶；良知（syneidesis）得出结论：通奸应当避免。

必须记住，一个外在行为的不道德的品格完全取决于意志；某个行为可能本身是好的，但是可能因为朝向一个不道德的目的而成为坏的。但一个自身是恶的外在行为永远也不可能因为通过意志使其朝向一个好的目的，从而成为好的行为。这样，圣托马斯明显拒绝通过目的来为手段进行辩护的观点。至于所谓的“灵魂的激情”和感觉的嗜欲在道德上并不总是坏的，只有在不服从理性原则的情况下，它们才是坏的。

圣托马斯遵从亚里士多德关于美德的论述和对美德的划分，但是用基督教的概念对其进行补充。没有美德是天生的，所有的美德都是通过践行有美德的行为而获得的。这些后天习得的美德能够实现不完善或不完全的幸福，这一幸福在此世就可获得。为了实现永恒的幸福，就必须由上帝将超自然的恩赐的基质加入到灵魂中，这一更高的形式使一种更高的完善的存在成为可能。上帝将某些超自然的美德灌注或者输入到人身上，即信仰、希望和仁慈等三种神学美德。没有这些
235 美德，人就不可能实现超自然的目标。伦理美德也是上帝为了帮助人们实现幸福生活因而必须由其灌输给人；仅仅是后天习得的美德无助于实现这一目标。爱是灌输到人身上的最高美德，是所有美德的完善形式。

如我们所看到的，沉思的生活是最高级、最神圣、最愉悦的生活。沉思状态甚至在此世就可以达到。在上帝的启发性影响下，人可以产生一种极度狂喜的状态，在这一状态中，灵魂不受感觉和器官的束缚，并沉醉于纯思中（神秘主义）。这种沉思生活不仅高于实践生活，而且更值得赞赏。它基于对上帝的爱，

而实践生活则是基于对人的爱。就积极的生活致力于外在追求而言，它是沉思生活的阻碍；如果它致力于控制感官追求，就会促进沉思的生活。

获得幸福的最安全、最快速的方式是完全抛弃尘世的善，去追求永恒生活。不能强迫而只能建议人们采纳这一做法：存在着某些福音的劝勉，比如清贫、独身和服从，通过遵循这些劝勉就可以获得较高的完善。对圣托马斯来说，理想的生活是修道院生活或者禁欲的生活。实际上，这对奥古斯丁和所有的教会神父来说也是如此。但这仅适于少数人，对大多数生活在尘世的人来说，他们适宜过一种目标不太严苛的生活。

由此，圣托马斯·阿奎那的道德哲学包含了古希腊和中世纪两种不同特征的伦理学，但中世纪的理想占据了优势地位。对于希腊道德哲学家来说，最高的善总是我们尘世生活的某一方面或者成绩，无论那是美德还是幸福，而且最高的善可以通过运用美德，在人类理性的帮助下以一种完善的自然方式实现。而根据中世纪神学，最高的善并不是此世中的生活——我们的尘世生活不过是对上帝的朝圣之旅——而是来世的永恒幸福。这一目标并不是靠践行有美德的行为就可以自然和必然实现的，而是要依赖于上帝自己的超自然的恩赐。最完善的好人并不是有才智的人，而是虔诚的人，后者为对上帝的爱和尊敬所鼓舞，完全服从上帝的意志。在修道院中远离尘世的诱惑和纷乱，最能达到这一虔诚状态。

和圣奥古斯丁一样，圣托马斯也将恶视为匮乏。只要一个事物按照其善的本性而行动，它就不可能是恶的。恶是由于在形式或原因方面有缺陷的行动引起，
或者由于物质有缺陷的状态即结果引起的。在道德上的恶方面，这一缺陷在于意 236
志，意志缺乏理性规则和神圣法则的引导，所有事物都致力于善，因此它们所实现的恶都在其意图之外。这对于理性存在者来说尤其如此。无论他们追求什么，他们都视其为善；他们所追求的也可能是恶，但是他们并不是因为它是恶的才追求，而是因为他们从善的角度视其为善的——虽然他们的观点是错误的。

圣托马斯的伦理学体系以启示学说结束，这一学说接受了奥古斯丁和正统神学的观点。在亚里士多德的形而上学中，存在的最低级阶段被认为是质料，质料临近于和形式有关的较高阶段的质料，如此类推一直到序列的最后。圣托马斯采纳了这一学说，称自然的人是为精神的人作准备的质料，精神的人凭借上帝所施与的恩赐，能够比亚里士多德学说中的人上升到更高的完善状态。亚当的原罪败坏了人的本性，他的罪也传给了他的后代（原罪说），而只有神恩才能拯救他。教堂的圣礼是上帝赐予人们恩典的工具或者手段。上帝赐予那些将要得救的人以恩典。在他看来，这并没有剥夺意志的自由，因为神恩可以通过与人的意志合作

而在人身上发挥作用。上帝并不对人没有复归于上帝负责，他预见到某些人将会滥用他们的自由并做坏事，他允许他们这样做，并预先决定要惩罚他们。但是所有伦理和宗教进步的目标乃是普遍的复活，包括肉身的复活。

## 第七节　政治学

在其国家的理论中，圣托马斯将亚里士多德的观点与已经由圣奥古斯丁在《上帝之城》中提出的基督教的政治理想结合了起来。人是政治动物，在社会中生活。所有政府的目的是共同的福利：这一目的只有在一个内部团结、和平安全并且抵御外在敌人的社会中才能实现。君主政体要防止暴政，但是即使在受到极端压迫的情况下，弑君或者革命也永远得不到辩护。人们应该通过法律手段，依据宪法找到补救办法——因为政治秩序是神圣的秩序；如果诉诸法律不可能，就应当由上帝来处理这一后果。

统治者应当将神圣目的放在心中，并使他的臣民实现这一最高的善。但是既
237 然人类的最高的善是永恒的幸福，教会和其领导者，也就是作为上帝在尘世代表
的教皇就高于世俗权力。因此，在精神事务方面，尘世的统治者要服从于神父，
他们是教会的封臣，他们的臣民在他们被逐出教会后就不会忠于他们。国家不再
像奥古斯丁在《上帝之城》中所指出的那样，被视为人的罪恶本性的结果，而是
凭借神的力量建立起来的机构。

## 第八节　圣托马斯的追随者

圣托马斯的追随者包括：戈特弗里德·方丹、阿吉迪斯·科隆纳、斯特拉斯堡的托马斯、贺斐·耐德瑞、托马斯·布雷德沃丁、卡普雷奥吕、弗兰德斯的多米尼克、托马斯·德·维奥（卡耶坦）和但丁（1265年—1321年），但丁的《神曲》表明他是托马斯哲学的狂热追随者。

耶稣会会士莫利纳、加布里埃尔·瓦斯奎斯、弗朗西斯·苏亚雷兹教授经过修正的托马斯主义，弗兰西斯·维多利亚和巴涅斯则继续宣扬托马斯原来的观点。

1286年，多米尼克称圣托马斯为“教团博士”。耶稣会在罗耀拉（1534年）创建他们的体系时是以托马斯的学说为基础的，但是后来又背离了这些学说。教皇十三世将圣托马斯的哲学作为天主教会的官方哲学，命令出版托马斯著作的新版。托马斯主义是当今天主教的主要哲学体系。

# 第三十二章
# 反经院哲学的倾向：神秘主义、泛神论和自然科学

## 第一节　神秘主义

除了大阿尔伯特和圣托马斯重要的经院哲学体系外，在13世纪还存在着我们在概述12世纪思想时已经注意到的、作为补充的和敌对的运动：神秘主义、逻辑和科学研究以及泛神论继续吸引着教会的许多学者。

费登萨的约翰（1227年—1274年）被称为圣博纳文图拉，是哈勒的亚历山大的学生，属于奥古斯丁主义盛行的方济会。虽然他写有《箴言集》和注释性著作，但尤其以一个神秘主义者而著称。他的学术倾向于奥古斯丁——柏拉图主义的思想模式，但是他的神秘主义同圣维克托学派的神秘主义没有本质差别。他主要的神秘主义著作是《心向上帝的旅程》。

通向上帝之路从认知开始，经过反省到达沉思。在沉思中我们经历了几个 238
阶段：我们在有形世界中沉思上帝，然后在我们自己的内在生活中沉思上帝，由此上升，直接看到上帝自身。在这一最高阶段，灵魂超越了自身，进入一种圣洁的无知状态，通过爱而与神的意志合而为一。这样一种出神的状态是神恩赐的礼物，圣洁和祈祷的生活是对这一出神状态的准备。圣博纳文图拉自己是阿西西城的圣方济会的托钵僧道会的成员，他将修道院的禁欲生活及对清贫、贞洁和顺从的誓言视为基督教完善的最高形式。

## 第二节　逻辑学

在这些作家中，致力于逻辑和语法研究的是希雷斯伍德的威廉（1249年去世）、欧塞尔的兰伯特（1250年去世）以及西班牙的彼得（很可能就是死于1277年的教皇二十一世）。彼得写了一本逻辑学的教科书《逻辑简述》，这本书大致上采纳了亚里士多德和波依修斯的观点，几个世纪以来一直是这一学科的权威著作。巴黎的尼古拉斯（从1250年到1263年在克劳斯—布吕诺教书）在他的《混合范畴论》中将语法和逻辑结合起来。

### 参考书

E.Gilson，《圣博纳文图拉的哲学》，1924年，D.I.Trethowan和F.J.Sheed译。

## 第三节 自然科学

前面已经指出，学者们对自然科学的兴趣与经院哲学结合在一起，而经院哲学是中世纪占据统治地位的理智兴趣。

13世纪，学者们依然继续关注科学研究，虽然自然科学运动的领袖罗吉尔·培根抱怨，在牛津之外很少有人关注科学研究。在我们已经提到的那些鼓励研究自然的兴趣的人当中，有巴思的阿德拉德和大阿尔伯特。在英国，数学和物理学得到了发展。阿尔伯特、博韦的文森特和罗吉尔·培根致力于地理学研究，当时的科学家们相信地球是一个球体——这一观点受到教会的谴责——并且地中海流域位于地球的中心。他们设想沿着向西的航线可以到达印度；实际上，哥伦布至死还相信他发现了印度西部。

已经被记录在科学研究者名单上的有：亚历山大·尼坎姆（1217年去世）、阿尔弗雷德·撒切尔（他大约在1225年写了一篇关于心脏运动的论文）、约翰·佩克汉姆（1292年去世）、罗吉尔·培根（约1214年—1294年）、维特罗（约生于1230年）以及弗赖堡的狄特里希（他于1265年至1269年在巴黎任教）。维特罗和
239 狄特里希将自然科学的兴趣与新柏拉图主义学说结合了起来。

### 罗吉尔·培根

这个团体中最杰出和有主见的人是罗吉尔·培根，他是中世纪和近代学者的奇异结合。培根是一个方济会的僧侣，在牛津和巴黎接受教育，他特别热衷于数学（他将数学视为所有科学研究的基础，认为数学包括算术、几何、天文和音乐）和物理学研究，物理学包括透视法、炼丹术、农学（植物学和动物学）、医学、天文学和巫术。他还认为研究希腊语、希伯来语、阿拉伯语和迦勒底语对于神学和哲学研究是不可缺少的。他将形而上学视为第一原则的科学。培根在其百科全书式的著作《大著作》中记录了他的思想。

在证明和经验这两种认识方法中，培根将重点放在了后者上，“因为没有经验，我们就不可能充分知道任何东西”。但是经验是双重的：有依赖于外在感官的人类的或哲学的经验，也有内在的启示或神圣的灵感，通过后者我们知道的

“不仅是关于精神事物的知识，而且知道有形质料或者哲学知识”。凭借这种内在经验，我们经由七个阶段可以上升到一种出神状态或者“对精神事物和所有人类科学的”神秘认识。有这种经验的人可以领悟许多人用语言无法表达的东西。

培根的科学态度同近代科学的精神还有很远的距离。他有许多近代的观念，同时又提出了大量的奇异观念和迷信：占星术同天文学相混杂，巫术同力学混杂，炼丹术同化学混杂。双重经验学说为一切有害于经验科学发展的可能性打开了大门。但是重要的是：培根自己实际上忙碌于研究自然，并强调在这一领域进行观察的必要性。

## 第四节　双重真理学说

13世纪除了其神秘主义和自然科学的倾向外（这些倾向并不总是被容纳在经院哲学中），还显露出反对整个教会哲学的迹象。在阿威罗伊的影响下，大量的思想者区分了哲学真理和神学真理，坚持认为虽然这两者可能相互矛盾，但是每一真理在其各自范围内都是真的。这一策略并没有瞒过教会的权威。1240年， 240
巴黎的主教对通过这一方式提出的某些异端主张进行了谴责。布雷西亚的约翰在1247年提出大量的异端观点，认为这些观点不是神学真理而是哲学真理。巴黎的主教艾蒂安·坦普埃尔在1270年和1277年拒斥了双重真理学说，并且谴责了巴黎大学艺术学院教授的一长串论题，其中有些论题否定三位一体、肉体复活、灵魂遭受火厄、出神和见到上帝的超自然的性质、在时间中的创世以及作为幸福手段的神恩的必要性。与此同时，布拉邦特的西格尔提出一个关于双重真理学说的夸张版本，他试图通过证明大量“神学上”自明的命题的反面，例如，没有上帝，没有确定知识，没有道德责任，没有矛盾律以及不受支持的物体不会坠落，以表明不可能证明这些自明的命题。

## 第五节　雷蒙德·卢利

雷蒙德·卢利（1235年—1315年；著有《简要学问》和《大学问》）反对这些异端，他常被用来引证人们对理性能够解决所有问题的信心并没有完全失去。在卢利看来，理性不仅没有得出和基督教信仰相矛盾的结论，而且能够绝对确定地证明宗教的一切神秘性。他发明了一种他称之为“大技术”的技术，通过这一方法，人们“不必学习和反思，就可以解决所有的知识问题”。这个方法是把九个一连串的概念和问题放到七个活动的同心圆盘上，然后操纵这一圆盘以产生答案。通过这种无效的机械装置，他成功地赢得了一大批狂热的追随者，这些人继续相信这种“大技术”，[57] 直到17世纪。卢利试图将基督教教义理性化的做法被证明是徒劳的，双重真理学说的广泛流行表明将神学和哲学综合起来的做法是失败的，这也预示了经院哲学的最终衰落。

## 参考书

罗吉尔·培根，《大著作》，R.B.Burke译，两卷本，1928年；W.R.Newbold，《罗吉尔·培根的密码》，1928年；R.W.Woodruff，《罗吉尔·培根》，1938年。

[57] 参见Kercher，《雷蒙德·卢利》。

# 第九篇

241

# 经院哲学的衰落期：13世纪之后

## 第三十三章 约翰·邓斯·司各脱

### 第一节 反对圣托马斯

虽然托马斯主义哲学成为多明我会的官方学说，并且赢得了众多追随者，但是它的至高无上并不是没有争议的。圣方济会最初的伟大导师是哈勒的亚历山大和圣博图文森纳，这个教派虽然没有明确反对亚里士多德主义，但是坚持奥古斯丁主义——柏拉图主义的传统，他们反对新体系的许多证明和结论。很快，基督教学者就分裂为两个敌对的阵营。圣方济会强调宗教实践的、情感的、神秘的、个人的和虔诚的一面，对他们来说，理智没有意志重要，基督教的伦理——宗教的内容要比信仰的理论结构更为重要。因此，对新的经院哲学的许多批评和反对都是来自于这一教派，这并不奇怪。

反对者可能从许多方面来进行批评：（1）对占统治地位的哲学的某些原则进行攻击；（2）认为基督教与亚里士多德主义的结合不成功，并加以排斥；（3）否定对信仰的证明；（4）完全否定经院哲学的可能性。通过接受这些立场中的前三种，邓斯·司各脱为人们接受第四种立场铺平了道路，因此促进了经院哲学体系的瓦解。

加入这一反对托马斯主义阵营的有（其中有些人在其他有关地方已经提及过）：佩克汉姆、瓦罗、基尔沃比、威廉·拉马雷（在1284年著有《纠正托马斯

兄弟》）、米德尔顿的理查德、根特的亨利、布拉邦特的西格尔、阿卡斯帕尔塔
242 的马修、彼得·约翰·奥利维、罗吉尔·培根和圣普尔坎的威廉·杜兰德。在约翰·邓
斯·司各脱的思想中可以找到反对托马斯体系的精神。

约翰·邓斯·司各脱约生于1274年，是英格兰人或者爱尔兰人，是方济会的成员，其出生的准确地点和日期都不清楚。他在牛津上学，在那里他表现出了数学方面的才能，并相继在牛津和巴黎任教，最后在科隆任教。1308年，他在科隆去世。他的声望与其说是靠其建设性的能力，不如说是靠其辩论的技巧和批评的敏锐。他的称号是“精细博士”，这并非浪得虚名。邓斯·司各脱受罗吉尔·培根和哈勒的亚历山大的影响，将圣奥古斯丁和圣安瑟伦视为最高权威。圣方济会将他作为他们教派的博士。他的著作有：《牛津论著》《巴黎论著》（由其学生在巴黎出版的演讲笔记）和《问题论丛》。

### 参考书

C.R.S.Harris，《邓斯·司各脱》，两卷本，1927年。

## 第二节　信仰和知识

邓斯·司各脱的哲学建立在如下预设上：教义不容辩论；信仰是最高真理的基础；爱是基本的美德；信仰和爱以意志为基础，并且是看到上帝的条件；意志高于理智。他赞同圣托马斯的观点，认为在信仰的真理和理性的真理之间没有矛盾；他也利用哲学知识来支持他自己的理论，并且批评其反对者的观点。在他看来，理性不能解释宗教的神秘性，而必须辅之以信仰。但是，邓斯·司各脱在限制理性的范围上比圣托马斯走得更远。他通过数学研究认识到什么才是真正的证明，认为与神性、神的目的、神的预知和预定以及灵魂不死有关的命题，不能够为理性所证明。在这些问题上，他认为信仰自身就可以给我们以确定性。信仰不可能完全排除怀疑，但是确实可以排除令人信服的怀疑。神学的目的是实践性的，而不是理论性的。没有作为神学所关心的启示的教义，我们就不可能知道上帝对人的意图，因为科学不可能告诉我们这一点。神学具有自己的原则，因为它与最高的可能对象（上帝）有关，因此优先于所有科学。哲学也具有自己的原则，它是独立的科学，绝不从属于神学。

邓斯·司各脱的学说清楚地区分了启示神学和哲学，对这一学说的始终坚持

将会使哲学从其对神学的依附中摆脱出来。邓斯·司各脱作出这一区分是为了维 243
护信仰的地位，但是他这样做为哲学的解放开辟了道路。他坚信启示神学的真理，对理性思想没有丝毫惧怕；他坚信如果理性得到合理使用，就一定会和宗教相和谐。理性确实不可能证明教义，但是也不可能反驳教义。对于信仰没有司各脱这般坚定的人来说，还存在着其他可能性：理性可以得出同教义相冲突的结论；如果发生这一冲突，人们必然或者接受或假装接受理性和信仰，或者抛弃教义自身。这一时期的思想家作出了不同选择。

## 第三节　共相学说

在其共相学说中，邓斯·司各脱大致遵循了他那个时代的理论，圣托马斯也接受这一理论。共相作为上帝心灵中的形式，存在于事物之前；共相存在于事物之中是作为它们的本质或者普遍性质；共相作为我们心灵中的抽象概念存在于事物之后。共相不只是有限心灵中的概念，因此概念性的知识具有真实对象。如果共相没有外在的精神实在，所有的科学都将被归结为单纯的逻辑。邓斯·司各脱的主导原则是：思维和实在一致，逻辑的概念和区分不单是思维的活动，而且具有与它们相符合的实在。但是知识和对象的符合并不必然是同一的，甚至一方不必是另一方的摹本。如果不从具体对象开始，我们根本就不可能思考，但是从具体对象开始，我们却用普遍概念进行思考。我们接受属和种之间的逻辑区分，发现属必然包含着种，而种又必然包含着个体。个体之间的差异将个体与个体区分开，种和种之间的具体差异将种区分开。区分的进程不可能再进一步对个体自身进行区分，因为我们不可能从逻辑上分割个体：每一个体或者具体事物都是不可分割的实体，是最终的实在，是逻辑学和形而上学区分的终点。个体性的差异构成了具体的个别事物，正如种是由属加上种的差异性，普遍性质或本质或其所是在这里为个体性质，为这一个（后来的作者表述为haecceitas）所补充。正如一个人从逻辑上讲来源于动物，再加上人性这个种的差异性，因此苏格拉底来自于人，就是把苏格拉底这个个体的特征加到普遍的和种的本质上。邓斯·司各脱认 244
为个体化的基质存在于这一个体性差异中，而不是像圣托马斯所认为的那样存在于质料中。具体事物是其所是，不是因为事物的质料——如果是这样，那么同一物种的成员应当是相同的——而是因为其个体的性质，也即是它的个体性。这一个体性的差异并不是加到一个对象的一般特征之上的事物或者实体，也不只是逻辑上的区分，而是同一般特征相结合的性质或者特征，并且内在于或者接近于一般特征。

从共相或者一般概念下行，我们最终到达个体；但是沿着相反的方向，我们也可以到达共相或者先验的概念，最高级的概念是存在，因为存在可以谓述其他一切东西。除了存在，还存在着其他的先验概念——我们能应用到事物上面的最一般的谓词——诸如实体、善、真实；同一性和多样性；偶然性和必然性；现实性和潜在性。

## 第四节　神学

邓斯·司各脱同圣托马斯一样认为我们只能后验地或者从神的工作中推论出上帝的存在——这一证据潜存于每一个理智的、被创造的精神中，并要求成为现实。但是神是全能的这一教义或者上帝从无中创造世界的教义却不可能得到证明。上帝是纯粹的形式或者现实性。在现实性中所有事物都是明确的，没有什么是潜在的，否则上帝就不可能是绝对完善的精神基质。上帝的知识是所有真实的和可能的事物的鲜活的直觉。从世界的事实中，我们可以推论出第一因的存在。我们也必须将有意识的知识和目的归于第一因。但是我们不能从神的性质或存在中先验地演绎出包含在上帝理智中的所有真理。对于司各脱来说，只有建立在后验根据基础上的论证才具有理性的确定性。司各脱拒绝了他那个时代的经院学者所沉迷的其他一些思辨形式。除了理智，我们有理由将意志也归于上帝。上帝的意志是无限的和绝对的：在一个单一的行动中，他可以用意志支配任何对他来说是可能的东西，并且他也可以自由地用意志支配或者不支配任何东西。这一学说虽然很难设想，但是必须作为一项基督教的教义。上帝用意志支配这个世界，并且必定永恒地支配，否则就会存在某个时间，上帝没有用意志支配世界，而这就意味着上帝的变化和不完善。唯有上帝是纯粹形式；其他任何事物都是形式和质料的结合，是现实性和潜在性的结合。所有被创造的精神，包括天使和人的灵魂
245 既有质料也有形式。这一学说是司各脱主义者和托马斯主义者争论的观点之一。司各脱在这里主张潜在性与物质性相联系，只有作为现实的或者实现了精神的上帝才是纯粹形式。

## 第五节　心理学

邓斯·司各脱的心理学和他哲学的其他部分一样，也有许多同圣托马斯的观

点相同之处。但是他们各自对灵魂及其能力的解释显示了许多细微差别。司各脱认为由形式和质料例示的灵魂和肉体在人身上构成了一个实质性的统一体，但是灵魂自身也是一个形式和质料的统一体。而肉体作为一个个别灵魂的个别肉体，也具有自己的形式。司各脱也认为灵魂的不同能力同灵魂的本质相区别，各种能力之间也相互区别，但是只有一个灵魂，这个灵魂具有各种能力和功能。这两位思想家在理智和意志的相对重要性的观点上的根本分歧是托马斯主义者和司各脱主义者之间一个主要争论的来源。虽然圣托马斯承认意志在灵魂结构中的重要性，在他的体系中理智仍然居于有限地位。理智作为更为抽象和简单的功能，是更高级的能力，是理性存在者的显著特征，我们看到，理智在最高的善方面决定意志。邓斯·司各脱则认为意志高于理智。如果意志必然为理智所决定，那么它就不是意志。意志具有同意和反对的力量。想象和理智是意志活动的必要前提，但并不是决定性因素：意志能够决定赞同感官的诱惑或者赞同良知；意志是自由意志。

对意志的这一心理学解释意味着意志在没有神圣恩赐的帮助下，也能够符合自然道德要求而行动。司各脱接受了这一结论，但是指出：人离开了信仰、希望和爱，不可能获得永恒生活，而信仰、希望和爱是恩赐的礼物，能够使意志履行为上帝所要求的行为。对于圣托马斯来说，永恒的幸福在于沉思上帝，而对司各脱来说，永恒的幸福则集中在爱上面，爱是意志的行动，在这一行动中我们已经与上帝结合。看见上帝是幸福的重要原因或条件。知识是意志的工具，而意志和爱作为这一意志的功能，则是它们自身的目的。圣托马斯认为，如果我们在没有意志的理智和没有理智的意志之间进行选择，那么我们应当选择前者。司各脱认为我们应当选择后者。意志是灵魂更高级的、更高贵的和更有价值的能力，它在其行动中是绝对自由的，并且不受善的观念决定。意志自由地选择善。 246

## 第六节　上帝和道德律

邓斯·司各脱将他的唯意志论从人延伸到上帝，对上帝来说，意志也是高于理智，上帝并不为其理性所决定。因此，我们不可能通过原则推断来知道他的目的，理解他的行为。上帝没有必要创造一个世界，如果他愿意，他可以创造一个不同的世界。他也不受他所建立的秩序的限制。他可以随意改变，而不会招致罪责。他所希望的和建立的东西都是正确的。因此在理性存在物是理性思考的必要产物这一意义上，宇宙并不是理性的；如果它是理性的，我们自己就可以推论出整个世界，像上帝一样思考上帝的思想，并且自信地预知事件经过。所有事情都是取决于上帝意志，因而宇宙中没有什么是理性的必然。

类似地，和我们尘世生活以及彼此之间的关系有关的神圣命令并不是必然的命令：上帝并没有因为某些规则对于理性来说是自明的或必然的，才以某些方式要求我们行动；相反，这些规则因为上帝的规定才是必然的。他本来可以制造一个社会，在这个社会中，谋杀、一夫多妻以及侵犯财产权的行为并非错误的。我们不可能从绝对的道德律中推论出这些法则，也不能从兄弟友爱的命令中推论出来，因为它们并不是来自于道德律，并且爱的法则并不是自然法。我们也不能证明上帝的爱是自然法。但是司各脱确实认为《摩西十诫》中的某些法则，即前四条命令是必然的。当然原则上这等于放弃了独断意志理论的全部。司各脱以如下方式辩护了这一例外：人除了上帝没有其他的神，人不应当亏欠上帝，而应当崇拜上帝，这都是自明的；这些法则都来自于上帝自己的爱，而上帝必定爱他自己；它们并不仅仅是任意意志的命令。

既然上帝是全能的，他的命令就必须得到履行。他那不可撤销的命令包括对善的奖励和对恶的惩罚。但是具体是谁将受到奖励，谁将受到惩罚，是不确定的。在这里我们处理的是具体的决定，而不是一般的法则，在这些情形中，上帝可以改变他的意见，具有另外的意志要求，因为他是绝对自由的。神圣意志是绝对公正
247 的，因为他所向往的东西是绝对公正的。司各脱是唯意志类型的神学伦理学在中世纪的伟大倡导者：道德法则的来源可以追溯到上帝意志的自由命令。

邓斯·司各脱的学生中有：约翰·德·巴索里斯、安东尼亚·安德里亚、弗兰西斯·德·梅洛尼斯和沃尔特·伯利。

## 第三十四章
# 唯名论的复兴

圣托马斯和邓斯·司各脱都限定了可证明的真理的范围。那些被在他们之前的经院学者视为可证明的学说，被归入权威和信仰的领域。如我们所看到的，司各脱在这一方向上走得甚至比圣托马斯更远。他不仅划定了哲学的范围，而且还以一种透彻的、破坏性的方式批评了那些曾经用来支持基督教教义和自然神学的证明。他对经院学者的理智活动进行了严格审查，在他们的推理中区分了有效的和无效的，并将思考限制在他认为正当的范围内。他对人类理性并非没有信心；

实际上，他对理性持有坚定的信念，并在哲学和神学中运用逻辑方法。但是他坚持强调：虽然一旦我们通过启示掌握了信条，可以对其进行理性上的探讨，但是我们不可能通过无帮助的自然理性来获得和证明这些信条。

这一观点向某些思想家们暗示了一个更进一步和更激进的发展：他们完全将可证明的神学真理排除在经院哲学之外。他们坚持认为神学中没有什么是能够被证明的；神学根本就不是科学，宗教教义不仅不能证明，而且不能为人所理解。人们不应当致力于将教义理性化，而是应当顺从地相信它们。尽管教义既没有条理，也没有充分理由，但它们是真实的；相信不能被证明的东西是值得赞扬的。

圣托马斯和邓斯·司各脱的温和实在论沿着唯名论的方向对共相理论进行了修正。如果如司各脱所说，具体对象是“最终的实在”，如果个体化不只是由偶然的特征组成的，而是共相的最终实现，那么具体事物就是唯一真实和真正的实在性，对我们来说是唯一的科学研究对象。有人论证说，这一科学研究证实了这一观点：一般概念或者共相在经院哲学的意义上根本就不是真实的，只不过是思考的心灵的抽象，是为许多具体事物所共有的性质的命名方式。这是对经院哲学 248
初期在罗瑟林那里出现的学说的复兴，同时也标志着这一学说即唯名论的结束。

## 第一节　奥卡姆的威廉

得出这些结论并为一种新的唯名论哲学奠定基础的人有：方济会的彼得·奥来利和多明我会的威廉·杜兰德，后者一度追随圣托马斯。但是这一运动的伟大领导者是奥卡姆的威廉，他被追随者称为“可敬的领导者”和“无敌博士”。

英国的方济会士奥卡姆的威廉约生于1280年，他可能是邓斯·司各脱在牛津的学生。可以确定的是，他在巴黎教过几年书。在他那个时代教会同国家的冲突中，他站在民族主义者一边，并受到了巴伐利亚的路易皇帝的保护。1347年，他在路易皇帝的宫廷去世。奥卡姆的著作有：四卷本的《箴言集》《逻辑大全》《论辩集七篇》和《金言百则》，以及关于国家和教会权力的著作。

## 参考书

E.Moody，《奥卡姆的威廉的逻辑学》，1935年；S.Tornay，《奥卡姆：研究与选集》，1938年；E.F.Jacob，《作为政治思想家的奥卡姆》，1936年。

在奥卡姆的威廉看来，只有具体事物才存在，我们的所有知识都是从具体事物开始的。因此他所说的直觉或者知觉就很重要，我们通过直觉意识到事物的存在并且在判断中加以表述，从具体对象中抽象出它们所共有的性质，因而形成了普遍概念。我们没有特殊的心灵能力或者理智来进行这一抽象，而是在两个相似对象呈现到我们面前时，自然地进行抽象。但是这样的共相只是作为心灵中的观念或思想而存在，并用指称许多具体的相似事物的词汇或者惯用符号进行表述。因此科学完全与这些符号或者术语有关，一个术语就是一个词加上这个词的意义。但是这并不意味着我们的判断只与概念有关；它们也和事物有关系。

相应地，共相在心灵之外就没有存在，也不存在于事物之中。像实在论者那样假设外在精神的共相，就是将抽象的东西当作实体，或者是观念实体化，因而使我们自己陷入各种荒谬中。“如无必要，勿增实体。”这一原则被称为“奥卡
249 姆剃刀”，因为它要剃掉多余的共相。彼得·奥来利已经阐述过这一原则。共相也不作为实质或实体存在于上帝的心灵中；像我们自己一样，上帝具有关于具体事物的知识，只有具体事物才真正存在。

除去感官知觉，直观知识包括关于一个人内在状态的知识——“理智、意志活动、喜悦和悲伤”——这些内在状态并没有感官知觉确定。但是我们不能以这一方式获得关于灵魂性质的知识，而只是观察到这些活动。除了这样一些直接知识，我们还有奥卡姆所说的“抽象的”知识，他用这一概念指我们通过研究推理或者三段论而获得的知识，这一知识必然为真。但是构成我们论证基础的原则是通过归纳从经验中得来的。因此经验是我们知识的来源，超越经验的一切知识都不过是信仰问题。通过安瑟伦的本体论证明或者经验都不可能证明上帝的存在。即使根据经验也只能得出可能性，因为这一方法使用的所有原则，例如无穷后退的不可能概念都是没有证明的假设。上帝的存在基于理性的角度来看是可能的，但信条不可能为理性所理解。将基督教教义理性化是不可能的，我们所能做的就是相信教义。因此并没有神学科学这样的东西，我们完全依赖于启示来获得宗教真理的确定性。哲学和神学不再共谋。

上帝是全能的存在者，不受法则约束，自由思考、向往和行动。他本可以建立与现在已经规定的规则不同的其他道德规则：这些规则都不是自明的，它们约束我们仅仅是因为上帝愿意存在这样的规则。无论是对我们来说还是对上帝来说，意志都是高于理智的。

## 第二节 唯名论与实在论

这些观点放弃了整个经院哲学的基本原则，经院哲学的最初目标是要将基督教信仰理性化，将哲学与神学相结合。现在这一事业被认为不但自以为是，而且徒劳无益。经院哲学是伪科学，通过理性不可能获得信仰的全部内容。奥卡姆这位虔诚的方济会士传播这些思想，他同那些接受他的学说的人成为一个整体，在神学遭到破坏时更加顽强地坚持他们的信仰。但是具有不同气质的人拒绝放弃将宇宙理性化的尝试。托马斯主义者和司各脱主义者之间的斗争现在转化为实在论 250
和唯名论之争，并且这一斗争非常激烈。在1339年，巴黎大学禁止使用奥卡姆的书，1340年排斥了唯名论。一个世纪多以后（1473年），这所大学的所有教师都必须宣誓教授实在论。但其他的大学已经建立起来，布拉格于1348年，维也纳于1365年，海德堡于1386年，科隆于1388年都建立起大学，在那里唯名论者找到了充足的机会来表达他们的观点，这一争论持续了一百多年。

## 第三节 奥卡姆的追随者

奥卡姆的追随者有：约翰·布里丹讨论了意志自由；萨克森的阿尔伯特著有逻辑学和物理学方面的著作；里米尼的格里高利、尼古拉斯·德·奥里斯姆、英根的马西留斯、海姆布赫特的海因里希和贝尔的加布里埃尔，后者对奥卡姆的学说进行了系统阐述，被称为“最后一位经院学者”。

皮埃尔·德·艾里认为内在知觉比感官知觉要更为确定，并认可在数学中使用的演绎推理的科学确定性，这一推理建立在矛盾律的基础上。罗伯特·霍尔科特（1349年去世）坚持哲学思想的一致发展，而不管它对教义的后果。奥特里考特的尼古拉斯批评因果性观念，反对亚里士多德，接受原子主义理论和世界永恒重现的理论。约翰·格尔森（1363年—1429年）将其神秘主义建立在唯名论前提之上，强调启示和信仰作为知识手段的重要性。萨邦德的雷蒙德试图对自然和启示进行调解，或者试图通过自然中的神圣启示来证明基督教教义。

### 参考书

M.H.Carré，《实在论者和唯名论者》，1945年；J.R.Weinberg，《奥特里考特的尼古拉斯，14世纪思想研究》，1948年。

# 第三十五章
# 14世纪的神秘主义

## 第一节　正统和异端的神秘主义者

在考虑中世纪所特有的各种倾向时，我们经常指出神秘主义如何像阴影一样伴随着经院哲学。许多人不满足于一种不能使他们更接近于上帝的关于上帝的科学。除非神学能够给他们关于神圣存在者的个人经验，否则就什么都不是。14世纪的神学思想完全有利于这种宗教运动；理性在理解和解释宗教的神秘性时越是无能为力，人们就更为强调情感和意志。

251 我们发现14世纪有两派神秘主义：一派是拉丁神秘主义，这一派服从教会并且沿着由维克托派和博纳文图拉提出的道路前进；另一派是日耳曼神秘主义，这一派对教会的学说和政权采取一种更加独立的态度。皮埃尔·德·艾里（1350年—1425年）属于前一派，他的学生约翰·格尔森、萨邦德的雷蒙德已经在前一节提及过。日耳曼一派包括埃克哈特或埃克尔哈特（1260年—1327年）、海因里希·索伊斯或者苏索、约翰内斯·陶乐（1300年—1361年）、《日耳曼神学》的无名作者，以及荷兰的神秘学派：杨·范·罗伊斯布鲁克（1298年—1381年）、杰拉尔德·德·格鲁特、共同生活兄弟会以及托马斯·厄·肯培（肯培的托马斯·汉默肯），后者是著名的《效仿基督》一书的作者。

## 第二节　埃克哈特大师

整个神秘主义运动的最重要人物是埃克哈特大师，他是一位多明我会的教师，在其教派的监狱中去世，虽然他的神秘主义的形而上学基础是托马斯主义体系，但来源于伪狄奥尼修著作的柏拉图主义的成分极为明显。在他的拉丁文著作中，埃克哈特以一种专业的形式和经验哲学的传统表述他的观点，而在他的德语布道书和小册子中，埃克哈特以更加个人的、情感的和通俗的方式表述其观点。在后一类著作中，他更加强调伦理学和心理学的特征，通过这些特征他发挥了更为有力的影响。他在向公众布道而不是向学者讲学时显示了最高水平。但是他的兴趣总是思辨性的。他并不是像14世纪大多数神秘主义者那样，首先强调神秘地专注于上帝，而是对整个基督教生活方式提出一种理性的解释。他的神秘主义是理智的神秘主义。

同柏拉图主义一样，埃克哈特将上帝视为一个不可思议的、无法定义的精神实体，是万物都在其中结合的无限潜能。万物的开始和终点是永恒神性的隐藏秘密，它甚至不为自身所知。上帝作为不可表述的超验存在者，不可能显示其自身。他只有在三位一体中才能得到显现。在永恒的进程中，三个位格从神性中产生，又复归于神性。神只有通过思考自身才能成为上帝，为了思考自身，神需要三位一体和此世。上帝必须知道他自身、行动并且同他自己交流，并向往善。埃克哈特将这一切设想为一个没有时间和不变的过程：他首先将人类的范畴应用到上帝身上，然后又因为人类的范畴不适合先验的存在者而取消这一应用。 252

世界由上帝产生，永恒观念系统存在于上帝那里，就像一件艺术品存在于一位有创造力艺术家的心灵中。世界就是永恒的创造；万物都在上帝之中，而上帝也在万物之中。有限的心灵觉察到多样性，而不受时空限制的心灵在万物的统一中掌控万物。在上帝的心灵中，万物都是永恒的现在。埃克哈特试图通过区分统一的理念世界和创造物世界，以避免泛神论。世俗世界是理念世界的摹本，由上帝从无中创造出来；它是神圣本质的溢出，但仍然包含在神圣本质中。它在上帝中，但并不与上帝同一，因此它的不完善性并没有影响上帝。没有创造物，上帝就不可想象，他离不开创造物，创造物也离不开他。上帝特别需要人的灵魂，在那里他得到了真正的安宁。

知识是灵魂的最高级功能，而知识的最高级阶段是超理智的。通过超自然的沉思，超越时间和空间，灵魂试图同其目标（上帝）合而为一。灵魂能够超越杂多、世俗的和外在的事物，因为它包含着一种“永生的火花”，这样灵魂同神圣心灵的结合就不是人自身的活动，而是上帝在人灵魂内的活动。知识的整个过程是由具体上升到统一性。这一过程永不停止，直到知识超越所有差异，进入“不存在差异的寂静的荒漠，这荒漠永远不动，并且超越所有对立和分歧”。

道德使灵魂复归于上帝。为了实现这一点，人必须否定他的个体性，因为个体性毕竟只是人的偶然属性，是虚无：“摆脱这虚无，则万物都是一。”“谁想要理解上帝，他就必须对自己漠不关心，而专心于上帝，专心于未被显示的荒漠，即神性，并再次成为他此前的所是。”“对自己的最高程度的疏远是清贫。清贫的人无所知、无所求，也不拥有任何东西。只要一个人仍然想着做上帝希望的事情，或者渴求上帝或永恒性或任何具体的事物，他就仍然不是清贫的，仍然不是十分完善的。”“为了行动而行动，为了爱而爱；即使没有天堂和地狱，人也要为了上帝的善性而热爱上帝。”“道德并不存在于行为，而是存在于人身上。”仁爱就是要努力为善，它是所有美德的原则。仁爱的精神自然会产生正确的行动。救赎并不依赖于外在的行为形式，比如斋戒和克制肉欲；善性仅仅取决
253 于行为所蕴含的精神。所有的美德都是一样的，没有等级之分。只要一个人做出违反上帝意志的事情，他就仍然没有获得上帝的爱。人们不应当将所有时间花在沉思上面而没有道德上的行动，这是自私的。任何人在出神状态中知道一个穷人需要救助，都应当停止出神状态而帮助他贫困的教友。

通过神的恩赐，人与上帝重新结合。作为个体，人通过复归于上帝并使他与其自身交流。上帝如果不帮助个体灵魂，就不可能了解他自己。就人内在于上帝的本质而言，上帝通过人开展工作，万物通过人而成为上帝的理解对象。通过复归于上帝，人又与上帝同一。上帝进入人的存在，以便使人成为上帝。

埃克哈特的追随者忽视了神秘主义的思辨性一面，并夸大实践的、宗教的一面，而埃克哈特对思辨性特别感兴趣。一本在美因河畔法兰克福写成的书复制了埃克哈特的神秘主义的主要思想，后来路德发现了这本书，以《德意志神学》为名称将其发表，这本书深刻地影响了这位伟大的改革者。

# 第三十六章 世俗主义和自由思想的发展

## 第一节 中世纪的理性主义

中世纪的主要历史任务是传播和发展古典的基督教文化。教会承担了这一任务，成为人们精神的监护者。但是儿童不可避免要长大成人，并结束受监护的日子。现在这一时间到了，哲学史上一个新的时期开始了。但是我们不应当认为历史突然中断——这样的中断很少发生。这一新的历史时期只不过是一个漫长演进过程的结果，带有以前时期的许多特征。经院哲学自身是人们渴求理性洞见的结果，希望理解并找到新信仰的理由。它所代表的反思和探索精神与引导希腊人建立希腊思想黄金时代的伟大形而上学体系的精神是一样的。诚然，这一探索的目标是由信仰确定的，哲学作为信仰的侍女为信仰服务，但是在信仰划定的范围

内，人的理性有相当的自由空间。中世纪人们对理性知识的态度与早期基督教徒 254
的态度绝不相同。早期的基督教并不赞美人类的理智进步，也不希望通过思辨理性之门进入天国。圣保罗问道：“智者在哪里？文士在哪里？关于世界的辩论者在哪里？上帝不是使这个世界上的智者变得愚蠢了吗？”这并不是中世纪的经院哲学精神。教会的神父和博士热衷于理解，决心将他们的信仰理性化，希望通过智慧来认识上帝。如果他们并不像我们一样研究世界，也没有向希腊人一样以独立的精神追求真理，那是因为他们深信他们的前提，即他们所信仰的教义是绝对的真理。这些教义就是他们的论据，他们用这些教义来促进自己的理智，并将其结合成为一个体系。他们将研究的兴趣放在超验世界，放在我们的尘世生活与精神王国的关系上。他们对自然事件漠不关心，除非他们在其中看到神圣计划的作用。只要他们理解了真正有价值的、超验的真理，还会去关心那些细枝末节吗？教会并不反对科学研究本身，它确信所发现的事实都将会证实伟大的、基本的真理，因此忽视了科学研究。

## 第二节　国家主义的兴起

尽管教会有权力，而且要求独立并反对教会权威的精神曾在很长时间内处于郁积状态，但是这一精神从来没有完全消失。它在政治领域表现为教会同国家的斗争，这一斗争很早就开始，并且双方的斗争很激烈。胜利从教皇转移到君主那里，又从君主转移到教皇那里。格里高利七世的统治（1077年）标志着教会的胜利：德国的亨利四世曾到卡诺萨进行忏悔并向教皇致敬。英诺森三世在位期间（1198年—1216年）教会的权力达到了顶峰，但自那之后就开始衰落，法国的菲利普四世在同教皇卜尼法斯八世的斗争中取得胜利，迫使教廷迁到阿维尼翁，在那里从1309年持续到1376年。正是在这一时期，唯名论运动和德国的神秘主义取得了重大进展。从1378年到1415年，教皇的职权发生了重大分裂。这段时间有两个教皇（一度有三个）进行统治。教皇像巴比伦囚虏一样被囚禁在阿维尼翁，加上教会的分裂，这对教会来说是可怕的灾难。既然教会自己都发生内讧，她又怎
么能宣称自己在世俗或精神上至高无上呢？这一不幸状况使巴黎大学产生了建立 255
国家教会的思想。如果世界可以有两个教皇，为什么每个国家不能有自己的大主教？也有人反对教皇在教会内部的专制，他们主张既然教会高于教皇，那么他就应当服从于教会会议。

在这里出现了国家主义和教会主义之间、民主和专制之间的斗争。早在12世

纪，布雷西亚的阿诺尔德就曾反对教会的世俗权力，并在罗马建立了共和国，不过这个共和国时间很短，阿诺尔德于1155年被处死。最初，教会学者支持教会，但是渐渐地教会内部产生了反对罗马教廷世俗权力的意见。

那些赞同教会至高无上地位的几乎都是过去的正统经院学者，即14世纪的奥古斯提诺斯·特拉姆福斯和艾尔瓦拉斯·培拉基斯。但丁（1265年—1321年）在他的《神曲》中支持君主在世俗事务中的至高无上，而教皇在精神事务中是至高无上的。奥卡姆的威廉、维克利夫和帕多瓦的马斯利乌斯都反对教会的世俗权力。马斯利乌斯宣扬国家的帝制理论、人民主权论和契约论。

## 第三节　异端倾向

在教义方面，异端倾向从早期基督教试图宣传其宗教纲领时就一直伴随并从未消失过。在追溯教义的演进时我们就已经指出，要注意那些其学说反对正统教义的众多教派。马尔西翁是基督教保罗派的热烈拥护者，他谴责任何带有犹太教和圣彼得派的学说，并成为一场以不同形式持续了数世纪的运动的奠基者。从公元5世纪起，在亚美尼亚和小亚细亚就有马尔西翁教派，即保罗教派的继承者。从10世纪起，在保加利亚就有鲍格米勒派。11世纪，在法国南部出现了一个被称为卡特里派的教派，宣扬与鲍格米勒派类似的学说。在几个世纪中，教会在阿比尔教派开始有影响时，发动了一场针对这一教派的残酷战争，在恐怖的宗教裁判所的帮助下，教会成功地彻底破坏了这个教派。12世纪，在意大利北部出现了一个类似教派，这个教派叫韦尔多教派，由彼得·韦尔多在1170年建立，这一教派直到今天仍然存在。韦尔多的学说有：强调通过信仰进行辩护，宣扬忏悔说，赞
256 同布道而不是仪式，反对告解、豁免、神迹、圣徒崇拜和圣餐变体说。他视《圣经》为信仰的准则，并翻译《新约》供一般人研究。

14世纪和15世纪，维克利夫（1327年—1384年）在英国发动了伟大的改革运动，约翰·胡斯在波希米亚继续了这一运动。维克利夫反对教会体系、圣徒崇拜、牧师独身、禁欲、弥撒、圣餐变体、等级统治和教皇的最高权力。他要求恢复最初的会众组织，教会和国家各自独立。与宗教改革的愿望相随的是正适合社会改革的愿望：英国的瓦特·泰勒和德国的托马斯·闵采尔成为社会改革的领袖。

## 第四节　自由探索的精神

在那些拒绝接受正统哲学的人身上也体现出同样的思想独立的特征。我们已经讨论过司各脱·爱留根纳的泛神论，这一理论受到了教会的诅咒，还有泛神论者弗洛里斯的约阿希姆、图尔南的西蒙、博尼斯的阿马利克、迪南特的大卫，这些人的思想都显示了非凡的自由。圣维克托的虔诚的神秘主义否定理性和信仰结合、科学和宗教结合的可能性，从而动摇了经院哲学的根基。即使在12世纪正规的经院学者那里我们也能发现自由的倾向。事实上，当人们开始思考时，尽管他们有正统的信仰，但很容易不时同规定的教义发生冲突。安瑟伦的唯一目标就是要使信仰理性化，但他却同他之前的圣奥古斯丁和司各脱·爱留根纳一样，有时候险些同教会的教义发生冲突。罗瑟林关于共相的反思使他成为彻底的异端。阿伯拉尔整个一生给人的唯一印象是他身上存在着理智的健全和对教会的忠诚之间的冲突。独立精神的火花在沙特尔的伯纳德、康切斯的威廉、波瓦雷的吉尔伯特、索尔兹伯里的约翰以及所有的教会主教的著作中都可以看到。伦巴第人彼得在《箴言》中的讨论也显示了理智上的求知欲，这种求知欲充分表明了独立思想的前途。这一时代的思想家所严肃思考的许多问题，今天在我们看来，似乎空洞和荒谬是因为我们对人生的看法已经发生剧烈的变化；在中世纪的宗教情境中来考虑这些问题，它们代表了富于探究精神的心灵的活动。

13世纪学者们从柏拉图的实在论转向亚里士多德的实在论。对亚里士多德的 257
学说感兴趣，这本身就是思想自由的证明。亚里士多德不是宗教徒，并且关于他的著作的知识是从“异教”的阿拉伯人传到西方世界的。很自然，教会最初谴责他的哲学，但是不久就根据自身需要采纳了它，并将其作为正统的基督教体系。13世纪初，理性和信仰之间的结合已经松散，而新的世界观有助于加强这一结合。诚然，在这方面亚里士多德主义被用作那个时代自由倾向的矫正手段，暂时遏制了自由思想的潮流。同时，亚里士多德主义自身之内就包含着危及经院哲学的要素，最终鼓励了自由探究的精神。教会将一个无宗教信仰的哲学家置于如此高的地位，这就拓宽了人的理智视野，加深了他们对于古代人成就的敬重。亚里士多德的体系也有助于激发自然研究的兴趣，这最终证明是对自由探究的巨大刺激。这一体系也在柏拉图的实在论和唯名论之间，进而也在柏拉图的实在论和近代科学之间搭起了桥梁。亚里士多德的哲学是自然主义的，基督教的思想是超自然主义的；虽然圣托马斯·阿奎那试图用基督教的超自然主义来补充亚里士多德的世界观，这两条思想路线之间的矛盾仍然存在。这一矛盾迟早要显现出来，当矛盾显现时，人们对亚里士多德的尊敬使得他的异端理论仍然受到欢迎。

但亚里士多德的哲学毕竟是“希腊人的礼物”，它导致了经院哲学的最终解体。圣托马斯在亚里士多德的基础上构建了一个为教会所接受的体系；邓斯·司各脱（顺便提一下，他并没有被封为圣徒）相信他在反对圣托马斯的理智主义、实在论和决定论的观点上，在强调具体事物的实在性上，在宣扬作为个体的人的重要性和个体良知的价值上都忠实于亚里士多德主义。他的学术也为经验主义和唯名论铺平了道路。

奥卡姆的威廉大胆地发展了司各脱学说的某些结论，攻击经院思想的基础。如果共相是不真实的，它们就只是单词，如果神学是空洞的科学，就让教会将它们抛弃。信仰应当取代理性的位置。我们应当结束教会同理性和尘世的结盟，恢复单纯的信仰，恢复使徒时期神圣教会的民主组织。

258 神秘主义总是厌恶理性神学。但是尽管12、13世纪的神秘主义者具有反理智主义的学识，他们仍然忠于教会已经建立的学说。但是14、15世纪，神秘主义者变成泛神论者和唯名论者，如我们已经看到的，他们的学说虽然是为了维护神圣宗教的利益而提出的，但是大大削弱了经院哲学体系和可见教会的影响。

第三编

# 近代哲学

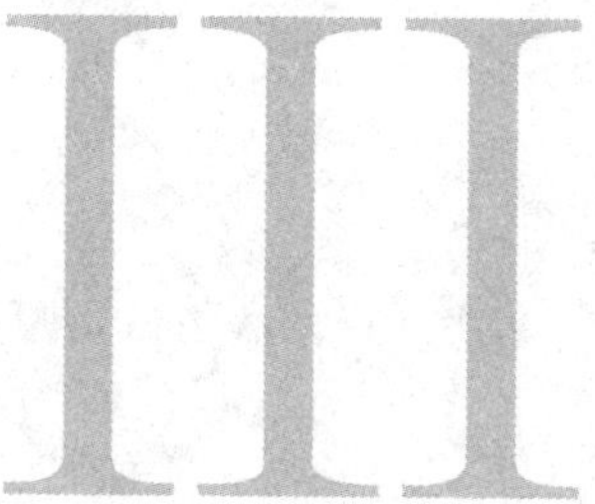

# 第十篇 文艺复兴时期的哲学

## 第三十七章 261
## 新启蒙运动

### 第一节 理性和权威

前文已经概述的倾向——唯名论的发展、思想的异端倾向、神秘主义以及对神学和哲学的经院主义结盟的反对——是文艺复兴和启蒙运动这两种伟大改革运动的先驱。这个时代开始批评旧传统和旧的语言和文学、艺术、神学系统、教会和国家的政治关系、专制的宗教。这种反思和批评精神默默积聚，最后爆发，公开反对权威和传统：国家反对教会，理性反对规定的真理，个人反对教会组织的强迫。教会和国家的冲突以有利于国家的方式得到解决，但是在教会和国家自身内部要求政治、经济、宗教和理智自由的愿望在文艺复兴和宗教改革运动中得到了部分实现，这一愿望在近代哲学和为人类自由和启蒙的其他斗争形式中也得到了体现。

教会对人类心灵的权威被逐渐削弱，个人开始坚持他理智的独立性。理性在哲学上取代了权威，这一信念开始盛行：通过自由和不偏不倚的探究而不是通过权威的法令而获得真理。中世纪哲学的兴趣主要集中在超自然的事物上，而新时代的人们将目光从天堂转向尘世，自然科学逐渐位居前列。同样独立的精神在宗教中也显示出来：个人摆脱了教会的束缚而诉诸《圣经》和良知。他拒绝接受在
他自己和他的上帝之间的制度性中介，并试图实现同他的信仰对象之间的直接的 262
和个人的交流。

## 第二节 人文主义

当人们反对过去并渴求新事物的时候，有两条路可供选择：他或者创造生活、艺术和思想的新形式，或者回到古代的模式中。人们首先选择了后一做法。中世纪人们的心灵已经习惯于接受权威和传统的束缚，他们不可能立刻沿着新道路进行创新。理智的改革者回到古典文明中去寻找灵感，希腊和罗马文化又获得新生而重新流行（文艺复兴），人性被重新发现（人文主义）。

15世纪，西方世界开始觉醒并重视长期以来被忽视的古典文明遗产。一百年前，意大利诗人但丁、薄伽丘（1375年去世）和彼特拉克（1374年去世）已经培养了对古典文化的兴趣，并将母语作为写作工具。劳伦提乌斯·瓦拉净化了教会使用的粗俗的拉丁文，将西塞罗和昆提良的著作作为拉丁风格的范本。曼纽尔·赫里索洛拉斯在意大利是第一个成为教授希腊语和文学的公共教师的希腊人。他的学生列奥纳多斯·阿雷提诺斯，柏拉图和亚里士多德著作的译者，在意大利激发了人们对于希腊研究的广泛兴趣。1438年及康斯坦丁堡陷落后（1453年），希腊学者逃往意大利，西方国家进入“哥特式的野蛮状态”时，在东罗马帝国被保存、欣赏和研究的艺术和文学财富，为西方乐于研究的学者所知晓。人文主义进入教廷和世俗宫廷，并进行传播，甚至大学也受到它的影响。教皇自己也受到了新文化的影响。尼古拉斯五世（1447年—1455年）创建了梵蒂冈图书馆，尤利乌斯二世（1503年—1513年）重建了圣彼得教堂，据说列奥十世（1513年—1521年）研究古典文化比研究基督教神学更感兴趣。对人类成就的兴趣被激发起来，人的天赋不再被视为无足轻重或者可鄙的，人受到赞美，天才受到颂扬，那个时代的诗人、演说家和历史学家获得大量的荣誉。艺术和建筑被赋予人性，表现否定世界、受难、死亡等精神的中世纪艺术为文艺复兴的艺术让路，后者表达了自然的生活乐趣。

263 参考书

K.Fischer，《近代哲学史》，第一卷，导论，第五、六两章，1887年；H.Höffding，《近代哲学史》，第一卷，第2版，1915年；W.H.Hudson，《文艺复兴史》，1912年；《剑桥近代史》，第一卷；J.A.Symonds，《意大利的文艺复兴》，七卷本，1900年；J.Burckhardt，《文艺复兴时期的文化》，两卷本，S.G.C.Middlemore译，1878年—1880年；W.H.Woodward，《文艺复兴时期的教育研究》，1906年；H.O.Taylor，《16世纪的思想与表述》，1920年；F.Ueberweg，《哲学史大纲》，第12版，第三卷，1924年；A.Riekel，《文艺复兴时期的哲学》，1923年；E.Cassirer，《文艺复兴时期哲学中的个人和宇宙》，1927年；E.McCurdy，《列奥纳多·达·芬奇的才智》，1928年；J.O.Riedl，《文艺复兴哲学家一览，1350年—1650年》，1940年；W.K.Ferguson，《历史思想中的文艺复兴》，1948年。

# 第三十八章
# 新哲学

## 第一节　柏拉图主义

文艺复兴时期的哲学有几个特征值得注意。首先，古希腊的体系受到了研究和模仿。整个经院哲学的方法被认为是空洞的文字游戏和吹毛求疵的论辩，人们致力于设计一种新的逻辑。但是经院哲学的成分被逐渐丢弃，人们不再盲目追随古代的模式，思想更加独立并具有原创性，直到最后发展到近代哲学这一阶段。

这一时期的第一个重要任务是研究古代哲学家。1438年，一个叫普勒托的希腊人来到意大利，参加在佛罗伦萨召开的一个会议，讨论东方和西方教会相结合的问题。普勒托受科斯莫·迪·美第奇劝说而留在意大利，他为了宣扬并捍卫柏拉图的哲学而创立佛罗伦萨学园（1440年）。西方学者第一次能够接触到柏拉图著作的全部，柏拉图被这一时期的改革者们认为是亚里士多德的竞争对手，而亚里士多德是教会的官方哲学家。但是他们完全按照东方的方式将这一伟大的唯心主义体系解释成为新柏拉图主义。普勒托写了一本比较柏拉图和亚里士多德学说的著作，他非常热衷于希腊文化，试图以一种寓言式的新柏拉图主义形式来恢复古希腊崇拜。

普勒托的追随者是贝萨里翁（他是1649年出版的《反对诽谤柏拉图的人》一书的作者），他捍卫柏拉图，反对信奉亚里士多德主义的同胞金纳狄乌斯、提奥多罗斯·加扎和特拉比松的格奥吉乌斯。他的学生佛罗伦萨人马奇里奥·菲奇诺 264

（1433年—1499年）继承了他的学说，将柏拉图的哲学视为智慧的典范和理解基督教的关键。菲奇诺编辑和翻译柏拉图和新柏拉图主义者的著作，并为其撰写注释。这些思想家都反对经院哲学体系。

### 参考书

N.A.Robb，《意大利文艺复兴时期的新柏拉图主义》，1935年；P.O.Kristeller，《马奇里奥·菲奇诺的哲学》，1943年。

## 第二节　库萨的尼古拉

15世纪唯一具有原创性而没有沿袭经院哲学老路的思想体系是库萨的尼古拉（库斯或库萨的克雷布斯，1401年—1464年）的思想体系。尼古拉在代芬特尔的共同生活兄弟会接受教育，在海德堡和帕多瓦学习数学、法学和神学，后来成为教会的主教和红衣主教。同文艺复兴时期甚至更早时期的许多哲学一样，库萨的尼古拉的世界观是中世纪和近代思想的混合。他的世界观受到德国的神秘主义、新柏拉图主义和毕达哥拉斯的数理论的影响，在泛神论和基督教关于上帝与尘世的二元观念之间摇摆。

### 参考书

《有学识的无知》，1440年；《论预测》，1440年；《论和平或信仰的和谐》，1453年（宗教宽容精神的一个非凡例子）。参见E.Van Steenberghe，《库萨的尼古拉主教》，1920年；De Gandillac，《库萨的尼古拉的哲学》，1941年。

尼古拉持有唯名论的观点，认为理性不能作为关于上帝的知识的来源。但他认为我们对上帝可以有一种直接的直觉，如神秘主义者所宣扬的，“一种未经沉思的洞察”，而通过出神可以实现这一点。他将此称为一种有学识的无知状态，这一状态超越了推理思想。上帝是事物中所有真实东西的无限本体，本质和存在、潜在和现实在他那里是一体的。他是纯粹的和无限的现实性、绝对的潜在、绝对的知识、绝对的意志和绝对的善。上帝包含了所有的矛盾，是对立面的一致，因此不可能通过概念性思维进行把握。实际上，在神学上只有否定是真实的，而肯定则是不充分的。尼古拉不愿意以任何方式限定上帝：只有知道自己对上帝一无所知的人才能接近无限的上帝。

世界是对上帝的解释，是分化为杂多的统一体。世界是上帝的摹本，是生机
勃勃的整体，上帝以其全部力量显示于世界的每一部分。上帝是至大，因为他是 265
无限的，并包含万物；但就上帝显现于每一具体事物而言，他又是至小。“每一实际事物都是万物的微缩。”这一切都是彻底的泛神论，照此情况，这些观点是纯粹的异端。但是尼古拉试图使他的理论与正统的二元论相符合，他将世界设想为与上帝不同：事物的本质与神圣的本质并不相同，事物是有限的，并没有完全实现神的观念。它们是偶然的，并不是必然来自于上帝的本质。

## 第三节　真正的亚里士多德

文艺复兴时期的有些思想家在复兴柏拉图的学说，而其他人则开始理解真正的亚里士多德，并注意到真正的亚里士多德和经院哲学中的亚里士多德之间的区别，而后者已经受到了阿拉伯人的新柏拉图主义解释的影响。亚里士多德主义者在解释逍遥学派的体系时分成两派：一派追随阿维洛伊，另一派追随亚历山大的阿佛洛狄西亚，他们机智地批评教会所理解的亚里士多德。帕多瓦的教授彼得罗·蓬波纳齐于1516年写下了《论灵魂不朽》，主张亚里士多德并没有宣扬个人不朽，个人不朽在物理上是不可能的，在道德上也是没有必要的。蓬波纳齐的其他著作有：《论巫术》《论命运》和《自由意志》等。

在意大利北部的帕多瓦有一个阿维洛伊学派，主要由物理学家和自然科学家组成，他们以阿维洛伊的方式解释亚里士多德，接受普遍理智的学说，否定灵魂的不朽。但是当新的亚里士多德为人所知时，这个学派改变了自己的立场，而遵循亚历山大的阿佛洛狄西亚的解释。

还有人试图对柏拉图主义和亚里士多德主义进行调和——在柏拉图主义这一边是米兰多拉的约翰·皮科，在亚里士多德主义这一边是安德里亚·维萨里。这一时代的其他思想家试图复兴伊壁鸠鲁主义和斯多葛主义，具有罗马色彩的斯多葛主义在有教养的阶层中很受欢迎。

### 参考书

A.H.Douglas，《彼得罗·蓬波纳齐的心理学与哲学》，1910年。

## 第四节　科学、哲学和逻辑学的革新

西班牙人鲁多维科·维维斯（1492年—1540年）不仅反对经院哲学体系，而且反对它的以权威取代经验的一整套方法。中世纪后期的唯名论哲学为这样的观点铺平了道路。维维斯在他的对话集《论智慧》和主要著作《论科学》中严厉批
266 评了经院哲学的诡辩。他认为我们在自然科学研究中应当独立进行自然调查，而不是将我们自己限制在亚里士多德的研究上；我们应当观察现象本身并反思我们的观察，而不是沉迷于形而上学的思辨中。他还建议对灵魂进行以经验为依据的研究，我们不应当探究灵魂的本质，而应当尝试发现它是如何活动的。和经院哲学一样，在维维斯的形而上学中，上帝是核心观念，但是唯名论的影响是很明显的，这表现在他对最终问题上采取批评态度，他认为信仰上帝和灵魂不朽的伦理重要性要比对二者的论证具有更大的价值。

彼得·拉姆斯（皮埃尔·德·拉·拉梅，1515年—1572年）受维维斯的影响，也在他于1543年出版的《批评亚里士多德的论辩术》一书中攻击亚里士多德的逻辑学，指责亚里士多德破坏了人类心灵的自然逻辑，认为他应当对那时大学中贫乏的论辩方法负责。在同时出版的《论辩基础》一书中，他提出了一种新逻辑，是在辩论中使用的艺术，这种逻辑首先确定原则，然后对这一原则进行证明。在稍后的著作中，他拒绝将《工具篇》归于亚里士多德，认为那是伪书，并将自己称为唯一的亚里士多德式的人。在批评经院式的教育方法和要求教育改革方面，拉姆斯是培根、笛卡尔、洛克和实际上几乎所有对经院课程感到愤慨的近代早期哲学家的先驱。在教育领域，他比其他任何人更能体现人文主义的精神。

# 第三十九章
# 自然哲学和自然科学

## 第一节　神秘主义

如前文所述，在这一启蒙的时代，人们开始表现出研究自然的兴趣。那个时代许多比较鲁莽的人想要解释外在世界的奥秘，却采取了荒诞和欺骗的形式。他

们没有采用观察和实验的方法，而是没有耐心地希望通过神秘方法，通过高于感官知觉的特殊内在启示来理解自然的秘密。属于这一团体的有：米兰多拉的柏拉图主义者约翰·皮科（1494年去世），他的侄子弗兰西斯（1533年去世）和锐赫林（《论奇异的文字》，1494年），他们是犹太神秘哲学或神秘的流射理论的狂热研究者，从9世纪开始，犹太人就开始研究这些理论，一般要追溯到亚伯拉罕。

其他人则不满足于以这一方式理解自然的秘密，他们急于获得控制自然的力 267
量，强迫自然听命于他们的命令。他们将自然视为神秘力量的展示，相信通过和这些神灵交流就可以控制自然现象。他们希望通过神秘的技术和符号、各种神秘规则，或者通过隐藏的数字（按照毕达哥拉斯学说，这些数字写成了自然之书）实现他们的目的。这就是巫术或者神通。既然行星也在神灵的控制之下，占星术就成为神秘主义者的学说的一个重要部分。他们还对炼金术非常感兴趣——炼金术是金属的巫术转化方法或者制造金子的技术。炼金术被用来为医学服务，他们以非常荒诞的方法制成各种神秘的混合物和酊剂，用来治病。整个运动的目标就是要寻找点金石，在点金石的帮助下去理解自然最为深奥的秘密并且完全控制自然。

纳特斯海姆的阿格里帕和霍恩海姆的泰奥弗拉斯托斯，即帕拉切尔苏斯（1493年—1541年）是这一巫术群体中的领导者。帕拉切尔苏斯之后的追随者有：R.弗拉德、约翰·巴普提斯塔·梵·海尔蒙特和弗兰西斯·梅尔库里乌斯·梵·海尔蒙特。

## 帕拉切尔苏斯

帕拉切尔苏斯的自然观念的哲学基础是新柏拉图主义。人是微观宇宙，自然是宏观宇宙，我们只有通过研究人才能理解宇宙，只有通过研究宇宙才能理解人。人拥有一个基本的或地球上的或有形的躯体，和一个来自恒星区域的恒星的或星际的或无形的躯体（精神），以及一个源于上帝的灵魂。相应地有三种伟大的科学：哲学、占星术和神学，这三种科学连同炼金术构成了医学科学的基础，医生应当具有这些学科的知识。土、水、火、气这四种所谓的元素是由三种基本物质构成的：盐（固体基质）、水银（液体基质）和硫磺（可燃基质）。这四种元素分别受地神、水神、气精、火精等元素精灵控制。每一具体事物都受一种本原控制，疾病通过反对地球上的或星际的力量来抑制这一生命力。医术的秘密就在于通过炼金术和巫术来支持这一生命力以反对它的敌人。

歌德在他的《浮士德》中细致地描述了关于自然这一荒诞概念，这一概念展 268

现了超自然主义和自然主义、神秘主义和科学的一种奇异的混合。在《浮士德》中，文艺复兴的精神被人格化：对知识无法满足的渴求、获取知识的粗糙方法、中世纪的偏见和迷信、随之而来的怀疑论、热切渴望生活的愉悦——这些都是一个处于新世纪开端的人的特征。

帕拉切尔苏斯和他的追随者提出这样的学说并不令人惊奇。自然是神秘奇异力量的所在地，这一观点同通常信念是一致的。神迹并不是非同寻常的，一个又一个圣徒在其生活中施行神迹。圣徒去世后，他的遗物产生了神奇的影响。那些专门从事潜藏力量和魔法的人为什么不能实行非凡之事？15世纪末，一个名叫雅各布斯·斯普伦格尔的神学家写了一本关于巫术的书《女巫之槌》，在书中他以一种严肃科学的方式讨论了巫术的原因、结果以及对它的治疗方法。

这一运动尽管荒诞迷信，但促进了社会进步。就它试图研究和控制自然而言，这一神秘主义是近代科学的先驱。巫术的追随者虽仍沉迷于中世纪的神秘理论和实践中，但他们面向未来。经过一段时间，荒诞的成分被去除，炼金术逐渐发展为化学，占星术发展为天文学，巫术发展为实验，神秘的毕达哥拉斯的数体系则促进了对数学的兴趣。哥白尼出于占星术的动机而探究天空的数学秩序。有时候绕道的弯路似乎倒是归程的捷径。

## 第二节　自然哲学

在意大利有很多自然哲学家虽然并没有完全摆脱诸如炼丹术和占星术等旧迷信的束缚，但具有真正的科学精神。杰罗姆·卡丹或吉罗拉莫·卡尔达诺（1501年—1576年）是一个著名的医生、数学家和科学家，他试图以自然方式解释所有事物。他认为有三种元素而非四种：土、气和水，或并非实体，而是由运动所产生的热的属性或性质。世界有一个与光和热同一的灵魂。

贝纳迪诺·特勒肖（1508年—1588年，著有《物性论》）试图通过使自然科学摆脱亚里士多德和古代人的束缚，从而改革自然科学。虽然他的哲学远远超越了文艺复兴时期其他的自然体系，但并没有摆脱希腊的影响。其中，前苏格拉底
269 的“自然哲学家”和斯多葛派形而上学的影响是很明显的。特勒肖认为物质由上帝创造，并且在数量上恒常不变，他将物质和力及其他两种相反的元素冷和热作为解释自然的基质。热引起了物质的延展和稀释，并且是所有生命和运动的来源。冷引起收缩和凝聚，是全部固定和静止的原因。宇宙的存在和变化是由这两种基质的恒常对立造成的。特勒肖甚至用机械和物质的方式来解释灵魂，认为灵

魂是由精细的质料构成的，位于大脑但通过神经而扩散到整个身体。灵魂作为基质将有机体的各个部分结合在一起。除了物质性的灵魂外，还有由上帝附加的不朽的灵魂。在其伦理学中，特勒肖宣扬自我保存是人类努力追求的唯一目标。

特勒肖是那不勒斯自然科学团体特勒肖学园的创始人。弗兰西斯·帕特里奇（1529年—1597年）将新柏拉图主义和特勒肖的原理结合起来。

## 第三节　科学运动

对外在自然的兴趣在中世纪时已经开始异常频繁地彰显，而且有着十分奇异的方式，人们的这一兴趣在以列奥纳多·达·芬奇（1452年—1519年）、哥白尼（1473年—1543年）、伽利略（1564年—1641年）、开普勒（1571年—1630年）、牛顿（1642年—1727年）为主要代表的科学运动中达到了顶峰。这些思想家完全去除了神秘和巫术的元素，试图以一种完全自然的方式解释自然现象。旧的亚里士多德主义的解释原则——形式或本质作用于质料促使后者实现形式的目标或者目的——被抛弃，取而代之的是机械的解释：所有的自然现象都是由物体按照固定的法则运动引起的。科学家通过数学揭示了行星运动的秘密：开普勒发现了行星运动的轨道，结果占星术变成了天文学。罗伯特·波义耳尽管是一名炼金术士，但他将原子理论引入化学，并终结了炼金术。在19世纪的达尔文理论中，这整个反神学的思想路线达到了巅峰，达尔文的理论试图以因果和机械方式解释有机形式，而不求助于外在于有机体的任何形式的生命力或目的。

### 伽利略

伽利略完全熟悉德谟克利特的理论，他认为德谟克利特在哲学上的才华要超过亚里士多德。伽利略将所有变化均视为与物体的部分有关；在严格意义上，
既没有起源也没有衰落，万物都是原子运动的结果。可感觉的性质是主观的，并 270
建立在数量关系的基础上，数量可以解释所有的性质。因此，处理数量关系的数学就是最高级的科学：“宇宙之书是用数学符号写成的。”凡是能够度量的，我们就能够认识，而不能加以度量的，就不能认识。构成力学研究基础的这些法则由列奥纳多、开普勒和伽利略发现并用公式明确表达。他们的工作证实了哥白尼的或以太阳为中心的天文学理论，按照这一理论，地球不再被认为是宇宙不动的中心，而是和所有行星一样围绕着中心的太阳旋转。虽然教会最初欢迎哥白尼的学说，后来又因为“对天主教真理有害”而加以谴责，并在1616年将其列为被禁

止的学说。伽利略在1633年被迫放弃哥白尼的理论，并受宗教裁判所监视，直至1641年去世。艾萨克·牛顿爵士于1692年发现了万有引力定律，哥白尼学说得到了进一步证实：开普勒所阐述的行星运动定律被证明是万有引力定律和其他物理力学的推论。

伽利略在科学问题上拒绝权威和神秘思辨，主张所有的一般命题都应当建立在观察和实验的基础上。但是他认为，实验应当辅之以知性。我们将事实纳入法则中，对偶然状况进行抽象，从事实中归纳出它们简单、必然的原因。这些都是思维过程。理想的研究方法是运用观察、实验和思维。

皮埃尔·伽桑狄（1592年—1655年）复兴了伊壁鸠鲁和卢克莱修的理论，反对笛卡尔的微粒说。同时，他用神学观点补充了自己的力学理论，将上帝作为运动的发起者。梅森神父（1588年—1648年）和罗伯特·波义耳（1627年—1691年）试图调和伽桑狄的原子论和笛卡尔的微粒说。波义耳将原子论引入化学，但是仅仅将其当作一种方法的工具，而不是作为宇宙的哲学理论。世界的存在表明，一位有智慧的创造者和设计者，他发起了运动。牛顿也持有类似的神学观点。

### 参考书

伽利略，《关于两本新科学的对话》, H.Crew和A.de Salvio译，1939年；哥
白尼，《纲要》，E.Rosen译，1939年；H.Höffding，《近代哲学史》，第2版，
271 B.E.Meyer译，第一卷，161页以后，1915年；E.A.Burtt，《近代自然科学的形
而上学基础》，1925年；E.Mach，《力学》，T.J.McCormack译，1919年，1942
年；L.Thorndike，《巫术和经验科学史》，第三卷，第六卷，1934年—1941年；
R.Lenoble,《梅森和机械论的产生》，1943年；G.S.Brett,《伽桑狄的哲学》，1908年。

## 第四十章
# 乔尔丹诺·布鲁诺和托马索·康帕内拉

意大利人乔尔丹诺·布鲁诺（1548年—1600年）和托马索·康帕内拉（1568年—1639年）的著作体现了广博的形而上学体系，带有新时代的精神。

## 第一节　布鲁诺

布鲁诺对浩瀚的宇宙感到惊奇，认为恒星类似于我们的行星系。上帝内在于无限宇宙之中，是活动的基质（能动的自然）。他在活生生的世界（被动的自然）中表现自己，而活生生的世界产生于他内在的必然性。同库萨一样，他认为上帝是所有对立面的统一体，是没有对立面的统一体，既是一又是多，不能为有限的心灵所把握。

布鲁诺最初是多明我会的一名僧侣，但后来离开了这个教派到各个城市旅行。他一直是个忙碌的旅行者，直到1592年进入意大利被宗教裁判所囚禁。布鲁诺拒绝放弃他的信仰。在经过7年的囚禁后，1600年他被烧死在罗马的火刑柱上。

### 参考书

《论原因、本原和统一》；《论三种、极小和量度》；《论单子等》；Plumptre，《布鲁诺生平及著作》，两卷本，1884年；J.L.McIntre，《乔尔丹诺·布鲁诺》，1903年；W.Boulting《乔尔丹诺·布鲁诺》，1916年；R.Hönigswald，《乔尔丹诺·布鲁诺》，1912年；C.Martin，《乔尔丹诺·布鲁诺》，1921年。

但是旧的亚里士多德的形式并没有被布鲁诺的体系所摒弃。每一个恒星都是由一个形式或灵魂推动，灵魂和生命存在于万物中。形式不可能离开物质而存在，这两者结合成为一个统一体。形式在物质中产生和消逝。所有的具体事物都变化，但是宇宙以其绝对的完善保持着恒定。

在这些学说中，布鲁诺又增加了单子学说或者单子论，这让人联想到斯多葛学派的生源说。事物是由独立自存的、不朽的基本部分构成，这些部分被称为单子，既是精神性的，又是物质性的。灵魂自身就是一个不朽的单子，而上帝是所有单子的单子。

## 第二节　康帕内拉

托马索·康帕内拉也是一名多明我会僧侣，他因为从未试图付诸实践的政治理念而受到宗教裁判所的迫害，在监狱中被囚禁27年。他是时代的产儿，因为他 272

的思想既追溯过去，又指向未来。他认为要直接地而不是从书中研究自然，我们所有的哲学知识都是基于感觉，所有更高级的认知形式都只是感觉的不同形式。同时，自然是上帝的启示，信仰是一种知识形式——神学即源于信仰。

## 参考书

《感官实证的哲学》；《哲学总论》等；《太阳城》。

在感觉中我们认识到自己的存在，认识到自己的意识状态——认识到事物如何影响我们，而不是事物自身是什么样子。同他之前的圣奥古斯丁和之后的笛卡尔相一致，康帕内拉在意识中发现了确定性的支点：我们可以怀疑任何东西，但不能怀疑我们具有感觉以及我们存在。反省也向我们揭示了灵魂的三种基本属性：能力、认知和意志。这三种属性的完善形式也是上帝的属性：全能、全知和绝对的善。康帕内拉在这里的论证是：既然上帝是所有事物的根据，而人是小的世界，神的属性必定在一种有限的程度上与人的灵魂相联系。同样的三种基质也以一种较低级的形式存在于万物之中。也即是说，当它们同非存在混合在一起——它们表现为无能、无知和恶意。换句话说，康帕内拉同新柏拉图主义这一样，认为世界是从上帝流射出的一个序列。上帝产生天使、理念、精灵、不朽的人类灵魂、空间和物体。我们可以直接认识上帝，他也在《圣经》中显示了自己。我们可以从我们的无限存在者的观念上证明上帝的存在，但我们自己不能产生这一观念，因此，这一观念蕴含了一个无限的原因。这一证明在后来的笛卡尔体系中发挥了重要作用。

在他的《太阳城》中，康帕内拉提出了一套社会主义的国家理论，这令人想起柏拉图的《理想国》。他所描述的国家是一个启蒙的国家——太阳城——在那里，权利受知识控制，平等原则盛行，除了基于知识的优越而形成的差别外，不存在等级差别。太阳城是一个实行普遍的教皇君主制的宗教统一体，哲学家或者牧师作为统治者，统治世俗国家。教育是普遍性和强制性的，建立在数学和自然科学基础之上，学生根据其不同职业而接受具体训练。康帕内拉还建议通过戏剧和露天学校学习，通过实物教学来教育学生。

# 第四十一章 新的国家理论；宗教哲学；怀疑论

273

## 第一节 经院主义的国家理论

文艺复兴时期人们试图提出一套新的国家理论，这一理论要独立于神学和亚里士多德，同样要反对其他思想领域的权威和传统。如我们已经看到的，正统的经院学者已经在捍卫教会统治集团的世俗权力，以及国家对教会的服从。像圣托马斯·阿奎那这样的作家通过基于基督教和亚里士多德前提的证明为教皇的至高无上进行辩护。他们坚持认为，所有人类政府的目的都是福利，服务于这一目的的统治者就是好的统治者，反之则是坏的，可以被废弃。既然人的至上的福利是精神上的福利，那么一个拒绝接受基督教教义甚至将自己置于教会对立面的君主就是在危及其臣民真正的善，君主的这一做法表明人民反抗的正当性。教会是神圣的起源，是上帝在尘世和信仰问题上的末日审判的代理人，其作用是宣扬基督教。因此，如上分析，国家附属于教会，政治和哲学一样是神学的婢女。

## 第二节 马基雅维利

如前文所指出，在教皇权力衰落的时期，经院主义的政治理论以及将这一理论付诸实践的努力受到了世俗权力甚至是天主教作家自己的反对。在文艺复兴和宗教改革运动时期，对天主教观点的反对力量日益强大，这为在近代史上发挥重要作用的政治理论奠定了基础。其中最为激烈的攻击来自意大利的外交官尼克罗·马基雅维利（1469年—1527年），他是佛罗伦萨十人委员会公署的秘书，他对罗马教廷和意大利政府的政治腐败感到沮丧，并在《佛罗伦萨史》（1532年）《论李维罗马史的前十卷》（1532年）和《君主论》（1515年）中提出了自己的观点。

### 参考书

《君主论》，N.H.Thomson译，第3版，1913年；《剑桥近代史》第一卷中关于马基雅维利的短论；P.Willari，《尼克罗·马基雅维利的生平与时代》，L.Villari译，1891年；V.Marcu，《重视权力：马基雅维利的生平和时代》，1939年；D.E.Muir，《马基雅维利和他的时代》，1936年。

马基雅维利的理想是建立一个统一、独立和自治的意大利国家，在政治、科
274 学和宗教上完全摆脱教会的控制。他认为基督教阻碍了市民的政治活动，使其变得消极，因此培育了爱国主义者的罗马宗教更为可取。最好的政体是在斯巴达、罗马和威尼斯那里得到辉煌体现的共和制。但是这一政体只有在存在共和精神的地方才可能出现；政治自由只有在人们纯洁无瑕的地方才是可能的。

但是在堕落时代——像马基雅维利所生活的时代——需要绝对的专制以便实现强大和独立国家的理想，必须牺牲市民的自由。他的国家的政治条件有多么可怕，这可以从对意大利文艺复兴时期无数小的暴君的历史研究中看到。[58] 在这些条件下，君主采用任何实现国家主义目标的手段都是正确的；暴力、欺骗、严刑和对所谓道德法则的违反都可以通过这一伟大的目标而得到合理辩护。任何东西都比现存的无政府状态和腐败要好。

马基雅维利的政治思想表达了对理性共同体的渴望和对他所处时代的腐败的世俗和教会政治的憎恨。他提倡政治专制制度，这根植于他对人性的悲观主义观念，在他看来，只有饥饿才能使人勤奋，只有法律才能使人具有美德。除了以武力对抗武力、以欺骗对抗欺骗、用自己的武器同恶魔战斗外，马基雅维利看不到解决他那个时代腐败和混乱问题的办法。他还谴责在追求目标时采取不彻底的措施。他辩护的理论为许多教会和国家的政治家们所实践，直到今天，但是他为这一理论辩护只是因为他看不到其他拯救国家的途径。

## 第三节　新政治学

这一新政治学的目标是要构建一个独立于神学和教会的政治理论，并且同新的主权国家理想一致。这一问题并不只是理论上的，不同基督教派别的存在使人自然想到这些派别同国家和君主间的关系问题，并让人们在实践中有必要考虑君权的意义和来源。在提出新的政治哲学的过程中，我们已经提到的中世纪思想家的许多理论得到了利用和发展：契约理论、人民主权和统治者的统治权理论以

[58] 参见Burckhardt的《文艺复兴时期的文化》。

及自然法和自然权利观念。这些被选定的思想路线一方面促进了霍布斯理论的出现，另一方面促进了洛克和卢梭的理论的出现。新政治学在其实际应用上既导致 275
了专制主义，也催生了民主制。

让·博丹（1530年—1638年）指出，国家建立在社会契约的基础上，通过社会契约，人民主权已经不可改变地让渡给统治者。约翰·阿尔瑟修斯（1557年—1638年）将契约视为有条件的，取决于统治者对他那一部分契约的遵守；人民的主权不可转让，而施行统治的官吏的权威则是可撤销的；违反契约的君主可以被废黜或者处决。国家不应当干涉市民的宗教信仰，这一观点在一定程度上由于宗教压迫而为人们所接受，人民的革命权利也得到了支持。阿尔贝里克·真提利（1551年—1611年）在其著作《论战争法》（1588年）中讨论了战争法，托马斯·莫尔爵士在其《乌托邦》（1516年）中提出了国家的社会主义理想。

荷兰贵族党领袖胡果·格劳秀斯（1583年—1645年）和塞缪尔·普芬道夫（1632年—1694年）接受了温和形式的专制主义理论。格劳秀斯是著名的《战争与和平法》（1625年）一书的作者，在书中他提出了一种自然权利理论，这一理论继承了斯多葛主义和罗马法，自然的或不成文法根植于人的理性自然，它是不可改变的，上帝自己也不能改变它；而成文法出现在历史上，是自愿制定法律的结果，它建立于效用原则基础之上。社会的产生是由于人类过社会生活的本性，这一本性是对邻人的爱和其他所有义务的来源。在社会中，自然权利因为考虑社会福利而受到限制；凡是有助于社会生活存在的也是一种自然权利。因此，国家并不是上帝的人造物，而是自然的制度，建立于理性和人性基础之上。既然国家依赖于其成员的自由同意，也即是依赖契约，那么个体的权利就永远不能被取消。人民拥有主权，但总是可以将其让渡给一个君主或者统治阶级。国家之间的战争只有在违反自然权利的情况下才是可辩护的，但应当以人道的方式进行。

政治学方面的其他作家包括：阿亚拉、欧登道普、尼古拉斯·海明和本尼迪克特·温克勒。普芬道夫是格劳秀斯和霍布斯的追随者，他将自然法概念引入德国，认为君权意味着意志的统一，因此也意味着君主的绝对权力。

在正统作家中，新教徒路德和梅兰希顿认为国家具有神圣的起源，而耶稣会士贝拉明和胡安·马里安纳则提倡契约论和人民主权说。

## 参考书 276

格老秀斯，《战争与和平》，W.Whewell译，三卷本，1853年；J.Bodin，《史学易知法》，B.Reynolds译，1945年。

## 第四节 近代国家的演变

这些理论反映了中世纪以来政治观念和政治制度的演变。在中世纪，国家并不具有近代国家所具有的主权意义上的主权。中世纪的统治者像封建领主一样具有某些有限的权利，但是君主和国王与他们的封臣之间经常发生冲突，统治者的权力依赖于他的封臣的善意和他自己的军事力量。在德国和意大利，中央集权的国家在封建制度和地方性领主解体后，逐渐变成松散的国家联盟。法国则是另外一种趋势——从松散的国家联盟发展成为具有专制国王的统一国家。英国保持了中央集权，但是国王的权力随着人民权利的壮大而衰减。无论如何，国家主权的观念逐渐得到发展，作为历史演进的结果，国家扩展它的职能并成为近代国家。在近代的开端，这一趋势朝专制主义发展，并在17世纪后半叶和18世纪前半叶达到了顶峰。统治者的权力在理论上是无限的，臣民从国家那里接受由统治者赋予的权利，路易十四宣称："朕即国家。"国家主权的观念仍然保持不变，但是在阿尔图修斯、洛克、卢梭等人的理论中得到反映的反专制主义获得了发展，并以我们时代的君主立宪政体和民主政体的建立告终。

## 第五节 切尔伯里的赫伯特的自然宗教

如前文所述，文艺复兴时期的新哲学对事物进行了自然的或理性的而非超自然的解释。它不仅在形而上学体系上，而且在政治和宗教这样的思想领域也运用理智主义的方法。切尔伯里的赫伯特（1583年—1648年，著有《论真理》等，1624年，《论异端宗教》，1645年）以自然认识论为基础，并独立于任何实证或历史宗教发展了一种宗教哲学。他认为所有宗教都具有一些理性的和自然的真理：只有一个上帝，他应当受到崇拜，这一崇拜包含着虔诚和美德，我们必须为自己的罪忏悔，存在着现世和来世的奖赏和惩罚。易言之，这些真理是一个未受偏见阻碍并遵从自己理性的自然人将会遵循的信念。它们天生即根植于人身上。
277 这些真理属于共同观念或者普遍观念。普遍观念具有神圣的来源，并将优先、独立、普遍、确定、必然（在效用的意义上）以及直接作为它们的显著特征。在赫伯特看来，这一原始的自然宗教已经被牧师所败坏，但是基督教已经为恢复它而做了许多工作。虽然启示可以支持这一宗教，但是启示自身必须是理性的。切尔伯里的赫伯特是18世纪自然神论信仰者和自然理性宗教理论的倡导者的先驱。

### 怀疑论

文艺复兴时期一些法国的思想家受希腊的怀疑论著作的影响，持有与唯名论和神秘主义类似的怀疑论观点。著名的《随笔集》作者米歇尔·德·蒙田（1533年—1592年）怀疑知识的确定性，其理由与希腊怀疑论的理由类似。他对理性感到失望，建议回到未被败坏的自然和启示中去。他认为，虽然我们不可能获得知识，但是我们应当尽自己的义务，服从神的命令。在皮埃尔·沙朗（1541年—1603年）看来，怀疑论使探索精神保持活力，并将我们引向对基督教信仰，这是真正的宗教。他强调基督教实践伦理的一面。弗兰西斯·桑切斯也否定绝对知识的可能性，认为有限的生命不可能理解事物的内在本质以及宇宙作为一个整体的意义。但是桑切斯认为我们可以通过观察和实验知道次要原因。其后的法国怀疑论者有拉·摩特·勒瓦耶和皮埃尔·于厄。约瑟夫·格兰威尔、布拉格的希罗尼穆斯·锡恩海姆、皮埃尔·贝尔（著有《历史和批评词典》，1695年）在某些方面也属于这一运动。

### 参考书

蒙田的著作集，Hazlitt，1902年；《论文集》，Trechmann，1946年。参考L.Lévy-Bruhl，《法国近代哲学》，G.Coblence译，1899年；J.Owen，《法国文艺复兴时期的怀疑论者》，1893年；A.Gide，《蒙田的活的思想》，1939年。

# 第四十二章 宗教改革

## 第一节 宗教改革的精神

意大利的文艺复兴运动反抗权威和经院体系，在古典文学和艺术品中找到了灵感。那是心灵对理智迫害的反抗。德国的宗教改革则是宗教上的觉醒或复兴——为了反抗信仰的机械性而作出的心灵反抗。

如同人文主义转向古代哲学、文学和艺术中寻求帮助一样，宗教也转向《圣 278

经》和早期神父特别是圣奥古斯丁的简单信仰中寻求支持。宗教改革运动摒弃了经院主义神学、对精细体系的沉迷和教会的仪式，强调内在的宗教和个人崇拜：因信称义而不是因德行称义。宗教改革运动与文艺复兴一样谴责“空洞的经院主义”以及教会的权威与俗权，颂扬人类的良知。但是宗教改革运动并没有像文艺复兴一样颂扬理智，分享乐观的生命愉悦。路德受唯名论神秘主义的影响，以原始基督教的怀疑态度来看待理性，认为理性在涉及我们灵魂的拯救问题上是盲目的。他相信事物在哲学上可能是假的，但是在根植于信仰的神学上却是真的，他还像蔑视经院哲学中的亚里士多德一样蔑视真正的亚里士多德。

尽管宗教改革运动的领导者持有反理性主义的态度，但新的宗教运动与文艺复兴一样培育了批评反思精神和独立思考精神。宗教改革运动拒绝将教会接受为基督教信仰的仲裁者，诉诸《圣经》和个人良知，赋予理性以判断宗教教义的权利，并鼓励理智主义和个人主义。这并不是路德的目的，但却是他反抗教会权威及其神学的一个不可避免的实践结果，新教教会毫不犹豫地利用了这一结果。实际上，宗教改革者们自己在解释重要的基督教教义时也不尽相同，新教不久就分裂为不同的派别。路德接受基督在圣餐中的神秘存在；兹温格里是最为开明的改革者，他认为圣餐是一种象征；而加尔文则宣扬预定说，尽管天主教会尊敬伟大的奥古斯丁，但仍拒绝接受加尔文的预定说。

## 参考书

P.Smith，《宗教改革的时代》，1920年；E.M.Hulme，《文艺复兴，新教变革和天主教的改革》，修订版，1924年；C.Beard，《与近代思想和知识有关的16世纪宗教改革》，1927年；H.S.Lucas，《文艺复兴和宗教改革》，1935年；J.Mackinnon，《宗教改革的起源》，1939年。

## 第二节　新教的经院哲学

虽然路德拒绝经院哲学，认为经院哲学是空洞的文字游戏，但新教会很快感到需要将其信仰理性化，换言之，构建一种属于它自己的经院哲学体系。他们诉诸《圣经》和原始基督时期的信仰，这就为各种荒诞的教派打开了大门，这些
279 教派按照他们自己的观点来解释基督教的教义，就像再洗礼派和反对圣像崇拜派之间所发生的分歧一样。与新教会的组织相适应，在实践上需要有相应的宗教纲

领。宗教改革运动源于神秘主义，是对宗教机械化的反对，现在却忘记其源头而开始发展自己的教义。不久，甚至路德也开始感到有必要为宗教改革运动寻找哲学上的支持。在德国，构建“新教体系”的工作是由梅兰希顿（1497年—1560年）做出的。他将亚里士多德的世界观作为最适合其任务的选择，“因为这一哲学最少繁琐，而且方法正确”。在他看来，伊壁鸠鲁过于不敬神，斯多葛学派具有严重的宿命论，柏拉图和新柏拉图主义过于含糊而且属于异端，而中期的学园派怀疑论色彩浓厚。梅兰希顿以亚里士多德的思想为指导，为新教教会写了教科书，成为德意志之师。整个17世纪他的书都在德国被使用。

尼古拉斯·陶莱鲁斯（1547年—1606年）的哲学表明新教徒试图以奥古斯丁哲学为基础，建立一个经院哲学体系。这一哲学反对亚里士多德主义，这体现了新教用奥古斯丁主义的神秘派反对教会官方教义。他认为宇宙受规律支配，而不受神的干涉，这一观点表明他受到了新的自然科学的影响。同样，加尔文也追溯到圣奥古斯丁那里，罗亚尔港的天主教詹森教徒亦是如此，而兹温格里则遵循新柏拉图主义。

## 第三节　雅各布·波墨的神秘主义

但是神秘主义仍然在平民那里找到了庇护所。其主要代表像阿西安得、卡斯帕·苏温科菲、塞巴斯蒂安·弗兰克（1545年去世）和瓦伦丁·维吉尔等人就和路德曾经谴责罗马天主教一样，反对经院哲学和宗教改革的形式主义。17世纪初，一位未受过教育的德国修鞋匠雅各布·波墨在其著作《曙光》中提出了内容广博的体系，再次表述了这一神秘主义。

波墨受到尘世中原罪这一事实的困扰，试图将其解释为神的自我表现过程的一个必然阶段。他看到在现实中到处都存在对立和矛盾：有善必有恶，有光明必有黑暗，有性质则必有其对立面。既然所有的事物都来自于上帝，他必定是所
有对立面的最初根据。在他身上必定隐藏着自然的所有矛盾。上帝被认为是事物 280
的最初来源，是没有差异、没有限制、不动的存在者：是绝对的静止，是全有和全无，是深不可测的基础，是最初无目标的意志。这一基质要显示自身并为人知晓，就必定要变得有差异，就必定要有沉思的对象。就像光亮需要黑暗以便被显露一样，上帝如果没有对象，也不可能意识并表现他自身。神圣意志这一无目的的渴求产生了我们在实际中遇到的对立面。

波墨的世界观的重要观点有：宇宙是一个对立的统一体，生命和过程包含着

对立，所有实在性的基础都在于精神性的基质，这一基质从根本上并非理智的，而是没有根据的意志，存在一个由黑暗到光明的过程。波墨试图发现这一过程的演化，将基督教神学的观念——三位一体、天使、撒旦堕落和拯救计划——同各种荒诞观念结合起来，这些观念源于帕拉切尔苏斯巫术性质的自然哲学，并在德国新教神秘主义那里找到了出路。就像在新柏拉图主义那里一样，这一过程必须沿着来路回到他的源头：具体的物质世界是撒旦犯罪的结果，是对上帝的夸张模仿，它在上帝那里找到回家之路，事物的物质性外衣被去除，上帝按照事物无遮掩的纯粹状态思考事物的本质。

# 第四十三章
# 近代哲学的精神

## 第一节　近代的特征

在新时代的历史时期，人们的反思精神觉醒，批评复苏，反抗权威和传统，反对专制主义和集体主义，要求思想、情感和行动的自由。在文艺复兴和宗教改革初期开始发挥作用的影响因素在随后的几个世纪中都持续活跃，一直没有停息。政治冲突以有利于国家的形式得到解决，而国家逐渐取代教会成为文明的机构：教会主义让位于国家主义。在国家自身内部，出现了日益增长的宪政主义和民主制度的趋势，这一趋势直到今天仍然表现为要求平等权利和社会公正。独立精神适时为反对教会的权威而大声疾呼，并攻击国家的家长式统治。政治的不干
281 涉理论成为个人主义者的理想。在经济领域也表现出同样的精神：奴隶制、农奴制和旧的行会制度逐渐消失，个人摆脱了束缚，要求不受干涉地寻找经济上的解救办法。近代的经济上的个人主义理论通常被称为放任主义。

在理智领域也存在着同样现象，同样反对控制，同样要求自由的领域。理性在科学和哲学上成为权威。如前文所述，这一观念已经开始盛行：真理并不是通过权威传递下来，也不是通过教皇诏书颁布，而是通过自由和客观的探究去获得和实现。人们的目光已经从对超自然事物的沉思转向对自然事物的研究，从天国转向尘世——神学将其王冠让给了科学和哲学。物理的和精神的世界、社会、人类制度以及宗教自身都通过自然原因得到解释。中世纪之后这一时期的高级理智

生活的特征是：在人类理性能力之内遵守信仰，保持对自然事物的浓厚兴趣，热烈地渴求文明和进步。但值得注意的是，知识不仅是因为自身的原因受到重视并被欲求，还因为它的功用和实际价值：知识就是力量。从弗兰西斯·培根之后，几乎所有近代思想的伟大领导者都对科学研究成果的实际应用感兴趣，并怀着热烈的乐观主义期望未来的时代在机械工艺、技术、医学和政治、社会改革领域能够取得非凡的成就。

个人在宗教和道德方面也摆脱了教会的束缚。人们在理智问题上诉诸理性，与之相一致的是，人们在信念和行为问题上诉诸信仰和良知。个人拒绝承认在他自己和上帝之间的中介。尽管路德和文艺复兴的领导者有所不同，但宗教改革实际上有助于促进宗教、道德和理智的独立精神，并为人类灵魂独立于外在权威贡献了自己的一份力量。

近代哲学在一开始就流露出了近代的精神。我们已经努力描述过这一精神的特征。它在探求真理时是独立的，在这一点上它与古代希腊人的思想相似。它使得人的理性在追求知识时是最高的权威，在此意义上它是理性主义的。近代的精神又是自然主义的，因为它试图不借助超自然的预设来解释内在和外在的自然。它因此也是科学的，同新科学、特别是同外在自然的科学相联系。 282

虽然近代哲学的出现是为了反对旧的经院哲学体系，但是它没有也不可能完全与过去断绝关系。在后来很长的时间里，它的血统中仍然保留着经院哲学的痕迹。早期的近代思想家不断批评经院哲学的方法，但是他们对许多旧的概念全部加以接受，这些概念既影响了他们的问题，也影响了他们的解决结果。神学的偏见并没有完全消失：培根、笛卡尔、洛克、贝克莱和莱布尼茨都接受了基本的基督教教义。诚然，我们不可能总是判断他们的主张是否坦率，但是即使在这一方面的不诚实也是神学影响的一个证据。

## 第二节　经验主义和唯理论

近代哲学根据它们将理性或者经验作为知识的来源或标准，被划分为唯理论的和经验主义。但为避免误解，需要强调几点：（1）如果我们用唯理论指这样一种态度：将理性而不是启示或权威作为知识标准，那么所有近代哲学体系都是唯理论的。实际上，正是这一特征使我们将其归为近代。无可否认，有些近代的世界观在情感、信仰、直觉而不是理智上寻找真理的来源，但即使这样的信仰和情感哲学也要努力构建理论，以证明他们把握真理或信仰对象的方法的合理性。

（2）另一方面，我们可以用唯理论来指这一观点：真正的知识包含着普遍和必然的判断，思想的目标是一个真理体系，在这个体系中不同的命题彼此在逻辑上相互联系。这是数学上的知识概念，几乎所有的近代思想家都将这一概念视为理想的知识概念。无论他们是否相信实现这一概念的可能性，他们认为只有这样符合数学模型的知识才是真正的知识。（3）还存在着知识起源的问题，在近代哲学中针对这一问题存在着不同回答：（a）真正的知识不可能来自于感官知觉或者经验，而是必定在思想和理性中有其基础，有些真理是理性自然或者先天所有——那是内在的或先天的或先验的真理。来源于心灵中的真理是有充分根据的真理。这一观点也被称为唯理论，虽然有些作家更愿意称其为直觉主义或者先验论。（b）并不存在先天的真理：所有的知识都来自于感官知觉和经验，因此所
283 谓的必然命题根本不是必然的或者绝对确定的，而只产生或然知识。这一观点被称为经验主义或感觉主义。

经验主义者可能在首要或次要的意义上接受唯理论。他们可能认为只有这样的知识才是真正的知识，给我们以绝对的确定性，但同时认为除了在数学之外，并不存在获得真正知识的可能性。如果我们用经验主义指我们的经验世界是哲学的对象，而哲学必须解释经验，那么全部近代哲学都是经验主义的。如果我们用经验主义指我们离开经验而获得知识，而纯粹思想或者独立于感官知觉的思想是不可能的，那么近代哲学在很大程度上也是经验主义的。

记住这些，我们可以根据哲学家们对知识起源问题的回答将他们描述为唯理论者（先验主义者）或者经验主义者（感觉主义者）。与起源问题有密切联系的是知识的确定性或有效性问题。近代早期的两派哲学家都赞同感觉知识并不是绝对确定的，唯理论者认为只有理性的或先验的真理可被清晰而明确地理解，是确定的真理，而经验主义者通常否认存在着这样的先验真理，认为可被清晰而明确地理解的真理并不必然是确定的。因此，我们可以将笛卡尔、斯宾诺莎、马勒伯朗士、莱布尼茨和沃尔夫视为唯理论者，而将培根、霍布斯、洛克、贝克莱和休谟视为经验主义者。在一般的认识论方面，唯理论者是柏拉图、亚里士多德和经院学者的理智上的后裔，而经验主义者则是唯名论传统的继承者。但是我们必须记住，这些思想家在理论上并不总是保持一致。我们是根据思想家在知识起源问题上的一般态度对他们作出了粗略划分。

除了这些运动外，我们还将论述通常伴随这些运动的哲学流派，在中世纪哲学那里我们就已经熟悉这些伴随者：怀疑论和神秘主义（信仰哲学），这两种哲学在经验主义或者唯理论的土壤中都可以获得发展。大卫·休谟的怀疑论结论可

以被视为洛克的某些经验主义预设的结果，皮埃尔·贝尔的怀疑论结论可以被视为笛卡尔的唯理论理想的应用。如我们已经看到的，神秘主义在经验主义和唯理论中都可以得到快速发展。中世纪的许多唯名论者都是神秘主义者，近代的许多神秘主义者都具有唯理论的基础。除了这些趋向外，天主教学者仍然坚持旧的经院哲学。

## 近代哲学参考书 284

一般的哲学史：J.Royce，《近代哲学的精神》，1892年；R.Falkenberg，《近代哲学史》，A.C.Armstrong译，1893年；R.Adamson，《近代哲学的发展》，1903年；H.Höffding，《近代哲学简史》，C.F.Sanders译，1912年；以及《近代哲学史》，两卷本，B.E.Meyer译，1924年；M.W.Calkins，《哲学的持久问题》，1925年；W.Windelband，《近代哲学史》，两卷本，1899年；F.Ueberweg，《哲学史》，G.S.Morris译，两卷本，1903年；A.S.Dewing，《近代哲学史导论》，1903年；E.A.Singer，《近代思想家及讨论的问题》，1923年；H.W.Dresser，《近代哲学史》，1928年；D.W.Gotschalk，《近代形而上学》，1940年；W.K.Wright，《近代哲学史》，1941年；J.H.Randall，《近代思想的形成：当代理智背景概论》，修正版，1941年；A.Castell，《六大哲学问题》中的“近代哲学导论”，1943年。

专著：E.Cassirer，《近代哲学和科学中的认识论问题》，五卷本，第3版，1923年；Jodl，《伦理学史》，两卷本，第4版，1923年—1930年；W.A.Dunning，《从路德到蒙田的政治理论》，1905年；W.E.H.Lecky，《欧洲唯理论精神的兴起和影响史》，第7版，1875年；H.Laski，《从洛克到边沁的英国政治思想》，1920年；A.O.Lovejoy，《伟大的存在之链》，1942年；A.C.McGiffert，《康德之前的新教思想》，1911年；E.Cassirer，《人论》，1944年，以及《实体与功能》，1923年；A.N.Whitehead，《科学和近代世界》，1925年；E. Zeller，《莱布尼茨以来的德国哲学史》，1875年；Carl Siegel，《德国自然哲学史》，1913年；M. Ettlinger，《从浪漫主义到现代的哲学史》，1924年；S.H.Mellone，《近代思想的开端》，1930年；P.Smith，《近代文明史》，两卷本，1930年；A.Wolf，《16和17世纪的科学、技术和哲学史》，1935年；G.H.Mead，《19世纪的思想运动》，1936年；G.Starton，《科学史研究》，1936年；G.Starton，《科学和新人本主义研究》，1937年；A.Wolf，《18世纪的科学、技术和哲学史》，1939年；J.Needham 和W.Pagel（编辑），《近代科学的背景》，1940年；R.D. Rosenfield，《从动物是机器到人是机器》，1941年；H.Miller，《近代哲学导论》，1947年。

哲学家著作选：B.Rand，《近代经典哲学家》，1926年；D.S.Robinson，《近代哲学文集》，1931年；T.V.Simth和Marjorie Grene，《从笛卡尔到康德》，1940年。

# 第十一篇 英国经验主义的开端

285

## 第四十四章 弗兰西斯·培根

弗兰西斯·培根（1561年—1626年）致力于法律和政治，但是据他自己说，他的主要兴趣在于业余时间的研究工作。伊丽莎白女王和国王詹姆斯一世授予他重要的官职和荣誉——他被封为维鲁兰男爵和圣阿尔班子爵，并成为上议院大法官。1621年，他被指控在任法官期间，接受诉讼当事人的贿赂。培根承认这一违法行为，但是认为这从未影响他的判决。他被定罪，判处入狱，并课以重罚，免除官职，但是因为得到国王的宽恕而退职隐居。

培根的英国先驱有：埃弗拉德·迪格比（1592年去世）是剑桥的逻辑学教授，他在自己的国家激发了哲学研究的兴趣。他的新柏拉图主义学说混合了犹太神秘哲学，这一学说受到了威廉·坦普尔爵士（1553年—1626年）的反对，坦普尔遵循彼得·拉姆斯的逻辑学而反对亚里士多德的逻辑学。

培根著名的《论文集》于1597年出版，1625年出版了增订版，文集的拉丁译本的标题为《忠诚的训诫》。培根的其他著作有：1605年出版的《学术的进展》（拉丁文的增订和修正版于1623年出版，题为《学术的价值和进展》）以及1620年出版的《新工具》（知识的新“工具”或者手段与亚里士多德逻辑的传统工具形成对比）。培根的英文和拉丁文的完整著作是由J.斯佩丁、R.L.艾里斯和D.D.希斯于1857年至1874年编辑的十四卷本。

## 参考书

J.Spedding，《弗兰西斯·培根的生平和时代》，两卷本，1879年；R.W.Church，《培根》，1909年；E.A.Abbot，《培根》，1885年；T.Fowler，《培根》，1881年；J.Nichol，《弗兰西斯·培根的生平及哲学》，1888年—1889年；I.Levine，《弗兰西斯·培根》，1925年；C.D Broad，《弗兰西斯·培根的哲学》，1926年；A.E.Taylor，《弗兰西斯·培根》，1926年；E.Lewalter，《弗兰西斯·培根》，1939年；K.R.Wallce，《弗兰西斯·培根论交流和修辞》，1943年；F.H.Anderson，《弗兰西斯·培根的哲学》，1948年。

286

## 第一节　科学的改造

弗兰西斯·培根在许多方面都是近代精神的典型代表。他同反对空洞的经院哲学一样反对古代权威，反对亚里士多德和希腊哲学。他告诉我们，心灵的眼睛永远都不能离开事物自身，它必须接受事物的真正形象——而以前的理论歪曲了事物的形象。

在培根看来，以前的理论一无所成：它们的方法、基础和结果都是错误的。我们必须全部重新开始，去研究事物自身，而不是因循成见。简言之，我们要进行独立思考。知识的典范是自然科学，方法是归纳法，而目标则是发明创造的技术。因此在过去的2500年人类取得很少进步，因为他们没有采纳获取知识的正确方法。一些人使用证明的方法，但是他们的出发原则或者是匆忙形成，或者不加深究而予以相信。其他人则遵循感官之路，但是感官就其自身而言是有缺陷的。还有一些人蔑视所有知识，但这一态度太过独断，不能令人满意。我们必须重新开始工作，在一个坚固可靠的基础上提出或建立新的科学、技术和所有人类知识。这一雄心勃勃的事业就是伟大的复兴。

这些观点以及培根的有力的自信心和乐观主义都具有近代特征。过去时代的失败激发了他的希望和信念：一个成就辉煌的时代即将到来，伟大的事物即将出现，抛弃过去毫无成果的科学，世界和社会的面貌将会改变。培根的新社会秩序的观点基于科学和技术，在《新大西岛》中培根描述了这一观点。他始终强调实践的目标，“把真理用到获取人类的善上面，始终是关注的目标”。

培根并没有通过自己的实验来促进自然科学事业，实际上，他并不十分熟悉，不理解新时代伟大天文学家的工作。他的方法理论是否能够对实验科学具有

可预见的影响，这是不确定的。科学已经远远超过了他的方法论。在他自己的国
家，著名的《论磁体》一书的作者威廉·吉尔伯特（1540年—1603年）在培根关
于这一主题的著作问世之前就已经在其研究中使用了归纳法。但是培根配得上他
所自称的“时代的号手”这一称号，因为他自觉地表达了新科学的精神。他理解
并强调在自然科学中运用系统和有条理的观察和实验的重要性。他提及并认为自 287
然科学另一个也是最为重要的方面，即数学，是必不可少的，但是因为缺少足够
的数学知识，他并没有在其理论中运用数学。

## 第二节　归纳法

培根认为，过去的科学和哲学之所以毫无成果是因为缺少适当的方法。人的理解力自身缺少力量——就像缺少工具和方法帮助的手一样。我们必须设计一种获取知识的新方法，为心灵找到新的手段或工具，也就是要找到新逻辑和新工具。原来的三段论逻辑对于科学发现来说毫无用处。它只能使建立在粗俗观念上的错误根深蒂固，而无助于探求真理。

但是在详细描述他的方法之前，培根指出心灵自身应当清除所有的虚假观念、偏见或者假相，他认为一共存在四种假相。种族假相为人的心灵本性所固有，其中包括对最终因的寻求（神学）和将人类的愿望加给自然的习惯。洞穴假相为因为具体的人以及其秉性、教育、交往、阅读和崇拜的权威的不同而各不相同。市场假相是所有假相中最麻烦的。它们产生自词语和名称的联想。词语被用来称呼并不存在的事物，或者它们虽然是实际事物的名称，但却混乱、界定不清并从事物中仓促抽取出来。剧场假相是虚假理论或哲学的结果。

心灵必须摆脱这些假相并加以清除，真正承担起获取知识的任务。必须记
住，所提出的目标是要发现原理，不是要通过言辞征服对手，而是要通过工作征
服自然。如果不了解自然我们就不可能实现这一目的。为了产生结果，我们就必
须了解原因。现在的三段论方法无助于推进这一任务。三段论法只能对已经发
现的事情进行整理——对通过其他方法获得的真理进行系统化。三段论由命题构
成，命题由语词构成，而语词则表示概念。如果我们的基本概念是从事物中混乱
而草率地抽象得来的（事实通常如此），那么知识的整个上层建筑都不牢固。诚
然，三段论中所使用的概念、原理和公理都是建立在经验基础上的——实际上， 288
所有概念、原理和公理都是如此，但是通常经验是含糊和有缺点的，我们的概念
是过于轻率的概括。因此我们的唯一希望就是真正的归纳法。我们必须采取有条

不紊的方式从经验逐渐上升到越来越高级的一般命题，直到最终到达最普遍和最明确的原理。在追求知识的过程中，我们必须将经验和理性才能结合起来。

归纳并不是简单的列举——那是小孩子的事情。人类知识的目标是要发现特定自然或性质的形式或真正基础。培根并不是用“形式”来指实在论者所指的抽象形式或者理念的。他告诉我们，物质（而不是形式）才应当是我们注意的对象。自然中除了按照确定规律行动的个体之外，再不存在其他事物。在哲学中按照定律对性质或者事实的考察、发现和解释，既是知识的基础，也是活动的基础。培根将这一定律称为形式，这一术语当时已经得到广泛使用。培根提到的特勒肖认为热和冷是自然的积极形式。热的形式是热的定律，它决定和控制所有的热，热也取决于这一形式。知道这一形式的人就理解甚至在最不相同的实体中自然所具有的统一性；他知道自然中恒常普遍的东西为人类力量开辟的广阔道路，人类的思想很难理解和预料这一力量。对这种永恒不变的形式或原因的研究构成形而上学。对动力因和物质、潜在过程和结构的研究构成物理学。形式知识或自然基本规律的应用会催生最为重要的发明。培根将形而上学知识的应用称为“魔术”〔这一术语很明显受到了炼金术（制造金子的技术）的启发〕。物质和动力因的知识的应用是力学或实用物理学。培根强调应用形而上学和物理学知识发明事物，并强调对自然的控制，这表明他很清楚地预见到了近代建立在科学基础之上的科技概念。

科学试图发现的原因或规律是“形式”，这些形式可以通过三种归纳法发现：（1）一种特性或性质的形式是这样的：给定的形式总是会出现相应的性
289 质。因此，性质存在时，总是存在形式，形式普遍地包含着性质，而性质总是为形式所固有。给定某一性质，我们必须首先确定所有在这一性质上一致的所有已知例证，虽然这些例证在其他方面可能完全不同。这些方法就是所谓的“肯定例证”，这一枚举就是培根的实质表或存在表，为穆勒的求同法作了准备。（2）一种形式是这样的：如果剥夺了形式，则性质总是会消失。形式不在时，也就没有性质，形式的缺乏包含着性质的缺乏，形式不为其他任何性质所固有。因此我们必须检查那些缺乏给定性质的例证，即所谓的“否定例证”。否定例证应当与肯定例证相结合，并标示出事物中所缺乏的给定性质，因为这些事物与形式和性质同时存在的情形很接近，培根称这一枚举为差异表或近似缺乏表，这预示了穆勒的差异法。（3）最后，我们要考察这些情形，在其中我们要研究的对象具有较高或较低程度的存在，这要靠对比它在同一对象中增加或减少，或者在不同对象中的程度。这就是培根的程度表或者比较例证——这是穆勒的共变法的

原型。培根还提出了心灵发现形式所使用的大量归纳研究的辅助性方法和技巧，例如排距法、“初次收获”或者假设的使用、关键性引证或者“特权例证”等，但是他并没有对归纳理论的这些方面进行系统发展。

## 第三节　哲学纲要

培根认为人类必须重新开始科学工作。他自己并没有提出一套完整的世界理论，他只是为科学标出范围指出取得新成就的方法。为实现这一目的，他计划写他的巨著《伟大的复兴》，这部书有六个部分，培根只完成了两部分：《百科全书》或《学术的进展》以及《新工具》。他按照人类对心灵能力的运用，将知识领域或者“理智领域”划分为历史、诗歌和哲学（也就是记忆、想象和推理），并将每一部分又再分为许多具体部门。

哲学是理性的工作，它处理来源于感觉印象的抽象概念，其任务是根据自然规律和事实对这些概念进行结合和划分。它包括：第一哲学、启示神学、自然神学、形而上学、物理学、力学、魔术、数学、心理学和伦理学。第一哲学研究所 290
有学科公用的概念和公理，研究我们现在所称的科学范畴和科学预设。形而上学有两个作用：发现永恒不变的物体形式和讨论目的、目标、和最终因。物理学不讨论最终因，因此德谟克利特没有在这上面浪费时间，培根认为他比柏拉图和亚里士多德更为深入地理解自然。最终因的学说没有实践价值，只是空洞的东西，就像献身于上帝的处女。数学是形而上学的一个分支——是关于量的科学，而量是物质最根本、最抽象和可分离的形式之一。数学和逻辑学都应当是物理学的婢女，但是它们反而已经凌驾于物理学之上。但是培根并没有否定数学对于形而上学、力学和“魔术”的重要性。

## 第四节　人的哲学

人的哲学包括人性哲学和市民或政治哲学。在前者中我们将之视为一个独立的个体，在后者中他是社会的一员。人性哲学研究身体和灵魂以及二者之间的关系。其研究主题包括人类的痛苦、特权或者美德，人相学和对自然的梦的解释，身体状态（例如，在疯狂或者神智错乱的情形中）对心灵的影响，心灵对身体的影响，心灵的每一种功能在身体及其器官中的位置和处所，以及“医学、美容术、运动和沉迷酒色”。培根认为人性科学包括作为精神-物理个体的人的全部知识。他的人性科学是综合的哲学人类学，利用了更为专业的心理学和生理学研究。培根建立了科学的人文主义，这远不同于文艺复兴哲学家的古典人文主义，并注定要在20世纪由像约翰·杜威这样的哲学家复兴。

人类灵魂具有神圣的或理性的和非理性的部分。所有与前者有关的问题都必须交与宗教。有感觉的灵魂是物质性的，因热而变得稀薄，成为不可见的，在更为高级的动物的情形中，灵魂主要位于头部。灵魂的功能有理解、推理、想象、记忆、欲求、意志以及那些与逻辑学和伦理学有关的东西。对这些功能的原因必须从物理学上进行解释。培根对随意运动和感觉能力的讨论是启发性的。像物质
291 性灵魂那样细小而精微的气息如何能够推动像人类所处理和控制的物质性对象那样粗重而坚实的物体的运动？知觉和感觉之间有什么差别？培根发现甚至无机物也有明显的知觉能力，具有选择与其自身相符者并避开与其自身不符者的倾向：磁石吸引铁，水滴彼此结合，一物“感觉”另一物的影响，觉察到阻碍它的物体的离开，知觉散布于整个自然中。培根醉心于这样的思辨，这表明他那个时代的人要抛弃关于生机勃勃的自然的中世纪观念是多么困难。

逻辑学讨论知性和理性；伦理学讨论意志、欲望和情感；逻辑学产生决定，而伦理学则要求采取行动。逻辑的艺术是探究或发明、检查或判断、保管或记忆、论辩或陈述。归纳研究属于判断的艺术。伦理学描述善的本性，并为遵守这一本性制定规则。人由自私的和社会的冲动所驱动。个体的善——自我保存和防卫——极不同于社会的善，并且通常与之相冲突，尽管它们有时候是一致的。社会的善被称为义务。政府科学的任务在于发现正义和公共善的根源，即使当它们同个体的利益发生冲突，政府科学也要求人们遵守正义和公共善的主张。

哲学在广义上位于知识金字塔的顶端。它建立在对于培根所建议的所有学科的公正、纯粹和严格的探究上。培根的目的并不是要提供一个一般的体系，而是要“让基础更加牢固，并大大地拓展人类的力量和伟业的限度”。他并不相信已经是时候提出一个关于宇宙的推理性的理论；实际上，他似乎怀疑获得这样的知识的可能性。

## 第五节　形而上学和神学

培根将神学划分为自然神学、灵感神学和启示神学。自然神学是关于上帝的知识或知识的基本原理，这一知识可以通过自然之光和上帝创造物的沉思而获得。虽然神学足以驳斥无神论，提供关于自然规律的信息，但是正确地划定自然

神学知识的范围尚不足以建立宗教。“人的经验所设想的真理和结论是：具有
较少或肤浅哲学知识的人倾向于接受无神论，但是进一步的研究使心灵又返回宗 292
教。”但是自然神学的研究并没有产生关于上帝的完善知识，我们的理性也不适合研究天国的神秘。知识来自于感官——所有的科学都是如此——在这里对我们没有帮助：“感官就像太阳，展现地球的面貌，但是隐藏了天国的面貌。”在这里我们必须求助于神圣的或受神灵启示的神学。“神圣的神学只基于上帝的言语和神谕，而不是基于自然之光。”[59] 这不仅适用于上帝极大的神秘性，也适用于关于道德法则的真正解释，大部分道德法则过于崇高而不能通过自然之光获得。因此，培根反对经院哲学家从他们的原理中推演出基督教的真理，认为经院哲学在科学和信仰上的结合是一个失败。但是，一旦假定了宗教的信条和原理，我们就可以依据它们尽心推论。如果我们接受了这些前提，就必须接受其结论。“在象棋和其他类似比赛中，比赛的基本规则或法则是明确的假定，人们应当完全遵守而不是进行质疑，但是想熟练地进行比赛，关键要靠技术和理性。”

培根对神学和哲学进行区分，是对中世纪末期思想的继承，他通过将宗教教义归入独立的领域，为哲学留出了地盘。他对待神学的态度实际上是漠不关心。他花费大量精力研究占星术、梦、预言，这可能令人惊讶，但这些东西在他那个时代被人广泛接受，对其进行科学研究并没有什么不合适。

## 第六节　经验主义者培根

虽然培根的经验主义并不彻底和一致，我们仍可将他归为经验主义一员。他认为除启示外，我们的所有知识都来自于感觉，只有个别事物存在。心灵对由感官提供的材料施加作用，知识既是理性的也是根据经验的，但是理性自身并没有真理。与此同时，他在谈论精神能力时，好像这些能力是先验的禀赋似的。灵魂
是物质性的，但是还存在理性的灵魂，对此我们一无所知，理性灵魂属于宗教的 293
领域。神学被驱逐出物理学，并成为形而上学的一部分。

[59]《学术的进展》，第二卷。参见斯佩丁、埃里斯和希斯编辑的《哲学著作》，第三部分，第394—395页。

# 第四十五章
# 托马斯·霍布斯

托马斯·霍布斯（1588年—1679年）在牛津研究经验哲学和亚里士多德的哲学，作为英国年轻贵族的家庭教师和同伴周游欧洲大陆，在巴黎认识了笛卡尔、伽桑狄和梅森。1640年11月，长期议会召开后，霍布斯逃往法国，后于1651年回国同克伦威尔讲和。

## 参考书

霍布斯的著作有：1642年的《论公民的哲学基础》；1655年的《论物体》；1658年的《论人》；1651年的《利维坦》。关于霍布斯的著作有：1888年由Tönnies编辑的《法律、自然和政治原理》（包括1640年的《人性》和《国家》）；1646年和1654年的论文《自由》和《必然性》；1839年至1845年由J.Molesworth编辑的五卷本拉丁文著作和十一卷英文著作；1888年至1889年F.Tönnies编辑的《法学原理，巨兽，书信》；1903年F.J.E.Woodbridge选编的《霍布斯哲学》；1905年M.Calkins选编的《霍布斯的形而上学体系》；1886年G.C.Robertson编辑的《霍布斯》；1904年L.Stephen编辑的《霍布斯》；1909年A.E.Taylor编辑的《托马斯·霍布斯》；1926年F.Tönnies编辑的《托马斯·霍布斯：生平和学说》；1930年B.Landry编辑的《霍布斯》；1934年J.Laird编辑的《霍布斯》。

## 第一节　目标和方法

霍布斯是近代精神最勇敢和最典型的代表之一。像所有近代哲学的改革者一样，他试图同过去完全决裂。哲学的首要任务是清除过去根深蒂固的观点。在霍布斯看来，希腊哲学是一种异常，像培根一样，他强调哲学和科学的实际功效：知识的目的就是力量。他完全否认了神学的科学特征：不存在关于上帝的科学和关于天使的学说。他还否认灵魂的唯灵论观念，而这一观念是他的同时代人笛卡尔思想的基本观念，并由培根作为附属物引入他的生理心理学中。相反，霍布

斯接受哥白尼、伽利略和哈维的新自然科学，他认为这些人是科学的创始人。在
其唯物主义哲学中，霍布斯大胆地推演出机械论的结果。他尽管不是一个伟大的
数学家，但热衷于数学，认为几何方法是唯一能够给我们以确定和普遍知识的方
法。自然和政治历史因为不能例示数学理念，因而不是科学，而历史知识则是经
验而非推理的产物。尽管霍布斯与伽利略和笛卡尔一样，持有类似的唯理论知识
理念，但他和培根一样，在知识的来源理论上是一个经验主义者。但霍布斯发现
他很难将自己的唯理论与自己的经验主义进行协调，这两种倾向在其理论中的同 294
时存在使得他的理论存在许多混乱和矛盾之处。他认为自己对思想的主要贡献是
他的国家理论，他自豪地告诉人们，公民哲学始于他的《论公民》。

## 第二节　认识论

在霍布斯看来，哲学是从原因到结果和从结果到原因的知识。因此，他的方法部分是综合的，部分是分析的。也即是说，我们可以从感官知觉或者经验推进到原则（分析），或者从基本的或普遍的命题——或者自身明显的原则——推进到结论（综合）。为了成为真正的科学和真正的证明，推理必须从真正的原则开始，单纯的经验并非科学。霍布斯还将推理界定为一种计算：推理是一种概念性的算术——对人们同意的概念进行逻辑的增加和减少，以便记录和表示我们的思想。

因此，问题是要发现我们推理的第一原理或者出发点，即作为所有结果根据的原因。霍布斯从运动中发现第一原理。我们能够知道原因和结果的所有物体都是哲学的题材。存在着自然物和人为物体或由人创立的国家。由此，我们就有了自然哲学（物理学和心理学）和政治哲学，后者由伦理学和专门的政治学构成。基本的或者第一哲学是关于基本原理的科学或者所有科学的定义，它是其他分支的开端，处理空间、实践、物体、原因、结果、同一和差别、关系、量等。通过分析具体事物，我们最终把握它们最为普遍的特性并立即知道它们的原因，因为这些原因是自明的，只有一个普遍的原因——运动。除非完全理解最初的事物，否则就不能证明最后的事物。因此，哲学就是关于自然物体和政治物体运动和活动的科学，万物都可以通过运动进行解释：人性、精神世界、国家以及物理性质都可以进行机械解释。

这些原则从何处而来，我们的知识如何产生？感官是我们所有的思想的来源，感觉在记忆中持续或者得到保存，霍布斯将其描述为“衰退的感觉”。许多

事物的记忆就是经验。想象或者思想在心灵中继起，我们因此有一系列的思想，
295 为欲求和计划所控制。言语的目的是把我们的精神活动转化为一连串的语词，这有助于我们记录思想并同其他人进行思想交流。运用语言才有科学，对语言最重要的运用是对名称进行正确定义。在科学中，我们使用普遍概念，但是事物自身并不是普遍的，并没有一般的人（唯名论的观点）。因此关于事实的知识和关于结果的知识都不是绝对的，而是有条件的。

培根强调经验或归纳自经验的知识的作用，而霍布斯则表明证明或者推演方法的必要性。但是他认为我们用以推理的原则来源于感官，而在是否存在获得绝对知识的可能方法上，霍布斯并没有坚定的信念。洛克后来通过指出我们根本就没有关于物体的科学加深了这一怀疑。

知识起源于感觉印象。那么什么是感觉，它是如何引起的？通过感官，我们获得不同的感觉：颜色、声音、味觉和嗅觉，等等。这些过程是由外部事物作用于感觉器官而引起的。运动在器官中产生，并通过神经被输送到大脑，并从大脑进入心脏。随之产生了反应（向外的努力），这一反应使得看上去存在着某个外在物体。这样，感觉就是大脑、精神或者头部的某个内在物质的运动。感觉或影像或颜色就是物体在大脑中引起的运动、震荡或者改变的一种表象和幻象。感觉并非事物自身的性质，而是我们自身的运动。既然只有运动才能产生运动，那么除了运动外，外在世界不存在其他东西。所有的感觉都是想象，但是引起感觉的原因是真实的物体。在感觉的原因和感觉或表象之间不存在相似性。外在世界的实在性是运动的实在性，我们将其感觉为声音或颜色。我们通过感觉而获得的世界图像并不是真实的世界。

如果这是正确的，那么我们如何知道世界的性质是什么？霍布斯并没有回答这一问题，因为这问题并没有困扰他。他和同时代科学家们一样独断地假设世界是一个处于运动中的物质世界。如我们稍后将看到的，笛卡尔试图从意识的自我确定性出发，通过演绎方式证明一个有广延并运动的实在的存在。但是这位英国的经验主义者并没有被关于外在事物的怀疑论的疑惑所困扰。

296
## 第三节　形而上学

存在着一个有物体存在于空间中的真实世界。除了想象空间或者由对象所产生的空间观念外，还存在着真实的空间。物体的真实维度在心灵中引起了空间的观念或者幻象。在此意义上，想象空间是心灵的偶性，没有广延和数量的偶性，

我们不能想象任何物体。所有其他偶性——静止、运动、颜色、硬度等——不断消逝而被其他偶性所代替，但是物体却以这样一种方式永不消逝。运动被定义为不断放弃一个地方而占有另外一个地方。除了运动之外不可能有其他原因。当一运动产生另一运动时，这并不意味着某一偶性离开一个物体而进入另一物体，而是一种偶性消逝，另一种偶性出现。一物体影响或作用于另外一物体，它或者在另一物体那里产生了某种偶性，或者使某种偶性消逝。这就是因果关系。动力并不是和所有活动不同的偶性，而是因为它之后会引起另外一种活动，所以被称为动力。哲学家们不可能回答运动的开端问题，而只有“那些在法律上被授权以命令人们崇拜上帝的人”才能回答这一问题。上帝创世之后，给予所有事物以他认为是善的自然和具体的运动。

除了物体之外，并不存在如经院哲学家所认为的无形的实体或者精神。实体和物体是同一的，因此谈论无形的实体就是在谈论无形的物体，而无形的物体是术语上的矛盾或者用词的荒谬。而且，如果存在着精神和灵魂，我们不可能知道它们，因为我们的所有知识都是基于感觉，而精神据推测并不影响感官。《圣经》并没有宣扬存在着无形的或非物质性的灵魂，而是支持那些认为天使或精灵是有形的人。霍布斯倾向于上帝是物体或有形的存在者。存在着上帝，我们知道并能够以因果方式证明上帝，但是我们并不知道上帝是什么。

## 第四节　心理学

霍布斯提出了关于心灵的不同概念。心灵是大脑中的运动，或者是在头部的一个内在实体，是一个精细的物体。影像或者观念是头脑或者心脏中的运动，是物质性实体的运动。这是完全的唯物主义。但是当霍布斯将精神过程说成是运动的“表象”或者幻象和心灵的偶性，而与运动并不相似时，他修正了自己的唯物主义：在这里意识的状态不再是运动，而是运动的结果。这样一种观点被称近代 297
作家称为“附带现象论”：意识是后于表象的。

除了知道的能力和力量外，还存在着引起运动的力量，心灵通过这一力量给予其肉体以肢体运动。运动从大脑到心脏，当它有助于极其重要的运动时，那就是快乐或愉悦，当它阻碍此运动时，那就是痛苦。快乐和痛苦激发了嗜欲或者欲望和反感：嗜欲是朝向某物的努力，而反感则是离开某物的努力。某些嗜欲和反感，比如对食物的欲望，是人所天生的，其他的则通过学习和经验而为人所获得。所有的愉悦或快乐的来源是嗜欲，因此满足就是指在嗜欲方面的不断进展的满意。幸福或者持续的快乐并不在于已经成功，而在于成功的过程。

想象是所有自愿行动的最初开端。嗜欲和反感的轮流交替被称为是深思熟虑，在深思熟虑中，最后的嗜欲或者反感被称为意志：做或者不做某事的意志。其他所有做或者不做的嗜欲被称为意图或者倾向，而不是意志的活动。人的意志和其他动物的意志没有不同。我们的嗜欲和反感的原因也是我们的意志的原因。我们的意志是感觉、记忆、理解、理性和意见的结果。意志（包括深思熟虑中激发的每一倾向）同其他事物一样，都必然产生并依赖于某个充足原因。意志不是自由的，而是被其他事物引起的，说一个人是自由的意味着他已经结束了深思熟虑，如果他愿意就能够行动，如果他不愿意就可以不行动。自由是没有外在阻碍。一个人可以自由行动，但并不是如他所愿的那样自由地意愿，他不可能有要意愿的意愿。说如果我意愿，我就能够意愿，这是荒唐的。

## 第五节　政治学

我们知道了人的本性，就为理解国家和法律的含义进行了准备。我们可以从原理开始，综合地研究公民和道德哲学——比如，关于人类动机（心灵的运动）的知识——并从这些原则开始，推演出建立国家及权利和义务的重要性。但是我们也可以通过归纳或者观察我们自身的动机，通过分析的方法得到原理。一个人
298 使用所有的方法去做对保存自身而言有必要的任何事情是正确和合理的。人天生就有权利对他要取悦的人做任何他愿意做的事情，在其所及的范围之内占有、使用、享有一切。自然已经将一切事物给予所有人，因此权利和利益是一回事。但是在自然状态中，每个人都努力追求这样的权力，每个人都可以正义地侵犯其他人的权利，并防止他自己的权利受到侵犯，这将会出现一切人反对一切人的永久战争状态。在这样一种战争状态下，没有什么是不正义的，不存在正确和错误、正义和不正义的观念。没有共同的权力，就没有法律，没有法律，就没有正义。武力和欺骗是战争的基本美德。正义和不正义是与社会中的人而不是与独居的人有关的品质。亚里士多德宣称人是社会动物，人的社交本能引导他建立社会。霍布斯否定这一点。他认为人是一种凶残的动物：人对人像狼一样。对于财富、荣誉和权力的争夺使得人们倾向于竞争、仇恨和发动战争，因为只有通过这一方式，一个竞争者才能够满足他杀死、征服、取代或者驱逐他的对手这一愿望。在这样一种仇恨和战争状态中，没有人能够希望具有充足的力量在任何一段之间中保存自己。人对权力的欲望是自我挫败的，因为在不正义的实践所产生的状

态中，他所要实现的目标受到了阻碍。不正义和伤害的行动在某种程度上是荒唐的，因为采取不正义的行动就是自愿地破坏人们在一开始就自愿接受的东西。虽然不正义是不合逻辑或不合理的，但是霍布斯并没有乐观地相信人们将只接受理性的控制。他认为只有对后果恐惧才会让人们信守承诺，并遵守理性的命令。

理性要求和平状态，所有人都应当追求和平。理性的第一条训诫或自然法则就是命令人们要自我保存。第二条训诫就是人应当放弃他的自然权利，为了和平与安全而满足于具有和他自己准备允许其他人具有的自由一样多的自由。当他已经放弃自己的自然权利，他就有义务不去否定他的这一自愿行动。但是一个人转让权利是考虑到对方可以转让给他某种权利，或者某种其他的善。因此，我们不能期望任何人转让某些像自卫这样的权利，因为他转让权利的目的就是为了保卫他的生命，这一相互的权利转被称为契约。自然的第三条法则是：人们应当遵守
他们已经签订的契约，这构成了正义的来源和开端，因为没有契约，权利就不会 299
转让，也就没有不正义的行为。但是只要有一方有可能不履行契约，则契约就是无效的，也就无所谓不正义。由此可知，在正义和不正义具有意义之前，必须由某个强制性的权力通过某种惩罚产生的恐吓，强制人们平等地履行他们的契约。在国家建立之前不存在这样的权力，因此没有国家也就没有什么是不正义的。

自然法则是永恒不变的，不正义、忘恩负义、自负、自傲、邪恶等永远不可能成为合法的，因为战争永远不可能保存生命，而和平不可能毁灭生命。关于这些法则的科学是唯一真正的道德哲学。道德哲学就是人类交往和社会中的善和恶的科学，这些法则被称为自然法则，因为它们是理性的命令；它们被称为道德法则，因为这些法则涉及人对人的态度。它们由于其创造者而是神圣的法则。

建立国家和确保和平的唯一方式是将人类的总体权力和力量授予一个人或者由人组成的议会，通过大多数人投票，将所有人的意志结合成为一个意志。这不仅是赞同或一致，而是通过所有人和所有人之间的契约，将所有人统一为一个人格。群众被如此联合在一个人格里，这就是国家，它是伟大的利维坦，即尘世间的上帝，君主从它那里获得至高无上的权力。

臣民不可能改变政府的形式，君主的权力不可能被剥夺。谁也不能反对由大多数人所确立的共同君主的制度，唯有君主有通过立法制定规则的权利，有司法权，有权宣战和讲和、选择顾问和大臣、奖惩，也有权决定适合教育其臣民的学说。这些权利是不可传授的和不可分开的。君主可以将其他权利授予其他人，例如铸币的权力。由这一绝对君权所产生的恶不可能同内战所产生的痛苦和可怕灾

难相比，也无法同没有君主统治的人的放荡状况相比。

君主的权力可以集中于一人或者由许多人构成的议会（君主制、贵族制、民主制）。君主制是最好的形式：在君主身上，公共和个人的利益得到了最为密切的结合，他同一个团体的人相比，行动更为一致。但是这一最高权力无论置于谁身上，应当始终是绝对的。不过臣民可以拒绝某些事情：所有臣民在那些不能通
300 过契约让渡的所有事情上是自由的；他没有义务伤害或者杀死自己、承认罪行、杀害其他人等。霍布斯并没有将宗教自由的权利包括在这样的权利中。上帝通过他在尘世间的代理人或者副手以及具有统治权的国王或其他人表达意见。诉诸个人良知会产生麻烦，我们需要一个共同的法庭来决定：如果我们希望和平，应当如何行动。霍布斯的国家理论可以被视为对英国斯图亚特君主制的一个哲学辩护，以反对人民的要求。君主不可能伤害臣民，因为他代表授予他权威的臣民。他可能做邪恶之事，但不是恰当意义上的不正义或伤害。臣民只有在君主能够保护他们的情况下才有服从的义务。君主的义务在于建立一个人民的好政府；当他的行动普遍伤害了人民，就违反了自然法则和神圣法则。

## 参考书

W.R.Sorley，《英国哲学的开端》，见《剑桥英国文学史》，第四卷及其后；T.M.Forsyth，《英国哲学》，1910年；K.Fischer，《培根爵士及其后继者》，J.Oxenford译，1857年；A.Seth Pringle-Pattison，《论苏格兰哲学》，1885年；L.Stephen，《18世纪英国思想史》，两卷本，1876年—1925年，以及《英国的功利主义者》，三卷本，1900年；E.Albee，《英国功利主义史》，1902年；Selby-Bigge，《英国的道德家》（著作选），1897年；W.Graham，《自由意志和四位英国哲学家》，1906年；C.W.Eliot，《17和18世纪的英国哲学家》，1910年；J.W.Hudson，《洛克、贝克莱和休谟论人格》，1911年；J.Seth，《英国哲学家和哲学学派》，1912年；W.R.Sorley，《英国哲学史》，1920年；E.A.Burtt，《从培根到穆勒的英国哲学家》（英国哲学家著作选），《近代文库》，1939年；G.Kennedy，《培根-霍布斯-洛克》（选集），1937年。

# 第十二篇 欧洲大陆的唯理论

301

## 第四十六章 勒奈·笛卡尔

勒奈·笛卡尔（1596年—1650年）生于都兰的拉哈耶的一个贵族家庭。他在拉夫雷士的耶稣会学校接受教育，学习古代语言、经院哲学和数学。他在数学研究中发现了自己所渴望的确定性和明晰性，对其他学科并不满意。他在1612年离开学校时放弃了对这些学科的研究，而只是追求“在其自身或世界这本大书中发现”的科学。他周游各地，享受尘世生活。1617年和1619年他先后参加了拿骚的莫里斯和梯利将军的军队，同各种各样的人交往。在这个时期，笛卡尔的理智兴趣从未减弱。人们经常发现他处于沉思状态，即使在军队司令部也是如此。如何在哲学中获得同数学一样的确定性，这一问题激发着他的兴趣。他祈求神的启示，发誓如果他的祈祷能够得到回答，他就去拉瑞多的圣殿朝拜。1621年笛卡尔离开军队，将时间用于旅行和研究（1621年—1625年），他在巴黎和科学界的朋友待了3年（1625年—1628年），但是感受到了独处的必要，便到了荷兰。在那里，他忙于准备自己的著作（1629年—1649年）。1649年，笛卡尔接受了对哲学非常感兴趣的瑞典女王克里斯蒂娜的邀请，来到斯德哥尔摩，但是天气损害了他的健康。笛卡尔在那里待了一年后于1650年去世。

笛卡尔的著作有：1637年出版的《方法谈》（在一套《哲学论文集》中与《屈光学》《气象学》和《几何学》一起发表）；1641年出版的《第一哲学沉思集》，附有阿诺尔德、霍布斯、伽桑狄等几位学者和其他人的反对意见，并附有笛卡尔本人的反驳；1644年出版的《哲学原理》、1650年出版的《论心灵的各种情感》。其中《方法谈》和《论心灵的各种情感》是用法文写成的。《形而上学的沉思》和《哲学原理》用拉丁文写成。他从1630年开始写《论光》一书，但生前并没有出版，1632年宗教裁判所对伽利略的谴责阻止了这位胆小而爱好和平的哲学家完成此书。这部书和《论人》于1644年才出版；《书信集》于1657年—1667年出版；他的译著于1701年出版。

## 参考书

V.Cousin于1824年至1826年编辑了十一卷本的法文版；Foucher de Careil于1859年至1860年编辑了两卷本的笛卡尔未出版著作； C.Adam和P.Tannery于1896
302 年至1911年编辑的十三卷本选集；1905年由J.Veitch翻译的《沉思集》及《哲学原理的》选集（本书使用了这一译本）；1911年至1912年由E.S.Haldance和G.R.T.Ross翻译的两卷本《笛卡尔的哲学著作》；1927年由R.M.Eaton编辑的《笛卡尔选集》。

K.Fischer，《笛卡尔和他的学派》，J.P.Gordy译，1887年；N.Smith，《笛卡尔哲学研究》，1902年；E.Boutroux，《笛卡尔和笛卡尔主义》，见《剑桥近代史》第四卷，第27章；E.Boutroux，《哲学史研究》，F.Rothwell译，1912年；P.G.Natorp，《笛卡尔的认识论》，1882年；E.S.Haldane，《笛卡尔的生平及时代》，1905年；L.Lévy-Bruhl，《法国近代哲学史》，G.Coblence译，1899年；L.Brunschvicg，《笛卡尔和帕斯卡尔》，1944年；S.V.Keeling，《笛卡尔》，1934年；M.J.Mahony，《笛卡尔主义》，1925年；E.Gilson，《中世纪思想笛卡尔体系形成中的作用》，1930年；J.Maritain，《笛卡尔的梦》，1932年；A.B.Gibson，《笛卡尔哲学》，1932年；S.V.Keeling，《笛卡尔》，1934年。

## 第一节　笛卡尔的问题

像培根一样，笛卡尔坚定地反对旧的权威，强调哲学的实践特征。“哲学是人类所能知道的知识中的完善知识，既是为了指导生活，也是为了健康和发现各种艺术。”但是和培根不同，笛卡尔将数学作为其哲学方法的典范，他不仅提供了人类知识的纲要，而且试图构建一个具有数学确定性的思想体系。在对外在自然的观点上，他赞同新时代伟大的自然科学家们的观点：自然中的一切事物——

甚至心理过程和情感——都必须以机械方式进行解释，而无须借助于形式或者本质。同时，他接受了确立已久的唯心主义或者唯灵论哲学的基本原则，试图使它们适用新科学的要求：他的问题是要在机械论同上帝、灵魂和自由观念之间进行调和。

## 第二节　科学的分类

在笛卡尔看来，真正的哲学的第一部分是形而上学，形而上学包含着知识的原则，比如上帝主要属性的定义、灵魂的非物质性和我们拥有的所有清楚而简单的观念。第二部分是物理学，在发现了物质事物的真正原则后，我们在物理学中通常研究整个宇宙是如何构成的，然后研究地球的性质和在地球上发现的所有事物的性质，如空气、水、火、磁铁和其他物质，然后研究植物、动物尤其是人的本性，以便发现对我们有用的其他科学。

“这样哲学作为一个整体就像一棵树，这棵树的根部是形而上学，树干是
物理学，从树干中长出来的分枝是所有其他科学，可以归结为三个主要部分：医 303
学、力学和伦理学——我是指更高一级和最为完善的道德科学，这一科学预设了
对其他科学的完全知识，是最高级的智慧。”[60]

笛卡尔的《哲学原理》的第一部分包含了形而上学，其他三部分，处理“物理学中最一般的东西”。[61]

## 第三节　知识的方法和标准

笛卡尔的目标是要发现一些确定、自明的真理，比如具有常识和推理能力的人都会接受的真理。经院哲学不可能给予我们这样的知识，在同一主题上存在着许多不同的观点，因此在经院哲学中寻找确定性是徒劳的。其他科学实际上采取了经院哲学的原则，在这样不稳固的基础上不可能建立牢固的东西。我们得到的是大量虚假观点，被包围在错误和怀疑之中，而没有得到清晰确定的知识。在哲学中没有一个主题是不可争辩的。因此，如果我们希望在科学中有确定不变的东西，就必须除掉这些意见，从其地基开始重新建立知识的大厦。

---

[60] 笛卡尔给他的《哲学原理》一书的译者的信，这封信被作为这本书的序言。参见Haldane和Ross译的《笛卡尔的哲学著作》，第一卷，第211页。

[61] 同上书，第212页。

我们不能接受传统的观点，而必须研究自然这部大书。“即使阅读了柏拉图和亚里士多德的所有论证，如果不能对任何命题形成合理的判断，我们也永远不可能成为哲学家。”[62] 知道别人的观点并不是科学，而是历史。人们应当独立思考。但是我们在试图获得清晰明确的知识时应当如何行动？应当遵循什么样的方法？数学的榜样给我们提示了在推理中应当遵循的步骤。只有数学家才能够发现确定而自明的命题。我们毫无疑问接受这样的表述：二加二等于四，三角形的三个角之和等于两个直角之和。如果我们可能在哲学中发现类似的真理，无数的辩论和争议将会停止：我们将能够证明上帝的存在、灵魂的不朽和外部世界的实在性，也将为成功的科学建立安全的基础。

304 我们如何进行数学研究，遵循什么样的方法？我们从自明的公理或者原理开始，所有知道并理解这些公理或原理的人都会接受它们。我们将这些公理作为我们推演其他命题的出发点，这些命题逻辑地从这些原理中推出，如果在推理上没有错误，这些命题具有和前者一样的确定性。也即是说，我们从自明的简单命题开始，由此得出更为复杂的命题，我们的方法是综合的和演绎的。

这一方法也必须扩展到哲学上。我们应当从绝对确定的基本原理出发，从清晰自明的命题出发，去获得同样确定的、新的未知真理。在传统的经院哲学中寻找这样的真理是徒劳的。因为在经院哲学中我们除了得到一堆有分歧的意见之外，一无所获。而且我们不可能接受任何只依赖于其他权威的真理，而是必须自己寻求真理，对我们没有清晰明确地理解的东西，永远也不要视为真实的。我们应当警惕不受偏见的影响，不受我们的父母和老师在我们孩提时代灌输给我们的观念的影响。经验发现这些意见中的许多是虚假的，可能全部都是如此。我们也不能相信我们的感觉，因为感觉经常欺骗我们，我们如何能够知道它们与真实事物是相符的？但是我们有可能不确定我们自己的身体和行动是实在吗？是的，即使对此我们也有可能不确定，因为我们经常被欺骗，经常做梦，在梦中我们相信我们面前有实在的东西，但是它们仅仅是幻觉。可能在这一时刻我们正在做梦，我们没有办法在清醒和睡梦之间作出确定的区分。因为就我所知，可能是一个恶魔将我弄成这样以便欺骗我，我给自己描绘的他的世界可能只存在于我的想象中。在我的心灵之外，恶魔的世界可能并不存在。即使数学证明也可以被怀疑，因为我们有时候看到人们在这样的问题上犯错误，将在我们看来是虚假的东西认为是绝对确定的。

[62]《指导心灵的规则》，规则二。

我不可能对任何观念表示完全确定。“由此我假设，我所看到的所有事物都是虚假的，我相信我的骗人的记忆呈现给我的所有东西都是不真实的。我以为我没有感觉，物体、形状、广延和位置都不过是我的心灵的虚构。那么还有什么东西可以被认为是真实的？可能在这个世界上没有什么是确定无疑的。”[63] 305

但是有一样东西是确定的，那就是我怀疑或者思维，对这一点不存在任何怀疑。实际上，在思维者思维的同时假定其不存在，这是矛盾的。笛卡尔并没有求助于经验心理事实，即心灵的意识自身，而是从逻辑上推论出：怀疑蕴含着怀疑者，思维蕴含着思维者，即一个思维着的事物或者精神实体。这样他就获得了一个在他看来似乎是合理的、自明的命题。怀疑意味着思维，思维意味着存在，我思故我在——我思维，所以我存在。“对于以一种遵守秩序的方式进行哲学推理的人来说，它是首要的和最确定的知识。”[64] 这就是我们在寻找的原理——我们的形而上学的一个确定而自明的始发点。这一命题也为我们提供了真理的标准和检验。这一命题是绝对确定、真实的，并且为人们清晰而明确地理解，由此我们可以确立一条普遍原则：所有与这一原则相似并被人们清晰而明确地理解的事物，都是真实的。

## 第四节　上帝存在的证明

我们已经有了关于真正知识的一条基本原理和标准。我们还能知道什么？只要我们面对着上帝骗人这一可能性，任何事物的确定性都是可疑的。但是我们还不知道上帝是否存在，并且如果上帝存在，他不是一个骗子。这一困难必须得到解决。我们的有些观念似乎是天生的，有些观念是我们创造的，这些观念的大部分是我们从外界接受的。我们将有些观念视为外部世界的影响或副本，但是所有这些都可能是幻觉。我心中的一个观念是上帝的观念。既然无不可能产生无，所有存在都必定有其存在的原因，这也是一个自明的命题。而且原因必定至少像结果一样伟大，在原因中必定存在着同结果中一样多的实在。自身包含着更大的实在性并且更加完善的事物不可能是一个较不完善的事物的结果，也不依赖于后者。因此我自己不可能是上帝这一观念的原因，因为我是一个有限的、不完善的存在者，而上帝的观念是一个完善的、无限的存在者的观念。它必定是由一个无

[63]《第二个沉思》。
[64]《哲学原理》，第一部分，原理七。

限的存在者或者上帝置于我心中，因此上帝必定存在。上帝存在的这个证明并不是安瑟伦的本体论证明，而是一个因果证明，这一证明从存在于我心灵中的完善存在者的观念开始。这一证明并不是认为上帝这一存在者的存在仅仅是因为我们具有上帝的概念，而是因为从这样一个存在者的观念中，我们必然能够推论出上帝的存在，并将其作为我们所具有的观念的原因。这一证明在两个方面不同于本体论的证明：（1）它的出发点并不是作为形式本质的上帝概念，而是在人的心
306 灵中实际存在的上帝观念；（2）它通过因果推论，从上帝的观念推进到上帝自身的存在，并且与本体论证明不同，通过严格的形式推论，从上帝的本质推进到上帝的存在。

但是，有人可能主张，无限的概念只是一个否定的概念——对完善的否定。在笛卡尔看来并非如此，因为有限的观念蕴含了无限的或者上帝的观念。如果我自身没有通过和一个比我更完善的存在者的观念作比较，使我认识到我的本性的缺陷，我怎么能够怀疑或者具有欲求？怀疑蕴含着一个真理的标准，不完善蕴含着完善的标准。

我也不可能是我自身存在的原因，因为我具有关于完善的观念，如果我创造了我自己，我本应当使自己完善，而且我也能够保全我自己，但事实并非如此。如果是我的父母创造了我，他们也能够保全我，而这也是不可能的。最后，从上帝这一完善的存在者的观念也可以推出上帝的存在。我没有能力想象一个不存在的上帝，也即是说，想象一个存在者具有至上的完善，却没有绝对的完善。这就是为安瑟伦和奥古斯丁所使用的本体论证明。

我所想象的神圣完善者具有不止一个原因，这也是不可思议的。因为如果存在着许多原因，这些原因就不可能是完善的，因为原因要成为完善的，就必须只有一个原因，一个上帝。上帝必须是自因，如果他是另外的存在者的结果，那么那个存在者又是另外的存在者的结果，如此类推，以至无穷。我们会无限倒退，永远也不能到达一个我们据以开始的、对结果的因果解释。

我从上帝那里得到上帝的观念，这一观念是人所天生的。上帝不仅是原因，而且是我们的存在的原型。他按照自己的形象创造了人。我们不需要对此惊讶：上帝在创造我们时，将这一观念置于我们心灵中，就像工人将标记印在他的产品上一样。如果上帝不存在，我们就不可能是现在的样子，也不可能具有上帝的观念。我们知道上帝自身和人的心灵比我们对物质性物体的了解更为清楚。反思上帝的观念，我们知道他是永恒、全知和全能的，是所有善和真理的来源，是所有事物的创造者。他并不是物质性的，不像人那样用感官来知觉事物。上帝具有理

智和意志，但与我们不同，他并不意欲为恶或者犯罪，因为罪是存在的否定。这是在经院哲学那里我们就开始熟悉的通常的神学立场。笛卡尔赞同邓斯·司各脱的观点，认为我们只能够在理性不同启示冲突的情况下接受理性。他还与司各脱
一样认为上帝本可以将世界安排成其他样子；一事物之所以是善的，是因为上帝 307
使其如此；上帝并不是因为事物是善的，才使其成为善的。

## 第五节　真理和错误

我们已经发现了几条自明的真理：我存在；凡是被清晰明确地理解的就是真实的；任何事物皆有原因；原因必须包含着同其结果一样多的实在和完善；上帝是完善的，不可能欺骗我们。但是我们为什么会受骗呢，为什么会犯错误？首先，上帝给予我们辨别真伪的能力不是无限的。其次，错误取决于两个原因的同时存在，这两个原因是认知的能力和选择的能力或自由选择的力量——理解力和意志。只有理解力，我既不能肯定也不能否定某物，而只是理解与我所形成的判断有关的观念，在理解力中没有真正的错误。意志本身也不是错误的来源，因为意志在性质上非常充足和完善。错误来源于人类理智的有限和人类意志的无限之间的巨大差异。错误是由于我们在对事物没有充分清晰而明确的认识时，不能限制意志对事物进行判断。意志通过选择虚假而不是真实的，选择恶的而不是善的，从而陷入了错误和罪恶之中。

## 第六节　外部世界的存在

另外一个需要考虑的问题是外部世界的问题。我们想象在我们之外存在着物体。我们如何知道它们实际上存在？我们具有快乐和痛苦的情感、嗜欲和感觉，我们本能地将其归于物体的原因。但是既然我们的感觉经常欺骗我们，既然我们的欲望和嗜欲经常是误导性的，我们不可能通过这些经验的存在来证明物体的存在。但是，如果上帝在我们心灵中产生了根深蒂固的信念，使我们确信外部世界的存在，一旦这样的世界不存在，他就无法反驳他是一个骗子这一指控。但是我心灵中感觉幻象甚至是幻觉和梦的存在同神圣的善性可以共存，因为上帝已经赋予我理智的力量来消除或者纠正这些谬见。因此，上帝并不是骗子，而是一个真实的存在者，我们的感觉因此必定是由真实的物体而引起。

物体是什么？物体独立于我们的思维而存在，它们的存在并不需要我们的存

在。这样一个独立的事物被称为实体。我们可以用实体来指这样的事物：它们的
存在并不需要其他事物。实际上，只有这样一个存在者——上帝——在绝对的意
308 义上是实体。严格地说，笛卡尔承认一个绝对的实体——上帝——和两个相对的
实体——心灵和物体。这两个相对的实体相互独立而存在，但都依赖于上帝。心灵和物体在根本上彼此不同，我们只有从其属性上了解它们。必然内在于实体的基本特征或特性被称为属性。属性是性质，没有属性，不可设想实体存在，但是属性可以通过不同的方式、样式或者改变形式来展示自己。没有广延，我们不能想象形状，只有在有广延的空间中才有运动，只有在思维的事物中才存在着想象或意志。另一方面，没有形状或者运动，我们可以想象广延，没有想象或者感觉而进行思维。实体不可能改变其属性，但是可以改变其样式：一个物体总是具有广延，但是它的形状不需要保持同一。

那么外在事物的性质是什么？我们在物体上清晰、明确地知觉到的是物体的本质属性。声音、颜色、味觉、嗅觉、热和冷并不是物体的属性，我们不能清晰而明确地想象它们，它们是混乱的。我们所感觉到的并不是物体的真正实在。物体的属性是广延，此外再无其他属性。物体和广延是同一的。广延是由长度、宽度、厚度这三维构成的一个空间。每一物体都具有有限的空间维度。并不存在虚空的空间或真空，只要有空间，就有物体。空间是无限可分的，不存在终极的空间部分，因此物质是无限可分的，也就是说，不存在原子，只存在微粒。广延没有止境，因为物质世界是无限的。

外在世界的一切过程都是广延的改变形式或者样式。广延无限可分，具有广延的部分可以结合、分开，形成物质的不同形式。物质的一切变化或者形式的多样性都依赖于运动。运动是指一个物体从一个位置到另一个位置的移动。运动是可移动事物的样式，而不是实体。所有现象都是从一个空间部分到另一个部分的运动的转移。“运动是一部分物质或者一个物体从与其直接接触或者我们认为是静止的那些物体，运送到其他物体附近。”物质世界可以根据力学进行解释。没
309 有超远距离的作用——所有的现象都是由压力和冲击力引起的，因此必然存在着
普遍的以太以解释天文学事实。

只具有广延的物体被认为是消极的，自身不能移动，因此我们必须求助于上帝，将其作为世界上运动的第一因。“上帝最初创造了物质，同时创造了运动和静止。现在单靠他的聚集作用，上帝在总体上保持着与他当初置于世界的运动量相同的运动量。”这一第一推动者的观点在笛卡尔以及之后为人们广泛接受。这是古老的亚里士多德主义的观点，伽利略和牛顿都接受这一观点。但承认神的干

涉意味着放弃机械论，退回到经院哲学，为了确保世界不受神的干涉，笛卡尔主张上帝给予了世界一定的运动量：运动是恒定的。这是能量守恒定律的发端。笛卡尔称为“运动”并具有恒定性的这一物理的量大概是物理学家所称的运动的冲量或数量——是质量和速度的产物。在断定运动的恒定性时，笛卡尔并不是在明显错误地主张：运动的速度是恒定的。物体自身不可能发起或者停止运动，它们也不可能在物质世界增加或减少运动的量，因此运动或静止的量必定保持同一。

既然上帝是永恒的，世界上物体的所有变化必须遵循恒定的原则或自然法则。所有的自然法则都是运动的法则。物体的所有差别都可以通过部分之间的关系得到解释：固体是其部分结合起来并保持静止的物体；液体是其部分运动的物体。

## 第七节　身心关系

身体与心灵截然对立。身体的属性是广延：身体是消极的；心灵的属性是思维：心灵是积极的和自由的。这两种实体绝对不同：心灵完全没有广延，而身体也不能思维。我们不能设想没有思维的心灵：灵魂是思维的东西。就我只是一个能思维而无广延的事物而言，我对自身具有清晰而明确的观念。因此，可以确定的是，我，也就是我据以成为我所是的心灵，与我的身体完全且真正不同，并可以离开身体而存在。我可以清晰而确定地将我自己设想为完整的而没有想象与知觉能力，但是我不可能设想想象与知觉能力而不设想我自己，也即是说，不设想一个理智实体，想象与知觉能力存在于这一实体之中。因此想象与知觉与我自己不同，就像样式与事物不同一样。但笛卡尔认为思想包括意志，很明显也包括那些不是作为身体和心灵结合的结果的更高级的情感。他在《方法谈》中告诉人 310
们，一个思维的事物就是能够怀疑、理解、设想、肯定、否定、意愿、拒绝、想象以及感觉的事物。思想绝不是限制在心灵的理智或者甚至是认知活动上——思想包含了我们现在列为“意识”的所有事物。我清晰地认识到，广延或者形状、局部运动或者任何可归于身体的东西都不属于我作为思维着的事物所具有的本性。我关于自己心灵的知识先于我关于任何物质事物的知识，并且更为确定，因为我可以怀疑物体是否存在，但是我已经认识到我在思维。

这一极端的二元论特别吸引笛卡尔的地方在于它让自然科学自由地对自然进行机械论解释。心灵被排除在自然之外，自然获得了自己的独立领域。物理学可以走自己的路，所有的目的或最终因都从物理学中被清除。人们在心灵和身体之间进行了划分，就如同经院哲学时代神学和哲学之间的划分一样。笛卡尔将这一学说应用到整个有机界中，甚至应用到人的身体上。人的身体像动物的身体一样是一台机器。身体的运动本原是心脏中的热，运动器官是肌肉，感觉器官是神经。动物血气在心脏血液中蒸馏，通过动脉进入大脑，又从大脑进入肌肉和神经。在这台机器中，身体的所有功能都自然地是器官安排的结果——像钟表的运动一样必然是由钟摆和齿轮产生的。除了血液和动物血气外，在人的身体中不需要假设感觉灵魂或者任何生命运动的本原。笛卡尔否定了亚里士多德和经院学者的生机论，而为有机自然提供了一个机械理论。

如果身心这两种实体相互排斥，那么就可以知道在这两者之间不可能有任何的相互作用：心灵不可能引起身体上的变化，而身体不可能引起心灵的变化。但是笛卡尔并没有一贯地从他的前提中得出这一结果。有些事实表明在心灵和身体之间存在着密切的结合：饥渴的欲望；并不绝对是精神性情感的情绪和激情；痛苦的感觉、颜色、光、声音等。我们不能将这些东西仅仅归于身体或精神，而必须通过二者的紧密结合进行解释。笛卡尔认为这一结合与舵手和其所在船舰的结合并不相同。心灵和身体组成了一个坚固的统一体。前面提及的所有感觉都只是
311 意识的混杂样式，是身心结合的结果。人并不是纯粹的精神。在动物身上以及通常在我们身上的运动是在没有理性干预的情况下发生的，由外在物体所激发的感觉只对动物血气有反应，并且这些反应是机械性的——动物只是一台机器。但是对人而言，身体的运动可以产生感觉。如果我只是一个思维的存在者，如果我的精神并不是以某种方式与我的身体结合的，我就只会知道（例如我很饿）而不是感觉到我很饿。我就不会有作为意识混杂样式并由身心密切结合而产生的感觉和情感。

但是笛卡尔并没有说清这一紧密结合是如何形成的——实际上，在他的二元论框架内，这一结合是不可能的。笛卡尔告诫我们不要混淆身心彼此。他认为，思维和广延在人这一身心结合的统一体而不是在自然的统一体中被结合起来：我们不应当将这一结合同两个物体之间的混合进行比较。他宣称："思维可以受器官困扰，但并不是后者的产物。"感觉、情感、欲望是心灵与身体结合而在心灵中产生的困扰。尽管存在着身心的结合，身体和心灵仍然是不同的；上帝将它们组成整体，但它们本性上是独立的，以至于上帝可以将它们单独保存。笛卡尔似乎接受了这一观点：心灵和身体之间的关系并不是物理状态变成、产生或者引起精神状态，或者相反，而只是心灵受到了有机进程的困扰。他在这一问题上的含糊和摇摆是因为他希望依据纯粹的机械原理来解释物质世界，同时又给精神原则的活动留下余地。经验事实表明在身心这两个世界之间存在着紧密结合，但他在

身心之间的截然区分又使得这一结合变得不可能。

笛卡尔有时候毫不犹豫地接受了因果相互作用理论。心灵虽然同整个身体结合在一起，但在大脑的松果体中占有最重要的位置。动物血气中的运动是由可感物体引起的，并被传送到松果体中，感觉就是这样产生的。心灵也可以通过不同方式使松果体运动，这一运动被传送到动物血气中，由血气引导，通过神经而传送到肌肉中。在这里身心之间的关系被清楚地设想为因果性的：通过松果体这一中介，在心灵和身体之间产生了某种相互作用。但是笛卡尔并没有成功表明这一 312
相互作用如何与他的思维和广延实体的形而上学二元论相一致。

## 第八节　情感心理学

在笛卡尔看来，灵魂并不是由相互分别的灵魂或能力构成的，而是一个通过不同方式展现自己的单一基质：是同一灵魂在感觉、推理和意愿。他对灵魂的主动和被动阶段进行了区分，他称之为灵魂的活动和感受。前者是意志的决定或行动，取决于灵魂自身：我自由地意愿或者热爱上帝、肯定或否定某个命题、恢复记忆、在想象中创造图画或者移动我的身体。后者包括感觉及其摹本、嗜欲、痛苦、热和其他的身体感受，这些都与外在物体或者身体有关。自愿或主动的状态完全在灵魂的能力之内，只能间接地由身体引起改变，而被动状态则完全取决于它们的生理原因，只能间接地由心灵引起变化，除了在某些情况下，心灵自身是被动状态的原因。但是还存在着其他的状态或者“知觉，我们感到其影响好像在灵魂自身之内”。这些状态有高兴、生气等情感，严格说来，它们是激情；它们是灵魂的知觉、情感或情绪，我们特别将其归于灵魂；它们是由动物血气的某些运动所引起、支持或强化的。但是这些激情的主要影响或者作用是激发灵魂或者使灵魂倾向于意愿那些激情让身体作好准备的事情：恐惧激发逃避的意愿，勇气激发起战斗的意愿，等等。这些激情将刺激松果体的动物血气的运动作为自身的直接原因，但是它们有时候也可以由愿意设想某个对象的灵魂的活动而引起；由此，我可以通过分析形势，在我身上激发起无畏的情感。

笛卡尔将自然欲望和意志之间的所谓冲突解释成运动之间的对立，身体的运动由其精神引起，灵魂的运动由其意志引起，这两种运动同时趋向于激发松果体。每个人都能根据这些冲突的结果来确定其灵魂的强弱。但是如果得到合理控制，所有的灵魂都能够获得绝对的力量以支配其激情。但是灵魂的力量没有真理的知识则不能胜任此项工作。

笛卡尔列举了六项主要的激情：好奇、爱、欲望、欢乐和悲伤，其余的激情都隶属于它们。这些激情都与身体有关，它们的自然用途在于激发灵魂赞同或者促进有助于保存身体的活动，或在某种程度上使身体更加完善。在此意义上，人
313 们首先运用的是欢乐和悲伤。因为只有通过产生悲伤激情的痛苦感觉，灵魂才能直接避免有害的事物，然后产生对痛苦原因的憎恨和摆脱痛苦的欲望。

我们的善恶主要依赖于在灵魂中并由其激发的内在情感。只要灵魂内存在着满足灵魂的东西，所有来自外部的困扰都不可能伤害它。为了使灵魂获得这一内在的满足，人们需要做的就是严格遵循美德。在这里笛卡尔的伦理学受到了斯多葛学派的影响。斯多葛主义是在文艺复兴时期被普遍接受的伦理学理论，直到近代仍然流行。

培根已经提出一种精神状态的机械理论，霍布斯将机械论作为其整个哲学的基础。笛卡尔试图用机械论来详细说明我们的心理生活的大部分，但是他并没有
314 用机械论来解释我们所有的精神过程。心灵自身是一个独特的实体，具有理解和意愿的能力。而且，笛卡尔所谈论的所有“知觉”——感觉、嗜欲和情感——都是心灵状态，而不是运动。有些激情是纯粹精神性的，并非由器官的运动引起。意志独立于身体状态，能够自己产生这样的心灵状态。意志是自由的，灵魂的伦理理想是使自己免受外界影响。

## 第九节　天赋观念理论

笛卡尔的目标是要获得清晰而明确的知识，当我们断定一事物除了是我们所设想的那样之外，不可能是其他情况，我们就获得了关于这一事物的确定知识。我们在数学证明中具有这样的必然知识，如果遵循正确方法，在哲学中也会具有这样的知识。确定性作为真理的一种特性，可以被人们清楚而明确地把握。确定的知识不可能产生自感觉，因为感觉不能向我们显示事物自身，而只能显示它们如何影响我们。颜色、声音、滋味、气味并不属于事物。真正的事物是在去除了感官所归于事物的性质之后的事物，我们只能通过清晰而明确的思维来认识真正的事物。如果我们不能从感觉经验中获得真正的知识，如果真正的知识是从某些基本概念和原则推论出的，那么这些基本概念和原则必定为心灵自身所固有——这些概念和原则是天赋的或者先验的。心灵具有自己的标准或规范，这些标准和规范引导心灵追求真理。只有在经验过程中当心灵将其自身运用到思维中时，知识的原则才能变得明显，但它们在某种程度上一开始就存在。笛卡尔的基本观念

是：理性具有其自然的规范；但是他并不确定这些规范如何存在，在这里他又出现了动摇。他有时候用天赋知识来指给心灵以印记的观念或真理，以及心灵在自身内发现的原则，有时候指在人类的经验过程中，灵魂产生这样的知识的天赋能力。洛克对天赋观念学说的抨击使整个问题更加清晰明确，并促使莱布尼茨和康德提出不同形式的唯理论。

笛卡尔的唯理论和先验论并没有阻碍他对经验给予充分重视。他并没有提出一套系统的认识论。他的兴趣在于发现一种真理方法而不是详细地讨论认识论问题。尽管笛卡尔持有深思熟虑的怀疑论，但在相信理性有能力获得确定知识这一意义上，他又是一个独断论者。他是一个实在论者，承认外部世界的存在，但是又认为外部世界的真实性质只有通过理性思维才能够被发现。

# 第四十七章
# 笛卡尔的后继者

## 第一节　笛卡尔哲学的困难

笛卡尔的哲学呈现出诸多困难，并产生了大量问题，其后几个世纪的思想家们都忙于解决这些问题。如其理论所要求的，如果上帝和自然是两种截然不同并相互独立的实在，在这两者之间就不可能存在真正的交流，上帝不可能将其自身的观念印到人类的心灵中，人也不可能知道上帝。同样无法解释的是上帝——一个纯粹的精神为何会将运动赋予物质。笛卡尔有时候试图通过区分上帝的实在性和灵魂与身体的实在性以避免这一困惑：上帝是唯一真正的实体，所有其他事物都依赖上帝，是以他为原因而引起的结果，是他的创造物。笛卡尔在表面上放弃了他的体系所固有的二元论，这为斯宾诺莎的泛神论开辟了道路。

笛卡尔哲学中的另一个困难——斯宾诺莎试图排除这一困难——笛卡尔赋予人以自由意志，但他的哲学不能解释“伟大的神秘”。在人和自然之间产生了另外一个裂隙。如果心灵和身体完全不同，那么它们之间如何能有交流。根据假设，相互作用是不可能的，但是这一相互作用却被认为是事实。这样就产生了双重矛盾：上帝是唯一的实体；灵魂和身体是他的创造物，它们是独立的实体，但
彼此相互作用。而且，如果动物的身体是机器，为什么人的身体就不是呢？ 315

笛卡尔的哲学试图使不可能被忽视的现代科学的机械理论和伴随基督教出现的唯灵论神学和形而上学这两者实现和谐一致。笛卡尔的几乎所有困难都是由这一调和任务所引起的，他的后继者们的任务或者要指出这些困难，或者要发现避免这些困难的方法。采取下列方法可以避免这一体系的二元论：（1）取消自然作为独立的实在，宣扬绝对的唯心主义（马勒伯朗士）；（2）取消心灵作为独立的实在并接受唯物主义（霍布斯、拉美特利和法国的唯物主义者们）；（3）将心灵和物质作为绝对实体（上帝或自然）的表现（斯宾诺莎）。或者可以保留二元论而直接否定身心相互作用的可能性（平行论）。除了这些形而上学问题之外，与起源、自然和知识方法有关的问题也需要人们予以进一步关注。在这方面，英国的经验主义者和法国的感觉主义者是主要的参与者。

笛卡尔的哲学受到了耶稣会士的激烈反对——他的著作在1663年被列入禁书目录中——也受到了荷兰的加尔文教派的反对，德国的大学也禁止笛卡尔的哲学。但是笛卡尔哲学在新的荷兰大学中特别是在神学家中赢得了追随者，在法国，耶稣奥拉托利派继承了他的哲学。对笛卡尔提出的形而上学问题特别是身心关系问题感兴趣的哲学家有：里吉斯（1632年—1707年）、德·拉·福尔热（1634年—1698年）、科迪默、贝克尔和阿诺德·海林克斯（1625年—1669年），其中，贝克尔试图依据笛卡尔原则证明鬼神学、巫术、魔法和其他迷信是不可能的。克劳伯格（1622年—1665年）认为灵魂不可能产生身体的运动，但是可以直接控制这些运动，就像骑手可以支配其马匹一样。安托尼·阿尔诺（1612年—1694年）同尼克尔一起是《思维的艺术》或者被称为《波尔·罗亚尔》的作者，他是一个詹森主义者，赞同笛卡尔的哲学。

## 第二节　偶因论

这些笛卡尔主义者大都反对相互作用或精气流动理论，在解释身心关系问题上求助于上帝的意志。身体与心灵是不同的；意志不能移动身体——它怎么能呢？意志是外部世界变化的偶因——这一变化是由上帝引起的。物理现象也不能在我们心灵中产生观念：它们只是偶然的原因，因为上帝在我们心灵中产生了它
316 们。这种观点叫作偶因论，是平行论的一种形式，它认为精神和物理过程并不具有因果联系，而只是彼此平行运转。这一偶因论哲学通过上帝的持续干涉来解释身心平行论。在休谟的怀疑论中达到顶峰的对因果观念的批评在这里就开始了：一个精神性的原因如何产生一个物理性的结果，或者相反？

## 第三节　阿诺德·海林克斯

海林克斯对物质的解释多少有些不同。他认为，我们不可能影响物质世界，物质世界也不能影响我们。但是我们的意志并不是通过上帝的特殊行动产生运动的偶因，运动也不是通过上帝的特殊运动产生观念的偶因。上帝也没有在身体和灵魂之间预先建立和谐关系。上帝知道我将要意愿什么，虽然我的意志是自由的；整个宇宙的安排符合上帝的知识。

他使这多种多样的事物联系在一起（物质的运动和我的意志的选择）……以便当我的意志有所意愿时，意愿的运动就会发生，另一方面，当运动发生时，我的意志就意愿它的发生，而我的意志和运动彼此之间并没有任何因果联系或者影响。就如同在两座钟表的情形中，钟表被精心调整，与太阳的日常进程一致，每当其中一座鸣响并告诉我们时间时，另一座也以同样的方式鸣响并指示相同的时间，这两者之间并不存在任何因果联系……而只是通过这一事实解释了两者之间的联系：它们都是由同一工匠按照同一工艺制造而成的。[65]

在上文中，海林克斯使用了两个钟表这一著名比喻来阐述他的偶因论——莱布尼茨后来从海林克斯那里借用了这一比喻来阐释他自己的与偶因论关系密切的预定和谐理论。偶因论和预定和谐论都试图避免笛卡尔理论中存在的身心之间的因果相互作用的困难。海林克斯还在他的知识概念中背离了笛卡尔主义：我不可能认识事物自身，只有上帝具有事物的知识，而我只能认识我自己。

### 参考书

海林克斯的著作有：《农神节》（1653年）、《逻辑学》（1662年）、《伦理学》（1664年）、《物理学纲要》（1688年）、《形而上学》（1691年）；由J.P.N.Land编辑的三卷本哲学著作（1891年—1893年）。

## 第四节　马勒伯朗士的唯心主义

尼古拉斯·马勒伯朗士（1638年—1715年）从另一个角度来看待笛卡尔提出

[65]《伦理学》第一册，Land编辑，第三卷，第211页，R.Latta译，在莱布尼茨的《单子论》中，第30页注释。

的问题。他是耶稣奥拉托利派的成员，圣奥古斯丁的学说盛行于这一教派中。对
317 笛卡尔的《论人》的阅读引导他致力于笛卡尔整个体系的研究。虽然马勒伯朗士的目标是要调和宗教和哲学、奥古斯丁主义和笛卡尔主义，但是他的著作却被列于禁书名单上。他的著作包括：《真理的探索》（1675年）、《论自然和恩赐》（1680年）、《论道德》（1684年）、《关于宗教和形而上学的探讨》（1688年），以及《论对上帝的爱》（1697年）。

## 参考书

J.Simon编辑的著作集，四卷本，1871年；N.马勒伯朗士，《关于形而上学和宗教的对话》，M.Ginsburg译，1923年；R.W.Church，《马勒伯朗士哲学研究》，1931年；A.A.Luce，《贝克莱和马勒伯朗士》，1934年。

马勒伯朗士问，如果思维是某种完全不同于运动的事物，那么运动如何能够产生感觉，若是存在广延，心灵如何能够知觉到广延？这看上去是不可能的。精神性的事物只能被与精神有关的事物识别，只有类似者才能认识类似者。我们所看到的并不是真实的世界或广延，而是观念世界，是在理念空间的理智世界。观念存在于上帝之中，上帝是只具有精神属性的精神。真实的物体或者被创造的空间不可能影响心灵，只有理念物体，即关于物体的理念能够影响心灵。我们知道一切都在上帝那里，上帝不是有广延的上帝，而是有思维的上帝。我们所理解的事物是观念，而不是有广延的物质性对象本身。迄今为止，马勒伯朗士的理论是唯心主义的泛神论。如果他停留在这里，哲学史家称其为“基督教的斯宾诺莎”，这一判断具有部分的合理性。但是他并没有坚持认为存在着一个普遍的实体，而是认为存在着一个包含所有可能事物的观念的最高理性。物质世界是不可认知的领域，我们并不知道它是否存在。关于物质的观念自身并不是物质，而是我的心灵的一个真正直接的对象。除了通过自然或超自然的启示外，我不可能知道物质存在。“如果上帝毁灭了这个被创造的世界，并继续以他现在影响我的方式影响我，我将继续看到我所看到的东西。我将相信这一（被创造的）世界存在着，因为并不是这个世界影响我的心灵。”我们相信这样一个世界，是因为启示告诉我们它存在着。如果马勒伯朗士拒绝这一我们不认识其真实面貌的未知相反世界，他的体系就是泛神论的，然而他的体系是唯心主义的泛神论，并不是斯宾诺莎的自然主义的泛神论。

马勒伯朗士对因果问题的讨论为后来休谟所作的批评进行了准备，休谟熟悉这位法国的柏拉图主义者的学说。我们不可能从外在和内在经验中得出因果必然联系的观念：我们设定这一必然联系的权利在于理性；必然的因果概念蕴含在普 318
遍存在者的概念中。

## 第五节　帕斯卡尔的神秘主义

布莱士·帕斯卡尔（1623年—1662年，著有《致外省人书》，1657年，《关于宗教的思考》，1669年）是一个天才的数学家和物理学家，他将神秘主义和部分怀疑论结合在一起。帕斯卡尔同情波尔·罗亚尔的詹森主义者——他们受圣奥古斯丁鼓舞而在天主教会内部进行改革——并接受了笛卡尔的二元论和其自然的机械概念。他还承认某些基本原理的有效性，例如，空间、时间、运动、数量和物质的存在。但是他宣称最终事物的知识超出了我们的理解范围，我们既不知道事物的原因，也不知道它们的目标。我们既不可能证明上帝的存在，也不可能证明灵魂的不朽。哲学的证明可能会将我们引向真理的上帝，但永远也不会引向爱的上帝那里。因此，理性的结果是怀疑，在我们最重要的利益上不能令人满意。但是在宗教的情感中，我们直接体验到了上帝，找到了安宁：“人心有其根据，而理性并不知道。”但是既然所有自然事物——包括人的本性和人类社会——都是有罪的和堕落的，只有神的恩赐，启示和教会的权威能够拯救我们。

### 参考书

C.Kegan Paul翻译的《思想录》，1885年，《致外省人书》，1889年。

M.Duclaux，《帕斯卡尔的肖像》，1927年；C.C.Webb，《帕斯卡尔的宗教哲学》，1929年；M.G.Bishop，《帕斯卡尔》，1936年；D.M.Eastwood，《帕斯卡尔的复兴》，1936年；H.F.Stewart，《帕斯卡尔的秘密》，1941年以及《帕斯卡尔对宗教的忏悔》，1942年。

## 第六节　贝尔的怀疑论

皮埃尔·贝尔（1647年—1706年，著有《历史批判词典》，1695年；《哲学体系》，1737年）将笛卡尔关于清晰而明确的知识的标准作为真理的检验手段，对哲学和神学的独断论进行了尖锐的批评。他以卓越的辩论技巧指出了宗教教义中事实和理性之间的明显不一致，唤起人们注意理性和启示之间的对立，科学和宗教之间的对立。由此，宗教被限制在启示范围内，但是启示自身必须服从理性，并且启示所依赖的历史事实必须服从批判的考察。而宗教和形而上学理论并不影响人的道德。

贝尔影响了莱布尼茨和休谟，他的《词典》由身份不低于哥特谢德（启蒙运动的领袖之一）的人翻译成德语。他的破坏性批评对18世纪的法国启蒙运动哲学
319 家们产生了巨大的影响，这些哲学家大量使用他的伟大著作。1767年，弗雷德里克大帝给伏尔泰写信说："贝尔开始了这一战斗，许多英国人紧跟在他后面，而你注定要结束这场争斗。"

# 第四十八章
# 本尼迪克特·斯宾诺莎

巴鲁赫（本尼迪克特）·德·斯宾诺莎（1632年—1677年）出生于荷兰，是一个富有的葡萄牙犹太商人的儿子。他研究希伯来文献，目的是要成为一名犹太教祭司，但是发现犹太哲学中很少有令他满意的地方，就像培根和笛卡尔在基督教体系中无法得到满足一样。在这一怀疑的情境中，他熟悉了笛卡尔的著作并宣布放弃犹太教信仰。1656年他被逐出犹太教会，并被迫离开阿姆斯特丹。他在荷兰的几个市镇居住过，最后在海牙定居（1669年），在那里他靠磨镜片为生。他深爱真理、没有私心、生活简朴，例示了哲学家的美德。但是斯宾诺莎的泛神论体系招致了强烈的甚至是普遍性的愤怒，几个世纪以来他被作为无神论者而受到轻视。在他生前唯一以他名义出版的著作《形而上学的沉思》（1663年）是对笛卡尔体系的阐述。在匿名出版的《神学政治论》中斯宾诺莎批判性地考察了《摩西五书》的作者身份问题，并提倡思想自由和教会与国家的分离。他的遗著包括1677年出版的《伦理学》《政治论》《知性改进论》和《书信集》。他的最早著作《简论》的荷兰文译本于1850年被发现，而其拉丁文和荷兰文的原作已经遗失。

## 参考书

J.Van Vloten和J.P.N.Land编辑的斯宾诺莎著作，两卷本，1882年—1883

年；R.H.M.Elwes翻译的主要著作，两卷本，1883年，1906年修订；W.H.怀特翻译的《伦理学》，1910年；H.H.Britain翻译的《形而上学的沉思》，1905年；A.Wolf和Life翻译的《上帝、人及其好生活》，1910年；G.Fullerton翻译的《选集》，1892年，第2版；A.Wolf编辑并翻译的《斯宾诺莎书信集》，1927年；B.A.G.Balz编辑的《斯宾诺莎：政治哲学著作》，1937年；J.Wild编辑的《斯宾诺莎：选集》，1930年。（本书采用了Elwes 和White的译本。）

J.Caird，《斯宾诺莎》，1914年；J.Martineau，《斯宾诺莎研究》，1895年；F.Pollock，《斯宾诺莎的生平及哲学》，第2版，1899年；H.Joachim，《斯宾诺莎的〈伦理学〉研究》，1901年；R.A.Duff，《斯宾诺莎的政治及伦理哲学》，1903年；R.McKeon，《斯宾诺莎的哲学》，1928年；L.Roth，《斯宾诺莎》，1929年；J.Ratner，《斯宾诺莎论上帝》，1930年；H.A.Wolfson，《斯宾诺莎的哲学》，两卷本，1932年，D.Bidney，《斯宾诺莎的心理学和伦理学》，1940年；H.H.Joachim，《斯宾诺莎的〈知性改进论〉评注》，1940年；S.Alexander，《斯宾诺莎和时间》，1927年；C.D.Broad，《五种伦理学理论》，1934年。

斯宾诺莎学说的不同研究者从不同方面来寻求斯宾诺莎主义的渊源：阿维洛
伊主义、中世纪犹太神秘哲学和泛神论文献、犹太学者摩西·迈蒙尼德、克莱斯 320
卡斯[66]的著作以及乔尔丹诺·布鲁诺的思想。无论这些学说中的某一种或者所有学说对其有什么影响，是笛卡尔的哲学为斯宾诺莎的体系提供了基石。引起斯宾诺莎注意并试图加以解决的问题都来自于这位伟大的法国唯理论者的理论中。作为他自己对这些问题的解决的泛神论概念是笛卡尔的作为绝对实体的上帝观念的逻辑结果。但是很可能是中世纪的犹太思想家的新柏拉图主义使他充分认识到笛卡尔体系的泛神论的可能性。

## 第一节　唯理论

笛卡尔是一个独断论者和唯理论者：他相信人类理性具有获得确定普遍知识的能力。自明的概念和原则在心灵中占有一席之地，在它们的帮助下，笛卡尔试图构建一个普遍性的理论，这一理论像几何学命题一样为理性所遵守。斯宾诺

[66] 迈蒙尼德认为将上帝作为许多属性的载体会损害上帝的统一性，而克莱斯卡斯则认为不会并为其进行辩护。

莎分享了笛卡尔的这一信念，对他来说，哲学的目标也是对事物的完全认识，而这只有通过清晰而明确的思考才能获得。如果我们从自明的原则出发，对证明的每一步都进行论证，我们就可以建立一个和数学一样确定并具有普遍性的真理体系。笛卡尔已经在他的《沉思集》附录中阐述了对几何方法的应用。斯宾诺莎在阐释笛卡尔哲学的著作《形而上学的沉思》和其主要著作《伦理学》中遵循了同样的方法。他从定义和公理开始，然后推进到命题，他按照几何次序对这些命题进行证明，每一个命题在论证中都有适合这一命题的准确位置。命题之后是推论，推论是命题的必然结果，然后是注释，在注释中斯宾诺莎对命题进行了更为详细而更少拘泥形式的讨论。如我们稍后将看到的，斯宾诺莎对数学方法的严格遵守极大地影响了他的思想。

在目的和方法上，斯宾诺莎以笛卡尔为榜样。他也对笛卡尔所提出的问题感兴趣，但试图以更为一致和系统的方式解决这些问题。笛卡尔明确区分了上帝和自然、心灵和身体：思维是心灵的属性，广延是身体的属性。身体和心灵是相互独立的实体，但是他又宣称上帝是唯一绝对独立的实体。斯宾诺莎采纳了实体的
321 观念，并用逻辑的一致性发展了其含义。如果实体除了其自身以外不需要其他东西以便存在或者被设想，如果上帝是实体，而其他任何事物都依赖于他，那么很明显，上帝之外不可能有任何实体。相应地，思维和存在不可能是分离的实体，而必定是一个单一独立实体的属性，这个实体即上帝。宇宙中的万物都依赖上帝，上帝是所有性质和事件的原因和载体，是一切事物得以存在的基质。上帝是具有思维和广延的实体，实体的二元论消失了，但是属性的二元论仍然存在。精神和物理过程这两种属性之间不存在相互作用，这两个系列彼此平行并且永不相交。在存在精神过程的地方也必定存在着物理过程，反之亦然。物理世界的秩序和联系同心理世界的秩序和联系是一样的。二元论让位于一元论，有神论让位于泛神论，互动论让位于平行论。

## 第二节　方法

斯宾诺莎对世界本性问题的处理同对几何问题的处理一样。他认为万物都是必然来自于宇宙的第一原理或根据，就如同几何命题必然由其逻辑前提推演而来。正如在数学推理中，结论并非原理的暂时结果而是永恒结果一样，事物来自于第一原因，不是在时间中的演进，从永恒的观点来看，是永恒的。时间仅仅是思维的样态，不存在时间上的先后，只有永恒。原因就是根据（causa=ratio），

在合理的和逻辑的根据与真正的根据之间没有差别。思维和存在是同一的。在现实中，一事物跟随另一事物或者被后者引起：宇宙是一个因果链条，链条上的每一个环节都必然与其前一环节相联系，正如在推理过程中，每一结论都基于其前提一样。而且，正如在数学证明中，一个命题是另一命题的必然结果，在自然中，每一事物都是其他事物的必然结果，自然这个整体是一个相互关联的系统，在这个系统中，所有成员都有其必然的位置。因此，斯宾诺莎的体系是严格的决定论。而且，如同在数学中不存在目的或者安排一样，在自然中也不存在目的或者意图。在此意义上，斯宾诺莎的体系是反目的论的。上帝怎么会有目的？思维和广延是基本实体的两种永远共存的属性，因此思维不可能超越广延属性而成为后者的最终因。将目的归于上帝就是给予思维以优先性，而思维作为上帝的一种属性或者表现与广延处于同一等级上。

## 第三节　普遍实体 322

斯宾诺莎在其《伦理学》中提出了其哲学的最为成熟的形式。这本书分为五个部分，分别处理以下主题：（1）上帝；（2）心灵的本性和起源；（3）情感的本性和起源；（4）人类的束缚和情感的力量；（5）理智或人类自由的力量。思想的起点是实体的定义。实体存在于其自身并独立于其他任何事物，实体不需要任何其他事物的概念以便被设想：如果不预先假定实体，则没有任何事物能够被设想，而实体可以不预先假定任何事物而被思考，实体是一个绝对独立的根本基质。

从实体的定义中可以得出某些必然结果。如果实体是绝对独立的存在物，它必定是无限的，因为否则它就不是独立的。实体是自因，因为如果它是由其他事物产生的，它就会依赖于那一事物。因此，在实体之外没有事物能够决定实体，在这一意义上，实体是自由的。实体是自我决定的，因为它的所有属性和活动都是其本性的必然结果，正如三角形的属性是三角形的本性的必然结果一样。个体性或者个人性不可能被归于实体，因为这蕴含着限定或者限制：所有的限定都是否定。因此属人意义上的理智或者意志都不属于实体。实体不思考、不做计划、不作决定，实体不依据有意识的目的或意图而行动——这样的目的完全外在于实体的本性。“我承认，”斯宾诺莎说，“认为所有事物都服从于上帝漠不关心的意志，并依赖神的反复无常，这一观点要比那种认为上帝为了善而行事的观点更接近真理。因为坚持后一种观点的人似乎将某物置于上帝之外，并独立于上帝，上帝工作时将其视为模型，或者将其视为目的，就像趋向一个目标一样。实际上，这只不过是使上帝服从于命运，是对上帝的一种最为荒谬的看法，而我们已经表明上帝是事物的本质和存在的第一因，并且是唯一自由的原因。”[67]

这一单一、永恒、无限、自因和必然的事物原则被称为上帝或者自然，上帝并非如笛卡尔所认为的，是一个在脱离世界并从外部对世界施加作用的外在的先验原因（有神论），而是内在于世界，是宇宙的内在基质。上帝在世界中，而世
323 界在上帝中，上帝是一切存在事物的来源（泛神论）。上帝和世界是一个。原因和结果在这里没有差别。上帝并没有创造脱离他而存在的事物，他是存在于所有事物内的永恒的实体或根据或本质。斯宾诺莎将上帝作为积极的原则或所有实在的来源，他使用原先的经院哲学术语，将上帝称为“产生自然的自然”；作为事物（这一原则的结果和产物）的多元，他将上帝称为“被自然产生的自然”。

## 第四节　上帝的属性

我们还能如何界定自然或者上帝；普遍实在的属性是什么？斯宾诺莎用属性来指理智所理解的构成实体本质的东西。有些解释者，包括黑格尔和埃德曼都认为属性是我们知识的形式，不是真的属于上帝，而是通过人的思维而归于上帝。包括K.费舍尔在内的其他人则将属性视为上帝本性的真实表现和实际成分，而不是人类的思维模式。第二种也即是实在论的解释可能是正确的解释。斯宾诺莎作为唯理论者认为思维的必然形式具有客观的有效性：理性驱使我们思考的东西，不仅仅具有精神的实在性。但是要把确定的属性归于事物的无限根据，斯宾诺莎有些犹豫，因为所有的限定都是否定。但是他试图通过将无限数量的属性（每一属性在本质上都是无限的和永恒的）归于这一无限的实体，从而避免这一困难。上帝是如此伟大，他被认为在无限的程度上拥有无限的属性。上帝的无限是二阶的无限：他拥有无限数量的属性——每一种属性在程度上又是无限的。

在这无限的属性中，人类能够理解的属性有两种。自然通过无限种方式表现自身，而只有广延和思维能够为人类这一物理和精神存在者所知。因此上帝或者自然至少既具有身体也具有精神。只要存在空间或者物质就存在着灵魂或者心灵，反之亦然。这两种属性对实体的本性来说都是基本的，这两种属性在存在实体的地方都必定存在，也即是无处不在。这两种属性的任何一种就其自身而言都

[67]《伦理学》，第一部分，命题34，附释2。

是无限的，但并不是绝对的无限——思维和广延都不是唯一的属性；既然上帝具有许多无限属性，这些属性就都不能被称为绝对的无限。这些属性彼此绝对独立而不可能相互影响：心灵不可能产生身体上的变化，身体也不可能产生心灵上的变化。“这两种属性彼此没有共同之处，一种属性不可能是另外一种属性的原 324
因。”[68] 由此，斯宾诺莎接受了偶因论者和马勒伯朗士的学说，认为只有相似者才能产生相似者，而心灵不可能产生运动，运动也不可能产生心灵。

我们不能像唯物主义那样通过物质来解释精神，也不能像唯心主义那样通过精神来解释物质。精神领域和物质领域分别是思维的世界和运动的世界，它们是同一个普遍实在的显示，具有同样的地位。物质和精神都不是彼此的原因。它们都是同一个原因的结果，都源于同一个实体。这个不可见的自然或者上帝，从其一方面来看，是一个占据空间的可移动的事物；另一方面，它是理念世界。这被称为双面理论，也是身心平行论的一种形式：在一个领域中的秩序和关系与在另外一个领域中的秩序和关系是相同的。与我们关于圆的观念相对应，在自然中存在着一个真正的圆。

## 第五节　样态学说

属性以不同的方式或样态出现。样态被定义为“实体的影响状态或者改变，或者在另一事物之内，并通过另一事物而被设想”。[69] 也即是说，一个样态或者改变除了作为事物的样态之外不可能被设想。广延的属性在具体的、有形状的物体上表现自己，而思维则在具体的观念和意志活动中表现自己。我们永远没有抽象的思维，没有一段空洞的思维，也没有类似的抽象广延，而总是有具体的观念和具体的物体。但是我们不可能脱离属性而思考后者——例如，脱离广延而思考运动或静止或者脱离心灵而思考理智或者意志。

个体的心灵或者身体是实体的有限、暂时的样态——前者附属于思维的属性，而后者附属于广延的属性。永恒的无限实体永远在物质和精神形式构成的永恒、必然的系统内，在观念系统和物体系统内，以无限的方式表现自身。斯宾诺莎称这一无限和必然的观念系统为所有观念的总体，为绝对无限的理智。他将广延样式的系统称为运动和静止。运动和静止是广延的样式，因为不可能存在没有

[68] 同上，第一部分，命题三。
[69] 同上，第一部分，定义五。

广延的运动。上帝的无限理智和运动与静止的系统一起构成了整个宇宙的面貌。
325 宇宙整体总是保持同一，虽然其各个部分不断变化。自然作为一个整体，在这里可以同单个的有机体进行比较，有机体的成分有生有灭，但是有机体的形式或者“面貌”保持同一。

具体的有限物体和心灵并不是上帝这一实体的直接结果。每一有限事物都以其他某个事物为动力因，如此类推，以至无穷。具体的物体形成了一个相互作用事物的链条，一个因果性链条，具体的观念也形成类似的链条。我心灵中的某个具体观念因为其他某个观念而存在，等等；我面前的某个具体物体因为其他某个物质事物而存在。但是如果不是所有事物都依赖的永恒的、根本的实在，单一的思维和物体是不可能存在的，它们都是这一实在的体现。斯宾诺莎充分认识到，我们不可能从实体的观念中逻辑地推演出这个或那个具体事物，有限的样态，我们不可能从概念中推演出具体事物。给定一个有限的、有广延和思维的实体，我们不可能证明由此必然产生某一个体。但是我们可以认为，斯宾诺莎相信给定一个实体，结果必然产生思维和物体。一个三角形的所有特性都是从三角形的概念中得出，所以宇宙的所有特性也必然从实体这一概念中得出。但是我们不可能从三角形的概念中推演出不同三角形的存在、数量、大小和形状。类似地，我们不可能从实体或上帝的观念中推演出世界上不同的有限事物的存在、数量和特性，实体得以显现的所谓样态或者形式，现存的个别的、具体的人、植物和物体。这
326 些事物并不必然从实体的概念中得出，就上帝的抽象概念而言，它们都是偶然的和非本质的。斯宾诺莎将个体事物解释为是其他个体事物的结果。在通过一个事物来解释另外一个事物时，我们局限在通常的科学解释上，并没有很深入；而从永恒的观点来看，在这一层面上理性的解释是不可能的。斯宾诺莎的唯理论没有自称从上帝的抽象概念和纯粹广延和纯粹思维的概念推演出物理或心理自然的细节。他只是断言这两者都是由相互作用的部分构成的系统。

以永恒的形式来设想上帝，上帝是其无限的属性，以时间的形式来设想上帝，上帝是世界。对感觉和想象而言，自然以单独、分离的现象出现，但这是看待自然的一种不充分的和肤浅的方式；对于知性来说，自然是一个普遍的实体，具体现象仅是普遍实体的有限形式，是对实体表现自己的其他所有形式的否定。样态只能作为实体的样态或者变化而存在；实体是永久的原则，而样态是暂时性的。因此，具体的样态并不是永久的，而只是实体的暂时表现。

斯宾诺莎的样态学说为他的唯理论的预设所决定。从逻辑上讲，我们不能从上帝的概念中推演出具体的、有限的样态，因此样态并不具有真正的实在，不是

本质性的。但是很难理解为什么斯宾诺莎不承诺这一立场：具体的样态应当是实体的必然后果，因为它们来源于实体，必然由它而产生。斯宾诺莎的困难在于他试图按照逻辑来解释宇宙。受几何学方法的影响，他坚持认为事物永恒地来自于第一基质，这使得变化和演进成为不可能；但是经验又使他确信存在着变化。为了公正地对待逻辑和事实，斯宾诺莎提出在上帝的无限和永恒的样态与有限和暂时样态之间存在着区别。

## 第六节　人的心灵

在笛卡尔看来，存在着物质实体和精神实体，二者相互作用。而在斯宾诺莎看来，只有一个实体或基质，所有的变化过程，包括物质和精神过程都依赖于这一实体，来自这一实体。他认为，不可能存在像灵魂或自我这样的东西，即具有思维、情感和意志的精神性实体，心灵是作为由其思维、情感和意志构成的复杂样态而存在的——这些心灵状态自身并不是身体或身体变化过程的结果；心灵和身体彼此互不影响，它们之间没有相互作用。观念或心灵状态与身体的变化过程相符，这两个系列是平行的——实际上，它们在样态上是一致的。心灵与其身体是同一个事物以两种不同方式表现出来的过程。

因此，所有事物都是物质的样态或形式或心灵的样态及形式。哪里有身体，哪里就有观念或精神现象，哪里有精神过程，哪里就有身体。斯宾诺莎因此称人的心灵为人的身体的观念；身体是在空间中同观念相符的物体或者过程。人的身体是非常复杂的，由许多部分组成。人的心灵不仅是身体的观念，同时也是对它自己活 327
动的意识，或者自我意识。斯宾诺莎称其为“身体的观念的观念”或者“心灵的观念”。但是心灵仅是在它理解身体变化的观念这一意义上认识它自己的。

观念的秩序和联系与事物的秩序和联系相同。身体的积极活动和被动感受的秩序与联系与心灵的积极活动与被动感受是一致的。观念与其对象相互联系：是观念与其被观念化的对象的相互联系。宇宙中所有的观念或思想构成一个与自然系统相符的统一的精神系统。每一个心灵都是这无限理智的一个部分，而无限理智由无限多的心灵和其观念以及一个永恒的上帝的思维样态构成，如果这些都是真实的，如果物质秩序或者联系是因果性的，那么精神系列也必定为因果关系决定。

除非有相应的精神状态，否则在身体上就什么也不会发生。在此意义上，人的心灵必定知觉到人的身体所发生的一切。心灵只有通过与身体变化相一致的观念才能认识身体自身。同样，心灵也知道其他身体的存在和本性，因为它的身体受到其他身体的影响。但是这样通过感官知觉而获得的知识并不是清晰明确的，而是混乱的。我们通过这些观念并没有获得关于我们自己身体和外在物体的充分知识。在心灵受外部事物的巧合决定这一层意义上，心灵所获得的知识是混乱的；只有心灵受其内部决定时，它才能够清晰而明确地思考事物。

## 第七节　认识论

斯宾诺莎关于心灵与其身体之间关系的理论为他的认识论提供了形而上学基础，他在《伦理学》第二部分和《知性改进论》一书中讨论了认识论。认识被区分为三个主要层次：（1）模糊和不充分的观念来源于感觉和想象，它们依赖于感官知觉，而感官知觉将物体的变化作为其对象。不加鉴别的经验和单纯的意见并不会产生真正的知识。（2）我们还拥有充分的知识，即清晰明确的观念和理性知识。理性按照事物的本然来思考事物，认识它们的必然联系，以永恒的形式来设想它们。理性理解事物的普遍本质，理解它们与上帝的存在的联系：这样的知识是自明的。真理的标准就是它内在的明晰；就如同光明显示了它自身和黑暗
328 一样，真理也阐明了它自身和错误。（3）斯宾诺莎将直观知识称为最高等级的知识。但是很难说直观知识如何与理性知识相区别。通过直观知识，万物都被设想为必然以上帝的存在为基础，并由其产生："直观知识从关于上帝某些属性的客观本质的充分观念到达事物的充分本质。"想象无法理解事物的整体，它迷失于细节中，没有把握现象统一体，不理解现象的含义。想象是偏见、幻觉和错误的来源，它导致人们相信独立于个体而存在的所谓一般观念，相信自然中的最终因或者目的，相信精神，相信上帝具有人的样子和情感，相信自由意志和其他谬误。理性和直观知识将想象的这些产物视为不充分的因而拒绝接受。唯有理性和直观知识能够使我们区分真理和谬误。凡是具有真观念的人都知道这一点。

斯宾诺莎认为谬误是知识的缺乏。观念自身无所谓真假，使得一个观念为真的是适当的对象的存在。而当其对象不存在时，观念就是假的。当我们拥有虚假观念时，就会犯错误，我们缺乏知识，则观念就只是幻觉。

## 第八节　理智和意志

就心灵知道观念而言，它是智慧或者理智；就其肯定真实、否定虚假而言，

我们称其为意志。理智和意志都不是心灵的能力，并不存在心灵能力，心灵中只有观念。心灵被还原为观念，是关于物体的观念：它模仿生理的过程。斯宾诺莎并没有在认识、情绪或情感和意志之间进行最终区分。意志也不过是关于事物的观念，意志的具体活动和具体观念是同一的。因此，智慧和意志在本质上是相同的：意志是肯定或否定自己的观念。这一肯定或否定活动作为判断活动，并不是如笛卡尔所说，是自由或任意选择的活动，而是由观念自身决定的。并不存在自由意志这样的东西。任何事物在本性上都是被决定的，任何事物都必然来自于其他事物，所有事物最终都以普遍的实体为条件。人类的心灵只不过是神圣思想的一个样态，意志的每一具体活动都是为另一思想样态所决定的思想样态。而且，在心灵和身体之间不存在因果联系：意志并不能使身体运动。在物理情境中，任
何物质性事物都可以被解释为遵循机械定律。意志的决定和身体的相应运动从两 329
个不同的语境考虑是一回事：在思维的属性下，我们称其为决定，在广延的属性下，我们称其为行动。人认为他是自由的是因为他不知道他的决定的原因。因此，如果下落的石头突然有了意识，也会认为自己是自由的。在人这里，斯宾诺莎用任意或者不确定性来定义自由意志，而在上帝那里，他则用与其本性相符合的行动来定义自由，并将此类自由归于上帝。

因此，意志和理智是同一的。与理智的阶段——感觉或想象和理性相一致，意志也具有不同的阶段：激情和意志自身。激情代表人类心灵的被动一面，是混乱的和不充分的观念，与生理状态相一致。爱、恨、希望和恐惧的激情归因于我们的无知和混乱。就心灵具有清晰而明确的（充分）观念而言，就心灵具有知识和理解力而言，它不是被动的，而是主动的：心灵是理性的。斯宾诺莎主要是为了反对选择的绝对自由和无根据的意志；他并不打算否定适用于人的自由的全部重要性。当心灵理解事物的意义或者具有充分的观念时，它就不再有激情，不再受束缚。一个人的认识越混乱，他就越是激情的奴隶，一个人越受限制，他就越无助和受制约。他的认知越清晰，就越富有理性，他越是充分理解宇宙的所有关系，就越是自由地摆脱激情并较少依赖激情。认识意味着摆脱憎恨和恐惧、愤怒和妒忌，甚至摆脱爱和希望、怜悯和忏悔。知道事物真正原因或者知道他们与上帝必然联系的人会热爱上帝：这种对上帝出于理智的爱是为了上帝而爱上帝，因为人即是上帝的样态。人不应当希望上帝对这种爱进行回报。

激情并不是人性的错误，而是必然属于人性的特质。因此人们必须研究它们，就像它们是“线、面和体”一样。有三种基本的激情：欲望、快乐和悲伤。所有激情的基础是自我保存的欲望。所有事物都努力保持自己的存在：在人身上

也存在着这种保持身体和精神生命的努力。人性所努力的也就是人的心灵所意识到的。这一有意识的努力只与心灵有关时就是意志，或者与心灵和身体都有关时就是有意识的欲望。促进我们欲望的就是好的，反之就是坏的。因此所有人都
330 致力于促进其存在；当其存在得以增益时，他就感到快乐，否则就会悲伤。快乐是从较不完善到较为完善的转变，而悲伤则是从较为完善到较不完善的转变。快乐并不是完善自身。如果一个人天生完善，他就不会有快乐的情感。人力图保存快乐的情感并去除悲伤的情感。我们热爱在我们身上引起快乐的任何原因，而憎恨伤害我们的任何事物。希望或者恐惧是由对未来的快乐和痛苦的预期引起的。个人相信他是自己活动的原因，因此他会在这些活动令人快乐的时候感到自我满足，而在它们令人痛苦的时候感到悔恨。我们越是主动，我们的情感就越是快乐的，我们就越会感到有力量。因此像妒忌和怜悯这样的情感对我们来说是坏的，它们降低了我们的力量感和生命力。像笛卡尔一样，斯宾诺莎也是近代生理心理学的先驱。

## 第九节　伦理学和政治学

斯宾诺莎思想的强有力的动机是伦理学的和宗教的："心灵最高的善就是关于上帝的知识，心灵的最高美德就是认识上帝。"这一目的只有通过哲学才能实现；伦理学必须建立在形而上学的基础之上。斯宾诺莎的体系在伦理学上达到了顶峰：他的主要著作的标题就是《伦理学》。同霍布斯一样，斯宾诺莎从利己主义的前提开始，但对这些前提进行了修改，以削弱其作用。每一个生命都努力保持其存在，这一努力就是美德。因此美德就是力量；所有倾向于减少身体或心灵力量的东西（怜悯和悲伤）都是坏的，而快乐是好的。自然不会要求同其相反的东西，因此它要求人应当爱他自己并努力追求对他有用或者使他实现更加完善的东西。自然的力量就是上帝自身的力量；因此每一个个体都具有至高无上的权利去追求自认为对其有用的东西，并采取强力、战略或乞求在各个方面占有它。大鱼完全有权利占有水域并吃掉较小的鱼。迄今为止，这一学说还是赤裸裸的利己主义：强权就是公理。但是斯宾诺莎并没有停留于此。有美德的行为是理性的行为：只有当心灵具有充分的观念，或者具有知识时，才可以说它是真正活动着的。激情并不是力量，而是虚弱和受奴役。每个人都应当寻求对他有用的东西，而理性告诉他只有获得知识的手段才对心灵有用。在生活中，获得知识的手段先于其他一切事物而对完善理解力或理性有用，而人类的最高幸福或福祉就在于完善理解力或理性。实际上，幸福就

在于精神的满足，而精神的满足产生自对上帝的直观认识。完善理解力就是要理解上帝、他的属性和由他的本性的必然性所产生的活动。 331

而且，在人完善其存在的欲望中，没有比人们的目的的统一对人更有用的了，没有比所有人在所有问题上达成一致、心灵形成一个单一心灵身体形成一个单一的身体更好的事情了。有理性的人追求他自己的真正利益，这最有助于其他人保持其真正存在。因此，如果每个人都寻求他自己的真正善或者以理性为指导而行动，那么人们对彼此都是最有用的。相应地，为理性所支配的人自己所欲求的，也会为其他人而欲求，因此他们在行动中公正、守信和令人敬重。凡是对其他人好的东西对我也好。因此，对敌人的爱是善的，而憎恨、愤怒、复仇、妒忌和蔑视都是恶的。谦卑、克己、悔恨和希望都是不好的，虽然这些情感可能有助于意志软弱的人过一种更为理性的生活。

在自然状态下，所有人都有权做他能做的事情。强权就是公理。但是在这种情形下会产生冲突，因为人们会过度使用他们的权利。因此人们有必要让渡他们的自然权利以便所有人都能和平生活（社会契约）。这一目的是在国家中实现的，国家为了普遍福利而限制自然权利和个人的任性。只有在有组织的社会中，正义和不正义、行善和犯罪才有意义，也就是说，道德的正当性理由在于它使得社会生活成为可能。

就斯宾诺莎的伦理学的根本动机是欲求个人的完善和幸福这一点而言，其是个人主义的。人应当追求他自己的利益，而他的最高利益是关于宇宙或上帝的知识，这一知识给他带来心灵的安宁。尊重其他人的福利符合每一个人的利益。斯宾诺莎的伦理学又是普遍主义的，因为他宣扬心灵的最高的善就是关于上帝的知识，而心灵的最高美德是认识上帝。至高无上的善是对上帝的爱，这来自于对上帝的充分认识。

## 第十节　对上帝的理智的爱

我们的最高的善就在于对上帝的理智的爱，这种爱是永恒的，就像理性自身。我们通过经验感觉知道我们是永恒的，这一心灵的存在既不能被时间限制，也不能通过持续的时间得到显示。

上帝一词在斯宾诺莎的体系中具有不同用法：上帝等同于宇宙，或者他与其属性是同一的，或者他是具有无限属性的绝对统一实体，因而高于这些属性。 332
斯宾诺莎的真正含义可能是：上帝是被设想为永恒和必然的统一体的宇宙。他明确地否定了上帝具有人格和意识。上帝没有理智、情感和意志；他并不按照目的行动，而万物都是按照法则必然地来自于他的本性的；他的活动是因果性的，而非目的性的。上帝的思维是由世界上所有观念的总和构成。他有思维的能力或属性，这表现在绝对无限的理智或永恒和必然的思维样态中，而思维样态又依次表现在人类的心灵中。

第十三篇 ‣‣‣‣‣‣‣‣‣‣‣‣‣ 333

# 英国经验主义的发展

## 第四十九章
## 洛克

约翰·洛克（1632年—1704年）在剑桥学习过哲学、自然科学和医学。他反感当时的大学依然风行的经院哲学的教学方法，但却在笛卡尔的著作中获得了极大的满足。很多年来（1666年—1683年），他一直服务于夏夫兹博里伯爵，担任伯爵的儿子和孙子的秘书，并一度追随自己的主顾流亡荷兰。在詹姆士二世被黜而奥朗日的威廉登基后，他回到英国，担任过好几个重要的政府职位，并在弗朗西斯·马沙姆爵士（Francis Masham）家度过余生（1700年—1704年）。爵士的妻子是哲学家库德华斯的女儿。

作品集，1853年；St.John在伯恩图书馆编辑的哲学作品集。《人类理智论》，A.C.Fraser编辑，共两卷，1894年；《政府论》和《论宽容的信札》，Charles L.Sherman编辑，1937年；M.W.Calkins编辑的《约翰·洛克：选集》，1917年；S.P.Lamprecht编辑的《约翰·洛克：选集》，1928年。

H.R.Fox Bourne的《洛克生平》，共两卷，1876年；T.Fowler的《洛克》，1880年；A.C.Fraser的《洛克》，1890年；S.Alexander的《洛克》，1908年；M.M.Curtis的《洛克伦理哲学概论》，1890年；F.Thilly的《洛克与笛卡尔的关系》，见《哲学评论》；V.库辛的《洛克的哲学》，1861年；J.Gibson的《洛克的知识理论及其历史关系》，1917年；R.I.Aaron的《约翰·洛克》，1937年；

W.Kendall的《约翰·洛克与道德法则学说》，1941年；C.R.Morris的《洛克、贝克莱和休谟》，1946年。

## 第一节　洛克的问题

我们看到，霍布斯在其知识理想中是一位理性主义者，同笛卡尔一样，认为单纯的经验无法给我们提供确定性。同时，他赞成他的同胞培根，认为感觉是知识的来源。在霍布斯的哲学中，这两条线索似乎并不能协调；知识的感觉主义的
334 起源破坏了知识的理性有效性，也破坏了知识的确定性。霍布斯自己也感到了困难，时而会被引向有关物理学的怀疑主义的结论。在约翰·洛克看来，这一问题成为了最重要的问题；在洛克这里，哲学变成了关于知识的理论，并着手探究知识的起源、本质和有效性；他的哲学的确是“关于人类理智的论文”，就如同他的主要作品的标题所明示的那样。

## 第二节　知识的起源

在洛克看来，哲学是关于事物的真正的知识，包括事物的本质（物理学），人作为有理性、有意志的动因应该做什么（实践学或者伦理学），以及获取和交流这样一种知识的途径和方法（符号学或逻辑学）。洛克认为知识问题是三者之中最重要的，他认为我们进行研究之前，有必要检查我们自己的能力，弄明白我们的理智适合或者不适合做什么。这是他在《人类理智论》中做的主要工作。但是，他声明，我们必须首先研究我们的知识的界限是什么。这在很大程度上取决于发现我们的知识产生的来源，因为，如果笛卡尔和很多其他人的观点是正确的，即认为人们有关于原则的天赋知识，那么，就没有理由质疑知识的有效性。因此，这位英国思想家在《人类理智论》第一卷中就讨论了天赋观念的问题，但这部分是最后写成的。

如果心灵中有某些天赋的原则，那么心灵就一定能够意识到它们，因为没有任何事物能够在心灵中存在却不被意识到，据此，洛克进而反驳了天赋真理的理论。人的心灵中不存在理论的或实践的原则，即便是有，获得这些真理的方式可能会与获取其他真理的方式一样。如果原则可以被印在心灵之上而不被心灵所认知，就没办法区分哪些是固有的原则，哪些不是。不能说当我们运用理性的时候，我们就意识到了这样的真理，因为孩子、未受教育者和野人长期以来都拥

有理性，但他们并不知道这些真理。对一个命题的直接认同也不能证明它的原始性。道德法则不能说是天赋的，因为它们不是自明的或普遍被接受的，也没有迫使人行动。对很多民族来说是罪恶的东西，对另一个民族则是义务。若说由于偏见、教育和习俗的原因，这些观念已经渐渐变模糊，就等于否认它们是被普遍接受的。如果我们认为它们不会被淡忘，它们就应该出现在所有人身上，且在儿童 335
和未受教育者身上最为清晰。笛卡尔如此强调的上帝观念不可能是天赋的，下述事实可以证明，即整个部落要么缺乏对上帝的观念和知识，要么对他没有清晰的印象。即便整个人类都有上帝观念，也不能就说这一观念是天赋的。关于火、太阳、热和数字的观念并没有因为它们在人类中被普遍认识和接受而被证明是天赋的。一个有理性的人，在造物主的作品中反思神圣智慧和力量的可见印迹，一定会发现有一个神，但这并不能确立上帝观念的天赋性。

简言之，观念和原则就像艺术和科学一样，几乎没有天赋性质。心灵在最初状态中，是一块“白板”，一个“暗室”，一个“空箱”或一张“白纸”，不具备任何特征和任何观念。现在的问题是，内容是怎么被添加进去的？对此，洛克用一个词回答——“经验”；我们的全部知识都以经验为基础，并最终从经验中派生。我们一切观念的两个来源是感觉（通过它心灵被充实了感觉属性）和反省或内感官（它为心灵提供了关于自身活动的观念，比如知觉、思维、怀疑、相信、推理、认知、意愿等）。人类心灵的首要功能是理智获得印象的能力，要么是由于外部对象而通过感官得来的印象，要么是当心灵反省这些印象时通过自己的活动得来的印象。洛克用观念一词指心灵直接把握的任何东西，或者是知觉、思想或理智的直接对象。

这样获得的观念是**简单观念**，心灵有能力以无限多的多样性对它们进行重复、对比和组合，因此可以随意构成新的**复杂观念**。然而，理智没有力量创造或构建一个新的简单观念。有些简单观念只通过一个感官进入我们的心灵，比如关于颜色、声音、热、冷、硬度等的观念；有些则是通过多个感官被输入心灵的，比如空间或广延，形状、静止和运动，它们是通过视觉和触觉进入的。还有些只是通过反省获得的，也就是说，心灵观察到了自身对于那些已经拥有的观念的操作，并以此方式获得更多的观念，比如，它注意到了知觉、保留和记忆、分辨、比较、复合、命名和抽象等。最后还有一些观念是我们通过感觉和反省获得的——其中有快乐和痛苦或不适、力量、存在、统一、相续和延续。 336

尽管我们的很多感觉观念与外部属性类似，但大部分都与在我们之外存在的事物不相似，不是对象中固有的事物的精确影像或摹写。对象所具有的在我们身上产生观念的能力被称为属性。这些属性中有一些为对象自身所有，完全无法与它们彻底分开；洛克称之为原始的或首要的属性；其中有：坚实性、广延性、形状、运动或静止，还有数目。颜色、声音、味道之类的属性被称为次要属性，若不是我们自身具有的通过事物的首要属性产生各种各样的感觉的能力，它们在对象之中什么也不是。

我们所有的简单观念都是通过感觉和反省这两个渠道获得的；我们的全部知识都是从这些简单观念中派生的，就像词语是由26个字母组成的一样。外部和内部感觉是光线进入理智的暗室的窗户。心灵能够通过自身的能力将这些简单观念综合在一起，并创造出新的复杂观念；心灵能够将两个观念放在一起，一并观察它们，并借此形成关于关系的观念；最后，心灵还可以将观念同在现实存在中与之相伴的另一些观念分离开来；这种活动叫作抽象。心灵在接受所有的简单观念方面是被动的，但在以上描述的活动中，心灵具有着支配观念的能力。

无数多的复杂观念可以分为三种：样式、实体和关系。样式观念是这样一种观念，其中不包含独立自存的假定，而是被看作实体的属性或从属物，比如三角形、感激和谋杀。简单样式是同一简单观念的变化，在不同的组合中重复，没有其他种类的简单观念混杂；因此，二十个或一打就是通过单位的相续叠加得来的样式。混合样式是好几种简单观念复合而成的，被放在一起构成了一个复杂观念，比如美就在于颜色和形状的某种组合，在观看者身上产生了愉悦或快乐。通过将关于空间的简单观念复合，我们得到了广大、形状、地点和无限扩展之类的简单样式；小时、日、年、时间和永恒是关于延续的简单样式。此外还有关于思维和心灵活动的简单样式。

我们的实体观念也是简单观念在我们心灵中被放置在一起而构成的复杂观
337 念。关于实体的复杂观念是属性观念和关于这些属性的支撑物或承载物的含糊观念相结合形成的，被认为代表了一种独立的具体事物。因此，关于实体铅的观念就包含了这一假设的或含糊的承载物观念，关于某种灰白颜色的观念，某种程度的重量、硬度、柔韧性和可熔性的观念就在此承载物观念中被结合在一起。我们注意到一些从感觉和反省中派生的简单观念恒常出现在一起；我们就假定它们属于同一事物，并用一个名词称呼如此结合在一起的它们。我们无法想象这些属性或观念如何独立地存在，所以，我们假定存在着一种基础，这些属性从中产生，并在其中保持存在；我们称这样的基础为实体。我们有物质实体和精神实体的观念，也有上帝观念。

心灵也通过将一物与另一物进行比较而获得某些关系观念：心灵首先拿来或

是放置一物于另一物近旁，而后将注意力由一物移至另一物，观察它们之间的关系。

一切事物都可以具有关系，并且所有的关系观念都是由简单观念构成的。因果观念是存在于诸观念之中的最具广泛性的关系；它既是从感觉中，也是从反省中派生的。通过感官我们了解到事物在变化，属性和实体开始存在，它们的存在是其他属性和实体的活动的结果。我们称产生简单或复杂观念的东西为原因；被生成的东西为结果；因此，热是蜡块流动的原因。原因是导致另一事物——简单观念、实体或样式——出现的东西；结果是开端源自其他某种事物的东西。不同种类的原因包含了创造、生成、制造、更改。要形成因果观念，考虑到某种简单观念或实体由于某种其他观念或实体的活动而开始存在，这就足够了，即便不知道那种活动的方式如何。因果观念最具广泛性，因此是科学意义上的重要关系，但还有无数的其他种类的关系，比如时间、地点、广延的关系、同一和差异的关系，还有道德关系等等。

## 第三节　知识的性质和有效性

因此，我们的知识材料就是由感觉和反省提供给心灵的；心灵作用于它们并造就复杂观念。问题在于，这样的观念具有什么样的认知价值，它们必须满足什么条件才能成为知识？观念应该清晰、明了，因为混乱和模糊的观念使得词语的使用变得不确定。真实的观念是在自然中有基础的观念，它们与相对应的真实存在的事物相符合，这些真实存在的事物是它们的原型。我们的简单观念全都是 338
真实的，不是因为它们全是存在的事物的影像或表象——只有物体的首要属性是那样的——而是因为它们全是我们心灵之外的力量的结果。混合样式和关系只有在人的心灵中才具有实在性，它们无权成为真实存在的事物的摹写；它们是真实的，仅是因为在它们被构造后，可能有某种存在的东西与它们相符合。它们本身就是原型，所以不会是虚幻的，除非有不一致的观念混入其中。但我们关于实体的复杂观念却被我们有意拿来作为外部实体的表象，并且确实可能如此；因此，只要关于实体的复杂观念是简单观念（简单观念在我们身外的事物中真实地联合、并存）的复合体，这些复杂观念就是真实的。完满地代表了心灵认为从中所出的原型观念是充分的观念，而不充分的观念是这些原型的片面的或不完全的代表。简单观念和样式都是充分的；但是实体观念都是不充分的，因为它们竭力按照事物的真实存在来摹写事物，但是从来没有成功地做到这一点。每当心灵将观念与观念之外的事物联系起来的时候，观念就可以被称作真或假；心灵在将观念与事物关联的活动中缄默地假设了观念与那些事物的符合，这个假设或许为真或许为假。

所有的知识都是通过观念获得的，并且我们最确定的知识不过就是对于我们的观念间的关联或一致、不符或矛盾的认识。我们知觉到白不是黑，白的观念与黑的观念也不符合。知识中存在不同程度的明确性。有时候心灵通过直接审视认识到两个观念间的一致或不一致，而无须其他任何观念的介入，这是直觉知识。心灵即刻知觉到白不是黑，圆形不是三角形，3比2大。这是人类微薄的能力所能够得到的最清晰、最确定的知识；它不需要被证明也不能被证明；它是不可抗拒的、自明的。我们的知识拥有的任何确定性和明晰性都建立在当下直觉的确定性之上。有时候，尽管我们的心灵不能够当下知觉到两个观念之间的一致或不一致，却可以通过将它们与一个或更多的其他观念进行对比来间接地得出结论。通过插入观念得来的知识叫作间接的、理性的或论证的知识。这种知识的证明是确定的，但其明确性却不够清晰明白，对这种知识的认同也不像在直觉知识中那
339 样直接。论证的知识中的每一步都必须具有直觉确定性，以便结论是确定的。数学中使用了这样的证明，任何一个心灵通过中介观念的帮助而知觉到观念的一致或不一致的地方也使用了这种证明。在直觉知识和论证知识中，我们都拥有确定性；凡是不能满足两者之中任一方面的东西，都是看法或信念，而不是严格意义上的知识。

我们如何看待关于外部世界的知识？我们的心灵中有关于外部对象的观念；我们拥有它们是确凿无疑的事实。但是否有超出观念之外的什么东西；我们能够确信地推理出与观念相对应的存在于心灵之外的实在吗？有时候，就像在梦中，没有东西能够与我们的观念对应起来。普通的知觉——当我们清醒的时候，并且假定我们没有受到幻想或幻觉的控制——提供了一种超越任何理性怀疑的明确性；因此，我们关于确定的外部事物的具体存在的知识就超越了单纯的可能性，但依然没有达到完满的直觉知识或论证知识的层次。洛克称之为感性的知识。除了自己和上帝之外，我们没有任何关于真实存在的自明知识；我自己的存在是由直觉认识的，而上帝的存在则是通过理性而清晰地为我所知的。通过感官获得的对于存在于自身之外的事物的理解，尽管不像直觉知识或理性推理那样确定，但也有一定的确信度，使之有资格被冠以知识之名。除了感官自身所提供的确信度之外，我们还有更进一步的确证：知觉与记忆—影像有着本质的区别；它们常常伴有痛苦；感官互相协作以为彼此的见证。

## 第四节　知识的界限

那么，我们的知识的范围是什么呢？既然知识是对于我们的观念间的一致或不一致的认识，那么，我们的知识就不能到达观念之外。哪里没有观念，哪里就没有知识；我们被局限在几种非常不敏锐的知觉渠道所提供的模糊、狭隘的信息之内。但是，我们的知识范围甚至要比观念还要狭窄；我们既不能跨出我们所经验到的一切，又不能拥有或是将要拥有我们所渴望的那样广阔的观念知识。我们没有经验到我们能够经验到的一切，也没有理解我们实际知觉到的一切。我们的无知首先来自于观念的缺乏。若是有存在者能够比我们更为完善，拥有与我们现在的构造不同且更为敏锐的感觉器官，他们就可能获得比现在更多的、更为多 340
样的简单观念。此外，有些东西对于我们的观察来说太遥远了，而有些则太微小了。所以，我们再一次无法揭示我们的很多观念之间的必然联系：我们看不到物体不可见部分的形状、大小或运动与其颜色、气味或声音之间的关系；我们不了解金子的黄色、重量、延展性、固定性和可熔性之间的关系，所以不能做到：知道了其中的一两种或更多的属性，我们就知道其他的属性一定也存在。给出了三角形的定义，就必然会得出其内角和等于两个直角的结论；这是自明的命题，所有的三角形都是如此。但是，从我对于有一定重量的黄色金属的黄金观念中，我却无法确信地推论说，它也是可延展的。观察告诉我它是可延展的，但所有的黄金都具有可延展性并不是一个自明的真理。唯一真正让我满意的知识是关于普遍的自明真理的知识；但是，存在着大片的经验领域，似乎不可能从其中获得这样的知识。

当我们考虑到由我们的观念构成的“真正”的知识与事物的实在相符合的时候，我们知识的另外一个局限就很明显。所有的简单观念都代表外部的事物，因为它们必然是作用于心灵的事物的结果。我们知道外部的物体在我们身上激起了白色的感觉；尽管我们不知道引起我们所讨论的感觉的东西是什么，不知道感觉是如何产生的，但我们确实知道存在某种引起感觉的东西。但我们的复杂观念，尽管它们也给了我们知识，却不是任何事物的摹写，也不以任何事物的存在为本源；它们是心灵自己创造的模型或原型。心灵出于自身的自由选择而将观念结合起来，不考虑它们在自然界中有何种联系。这样的由心灵构成的复杂观念体系给了我们确定知识，比如我们在数学中获得的那种知识。数学家构造了三角形或圆形的观念；这些是心灵的观念，是心灵自己的创造。它从这些定义中逻辑地演绎出来的命题是真实的、确定的。如果存在一个三角形这样的东西，无论它存在于什么地方，这些命题都必定是真的。但是自然界中存在的真实的或实际的三角形不可能由这样的观念来确立。

然而，在我们关于实体的复杂观念中，情况却有所不同。我们的实体观念被认为是观念所参照之原型的摹写。如果我们放置在实体观念中的属性共存于自然界之中，如果自然界中有某种东西具有黄色、可延展性、可熔性和固定性等属
341 性，那么对于这一实体的观念就是真实知识的对象。并且我们可以说，发现共存于任何实体中的任何简单观念，都可以确定被再次联系在一起。但需要注意的是，对于实体，我们不能得出普遍的命题，因为我们看不到被放置在一起的观念之间有任何必然联系。经验告诉我们某些属性在一种未知的承载者或基础之中共存；但我们不能发现这些属性彼此间存在依赖性，我们也不能从我们观察到的共存的属性出发，推理出何种其他属性必定会伴随它们。关于金子，没有一条我们所知道的普遍论断可以确定为真——在绝对自明的意义上为真。如果我们能够在金子的密度和可延展性之间发现一种必然联系，我们就可以在这方面作出一个确定的普遍命题，并且说：所有的金子都是可延展的。这一命题的真理性将会同下述真理一样确定：三角形的内角和等同于两个直角。在实体的情形中，还有另外一个困难使得问题复杂化。自然界中的实体不是独立的、孤立的事物；它们的性质，在很大程度上，依赖于自然中很多观察不到的条件。使得这些奇妙的机器得以运转和修复的力来自何处，力是如何被传递、被缓和的，这些都超出了我们的认知和理解。因此，要正确地理解它们，我们就必须把宇宙理解为一个整体。但是，我们甚至不能发现它们细微的活动部分的形状、大小和构成，更别说揭示那些因为其他物体的活动而引起的不同的运动和冲动。因此，我们不知道一物体的首要属性在另一物体的首要属性中通常会引起什么样的变化，也不知道变化是如何产生的。我们不知道物体的什么样的首要属性在我们身上产生了如此的感觉或观念；我们在这些首要属性与其结果之间没有知觉到必然的联系。在这一知识领域无法获得普遍的确定性，并且我们必须满足于或然性。“至于有关自然物体（更别提精神存在）的完善科学，我们远远不可能达到，追求它将会是徒劳无功的。”[70]

因此，普遍类型的绝对确定性从来没有发现过，除非存在于我们观念的一致和不一致之中。正是我们对抽象观念的沉思，才为我们提供了普遍知识。我们没

[70]《人类理智论》，第4册，第3章，第29节。

有关于真实存在的自明命题——除非是关乎上帝和自身——也不能构建关于存在真理的科学。

我们推理、讨论和据以行动的大部分命题都是如此，我们不可能拥有关于它 342
们的真理的确定知识。然而，其中有一些非常靠近确定性，乃至于我们对它们毫不怀疑，并且坚定地予以认同。关于事实的陈述，存在着不同程度的或然性，视其与我们自己的经验的符合度以及其他人的经验见证而定。然而，洛克认为纯粹天启的见证具有最高的确定性；我们对它的认同属于信仰。信仰是固定的、确定的认同和确信原则，没有留下任何犹豫或怀疑的余地。但我们必须确信那就是一个神圣的启示。结果，理性地讲，我们的认同并没有高出它作为启示的清晰性。如果与我们清晰的直觉知识相矛盾，任何命题都无法被当作神圣启示接受下来；信仰永远无法用那些与我们的知识相矛盾的事物说服我们。没有证据证明传统启示——从我们借以获得这些启示的语言来说、从我们理解启示的意义上来说——有着神圣的来源。启示的真理从来没有像理性原则那样清晰、确定。但是，超出了理性的事物，超出了我们自然能力的发现范围的事物，当被揭示的时候，就是信仰的合适内容。因此，死者站立起来并重新生活，就是纯粹的信仰问题，与理性没有直接的干系。

## 第五节　形而上学

我们已经听到过洛克对于知识的起源、有效性和界限等问题的回答；现在我们来看看他所坚守的那种普遍的世界观。他并没有在专门著作中完成一套完整的实在理论；他的知识理论，就像《人类理智论》中所出现的那样，建立在很容易被发现的形而上学前提之上。

尽管他给知识设置了诸多限制，并且时而抱有怀疑主义的疑惑，但他却在不同程度上接受了形而上学的立场，实质上与笛卡尔构建体系时采用的立场相一致。世界是由实体构成的，是由行为、力量和属性的支撑者或承载物构成的，这一切都固定存在于实体之中，并从实体中流出。作为属性和行动的原因与基础，实体可分为两种，即物体和灵魂。物体是一实体，它的属性是广延、硬度或不可穿透性，还有可移动性或者被移动的能力。这些是首要属性，我们通过感官获得；我们可以脱离运动和硬度而知觉到空间的事实，证明了虚空的存在。除了物质实体，还存在有精神实体，或灵魂。心灵是真实的存在；它的属性为思维或知 343
觉能力，以及意志或使物体进入运动的能力。我们通过反省认识了这些属性。然而，思维不是灵魂的本质，而是灵魂的活动。心灵是非物质的或精神的实体，可以与物质实体相类比。我们通过将某些物质属性放置在一起，并为之假设一个支撑物来构造物质实体的观念；我们反省心灵中的活动——比如思维、理解、意愿、认知和开始运动的能力——并将它们连接起来以归于一个支撑者或承载物，以此来构造心灵实体的观念。若说不存在精神，因为我们没有关于精神实体的清晰明了的观念，这是荒谬的，就像因为我们没有关于（作为实体或属性之承载者的）物质的清晰明了的观念就否定物体的存在一样荒谬。“因此，很明显，物质中的物质实体观念就像精神或精神实体观念一样远远不能为我们的概念和理解力所把握；所以，我们不能从——我们没有关于精神实体的任何观念——这一事实中得出精神实体不存在的结论，就像我们不能出于同样的原因而否定物体的存在一样……”[71] 事实上，若说有什么区别的话，我更为确定地知道我自身中有着能够进行视听的精神存在，要比对于我自身之外的某种物质存在更为确定。无思维能力的物质和运动不可能产生思想；无法想象物质——无论是运动或是不运动——在自身中自动拥有感觉、知觉和知识。

纯粹精神或上帝只有主动性，物质只有被动性；但人类的灵魂却既是主动的，又是被动的。经验显示，灵魂有移动身体的能力，在其与让心灵发生变化的外在物体的关系上，它是被动的；事实上，我们的所有观念都是身体作用于心灵的结果。这就是相互作用的理论。的确，我们并不知道这是如何完成的，也不知道一个物体如何移动另一物体。我们在精神中的确要比在物体中拥有更为清晰的主动活动能力的观念；思维的事物要比广延的事物更容易构想。

心灵和身体作为实际的存在，相互影响。身体作用于心灵并产生了关于颜色、声音、触摸、硬度和广延的感觉。在这些感觉中，次要属性并没有忠实地体现外部实在；客体没有颜色、声响、芳香和味道；这些都是坚实的广延性客体在心灵中产生的效果；广延、坚实和运动等观念是对于事物中存在的真实属性的摹
344 写。物体就是会移动的、坚实的、具有广延性的东西。但是，在我们看来，物体只能撞击和影响身体；而运动，根据我们的观念所能达到的最大范围，只能导致运动。断言身体状态产生了快乐或痛苦，或颜色或声音的观念，就是要跨越我们的理性和观念，并最终把这些影响全部归属于我们的造物主的善良旨趣。在这里，洛克的哲学遇上了一个基本的困难——机械论思想与明显的经验事实之间的冲突。如果运动只能产生运动，它如何引起我们的意识状态？为了解决这个困

[71]《人类理智论》，第2册，第23章，第5节。

难，洛克告诉我们，上帝把我们认为不是由运动产生的那些明显的结果附加到了运动之上。一旦采取了这种立场，他就陷入了偶因论。洛克还面临着同样困难的问题，即心灵如何开始运动，意志如何使行为发生。但是洛克将这些困难弃之不顾，认为理解运动如何产生感觉或者意志如何引起运动，比起理解一个运动如何引起另一运动来说，同样让人困惑。因为经验告诉我们，事物在每一刻都处在完成状态。

洛克不仅对相互作用问题时而抱有怀疑，对于心灵的非物质本性的问题也是如此。他的大体立场似乎是：心理过程不可能是纯粹的无生命物质的活动；若没有非物质的思维存在，就没有感觉；人自身中有一个进行视听的精神存在。同时，他时而会怀疑这种在我们每个人之中进行思维的存在的本质。或许它是物质性的——或许是一种能够思维的物质存在。既然我们无法认识任何实体的真正本质，我们如何确保坚实的物质存在不能思维，而思维存在不具备广延性呢？也许我们永远无法知道纯粹的物质是否思考。我们不知道思维存在于何处，也不知道上帝会乐意把这一能力给予哪一种实体，这种能力的确可能存在于所有的造物之中，包括身体。上帝把我们无法理智地认识的效果附加在运动之上；为什么他就不会把一定程度的感觉、知觉和思想给予某一被造物（也就是构成身体的物质）系统呢？

我们已经注意到洛克体系中的一些困难、模糊和矛盾之处。在这些问题下面，我们看到了他的形而上学的轮廓。他的理论主要是二元论：有两种实体，物质的和精神的——“非认知性的和认知性的”。在这一点上他与笛卡尔一致，只不过他把坚实性或不可穿透性，而非广延性，作为物体的本质属性。同笛卡尔一 345
样，他也把“微粒子论”假说作为对于事实的最好解释接受下来，即存在着具有体积、形状和运动能力的极微小的物体。这些不可感的微粒是物质的主动部分和自然的伟大工具，不仅物体的全部次要属性依赖它们，物体的自然活动也依赖它们。但我们没有关于微粒的首要属性的清晰、精确的观念。没人自诩认知了它们的独特的体积、形状或运动，没人理解将它们束缚在一起的纽带。如果我们发现了两个物体中的微小构成部分的形状、体积、结构和运动，我们就会知道它们如何作用于彼此，就像在几何学中一样，我们通过几何结构而认识了方形或三角形的属性。我们不认识这些事物；我们不知道是什么将微粒束缚在一起，什么样的凝合物使它们结合得如此紧固；我们不知道一个微粒如何移动另一个微粒，不知道运动是如何在彼此间传递的。结果，微粒假说对于我们的物质实体知识而言，几乎毫无推进作用。只要我们看不到物体的属性和力量间的必然联系，我们的知识就依然贫乏。因此，不存在真正意义上的关于物体的科学，洛克也几乎看不到它早日得以实现的前景。洛克确信地想象到——无论如何模糊——的科学类似于现代物理化学。在那里，化学属性尽管不能从物理领域中严格地演绎出来，却能够以物理领域为参照进而得到阐述和解释。有趣的是，洛克关于物质的微粒理论与原子理论不同，并没有构想终极的、不可分的物质粒子。

除了物质和心灵这两种实体之外，还有另外一种精神实体，即上帝。我们没有关于上帝的天赋观念，但我们可以通过正确地运用我们的自然能力来获得关于他的知识。上帝的存在就像两条直线交叉形成的对顶角相等一样确凿无疑。我们采用了从存在和延续、知识和力量、快乐和痛苦等经验中得来的观念，将其中的每一种都无限地放大，并且最后将这些无限观念结合在一起，如此便形成了关于上帝的观念。这样，洛克就解释了上帝观念的起源，但他并没有声称认识了上帝的本质。洛克对于上帝观念之起源的解释——就像他关于所有其他的感觉观念、反省观念或者感觉和反省观念的理论一样——依然顽固地保持着经验论和唯名论的色彩；在这方面，他的哲学没有向有关普遍性的理性主义和唯心主义作出任何让步。

346 对于上帝的存在，洛克提出了通常的因果和目的论的证明。人们确切地知道自身的存在。人们也知道，纯粹的无不会产生真实的存在。因此，如果有真实的存在——人们知道他自己是真实的存在——就必定有某种生成他的东西。此外，如果一事物的开端和存在归属于另一存在物，则它所拥有的一切东西都是从制造它的那种存在物中派生出来的。因此，所有存在的永恒来源就必定是所有力量的起源和来源，所以他必须是全能的，出于同样的理由，也必须是全知的。不思维的物质不可能生出思维的存在；无论我们如何构想上帝，我们无法把它构想为物质。如果上帝创造了具有认知能力的存在，他也创造了这个宇宙中不那么卓绝的部分，这就确立了他的全知、力量和远见。当被问及我们如何想象上帝从无中创造出有的时候，洛克回答说，就像我们几乎无法想象思想如何引发运动，但我们不能否定思想的确引起了运动。

## 第六节　伦理学

与他的基本的哲学经验主义相一致，洛克提出了关于伦理学的经验主义理论，并以利己主义的快乐主义为归宿。没有天赋的实践或道德真理，也没有天赋的理论真理。我们作出道德判断，却没有任何“写在我们心上”的法则。

人们获得了关于道德法则的知识，并且相信了他们遵守道德法则的义务，以同样的方式他们认识了其他的事情——通过经验。此外，人们通过教育、环境和他们国家的习俗学习到了这种法则。我们把那些需要保留和信奉的道德学说灌输到孩子的心灵中；当我们的孩子长大的时候，他们在其良心中发现了这些真理，并且无法回忆起来他们最初是如何被植入的，所以就将之视为自然或上帝印在心灵之上的。良心不过是按照这样习得的道德知识形成的对于我们的行为的对错的看法。“如果良心是天赋原则的证据，那么，相反的事物也可以成为天赋原则，因为一些有着同样的良心天分的人执行他人所要回避的事情。”[72]

问题出现了：这样的道德法则最初是如何建立的，关于对错的知识是如何
获得的？洛克认为，痛苦和快乐是道德的伟大导师。自然将趋乐避苦的欲望放置 347
在人身上，而这是自然的倾向，或者是实践原则，并影响到我们的全部行为；但它们只是倾向，而不是知性的真理。我们把倾向于引起快乐的东西称为善，把倾向于引起痛苦的东西称为恶。每个人都坚持追求幸福，并渴望一切增进幸福的事物；正是这种欲望或不安在决定着意志。最大程度的幸福是我们所能承受的最大的快乐，而悲惨则是最大的痛苦。有些行为模式产生了公共幸福并保存了社会，同时也有利于行为人自身。上帝将美德与公共幸福联结起来，并使得实践美德成为社会的必要。人类发现了这些美德行为形式，将其包括在实践规则之中。每个人都通过遵守道德法则来为自己谋取利益，并因此倡导这些法则。

如果一个有智慧的人为另一个人的行为制订了规则，却没有力量以行为本身的自然结果之外的某种善或恶来奖励服从并惩罚悖逆，就会遭受失败。如果行为的自然结果具备足够的动机力量以引发行为，就不需要任何法则。社会法则通过赏罚和苦乐来决定人的意志，并且法则通过法则制定者的意志强制执行。存在三种法则：神法、民法及关于名声和舆论的法则。无论它们是通过自然之光被传播，还是通过启示之声被传播，神法都是上帝为指导人类行为而设定的法则。上帝有能力通过来生无限量和无限长的赏赐和惩罚来强制执行这一法则。神法是义务和罪恶的基础。民法是国家制定的法规，并有司法的赏罚护航；民法是犯罪和无辜观念的基础。但大部分人主要是——如果不完全是——靠风俗法则或自我谴责来管理自己的。褒奖与耻辱是很强的动机，能使人们自身与对话者的观点和法规保持一致。设若有人违反了他生活于其中的群体的习俗和观念，他不可能逃脱

[72]《人类理智论》，第1册，第3章，第8节。

同伴的厌恶和责难。在任何地方，美德都是值得赞扬的；没有任何缺乏公共尊重的东西可以被称为美德。人们将行为与这些法规或法则对照，并依照与之一致与否，称其为善或恶。然而，对美德的真正裁决来自于上帝的意志；上帝的意志和
348 法则是道德唯一的、最终的试金石。

大体说，美德与罪恶在任何地方都一样，并与上帝设定的法规的永恒不变的对错法则相对应。遵守上帝的法则确保了并促进了人类普遍的善；因此，每个关心自己利益的有理性的人，都一定会倡导正确的行为，并斥责错误的行为。

洛克的伦理学是古希腊快乐主义对于道德的解释，并用基督教神学的狭隘概念进行补充和加强。美德不过是对自己和他人行善而已。生命中最持久的快乐是健康、名声、知识、善行，以及对于另外一个世界中的不可理解的永恒幸福的期待。

洛克说明了我们是如何从经验中推论出道德知识的。他认为我们也可以从某种第一原理出发进行推理，从而获得道德知识，也就是说，通过证明的方式。道德真理——像数学真理一样——是可以证明的。

> 关于至高无上的存在者的观念，他拥有无限的力量、善和智慧，我们是他的造物，并且我们依赖他；人类关于自己的观念，即人类作为有理解力的理智的存在者，我认为，如果正确地考虑和研究的话，能够为我们行为的职责和规则提供这样一种基础，以使道德被放置到可以证明的科学之列……没有财产的地方，就没有不公正，这一命题就像欧几里得的证明一样具有确定性……没有任何政府允许绝对自由；政府观念就是指建立某种要求人们遵从的法律或规则，而绝对自由观念则是指任何人都为所欲为，我能够确信这一命题的真理性，就如同确信数学命题一样。[73]

洛克识别了三种道德知识模式：我们有关于对错的经验知识、证明知识和天启知识，它们全都相符合。上帝安排它们如此，给人类本性以追求幸福的欲望，人们就会演化出一套促进幸福的法则。上帝也赋予人类理性，使他能够通过证明获得道德真理。最后，他还在《圣经》中揭示了同样的法则，这些法则可以通过经验或理性得出。

---

[73]《人类理智论》，第4册，第3章，第18节。

## 第七节　自由意志

在洛克看来，自由是与意志或偏好无关的观念，但这一观念与人相关，指的是人们依照心灵的选择或指导去行动或克制行动的能力。自由意志问题，在洛克看来，是毫无意义的；因为自由概念应用于人的行为能力时是有意义的，而不当 349
应用于意志。我们不能说一个人的意志是自由的，“问一个人的意志是否自由是毫无意义的，就如同问他的睡眠是否敏捷，或者他的德性是否方形。”意志是一种力量或能力，也就是行为人思考自己的行为并且偏好或忽略某些行为的能力；自由是另外一种力量或能力，是依照他自己的意愿去实施或是克制某一具体行为的能力。因此，当我们问：意志自由吗？我们其实是在问：一种能力具有另一种能力吗？这是一种谬误。只要一个人依照自己心灵的引导或偏好，有能力去思考或是不思考、运动或是不动，他就是自由的。他在什么地方没有能力依照心灵的决定或想法去行动或是克制行动，他就是不自由的。正是某种强迫性的不安连续地决定着我们的意志，并使得我们开始我们执行的行为。这种不安是欲望，是因为心灵缺少某种不在场的善而带来的不安。上帝将因饥渴和其他自然欲望而带来的不安置入人体，以便推动和决定他们的意志，从而保存了他们自身，也延续了种族。最迫切的不安自然地决定了意志，而欲望，相应地，也被导向幸福。洛克对人类动机的论述解释了处在彼此关联中的幸福、欲望和意志，但没有为自由意志方案留下任何余地。

## 第八节　政治哲学

洛克的国家理论出现在他的《政府论（两篇）》之中，第一篇是对罗伯特·费尔默爵士（Sir Robert Filmer）的专制主义作品《论父权制》的反驳，在此书中，费尔默从承继自亚当的不可改变的神圣统治权利出发，推演出了国家中的父权权威。第二篇讨论了“公民政府的真正起源、范围和目的”。他反对最好的政府即绝对君主制的观点，绝对君主制认为国王以神圣权利掌管绝对权力，而人民则没有自然的自由和平等的权利。洛克认为，人类自然处于完全自由的状态中，可以按照他们认为合适的方式来安排自己的活动并处理自己的财产，在自然法的限度内，不需要他人批准，也不需要依赖他人的意志。他们也处在自然的平等状态之中，没有人拥有超出他人的权力和管辖权。自然或理性的法则教导人们，所有人都是独立的、平等的，谁都不能侵害他人的生命、自由和财产。[74]
350 洛克的哲学基础是利己主义：每个人都必定要保存自身，并在不危及自我保存的前提下保全剩余的人类。在自然状态，人人都有权惩罚侵犯自然法的行为，有权保存无辜者、遏制冒犯者、并为自己所受的伤害取得补偿。每次犯法行为都要被惩罚到这种程度，即严厉到足以使得犯法行为对于犯法者来说，是一场吃亏的交易，使他有理由懊悔，并因此而阻止了其他类似行为的出现。

自然状态当然不像霍布斯所设想的那种战争状态，而是一种和平、善意和互助的状态。上帝创造人类并赋予他们天性和对便利的爱好，这种天性和对便利的爱好驱使他们结成社会，还给他们了语言和理智，以便他们能够继续享受社会的便利。但在自然状态中缺乏一种业已创建的、确定下来的、公认的法律，由一个具有被认可的权威和力量的无偏私的法官来强制执行，也缺乏强制执行判决力量，如果判决公正，就要不折不扣地执行。当一群人结合成一个群体的时候，我们就有了政治或市民社会——每个人都放弃了自己在自然状态中所拥有的执行权，并将它转让给公众——以形成一个民族，一个由最高的政府统治的政治团体。洛克赞成的是契约理论形式下的政府起源。

按照洛克对于社会契约的本质的看法，绝对君主制与公民社会是矛盾的。如果国君既有立法权又有行政权，就没有一个法官可以公正地、无偏私地、带着权威决定问题，也没有人们可以诉诸的法则。在绝对君主制中，臣民成了独夫的奴隶；但任何人都不应受到另一个人的政治权力的管辖，除非是经过了他的同意。当一定数量的人通过每个个人的同意而形成了一个社群，他们就因此而使得社群成为一个个体，拥有依照大多数人的意志和决定去行动的能力。但这样的社会建立之后，每个人都把自己置于他对所有社会成员的义务之下，服从大多数人的法则。如果社会契约制定之后，每个人都自由放任，除了自然状态中限制他的束缚之外，不受任何约束，那就不是真正的契约。尽管全体同意几乎是不可能的，但
351 接近一致同意却是经常可以实现的。的确，世界上所有政府都是在和平时期通过人们的同意建立起来的。

人们同意放弃自己无限的自由和权力，因为享用无限自由和权力非常不稳定，并且时常暴露在他人的攻击之下；人人都是同他一样的国王——因为人人都与他平等——而大部分人都不是严格遵守平等和正义的人。在这种状态中，他对

[74] 洛克将他的一些平等主义理想放进他于1669年为卡罗来纳起草的第一部法规之中，其中国王查理二世还将卡罗来纳赐给了一些贵族，其中就有洛克的保护人，沙夫茨伯里伯爵。然而，这个文件在任何方面都不民主，不像洛克的政治哲学所要求的那样。

自己财产的享用就非常不安全、不稳定。如果不是因为那些堕落者的邪恶和败坏，只有自然状态即可，无需任何社会。人们在国家中联合的主要和首要目的就是要彼此保全他们的生命、自由和财产。因此，社会的权力永远不应该延伸到公共福利的需求之外。

甚至要管辖到立法权威自身的、第一个基本的自然法就是，保全社会——只要与公共福利相一致——并保全社会中的每一个人。所有国家的第一个基本的成文法就是，建立立法权。这一权力不仅是至高无上的，并且一旦被社会赋予了某人，在他手中就是神圣的和不可更改的；其他任何人的命令，若没有公众所选择和指派的立法机构的批准，都不具备法律的力量和强制性。但立法权力不能绝对、任意地控制人民的生命和财产；它被限制在促进社会公共福利的事务之上。自然法并没有在社会内终止，它是所有人的永恒法则，包括立法者和其他人在内。因此，立法权没有权利去奴役、破坏或是有意地陷人民于赤贫之中。再者，立法权不能通过临时的、随意的法令和命令来获得统治权力；需要有恒常的法律。此外，不经过臣民的同意，最高权力不能占有他的财产；没有大多数人的同意，就不能征税。最后，它不能把立法权转授他人之手。

制定法律的立法权不应该同时拥有执行法律的权力。联邦权力是战争、媾和、加入联盟和组织的权力，以及与国家之外的所有人和群体进行交往的权力。联邦权与行政权几乎总是结合在一起，它们最好被置于一人之手。行政部门被授予了最高的执行法律的权利。但立法权力可以——在找到理由的时候——从它曾经委以行政权和联邦权的人手中夺回二者，并惩罚任何管理不善的行为。立法权 352
是最高的，但它是一种受信托的权力，局限于为了特定目的的行为。在洛克的理论中，当发现立法机构的行事与置于它的信任相违背时，人民拥有废除或改组立法机构的至高无上的权力。但是，只要政府存在，立法就是最高的权力。选择立法者的权力在人民手中。不像霍布斯所教导的那样，国君不是国家的灵魂，立法机构是国家的灵魂，立法权代表着人民；国君和立法机构是否在违背人民的信任行事，人民是唯一的裁决者。

## 第九节　教育理论

与当代所有伟大的哲学家一样，洛克发现了作为经验哲学之遗产传承下来的教育方法中的缺陷，并提出了一套根基于他的经验主义心理学和伦理学的新的教育方案。灵魂在降生之初全无任何原则，只有对快乐的渴望和接受印象的能力，教育的目的就是通过经验进行学习，并实现幸福。要实现这一目的，就需要有一个健康的身体和健全的感觉器官；身体必须通过锻炼和习惯而变得结实。他为孩子制定了体育训练，并将节俭看作是必须的生活方式。孩子的个性要在自然的状态下发展；因此，私人教育更为可取。洛克还强调实物教学、通过游戏学习以及激发儿童思想活动的重要性；学习应该成为一种乐趣。最重要的是，不能忽视教育的社会目的：要把青年培养成为有用的社会成员。

# 第五十章
# 洛克的影响

## 第一节　洛克的影响范围

洛克的教导成为了很多思想学派的出发点，而他的影响也像笛卡尔一样，远远跨越了他的时代和国家的界限。席勒曾经用来评价一个伟人的话也适用于他：他骨子里的精华可延续多个世纪。他的《人类理智论》是当代哲学史上全面研究知识理论的第一次尝试，并开创了一场产生出贝克莱和休谟，并以康德为巅峰的运动。他的经验主义心理学成为布朗和哈特利的英国联想主义的来源，法国的孔狄亚克和爱尔维修也从中汲取了营养。他的伦理哲学被继承下来，并被沙夫茨伯
353 里、哈奇森、弗格森、休谟和亚当·斯密等人的作品进行了修正。他的教育理论影响了伟大的法国作家卢梭，并通过卢梭影响了整个世界。他的政治观念在伏尔泰的作品和孟德斯鸠的《论法的精神》中被加以精彩的详述，在卢梭的《社会契约论》中获得了激进的新面貌；而他的整个思想精神则促进了英法的自然神论宗教运动。与他之前的任何思想家相比，洛克都更为忠实地集中反映了为启蒙造势的力量。他代表着当代精神，独立和批判精神，个人主义、民主、宗教改革的呼声中的精神，以及16与17世纪政治革命的精神，这些精神在18世纪的启蒙运动中达到了高潮。没有哪个当代思想家能比他更为成功地将思想的印迹留在人民的心灵和制度之上。我们将在下述领域分别审视洛克的影响：（1）宗教，（2）知识理论，（3）伦理学，（4）经济学。

## 第二节　神学影响

自然神论作为一场有活力的运动，始自洛克的《基督教的合理性》（1695年）一书。洛克将理性设定为对于启示的最终检验；毫无疑问，天启的真理是绝对确定的；但人类的理性是启示自身的标尺。洛克赞同切尔伯里的赫伯特，接受某些自然神学或理性神学的命题为真；但他并不认为这些命题是天赋的。自然神论者应用了洛克的思想，并将启示置于理性标准之下，在自然法中寻找上帝真正的启示。以此为基础，基督教被塑造成了理性的宗教；它不再神秘，而是与创世一样古老。1696年，John Toland撰写了《基督教并不神秘》一书，遭到了英国教会的谴责。在他的《致瑟琳娜的信》（1704年）和《泛神论》（1720年）中，他接受了自然宗教，他称之为泛神论（他自己创造的新词）。科林斯（A.Collins）撰有《自由思想对话》（1713年），在书中，他通过对《圣经》的批判讨论来反对教会的介入。其他的自然神论作品还有：Tindal的《同创世一样古老的基督教》（1730年）；Woolston的《救世主神迹六论》（1727年—1730年）；Chubb的《耶稣·基督的真正福音》（1738年）；Morgan的《道德哲学家》（1737年）。Conybeare（1732年）和Joseph Butter（1736年）捍卫启示宗教，反对自然神论的理性主义神学。

## 第三节　感觉主义和联想主义 354

在阐述知识的起源时，洛克区分了感觉和反省。他也赋予了心灵某些可以作用于感官材料的力量或能力。洛克的经验主义不是感觉主义，因为除了感觉之外，他还承认反省是经验的基本模式；然而，他的经验主义却是后来英法感觉主义的历史来源和主要启发。他的很多追随者尝试将所有的心理过程、反省和较高级的能力全部解释为转化的感觉；反省和理智能力都被归约为感觉。科克主教皮特·布朗（Peter Browne，1735年去世）在《知性的过程、范围与界限》（1728年）一书中提出了这种观点，法国牧师埃蒂安纳·德·孔狄亚克（Etienne de Condillac，1715年—1780年）在其《论感觉》（1754年）一书中对此观点进行了详述。孔狄亚克努力证明，一个假想的只被赋予了单一感官——比如嗅觉——的存在者，如何依次发展出了注意力、记忆力、对比能力、快乐和痛苦、激情、欲望和意志。对比只不过是感觉的增殖，但从中却产生了判断、反省、推理和抽象，也即知性。反省可以归约为感觉，而自我仅仅是我们过去和现在拥有的感觉的总和。然而，为了获得关于外部世界及其广延、形状和坚实性的观念，就需要有触觉。这一感觉为我们提供了客观实在性；它确保我们之外还有东西存在，但它的本质是什么，我们却不知道。

以各种形式出现的感觉主义在英国和法国流行起来。其追随者有哈特利、普利斯特里、伊拉斯姆·达尔文、詹姆斯·穆勒、J.边沁、爱尔维修、孔多塞、霍尔尼（Volney），还有百科全书派和唯物主义者。查理斯·德·邦尼（Charles de Bonnet，1720年—1793年）教导一种温和的感觉主义，但认为所有的精神活动，无论是高级的或是低级的，都依赖于大脑的振动，这就引起了非物质的心灵的反应。爱尔维修把感觉主义运用到了伦理学之上。

亚里士多德和霍布斯曾经注意到观念联想律，而洛克和盖伊（Gay）则进行了讨论，在观念联想律看来，观念按照有规律的确定秩序在心灵中联系起来；在大卫·哈特利（David Hartley，1705年—1757年）的著作《论人，他的结构、职责和期望》（1749年）中，观念联想律被加以详述，并发展为一种哲学体系。这一定律与所有观念皆为感觉之摹写的学说结合起来，被很多经验主义的追随者和很多现代心理学家拿来作为解释精神生活的主要原理。在伦理学中，它被用来解释
355 道德情感：人们学会把快乐与令其快乐的事物联系起来；道德情感为他获取了很多利益，他因此渐渐地将自己的感情从这些利益转移到为他获取利益的事物上，通过这种方式开始为美德自身之故而爱美德。应用于伦理学的观念联想律为良心和道德情感的起源提供了可信的解释，从而促进了经验主义在伦理学中的事业。

孔狄亚克的《论感觉》，G.Garr译，1930年；Z.Schaupp的《孔狄亚克的自然主义》，1926年。

## 第四节　伦理学理论

英国经验主义从经验中推演关于对错的知识，并把道德建立在自我保存的冲动或对幸福的渴望之上。当然，培根并没有忽视人的社会本能，但霍布斯和洛克认为人类本性基本上是利己主义的，并使得道德成为一种开明的自利。理性主义思想家库德华斯（Cudworth）、克拉克（Clarke）和沃拉斯顿（Wollaston）反对这样的经验主义和利己主义的概念；否认我应该像别人在同样情况下对待我的方式来对待别人，克拉克说：“就好像一个人争辩说，尽管2加3等于5，却不

等于2加3。”理查德·坎伯兰（Richard Cumberland，著有《论自然规律》，1672年）可被视为英国功利主义的奠基人，他拒绝接受理性主义天赋道德知识的学说；但他认为将人视为单纯的一团自私冲动的利己主义概念也是错误的：人具有同情感或仁爱心，也有自私情感。社会生活或公共福利是最高的善，因为我们具有社会情感和理性，所以可以与这种善保持协调一致。

洛克之后的英国道德学家把道德知识主要建立在情感或冲动之上，而不是理性或关于对错的天赋知识上；但他把这些情感能力看作人类本性的自然禀赋。在沙夫茨伯里勋爵（著有《人的特征》，1711年）看来，人具有自爱情感和社会情感；美德在于二者之间的适宜平衡，道德感会告诉我们它们平衡与否。弗朗西斯·哈奇森（Francis Hutcheson，1694年—1747年）在其《美与美德观念研究》（1725年）和《道德哲学体系》（1755年）中详述了这些观点，并第一次使用了功利主义的公式，“最大多数人的最大幸福”。可归于这一学派的人物还有：大卫·休谟（《道德原理研究》，1751年）、亚当·弗格森（Adam Ferguson，《道德哲学原理》，1769年）和亚当·斯密（Adam Smith，1723年—1790年），他是《道德情感论》（1759年）和《国富论》（1776年）的作者，在同情心中发现了道德法则的标准和来源。所有这些作者都强调人类本性中 356
情感和冲动方面的重要性：我们的伦理判断和行为根基于情感之中，而不是理性。他们中很多人可以被归为道德直觉主义者，因为他们赞同道德知识的当下性和类感觉特征。行为和动机的价值要么在天生的道德感中被揭示，要么道德判断就是建立在同情感之上的。他们赞成把公共福利视为最高的善，在这种理论中，他们预示着后来的功利主义者的到来。约瑟夫·巴特勒（Joseph Butler，《人类本性十五论》，1726年；《论美德》《宗教的类比》，1736年）追随这一学派的基本教导，但更为强调良心，他把良心看作反省的原则，而不是一种情感（道德感）。

每个人身上都有一个高级的反省原则或良心，它区分人心中的内在原则和外在行为；评判人自身与其行为，坚定地宣布一些行为本身就是公正的、正确的、善良的，而另一些行为本身就是不公正的、错误的、邪恶的：无须垂询、无须建议，良心就可以带着权威施展自身，并因此赞同或是谴责行为的执行者。[75]

[75]《人类本性十五论》，第2论，参见B. Rand的《古典道德学家》，第383页。

如果良心既有权利又有力量，它就能管理整个世界。他发现个人幸福尽管并不必然是对错的心理学动机，却是终极的理性标准。如果我们理解我们的真正幸福，良心或义务、自爱或利益都能够引导我们走上同样的道路；在这个世界上的大部分情形下，它们都能够完美符合，如果我们把世界和未来都一同考虑的话，它们就会彻底地在一切实例中相符合。我们的幸福和痛苦的观念距离我们最近，对我们最为重要。如果平静地加以考虑，追求单纯的正确和善良的事物，或是其他的任何追求，都不能得到合理的解释，除非我们相信这种追求是为了我们的幸福，至少不应与幸福相抵牾。

威廉·佩利（William Paley）在他的《道德和政治哲学原理》（1785年）一书中反对道德感，声称应该按照行为的结果来评判行为。一切权宜之计都是正确的。“美德就是为人类行善事、服从上帝的意志，并追求永恒的幸福。”[76]

与沙夫茨伯里相反，伯纳德·曼德维尔（Bernard Mandeville；《抱怨的蜂
357 箱：或恶棍变为实诚人》，1705年；《密封的寓言：或个人罪恶即公共利益》，1714年）竭力证明自私（个人罪恶）比仁爱更能够促进公共福利。法国人爱尔维修（《论精神》，1758年；《论人》，1772年）追随霍布斯和曼德维尔，使利己主义成为人类行为的唯一动机，而开明的自利就成了道德的标准。唯一的使得人变得有道德的方法就是使他认识到，他自己的福利在公共福利之中，这只有通过立法，也就是通过适当的赏罚才能够做到。道德科学不过就是立法科学。说到底，这种理论就是剥除了神学内容的洛克的思想。

## 第五节　经济学理论

在洛克和佩利那里发现的个人主义观点也出现在巴特勒的理论之中，并反映在法国重农主义者弗朗索瓦·魁奈（François Quesnay，1694年—1774年；A.Turgot，1727年—1781年）的经济学理论和亚当·斯密的《国富论》之中；它们全都反对中世纪末出现于欧洲的古旧重商主义体制。新的经济哲学建立于其上的观念是：个人拥有在经济领域中开展自己的活动的天赋权利，且尽可能不受社会的干预（不干涉主义）。这种思想认为，如果不限制竞争并排除非自然的限制——比如垄断或特权——那么，自由交换、契约和财产安全、开明的自利意志，不仅会促进个人的利益，也会促进公共的福利。不干预主义概念是天赋权利

[76]《道德和政治哲学原理》，第1册，第7章，参见B. Rand的《古典道德哲学家》，第479页。

的普遍理论的表达，它要求为个人追求生命、自由和幸福开辟道路，认为这会导向社会正义，用亚当·斯密的话说："简单明白的天赋自由体系自行建立起来。"这种理论在帮助贬损和颠覆旧有的经济体制方面发挥了作用，并将个人从有害的限制中解放出来。不干预主义类型的经济自由主义的起源可以追溯到洛克哲学中的伦理学和政治学的个人主义思想。

《沙夫茨伯里的〈人的特征〉》，J.M.Robertson编辑，共两卷，1900年；Fowler的《沙夫茨伯里和哈奇森》，1900年；B.Rand的《沙夫茨伯里伯爵安东尼的生平、未刊信札和哲学体系》，1900年。

巴特勒的《作品集》，Gladstone编辑，共两卷，1896年，第2版，1910年；W.L.Collins的《巴特勒》，1881年；W.J.Norton，Jr.的《巴特勒主教，道德学家和神学家》，1940年。

## 第五十一章 358
## 乔治·贝克莱

乔治·贝克莱（1685年—1753年）生于爱尔兰；他在都柏林三一学院学习，曾经四处游历，1734年成为克里昂（Cloyne）主教。1732年，他被派往罗德岛，并在那里建立教团。他的作品有：《视觉新论》（1709年）、《人类知识原理》（1710年）、《希拉斯与费洛诺斯之间的三篇对话》（1713年），还有《阿尔西弗朗或小哲学家》（1732年）。

A.C.Fraser编辑的《全集》，共四卷，1871年，第2版编辑于1901年；《贝克莱选集》，Fraser编辑，第5版，1900年；M.W.Calkins编辑的《视觉新论》《人类理智原理》和《三篇对话》，1929年；P.Wheelwright编辑的贝克莱的《人类知识原理》和休谟的《人性论》，1935年。

A.C.Fraser的《贝克莱和精神实在论》，1908年；T.H.Huxley的《休谟，附有贝克莱研究导读》，1894年；G.D.Hicks的《贝克莱》，1932年；J.M.Hone和M.M.Rossi的《主教贝克莱，生平、作品及其哲学》，1931年；G.A.Johnston的《贝克莱哲学的发展》，1923年；J.Wild的《乔治·贝克莱：其生平及其哲学研究》，1936年；G.D.Hicks的《贝克莱》，1932年；B.Rand的《贝克莱的美洲之旅》，1932年；A.A.Luce的《贝克莱和马拉布朗士》，1934年；C.R.Morris的《洛克、贝克莱和休谟》，1946年。

## 第一节　贝克莱的问题

我们现在来研究从洛克的知识理论发展而来的经验主义哲学的主要传统。洛克认为物体在心灵中产生了感觉，包括广延、硬度、运动、颜色、声音、味道、气味和触觉等。其中有些是首要属性，是事物属性的摹写；另一些是事物中的力量在我们身上产生的效果。感觉为心灵提供材料，是我们全部知识的基础。心灵加工材料，排列、统合、区分并连接它们；心灵也反省自身的活动。因此，我们的全部知识都局限于经验事实；我们只有对于我们的观念的直接知识。我们也知道，存在着一个外部世界，但是这种知识不像我们的观念知识那样自明。

贝克莱利用洛克的基本经验论来建立唯心主义，并以此反驳唯物主义和无神论。如果像洛克所宣称的那样，我们的知识基础是感觉和反省，并且我们只认识到观念，我们如何认识到物体世界，即一个外在于我们的物质世界呢？就我们的物质知识而言，我们被局限于我们的意识状态；我们不能拿自己的观念与那些有形实体进行比较；我们不知道它们是什么，甚至不知道它们的存在。

即便有物质存在，从洛克的理论来看，也很难弄明白我们如何知道它。如果我们接受了洛克的前提，我们就陷入怀疑论之中。此外，如果存在物质那样的独
359 立的实体和一个纯粹空间的世界，那么，就会有一个无限的、永恒的和不变的实在与上帝并存，并且限制上帝——甚至倾向于否定上帝的存在。因此，对物质的信仰会导向无神论和唯物主义。怀疑论、无神论和漠视宗教的根源就包藏在物质观念，或者物体世界存在的观念之中。要避免这样的暗示，就只能根除它们产生的前提——对于物质存在的断言。没有这样的前提，我们也可以解释世界：有了上帝、最高等神和其他的精神存在者，我们能够解释所有的事实。因此，贝克莱的主要问题就是：心灵之外的世界存在吗？独立的物质世界存在吗？

贝克莱对人类心灵应对知识问题的能力充满信心。他认为，把我们的无知归因于人类能力的局限是错误的；造物主在造物中灌注了欲望，通常也提供了满足欲望的途径——假设这些欲望被正确运用的话。因此，我们可以确信，对知识的渴望可以通过能力的正确使用而得到满足，并且我们能够从真实的原则中演绎出靠得住的结论。因此，很有必要对人类知识的原理进行严谨的研究，在所有方面

都进行检查和过滤。

## 第二节　拒绝抽象观念

认为外部客体（房屋、山脉、河流等）具有自然的或实际的存在（并且独立于被感知）的主要原因就在于心灵能够构造抽象观念的学说。事实上，心灵并不能构造抽象观念。我们可以想象，或者为自己再现那些我们已经知觉到的事物的观念，并且我们能够以不同的方式分割或组合这些观念。但是我们却不能，比如说，在我们的思想中发现一个与普遍的三角形观念的描述相对应的观念，一个“既非直角或锐角，亦非等边或等腰，也不是不等边，同时既是所有的形状又不是任何形状”的三角形。诚然，人们可以仅仅考虑作为三角形的图形而无须关注角的具体性质或边的关系；只要他可以抽象。同样，我们也无法构造脱离运动物体的运动观念，即那种既非快亦非慢、既非直线亦非曲线的运动。可以肯定，普遍概念在此意义上是存在的——当在其自身之中被考虑时，普遍观念是具体的，但是，当它被拿来表现或是代表所有其他同类的观念时，就变成了普遍的。我们用一个名称或符号代表所有同类的具体观念，并且因为我们用一个名称，我们就相信有一个与之对应的抽象观念。这样的想象的抽象观念对于交流和知识的拓展 360
都是不必要的——普遍概念对于揭示和交流全部的数学、科学和哲学真理已经足够了。[77] 关于脱离心灵的世界的观念，也就是关于真实的物质世界的观念就是这样一种抽象观念。我们将感性对象与它们的被感知分离开来，并想象物质在不被感知的情况下存在。但这样的不被感知的存在是不可能的。若没有对于事物的实在感知，我们就不能看到或感受到任何事物，脱离了感觉和知觉，我们也不可能想象任何的物体或对象。贝克莱反对不被感知的物体的理由在于，它是一种抽象；因此，关于抽象观念的理论，是他论证物质不存在的前提。

贝克莱赞成洛克，认为人类知识的对象要么是被实际地印在感官之上的，要么是由于关注心灵的活动和激情而知觉到的；要么就是通过记忆和想象力的帮助形成的观念。我们组合、分解或是仅仅重现这些观念。除了观念，还有认识到观念、知觉到观念并在观念上进行各种活动的事物——意志、映像和记忆。这种进行知觉和活动的存在就是心灵、精神、灵魂、自我。它完全不同于我们的观念，

[77] 贝克莱拒绝抽象观念而青睐普遍观念的做法是与他的唯名论立场相一致的。这种唯名论学说——尽管在后来的《阿尔西弗朗》中有所修改——是《人类知识原理》中主要的唯心主义论证的基础。

它是观念存在的地方，或者是观念借以被知觉的东西，因为观念的存在就在于被知觉。

## 第三节　存在即被感知

现在，谁都会承认，我们的思想、激情和想象中的图像都不会存在于心灵之外；它们全都在心灵之中，它们的存在就在于它们被心灵认识或感知。然而，我们的感觉也是如此；在这里，存在也与知觉同一：存在=感知。当我说我写字的桌子存在时，我的意思是我可以看到并触摸到它。当我说我在房间之外时房间依然存在，我的意思是说如果我在房间中的话，我就能够感知到它，或者是有其他人的心灵正在实际地感知到它。说某种不被心灵知觉的事物存在，完全是不可理解的。因此，存在就意味着被感知，意味着在心灵之中。所以，没有心灵，也就没有物体的存在；物体的存在在于其被认识、被感知；只要它们不被我感知，不存在于我的心灵或其他任何造物的心灵之中，它们就根本不存在，除非是仅仅存
361 在于某种永恒精神的心灵之中。说物质存在却不被任何心灵感知，这是自相矛盾的。

不可能存在不被感知的物体，这是洛克所持有的物体观念的必然推论。物体是坚实的、广延的和有形状的实体，具有运动的能力、一定的颜色、重量、味道、气味和声音。然而，有些属性不是固有的；颜色、声音、味道、气味是主体感知到的物体产生的效果；它们不是存留在物体自身中的属性，而是在我之中；我们称之为次要属性。广延、形状、硬度、运动和静止被认为是实体或物体自身固有的属性；它们是首要属性。但贝克莱说，所谓的首要属性跟其他的次要属性并无二致。广延和硬度的观念是我从触觉中得到的；它们也是心灵之中的感觉。人们不能把广延的观念和颜色观念与其他的次要属性分离开来；人们从来没有感知到没有颜色或其他属性的广延性。首要属性与次要属性不可分割地结合在一起；我们无法把次要属性抽离出来，只剩下一个具有广延性的坚硬实体，仅此而已，不是别的任何东西。我们的心灵中不具有关于这样一种实体的抽象观念。但可以肯定，一定有某种外在的东西在支持或支撑着这些属性——一种实体吗？贝克莱说，这仍然是一种纯粹的抽象；物质实体的观念毫无意义。即便这样有硬度、有形状、可运动的实体有可能在心灵之外存在，我们怎样才能认识到它呢？此外，我们所有的观念或感觉，或者被感知的事物，都是不活动的，也没有做任何事情的能力；因此，广延、形状和运动等全都是观念，不可能是感觉的原因。

## 第四节　精神世界

但是，你会说，感觉或我们心灵中的观念一定是有原因的。并且原因确实存在，这种原因必定是活动的实体。无论如何，它不能是物质实体，因为不存在这样的东西；所以，它就必须是一种非物质的、活动的实体或精神。精神是单一的、不可分的、活动的存在，就其知觉到观念而言，它被称为**知性**；就其产生观念或者作用于观念而言，它被称为**意志**。不存在由心灵或精神构成的观念，因为所有的观念都是被动的、惰性的，而精神是主动的和有创造性的；因此，我们不可能拥有关于活动的精神的观念、影像或画像。我们不能知觉到精神本身，而只能感知精神所产生的效果。尽管如此，我们还是对精神或灵魂以及心灵的活动有一定的**见解**，比如意愿、爱慕、憎恨，只要我们理解这些词语的意义。见解——与观念形成对比区别——是贝克莱的专门术语，用来指代心灵领悟和心灵活动的媒介或工具。人们对于自我的心灵及其活动，对于其他的有限的心灵和上帝的心 362
灵，都可以有见解。

有些观念，我们可以随意地构成和放弃；在这方面，我们的心灵是主动的，有驾驭自己的思想的能力。但我们无法控制自己的感觉。我睁开眼睛：就没有能力选择看或不看，也不能决定什么样的具体对象会呈现在我们的视野中。印在感官之上的观念不是意志的创造物。所以，就是某种其他的意志或精神引起的。感官观念要比想象中的那些观念更为强烈、活跃且清晰；它们同样具有稳定性、秩序和连贯性，不像人类意志的作用所引起的观念那样，是随意激起的，而是按照规则的排列或序列出现，它们具有齐一性的关系足以证实造物主的仁慈和智慧。依照具有齐一性的规律，至高无上的**精神**在我们身上激发出感官观念，这样的规律被称为**自然规律**；我们通过经验了解了自然规律，因为经验教导我们，在普通事件的进程中，如此这般的观念会有其他一些如此这般的观念伴随。换言之，上帝在我们身上激起的观念处在恒常的、决定的秩序之中；他把食物的观念与营养的观念联系起来；把睡眠的观念与恢复精神的观念联系起来；将对火的视觉感受与身体的热的感受联系起来。如果我们的感觉之中不存在这样的规则的秩序，我们将永远恍然若失，不知道接下来会发生什么，也不知道该如何行动；我们的感觉之中有这样的规律性使得我们能够规范自己的行动来获取生活的益处。我们在观念中发现了这种联系，却错误地相信是观念导致了这一切，比如火产生了热，睡眠使精神恢复，物体的碰撞产生了声音。上帝印在感官之上的观念叫作**实在的**

事物；而在想象力中激起的观念，不那么规则、生动、恒常，更适合于被称作事物的观念或影像，是对事物的摹写或表象。但是，无论如何，我们的感觉是观念；它们存在于心灵之中；它们是比我们的影像更为生动、强烈、有秩序且有连贯性的观念；它们也更独立于知觉到它们的思维实体，因为它们是被另外一个更强大的精神的意志所激发的。

## 第五节　对反驳的答复

贝克莱对于自己的唯心主义假说的困难有清晰的认识。在他的假说下，太阳、月亮、星辰、房屋、山脉、河流、树木和石头都变成什么么了？它们难道都
363 是幻想中的虚妄或错觉吗？完全不是，他回答。它们在以上曾经说明的意义上存在，它们是实在的，因为上帝在我们身上激起了具有规则性和连贯性的感觉。在此意义上，物质实体也是实在的，设若我们用物质实体指代感觉属性的复合体，比如广延性、坚实性和重量等。如果物质意味着心灵之外的偶性或属性的支撑物，即便在想象中，它也不存在。但是，这难道不是在说，我们吃的是观念，喝的是观念，并且穿的也是观念吗？我们吃喝穿戴的是感觉的直接对象，它们不能在心灵之外或者在不被感知的情况下存在。因此，称它们为事物要比称之为观念更为合适。但是，我们如何使得事物外在化，并且在一定距离之外看到它们？这是贝克莱在《视觉新论》中所讨论的问题，他在此书中认为，距离或远方并不是被视觉当下感知的，甚至也不是完全被视觉领域中的线条和角度所领会或判定的。视觉观念或者目视感觉向我们呈现的是某种触觉和移动的观念。当对象看起来变小和不清晰的时候，经验告诉我们，它是遥远的，在一定距离之外，并且我们必须走近点儿才能得到更大的、清晰的画面。因此，这种空间观念就是从不同感官之感觉的关系中得出的——尤其是从视觉和触觉中。

但是，当我闭上眼睛的时候一切事物不会消失吗？这些事物不再为我所知觉到，所以，它们就不应该继续存在。但是，贝克莱指出，我们可以认为当人们闭上眼睛的时候事物依然存在，只要事物能够被其他的心灵，包括神圣的心灵知觉得到。

再者，这种唯心主义岂不是扫除了全部的微粒子哲学吗？贝克莱的回答是，微粒子假说解释的任何现象，都可以不用这种学说进行解释。没人知道物质如何作用于精神或在精神中产生观念。此外，自然哲学家并不用物质实体来解释事物，而是用形状、运动和其他属性，事实上，这些属性只不过是单纯的观念，因

此，不能成为事物的原因。

那么，用这种新的理论的话语，说精神加热而不是火加热，岂不是很荒谬吗？贝克莱回答："在这种事情上，我们应该做渊博的思维，而说通俗的话语。"那些接受了哥白尼理论的人依然在说太阳升起。然而，全世界都相信物质；难道全世界都错了？但是，全世界真的相信物质吗？也许并非如此。事实上，对于物质，人们没有任何哲学意义上的思辨观点。此外，普遍认同并不能成为哲学观点之正确性的证明。人们认为他们的感觉独立于心灵而存在，因为他们 364
自己不是感觉的作者。他们不会想到这种信念在用语上存在矛盾。他们设想属性在心灵之外存在，因此，就要有一个不思维的实体。他们又认识到次要属性不能在心灵之外存在。然而，既然首要属性也不能在心灵之外存在，那么，实体就成了不必要之物。或许有人会说，存在一种实体，它的属性不能为我们所理解，就像颜色不能被盲人所理解一样，我们可以这样问：为一种属性不可知的支撑物而争辩，为一种我们不知道是什么、也不知道为什么的东西而争辩，其意义何在呢？此外，如果我们有一种新的感官可以感知这些属性，我们就会再次遇上同样的困难。如果物质被消极地定义为"一种未知的——既非实体、亦非偶性，既非精神亦非观念的——惰性的、无思想的、不可分的、不运动的、非广延的、不在任何地方存在的东西"，那么，它就是无。如果你要将存在、本质、实体赋予它，并要借此来将它从虚无中区别出来，贝克莱说，这种观念将是不可理解的"文字游戏"。

## 第六节　关于观念、精神和关系的知识

因此，精神就是活动的、不可分的实体；观念是惰性的、流逝的、依赖性的事物，不能独立地存在，需要被心灵或精神实体支撑，或是在心灵或精神实体中存在。我们通过内在的感觉或反省理解自己的存在，并通过理性理解其他精神。关于自己的心灵、精神或者活动的存在者，我们可以有一些知识或见解，关于它们，从严格意义上说，我们无法形成观念。同样，我们可以认识事物或观念之间的关系，并拥有关于它们的见解——这些关系与观念或相关的事物不同，事物可以为我们所知觉，而观念无法为我们所知觉。贝克莱认为，观念、精神和关系都是人类知识的对象和讨论的主题；并且，"如果观念一词被用来指代我们认识的或拥有观念的所有事物，它就被不适当地引申了。被感官烙印的观念是实在的事物……但若没有知觉它们的心灵的存在，它们就不能继续存在"；它们并不是存

在于心灵之外的一种原型的副本。事实上，观念可以被看作是外在的，因为它们不是从心灵自身产生的，而是被一个精神打印上去的，这个精神与知觉到这些观念的精神是不同的。感性的对象也可以被说成是“在心灵之外”，因为当我闭上眼睛的时候，事物依然存在；但它们必然存在于另一个心灵之中。

## 第七节　反驳二元论、无神论和怀疑论

贝克莱声称，唯心主义理论从哲学中驱除了多个晦涩艰难的问题：物质实
365 体是否能思考？物质是不是无限可分的？物质如何作用于精神？唯心主义理论把人类知识化简为关于观念和关于精神的知识。它摆脱了关于可理解的客体（或心灵之中的对象）和实在的客体（或心灵之外的对象）的二元论。二元论是怀疑论的根基，因为人们如何知道已知觉的事物会符合未知觉的事物呢？如果颜色、形状、运动和广延之类事物全都指示心灵之外的东西，那么，我们就只能知觉现象，而不是事物真正的属性；对于感官的不信任会导向怀疑论。贝克莱认为唯心主义理论驱散了所有这些疑云。

物质观念也是导致无神论出现的原因；放弃了唯物主义，无神论的整个构造就将解体。如果自在的、惰性的、无思想的实体是一切事物的根基和起源，我们就把自由、智慧和意图从世界构成中排除了。摒弃了物质，那些伊壁鸠鲁主义者、霍布斯和其他与他们同属一类的人，就不再有虚张声势的善辩。偶像崇拜也会与物质一道倾覆，因为，如果感觉对象只是心灵中的诸多感觉，人们几乎不可能会匍匐在地，并崇拜自己的观念。同样，去除了物质实体，并采用物体一词在每个普通人心目中的意义——被直接看到或感知到的东西，只是性质或观念的组合——那么，对于肉体复活的任何反驳都将是无效的。简言之，扫除了物质假说，无神论、偶像崇拜和无宗教思想就会失去基础和支撑。

谬误的另外一个来源就是抽象观念的学说。从具体或实际的意义上考虑，任何人都知道时间、空间和运动是什么；但它们经过了形而上学家的思想之后，就变得过于抽象和精致，不是普通人能够理解的。从观念之相续性中抽象出来的时间什么都不是，因此，任何有限精神的延续都必须由在同一精神或心灵中彼此相继的观念或行动的数目来衡量。灵魂总在思想这一事实，纯粹是心灵中的观念之相继与时间等同起来的结果。反对抽象观念也意味着：广延在何处颜色就在何处，也即在心灵之中。广延和颜色的原型只能存在于某一他者的心灵中，感觉的对象只不过是在具体的关联中被混合、复合在一起的感觉。没有一种实体——时

间、空间、感觉属性等——可以在不被认知的情况下存在。我们无法形成一个排除观念序列的纯粹时间观念，也无法形成一个排除广延性感觉的纯粹空间观念。纯粹空间意味着我的身体的四肢可以到处移动而不受到任何阻碍的能力。

怀疑论者在自然哲学领域中取得了胜利。他们认为我们不知道事物实在的本 366
质、内在的属性和构成。在每一滴水、每一粒沙中都有超出人类理智之测度或理解的东西。这种抱怨是毫无根据的。不存在一个内在的本质，可见的属性从其中流出，并依托于其上。试图通过形状、运动、重量和其他感觉不到的粒子的属性来解释属性或现象，比如颜色和声音的产生，也是徒劳的。除精神之外，没有其他的动力或动力因；运动与所有其他的观念一样，完全是惰性的。

贝克莱时代最流行的伟大原理就是引力原理。贝克莱说，引力一词所指的不过是自身的效果而已；它并没有告诉我们产生引力的活动方式是什么，或者产生引力的原因是什么。很多人声称引力是普遍的：物体彼此之间吸引和被吸引被看作是所有物体固有的本质属性。万有引力之中没有任何必然或本质的东西——它完全依赖于起着主宰作用的精神的意志，它让某些物体依照不同的规律固守在一起或彼此吸引。因此，寻找不同于心灵或精神的自然动力因是徒劳的。整个的创造都是一个智慧、善良的动因的作品，哲学家应该单独关注事物的最终原因：他们应该努力揭示事物因为什么目标而被改造，最初是因为什么目的而被创造。有理由做一些观察和实验。“观察和实验对人类有用，并能够使我们得出普遍的结论，但这并不是事物之间的不变的本性或关系的产物，而只是上帝管理世界时对人类的善良和仁慈。坚持观察我们看到的现象，就会发现普遍的自然规律，并能从这些规律推演出其他的现象；我并不是说证明，因为所有那种推演都是建立在下述假设之上的，即自然之作者的活动也恒常地、一致地遵循着那些我们视作原理的规律：我们不能清楚地认识它们。”[78] 然而，道德法则具有促进人类幸福的必然倾向，贝克莱认为可以被证明，并且像几何学的命题一样，具有同样不变的、永恒的真理性。

考利尔（Arthur A.Collier，1680年—1732年），是贝克莱的同时代人，在其 367
《普遍线索》（1713年）一书中，他以马拉布朗士的体系为自己的出发点，试图从理性主义的立场出发证明外部世界不存在。《普遍线索》有E.Bowman编辑，1909年；G.Boas的《欧洲哲学的主要传统》一书中包含有对于Collier的详细介绍。

[78]《人类知识原理》，第107节。

# 第五十二章
# 大卫·休谟

大卫·休谟于1711年生于爱丁堡，学习过法律，先后担任过圣克莱尔将军和赫尔特福德勋爵（1763年—1766年）的秘书，做过爱丁堡法学院的图书馆馆长（1752年—1757年）和国务副大臣（1767年—1769年）。他的主要著作，三卷本的《人性论》是在他第一次旅居法国期间（1734年—1737年）完成的，但这部著作没有给公众留下什么印象；休谟说，是“生下来就死亡了的出版物”。此后，他又以更为通俗的方式进行了加工，并发表了三篇与《人性论》的三个部分相对应的论文；但是终其一生，他的名声都源于作为一个历史学家的成就，而不是他的哲学作品。在他作为英国大使第二次居留法国时，他遇见了卢梭、狄德罗、霍尔巴赫、杜尔阁和达兰伯特，并引得卢梭去访问英国。休谟死于1776年。

他的作品有：《人性论》（1739年—1740）；五卷论文集：1.《道德、政治和文学概论》，1741年—1742年；2.《人类理智研究》，1748年（针对《人性论》第一卷中的话题的讨论）；3.《道德原则研究》，1751年（与《人性论》第三卷对应）；4.《政治探讨》，1752年；5.《四篇论文》，1757年，包括《论激情》（与《人性论》第2卷中的话题相同）和《宗教自然史》。去世后出版的作品有：《我的一生》（由亚当·斯密出版），1777年；《自然宗教谈话录》，1779年；《自杀与灵魂不朽》，1783年；还有他的《英国史》，出版于1754年至1762年。

Green和Grose编辑的著作有四卷，1874年版，新版编辑于1909年；Selby-Bigge的《论文集》和《道德原理》，1894年；《自然宗教谈话录》，N.Kemp Smith编辑，1935年；《人性论》第一卷，附有贝克莱的《人类知识原理》，P.Wheelwright编辑，1935年。

T.Huxley的《大卫·休谟》，1879年；T.H.Green的《休谟著作导论》（包括对休谟的批判），1882年；W.B.Elkin的《休谟：〈人性论〉与〈人类理智论〉的关系》，1904年；C.W.Hendel编辑的《休谟选集》，1927年；M.S.Kuypers的《对于休谟经验主义的18世纪背景的研究》，1930年；N.K.Smith的《大卫·休谟的哲学》，1925年；J.Laird的《休谟的人性哲学》，1931年；B.M.Laing的《大卫·休谟》，1932年；H.H.Price的《休谟关于外部世界的理论》，1940年；J.Greig的《大卫·休谟》，1932年；R.W.Church的《休谟的认识论》，1935年；C.Maund的《休谟的知识理论》，1937年；R.M.Kydd的《休谟〈人性论〉中的理性与行动》，1946年；C.R.Morris的《洛克、贝克莱和休谟》，1946年。

## 第一节 休谟的问题

洛克曾经教导说，我们有关于观念的确定知识，有关于上帝和道德的论证知识，还有关于外部物体世界的实践意义上的确定知识。贝克莱否定物质世界的存 368
在，并把我们的知识局限在观念、关系和精神存在上。大卫·休谟接受了关于知识起源的经验主义理论和“存在=感知”的贝克莱式的观点，并得出了貌似逻辑的结论。如果我们所能够知道的一切都是我们的印象，我们就无权断言实在是物质的或是精神的实体。我们没有发现任何印象可以论证假定*某种*实体的合理性。我们也没有在我们的经验中发现任何事可以论证我们的必然联系观念或因果观念的合理性；原因和结果只不过意味着观念的惯常连续。形而上学、神学和自然科学不能产生普遍的和必然的知识；关于上帝、宇宙和灵魂的科学作为理性科学是不可能的。我们只能认识我们经验到的事物，并且只能在此领域中达到或然性。休谟赞成笛卡尔、霍布斯和洛克，认为真正的知识必须是自明的；但他发现唯有数学领域中存在这样的知识，数学知识只解析自身的概念。

休谟的观点属于经验主义：我们的知识来源在于经验；它是实证性的：我们的知识被局限在现象世界；它是不可知论的：对于终极之物、实体、原因、灵魂、自我、外部世界和宇宙，我们一无所知；它是人文主义的：人类的精神世界是唯一合法的科学和研究领域。

## 第二节 人性的科学

休谟认为，所有的科学都与人的本性相关。*逻辑*的唯一目的就是解释我们的推理能力的操作和原理以及我们的观念的本质；*道德*和*批评*与我们的趣味和情操有关；而*政治学*则把人作为在社会中相互联合并彼此依赖的对象来研究。甚至数学、自然哲学和自然宗教也是人的能力和力量的产物。因此，我们应该研究人性本身，以便发现那些——制约我们的理智、激起我们的情绪，并使我们赞扬或是指责某一具体对象、行动或行为的——原理。我们所要追问的是：我们区分真理与谬误、罪恶与德性以及美好与丑陋的根源是什么？人的科学，或者休谟所说的道德哲学，是我们能够提供给其他科学的唯一坚实的基础，因此，必须建立在经验和观察之上；“推理的实验方法”必须引入哲学。休谟的《人性论》有过这样的尝试，其中第一卷研究理智，第二卷研究激情，而第三卷则研究道德。同样的
369 主题也在《人类理智研究》《论激情》和《道德原理研究》中被探讨。

最重要的任务在于探究人类理智的本性，分析其力量和能力，证明它不适合于那些传统哲学为其设置的深远玄妙的主题；换言之，我们必须发展真正的形而上学——关于理智的科学——以便摧毁那些错误的和虚假的形而上学，这种形而上学试图把理智引入它不能进入的领域。即便我们所做的只能是提供一副“精神地图”，即对于精神的明确的组成部分和能力的描绘，至少可以说，从中得到的满足不亚于去研究行星体系。为何不希望发现促进心理活动的那些秘密的源头和原则呢？为何不出现一个——将要揭示可以与物理学中的引力规律相媲美的普遍的、一般的精神原理的——精神科学中的牛顿呢？

## 第三节 知识的起源

休谟关心的主要问题就是那些关乎知识的起源和本质的问题。我们的知识的来源是什么；它具有何种程度的确定性；它的范围和界限是什么？我们的知识范畴——比如实体和因果律——的价值和意义是什么？对于休谟而言，这些问题中最根本的一个就是知识起源的问题。我们的全部思想材料都来自内部或外部的印象。印象一词指——在我们听、看、感觉、爱、恨、渴望、意愿的时候——我们的更为活跃的知觉：也就是，在心灵中第一次出现的全部的感觉、激情和情感。我们所有的思想或观念都是这样的印象的副本：它们是不甚活跃的知觉，是在我们回忆或反思某一感觉或其他某一刚刚提到的印象时，所意识到的微弱的知觉。外部的印象或者感觉因为未知的原因而从心灵中产生，而内部的印象通常是由我们的观念引起的。比如，我们有热或冷的印象以及快乐和痛苦的印象，这些印象的副本或观念保留了下来。这种快乐或痛苦的观念产生了新的印象：渴望和反感、希望和恐惧，皆为反省的印象。这些反省的印象再次通过记忆和想象力而被复制。从这样的印象中派生出了我们的全部知识。知识是通过复合、调整、增加或减少感官和经验提供给我们的材料而得来的。单纯的印象混合与组合的工作由心灵或意志完成。分析显示，我们检查的每一个观念都是从相似的印象复制而来

的。此外，没有印象的地方，也就没有观念；盲人没有颜色的观念，聋子没有声 370
音的观念。因此，我们在检查哲学术语的意义的时候要追问自己：被信以为真的观念是从什么印象中衍生的？

然而，我们的思想或观念并不是完全松弛、散乱，或是偶然联系在一起的；它们依着一定的方法和规则互相引入；它们之间存在联合的纽带，一个唤起另一个。一张图片自然会引领我们想起原物（相似），提到公寓中的一个房间，就会想到相邻的房间（接近），伤口的思想会唤起疼痛的观念（因果）。这就是所谓的**观念联想**现象。联想的原理或原则是相似律、时空中的连续律以及因果律。换言之，思想倾向于让人们想起相似的事物，时空中相连续的事物，和作为因果而联系起来的事物。

## 第四节　因果关系

我们关于事实情况的一切推理都是建立在因果关系之上的；也就是说，我们总是在当前事实和另一事实之间寻找联系。一个人在荒岛上发现了一块表：他就从结果推断原因，并推理说有人曾经到过那里。我们对于因果关系的追寻依赖于我们的思辨和实践。因此，研究关系就极其重要。我们如何获得了因果知识，这种知识的有效性是什么，其根据的本质是什么？

我们不是通过先验推理而获得了关于这一关系的知识，亚当不可能从火的光和热先验地——即先于经验——推理出，火将吞噬他。心灵不可能从假定的原因演绎出结果；再多的推理也不能使我们先验地从火药中推理出爆炸性，或者从天然磁石中推理出磁性引力。因为结果与原因完全不同，永远不可能在原因中解释出结果。我们无法**证明**某种原因必定具有某种结果，或是它必定始终具有同样的结果；我们无法通过理性证明面包提供营养而火提供温暖，就像我们证明数学命题那样。营养和面包之间不存在必然的联系，以至于对于一者的观念就必然暗含着对于另一者的观念；如果真的存在这种联系，我们就能够在无需经验的境况下当这些性质刚一出现时就推理出结果，就如同我们能够从三角形概念中推理出其
内角和等同于两个直角。设想火不温暖、面包没营养或者火药不爆炸，在逻辑上 371
没有任何矛盾之处。

我们对于因果关系的认识建立在观察和经验的基础之上。我们看到物体彼此相继，相似的事物恒常地结合在一起，热伴随着光，冷伴随着雪，一个台球的运动会引起其他球的运动。在很多实例中发现两种事物总是结合在一起的，我们就

推理说事物有着因果联系，一个是另一个的原因。也就是说，我们被引导——在一事物出现之后——期待另一事物的出现；心灵被习惯或习俗引领，相信被研究的两个物体是相关联的，它们将始终相随。在两件事物之间的恒常关联被建立之后，我们就被习俗控制，期待从一事物中看到另一事物的出现。也就是说，我们对于事物间的恒常联系的经验导致了我们对于这种关联的信仰。这种信仰是心灵的活动，一种自然本能，就像我们受惠于人时所感受到的爱的热情一样，不可抑制。我们只能把信仰定义为每个人都知道其意义的情感，因为每个人都能意识到它。在《人性论》中，休谟对于信仰心理学仍然不甚确定：他把它同想象力联系起来，但情况依旧模糊不清，也不能让他满意。很明显，天性并没有把心灵的活动（通过这种心灵活动，我们从相似原因推理出相似结果，反过来亦然）托付给不可靠的理性演绎，而是通过本能或者机械倾向确保了心灵的这种活动。

因此，原因就可能被定义为由另一事物跟随出现的事物，它的出现让人想起另一事物。然而，这一定义并不能满足一些形而上学家。在他们看来，原因是生出另一事物的事物；原因中有某种东西使它能够产生结果，那是一种秘密的力量、力或者能量。有一个将原因和结果束缚在一起的纽带，一种原因与结果之间的必然联系，以至于，如果我们知道了这种力量，我们就能够预见到结果，即便没有经验的帮助，并且可以仅仅通过思想和推理的力量，在第一时刻就确信地说出它。如果这是真实的，我们就能够从原因中演绎出结果；对于原因的知识必然带来对于结果的知识，并且我们无需任何经验就会立刻明白，一种事物是如何活动的。

但是，力量、力、能量和必然联系这些术语意味着什么呢？我们有什么权利使用它们呢？要回答这些问题，我们就必须分析我们的力量观念或者必然联系观
372 念。我们不能想起任何不被我们的内部或外部感官事先感受到的事物。那么，力量观念所依赖的印象是什么，我们如何获得它？当我们观察外部事物并考虑原因的作用时，我们从来没有发现任何力量或必然联系，或者任何——将原因和结果束缚在一起并使得一者成为另一者的必然结果的——性质。一个台球的推动导致了第二个球的运动：这就是展示给外部感官的全部内容。事物首次出现时，我们永远不能从中猜测其结果会是什么。宇宙中启动了整架机器的那种力被彻底隐藏起来。我们知道热总是从火中产生的，但其中的关联是什么，我们却无从想象。我们也无法通过对心灵活动的反省获得力量的观念；它不是从任何内部的印象或经验中复制来的。但是，不妨一问，难道我们不是每一刻都感受到了内在的力量

吗，难道我们没有感受到：通过意志的简单命令，我们就能够移动身体器官或是引导心灵的功能吗？意志行为在我们的肢体中引起了运动或是在我们的想象中形成了新观念。我们不了解我们内在意识中的意志的影响吗？所以，我们获得了关于力量或能量的观念；并且我们确信，我们自己和所有其他的理智存在者都拥有力量。

休谟说，让我们检查一下这种观点。的确，我们通过意志影响了身体器官。但是，我们并没有意识到产生这种结果的手段；我们永远不会，并且永远不能直接意识到意志借以完成这一工作的能量。在此，力量完全被隐藏起来了，就像在自然事件中的情形一样。身体的运动追随着意志的命令，这就是经验告诉我们的全部；至于是如何实现的，却是一个谜。经验并没有告诉我们将意志与其行为结合在一起并使之不能分离的秘密联结是什么。的确，身体与心灵之间的全部关系都是神秘的；我们并没有在作为原因的心灵和作为结果的身体之间发现任何——使得一者成为另一者的必然结果的——内在的联系。同样不可能知道意志是如何控制思维的，也不了解心灵借以产生观念的力量。我们并没有发现任何这样的力量；我们所知道的就是，意志命令观念，事件随之出现。

总而言之，我们永远不能发现任何力量，我们所看到的只是一事件伴随着
另一事件。我们不能观察到或者构想出将意志和身体运动结合在一起的纽带； 373
我们没有经验到心灵借以产生结果的能量。自然事件也是如此。一个事件跟随着另一事件；我们永远无法观察到孤立事件之间的联系。它们被联合起来，但永远不能被联系起来。我们没有获得这样一种联系、力量或是纽带的印象，因此，我们没有关于它的观念。以这种方式使用的话，这些词语就毫无意义。但它们在适当的意义上被使用时，也可以有意义：当我们说一事物与另一事物有联系时，我们是指它们在我们的思想中获得了一种联系。如此前所说，心灵被习惯引导，看到了一事物的出现，就期盼它通常的伴随事物出现，并相信它将会存在。因此，我们在心灵中感受到的这种联系，这种想象力从一事物向着其通常的伴随事物的惯常性过渡，便是我们形成力量观念或必然联系观念的感受或印象。

因此，在休谟看来，事物并非必然联系在一起的，但在我们的心灵中，观念通过联想联系在一起。联想是重复以及习俗或习惯的结果。两个观念时常在一起出现，以至于出现一个，就会想起另一个。在这里，我们获得的不是逻辑学的必然性，而是心理学的必然性，并且这种心理学的必然性依赖于经验。这种过程在动物、孩童、大多数人以及哲学家中都是一样。

另外一个基本概念或者人类的思想范畴是实体。我们不禁要把颜色、声音、味道、形状和物体的其他属性看作是无法独立存在的东西，认为它们需要一个固有的主体来支撑或支持。想象力捏造了一个未知的不可见的事物，认为尽管有各种各样的性质的变化，这种事物却保持不变。这种未知的事物就是实体；它的属性被称为偶性。很多哲学家还设定了神秘的性质和实体性的形式。但这些都是虚构的，就像是黑暗中的幽灵。除了知觉，我们没有任何关于事物的观念；实体与知觉完全不同；因此，我们就没有关于实体的观念。每一种属性，作为与其他属性截然不同的事物，都可以被构想为是独立存在的，并且可能的确是独立存在的，不仅仅是独立于其他的属性，也独立于不可理解的怪想——实体。

## 第五节　知识的有效性

因此，我们的全部思想或观念都是印象的副本，所有的知识都是从经验中衍生出来的。不妨问一问：这样的知识的有效性是什么？其证据的性质是什么？全部的人类知识可以分为两类：观念的关系和事实的情况。第一种是几何、代数和算术的真理，简言之，凡是在直觉或论证的意义上具有确定性的所有论断，均
374 属于此类。弦方等于勾方与股方之和这一命题，表达了这些形状之间的关系。“5的3倍等于30的一半”表达了这些数字之间的关系。这种命题可以仅凭思想的活动而发现，无须依赖宇宙中任何地方存在的事物。即便自然中从来没有存在过圆形或三角形，欧几里得所证明的真理将永远保持其确定性和自明性。

所有超越感官或者记忆之见证的关于事实情况的证据，全部都是从因果关系中衍生出来的。我们看到，因果知识来自于经验：习俗引导我们推理说，经验显示总是联合在一起的事物，将会始终关联在一起；但习俗是一种本能，而本能可能会误导我们。我们关于事实状态之真相的证据无法与我们在数学中获得的证据相比较。任何一种事实状态的反面也是可能的，因为反面的发生并不会产生矛盾。明天太阳不会升起是一个可以理解的命题，与太阳会升起一样，并不包含任何矛盾。在这里，我们面对的不是确定的自明的知识，而是或然性。

对于实体，我们没有任何观念，这样的观念在知识中没有地位。但是，不妨问一问，为什么关乎原因的时候我们相信了想象力，而关乎实体的时候我们却不相信它？休谟的回答是这样的，他认为我们必须区分两种原则，一种是永恒的、不可抗拒的、普遍的原则，比如从原因到结果的习惯过渡；另一种是变化的、微弱的、不规则的原则，比如实体、实体性形式、偶性和神秘属性。前者是我们的

思想和行为的基础，因此，没有它们，人类的本性必将消失并毁灭。而后者对于人类而言既非不可回避之物，亦非生活行为中的必需和有用之物。

因此，我们就没有关于事实状态的绝对的、自明的或确定的知识；我们的知识从来没有达到绝对的确定性。我们把结论建立在经验之上，我们相信未来会像过去一样，但是我们不能绝对确保事物将来不会变化。然而，如果我们不在——自然是规则的和一致的——信仰下行动，生活就无法继续；从怀疑主义中得不出任何实践的善；实践是一切怀疑论反思的最好的解毒剂。

## 第六节　关于外部世界的知识

不可以无条件地接受感官自身的见证；我们必须用理性来纠正感官的证据。我们依着一种自然的本能相信自己的感官，并在使用理性之前，就不加推理地接受了外部宇宙。甚至假定，即便所有的有感知的生物都毁灭了，宇宙依然存在。 375
然而，一点点的哲学反思就足以打破这种人的本能看法。除了知觉或影像外，没有任何东西呈现给心灵。我们无法证明知觉是被与自身完全不同的外部事物引起的，尽管外部事物可能与它们有某些相似之处。在此，经验是沉默的，因为心灵中只有知觉。我们在两个知觉之间发现了关系，但我们永远不能在知觉和客体之间发现这种关系；因此，我们无法通过因果推理从知觉过渡到客体。如果我们剥除了物质的首要属性和次要属性，剩下的就只能是作为我们印象之原因的某种未知的、不可解释的事物——一个不具有任何意义的实体，没有哪个怀疑论者会认为值得为其实在性进行争辩。我们知识的全部对象就是从它们之中得来的观念和印象。没有证据说明这些观念和印象是由外部对象、未知实体或我们自身引起的，还是由上帝引起的。印象和感觉只是在我们的经验中出现并再现。因此，我们所能做的，就是将自身局限于经验世界，局限于我们的印象和观念。我们可以比较我们的观念、留意它们的关系，并推理这些关系，由此获得一种论证的知识。我们也可以观察我们感觉的秩序；通过习惯或习俗，我们可以认为一个事物是通过所谓的因果关系而与另一事物联系起来的。

我们必须把自己的研究限制在与人类理智的狭隘能力最为适应的主题之上。哲学论断只不过是对普通的生活反思的整理和矫正。只要哲学家考虑到了他们所运用的那些能力的不完满性，以及它们的范围的狭隘性和运用的不准确性，他们就不会被引诱去跨越普通的生活。关于知识的起源，或者关于我们的印象和观念背后的宇宙的终极构成，我们永远无法获得令人满意的知识。

## 第七节　否定心灵实体

因此，形而上学——在关于终极起源和宇宙本质的知识的意义上——是不可能的：理性的宇宙论是没有讨论价值的。我们也不可能拥有理性的心理学，一种关乎心灵之本质的科学；我们对于那种非物质的、不可分的、不会消失的心灵、实体全然无知。实体观念是毫无意义的，无论是应用于物质还是心灵。关于思维实体的单纯性和不可分割性的理论，既不能为经验证据证实，也不能被它否
376 定。我们也没有，像一些哲学家认为的那样，任何关于单纯的、同一的、自我的观念——没有任何经验证据可以证明我们自身中存在这样一种单纯的、连续的本原。“当我想要亲密走进我所谓的自我的时候，我总是被羁绊在这样那样的具体知觉之上，关于冷或热、爱或恨、光亮或阴影、痛苦或快乐的知觉。无论何时，我都不能在脱离知觉的情况下把握我自己，除了知觉，我什么也察觉不到。”心灵是“一束或一团不同的知觉，它们以不可想象的速度彼此相续，并处在永恒的流变和运动中。心灵就像一个剧院，多个知觉在那里逐个露面，出现、重现、滑过，并在无限多的不同姿态和情境中混合。剧院中不存在同一时刻的单纯性，也没有不同（时刻）的同一性”。[79] 这种剧院的比方不应误导我们；构成心灵的知觉在千变万化的相续中彼此接替；关于这些场景在何处展现，我们连最模糊的概念也不具备，更不知道它们是什么材料构成的。每一个清晰的知觉都是一个独立的存在，不同于、区别于且独立于其他任何同时的或相续的知觉。这种同一性关系真的是将我们的多个知觉联系在一起的事物吗，或者它只是在想象力中把它们联系起来？在判断关于人格同一性的问题时，是我们在他的知觉中观察到了某种实在的关联物，或是仅只感到了——我们形成的关于这些知觉的——诸观念中的一个观念而已？理智从来没有在对象中观察到任何实在的连接；即便是原因和结果的连接也融入到了惯常的观念联想之中。因此，自我同一性不是真正为这些不同的知觉所有并将它们统一起来的东西；它仅仅是我们归属于它们的一种属性，因为，当我们反思它们的时候，关于它们的观念在想象力中联系在了一起。心灵只是在某种关系下联合在一起的一团或一堆不同的知觉，并被错误地设想为具有完满的单纯性和同一性。

---

[79]《人性论》，第1册，第4部分，第6节。

## 第八节 自由和必然

因果观念和必然观念完全是从自然活动中可观察的一致性中得出的。在相似的事物恒常地联合出现的地方，心灵由于习俗的制约而从一事物的出现推论出另一事物。一旦超出了相似事物的恒常连接以及从其一向另一的相应推理，我们就没有任何必然或联系的观念。这种必然观念也被应用于人的自愿行为以及自然界的关联上。当必然性学说被应用到人的意志上时，就会导向一种极端决定主义
的理论，就像我们在斯宾诺莎的哲学中见到的那样。休谟的看法认为，自由和必 377
然的争论是由于误解，只消几个清晰的定义，就能够将误解消除。众所周知，人类的行为中有着很大的一致性；人类在所有的时代和所有的地方都大致相同。动机和自愿行为之间的关联就像自然界中任何地方的因果关联一样是规则的、一致的，并且已经在人类中得到了普遍的认同。如果不在意志行为的一致性和规则性的意义上认同必然性学说，认同从性格到行为以及从动机到自愿行为的推理的可能性，似乎就不可能进行科学研究或采取任何行动。但是，为什么人们在言论上反对这一学说？因为他们拥有关于绝对必然性的错误观念。他们认为他们在自然中知觉到了某种类似原因与结果之间的必然联系的事物，但是，当他们反思自己心灵的活动的时候，他们却感受不到动机和行为之间存在这样一种联系。然而，被正确地加以理解的必然性不是限制，而是行为的一致性，是动机和结果之间的恒常的关联。休谟在自由意志问题上的立场是坚持意志之规则性和一致性的决定论，但他拒绝斯宾诺莎的宿命论。此外，他拒绝接受——与先前的动机和环境脱节的——无因由的意志的意义上的那种自由，他发现人拥有行动自由具有重大意义；“自由是根据意志的决定而行动或不行动的能力；也就是说，如果我们选择保持不动，我们可以；如果我们选择运动，我们也可以。”[80] 因此，自由意志的争论在休谟看来，纯粹是口头上的争论。对于自由和必然、自由和决定论之类的术语，如果哲学家采用了一套具有一致性的定义，他们就能在他们之中达成一致，也能与其他人达成一致。

被这样解释的自由和必然学说，不仅与道德保持了一致，更是对道德的极为重要的支撑。必然性是类似事物的恒常的关联，或是理智从一事物向另一事物的推论。我们根据人类行为进行推论；推论建立在经验中的相似行为与相似动机

[80] 《人类理智研究》，第8节。

的关联之上。如果行为不是出自实施行为的人的性格和品性中的某种原因，此人就无法为其行为负责。在没有自由的地方，人类的行为就与道德品质无关，也不
378 能成为赞许或憎恶的对象。若要被视为道德行为，行为就必须源自于人内在的性格、激情和喜爱；在此意义上，行为是自由的；如果行为完全是从外在事物中派生出来的，它们就既不能激起赞扬，也不能激起责难：行为是不自由的。

## 第九节　上帝

我们不能证明独立世界的存在，但是我们却继续相信它：理性宇宙论是不可能的。我们也不能证明心灵实体的存在和灵魂的不朽：理性心理学是不可能的。最终，我们不能证明有关上帝之本质的任何事物，他的属性、他的教令以及他深谋远虑的计划。人类的理性太柔弱、太盲目，并且在范围上受到局限，不足以解决这样一些问题：理性神学是不可能的。面对凝聚在一起的石块的组成部分，甚至还有使石块具有广延性的部分的构成，它们完全不可解释，并且还包含有相互抵触和矛盾的条件，有什么可以使我们确信地断定世界的起源，或者穿越永恒去追溯它们的历史呢？当我们把纯粹思维引入到两个永恒之中时，即事物当前状态的前方和后方：宇宙的创造和形成、精神的存在和性质、一个——无始无终地存在着的、全知、全能、不变、无限且不可理解的——宇宙精神的力量和活动，我们远远超出了自身能力能企及的范围。

问题不关乎上帝的存在，而是关于他的性质。没有任何真理比上帝的存在更为确定；这是我们的一切希望的基础，道德的最可靠的根基，社会最稳固的支撑。没有任何事物的存在是没有原因的，而宇宙的最初原因——无论它是什么——我们都称之为上帝，并且虔诚地将各种完美归属于他。但我们不能理解这种神圣存在的属性，也不能设想他的完美与人类的完美有何相似或可类比之处。休谟尤其抨击了**从意图出发的论证**，即所谓的目的论证明，它试图从宇宙的美、善和秩序中推论出上帝的存在、智慧和善。除非两种情形严格相似，否则我们就不能对此处的类比推理抱有充足的信心。宇宙与房屋、船只、家具和机器之间存在着极大的差别，我们没有理由从结果中细微的相似处出发来推理相似的原因。的确，智慧是活动的原因，我们发现自然中的某些具体部分基于这种原因而使其他部分发生了改变。但是，我们在人类和其他动物之中发现的思想、意图或
379 智慧，只不过是宇宙的本原或泉源之一，就像冷或热、引力或斥力，以及我们日常观察到的众多其他事物一样。我们无法合理地从部分中得出关于全体的结论。

但是，即便我们能够做到这一点，思想又有什么独有的特权，使得我们因此必须把它当作整个宇宙的模式呢？我们能够想象自然不停地复制自身、遍布如此宏大的宇宙吗？如果我们看到一间房子，我们就带着极大的确定性得出结论说它有一个建筑师或者建造者——因为这正好就是我们已经在那种原因中经验到的那种结果。但是，宇宙并不带有房子那样严格的相似性，这样我们也可以带着同样的确定性去推论出一个相似的原因，或者说此处的类比就是完全的和完善的。不同之处极为醒目，以至于我们所能冒昧做出的最大限度的事情，就是对一个相似的原因进行猜测、猜想、假设。

我们不能把神表现为与人类心灵相似的东西：这样就会陷入神人同形同性论。人类的心灵处在不断的变化中；但变化与归于上帝的那种单纯性和不变性是不可调和的。此外，为什么不止步于物质世界呢？认为构成至高无上存在者的理性的各种不同观念出于自身的本性而自行建立起秩序，比起认为构成物质世界的组成部分出于自身的本性而自行建立起秩序来说，它并没有把问题阐述得更明白。我们经验到物质这样活动，也经验到心灵这样活动。

试图从宇宙的本质中推论出上帝的本质，必将以失败告终。我们不能通过神人同形同性论的推理方式把无限性归属于神圣的存在者，因为结果不是无限的；也不能把完满性归于上帝，因为宇宙不是完满的。即便它是完满的，依然不能确定是否作品的卓越性可以合理地归于创作者。在这一体系被构思出来之前，在永恒的时间中，也许已经有很多的世界被粗制滥造地拼凑出来，经过了徒劳无功的尝试、搭上了很多的劳作，并在“世界一创造”工艺无限漫长的岁月中被缓慢地持续改进着。此外，从这一论证来看，不存在对于上帝统一性的证明。并且人是会死的，一代代地更新着他们的种族。所以，如果我们要通过类比进行推理的话，我们为什么要把这一普遍的情况从那些神灵中剔除呢？为什么不把人神同形同性论贯彻到底，将身体也赋予上帝和神灵呢？

在休谟看来，比神人同形同性理论更为可能的一个假说推论道，世界是个动物，而上帝则是世界的灵魂，驱动世界并被世界所驱动。与钟表或织布机相比，世
界更直接地与动物或植物相像。因此，世界的原由更有可能类似于动植物的原由，380
即生殖或生长。因此，我们可以推论世界的原由是某种与生殖或生长类似的东西。

的确，这些推测都是世界一幻想，我们没有用以建立宇宙生成论体系的材料。我们的经验是有限的、不完善的，并且我们没有任何对于事物整体进行推测的可能基础。但是，把世界比作动物的假说，比起将宇宙与人类的设计相比较来说，具有同样的或然性；的确，前者要比后者更引人注目。

休谟同时指出，我们不能从宇宙中推论出一个存在者的存在，并且他具有与人类相似的道德属性。自然的目的与意图在于种族的保存和增殖，而不是它们的幸福。这个世界的痛苦大于幸福。这个世界上存在痛苦的事实说明，要么上帝不是慈善的，要么他不是全能的。身体和道德上的罪恶不容许我们推论出一个善良的上帝。当然可以说人类的理性太微弱，不足以理解宇宙的目的；但这并不能使我们推论出有关上帝善良的任何东西；人类必须从他知道的事物进行推理，而不是从他不知道的事物出发。

至于宗教的起源，休谟声称上帝不是思辨、好奇或者对真理的纯粹的爱的结果，而是源自于人类对幸福的热衷、对未来苦难的畏惧、对死亡的恐惧、对报复的渴望、对食物以及其他的各种必需品的欲求。最初和最古老的宗教必然是多神论或偶像崇拜，而不是有神论。

尽管有这些怀疑主义的反思，休谟宣称，似乎任何一个理智健全的人，只要他被暗示了上帝的观念，就不可能会拒绝上帝观念。一切事物中都明显存在着目的、意图和设计，当我们的理解力得以扩展，并思考这一可见体系的最初起源的时候，我们就必然会带着最强烈的信念采纳这一关于造物主或有智慧的根源的观念。对于不可见的智慧力量的普遍信仰的倾向，如果不是一种原始的本能，至少也是人类本性的一般结果，可以被看作是造物主在自己的作品上打下的烙印或标
381 记。与此前的那些论述相比，我们应该怎样严肃地看待这一言论，这要由读者自己来决定。

## 第十节　唯意志论与反理智主义

神学不是可论证的科学，我们无法证明上帝的存在和属性。目的论论证是不完善的；神人同形同性论是一种偏见。休谟倾向于关于宇宙的有机观念，在这方面他反对18世纪的理想。他关于宇宙起源的看法也与18世纪的观念相抵牾，18世纪的观念认为宗教起源于原始人的理性能力，或者出于狡诈的教士的捏造。休谟反对这些理论：对于上帝的信仰不是思辨推理的结果，而是建立在人类的情感和冲动的本性之上的。理智主义或理性主义的解释被唯意志论概念所取代：宗教根基于意志。此外，宗教并不是被创造的，而是在生长；有神论是从多神论发展来的。同样的观点也被休谟引入到他的国家学说之中；他既拒绝神学概念，也不接受18世纪颇受欢迎的契约理论。不存在任何特意构造的普遍服从的合同或契约，这种观念远远超出了原始人的理解力。族长权威的每一次运用都必然是具体的，

并且是出于当时的紧急情况；由于族长的插手而带来了看得见的好处，这就使得权威的运用变得日趋频繁，而这种频繁渐渐地在人民中间产生出一种自愿的、因此也是逆来顺受的默许，事实也正是如此。如果我们在森林和荒漠中追溯政府的最初起源，那么，人民就是所有司法和权力的来源，他们为了和平与秩序，自愿放弃了天生的自由，并从他们的伙伴和同辈那里接受了法律。在这里，理性主义概念又让位给了历史性的或发生学的观点。

# 第五十三章
# 英国理性主义的回应

## 第一节　剑桥柏拉图主义

尽管自罗吉尔·培根和威廉·奥康开始到现在，经验主义都是英国思想的主旋律，但经验主义的反对派从来没有彻底消失。经验哲学的理性主义传统依然在大学和神学家中活跃，并出现了唯灵论的哲学体系以对抗霍布斯、洛克和休谟的极端的激进思辨。剑桥大学教授拉尔夫·库德华斯（Ralph Cudworth；1617年—1688年）在《真正理智的宇宙体系》（1678年）一书中，从基督教柏拉图主义的立场 382
出发，反对霍布斯的无神论和唯物主义学说。他接受了笛卡尔的理性主义，但拒绝所有导致无神论的机械解释。所有人都拥有同样的基本概念或范畴，凡是被清晰明了地知觉到的，就是真实的。这些先验范畴是对于普遍理性和上帝精神的恒常反映，因此构成了事物的本性或本质。这样的先天真理中有道德规则，就像数学公理一样对上帝也具有约束力。库德华斯的伦理哲学出现在他的遗著之中：《论永恒和不变的道德》（1731年）和《自由意志论》（1838年）。

英国经验主义的敌手和剑桥柏拉图主义学派的其他成员有：亨利·摩尔（1614年—1687年；著有《形而上学手册》和《伦理学手册》，1668年）；盖尔（Theophilus Gale，1628年—1677年；《宇宙哲学》，1676年）；还有诺里斯（John Norris，1657年—1711年；《关于理想或可理解之世界的理论》，1701年，1704年）。

W.R.Scott的《库德华斯学说导论》，1891年；F.I.MacKinnon的《诺里斯的哲学》，1910年；E.Cassirer的《剑桥学派与英国柏拉图主义的复兴》，1932年。

理性主义观念依然存在于英国18世纪的思想之中，它认为存在着普遍的和必然的真理，此真理既是思辨性的又是伦理性的，并且不是从经验中推演出来的。塞缪尔·克拉克（1675年—1729年；《论自然宗教不可改变的义务》，1708年）教导说，存在着永恒的和必然的差异和事物的关系，神圣理性和人类理性都如实地知觉到它们：没人能够拒绝赞同正确的数学证明或者道德真理。沃拉斯顿（William Wollaston，1659年—1724年；《自然宗教概论》，1722年）和普利斯（Richard Price，1723年—1791年；《主要道德问题评述》，1758年；《关于唯物主义和哲学必然性的通讯》，1778年）两人赞成这种观点，这一观点后来被苏格兰的里德哲学及其学派所继承。

## 第二节　苏格兰常识学派

托马斯·里德（1710年—1796年）领导的苏格兰学派代表了对贝克莱的唯心主义和休谟的怀疑主义的反抗。经验主义最终否定了人类常识作为最确定的知识事实而接受下来的一切事物——外部世界的存在和灵魂不朽；事实上，真理自身之可能性也被他们加以怀疑。如果实体和因果之类范畴的是纯粹的幻象，如果客
383 体仅仅是我们心灵中的观念，如果实体性的灵魂是不可能的，而上帝的存在是无法证明的，那么，哲学就将崩溃；因为哲学不能与普通的人类意识相冲突。感觉携带着对于感觉对象之实在性的当下信仰，这种当下确定性为我们提供了真理的标准。所有的证明都依赖于这样的直接知识，依赖于不能够被进一步证明的自明原理。对于真理标准和这些原则的知识是常识：我们通过观察发现的这些原理，要么是必然真理的基本原理，要么是偶然真理——或者表达事实状态的真理——的基本原理。关于前一类，里德提到了逻辑和数学公理，关于语法、品味，和道德的原理以及形而上学原理；关于后一类，他提到了人们意识到的一切事物的存在。我能够意识到我对于——我称之为自我、我的心灵和我的人格的——存在者的思想；我也意识到我自己的人格统一性和持续的存在。我们的感官清晰知觉到的事物真实地存在着，并且就是我们所知觉到的样子。我们在一定程度上可以控制自己的行动和意志的决定；我们用来区别真理和错误的自然能力是可靠的；我们的同胞有自己的智慧和生命；在相似的条件下，将来的事物很可能会与已经发生的事物类似。

苏格兰学派的其他成员有：比亚迪（James Beattie，1735年—1803年）、奥斯沃尔德（James Oswald，1793年去世）和斯图沃特（Dugald Stewart，1753

年—1828年；汉密尔顿编辑的《选集》，1854年—1858年）。布朗（Thomas Brown，1778年—1820年；《因果关系研究》，1803年）试图调和休谟的理论与常识哲学。在汉密尔顿爵士那里，常识哲学受到了康德的批判哲学的影响。启蒙运动时期的德国哲学家被苏格兰哲学吸引，它们之间有不少共同之处。在法国，华耶—高拉德（Royer-Collard）和若夫里瓦（T.Jouffroy）后来拥护常识哲学，以对抗感觉主义、唯物主义和实证主义。

里德的作品有：《常识原理下的人类心灵的研究》，1764年；《论人类的理智能力》，1785年；汉密尔顿编辑的《选集》，第7版，1872年。A.C.Fraser的《托马斯·里德》，1898年。

# 第十四篇 德国理性主义的发展

384

## 第五十四章 戈特弗里德·威廉·莱布尼茨

戈特弗里德·威廉·莱布尼茨（1646年—1716年）生于莱比锡，在阿尔特多夫（Altdorf）和耶拿大学学习法律、哲学和数学，20岁的时候在阿尔特多夫大学取得了法学博士学位。在他的老师中有雅各·托马修斯（Jacob Thomasius），他是声名卓著的克里斯蒂安·托马修斯（Christian Thomasius）的父亲，威格尔（E.Weigel）也是莱布尼茨的老师。他曾在美因茨逗留（1670年—1672年），在那里进行全民选举司法程序的改革，也曾作为外交使节去巴黎（1672年—1676年），此后被召回汉诺威任宫廷顾问和图书馆长，在此职位工作直到去世。

他的大部分作品是由拉丁语、法语和德语写成的短文，发表在学术期刊或私人信件中：《对认识、真理和观念的沉思》，1684年；《论物体之本质是否在于广延性问题的书信》，1691年；《新自然体系》，1695年；《人类理智新论》（回应洛克1704年的《人类理智论》），首版于1765年；《论真正的自然》，1698年；《神正论》，1710年；《单子论》，1714年；《自然与神恩的原则》，1714年。

J.E.Erdmann编辑的哲学论著文集，1840年；A.Foucher de Careil编辑的文集，共七卷，1859年—1875年；P.Janet编辑的文集，共两卷，1866年；C.I.Gerhardt编辑的文集，共七卷，1875年—1890年；G.E.Guhrauer编辑的德文作品集，共两

卷，1838—1840年。

英译作品有：《莱布尼茨的哲学著作》，G.M.Duncan译，第2版，1908年；《人类理智新论》，A.G.Langley译，第2版，1916年；《单子论与其他哲学作品》，R.Latta译，1925年；《论形而上学》《与阿诺尔德的通信》和《单子论》，G.R.Montgomery译，1902年，A.R.Chandler修订，1924年；H.W.Carr的《莱布尼茨的单子论》，1929年；M.Morris的《莱布尼茨的哲学作品》，1934年；P.P.Wiener的《莱布尼茨：选集》，1951年；L.E.Loemker翻译和编辑的莱布尼茨作品集，共两卷，由芝加哥大学出版社出版。

J.T.Merz的《莱布尼茨》，1884年；J.杜威的《莱布尼茨的〈人类理智新论〉》，1888年；B.罗素的《莱布尼茨哲学的批判解读》，1900年，1937年；L.Couturat的
385 《莱布尼茨的逻辑》，1901年；A.Foucher de Careil的《莱布尼茨和斯宾诺莎》，1862年；H.W.Carr的《莱布尼茨》，1929年；E.卡西尔的《科学基础中的莱布尼茨体系》，1902年；H.W.B.Joseph《莱布尼茨哲学讲演录》，1949年；A.Foucher de Careil的《莱布尼茨哲学备忘录》，1905年；H.Schmalenbach的《莱布尼茨》，1921年；F.梯利的《莱布尼茨与洛克的争辩》（博士论文），1891年。

## 第一节　莱布尼茨之前的德国文化

18世纪之前，德国哲学几乎毫无起色。宗教改革和“三十年战争”（1618年—1648年）之后的贫瘠的神学争论对科学和哲学的进步颇为不利。这个时期英国出现了莎士比亚、培根、米尔顿和洛克；法国出现了蒙田、高乃依、拉辛、莫里哀、帕斯卡尔和笛卡尔，而路德所在的国家的文化却处于低谷。作为一种学术工具，德语似乎消失了：高层人说法语，而学者则继续用拉丁语写作——普通大众则使用母语。法国文化通过无数的宫廷传入，这些宫廷依照法国的温和专制模式构建，并效仿法国的风气。随着德国领土分裂为独立的公国，民族主义精神衰落了，德国人开始为德国这个名字感到羞耻。像英法的大学一样，德国的大学并不参与传播现代思想；新的科学和哲学在大学之外发展，并受到有教养阶层的鼓励。德国新文化的第一批伟大代表人物有塞缪尔·普芬道夫（1632年—1694年），他倡导自然理论，克里斯蒂安·托马修斯（1655年—1728年），他创办了第一份德文季刊，并用德语讲演——在莱比锡大学——最伟大的要数莱布尼茨，他在数学、哲学和法理学领域都很卓越。沃尔特·冯·切尔豪森（Walter von Tschirnhausen，1651年—1708年）与斯宾诺莎和莱布尼茨有通信，他接受了数学

方法，但认为所有的演绎都必须从经验事实出发，并在经验事实中得到证实。所有这些思想家都是德国现代主义的先行者和启蒙运动的先驱，启蒙运动已经在英国和法国播下了种子，注定要在莱辛、歌德和康德的国土上取得丰硕的成果。

## 第二节　面临的问题

笛卡尔假定了两个相区别的解释原则，身体和精神。两者的本质属性分别是广延和思想。斯宾诺莎设定了一个普遍实体，被构想为既具广延性，又有思想性。两位哲学家都把物理和心理领域视为绝对封闭的系统，区别在于，笛卡尔允 386
许这两个领域在人的大脑中的一个独立点上相互作用，而斯宾诺莎则禁绝了两者之间的任何互动。两人都赞同，一切物理的事物都应该作物理的解释：物质的宇宙是一架机器。这种机械解释被现代哲学家和现代自然科学家所接受。然而，在大多数大学占据统治地位的、有着经院哲学源头的神学哲学却激烈地反对这种观点，谴责它是否定上帝的学说，未能将世界的神圣目的考虑在内。

就像其前辈一样，莱布尼茨在大学认识了经院哲学的形而上学，并在青年时期持有新教经院学者的传统世界观。但是，对于现代哲学和科学的研究，尤其是微积分的发现，让他的思想有了重大进步，并让他认识到，必须有一种理论以公正地看待现代科学和哲学的成就以及基督教经院哲学理论中的有价值的因素——简言之，需要一个能够调和机械论和目的论、自然科学和神学、现代哲学和古代哲学的体系。他的老师，耶拿数学家威格尔（Weigel）使莱布尼茨信服了一个概念的真理性，这个概念成为他后来努力建构的世界观的基础和指导原则：毕达哥拉斯—柏拉图式的宇宙和谐学说。莱布尼茨从来没有放弃宇宙为一和谐整体的理念，宇宙被数学和逻辑规律掌控，所以，数学和形而上学是基础科学，而论证的方法则是哲学的真正方法。

## 第三节　力的理论

莱布尼茨检查了新科学的前提，发现它们是不充分的。他感觉到，即便是物理事实也不能仅仅通过广延物体和运动的假说得到满意的解释。笛卡尔曾经教导说，动量是恒常的。但物体进入静止，物体又开始运动：运动似乎是丢失了，而后又获得了。这将违反持续性原则，即自然不做跳跃。当运动停止时，必有某种继续存在的东西，即运动的基础：那就是力，或者天性，或者物体运动或持续运动的倾向。因此，一切实体都在活动，都是力的表现：不活动的事物就是不存在的事物；只有活动的才是实在的。如此一来，物质的本质属性就是力而不是广延。同样，运动不灭的规律就必须让位给力不灭或能量守恒规律。广延不是物
387 体的本质属性的另外一个证据在于广延的合成性质：凡是由部分构成的，都不可能是原始的本原。需要一种单纯的东西，而力就是这样一种单纯的、不可分的实在。

在莱布尼茨的哲学中，关于自然的几何或静态的概念被动态的或能量的观点所取代。物体并不是因广延而存在，广延因物体或力而存在；没有力、没有动态的物体，就没有广延。在笛卡尔看来，物体的存在以广延为前提；在莱布尼茨看来，广延以物体或力的存在为前提。力是“机械世界的源泉”或来源，机械世界是力的感性表象。“广延在物体中预设了一种性质、属性或本质，它伸展自身，向外扩展，并延续自身。”物体中存在着一种先于所有广延的力量。由于物体中的阻力的原因，物体才显现为不可穿透的、有限的，或者说显现为物质。每一个力的单位都是灵魂和物质、主动和被动的不可分割的联合；它是有目的、有组织的自我决定的力，同时也限制自身，或者说是具有抗阻的力量。

因此，空间就被莱布尼茨看作是力的和谐共存的结果；既然空间不具有绝对的存在，也就没有事物存在于其中的绝对空间，但空间同事物是有关系的，没有了事物，空间也会消失。力不依赖空间，但空间依赖力。因此，在事物之间和事物之外，不存在虚无的空间：力停止活动的地方，世界也将消亡。

## 第四节　单子论

所以，物体就是各种单纯的力的复合体。既然存在很多事物，自然中就不会只有一种单纯的力，而是有无限多的力，每一种都是独特的、个体的实体。力是不可分割的或单纯的，被莱布尼茨称为形而上学的点、形式原子、本质型相、实体型相，单子或单体。它们并不是物理的点，因为物理的点只不过是压缩的物体；它们也不是数学的点，因为数学的点尽管是“真实”的点，却不是“实在”的点，数学的点只不过是“观念中的点”。只有形而上学的点既是真实的又是实在的；若没有这些形而上学的点，就没有任何实在的事物，因为没有单体，就没有复合体。此外，这样的力的中心必须是永恒的：它们不能被毁灭——只有奇迹能够毁灭它们——也不能被创造：单子既不能产生，也不能消失。莱布尼茨从大学获得的原初的经院哲学概念，即关于个体的、活动的实体型相的概念，就这样

被转化为个体的力的学说。 388

莱布尼茨认为物体世界是由无限多的动态单体，或者非物质的、非广延的、单纯的力的单体构成的。对于这些单子单体，我们还能说些什么？我们能够从何处开始研究它？从我们自身。我们在自己的内在生命——灵魂——中发现了这样一种简单的非物质实体。对于灵魂为真的，在一定程度上，对于所有单子也是真的。通过类比推理，莱布尼茨将单子解释为精神或物理力量。单子中有某种可以与我们的感觉和我们的意动或行为的倾向相类比的事物；单子具有“知觉”和“欲望”。在人类精神中表现自身的同一种本原也活动在无生命的物质、植物和动物之中。力无处不在；物质的每个部分都像一个充满植物的花园；所有的物质都是有生命的、活生生的，即便最微小的部分也是如此。

但石头甚或植物中如何有精神呢？莱布尼茨说，石头、植物和人类中的精神并不是完全相同的。在笛卡尔那里，精神中不存在无意识之物，物质中不存在广延之物。然而，物理学的事实证明，在自然中，力本质上与精神类似，而心理学的事实说明，精神有时也会陷入无意识之中。莱布尼茨通过在物理和心理领域建立连续性来克服笛卡尔式的二元论。物体和广延并不是等同的术语；精神和意识的外延也不相同。精神包括知觉和倾向。知觉在不同单子中的清晰明确程度也各不相同；的确，人类的精神自身也以不同程度的清晰性而呈现。当我专注于某一对象时，它的要素就清晰明了地呈现出来，而背景部分却渐次变得愈来愈模糊、不清晰，直到它们几乎无法分辨。一个物体离我的关注焦点越远，它就变得越小、越弱。因此，就存在着清晰的知觉和模糊的知觉；模糊的知觉被称为“微弱的知觉”，即petites perceptions。感觉不能在海洋的咆哮中分辨出不同的元素，或者分辨出每个单独的海浪的运动造成的微小知觉，然而，那些声音都无一遗漏地包含在了感觉之中。就像在个体单子中有各种不同程度的清晰性，单子在它们的知觉之清晰性方面也互有差别。在最低层次的单子中，一切都是模糊的、混乱的，与睡眠类似；它们的整个存在都在昏迷状态中度过。我们在植物中发现了这种休眠状态的生命。在动物中，知觉伴随着记忆，也就是意识；在人类那里，意识变得更为清晰；人的意识 389
被称为**统觉**，是一种“内在状态的反思知识”，或者自我意识。

每个单子都有知觉或表象能力；它知觉或者表象和表现了整个宇宙。在此意义上它是一个微型的世界，一个微观宇宙；它是“宇宙的活的镜子”、一个集中的世界、一个自为的世界。但每一个单子都以自身的方式来表象世界，从不同的视角，带着不同程度的独特的清晰性。更高级的单子，则更清晰明了地知觉、表现或表象这个世界；关联至为亲密的单子构成了属于自身的物体，它对这些单子的表象也最为清晰。从这种教导可以推出下面的结论："每个物体都感受到了整个宇宙中所发生的一切，所以，任何一个看到一切的人就能够在每个具体的事物中读出在别处发生的事，还有所有已经发生和将要发生的事，也就是，在当下知觉到了遥远时空中的一切。"[81]

此外，单子形成了一个渐次前进的序列，从最低级走向最高级。宇宙是由无限多数量的单子依照逐渐递升的清晰等级构成的，没有两个完全相像的单子。关于无法区分之物的等同原则是莱布尼茨形而上学的主导原则，此原则断言，不存在两个绝对相像的单子——如果两个单子彼此无法区分或无法辨别，它们就必然是同一的，也就是说，实际上是一个单子。莱布尼茨形而上学的另外一个基本原则是连续规律。自然中不存在跳跃，从最低级到最高级的链条上不存在断层；从最愚钝的无机物质到上帝之间存在着一个由极微小的差异构成的连续的链条。上帝是最高的完善的单子，是纯粹的活动（actus purus）、起源的单子、众单子的单子。连续性原则要求至高的单子必须存在。

莱布尼茨的单子多元论与较早的一元论和多元论哲学相对比的话，不无益处。他的多元论与斯宾诺莎的一元论形成了最显著的对照。笛卡尔在一个重要方面属于多元论者：他断言了个体事物多元性的存在；但却把它们看作两种实体中
390 的某一种的变异，这两种实体——物质和精神——在本质上对称、对立。另一方面，莱布尼茨的单子在本质上类似——尽管它们在程度上有差别。原子论者也是多元论者，因为他们断言存在很多同质的实在；但原子论者的原子是物质的，而莱布尼茨的单子是精神的。

每个单子都处在演化的过程中，并带着一种内在的必然性来实现自己的本质。单子不是从外部被决定的；它没有任何可供事物进入的窗子；它将要成为的事物皆潜在或暗含在自身之内。从连续性原则中必然会得出这样的推论：过去不在单子中的东西现在也不会在单子中存在，现在已经在单子中的东西也不会再进入单子。单子通过了一系列的演化阶段，展开自身之内完成的一切。整个人类在亚当的精液和夏娃的卵巢中已经完成。成熟的个人已经存在于生殖细胞中，已经存在于胚胎和微型状态中。单子中的一切都不会丢失，一切都在所有阶段中保存，未来的阶段已经被先前的阶段预先决定。因此，每个单子都"携带着过去"，并"孕育着未来"。这种预成论——有时候称为先成说——在莱布尼茨时代的生物学家中十分常见，比如雷文霍克（Leeuwenhoek）和斯瓦姆丹

［81］《单子论》，参见第61节。

（Swammerdam）。与预成论正相对立，后生说（epigenesis）理论断言“器官是从一个原初同质的细胞中逐渐分化和形成的。”这后一种观念于1759年被卡斯帕·弗里德里希·沃尔夫（Caspar F. Wolff）提出，然而，却没有得到大家的认可，直到1859年达尔文的《物种起源论》出版之后才有所改观。

莱布尼茨这样描述有机体与无机体之间的差别：两者都是由单子或力的中心构成的，但有机体包含了中心单子，即“皇后单子”或是灵魂，这种单子表象了，或是在面前拥有关于整个物体的图景，是周围单子的指导原则。无机物体却没有以这种方式被中心化，而是由单纯的物质或单子集合构成的。物体愈是高级，它们愈发组织化——高级的有机体形成了一个秩序完好的单子体系。

精神和身体的关系的问题可以这样表述：不妨问一下，中心单子是如何影响那些构成其身体的低级单子的呢？我们可以假定它们之间的相互作用，但是莱布尼茨已经告诉过我们，单子没有窗子，它们不可能从外界被作用或被影响。偶因论认为上帝同时制造了身体和精神，并调好了二者的行动，使之彼此合拍，就像钟表匠调好自己的钟表一样，但这种理论没有被接受。莱布尼茨的解释是，上帝在创造身体和精神的时候已经作了安排，从一开始，二者都要共同行进：身体和 391
精神的关系是上帝预设的和谐。根本不存在因果作用。这是物理状态与心理状态之间的平行论，或者同时发生观点：在此意义上，身体就是灵魂的物质表现。然而，决不能忘记，身体自身就是由无限多的单子或精神性的力构成的，每个单子或精神性的力都是有机的，并且依照其本性预定的规律活动。“灵魂通过欲望、目的和手段，并依照最终原因的规律活动。身体依照运动或动力因的规律活动。两个领域彼此处于和谐之中。”[82] 换言之，有机的身体和其最微小的构成部分都是上帝预先完成的：它们是“神圣的自动机”或“神圣的机器”。[83]

这种生物化概念被进一步拓展，把整个宇宙都包含在内。所有的单子都像有机体的组成部分一样活动，每个单子都有自己要执行的功能。一切事物都有因果联系，但因果律仅仅意味着伴随发生的变化，是上帝已经预定的部分中的和谐活动。换言之，上帝以一种无须自己插手的方式安排宇宙：每一个单子的每一种状态都是单子先前状态的结果，并与所有其他单子的状态协同一致地进行活动。宇宙中存在着彻底的和谐。自然界的一切都可以被**机械地**解释，因为物理领域中存在规律、秩序和一致性。但是整体的意图却指向更高的理性：上帝是一切事件的终极

[82] 同上，引文参见第79节。
[83] 参见《单子论》，引文，第64节。

原因。“机械力学导源于形而上学”，这是莱布尼茨置于其体系前端的格言。

我们无法证明运动规律和自然规律的必然性；它们不像逻辑、数学和几何学的规律那样具有必然性。它们的存在依赖于其实用性，而实用性的根据在于上帝的智慧。上帝选择它们作为实现其目的的方法，因此，世界的存在要归因于上帝精神中的目的：上帝是最终的原因，他用动力因和次级原因作为手段。

在此，我们获得了承诺中的机械论和目的论的调和。自然无须引入目的论概念就能够得到解释，但机械哲学又把我们引到上帝那里，因为没有神圣目的，我们就无法解释物理学和力学中的普遍原理。宗教和理性因此就得以和谐共处。和谐也
392 存在于关于自然的物理王国和关于神恩的道德王国之间，道德王国把所有的理性灵魂都包括在上帝自身之中。灵魂是上帝的副本，是自我领域中的小小的神灵；人类的理性在类型上与上帝的理性相似，尽管在程度上有别。人的目的也与上帝的目的一致。因此，我们就拥有一个精神的王国或者联合体，一种灵魂的和谐；道德王国——如莱布尼茨所称，神恩王国——与物理王国相对应。但是，作为宇宙机器之建造者的上帝和作为神圣的精神王国之君主的上帝，这两者之间是和谐的。

## 第五节　神学

莱布尼茨的神学是其形而上学的组成部分。上帝是最高的单子，单子中的单子。上帝的存在可以有几种方式来证明。连续性原则要求力的序列的终点处有一个最高级的单子。此外，与充足理由原则一致，需要一个原因来解释单子自身。充足理由律是一个概括性的因果律，它断言对于一切真实或实在的事物，都必须存在一个其何以真实、何以实在的充足理由。最后，自然的秩序和和谐要求一个调和者；在此，莱布尼茨提出了目的论的或物理—神学的证明。所以，他采用了上帝存在的因果式论证，与宇宙论论证有关系，但又不一样。世界的原因必须在世界之外；它又必须是同一的，因为宇宙是一，此外它又必须是理性的，因为宇宙中有秩序。他提供了另一种论证，可以称之为认识论的证明。存在一些永恒的和必然的真理，即逻辑和几何学的真理，它们的存在预设一个永恒的有智慧者作为其前提。

上帝和单子是永恒共存的。我们看到，在莱布尼茨的形而上学讨论中，他将单子定义为永恒的实体，但补充说，只有奇迹能够毁灭单子。然而，在他的神学中，莱布尼茨声称上帝创造了单子，并且只有上帝能够毁灭它们。有时候他称它们为上帝的“闪耀”或表现，这就与泛神论的观念非常接近。但总体说来，他的

神学立场更接近有神论而非泛神论。

作为单子的上帝是一个体、一人格。但他又超越所有的单子，他是超自然和超理性的，是最完善和最实在的存在。人类无法形成关于上帝的绝对清晰的概念，因为上帝是最高的单子，而人类是有局限的。完善的精神只能被完善的精神充分认识。但是，人类把每个单子中都拥有的某种程度的属性提升到了最高的力 393
度，并将全知全能和绝对善良归于上帝。如此一来，我们就形成了有关上帝的概念：他是超理性的，但不是反理性的。人还有关于上帝的模糊和混乱的观念，一种向着上帝的渴望或奋争。因此，就有不同阶段的宗教，与神被认知的不同程度的清晰度相对应。

上帝是完善的，不像所有其他单子那样经历发展和变化。他自身是完满的，他的知识也是完满的；他在一瞥中就看到了所有事物的全部。他是彻底实现的实在。他依照计划创造了世界，并选择这个世界作为所有可能世界中最好的一个。他的选择不是没有根据的，而是由善的原则，即道德必然性决定的。他也被逻辑必然性所决定：基本的思维规律约束人类、也约束上帝。

但依照这种理论，我们如何解释世界中的恶呢？这个世界就是最好的可能世界，也就是说，在这个世界中同时有最大限度可能的变化与和谐。然而，世界并不完善；上帝在有限形式中表现自己本质的时候，也无法避免障碍和局限。这样的局限是形而上的恶；形而上的恶又导致痛苦和磨难，莱布尼茨称之为物理的恶，此外还导致罪和道德的恶。恶是善与美的陪衬；就像图画的阴影，可以帮助显示美好的事物。此外，美德在对抗恶中获得了力量；恶是刺激我们从事善行的鞭策。所有这些论证都可以追溯到斯多葛学派和新柏拉图主义者，尽管他们的影响已经成为了中世纪基督教神学的一部分。

## 第六节 伦理学

伦理学是理性的科学。有一些心灵固有的道德原则，不能被证明，但却一定可以从中得出其他的道德真理。道德原则就像本能一样，在我们之中无意识地活动，但我们可以察觉到它们，并把它们奉为道德真理。我们应该趋乐避苦的真理就是建立在对幸福的本能追求之上的，是依赖于内部经验的复杂的知识。这一原则可以被宣布为道德真理，可以从中推导出其他的道德准则。道德本能直接指导人，并且无需仔细思考，但它们并不是不可抗拒的，因为人的罪恶习惯和激情会败坏道德本能。正义的原则甚至存在于野人之中，并成为他们的本性的一部分；

它是如此之根本，乃至一伙强盗也要遵守它才能维持团结。尽管传统、习惯和教
394 育在促进人的心灵的道德倾向方面都有帮助，但它们最终还是根植于人性自身之
中的。

事实上，人们的确并没有始终遵守天生的道德规则；但这并不能证明它们对这些规则是无知的。人们并没有认识到这些道德原则这一事实，并不能构成反驳道德原则之内在性的论证，对于一个原则的公然违抗也不是对其有效性的反驳。诚然，这些规则没有始终被清晰地认知，但却需要被证明，就像几何学命题需要证明一样。持续的关注和方法论的反思对于它们的浮现来说是必要的，因为即便是学者或许也没有充分意识到它们。

我们已经看到，精神生活本质上就是知觉和嗜欲，也就是认知和意动。知觉与嗜欲的结合叫作冲动或欲望。意志是有意识的冲动或奋争，是由清晰的观念指引的冲动。因此，它永远不会是漠然的意志，或者无常的怪想，而是始终被一个观念所决定。在不受外部决定的意义上，人是自由的——单子没有窗子以供任何事物进入并强迫它；然而，它却从内部被决定，被自己的本性、冲动和观念所决定。选择遵从最强烈的欲望。渴望自由地随意决定一种行动而不选择另一行动，就是渴望成为傻瓜。莱布尼茨是意志自由的热情的倡导者，但他强烈坚持的自由不是无常怪想或不确定性的自由，而是单子内在的自我决定的自由。

## 第七节 逻辑和知识论

莱布尼茨的知识理论建立在他的形而上学的前提之上。他将关于真正知识
的理性主义理想接受下来，作为建立在原理之上的普遍的和必然的真理体系，而
不是从经验中派生出来的。宇宙是只有理性能够解码的数学—逻辑秩序。既然灵
魂—单子是外部原因无法影响的独立存在，知识就无法从外部到达它，而是必须
从灵魂自身内产生。因此，灵魂不可能就像洛克设想的那样只是一块白板，供外
界的自然在上面书写字符。我们所有的知识都已经暗含在精神之中——感觉与
知性也是如此；经验并不创造知识，而是把知识携带出来、清理出来，知识通过
经验而变得清晰。任何不首先存在于感觉中的事物也无法存在于理智中——莱布
尼茨补充道，除了理智自身。即便我们无视单子理论，他声明，也照样可以证明
知识并非来自感官。如果知识来自感官的话，普遍知识就是不可能的，因为所谓
395 的经验的真理不具备必然性，它们是偶然性的命题：我们不能断言，因为某事曾
经发生，它就一定要一直这样发生。普遍的和必然的命题不是从经验中派生出来

的；它们的起源和根基必须在精神自身之中。

洛克曾经论证说不存在先天的或固有的知识，因为，如果它们存在，我们就应该始终意识到它。莱布尼茨回答说，这种论证只有在下述假定下才是有效的，即凡是心灵意识不到的事物都不是心灵所固有的。如果笛卡尔式的心理生活与意识的同一是合法的，洛克的论证无疑是有效的。但精神并非始终能够意识到它的观念；莱布尼茨断定了“微弱”知觉的存在——精神意识不到的知觉。固有的观念难道不会以这样一种无意识的方式存在于精神中吗？莱布尼茨在洛克的经验主义知识论中还发现了其他严重的缺陷。从经验中派生的，或是通过归纳得来的命题缺乏普遍性和必然性；它们并不能产生确定的知识：无论有多少此等事件的例证，都不能证明事件将始终如此发生且必然如此发生。我们拥有不依赖于感官证实的知识：普遍的和必然的命题，比如，数学的真理。很明显，在此情形中，理性添加了一些感官所不能提供的知识。逻辑学、形而上学、伦理学、神学和法理学中的众多命题所依赖的原理全都起源于心灵自身，而不是其他任何地方。可以确定地说，没有感性经验，我们可能永远不会意识到这样的原理；我们的感官为我们认知这些原理提供了契机，但并没有生产或创造原理。没有这些基本的原理，就不可能有科学，而只能得到一堆事实细节。

必然真理的最终证明唯有来自于知性，而其他的真理则是从经验中或者感官的观察中派生出来的。我们的心灵能够认识两种真理，但心灵自身是必然真理的来源。无论我们拥有多少关于普遍真理的具体经验，都不能通过归纳而绝对保证它，除非我们通过理性认识到了它的必然性……感觉可以激发、证明或证实这样的真理，但不能论证它们永恒的和必然的确定性。[84]

这种固有真理并不是作为被意识到的真理而存在的：“我们无法像从书中读出执政官的法令那样，从理性中读出永恒的规律，但当感官为我们提供契机的
时候，我们加以关注，就可以发现它们。”观念和真理是固有的，就像倾向、禀 396
赋和自然的潜能一样，但与行动不同，“尽管这些倾向总是会伴随着某种相应的不可感知的行动。”在此意义上，数学和几何学是潜在于我们自身中的；我们不需要运用任何经验的真理就能从自身得出它们。这些真理的发现——像洛克强调的那样——晚于它们由此构成的观念，但这并不能成为否定其原初性的证明；我

[84]《人类理智新论》，第1册，第1章，第5节。

们首先了解符号，而后是观念，然后才是真理本身，这一事实也同样不能否定其原初性。普通的原则——比如同一性原则——构成了我们思维生活本身；心灵时时刻刻都依赖它们，尽管需要极大的注意力才能够察觉到它们。甚至在我们的自然推理中我们也本能地使用到了这些逻辑规律，而没有意识到它们。我们已经看到，在伦理学领域中也存在这样的固有原则。

因此，单纯接受观念的能力是一种虚构。同样，经院哲学家的纯粹能力或力量也是虚构或抽象。我们从未在任何地方发现过封闭在自身之内的不作为的能力：心灵总是被预定按照某种特别的方式活动而不是另一种方式，也就是说，它具有确定的倾向。经验必然激动灵魂，但经验不能创造观念。灵魂不是一块可以将印象印在上面的蜡块儿；谁若这样认为，谁就把它变成了一个物质实体。经验主义者反驳说，理智中的一切都先行存在于感觉之中。莱布尼茨说，这是正确的，但需要补充一点——理智自身除外。灵魂自身之中包含有存在范畴、实体、统一性、同一性、原因、知觉、推理和量等——这些都是感觉永远无法给予我们的概念。

在这样的理论中，莱布尼茨试图调和先验论和经验论，这是一项后来被康德在更大的范围内担当起来的任务。在其视空间为精神之形式的概念中，莱布尼茨已经预示着康德的到来。感官知觉和理智作为不可见的单子的功能在种类上是同一的，但在程度上有区别。感觉是晦暗的混乱的观念，而知性的对象则是清晰明了的。感官知觉并没有看到真正实在的事物，没有看到事物的真相，也就是作为单子或者活动的精神实体的事物，而是以晦暗、混乱的方式将它们知觉为现象的和空间性的事物。单子的共同存在，被感官知觉认知为具有广延性的外在世界，
397 但对于清晰的概念思想而言，却是精神实体的和谐秩序。换言之，认识主体以空间的方式看到并想象精神秩序。“我们的空间观念，以及数字、运动和静止的观念，”莱布尼茨说，“都起源于共同感官，即心灵自身，因为它们是纯粹知性的观念，不过，这些观念与外部世界是有关系的。”[85] 按照这种观点，空间观念是心灵所固有的，后来康德也是这样看的。空间不是实在的；它仅仅是单子或者单子系统中的现象性的表象。

只有通过固有的先天原理，理性知识才会成为可能，有效的理性推理就建立在这些原理之上。其中有矛盾律，在纯粹思维领域，它是真理的标尺，还有充足理由律，它是经验领域中的真理的标尺。充足理由律对于莱布尼茨不仅仅具有逻

[85] 这一观点出现在莱布尼茨1702年《致普鲁士王后夏洛特的信》中，Duncan译，见《莱布尼茨哲学著作选》，第55页及其后。

辑学的意义——每个判断都必须有一个可以证明其真理性的根据或理由；它也是一个形而上学的原理——一切事物的存在都必须具有充足的理由。理性意味着逻辑的根据（ratio cognoscendi）和实在的根据（ratio essendi）。建立在充足理由律之上的有物理学、伦理学、形而上学和神学："我们若不接受它，上帝存在的证明和许多哲学理论都将分崩离析。"宇宙是一个理性体系，若没有充足理由，什么都不可能发生；宇宙是在与逻辑体系的类比中被构想的，逻辑体系中的命题具有理性的关联。哲学的问题就是要发现知识的基本原理或前提，它们同时也是实在的基本原理。逻辑体系中与实在宇宙中有着同样的必然性。莱布尼茨的逻辑影响了他的形而上学。但他的形而上学反过来也影响了他的逻辑：我们已经看到，他的那种作为心灵内在原则之发展的知识概念是如何建立在唯心主义的单子论之上的。他的个人主义并不是作为逻辑的宇宙概念之必然结论出现的；独立个人的存在无法以逻辑理由来说明其合理性。然而，莱布尼茨发现了目的论的解释，以说明个人的存在：个人的出现是神圣的创造意志的目标，并在上帝的善和完满中找到了自身存在的最终理由。在这里，道德主义的价值被注入了宇宙的逻辑根据之中；莱布尼茨可被归于那种——将价值构想为实在之组成部分的——伟大哲学 398
传统之中。

除了清晰明了的知识还有混乱的知识。因此，和谐与美就建立在某种比例关系之上。学者可以清晰地认识到这一点，但没有必要；他们在审美愉悦的情感中表达自我，因此，审美愉悦就是对和谐或形式的不清晰的知觉。同样，灵魂也可以知觉到事物的秩序、宇宙的和谐，而不必拥有清晰明了的相关知识；这么做时，它就获得了关于上帝的模糊情感，一种可以变清晰的混乱的知识。

## 第五十五章
# 莱布尼茨的后继者

### 第一节　克里斯蒂安·沃尔夫

在德国，莱布尼茨哲学之后出现的是与里德（Reid）的苏格兰学派的常识哲学相似的理论。莱布尼茨是现代时期第一位试图建立形而上学体系的伟大德国思想家，但他的几乎所有作品都是以拉丁语或法语写成的短论和信件，并在不同的杂志上刊发。将莱布尼茨的教导系统化、改造它们以适应常识、并用德语进行表述，就成了哈勒的教授克里斯提安·沃尔夫（1679年—1754年）的任务。沃尔夫接受了笛卡尔、斯宾诺莎和莱布尼的理性主义，并且将哲学方法等同于数学方法。同时，他认为经验事实将会同理性演绎相符合：理性和感官知觉都是知识的合法机能。他接受了笛卡尔的心物二元论，但同莱布尼茨一样，他将力看作物体的本质属性，并将物体与心灵之间明显的相互作用看作前定和谐。与斯宾诺莎相似，他把宇宙构想为相互关联的因果秩序，同时，他还保留着莱布尼茨的目的论的解释。他还把发展的观点引入了自己的体系。

依照心灵的认知和嗜欲两种功能，沃尔夫把科学分为两组，即理论的和实践的；理论科学包括本体论、宇宙论、心理学和神学（一起构成了形而上学）；后者包括伦理学、政治学和经济学。依照命题是从理性或是从经验中派生出来的方式，科学又被分为理性的和经验的（理性宇宙论和经验物理学；理性心理学和经验心理学，如此等等）。逻辑形成了所有科学的先导。

399 沃尔夫论述所有问题的文章都是用德语和拉丁语撰写的，很多年来，它们都在德国大学中使用，并创造了很多我们在今天依然使用的德文哲学术语。尽管他缺乏原创性，并且消弱了莱布尼茨的哲学，但他为研究德国哲学注入了动力，并且为启蒙运动作出了贡献。

莱布尼茨—沃尔夫学派的追随者中有比尔芬格（Bilfinger，1693年—1750年）、A.鲍姆加登（1714年—1762年，德国美学的创始人，他第一次在现代意义上使用美学这一术语），还有早期的康德。沃尔夫的哲学发展成为一种折中主义运动，试图在经验主义和理性主义之间进行调和，并为康德的《纯粹理性批判》做了准备。此学派的其他代表人物有康德的老师努岑（M.Knutzen）；康德的通讯联系者兰伯尔特（J.H.Lambert，1728年—1777年）；曾经影响康德的特滕斯（N.Tetens，1736年—1805年）；以及主要功绩在于将主导哲学以通俗方式进行表述的所谓的通俗哲学家：门德尔松（M.Mendelssohn，1729年—1786年）；弗格森和亚当·斯密的作品的翻译者加尔维（C.Garve，1742年—1798年）；恩格尔（J.J.Engel，1741年—1802年）；普拉特纳（E.Platner，1744年—1818年）；尼古拉（F.Nicolai，1733年—1811年）。雷默鲁斯（Samuel Reimarus，1694年—1768年）受到这个学派和英国自然神论的影响，成为了一个自然神论者和《圣经》的严苛批评家。所有这些哲学家都可以看作是18世纪德国启蒙运动的代表人物。

## 第二节　神秘主义和浪漫主义

莱布尼茨和沃尔夫的理性主义并没能够满足所有的思想家；有些人对理性通达真理的能力缺乏信心，然而又不愿意加入到经验主义者或怀疑论者的阵营中。这些人是神秘主义的嫡传继承者，他们在情感、本能和内部经验中发现了确定性的来源；最高的真理不能被证明，只能被感受。在莱布尼茨的教导中有着某些这样的暗示，即情感、渴望和冲动是另外一个层次的知识，是本能形式的真理。然而，莱布尼茨认为情感是低级的混乱形式下的知识；情感或者信仰哲学家则在其中发现了较高的层次：人类有限的理性所不能测度的事物，可以在宗教的、美学的或道德的情感中被感受到，或者被推测到。显露了神秘主义或者浪漫主义倾向的人物有J.G.哈曼（1730年—1788年）、J.G.赫尔德（1744年—1803年）。赫尔德在《元批判》中批判了康德的《纯粹理性批判》；此外还有F.H.雅科比（1743年—1819年），他以建立在直觉之上的哲学来反抗理性主义的形而上学。

作为对新教会理性化神学的反抗，德国新教中激起了被称作虔诚主义的相 400
似运动：基督教不是教授进行思辨的学说，而是一种内在的宗教皈依。斯宾纳（P.J.Spener，1635年—1705年）、弗朗科（A.H.Francke，1663年—1727年）和朗格（J.J.Lange，1670年—1744年）是这个群体的著名成员；由于后边两个人的原因，沃尔夫被解除了哈勒大学的教授职位。

# 第十五篇 401

# 启蒙运动哲学

## 第五十六章
## 十八世纪

我们已经把现代精神描述为对中世纪的社会、制度和概念的反抗，以及对思想和行为领域中的人类理性的自信。这项活动自文艺复兴开始，持续到16和17世纪；宗教改革、“三十年战争”以及英法的社会革命都是这一变化的征兆。大陆的理性主义体系和英国的经验主义体系，还有两大体系的分支，都助长了产生这些征兆的势头；独立探索的精神缓慢地、但确信无疑地改变了人生观。但新的观念需要在更广大的区域内流行和传播，这一任务在18世纪得以完成，18世纪被称为启蒙运动的世纪：它代表了我们一直在描述的整个文化运动的巅峰。这是一个拥有原则和世界观的世纪；对于人类精神解决问题的能力充满了自信，力图理解并解释人类的生活——国家、宗教、道德、语言——乃至整个的宇宙。这也是一个哲学教条的世纪，一个人们有勇气撰写像沃尔夫的《关于上帝、世界和人类灵魂以及万事万物的合理思想》那样的著作的世纪。这是一个自由和思想独立的世纪，尤其在法国，思想可以放胆发表自己的观点，无所畏惧地从其原则中得出结论。

18世纪的哲学不仅反映了时代的奋争，也影响到了人们的行为。哲学从学者的书斋中挣脱出来，并像苏格拉底时代一般与市场上的民众结合在了一起；它不
再说着独属于自己的语言——经院学者的语言——而是用民众的语言、普通人的 402
智慧可以理解的语言来表达自己。在法国，由于社会、政治和教会的压迫，启蒙

运动表现得最为激烈，其影响也最大：大革命就是新思想传播的结果。对于人类理性和权利的尊重几乎成了所有重要的现代哲学理论的特征，在18世纪变得相当普遍，人性、善良意志、自然权利、自由、平等和博爱成了人们的日常话语。甚至温和专制的政府也认为它们具有促进人类幸福和福利的功能。对于中世纪思想制度的反抗终于导致了作为世纪末之特征的巨大的社会和政治动荡，而旧有的制度也为新的社会让道。现代精神一直以来要求的东西，部分地得以实现：良心和信教的自由，机会平等和经济自由，代议制政府以及法律面前人人平等。

关于启蒙运动的论著有：J.G.Hibben的《启蒙运动哲学》，1910年；L.L é vy-Bruhl的《法国现代哲学史》，G.Coblence译，1899年；F.Macdonald的《法国的伏尔泰和卢梭研究》，1895年；L.Stephen的《18世纪英国思想史》，1902年；M.Whitcomb的《18世纪法国哲学家》，1900年；O.Ewald的《法国启蒙运动哲学》，1924年；E.Cassirer的《启蒙运动哲学》，1932年；I.O.Wade的《法国1700年—1750年间的秘密组织和哲学思想的传播》，1938年；B.Willey的《18世纪的背景》，1941年。

## 第一节　伏尔泰

那些有助于唤醒新精神并在法国——事实上是整个欧洲——传播新观念的人物中，伏尔泰（1694年—1778年）和孟德斯鸠（1685年—1755年）是最主要的，两人都访问过英国，并对英国的制度充满了敬慕之情。伏尔泰才华横溢，是启蒙运动中的多才多艺的宣传家，他的那本因审查命令而被焚毁的著作《波斯人信札》（1728年）宣扬并运用了洛克的思想——他不但从英国带回了洛克的思想，也带回了牛顿的自然哲学和英国的自然神论。伏尔泰自己就是自然神论者，并且从来没有放弃对上帝的信仰：“整个自然都在向我们呼喊：上帝存在。”在他的早期著作中，他也接受了意志自由和灵魂不朽，但后来他开始怀疑生死问题，也
403 开始倾向决定论：“当我能够做我所意愿的事的时候，我是自由的；但我必然会意愿我所意愿的事物。”终其一生，他都在攻击迷信和教会的统治：天启的宗教被他认为是愚昧和欺骗的产物，是精明的僧侣为了统治民众而利用人类的愚蠢和偏见的结果。他自己的宗教是建立在不变的道德原则之上的，他认为这种道德原则在哲学家的教导中保持了本质上的一致。他反对所有形式的压迫，并为学术、政治和宗教自由，为出版自由、选举自由和议会自由而斗争，他为已经在工商业

中繁荣起来的第三等级或资产阶级要求政治权利。然而，尽管有这些自由主义的思想，他却不是民主的使徒。“似乎是必然的，”他说道，“会有一些无知的贱民；他们一开口争辩，一切都将失败。”这个理性的时代并不准备把“奴仆、补鞋匠和女佣”包含在其福祉之中。

伏尔泰的思想在很大程度上表达了洛克的哲学精神——虽然培尔的那部（影响了18世纪法国几乎所有思想领袖的）《辞典》也不容忽略。英国的思想在使法国自由化和革命化方面起着重要的作用。在传播和发展英国经验主义哲学方面起到协助作用的人物还有孔狄亚克、爱尔维修、孔多塞、卡巴尼斯（Cabanis）、霍尔尼、代斯图·德·塔西（Destuut de Tracy）、拉·梅特利、霍尔巴赫，尤其还有狄德罗和达兰贝尔领导的百科全书派。

F.Macdonald的《法国的伏尔泰和罗素研究》，1895年；J.Morley的《伏尔泰》，1923年。

# 第五十七章
# 启蒙运动的进展

## 第一节　英国的启蒙运动

在英国并不像在法国那样，启蒙运动没有在相对短的时期内达到巅峰；启蒙运动的影响也不像法国那样蔚为壮观。社会条件并不相同，并且英国在之前的时期已经取得了巨大的进步；新的观念和新的理想已经渐渐地进入到人们的生活中。几乎所有以洛克的原则为出发点的哲学家都可以称为启蒙者。自然神论者、道德学家、休谟、哈特利、普利斯特里、伊拉斯谟·达尔文、《政治正义论》（1793年）的作者威廉·戈德温、《人权》（1791年—1792年）和《理性时代》（1794年）的作者托马斯·潘恩，他们全都促进了独立思想的进步。404

## 第二节　德国的启蒙运动

直到18世纪中期，莱布尼茨—沃尔夫的形而上学依然是在德国占据主导地位的体系，那时，英国的思想已经开始通过洛克和休谟的作品的翻译，以及沙夫茨伯里、哈奇森和弗格森等道德学家的作品的翻译发挥影响。结果使得理性主义与经验主义相结合，一种折中主义或常识哲学，它将宇宙和人类历史构想为具有理性的目的论秩序，这一秩序完全可以被理性理解，因为它是理性的表现。这种哲学的任务在于“破晓”——这是启蒙一词的字面意义——所有的奥秘，破除所有的迷信，以理性之光照亮万物。它提供了一种自然的或理性的神学，着手澄清并证明所有宗教共有的基本原理：上帝存在、意志自由和灵魂不朽。我们已经提到过这场形而上学运动中的领军人物。同样的理性主义方法也被运用到了历史研究中：语言、法律、国家、道德和宗教都起源于人类的理性；比如语言的发明是为了人们交流思想，国家的组建是为了保障福利。既然所有这些事物全都是理性的作品，那么，人们的理想就是让它们变得更为理性，剔除渗入其中并破坏历史进程的非理性的、偶然的成分。正是这样一种理性主义的思维模式，促进了德国的政治理论的变革，使得自然权利和平等学说流行起来，甚至在统治者的宫廷之内，也在教导社会分化有悖于自然和理性。

启蒙运动甚至将其清晰实用的标准带到了美学领域；诗歌、雕塑、建筑和绘画开始追随理性主义的准则：格勒特（Gellert）的寓言被有些人称为“以诗歌形式呈现的道德哲学”，而它的宗教赞美诗则是“韵文写成的宗教神学”。戈特舍德（Gottsched）写了一本《论诗歌的艺术》的书以说明诗歌如何必须被创造出来，作为启蒙和教化人类的工具。

这就是在一世纪前就已经在英国洛克的哲学中发出声音的同一种运动；而今，在18世纪最后的25年中，那些使得德国的学术生命进入最光明阶段的伟大的
405 文学和哲学领袖，开始作出回应。康德抨击了启蒙运动的理性神学，赫尔德则攻击对于历史的理性主义阐释，温克尔曼、莱辛以及歌德和席勒则非议理性主义的美学。

## 第三节　唯物主义与进化论

我们已经看到笛卡尔哲学如何导向马勒伯朗士的客观唯心主义，英国经验主义如何变成了贝克莱的唯心主义。同样的运动在18世纪也导向了唯物主义的思想。笛卡尔曾经提供了对有机世界的机械论解释，将动物构想为一个完满的机器。这就意味着，他把人也看成是一架机器，心灵并不是独立的实体，而是身体的功能。洛克的后继者——孔狄亚克、哈特利和其他一些人——试图把所有的心

理过程都归约为感觉，很容易过渡到下述观点，即认为这样的基本状态不过是大脑产生的效果。莱布尼茨把物质还原为力量，并设想它与精神活动类似；另一些人则逆转了这一次序，把精神活动解释为物理力量。当亚里士多德的古老形而上学之宇宙中充斥的那些精神原则被现代科学从自然中驱除，并被哲学抛入到它们自己的孤立世界之后，一些哲学家与这些原则脱离关系，并将所有现象解释为物质运动的结果，难道会让人惊奇吗？

18世纪，唯物主义的世界观径直进入英国和法国，并在世纪末成为法国启蒙圈子内的流行学说。约翰·托兰德（John Toland，1670年—1721年）在其后期作品（《泛神论要义》，1720年）中认为思想是大脑的功能，是“大脑中的某种运动”。大卫·哈特利将一切精神活动都建立在大脑的振动之上，振动遵循机械规律——生理上的关联伴随着心理上的关联——但并没有把意识状态归约为运动。因为他不确定关系是否应该被视为因果关系。然而，氧气的发现者约瑟夫·普利斯特里（1733年—1804年）却把心理过程与运动等同起来，因此勇敢地接受了唯物主义对身心问题的解答。尽管如此，他并没有否定上帝存在和灵魂不朽；沿着霍布斯的路子，他声称，在关于人类和神圣灵魂的物质性概念之中，没有任何东西与基督教相抵牾。

法国人拉·梅特利（1709年—1751年；《心灵自然史》，1745年；《人是机器》，1748年；《人是植物》，1848年）受到了笛卡尔和洛克的影响，他将自己
的唯物主义建立在笛卡尔对动物有机体的机械解释上：如果动物是机器，人为什 406
么就不是呢？德国男爵霍尔巴赫（1789前）在其《自然体系》（1770年伦敦第一次发行，作者笔名米拉波）一书中把唯物主义理论发展为无所不包的形而上学体系。一切事都被解释为物质和运动，是必然规律的结果。没有灵魂；思维是大脑的功能；只有物质是不朽的。人类的意志完全是被决定的；自然之中和自然之外都不存在任何意图，没有目的论也没有上帝。

另外还有一些唯物主义的拥护者，尽管他们并不总是前后一致、公开倡言，这样的人物有：晚年时期的德尼·狄德罗（1713年—1784年，《百科全书》的主编）；卡巴尼斯（1757年—1808年），他提出了粗朴的唯物主义类比，认为思想是大脑的功能，就像消化是胃的功能，分泌胆汁是肝的功能；此外还有代斯图·德·塔西（1754年—1836年）。法国生物学家布丰（著有《自然史》，1749年—1804年）和贺毕内（Robinet，著有《论自然》，1761年）接受了改造的唯物主义——物活论。布丰认为，原子的存在被赋予了生命，而贺毕内则受到了莱布尼茨的影响，认为每个物质微粒都具有感觉。进化论概念出现在这个时代的很

多思想家的作品之中，比如在拉梅特利的《人是植物》和1748年的《伊壁鸠鲁的体系》中；在狄德罗1754年的《论自然》一书和邦尼（Bonnet）1769年的《哲学的复兴》中。这些人可以视为拉马克（Lamarck）和达尔文的先驱者。

无论法国启蒙运动的思想家在细节上有怎样的差异，他们都承认自然现象——无论其为物理的或心理的——是被规律控制的，人的心理生活和道德生活是自然的必然产物。从这一角度出发，爱尔维修（1771年）解释了人类的道德，经济学家杜尔阁（Turgot）和孔多塞（1743年—1794年）发展出了历史哲学，而孟德斯鸠（1689年—1755年；《论法的精神》，1748年）则研究了人类的法律和制度。

狄德罗的《早期哲学著作》，M.Jourdain译，1912年；J.G.Hibben的《启蒙运动哲学》，第5章，1910年；L.Ducros的《百科全书派》，1900年；H.Höffding的《现代哲学史》，第一卷，第5册，1900年；J.B.Bury的《进步思想》，1920年；F.Lange的《唯物主义史》，第3版，1925年；K.Martin的《18世纪法国自由思想》，1929年；J.Morley的《狄德罗与百科全书派》，1914年；C.Becker的《18世纪哲学家的天城》，1932年；J.G.Frazer的《孔多塞论人类思想的进步》，1933年；E.Frankel的《理性信仰》，1948年；M.Grossman的《爱尔维修的哲学》，1926年；G.V.Plekhanov的《唯物史文集》，R.Fox译，1934年。

## 407 第四节　科学中的进步

然而，启蒙运动时期并没有将自身局限于传播上个世纪形成的那些普遍观念；它充满热情地投入到了科学研究之中，包括自然科学和精神科学。这个时代无愧于它在这些领域中造就的那些人物：数学领域中的欧拉、拉格朗日和拉普拉斯；天文学领域的赫瑟尔和拉普拉斯（著有《天体力学》）；物理学领域有伽伐尼和伏尔塔；化学领域有拉瓦锡、普利斯特里、戴维、阿羽依（Haüy）和泊泽留斯（Berzelius）；生物学领域有里尼（Linné）、毕治（Bichat）和C.F.沃尔夫；亚历山大·冯·洪堡尔特（Alexander von Humboldt）在很多科学领域中都卓有成绩；政治和法理学领域中的孟德斯鸠；魁奈（Quesnay）、杜尔阁和亚当·斯密是新的政治经济学的创始人；美学领域中的鲍姆加登；更不用说此前提到过的心理学家和道德学家。

# 第五节　让·雅克·卢梭

启蒙运动推崇知识、科学和艺术，以及文明与进步，同时也夸耀人类的成就。然而，其荣耀和自信却被让·雅克·卢梭（1712年—1778年）无情地撼动了，他将科学和艺术看作是懒散和奢华的产物，是道德败坏的根源（《论科学与艺术》，1750年；《论人类不平等的起源与基础》，1753年），因此要求人们返回到自然的单纯和质朴中去。人的天性是纯真、善良的；他有保存自我和发展能力的冲动，但他也受到对于他人的同情心的驱使，受到感恩之心、崇敬之心和宗教情感的激发。道德和宗教不是理性思维的事物，而是自然情感。人的价值不在于理智，而在于其道德本性，而这种道德本性本质上是由情感构成的：善良意志本身就具有绝对的价值。卢梭强调心理生活中情绪的重要性，否认理性的发展能够实现人的完善。人天性平等；社会通过财产体制而使得人们变得不平等，因此我们现在就有了主人和奴隶、文雅和粗鄙、穷人和富人。文明以及文明所带来的文化和不平等，已经败坏了我们的自然性情，造成了奴性的罪恶和权贵的罪恶——一方面是奴颜婢膝、嫉妒怨恨，另一方面是轻蔑傲慢、残酷无情——都使得生活变得虚假且呆滞。这些观点与某些现代的社会主义理论有类似之处，它在社会环境中寻找德行和罪恶的起源，在社会改进中寻找人的完善。

## 政治哲学 408

卢梭用人民直接参政来代替代议制政府。他的理论是瑞士共和国的理论，就像被伏尔泰所追随的洛克的理论是英国君主立宪理论一样。卢梭不仅把第三等级或富裕的资产阶级包括到人民之中，第四等级或者劳动阶级和农民也被包含在内，他自己就属于这个阶层，所以为之要求平等的权利，要求从社会枷锁中解脱出来，就像伏尔泰曾经为中间阶层要求平等的政治权利和良心与思想自由一样。卢梭严肃地对待洛克的民主理想；如果人人皆天生自由平等且拥有同样的自然权利和禀赋，那么，就没有任何理由说他们应该被统治，或是应该被特权阶层剥夺他们的继承物，无论这特权者是贵族还是工业资产阶级。正是卢梭的这些思想，在1789年和1793年的《人权宣言》[86]中得到了表达。

回归自然能够把我们从败坏和虚假的存在中解脱出来，而这只能通过创造

[86] 1789年的《人权宣言》的第一款写道："人生来自由、始终自由，且拥有平等的权利。社会分化只能建立在社会福利的基础之上。"第六款说："法律是公共意志的表达。所有公民都有权亲自参与或是通过代表参与法律的制定。"

自然的社会条件和自然的教育方法来实现。（《社会契约论》，1762年；《爱弥儿》，1762年）自然的社会建立在社会契约之上，在这样的社会中，个人的自由变成了公民的自由，而公民的自由受到了公共意志或人民的道德意志的限制；公共意志——也就是以实现正义为目的的人民的意志——是最高的法则。政府执行人民的命令，人民可以限制或者收回人民赋予政府的权力。

## 教育哲学

卢梭的教育理论是对自然教育的呼吁，为了孩子的自然的、未受污染的冲动的自由发展而呼吁。在对知识的渴望没有出现以前，就不应该有教育出现。因此，教育在很大程度上是消极的，教育在于去除不良的条件，这是一项需要极其小心的任务。在区分善恶冲动方面，要研究孩子的个性，帮助孩子的本性。因此，将孩子与他所处的社会环境隔离是明智的，如此，孩子的发展才会在私人教师的引导下依照自然的路径前进。卢梭的理论对现代教育发挥了极大的影响：在将此思想付诸实践检验的众多人物中，巴斯寞（Basedow）、裴斯泰洛奇（Pestalozzi）和弗娄贝尔（Froebel）是其中的几位。

409 这些观点与洛克的原则并不一致。如果心灵天生是块白板，那么人就天生是平等的，他们之间的差异只是各种外界原因的结果，就像爱尔维修说的那样。教育和社会环境就成了人类完善最重要的工具。

同伏尔泰一样，卢梭也在同唯物主义和无神论作斗争，他接受了自然宗教的信条；在此意义上，他是一位自然神论者。但在卢梭这里，宗教植根于情感之中，是心的对象而不是头脑的对象，尽管真理要由理性来证明。灵魂是非物质的、自由的和不朽的；为了战胜世间的罪恶，就必然要有来世的生命。

## 卢梭的影响

卢梭在德国产生了深远的影响，比如对康德、赫尔德、歌德和席勒。下面一段话见证了卢梭对康德思想的影响："以天性而言，我是个探究者，我感受到了最强烈的知识渴求，以及获取知识的那种急不可耐，还有每每取得进步时的满足感。有一段时间，我相信这一切能够增加人类的光荣；我也鄙视那些无知的群氓。卢梭纠正了我。那种自满的优越感消失了；我开始学习尊重人类。如果不是相信这一思考能够使其他所有职业都有价值，也就是，能够重新树立人类的权利的话，我会认为自己还没有那些普通劳动者有用。"

卢梭著作的英译本有：《社会契约论》，H.J.Tozer译，1924年；《卢梭政治著作选》，C.E.Vaughan编辑，1915年；《选集》，C.Gauss编辑，1920年；《忏悔录》，E.Wilson译，1923年；F.Macdonald的《让·雅克·卢梭》，1906年；I.Babbitt的《卢梭和浪漫主义》，1919年；A.F.Amiel的《让·雅克·卢梭》，V.W.Brooks译，1922年；A.Cobban的《卢梭与现代国家》，1934年；H.Höffding的《卢梭及其哲学》，1930年；C.W.Hendel的《让·雅克·卢梭，道德学家》，1934年；R.Rolland的《卢梭活的思想》，1939年。

第十六篇 ‧‧‧‧‧‧‧‧‧‧‧‧‧‧ 410

# 伊曼努尔·康德的批判哲学

## 第五十八章 伊曼努尔·康德

1724年，康德生于哥尼斯堡，是一个马具商的儿子，他生长在宗教环境中，父母均为虔诚的信徒。他作为学生、教师和作家的几乎全部时光都是在距离出生城市不远的周边地区度过的。在弗雷德利辛学院为入大学（1732年—1740年）做准备时，他的主要兴趣在于罗马经典；在哥尼斯堡大学，他研究了物理学、数学、哲学和神学（1740年—1746年）。从1746年到1755年，他为居住在哥尼斯堡附近的几个家庭担任家庭教师；1755年，他被聘为大学的编外讲师，并讲授数学、物理学、逻辑学、形而上学、伦理学、自然地理、人类学、自然神学和“哲学百科全书”。1766年至1772年间，除了他的编外教师的职位外，他同时兼任皇家图书馆的副馆长一职。1770年，他成了逻辑学和形而上学教授，并在这一位置上工作到1797年，那时他的身体非常虚弱，不得不退休。康德于1804年去世。

康德早年追随莱布尼茨—沃尔夫哲学，它在德国的大学中占据统治地位，甚至在学术圈子之外也赢得了人们的欢迎。从1760年到1770年，他受到了英国经验主义的影响，先是洛克和沙夫茨伯里，而后是休谟，他们都给他留下了深刻的印象；尤其是休谟，康德曾经说过，“把我从独断论的迷梦中唤醒”。到了1770年，他已经有了使他闻名于世的哲学立足点，并将之表述在拉丁文论文中，即《可感觉和可理解的世界的形式和原则》；而后他花了十年工夫全面发展它。他的名著《纯粹理性批判》于1781年出版（1787年第2版），随后出版的有《未来形而上学绪论》（1783年），《伦理学的形而上学基础》（1785年），《自然科学的形而上学原理》（1786年），《实践理性批判》（1788年），《判断力批判》（1790年），《单纯理性界限内的宗教》（1793年），《伦理学的形而上学》（包括他的法哲学），1797年，还有《永久和平论》（1795年）。《论教育学》于1803年出版。

411 论述康德和德国唯心主义的作品如下：

翻译的作品：《纯粹理性批判》，M.Müller译，1881年；N.Kemp Smith译，1929年；《1770年的就职论文》，J.Handyside译，1929年；《绪论》，E.B.Bax译，1891年；Mahaffy和Bernard译，1889年；P.Carus译，1933年；《道德形而上学的基础》《实践理性批判》《道德的形而上学》的一些部分，T.K.Abbott译，收入《康德的伦理学理论》，第4版，1889年；L.W.Beck的《纯粹理性批判及其他道德哲学论著》，1949年；W.Hastie的《宇宙起源论》，1900年；J.H.Bernard的《判断力批判》，1931年，J.C.Meredith的译本分两卷，1911年和1928年；W.Hastie的《法哲学、政治学原理和永久和平》，1887年；H.C.Smith的《永久和平》，1915年；T.M.Greene和H.Hudson的《单纯理性界限内的宗教》，1934年；E.F.Goerwitz的《观灵者的梦》，F.Sewall编辑，1900年；《论一般哲学》，1935年；J.Watson的《康德的哲学》（选自康德的著作）；G.T.Whitney和P.H.Fogel的《康德批判哲学导论》（含有对《纯粹理性批判》的解释），1914年；T.M.Greene的《康德：文选》，1929年；我们使用的《纯粹理性批判》的引文要么取自Müller的译本，要么取自Kemp Smith的译本。

F.Paulsen的《伊曼努尔·康德》，J.E.Creighton和A.Lefèvre译，1902年；R.M.Wenley的《康德及其革命》，1911年；W.Wallace的《康德》，1882年；J.Watson的《康德哲学解说》，1902年；E.Caird的《康德的批判哲学》，共两卷，1889年；第2版，1909年；H.A.Prichard的《康德的知识理论》，1909年；H.Cohen的《康德的经验理论》，1871年；H.Vaihinger的《康德纯粹理性批判评论》，共两卷，1892年；F.Adler的《康德伦理学批判》，收入《威廉·詹姆斯纪念文集》，1908年；J.G.Schurman的《康德伦理学和进化论理学》，1882年；E.Pfleiderer的《康德的批判主义和英国哲学》，1881年；A.O.Lovejoy的《康德与英国柏拉图主义》，收入《威廉·詹姆斯纪念文集》，1908年；H.Cohen的《康德纯粹理性批判评论》，1907年；N.K.Smith的《康德纯粹理性批判评论》，1918年；J.Ward的《康德研究》，1922年；K.Vorländer的《伊曼努尔·康德》，1924年；A.C.Ewing的《康德的因果律研究》，1924年；E.M.Miller的《自由的基础：

康德理论的研究》，1924年；M.Wundt的《作为形而上学家的康德》，1924年；J.W.Scott的《康德论道德生命：对康德“基础”的解读》，1924年；E.Boutroux的《康德的哲学》，1926年；J.H.W.Brindley的《康德与贝克莱的唯心主义之比较》，1929年；N.Clark的《康德哲学导论》，1925年；F.E.England的《康德的上帝概念》，1929年；C.B.Garnett，Jr.的《康德式的空间哲学》，1939年；A.D.Lindsay的《康德》，1934年；A.C.Ewing的《〈康德纯粹理性批判〉简评》，1938年；H.J.Paton的《康德的经验形而上学》，共两卷，1936年，还有《绝对命令：康德道德哲学研究》，1948年；G.T.Whitney和D.F.Bowers的《康德的遗产》，1939年；I.D.Weldon的《康德〈纯粹理性批判〉导论》，1945年。

论述德国唯心主义运动的作品有：J.Royce的《现代哲学的精神》，1892年；E.Pfleiderer的《康德以来的德国理性神学的发展》，1890年；A.C.H.Drews的《康德以来的思辨》，1895年；R.Kroner的《从康德到黑格尔》，1921—1924年；A.S.Pringle-Pattison的《从康德到黑格尔》，1924年；E.Stabler的《乔治·贝克莱的思想及其对黑格尔之前的德国哲学的影响》，1935年；F.Holzheimer的《从康德到黑格尔的逻辑思想》，1936年；I.Knox的《康德、黑格尔和叔本华的 412
美学理论》，1936年。

## 第一节　康德对其前辈的继承

现代哲学起源于对人类心灵获取知识的力量的信念；唯一的问题在于：用什么方法获得知识？知识的界限伸展到何处？经验主义者和理性主义者一样，认为真正的知识是普遍的和必然的，并且他们之中直到休谟的几乎所有人都声称，自明的命题在一些领域中是可能的。笛卡尔、霍布斯、斯宾诺莎和莱布尼茨构建的形而上学体系，在他们看来，同欧几里得几何学一样具有逻辑效力。培根并没有提出一套普遍理论，因为在事实被新方法确立之前，不应该从事这样的工作；但他认为上帝的存在是可以证明的，事物的永恒本质或自然法则是可以发现的。然而，对于人类理智解决终极问题，甚或是更狭小领域的问题的能力的怀疑也开始出现。有时候，形而上学和神学在培根看来，似乎超越了自然理性的力量。霍布斯也在研究关于真正的物理科学的可能性时暴露了自己的疑惑，这种物理学建立在他对感觉的认可之上，而感觉是我们的知识的唯一来源，但是不能产生确定性。洛克也看到了比以前更彻底地检查我们的知识问题的必要性，并得出结论说，我们拥有一些关于我们的观念符合和不符合的知识，我们自身的存在和上帝存在的知识，并且数学和伦理学是确定的。但是他认为，我们没有那种关于外部世界存在的知识和事物之属性必然联系的知识：真正的知识全然不在自然科学领域。贝克莱声称，不存在需要认知的外部物质世界，只存在我们认识到的观念、精神和观念之间的关系。培尔使得神学和形而上学理论陷入一片混乱，认为它们不仅超出了理性，而且与理性正相对立。休谟得出了在他看来是从关于知识的经验主义观点中得来的结论：如果我们只能认知那些在感觉和反省中经验到的事物，那么，理性神学、理性宇宙论，以及理性心理学都是不可能的，而关于上帝、世界和心灵的知识也都超出了我们的知识范围。的确，即便是关于事实状况的知识也只有盖然性而已；我们没有关于必然联系的知识，没有关于实体或自我的知识；我们甚至不能说我们的观念必然依照我们经验到它们的次序发生，
413 而我们相信这种次序会重复出现。通过对比我们的观念，注意它们之间的关系，并就此关系进行推理，我们能够获得“一种演示性的知识”；此外一无所获。

曾经摧毁权威和传统并使得理性登上宝座的批判精神，现在又把理性自身带到审判台前，要否定理性的权威。然而，并非只有经验主义者把理性主义放到天平中称量，并发现它有缺陷；来自神秘主义者和信仰哲学家阵营的人也在反对理性主义的自以为是的自负和结论，他们不再相信理智的救赎，而是在人类心灵的其他方面或功能中寻求一种途径，以抚慰对确定性的渴望。在他们看来，推理的知性永远无法洞穿实在的面纱；真理的源头在情感、信仰或某种神秘的视域中；最深层的实在不可能被理性把握，而只能被心灵感受。具体激起现代的这种反对理性主义呼声的事物是机械论和决定论的世界观，这似乎是科学或理性主义思维所必然导致的，这种世界观把个人贬斥到了木偶的地步。在很多人看来，缺少辅助的自然理智要么最终导向无助且悲观的怀疑主义，要么就是悲剧性的宿命论，这种宿命论嘲笑人类的最深层的渴望，并使得最珍视的价值成为虚幻。

## 第二节　康德的问题

面对理智对自身能力的破坏性批评，以及意志对于承认其道德和宗教价值的要求，哲学被迫作出一些回答。这一任务由康德来担当，他试图公正地对待他的时代的不同潮流，比如启蒙运动、经验主义、怀疑主义和神秘主义；就像他的一位同时代人说的那样，他的问题“是一边限制休谟的怀疑论，一边限制旧的独断论，同时反驳并摧毁唯物主义、宿命论和无神论，还有感情主义和迷信”。

他自己原是来自沃尔夫的唯心主义学派，后来又被英国经验主义和卢梭所吸引，而休谟则把他“从独断论的迷蒙中唤醒”。他看到了批评或审查人类理性的迫切需要，也就是说，需要一场审判，以确保理性的公正诉求并斥退其无根据诉求，换言之，这场审判将调查普遍知识和必然知识之可能与不可能，调查知识的来源、范围和界限。他认为至今为止的哲学是独断论的：它在没有先行批判自身能力的时候就开始了工作。而今它必须变得具有批判性，或是着手开始对普遍理性的功能进行不偏不倚的审查；抱着这样的目的，康德写下了三大批判：《纯 414
粹理性批判》，审查理论理性或科学；《实践理性批判》，审查实践理性或道德；还有《判断力批判》，审查我们的审美或目的论判断，或是艺术和自然中的目的性。

康德把真正的知识定义为普遍和必然的知识。他赞同理性主义者的观点，认为只有在数学和物理科学的基本假定中才存在这种知识；将宇宙论、神学和心理学囊括在内的思辨的或理性的形而上学是不可能的。他也赞同经验主义者的观点，认为我们只能认知我们所能经验到的事物，感觉为我们的知识提供了内容。他既赞成经验主义者，又赞成理性主义者，认为普遍的和必然的真理不可能从经验中得来。康德的观点是，感官为我们的知识提供材料，而心灵则依照其本性之必然方式来安排材料。因此，我们拥有关于观念之次序的普遍的和必然的知识，尽管不是关于物自体的知识。我们的知识内容是从经验中得来的（经验主义），心灵思维经验，则依照其先天固有的方式，也就是理性，来构想经验（理性主义）。然而，却存在着物自体；我们可以**思维**，却无法像认知经验世界的事实那样认识它们。若不是为了道德意识或实践理性，关于超越时空因果律的世界存在的问题，包括有关上帝、自由和不朽的问题，就会被置之不理，的确，甚至无法以有意义的方式提出它们。

## 第三节　知识问题

康德的基本问题是知识问题：什么是知识？知识如何可能？人类理性的界限是什么？为了理解这些问题，我们必须审查人类的理性，或是对它进行批判。知识总是以某物被肯定或否定的判断形式出现。但并非每一个判断都是知识；在分析判断中，宾词仅仅阐明了已经包含在主词中的事物：比如，物体是具有广延性的东西。如果一个判断要具备知识的资格，它就必须是综合的；也就是说，我们必须为宾词加上一些东西，拓展我们的知识，而不是仅仅阐明它：比如，所有的

物体都有比重。然而，并不是所有的综合判断都给予我们真正的知识；有些是从
415 经验中推导出来的。比如，它们会使我们得知此物有如此这般的属性或如此这般的运动，但并不是说它必然有这些属性或是这样运动。换言之，这样的判断缺乏必然性：理性并不逼迫接受它们，就像其逼迫接受数学命题一样。再者，它们缺乏普遍性：我们不能说因为有些种类的客体有某种属性，所有的客体就统统拥有这种属性。缺少普遍性和必然性的判断，或者是后天判断，是不科学的。要成为知识，综合判断必须是必然的、普遍的，也就是说，不接受任何例外。普遍性和必然性的源头不在感觉或知觉中，而是在理性中，在理解力自身之中；我们无需经验就知道——在此意义上即先天的——三角形的内角和等于两个直角，并且始终如此。

于是，康德宣称知识是由先天综合判断构成的。分析判断始终是先天的；我们无须诉诸经验就知道所有的具有广延性的事物是广延的；这样的判断是纯粹建立在矛盾律之上的。但它们并不增加我们的知识。后天综合判断增加了我们的知识，但是不确定；它们提供的知识是不确定的，成问题的。我们在科学中要求必然的确定性，而这种确定性只存在于先天综合判断中。

存在这样一些康德从未有过任何怀疑的判断：我们在数学和物理学的基本原理中找到了它们；至于这种知识是否存在于形而上学之中，康德持有严肃的保留态度，我们在后边会加以讨论。他把普遍和必然的知识的存在看作是既定的事实，因此他根本不去追问先天综合判断是否可能，而是问它们如何可能。这种知识的条件是什么，存在有这种判断的逻辑预设或者必然含义是什么？康德的批判方法至少在其中一个方面是独断式的：如他所说，知识理论是一门可以严格论证的科学，是先验的或纯粹的科学，是将其真理性建立在先天的必然原则之上的科学。他的方法不是心理学的，而是逻辑的或先验的方法：他并没有要求我们检查我们自己意识中的知识条件——它如何在心理学意义上出现——而是要抓住真实的知识，比如数学命题或物理学原理，并追问我们自己这样的命题存在的逻辑预设是什么。比如，毕竟判断是存在的，或是关于空间关系的判断，或是肯定因果关系的判断，从上述事实中能够得出什么样的必然结论？不存在脱离综合心灵的
416 综合判断、脱离空间—知觉心灵的空间判断和脱离以因果方式进行思考的心灵的因果判断。在运用这一方法的时候，康德当然是在运用携带着全部范畴的人类理性；他想当然地接受了知识的可能性和有效性——也就是说，他是一个独断论者；但这并没有使他感到不安，因为，如他所说的那样，如果休谟对于知识之可能性的否定是正确的，那将是一个“丑闻”。如果在理性从事这一任务之前就必

须建立起理性检验自身的能力，那么，我们将永远无法取得任何进展。

因此，问题就是：先天综合判断在数学和物理学基础之中如何可能，或者说，纯粹数学和纯粹物理学如何可能？有关形而上学知识的平行问题不能完全以同样的方式提出，因为康德对形而上学持有疑虑。他的问题是证明我们为何以及如何在科学领域中获得真实的知识。为了回答这些问题，我们必须检验知识的构成；我们必须考察它的能力、功能、可能性及其限度。知识以心灵为前提。此外，如果没有可供思考的事物，我们就无法思考，若不是思想的对象通过感官被给予，并且心灵是接受性的或者说具有感性能力的话，我们也无法获得思想的客体。感性为我们提供了构成知觉对象的感觉性质。这些知觉对象也必须被知性所思想、理解或是构想——知性概念在知识中起着不可或缺的作用。没有这一方感觉和知觉的合作，以及另一方思维和知性的合作，知识就是不可能的。这两个知识前提具有根本性的差异，但却相互补充。“知觉对象和概念构成了我们的知识的要素。”没有概念的知觉对象是盲目的，而没有知觉对象的概念是空洞的。理智所能够做的，就是对感性所提供的材料进行加工。

因此，问题就是知识如何可能？分为两个问题：感官知觉如何可能？以及知性如何可能？第一个问题在**先验感性论**（关于知觉能力的学说）中得到答复，第二个问题在**先验分析**（关于概念和判断的学说）中得到答复。

## 第四节　先验方法

康德对于先验方法的论述或许是现代哲学中第一次构造特殊的哲学方法的尝试。康德之前的培根、霍布斯、笛卡尔和莱布尼茨都是热心的方法论学家，但是
他们满足于采用具体科学已经实现的哲学方法，而不是发明一种新的独特的哲学 417
探索的方法。因此培根把自然科学中的归纳法引进到了哲学中；霍布斯和笛卡尔都倡导数学方法，尽管两人对于数学方法的认识大相径庭；莱布尼茨的哲学采用了结合的归纳—数学方法。康德之后，发明新的适用于特殊的哲学主题内容的哲学方法已经在哲学家中成为了一种风尚。费希特的反题法、谢林和柏格森的直觉法和黑格尔的辩证法都可以作为见证。康德制订了一种新的哲学探索方法的声明通常是暗含的而不是明显的，但康德在这一问题上的自负是毫无疑问的。在一段特别的文字中，康德澄清说先验哲学是“特殊”的方法，绝非是对流行的科学方法的修修补补而已。

从经验到其必然前提的论证是先验方法的关键点，在这个地方，康德的步

骤与传统的经验主义者的方法大异其趣。经验主义通过归纳法从经验事实走向假说，并且概括是以这些事实为根据的；而康德则从事实向着事实之可能性的必然条件进行可证明性论证。经验主义者诉诸于经验的事实性，而康德诉诸于其本质的本性；经验主义者通过归纳法进行推理，而康德则是从事可证明性论证。这就是康德在第2版导言中所作论述的全部内涵，“……虽然我们的全部知识都从经验开始，但并不能得出结论说它们就是从经验中产生的。”

康德的预设性论证将关注点集中在经验的普遍的、形式的特征之上，也就是时空和范畴；因为先验方法在任何经验材料——感觉属性——中都未能得以应用。关键问题是：（以时空和范畴为其形式特征的）经验之可能性的必然条件是什么？康德对这一问题的回答是：经验只在下述假设上可能，即经验中发现的形式特征是经验的先天条件的。

## 第五节 对经验的初步分析

批判研究的起点是经验。《纯粹理性批判》第2版导言中的第一句话就是：“毫无疑问，知识从经验开始。”当然，在康德及其唯心主义继承者那里，经验
418 是一个臭名昭著的模糊术语，在当前背景下，它的意义还是足够明确的。它指代任何现象客体或者此类客体的系统。作为康德先验方法出发点的经验不是原子印象的集合，而是一个直觉（或反省）对象，拥有属性构成之外的关系和结构组织。康德的经验主义完全是威廉·詹姆斯意义上的“激进经验主义”，因为它在经验中发现了关系和单纯的感觉属性。被置于分析之下的经验是物理对象的体系——并且可能也是个体心灵的体系——作为在认知意义上被理解的物理对象的体系。

对经验的分析沿着传统的物质和形式之间的区分向前推进。跟在其他地方一样，康德在这里不加批判地挪用了传统逻辑和形而上学中的分类和区分；他也没有下工夫去陈述用来区别经验的形式构成因素和物质构成因素的一般标准。形式，很明显是涵盖了经验中所有的结构性和关系性的事物；物质与容纳在形式之下的性质相关。形式是经验的统一性；物质是多面性和多重性的原则。“在表象中与感觉相对应之物我称之为物质；但那决定了表象的多面性并允许依照某种关系来排序的事物，我则称其为表象的形式。”这种区分，尽管在起初并没有非常严格地划分，但是随着分析的推进变得愈加清晰。

经验的对象可能被分析为三个组成部分：（1）分离的属性——休谟分析的

“印象”，（2）时空的连续体——所谓的“直觉形式”，和（3）纯粹概念或范畴。这种潜在于整个批判过程的分析是在“先验感性论”中给出的。在那里，康德表明他的目的是要从元素（1）和元素（3）中“区别出”元素（2）。“因此，在先验感性论中，我们首先要通过将——知性通过其概念进行思维的——所有事物都从感觉中剥除，以便分离出感性……然后，我们要把属于感觉的所有内容都从中分离开来，以便除了纯粹直觉之外别无一物……在这一研究过程中将会发现，有两种感性直觉的纯粹形式……也就是时间和空间。”条目（1）之下包含了我们经验中的所有的物质元素——外在的感觉性质，比如颜色、声音、味道等等，还有内感官的性质——情感的、意志的和享乐的资料。条目（2）和条目（3）一起构成了经验的独立的形式元素，先验方法处理的就是这些元素。将经验区分为三种构成元素的初步分析纯粹是事实性的，也就是说，除了直接审查以 419
现象方式被给予的事物之外，除了所发现的包含于其中的几种元素之外，没有涉及任何其他的行为。处于这一阶段的论证根本没有自诩达到先天的知识，或是对于分析之正确性和穷尽性的演示证明。康德的态度似乎是：“我在经验中发现了这些元素，而非其他的元素。”

此前的分析主要是为知觉或外部观察经验设计的，但康德毫无疑问地想把这种分析同样应用到内省经验之上，这大概也是其他思想家所忧虑的——一种他很少关注的经验类型。如果我检查任何被知觉到的客体或是想象性质的知觉的再现，我可以作出下述区分：感觉属性，比如颜色、声音、味道等；时空特征和关系，包括形状、大小、运动等；以及“范畴”特征，包括实体、因果及其他。对于个体心灵的内省经验也可以给出相应的分析。在物质方面有感觉材料，作为表象，它们是意识序列的组成部分；此外，还存在着意识序列所特有的某些享乐的、情感的和意志的项目。在形式方面，时间是意识过程的独有形式，并且范畴在经验性意识上的适用性也不亚于在物理客体上的情形。康德的整个哲学步骤原本既可以从内省自我出发，也可以从被认知的客体出发；他对于后者的青睐完全是服从了简便的结果。

同所有的理智分析一样，对于经验的初步分析，同样也是抽象的和不具体的。以上引用段落中所描述的那种经验组件的“隔离”和“分离”，只是观念的或想象的分离。这三种元素——事实上，在康德看来，它们的确——在本质、起源和功能上存在差异，但在哲学分析从之出发的经验中，它们却是完全融合的。尽管分析是观念性的，但它依然重要，因为它把注意力聚焦在了经验的真实构成上，这些经验的构成在起源和性质上都迥然不同。

康德对于经验的初步分析——无论以它为基点的事后建构是成功的或是失败的——都是对于哲学的经验主义和理性主义传统的真正有意义的贡献。康德像洛克或休谟一样坚持认为，直觉和内省经验为哲学建构和阐释提供了唯一可能的出发点。他也了解那些承认是从自明的原则出发的理性主义的体系，这些体系从经验归纳中推演出了它们所拥有的所有真理，而经验归纳更为危险，因为它们是匆
420 匆得出的，并且依赖于隐蔽的非决定性的证据。但康德的经验主义更为激进，因此也更为充分，甚至超过了休谟：休谟把经验分解成为具体的原子式印象；康德则洞察到所有真正的经验中的结构特征和关系特征。他发现，原子式印象——尽管是感觉的真实构成——一旦被从结构背景中取出，就只是些抽象而已。因此，康德对于经验的分析就有全面性和完整性的优点，如康德所宣称的那样，不是绝对的和可证明的完整性，但却是具有卓越洞察力的审慎的分析者能够获得的完整性。有时，康德也从这一假设出发，即假设他对经验的初步分析是全面的；当然，这完全是一个无根据的假设，因为没有哪个观察者（无论他多么有能力、多么审慎）能够确信没有任何关键的经验元素可以从康德面前溜走。[87]

## 第六节　感官知觉理论

我们首先来讨论“先验感性论”。感觉能力或感官知觉的逻辑前提条件是什么？若要认知，我们必须拥有感觉——颜色、声音、硬度等。但单纯的感觉不能成为知识；它仅仅是意识的变化，是发生在意识中的变化，仅仅是我们自身中的其他事物所产生的一种主体状态。每一个感觉都与时间和空间相关联；在同其他感觉的关系上，它一定有一个明确的空间中的位置和时间上的日期；它一定要在明确的空间秩序和排列上被人理解，在其他的感觉之前、之后，或是同时。知觉可以被分析为构成经验材料或内容的感觉和构成经验形式的时空。包括颜色、声音和重量等的感觉提供了原材料，这些材料被排列在由时空形式提供的框架之内。形式元素和材料元素一起构成了知觉对象。心灵不仅接受感觉，并通过其直觉功能（通过直觉，去注视、观察）察觉它们：它在自身之外的时空秩序中看到颜色、听到声音。心灵拥有知觉到先天时空的能力；的确，它的构造使其能够直
421 觉到纯粹的时空；它不仅在时空中知觉到客体，而且也知觉到了时空本身。在此

[87] 上面的两个小节和下面题为《自我意识的统一性》的那一节，基本上都是Ledger Wood的一篇文章的摘录，此文起初发表在G. T. Whitney和D. F. Bowers编辑的《康德的遗产》中，1939年。此处的引用获得了普林斯顿大学出版社的同意。

意义上，我们可以谈论纯粹知觉。

在时空中排列感觉的形式或功能自身不可能是感觉。它们不是直觉的经验形式或后验形式，而是内在于心灵自身的本性之中的——是先天的。时间是内部感觉的形式：也就是说，若不是依照时间顺序彼此相接，我们的心理状态就无法被理解；而空间则是我们的外部感觉的形式：我们必须在空间意义上理解那些作用于感觉器官的事物。但是，既然展现或提供给感觉的一切事物都经过了意识的改造，所以，它们属于内部感觉，时间是我们所有表象的必要条件，无论那是内部感觉还是外部感觉。

时空不是实在，不是独立存在的事物，也不是事物本身所具有的关系或属性。它们是我们的感觉具有的理解客体的方式，它们是感官的形式或功能；如果世界上没有被赋予时空知觉或直觉的存在者，世界就将不再是时空性质的。“撤走了思维主体，整个有形的世界就将消失，因为世界不过是主体感觉的表象。”我们无法想象空间不存在，虽然我们可以构想不包含任何客体的空间。也就是说，我们被迫按照空间的方式来进行想象和知觉。空间是现象的必要前提，因此是必然的先验观念。这是康德的哲学方法的一个例证——以上所描述的先验方法。我们无法想象脱离空间的事物，尽管我们可以想象没有事物的空间；因此空间是我们对事物或现象界的知觉的必要前提条件。凡是必要的前提条件，一定是心灵的先验形式。同样的论证思路也被运用于时间。

于是，问题就在于：纯粹数学如何可能？回答是：我们在数学中拥有真实的知识，或先天综合判断，因为心灵有时空形式，因为心灵依其本性被迫按照时间和空间的方式进行知觉和想象。

必须记住，时空仅仅是感觉的条件，是感官知觉的形式，是我们知觉事物的方式；因此，时空只有在被应用到被知觉的事物、表象或现象之时才具有有效性，应用于物自体或独立于我们的知觉的事物之时，就是无效的。我们不能超出经验世界来运用它们。但这一限制没必要让我们烦忧，因为我们的经验知识的确定性毫发无损；无论时空为物自体所固有，或者仅仅是我们对于事物的知觉的必要形式，知识都是确定的。被知觉到的事物并不是物自体——尽管我们总是这样 422
看待它们——我们知觉到的关系也不是物自体的关系。如果我们撤销了主体和主体的感觉能力，事物所有的时空属性和关系，甚至于时空本身都会消失；它们无法完全脱离认知主体而存在。与感觉分离的物自体是什么？使我们产生感觉的是什么？我们全然无知。颜色、声音、味道和气味都是我们的感觉；与在意识中产生的感觉相分离的物自体（das Ding an sich）是什么，我们却不知道。我们只知道我们知觉事物的特殊方式，这种方式或许并不是对所有动物都是必要的，但对人类却是必要的。在此意义上，时空是主观的或观念的。然而，它们也是客观的或真实的，因为所有的现象都按照时空次序排列：在我们的经验中，没有任何客体能够不在时间的条件下被给予；所有作为外部现象的客体始终都在空间中共存。

总结一下：真知识，比如我们人类所拥有的知识，需要有感觉性质和时空形式。心灵必须拥有提供给自身的事物，必须能够被影响或是能够接受印象。但是，如果我们只接受印象或是只经验意识的变化，我们就会被封闭在自己的主观性之中，我们将无法知觉到一个客观的世界。我们的感觉必须被客观化，必须归因于外界，必须被投射到空间之中，并排序在时间之中。正是因为人类的心灵拥有这些知觉方式，一个客观的世界才终将存在。

## 第七节　知性理论

然而，经验的时空组构是不够用的。单纯无关联的、相互分离的知觉对象，以及对于时空中的客体的单纯知觉，并不能产生知识。知觉到太阳，随后又知觉到热石块，与认识到太阳晒热了石头是不同的。唯有通过某种方式在思想中将两个经验联结起来，我们才能形成太阳是晒热石头的原因的判断。客体必须被关联、联结、构想、思想。没有一个进行综合的思维的心灵，也就是说，没有知性或理智的话，知识或判断就是不可能的。感觉是接受性的，但知性却是主动的、自发的。感觉的形式是直觉的；然而知性却是概念性的：它以概念进行思维。我们必须使得知觉对象可以理解，或是把它们置于概念之下，同样，也要使我们的
423 概念可以感知，或是给它们一个知觉的对象。知性本身无法知觉或直觉到任何事物；感觉自身也无法思想任何事物。只有在两者的联合之中才可能出现知识。关于感觉规律的科学叫作“先验感性论”；关于知性规律的科学叫作“先验分析”。

知性有用以构想、联系或联结知觉对象的不同形式；它们被称为知性的范畴或纯粹的知觉对象，因为它们是先天的而不是从经验中派生的。经验在判断中表达自身；的确，知性是判断的能力：思维就是判断。因此，思想的方式就是判断的方式，而要揭示这些判断方式，我们就必须分析我们的判断，检查判断所表现的形式。既然我们的普通逻辑已经为我们完成了这些，我们就可以在此求助。判断的逻辑表可以起到引导我们揭示范畴的作用。判断表中有多少可能的判断，心

灵中就有多少范畴或者纯粹的知觉对象。

康德发现有12种判断，每组3个，可分为4组：（1）全称判断——所有的金属都是元素；（2）特称判断——有些植物是隐花植物；（3）单称判断——拿破仑是法国皇帝。（在第一组的这3种判断中，我们以量的范畴的方式来构想事物：整体、多样和统一。）（4）肯定判断——热来自于运动；（5）否定判断——心灵不是广延的；（6）不定判断或无限制判断——心灵是非广延的。（这些判断形式表达了质的范畴：实在、否定和限制。）（7）直言判断——物体是重的；（8）假言判断——如果空气热，温度计就上升；（9）选言判断——实体是固态的，或是液态的。（这一组判断表达了关系范畴：实在和潜在，或者实体和属性；因果和从属，或者原因和结果；主动和被动之间的共同或相互关系。）（10）或然判断——这可能是毒药；（11）实然判断——这是毒药；（12）必然判断——凡原因必有结果。（最后一组的这些判断表达了模态的范畴：可能和不可能，存在和非存在，必然和偶然。）

这些范畴和判断形式的关系被总结在下表之中，其中的12种判断形式被列于左栏，而相应的范畴则出现在与之相对的右栏： 424

| **判断** | **范畴** |
|---|---|
| I.量的判断 | I.量的范畴 |
| （1）全称判断 | （1）整体 |
| （2）特称判断 | （2）多样 |
| （3）单称判断 | （3）统一 |
| II.质的判断 | II.质的范畴 |
| （4）肯定判断 | （4）实在 |
| （5）否定判断 | （5）否定 |
| （6）不定判断 | （6）限制 |
| III.关系判断 | III.关系范畴 |
| （7）直言判断 | （7）实在和潜在 |
| （8）假言判断 | （8）因果和从属 |
| （9）选言判断 | （9）共同 |
| IV.模态判断 | IV.模态范畴 |
| （10）或然判断 | （10）可能—不可能 |
| （11）实然判断 | （11）存在—非存在 |
| （12）必然判断 | （12）必然—偶然 |

## 第八节　判断的有效性

问题于是就出现了，我们有什么权利把这些心灵的形式应用到事物之上？它们客观有效性的根据是什么？它们纯粹起源于心灵，却被运用到经验之上。范畴在其并非从经验中得来的意义上独立于经验，但我们却把这样的范畴注入经验和客体世界之中。这如何可能，我们有何权利如此行事？法学家把权利证明或司法程序称作演绎。在这里，我们所需要的也是一个演绎、证据，或者合理化论证，一个关于先验范畴的演绎。康德的证明说，如果没有它们，就不可能有可理解的经验。如果没有这种初始的先验思想概念，没有一个被统一且具有统一作用的意识或自我意识，或者像康德所说的那种与这些范畴一起运作的统觉的综合体，就既没有知识，也没有一个相互联系的经验世界。理解就是判断，是将多个被知觉到的客体统合到一个自我意识（统觉的统一体）之中的行为。如果没有一个依照某种方式（时间和空间）进行知觉、依照某种方式（范畴）进行思想或判断的理性心灵——它的构成使得它必须这样知觉和判断——就不会有关于经验对象的必
425 然的和普遍的知识。知识就是范畴或知性的纯粹概念——在由感官提供给我们，并在时间和空间上被知觉到的——客体上的应用。范畴起到使知识成为可能的作用；这就是它们唯一的合理性证明。

若不是心灵把握了在时间上相关的两种状态（液体和固体）并将它们联结在单一的思想行为之中，认识如此简单的活动——比如水会结成冰——也是不可能的。为了拥有判断，我们有必要拥有统觉的综合统一，同样的统觉的综合统一对于获得知觉和进行理解也是必要的。在我们思想中运作的自发的理解、再现和认识行为，也同样在感觉经验中运作；同一种范畴在两方面中都发挥作用。我们的经验世界因范畴而成为可能；现象的秩序或者我们所知觉到的那样的自然，依赖于我们的理智形式，而不是经验主义者所认识的那种正好相反的情形。这就是康德所说的知性为自然立法的含义；这就是他在哲学中引发的“哥白尼革命”。

既然心灵为自然立法，那么，随之而来的结论就是，我们能够先验地认识自然的普遍形式。我们知道被认知的世界将始终以某种可理解的方式联系在一起，我们的经验将始终是处于固定的时空秩序中的事物，是作为实体和属性、原因和结果相互联系并彼此相互影响的事物。因此，我们无法错误地将范畴应用到感官世界。但不要忘记，它们却唯有在实际或可能的经验领域、在现象世界中合法地应用；在这一领域之外使用它们是无效的；我们无法超越经验，也无法获得

关于超感官的物自体的概念知识。从这一理论同样可以得知，我们无法先验地认识经验的材料或内容，无法先验地得知什么样的具体感觉——颜色、声音、重量等——将会被给予；我们所能说的只是，无论它们是什么，心灵总将依照其必然法则来组织它们。

但是，理智的范畴如何能够被运用到知觉对象上，运用到可感现象上？在康德看来，纯粹观念和感官知觉对象是完全不同的，或者说是异质的；那么，它们如何结合在一起呢？必定存在着第三种事物，一个在纯粹概念和感官知觉之间起到调停作用的实体，某种纯粹的事物，也就是说，没有任何经验成分，但同时又是感性的。康德称这样一种东西为先验图式。对于这一图式的应用被称为知性图式论。时间形式满足了设定的要求：它既是纯粹的又是感性的。我们的所有观念 426
都受到时间形式的制约——也就是说，我们的所有经验都被我们在时间中排序；它们全部是在时间中发生的。因此，如果理智要影响感觉的话，如果它要联系感官经验或是将经验联结起来的话，它就必须使用时间形式。理智竭力通过纯粹的时间形式来反映它的概念、范畴以及它进行联系和联接的统一方式，也就是说，通过在某种时间关系中想象它们。比如，它连续地进行累加，或是将时间视为一系列的同质时刻，由此而得到数字。这种进行累加的算术操作是量范畴的图式；这一图式是以时间形式表达的范畴。一刻时间表达的是单一性；多刻时间表达的是特殊性；全部时间或时间之整体表达的是普遍性。量的范畴是在时间序列图式中表达的。理智也想象在时间中发生的感觉，时间中的内容、时间中的某物，或者它在时间中什么也不想象。这就是理智为自身构想质的范畴的方式：质的概念是在时间内容图式中表达的。理智将时间中的实在、内容看作是当其他一切都改变之时依然不变的事物。这就是它想象实体范畴的方式。它将实体看成是另外一些事物以其为基础并在时间中恒定发生的事物：这就是因果范畴为人所知觉的方式。或者它认为此一实体的属性和另一实体的属性在时间中恒定地同时出现：这就是构想相互作用范畴的方式。关于实体、因果和相互作用的范畴都表达在时间秩序（永恒、相续和同时）的图式之中。或者，它想象某物存在于任何时刻（可能性范畴），存在于确定的时刻（实然性），存在于所有时刻（必然性）。可能、实然和必然的范畴表达在时间理解的图式之中。

## 第九节　自我意识的统一体

康德的先验步骤的顶点是他关于先验统觉统一体的学说。自我意识的统一体是范畴的预设，就像范畴是经验的预设一样；或者毋宁说，它是直接被经验所预设的，就经验被范畴化而言。对范畴的演绎和对先验统觉统一体的演绎是同时完成的；或者毋宁说，它们构成了同一个演绎。这是在范畴和统觉统一体之间获得的亲密关系的结果。统觉统一体不是什么后于范畴的东西，它把范畴印在多重的
427 经验之上，就像一个人把一组橡皮印章接连印在面前的纸张上一样；它更是范畴中的统一和在范畴中的统一。统觉的先验统一体是功能性的统一，它以同样的方式——尽管也带有差异——在每一个范畴中显现自身。范畴全都是统一综合的形式——正是这一点说明了它们的相互关联性——但每一个范畴都是一种独特类型的综合。实体统一体中的性质的综合与因果关联统一体中的事件的综合有着显著的差别，两者都属于一种单一的原始综合，这种原始综合通过分化变成了多个范畴综合。

先验统觉统一体是经验的必要条件，因为它是范畴的前提，而范畴接着又是经验的前提。康德在叙述这一论点时，有时似乎是直接从经验出发走向作为经验可能性之条件的先验统觉统一体，而不是间接地绕道范畴进行论述；但是先验统觉统一体的演绎受到了先行一步的范畴演绎的居间调停，因此，这一逆推的论证从经验过渡到范畴，又从范畴出发过渡到先验统觉统一体。先验统觉统一体的原理，因其对于范畴来说必不可少，故而对于经验之可能性来说也是必不可少的，因此，就跟范畴一样，也是先天的。

先验统觉统一体在先验领域占有独特的地位，因为它是逆推序列的最终一环；经验和范畴以它为前提，但它不以其他任何事物为前提。如此一来，先验统觉统一体在康德的体系中所占的位置就类似于实体在——将实体定义为宾词的终极主体（亚里士多德和莱布尼茨），或者定义为独立体和自足体（笛卡尔和斯宾诺莎）的——体系中的位置；它是终极的先验物，是先验逆推的最后环节。从经验到经验之逻辑前提的逆行运动业已达到其顶点之后，康德在其第三步，也就是最后一步的先验论证中，逆转了他的思想方向，并从先验形式走向先验真理，这些先验真理因先验形式而获得其有效性。

## 第十节　关于物自体的知识

就像曾经指出的那样，我们无法超越经验或是拥有——关于超感官的事物、物自体和那些与它们影响我们意识的方式相分离的事物的——先验知识。知识牵涉到知觉，但物自体不能被感官认知：在感官知觉中，我们只知道事物向意识显

现的方式，而不知道它们自身是什么。它们也无法被理智所知觉或直觉；我们 428
并不具备理智直觉，我们无法面对面地看到事物，就像是在心灵的一瞥中那样。如果我们把范畴应用到这样的物自体之上，我们就无法合理地使它们的断言有效：比如，我们无法证明在每一个存在物背后都有一个实体处于可理解的世界之中。然而，我们可以思考这样的物自体，将它作为任何感官知觉的宾词都不能施加其上的事物来谈论，比如说它不在时空之中、不会变化等。然而，没有一个范畴能够应用到它身上，因为我们无法知道与之相关的事物是否存在。如果知觉没有为我们提供范畴得以应用其中的实例，我们永远无法知道与实体范畴相应的事物是否存在过。然而，在物自体的情况下，知觉提供不出任何范畴得以应用的证据。

从本质上说，物自体是不可知的，但物自体的概念并非自相矛盾，因为我们当然不能认为现象秩序就是唯一可能的秩序。我们只能拥有关于感性事物的感性知识，而无法拥有关于物自体的感性知识；感官不能僭妄地去认识理性所思考的所有事物。物自体的概念，或者本体的概念，是感官所不能认识的事物，但却是理智直觉所能够认识的，至少是可以思想的。它是一个限制性概念；它对进行认知的心灵说：这里是你的极限，你不可以僭越，这里是你的管辖权终止之处。你只能认识现象；而非现象界、本体界、心智可理解的领域是你不可企及的。

我们无法以事物的本来样貌来认识事物，而只能以其所呈现的样貌来认识它们。同样，我无法认识到我之所是，而只能认识呈现给自己的那个我。我意识到我的存在、我的行为和我的自发性，但是对自身的意识并不是关于自我的知识。去认识就是去拥有概念。我没有知觉到我自己、我的自我，也没有拥有关于自我的理智直觉；我通过内在知觉的镜片，也就是说，通过时间形式把自我看成是状态的连续。但是，虽然我无法在知觉到自我的意义上认识自我，我却可以思想它。的确，康德的整个理论都是建立在这样一个自我的假定之上的：统觉的综合统一体就是具有自我意识能力的自我；但这个自我本身却无法在被直接知觉的意义上被认识。

因此，非常明显，对于无法知觉的事物，我们不能拥有普遍的、必然的，
或是先验的知识。所以，我们不可能有超越经验的形而上学，关于物自体的形而 429
上学，一个能够为我们提供关于——上帝、不朽和自由意志居住其中的——非现象界的真实知识的形而上学。但是，我们可以拥有关于现象秩序的先验科学，理由已经列举过了。数学自身的必然性归因于时空的形式——几何以对于空间的先验知觉为基础，数学奠基于数字概念，而数字表达了对于时间的先验知觉。自然科学以范畴为基础：我们谈到实体和属性、原因和结果、相互作用等。休谟和经

验主义者剥夺实体和因果律的普遍性与必然性的做法是错误的。我们可以拥有关于物理原理和数学的普遍的和必然的知识，但这只是关于现象的知识，并且是关于现象的形式和排列的知识。我们无法认识物自体——在此，休谟是正确的。然而，物自体是存在的；的确，它们必须存在，否则感觉就得不到解释。与现象相对应，必然存在进行表象的事物、心灵之外的某种事物，影响我们的感官并为知识提供内容的事物。康德从未怀疑过这样的物自体的存在。在《纯粹理性批判》第2版中的《反驳形而上学》的部分，他甚至着手去证明物自体的存在。

但是，在他强烈坚持物自体存在并且是我们的感觉的基础之后，又为其体系之性质所逼迫而使得它成为一个难以捉摸的模糊元素。它成了一个限制性概念，是对于我们的知识之狂妄自负的一种约束：我们不可能通过感性的途径去认知超感官的事物。因此，我们被再次告知我们无法认识它，因为我们没有权利把范畴运用于它；如果我们试图这样做，那些范畴就不具有任何客观有效性。然而，我们可以在将它作为一个限制性概念和一种可能性来接受的意义上思考它。物自体的地位是反常的，它构成了一种必须解决的问题；对此问题，康德给予了进一步的关注，康德的后继者也满怀热情地投入到这一问题之中，如我们所看到的那样，虽然并非总是成功。

## 第十一节　形而上学之不可能

康德的目标首先是要反对“怀疑论者”休谟，我们可以在物理学和数学中拥有先验知识；其次，反对莱布尼茨—沃尔夫式的“独断论者”，我们不可能在形而上学中拥有关于超感官事物的知识，这种意义上的形而上学是伪科学。然而，他对于形而上学的拒绝并不是绝对的、彻底的。在好几种意义上，他又认为形而
430 上学是可能的：（1）作为一种对于知识理论的研究；（2）作为关于自然之形式与规律的绝对知识；（3）作为意志之形式或规律的绝对知识，比如道德哲学；（4）作为建立在道德法则之上的精神世界的知识；（5）作为拥有某种程度的概然性的宇宙的假设。让我们详细考察一番他拒绝——他的理性主义的前辈们提出的那种——“独断的”或思辨的形而上学的根据何在。知性只能认识能够被经验的事物；但理性总是努力超越知性的禁锢，并试图构想超感官的事物，对于这超感官的事物，我们无法在知觉中获取对象，它仅只是思想。理性一旦进入到超感官的领域，就会把知觉对象与单纯思想混淆起来，并因此而堕入到各种各样的含混不清、模棱两可、错误推理和自相矛盾之中。这正是超验形而上学中出现的情

形。在经验方面被问到的有意义的问题，当我们越出了现象之外时，就变得毫无意义。原因和结果、实体和属性之类的范畴，当运用到现象秩序中时，是完全合法的，但一旦被转移到本体界，也会毫无意义。形而上学在太多时候会忘记这一点，将现象和本体混淆起来，并把只在我们的感官世界中有效的概念应用到超验实在上。由此陷入错误和幻象之中，为了与普通的感性幻象相区分，康德称其为先验幻象。他把应用于可能经验界限之内的原则称为内在原则，那些超越了这些界限的则被称为超验原则，或者理性概念，或观念。将适用于感觉的主观原则错误地当作适用于物自体的客观原则，是理性的不可避免的幻象。先验辩证法的职责就是揭示出此种超验判断的幻象，并阻止此等幻象欺骗我们。然而，它并不能摧毁幻象，因为幻象是自然的、不可避免的；我们可以看穿它，避免被它欺骗，但我们无法彻底消除它。

仔细检查形而上学的论证就会揭示出很多逻辑错误、模棱两可、缺乏前提之推断和自相矛盾。我们已经看到，知性是给予普遍理性或心灵能力的一个名称，它依照原理或规律以统一的方式联结我们的经验，因此为我们提供了有效的判断。这些判断由于那些具有综合性的先验概念——即范畴——而有效。

理性（Vernunft），作为在更高原则下包容知性规则的能力，担当了这项思辨的事业；它的目标是统一知性的判断。但这更高的原则只不过是知性主观的经 431
济法则，努力将我们使用的概念缩减到最少的可能数目。这一至高的“理性”没有为客体制定法则，也没有解释我们关于客体的知识；它唯一的功能是指导和引导我们的探索，提供我们的知识从来没有充分实现的完美性理想。因此，理性努力把所有的心理进程都归到理性心理学中的一个普通条目之下，或者心灵观念之下；把所有的心理事件都归到理性宇宙论的自然观念之下；把所有的普通事件都归到理性神学的上帝观念之下。因此，上帝将是最高的“观念”、最高的统一体，是包容其他一切事物的绝对“全体”。然而，这样的“观念”是超验的，超越了经验：它们永远不能在经验意义上被实现或例证。因此，我们永远无法以影像的方式来表象绝对“全体”的“观念”；这是一个无解的问题。但这些观念作为知性的向导还是有其价值和用途的；它们在追求知识的道路上引导其前行；用康德的话说，它们是规范性的，而不是构成性的。

## 理性心理学

因此，可以合理地得出结论说，知识若要成为可能，除非存在着一个主体、自我，或认知者，除非思想在单一意识中能够汇聚在一起，除非思考判断之主词的自我就是同一个思考宾词的自我。但是，我们没有权利推理说，这个认知者是一个自我存在的、简单的、不可分解的自我同一的心灵实体，在所有变化中保持不变的实体。如此推理的话，理性心理学获取的结论就没有得到这个前提的保障；它在不同意义上使用自我、主体和心灵，因此犯有康德所谓的谬误推理的过错。我们无法在理论上证明不朽的灵魂和自由的意志的存在。虽然理性心理学不能为我们的知识增添任何内容，它毕竟防止了我们采取没有灵魂的唯物主义或是没有根据的唯灵论。因此，理性给我们提供了一条线索，由之以脱离无结果的思辨，并把我们的自我知识运用到道德中来。道德法则教导我们要把单纯的正义意识看得比世界上任何事物都要重要，并使自己配得上成为更美好世界的公民，这个世界只在他的“观念”中存在。

### 理性宇宙论

理性竭力把我们所有现象的客观条件都归约为一个终极的、至高无上的条件，或者是一个无条件者。我们形成了关于自然总体的观念和关于宇宙的观念，要么将此作为所有现象依赖的原则，要么就得在现象自身之中寻找那个无条件
432 者。无论是哪种情形，我们都形成了宇宙论观念，并卷入到各种对立之中，康德则称之为二律背反：一些强辩的命题，既没指望从经验中得到证实，也不害怕来自经验的反驳。这些正题摆脱了矛盾，根基于理性之必然性之中，但不幸的是，反题也能够为支持自己而举出令人信服和必然的根据。

有4组这样的正题和反题皆能得到证明的二律背反。可以证明：（1）世界在时间上有一个开端，以及世界在时间上没有开端，是永恒的；世界在空间上是有限的，以及世界在空间上是无限的；（2）物体是无限可分的，以及物体不是无限可分的，是由单纯部分或不可再分的原子构成的；（3）世界上存在着自由，以及世界上的一切事物都遵照自然规律而发生；（4）存在着一个绝对必然的“存在者”，要么是世界的一部分，要么是世界的原因；以及不存在这样的“存在者”，既不在世界之中，也不在世界之外作为其原因。在青睐一方而非另一方的时候，争论者并不考虑对真理的逻辑检验，而只倚重自己的兴趣。任何一个思维健全的人都会对整体或独断论有某种实际的偏好，设若他知道自己的真实兴趣的话。世界有一个开端，我的思想着的自我是单纯的、不可毁灭的，思想着的自我是不接受自然强制力的主体，事物的全部秩序构成了世界，来源于一个原初的“存在者”，一切事物都从它那里获得统一性和目的性关联——这些都是伦理和宗教的如此诸多的支撑。反题，或者经验主义掠夺了，或者似乎是掠夺了我们所

有的这些“支撑”。如果世界没有开端，也没有一个“创造者”，如果我们的意志是不自由的，心灵像物质那样是可分的、会消失的，那么，我们的道德观念和原则就将失去其全部的有效性并与构成其支柱的先验观念一起衰落。

这里也包含有思辨的旨趣。如果我们在正题中假定先验观念，我们就能够先验地构想出整个条件的链条，并从无条件者推衍出有条件者。反题并不能做到这一点。然而，如果经验主义者满足于仅仅压制理智的僭越和莽撞，他的原则就会是彻底合理的，并且在获取绝对知识方面能够起到教导中和适度的作用。但经验主义者不仅拒绝了独断论者的要求；他也提出了自己的反向一独断论。他剥夺了理智的合理的抱负，同时，破坏了我们的实践旨趣的理论基础。经验主义的真正贡献在于摧毁科学与理性洞见的僭妄的宣言和虚华的头衔，并重新申明，真正的 433
思辨知识永远不可能拥有经验之外的对象。但经验主义在莽撞地否定超越直觉知识领域之外的事物的时候，自身也变成了独断论，并因此对理性的实践旨趣造成了无法弥补的损害。

康德解决了二律背反的困境，指出反题适用于现象界，而正题适用于本体界。我们的感官知觉的时空世界在时间上没有开端，在空间上没有终极界限；我们永远无法经验到绝对的界限；我们永远无法在时间的回溯中或是在空间的延展中停留在任何地方。但也许会存在一个非空间的世界，绝对单纯的存在者居于其中，也就是一个精神实体的世界。在一个世界中，界限是不可能的，并不能由此而得出结论说，在其他的世界中，界限也是不可能的。因为我们都知道，真实的世界可能有一个开端，也许是上帝创造了它，并因此是有界限的。虽然如此，我们还是没有权利在空间中寻求精神存在者，在超感官领域中寻求空间性的事物。

因果的二律背反也以同样的方式得到了解决。在现象序列中，一切事物都是以某种与之相似的事物为条件的，每一个结果都有一个现象方面的原因；在因果联络中不存在任何缝隙。我们的任务就是径直研究这一无穷的链条。然而，仍然可以构想，现象界的条件也有一个可理解的或本体界的条件，即现象序列之外存在着某物，它是现象界被决定者依赖的基础。我们的智力的本性决定了我们永远不可能在感觉世界中找到一个自由的原因，因此，我们不可能从经验中推出自由观念。自由是一个先验观念，因为理性是在独立于经验的状况下将之创造出来的。然而，很容易看到，如果感觉世界中的一切因果关系都仅仅是自然的因果关系，那么，每一个事件都必然被其他某种事件决定，每一个行为都将是自然中的某一现象的必然的、自然的结果。否定先验自由和自发性，将会摧毁实践的或道德的自由。实践的自由预设说，尽管某事未曾发生，但它原本是应该发生的；因此，它的现象方面的原因就不具备绝对的决定性，我们的意志原本可能在独立于其自然原因的状况下使之出现，甚至于会与这些自然原因的力量和影响相反。如果先验自由是可能的，实践自由是可能的：意志就可以摆脱感性冲动的胁迫，不像动物的意志那样被必然地决定着。

以同样的方式，自由和自然的必然性也得到了调解。我们可以把现象看作是
434 物自体所引起的，虽然本体界的原因无法被知觉到，但物自体在现象界的表象却被知觉到并被排列在一个没有断裂的因果链条之中。同一个现象，作为时空中的现象世界的组成部分来看时，将会是因果链条中的一环；作为无法知觉的物自体的活动来看时，就是自由原因的行为，它独立地产生了感性世界中的结果。一方面，这一事件仅仅是自然的结果；另一方面，又是自由的结果。换言之，这个结果是一种现象，所以必须有一个经验的原因，但这个经验的原因本身却可以是非经验的原因或者理智能够把握的自由原因的一个结果，丝毫也没有破坏它与自然原因的关联。

将这一洞见应用于人，我们对人类的行为和活动有如下解释。从感性和知性的角度看，人是自然的组成部分；在这方面，他具有经验的特征，是因果链条中的一环。但事实上，人是一个有理智的或精神的存在者。对于这样一个存在者而言，感性形式是不适用的；这样的存在者能够产生行为。人们认为自己要为其决定和行为负责，这一事实证明人们对这种能力是自知的。每当我们将一个行为看作是现象时，它就必然有一个原因；这样它就不会被认为是自发产生的。然而，这一解释却不能被拓展到理性之上；我们不能说理性决定意志的状态之前还有另外一种状态，以此类推，因为理性不是现象，也不受诸如时空和因果律之类的感性条件的制约。我们不能以自然的方式解释理性的因由，也就是说，希望为它所做的一切都找到原因。理性、理智生命或自在的人，是其一切意志行为的永恒条件。人的品格，就其经验方面而言，只不过是超感性方面的品格的感性图式。因此，经验就是我们反映一个人或者将其现象化的方式而已。

不管康德的立场是否成立，他的意思却是十分清晰的。每一个意志行为都是人的理智品格或纯粹理性的直接显现；因此，人是自由的动因，而不是自然因果链条中的一环。然而行为本身，当其被视为现象的时候，是完全被决定的。人在其理智方面而言是自由的动因，他使行为发生；但当这些行为被心灵所认知的时候，它们就被织入了因果的网络之中，成了具体的冲动、观念、教育和自然性情之类事物的结果。但行为的真正原因是理性；行为是被转嫁到人的理智品格之上
435 的，因此根本不受感性世界的影响。

然而，在《纯粹理性批判》中，康德并没有以建立自由之现实作为其目标；他只希望指出，理性创造了观念，它绝对地引发了因果序列，并且同时拟定了知性的因果定律，并因此而陷入了二律背反之中。所以，他试图证明自然决定论并没有完全排除自由的因果关系的观念。

关于必然存在和偶然存在的二律背反，康德是这样解决的。理智拒绝视现象序列之内的任何事物为绝对自由和独立的；一切都是有条件的，也就是说，要依赖另外的某种事物。但这并不是要否定序列之整体可能会依赖某种可理解的存在者，它是自由的，独立于所有的经验条件，自身就是所有那些现象之可能性的条件。我们可以把整个感性世界看成是某种可理解的存在者的显现，这种存在者是实体，是离开了它其他一切事物均无法存在的存在者，而它自身的存在无须以其他任何事物为依托。理智没有资格因为可理解的存在者在解释现象方面无用，就认为它是不可能的。或许根本没有这样的存在者，但我们不能以我们业已发现的对于知性来说是正确的事物为依据，从而推论说它是不可能的。当我们谈论现象的时候，我们必须从感性的方面来谈；但这未必就是看待事物的唯一的方式。我们可以构想另外一种存在秩序，关于物自体或者非感性事物的秩序，虽然它们并不向感官显现，却是能够被思想的。我们必须假定现象所依赖的超验物体，但我们无法对这样的物体有任何认知；我们所能做的只能是形成某些关于它们的观念，通过与我们使用经验概念的方式进行类比来构想它们。

## 理性神学

我们形成了一个关于经验整体的观念、关于整个经验的观念，并且我们将这一对象系统、这一事物或现象的宇宙作为某种独立于我们而存在的事物来构想。我们忘记了它是我们的观念，并且使此观念成为一个实体。我们将它作为一种个体事物来表象，其中包含了所有的实在：作为最真实的事物，最高的实在，自足、永恒、简单。康德称这一观念为先验神学的理想。理想是最真实的存在，虽然它只是一个观念。首先我们使它成为对象，也就是说，成为现象的客体，而后我们使之成为实体，进而又将之人格化。

仅有三个上帝存在的证明：物理—神学的、宇宙论的和本体论的，三者都 436
毫无价值。康德拒绝本体论证明：关于一个包含所有的实在的存在者的观念并不意味着它存在。不能从关于最真实的存在者的概念中推导出存在：我们不能从一个随意的观念中编造出与之相应的客体的存在。在宇宙论证明中，我们从关于所有可能经验的（世界或宇宙）观念中推论出了必然存在者的存在。上帝自身就可以被构想为这样一种存在者。然而，我们没有权利仅仅因为我们认为一定会存在着这样一个绝对的存在者，就得出结论说它存在。这事实上仍是本体论证明。此外，论证从偶然性推进到原因。这样的推论在现象世界之外没有意义，但在宇宙论证明中，它被用来超越经验，但这是不允许的。康德指出，这样的论证包含有一整套的辩证性假设。为了在寻找各种原因的统一性方面起到辅助理性的作用而假设作为一切可能结果之原因的上帝的存在是被允许的，但若说这样一种“存在者”必然存在却不是合理假说的谦恭话语，而是对于必然确定性的鲁莽信心。人类的理性永远无法跨越存在于现象世界的偶然性和上帝的绝对必然性之间的深渊。物理—神学的论证从自然和现实世界的秩序中推论出“至高无上的存在者”的存在。这同样是不成功的。它告诉我们，世界的美好、秩序和多样性使得我们有资格推论其起源和持续的原因。这样一个原因一定会比我们任何可能的经验具有更高程度的完满性。有什么东西可以阻止我们设想：所有可能的完满性如同在一个单一实体中那样统一在这个至高无上的原因中呢？这一证明是值得尊重的；它最为古老、最为清晰，也与人类理性最为契合。它在自然中发现了意图和目的，尽管没有它的引导，我们的观察可能永远不会发现这些目的。然而，我们却无法赞成它对于绝对确定性的僭妄。它属于类比论证，从自然产物和诸如房子、船只、钟表之类人造工艺品之间的类似性中进行推理，认为相似的因果关系，也就是知性和意志，存在于自然的根基之处。如果我们必须找出一个原因，我们最好采用这种与人造物类比的方式，因为单在人造产品中，我们完全认识到了原因和结果。这种论证至少没有犯下这样的错误，即放弃已知的因果律，而在未知的、幽暗的、无法证明的解释原则中寻求帮助。然而，它并不是结论性的；它至多能够使得“世界—工程师”成立，他必须进行加工的物质具有阻力，会给
437 他带来很多阻碍；但这种论证并不能使一切皆归其统御的“世界—创造者”得以成立。至于物理—神学的证明，就其从经验的特性推论到终极的原因而言，可以归约为宇宙论证明，接下来，宇宙论证明也不过是一种隐蔽的本体论证明。本体论证明将是唯一合法的证明——的确，如果有什么证明是可能的话。本体论证明的逻辑缺陷已经被充分展示——这种论证一旦坍塌，另外两种论证也不能成立。

在经验领域之外，不能使用因果律，它是没有意义的。知性所有的综合原则只具有内在的适用性，也就是说，只在现象领域中适用；要获得关于“至高无上的存在者”的知识，我们就必须超验地使用它们，而我们的知性并不是要为此服务的。即便我们允许跨越经验界限的因果跳跃，我们依然无法得到关于“至高无上的存在者”的概念，因为我们不可能经验到所有可能结果中的最伟大的结果，

从中推出“至高无上的原因”。然而，超验神学却有着重要的负面应用；它成了我们理性的固定的审查者，不仅切断了自然神论或人神同形论的神学理论的根基，同时也破坏了无神论的依据。

## 第十二节　形而上学在经验中的用途

虽然超验观念产生了不可抑制的幻象，它们对于理性来说是很自然的，就像范畴之于知性一样。然而，后者传达了真理，也就是说，表现了我们的概念与概念之对象的一致。如果我们能够揭示出其正确方向的话，每一种能力都有它的用途，拥有“观念”的理性也不例外。超验观念在引导研究方面有着固有的作用，但当它们被错误地当作是真实事物的概念时，它们就是超验的，并且在其应用中具有欺骗性。它们没有**构成性**的用途，就是说，它们不是产生对象的概念；它们具有**规范性**的用途，就是说，它们在其探索中引导了知性：它们统一了概念的多样性，就如同范畴统一了客体的多样性。通过这些“观念”，理性旨在遵循单一原则的情况下将我们的知识系统化。由“观念”所表明的系统化的统一体纯粹是方法论性质的；它催促理性继续统一知识；系统统一体作为一种方法在主观方面是必然的，但作为超验实在的构成在客观方面却不是必然的。很多所谓的科学原则都是“观念”，具有假说性和方法论的价值，但不是绝对真理。我们先验地只能认知实在的形式，比如，认知到它是时间性的、空间性的，事物是具有因果联
系的。但是，认为存在一些基本的原因、动力或实体，甚或一个这样的动力、原 438
因或实体，却是纯粹的假说。我们不能说这样的统一性存在，但我们必须始终依照理性的旨趣去寻找它，以便把秩序引入我们的知识之中。

有些研究自然的人——主要是思辨性的——更为关注自然的统一性，留意揭示多样性中的相似之处；另外一些人——主要是经验性的——则不懈努力，以将自然分成种属。后一种倾向是建立在以分类的系统完整性为目标的逻辑原则之上的。每一个类都有不同的种，而这些种接下来又有不同的亚种，如此类推。理性命令说，没有哪个类可以被当作最低层次的，因此敦促研究者去进一步研究。于是我们就有两种探索性的方法原则：同质律和具体律，两者都不是从经验中产生的，但在促进科学研究方面却成效显著。此外，在种和亚种之间总有可能的种介入。这是种的连续性规律：在从一个种向另一个种的过渡中不存在跳跃（per saltum），而是通过更小程度的差异。这个规律预设了先验的自然规律——自然中的连续律——知性不容忽视它，否则将会被误导走向与自然相反的道路。但这

种形式的连续性同样也只是一个“观念”；不可能在经验中指出与之相对应的客体；自然中可发现的实际的种类构成了一个可分离的序列。然而，规律在其研究的普遍方向上引导着知性，尽管它并不指向任何具体的对象。这两项原则——统一与差异——很容易结合起来，并在追求真理的过程中发挥不可估量的作用，只要我们不错误地将之视为客观知识。但是，如果我们把它们解释成形而上学的真理，它们就会导致混乱，甚至为真理的道路设置障碍。

这些“观念”在某种意义上具有客观的实在性；并非于经验中之某处找到与其相对应的客体的意义上——我们无法在任何地方找到最高等级的类或是最低等级的种，或是无限多的插入的过渡一种类；而是在它们为知性给出原则的意义上。它们勾勒出来方法或程序以供知性遵循；它们说，继续寻找最高等级的类和最低等高级的种，并且寻找关于中间的种的连续序列。以这种方式，它们就对经验的客体产生了一种间接的影响，将一致性带入了知性的功能之中。

关于“至高无上的存在者”的“观念”的唯一目的就是在人类理性的经验使用中保留最大限度的系统统一性。关于人类经验客体的根据或原因的观念帮助我
439 们组织自己的知识。心理学的、宇宙论的和神学的观念并没有直接指向一个与之相对应的客体；然而，通过预设这样一个“观念”的对象，我们就被引导着去组织并拓展我们的知识，而不会使之相矛盾。因此，依照这样的“观念”前进就成了理性的必然准则。在心理学中，我们必须把所有的内部现象都联结起来，就好像我们的心灵是一个永恒存在的单纯实体，并且具有人格同一性——至少今生如此——以便我们可以把事实统一起来。在宇宙论中，我们必须在永远无法完满的研究中追寻所有自然想象的条件，就好像这个序列是无穷尽的给定整体。在神学中，我们必须观察归属于可能经验之关联的一切事物，就好像那经验形成了关于客体的绝对的统一体，这些客体相互独立并且彼此互为条件。我们也必须这样走近经验，就好像感性世界的所有现象之整体拥有一个自身之外的、至上的、自足的根据，也就是一个独立的、原初的、创造的理性。这并不是说，我们应该从一个单纯的思维实体中推衍出自我的内部现象，而只是说，我们应该依照一个单纯存在者的“观念”将内部的现象联结起来。换言之，以通常的科学方式来对待现象，但要在心中坚持现象总体中存在统一性的观念。这并不意味着可能从“上帝的观念”中推导出具有系统统一性的世界秩序，而是说，当我们使用理性来联结世界上的原因和结果的时候，我们应该把关于最智慧的“原因”的“观念”用作向导。

因此，理性的“观念”并不是心灵纯粹的虚构，而是极其有用的、必要的方法论理想。我们无法想象一个系统统一体却不给这一“观念”一些客体，不将

之客体化或者实体化。但是，从来没有这样的客体被经验到，它是带着保留被假定的——根本就被当作一个问题。我们假定一个上帝，目的是要获得某一确立系统统一性的基础，某一焦点，从那里出发并向那里行进。同样的解释也可以运用到心灵实体的“观念”之上。并不是要把心灵实体看成是物自体，或可以认知的实体，而是要它看作一个焦点，作为所有的意识状态的参照——我们的内部经验的理想的统一体。如果我们依照原貌来接受“观念”，也就是把它们当作纯粹的“观念”，而不是形而上学的实体，我们就能够在灵魂的生成、消亡和轮回的问题上避免所有牵强附会的假说。

人类的知识起始于知觉，前进到概念，并终止于“观念”。这三种成分都有先验的知识来源。全面的批判证明，关于这些成分，理性永远不能在其纯理论的
使用中超越可能经验的领域。 440

## 第十三节　目的论在自然中的用途

理性在思索自然时所使用的“观念”中有一个是目的“观念”，或者目的论“观念”。在独立著作《判断力批判》中，康德认真地批判了这一“观念”，书中也讨论了审美判断力的本质。知性把自然中每一个存在的整体，都单独看作是其组成部分的力量共同运动的结果。然而，在有机体那里，部分似乎依赖整体，被整体的形式、计划或“观念”所决定。在相互协作以使整体成为可能的过程中，每个组成部分既是目的又是手段，并被整体的“观念”所决定。在这里，我们再一次面对二律背反和辩证法，其正题这样陈述：依照机械规律，一切物质事物的创造都是可能的；反题是：依照机械规律，有些事物的创造是不可能的。只要我们把这些命题看作是规范性原则而不是构成性原则，矛盾就会消除。如此解释的话，正题要求我们在凡属可能的地方寻找物质自然界中的机械原因；而反题则要求我们寻找某种情形下的最终目的或原因——甚至在作为整体的自然界中——当机械解释看起来不够充分的时候。如此解释的话，并不能从这些原则中推论说有些自然产物不能被机械地解释，也不能说它们可以单独通过机械因果律得到解释。人类的理性永远不可能通过寻找机械原因而揭示出自然的目的。然而，物理机械的序列和目的论的序列最终交会并统一在一个原则之中却不是不可能的，然而，我们无从认知这一原则。我们为理性之构成所迫，如康德所说，被我们的**反省**判断所迫去把有机世界看成是目的性的；但感觉经验从来没有发现这样一个目的，我们也没有任何把目的揭示给我们的智性直觉。我们无法假定一

个盲目的无意识的目的，因为这将是物活论的回归，是所有自然哲学的死亡；此外，我们永远不会在经验中找到这样的盲目的目的；我们所知的唯一的目的就是人的有意识的目的。康德斥责活力论，认为它是关于无意识的目的性的生物学理论；我们要么彻底放弃为有机统一体确定原因的努力，要么就必须求助于有智能的目的。目的论“观念”的价值在于在研究自然的过程中引导研究者；它帮助他揭示器官和更小的身体组织所服务的目的，而这一目的性的洞见常常促成动力因
441 和机械原因的解释。因此，对于自然的目的论解释是理性无法回避的态度，是由对于某些现象形式的思考所引发的，但是，除了作为暂行的假说或指导性原则之外，它在经验之中没有合法的用途。

## 第十四节　理性和道德神学的实践用途

理性的全部旨趣，无论其为纯理论的抑或实践的，都围绕三个问题：我们能够知道什么？我们应该做什么？我们可以希望什么？在科学的意义上，我们永远无法获得有关上帝存在、自由和个人不朽的知识。然而，它们的纯粹理论的意义是比较轻微的；即便三个问题都在理论上得到了证明，这些知识也无助于自然科学领域中的任何发现。就与知识相关而言，它们是毫无用处的；它们的真正价值是实践性的、伦理性的。现在，我们的理性统御着道德法则，而这些道德法则是必然的。道德法则的必然性对上帝、自由和不朽来说有一定的意义。法则指导我行动，以便我有资格获得幸福；这是一种必然的实践法则。既然理性统御着它，我就可以因此而对幸福抱有希望。道德与幸福不可分离地联系在一起，但它们只在“观念”中相联结。现在，如果上帝是自然秩序的作者，那么，希望这一自然秩序同时也是道德秩序就是合理的，或者说，在这样的自然秩序中，幸福会伴随道德。我们的理性逼迫我们将自己看作是归属于一个道德的世界秩序，在此世界秩序中，幸福和道德是相互关联的。但在仅仅展示现象的感性世界中，幸福和道德的关联并没有显现，因此，我们就必须假设一个未来的世界，在那里，幸福和道德之间的联系是存在的。所以，上帝和未来人生是两个预设，依照纯粹理性的原则，它们不能与理性强加给我们的道德法则隔离开来。

有着道德基础的神学不可避免地会引向一个单一的、全面完满的、理性的和原初的“存在者”的概念。这个“存在者”必须是全能的，以便全部自然在其同道德的关系中受他的制约；必须是无所不知的，以便他能够了解人们最深层的道德品格，并评估其价值；必须是无所不在的，以便他能够随时处理世界的至善的

需求；必须是永恒的，以便自然和自由之间的和谐能够永远被保持下去。如果世界要与我们的实践理性保持和谐，我们的理性，在其道德运用中，要求它必须被看作是从一个观念中派生出来的，即至善的观念。世界要求美德与幸福联合；除非我们 442
把道德目的归属于世界，否则就不存在这种联合的可能；为了实现这样的目的，必须有一个道德的存在者。换言之，我们被道德法则引向了目的论和上帝。

因此，纯粹理性在其实践的运用中，也就是在其作为道德理性的时候，出于对我们的最高道德或实践旨趣的考虑，设定了一些形而上学的原则，纯粹的理论思辨只能够推测出这些原则，却无法为它们保证。如此一来，理性并没有使这些形而上学和神学的假设成为被证明的教条，而是将其作为道德基本目的绝对必要的前提。

## 第十五节　伦理学

康德的道德哲学表述在《道德形而上学的基础》《实践理性批判》和《道德的形而上学》等著作之中，可以看作是解决直觉主义与经验主义、唯心主义与享乐主义之间争论的尝试。他的根本问题就是要揭示善、对错和义务的意义，以及我们的道德知识的含义；我们如何规定道德义务，从人类的道理本性中能够引申出什么？

康德从卢梭那里了解到，除了善良意志外，这世界之中和世界之外没有任何绝对善的事物。对此，康德补充说，当意志是由对于道德法则的尊重或义务意识决定的时候，它就是善的。出自倾向的行为，比如说自爱乃至同情，都不是道德的；若要成为道德的行为，它就必须不顾这些冲动，而是纯粹从对法则的尊重出发。此外，行为的对与错并不依赖于其影响或结果；只要行为者的动机是善良的，是否能够取得幸福或完善已无关紧要。对于法则的纯粹尊重是真正道德的唯一动机。康德对“义务之自愿者”的情感式道德和功利的伦理学同样反感。道德法则是绝对命令；它绝对地、无条件地发令；它不会说：做了此事你就会幸福、成功或完善，反倒会说：去做，因为这是你的义务。康德的伦理学，就像其斯多葛式的模范，颂扬为义务而义务。这种伦理学并不关心具体的行为，甚至也不关心普遍的规律，而只是设定了一个基本原则：始终这样行动，以便你愿意你的行为的决定原则或准则成为普遍法则；这样行动，以便你愿意所有人都遵照你的行为原则。这条法则是正确与错误的最高检验。比如，你不愿意所有人都作虚假的承诺，因为，如果人人都如此，就没有人能够相信别人，虚假的承诺就会自己击溃自己。理性的人不会愿意接受自相矛盾，希望有虚假的诺言就是一种自相矛 443

盾。理性的人也不愿意无视他人的福利，因为，如果这样的行为普遍化，他自己有一天也会受到不人道的待遇。因此，没有人会理性地、前后一致地希望非人性被普遍化。

这一法则或绝对命令，是一个普遍的、必然的法则，一个先验的、内在于理性自身的法则。即便是普通人也承认这一法则的诉求；尽管他可能没有清晰地意识到它，但它控制着他的道德判断；它是其判断对错的标准或尺度。暗含于此法则之中，或是与此法则相同的是另外一条法则：这样行动，无论对你自己还是对别人，无论是在何种情形下，都要把人当作目的而永远不能仅仅作为手段。每个人都把自己的存在当作是有价值的自在的目的，因此就必须把每个理性的存在者都同样看待。在这里，我们得到了斯多葛派和原始基督教所宣讲的那种人道主义理想，它在18世纪的伦理和政治理论中发挥着重大作用。

理性的意志会为自身设置法则，这些法则适用于一切人，并且为一切人所接受。如果人人都遵守理性法则，一个理性的人的社会就会到来，康德所谓的目的王国，是一个由理性目的来组织的社会。换言之，绝对命令隐含地要求一个完满的社会；它必然暗含着一个关于理性的精神领域的理想。因此，每个理性的人都应该这样行动，就好像他因为他的准则、他的普遍原则而成为了普遍的目的王国中的一个立法成员。他既是君主，又是臣民：他既制定法则，又遵守法则。因其道德本性，他成了精神王国中的成员；他认同了凌驾于他之上的法则的权威，也就认同了作为至善的理想世界。

被道德法则所掌控——而非冲动、自私的欲望和嗜欲——的人是自由的。禽兽是自身欲望和本能的玩偶；通过自身中的道德法则的知识，人们可以抵制感性的欲望，所有的感性欲望的目的都是自私的快乐。由于他能够压制自己的感性的本性，所以他是自由的：他应该，所以，他能够。道德命令是人的真正自我的表达，是他的存在原则自身的表达。在道德法则中表现自身的正是他最深层的自我；只要他是一个理性的人，道德法则就是他的命令。他把这法则加诸自身，这就是他的自律。

道德命令保证了意志的自由。若非我们的道德本性，或者实践理性，证明意
444 志自由将毫无可能。我们普通的知觉和科学的知识处理的是时空秩序中的表象，那里的一切事物都按照必然法则排列：如我们所见，现象界中的事件是完全被决定的。如果这一事件的、空间的、因果的秩序就是真实的世界，自由就是不可能的。但康德教导说，呈现给我们的感官的世界不是真实的世界；因此，自由是可能的。如果不是因为道德法则把我们接引到一个非时间、非空间性质的宇宙，一

个有理性的自由存在者的世界，我们就永远无法知道这种自由是不是实在的。换言之，人的道德意识，他关于对错的知识，使他洞见到一个与呈现给感官的时空中的世界不同的国度。人类经验的道德维度使他得以进入超越现象的世界。

道德意识必然包含意志的自由。它也包含着上帝存在和灵魂不朽，这些概念在《纯粹理性批判》中作为可以科学证明的教条被打碎了，但依然作为可能性而存在。对于上帝存在的道德证明是这样的。绝对命令要求一个绝对善良、具有美德的、神圣的意志。理性告诉我们这样的意志理当幸福：善良的人应该幸福；因此，至善必须由美德和幸福组成，因为缺乏幸福的美德是不完美的善。但在这个世界上，美德和幸福并没有并肩而行；具有美德的人未必获得幸福。理性告诉我们，应该有一个存在者，他按照应得的赏罚来分配幸福。要实现这一点，这样的存在者就必须拥有绝对的智慧或是无所不知：他必须看穿我们的内在动机和品性；他必须接受最高的道德理想，也就是说，他是全善的；并且他必须有绝对的权力以建立依照美德分配幸福的做法，或者说，他是无所不能的。这样一种全知、全善、全能的存在者是上帝。证明不朽也依靠同样的前提：道德法则要求神圣性和绝对的善良意志。既然道德法则是理性的判决，那么它的吩咐一定是可以实现的。但我们无法在经验中的任何时刻达到神圣性；因此，通向完善就必然需要无限的时间和永恒的过程。换言之，灵魂必须是不朽的。

在《纯粹理性批判》中，康德拒绝所有关于意志自由、上帝存在和灵魂不朽的古老论证；《纯粹理性批判》的结论在这一方面是否定的。在《实践理性批判》中，这三个观念在道德法则的基础上被重新树立。人是自由的、不朽的，且上帝是存在的：这些真理都是我们自身的理性道德法则的必然内涵。道德法则保 445
证了自由、不朽和上帝；宗教建立在道德之上。

康德告诉我们，这种教导与基督教观念密切相关。（1）道德要求神圣性、完善和一个绝对善良的意志。（2）然而，人类却不能充分实现这一理想。只有上帝是完善的、神圣的；人类有着强烈的欲望，因此有罪恶的倾向。人所能做的就是尊重法则——获得忠守本分的品性。（3）至善只有在来生才能实现。（4）一个完全遵守道德法则的人，一个完全道德的人，具有无限的价值，并且配得上所有可能的幸福。（5）但道德法则并不承诺幸福；我们必须依照对的去做，因为它是对的，不管我们是否幸福。顺从道德并不保证幸福。（6）然而，我们的理性告诉我们，一个道德的人是值得幸福的。因此，可以合理地假设有一个存在者，他将依照善良的人们所应得的报偿来分配幸福。（7）但幸福永远不能作为道德行为的动机。我们必须依照正确的去行动，不是为了永恒的幸福，而是为了正确自身的缘故。正是这样的一些学说为康德赢得了“新教哲学家”的称号。

# 第五十九章
# 康德的后继者

## 第一节　康德引发的问题

康德的哲学使人想起一些问题。首先的——也许不是最困难的——任务就是理解康德在哲学中的“哥白尼式革命”的本质——我争辩说是人为自然立法，而不是相反。当时的文献表明，那些起初试图把握其意义的努力很不成功。哈曼（Hamann）称康德为普鲁士的休谟，而加尔维则把他的学说与贝克莱式的唯心主义等同起来；有些人察觉到了其中用来破坏宗教的历史基础并证明自然主义的微妙手法，还有些人则怀疑他的理论是对正在衰落的信仰哲学的新的支持。为了让人们更清晰地认识其主题，康德写下了《未来形而上学导论》（1783年），舒尔茨（Johannes Schultz）出版了他的《解说》（1784年），莱因霍尔德则出版了他的《康德哲学书信集》（1786年—1787年），胡夫兰德（Hufeland）和舒茨（Schütz）创办了《耶拿文学评论通报》，作为批判运动的宣传工具。耶拿成了这一新学派的根据地，通过在那里教学的希勒、莱因霍尔德、费希特、谢林和黑
446 格尔的努力，哲学在德国成为最受尊重的学科之一。

康德的后继者所面临的其他一些任务包括：认识论的发展，它的原则的统一，以及对于来自二元对立的问题的解决，比如有理性的世界与现象界、自由与机械论、形式与物质、知识与信仰、实践理性与理论理性；还有去除物自体概念所带来的不一致的问题。另外一项需要从事的工作是在康德奠定的批判基础之上构建宇宙体系；这成为著名的后继者和伟大的革新者的主要工作，比如费希特、谢林和黑格尔。

## 第二节　唯心主义和物自体

康德考察了数学、自然科学、形而上学、道德和美学的判断，以及目的论的判断，并指明了它们所依赖的前提或预设。问题将自行出现，事实上康德也时

常自问，是否存在着一个共同的基础，这些原则从那里起源，并且也可能是从其中派生的。关于一个理想的判断体系或一个相互关联的知识体系的——这些知识被一个基本的和绝对确定的原则凝聚在一起——想法，占据了当时的思想家的头脑，并且迟早会促进构建一个无所不包的唯心主义形而上学体系的尝试。但在此阶段之前，需要做大量的工作以扫清康德的《纯粹理性批判》所带来的各种困难。

K.L.莱因霍尔德（1758年—1823年）在其《关于人类表象能力之新理论的研究》（1789年）一书中，力图在表象（vorstellung）能力这一单一原则中推导出感性、知性和范畴的能力，表象能力既是接受性的又是主动性的，或者自发性的：它接受质料并产生形式。就客体独立于表象而存在而言，它是物自体，是不可知的。舒尔茨（G.E.Schulze）在其《埃奈西德穆》[88]（1792年）一书中，抨击了由康德和雷恩霍尔德所代表的新批判哲学；他认为，康德的批判哲学非但没有能够消除怀疑论，反倒是令其复兴，使哲学完全停留在休谟的位置。康德的哲学否定了关于物自体的知识的可能性，但在宣布范畴仅在经验世界有效之后，却又假定了物自体知识的存在，并将范畴应用于其上。在迈蒙（S.Maimon）（著
有《先验哲学研究》，1790年）看来，克服怀疑主义和物自体观念中的内在矛盾 447
的唯一途径就是，将物自体作为不可想象和不可知之物而打消。意识中的先验的或给定的元素的起源和原因，是我们无法知道的，是一个无理数、不尽根、一个永远无法彻底解决的问题。因此，我们无法拥有关于经验的全部知识；我们并不生产经验的客体，而只生产思想的对象，所以，思想的对象是我们知识的唯一客体。贝克（S.Beck）受到了抨击《纯粹理性批判》的影响，以唯心主义的方式解释物自体：要么就拒绝接受物自体，否则《纯粹理性批判》就是自相矛盾的（《来自被判为必然的批判哲学的一个可能观点》，1796年）。他认为康德不可能是这样一种自相矛盾的哲学的作者。康德实际所要断定的是，意识中所给定的一切都是意识的产物。没有唯心主义，就没有《纯粹理性批判》。

## 第三节　赫尔德

诗人J.G.赫尔德（1744年—1803年）反对康德式的心智能力的二元论，并强调心灵生活的统一性；思想和意志，知性和感觉都起源于共同的基础。所有这些

[88] 埃奈西德穆（Aenesidemus）生于克里特，活动于公元前1世纪，曾在亚历山大里亚教学。他是古希腊哲学家、怀疑论者和辩证法家，复兴了皮浪的怀疑论哲学，提倡“悬置判断”，并为保护怀疑论立场而提出了十条论题，讨论认知者与被认知之物以及两者之间的关系。——译者注。

因素在知识中协同发挥作用。所谓的脱离感性的、“纯粹的”或先验的理性，是一种抽象和幻象；我们所有的思维都起源于感性，即便是在经过理智的加工之后，依然保留有感性的起源。他认为，使用概念方法的理性主义不能公正地对待“活生生的实在”，因此他就以有机的和历史的方式来解释自然和心灵。他以一种泛神论的精神断言说，上帝在自然和人类之中展示自身，尤其是在宗教、艺术和各民族的生活中。人类的历史是向着人道理想演进的过程，也就是与环境相关联的一切人类能力的和谐发展。我们的理性能力应该被培育并塑造成发达的理性，升华的感觉进达艺术，冲动成为真正的自由和美，而我们的动机则发展为对人类的爱。

赫尔德非常关注与他的广义的人道主义和世界大同主义相关的民族主义问题。与他的全人类拥有共同祖先的宗教学说相一致，他强调人类的兄弟关系，尤其斥责以生物学差异为基础的种族歧视。他将人类种族差异和不平等归因于气候和地理因素，这些因素反映在社会和文化结构中，并铭刻在语言和习俗中。因
448 此，所有种族特征的差别都可以追溯到地理和气候。赫尔德的历史哲学倚重进步学说；世界历史是上帝的意志在地球上的实现，每个民族群体都为人类历史作出了一份特别的贡献。赫尔德的民族主义，在宗教和人道的背景下看，是对后来建立在种族理论基础之上的纳粹的反驳。

《元评判》，1799年；《人类历史的哲学观念》，1787年—1791年；R.R.Ergang的《荷尔德与德国民族主义的奠基》，1931；C.J.H.Hayes的《赫尔德对民族主义学说的贡献》，出自《美国历史评论》，第三十二卷，第719页至736页；F.McEachran的《J.G.赫尔德的生平及其哲学》，1939年。

## 第四节 雅科比

F.H.雅科比（1743年—1819年）宣称《纯粹理性批判》以主观唯心主义终结，他因此拒绝接受其结论。这样一种“绝对主观性的体系”，或如他所称之虚无主义，在他看来是无法把握终极实在的——上帝和自由——他的关注点就在此终极实在。在批判哲学那里，客体是现象、观念、梦幻或“彻头彻尾的幽灵”：它永远无法逃脱它为自己编制的罗网。另一方面，在雅科比看来，独断论式的理性主义——斯宾诺莎的数学方法为其提供了最具一致性的实例——同样无法到达真理。独断论式的理性主义认为，一切都是被决定的，没有根据的事物是不可理

解的、非理性的和不存在的：它最终走向无神论和宿命论。它以普遍的抽象活动进行运作，因此，必然会错过自由和上帝的活生生的、动态的自发性。理性主义夸大普遍的权利，使之凌驾于具体之上，夸大演绎推理的权利以对抗当下确定性，夸大理性的权利以反对信仰，并缩小经验范围，使之仅仅包括感官经验。雅克比借着情感、信念或信仰的基础而摆脱了唯心主义、宿命论和理性主义无神论的不可靠的怀疑主义。我们当下确定物自体的存在。这种信仰只有通过物自体的直接开启而成为可能，它来自于我们对于客体的直接知觉。我们与实在照面，而不是像唯心主义所认为的那样，仅仅与观念照面；观念仅仅是原初物的摹本，而原初物是我们当下知觉到的。任何种类的存在都不可能通过理性的抽象原则而得到证实。就像我们当下经验到外部对象一样，我们也经验到自身的存在、自我、美、真、善、自由因果关系和上帝。康德和雅科比都反对自然主义的无神论和宿命论，并力图保全上帝、自由和不朽。怀抱这样的目的，他们都认为推论性的知 449
性不足以作为终极真理的来源；在此意义上都是反理智主义者：我们无法获得关于物自体的知识。然而，二人都试图给自然主义以其所当得的认可，康德把整个现象世界交付给它，而雅克比则是通过建立起一个关于真实客体的世界，然而，这个世界并不完全受决定论的支配。但康德竭力将上帝、自由和不朽作为理性道德法则的内涵进行推演，因而依然是理性主义者，而雅科比发现它们的实在性是由心灵的内在经验直接保证的，这些经验携带着对于当下确定性或信仰的情感。康德的信仰是建立在实践的或道德的确定性之上的理性信仰，也就是建立在人类有关正确和错误的知识之上的。雅科比的信仰是以对于超感性经验的直接经验为依托的：终极实在在我们的意识中当下开启；在这样的经验中，我们与精神、自由和神圣的“存在者”直面相对：我们相信这些事物，因为我们直接经验到它们。在哈曼和赫尔德看来，雅科比拓宽了经验领域，并把对于实在的洞见包括在内，而批判哲学却把实在放置到了人类知性的范围之外。

在其《新的或心理学的理性批判》（1807年）一书中，雅各布·弗雷斯（Jacob Fries，1773年—1843年）试图将康德和雅科比的学说结合起来。他把批判哲学建立在心理学之上，用自我—观察取代先验方法。康德试图进行先天证明的理性原则，在弗雷斯看来，是可以在意识中被直接认知的：我们在自身之中直接感知到了它们的确定性。只有感官知觉到的事物是可知的；我们无法认知超感官之物，或者物自体；它们是信仰的对象，满足我们的心的需求。

# 第十七篇 450

# 德国唯心主义

## 第六十章
## 约翰·戈特利布·费希特

约翰·戈特利布·费希特（Johann Gottlieb Fichte）于1762年生于萨克森，是一个穷苦纺织工的儿子。因为一个贵族被这个孩子的聪明才智打动，慷慨解囊，费希特于是得到了在麦森（Meissen）和舒尔普伏尔塔（Schulpforta）学习的资费。他在耶拿、莱比锡和维腾堡（1780年—1784年）学习神学，为了获取生活费，他还做家庭教师给人讲课（1784年—1793年），这在很长一段时间里干扰了他的大学学习。1790年，在一些期望他能给他们讲授新批判哲学的学生的要求下，费希特开始研究康德，这对他的思想有着革命性的改变，并决定了他未来的生活方向。1794年，他被邀请到当时德国的学术中心耶拿担任教授之职，并成为新唯心主义的领袖，其目标不仅在于改造生活，也准备改造科学和哲学。在耶拿期间（1794年—1799年），费希特撰写了《知识科学》《自然权利》和《伦理学》。在他发表的《论我们对于神圣世界之信仰的基础》（1798年）一文中，他似乎将上帝与道德世界秩序等同起来，这招来了无神论的指控。他辞掉了教授职位，并来到柏林，在那里他发展了自己的哲学，并以受人欢迎的形式发表在演讲和著作中。1807年至1808年间，他发表了《对德意志民族的演讲》，呼吁人民的爱国精神，那时拿破仑还占领着柏林。1809年，他在新建的柏林大学任哲学教授，出色且忠实地为学校服务，直至1814年去世。

《一切启示的批判》，1792年；《全部知识学的基础》，1794年；《自然法权的基础》，1796年；《伦理学体系》，1798年；《人的使命》，1800年；《到达幸福生活的途径》，1801年；《对德意志民族的演讲》，1808年。

I.H.Fichte编辑的作品全集，共八卷，1845年—1846年；F.Medicus编辑的作品全集，共六卷，1908年—1912年；英译作品：W.Smith编辑的《费希特通俗著作集》（《学者的本质》《人的使命》《宗教》《当今时代的特征》），共两卷，第4版，1889年；《人的使命》（单独发行），1925年；《对德意志民族的演讲》，R.F.Jones译，1922年。R.Adamson的《费希特》，1881年；A.B.Thompson的《费希特知识学说之统一性》，1896年；E.B.Talbot的《费希特
451 哲学的基本原则》，见《康奈尔哲学研究》，第7期，1906年；H.C.Engelbrecht的《J.G.费希特》，1933年。

## 第一节 后康德哲学

如我们所见，康德的同时代人和其直接后继者的兴趣集中在下述任务上：如何将知识体系带入统一体，或者如何为自然科学、道德、美学和目的论的原则找到一个共同的基础；如何处理物自体；如何使上帝、自由和不朽的观念合理化。将时代的各种潮流纳入一个体系的统一体中，在当时看来是值得期望的：这些潮流包括批判唯心主义、斯宾诺莎主义、理性主义、信仰哲学，以及在赫尔德作品和法国思想中占据突出位置的发展观念。

康德曾经反对整个自然主义世界观的机械论、宿命论、无神论、利己主义和享乐主义，并通过把具有推论能力的知性限制在现象领域而为对于人类价值的理性信仰提供空间。在感觉经验的世界中，自然科学的主题内容，即法则占据着统治地位：每一个事件，包括人类的行为，都是因果链条中的一环。此领域之外没有科学知识之可能：就《纯粹理性批判》而言，物自体处于知识范围之外。然而，浏览其他的几部批判著作可以发现，随着我们关于批判体系的知识的进展，物自体的观念也在发展。起初被构想为一种纯粹的抽象，现在变成了理性的必然观念，一个——通过心灵、世界和上帝等观念表达了对于统一性的理性要求的——规范性原则。自由观念被认为是一切事物的可能的或可思考的根据；此外，道德法则证明了这一观念的实在性，并保证了上帝的存在、精神的王国和不朽。起初作为一种抽象的物自体被依照自由、实践理性和意志的序列加以解释。因此，存在着比科学理智所提供的类型更高的真理；我们自身的道德法则

是超感官世界存在的确切保障，这个世界是知性的物理数学方法所无法通达的。但康德在发展由绝对命令启发的纯理论的可能性时是审慎的；他在超越经验的界限时踌躇不决，并拒绝将其追随者带入到希望的领地。这片领地是不可能通过理论理性到达的，并且他认为也不可能通过当下经验之门而进入：越是接近直接的当下，在康德看来，我们就越是接近混乱并远离真理：脱离概念的知觉是盲目的。并且我们并不具备能够使物自体直接呈现在面前的那种理智直觉的能力。作 452
为头脑清醒的批判者，康德并不准备在情感主义或神秘主义中寻找实在的线索；事实上，他对于哲学中的这种无节制行为，只是报以鄙视，因为在他看来，它们就是这样。然而，除了他全部的理性主义之外，在康德的方法中还存在着信仰的因素：对于道德命令的信仰把我们从不可知论、唯物主义和决定论中拯救出来；我们有知识，因为我们信奉道德法则。若没有道德法则，我们对于自由和理想秩序就全然无知，并且无法将自我从自然之机械论中解放出来；道德真理解放了我们，并证明了我们的自由。正是新哲学的这个方面特别吸引住了新一代的人；它提供了逃脱因果律控制下的宇宙的形式，却没有明显地牺牲知识的合理诉求。斯宾诺莎主义于18世纪后期在德国流行起来，并被很多思想家，甚至包括那些反对它的人，看作是最具有一致性的独断论体系，事实上，成了思辨形而上学的完美实例：莱辛、赫尔德和歌德都曾被它吸引，而费希特在接触批判哲学之前，勇敢地接受了这种决定论，认为这是无法避免的。正是因为康德解决了心与脑（head and heart）之间的冲突，并由此而确保了唯心主义世界观，所以，这种解决方法和唯心主义世界观在德国哲学中受到欢迎，并形成了所谓的后康德唯心主义的出发点，后康德唯心主义的代表有费希特、谢林和黑格尔。

康德通过对科学、道德和而形而上学知识的艰辛的批判考察，确立了自己的立场；他的后继者将道德法则所指向的自由或理智世界作为他们的思辨理论的出发点：理想的或超感官的世界、心灵或精神（Geist）世界是真实的世界。有了这种自我决定的精神活动作为原则，他们试图解决哲学中的所有问题，试图解释知识和经验，解释自然、历史和人类制度。他们告诉我们，理想的原则能够把我们的知识统一起来，把范畴整合起来，把理论理性和实践理性结合起来，使我们克服机械论和目的论之间的二元对立，并消除康德的物自体的不一致性。只有通过自我决定的理性，我们才能够理解实在；只有理性理解了自身，它才能理解这个世界。因此，后康德体系中的知识科学，或者费希特所说的知识论（Wissenschaftslehre）的重要性就在于：发现正确的知识方法将会解决形而上学的问题；的确，哲学就是知识论。因此，哲学也是绝对的科学，它解释一切，并 453

且能够独立解释一切：关于事实的纯粹经验知识不是真正的知识，关于自然和历史的经验科学也不是真正的科学。如果获取知识意味着去理解实在[89]的主动的、活生生的、综合的、精神的过程，那么，把自身局限于时间—空间—因果序列中的现象的方法就不能成为知识：在这一点上，费希特、谢林、施莱尔马赫（Schleiermacher）和黑格尔是一致的。他们也赞成莱辛、赫尔德、温克尔曼（Winckelmann）和歌德所教导的作为进化过程的实在观念和关于事物的有机的和历史的观点；但是在获取关于实在的知识方面，他们的方法却各不相同。

## 第二节　费希特的原则

被费希特视为批判哲学之主旨的基本洞见是自由的概念。他认为意志或自我不是事物之一，不是纯粹的因果链上的一环，而是自由的、自我决定的活动。只有这样的活动是真正实在的，其他一切都是死寂、被动的经验：它是生命和心灵、知识和行为，事实上，是我们整个的经验世界的原则，是所有文明和进程中的推动力量。它是我们的知识依赖的基础，是理论知性的统一原则，对此，康德曾经暗示过而莱因霍尔德曾经寻求过，它是理论理性和实践理性的共同根基。因此，对知识的研究，被证明是哲学探索的最重要的主题，也是费希特艰苦卓绝的生涯中始终面对的事务。知识论是所有知识的关键：他在知识论中提供了对于理论理性和实践理性的条件、原则和前提的全面详尽的论述。

## 第三节　知识科学的方法和目的

在费希特看来，康德从经验中抽象出了范畴，但并没有证明它们是理智的必然规律：他没有证明他的原理。费希特告诉我们，这只能从一个共同的基础中推导出来，只能通过严格的科学程序的方式得出。每一种科学要成为科学的话，就必须拥有一个由第一原理统一起来的连贯的命题系统；它应该是一个相互关联的命题体系，是每个命题都占据着一个明确位置并且与整体有着明确关系的有机整体。因此，空间概念是几何学的中心观念，而因果概念则是自然科学的中心观念。不同的科学需要一种包容一切的科学，一门关于科学的科学，一种知识论，它将建
454 立或证明每门科学赖以建立其上的基本原理。这一普遍的科学或哲学——所有其

[89] 着重号为译者所加，实在即reality。——译者注。

他科学之确定性的来源——自身必须从一个自明的或必然的命题出发，从一个绝对的第一原理出发，这种第一原理将给自己的判断以科学的特性，并且同时使得其他所有研究领域中的判断有效。

然而这种中心科学不是立法者，而是知识的史料编纂者：它意识到心灵的必然活动的体系，监视或观察处于创造过程中的心灵。但它并不是对发生的事物的单纯登记而已，尽管费希特有时候对它有这样的声明；它努力理解这些活动的必然性，试图揭示不同形式的认知的基础或逻辑前提。“如果唯心主义所要打造的长链条中哪怕只有一环不能与邻近的一环衔接上的话，我们的科学就无权声明证明了任何东西。”这个假定是：心灵自身是一个理性体系，它作为有机的理性而活动，理智的各种不同功能不是断裂的无意义的行为，而是全部都为一个共同的目的贡献了力量；若不是这些理性的功能，理性的目的——也就是，自我意识的演进——就无法实现。因此，哲学家在进行演绎活动之前应该理解所有意识的目的或意义。就像在一个钟表中一样，如果我们知道整体的用途、它的结构、形状等，我们就能够说出它的部分必须如何，因此，在意识体系的情形中，我们也能理解其中的部分，如果我们理解有目的的整体的话——一个清晰、完满且发达的自我意识。**知识论**的方法在于证明理智的不同活动有助于自我意识的演进，若是没有这些具体的理智活动，心灵就无法变得自由并具有自我意识。在他早期的更为技术化的作品中，费希特从基本原理出发发展出一套知识体系；在较为通俗的作品中，他从对于知识的观察出发前进到原理；但他的目标始终是相同的——对知识之有机统一体的阐明。他有时候称自己的方法为**发生学**方法；然而，它并没有以描述知识原理的**心理**起源为目的，而是要证明它们是如何从必要的前提中出现的，或者理性自身如何演化出了它们。

为了研究理性思维的起源，哲学家必须通过一个意志行为使思想开始活动：因此，哲学不是从**事实**开始的，而是从**活动**开始的。知识不是关于世界的观念或是单纯被动的反映，而是一个自我决定的活的过程——不是财产，而是业绩。只 455
有通过一种自由行为，真正的知识才会成为可能。只有当我们能够在心中进行自由创造的时候，我们才能够进行理解；我们无法创造的，我们也无法理解。意识无法被自身之外的任何事物解释；它无法被外在于自身的事物生产出来，是一种自发的行为，或者在创造活动中意识到自身的一种创造。换言之，知识必然要预设纯粹的、自我决定的活动作为其基础，或者说，知识就是这样一种活动。知识、理智、思想，是自由的。没有这种活动，就没有感觉世界、经验或思维；因此，这种思想活动，就是我们一直以来要寻找的基础原理。纯粹自我、自我性原理或自我活动的理性是知识论的出发点，是一切知识的自明的前提；它也是我们的科学的终点或目的，因为，当知识论到达了完整的自我意识时，意识就把握住了全部知识的意义。

我们已经看到，需要有一个意志行为使心灵或自我进入运动，但一旦开始运行，它就按照某种必然的方式进行。在这种意义上，必然性是自由的产物。我没有被迫思想，但我一旦思想，我就必须依照法则思想——依照时空形式，依照充足理由原则等。但若没有活动的自我，一切意识都不可能。以A=A这一判断为例；尽管很简单，但若没有一个具有综合能力的心灵，它就是不可能的。如果自我没有跳入存在和行动之中，或者用费希特的话说，如果自我没有设定自我，就没有主体、没有客体，也没有经验世界。既然没有自我作为条件就没有经验世界和现象世界，因此，也不可能将自我构想为客体链条中的一环；那将是本末倒置。自我是自然事件的整个序列的基础或条件，因此，不能被包括在这样的事件之中。

## 第四节　关于自我的知识

于是问题就出现了，我们如何达到自我原则？我们可以将之作为经验的根据和思想的形式来推理，作为理论理性和实践理性的统一体来推理。但舒尔茨已经告诫过这样的与《批判》精神相反的推理方式，而费希特自己有时发现，假定一个精神基础与假定物质基础相比，其纯理论的保证都不足。为了支持唯心主义，他提供了几条其他的论证思路。其中之一受到了康德伦理哲学之主要洞见的启发，并通过道德法则找到了通达基本原理的方法。费希特认同康德的观点，承认
456 理智的不足：我们无法通过知性的时间、空间和因果的思维方式来把握活生生的实在；只有当我们看穿了普通认知的本质、察觉到其表面性和相对性，我们才能够把握住表层之下的活生生的实在：自由、道德的世界秩序和上帝。如果我们局限于科学的智慧，我们就永远无法超越不可逆转的因果秩序的观念，并且自身也无法摆脱自然的机械性。但有一条出路。在理智直观的活动中，理智直观本身就是自由意志的行为，我们开始意识到职责法则或普遍目的，这种法则或目的要求我们成为自由的人，把自身从自然之决定论中解放出来，并拒绝成为因果链条中的一环。接受了职责法则和它所包含的自由，我们的生命就获得了价值和意义；它有助于我们将世界作为宇宙目的的工具来理解——自由的实现——并因此而把我们从这一目的的盲目工具转变为自愿的助手。现在变得很清楚，我们通过感官

知觉获得的普通知识是实现自由的实践工具；它为我们提供了施展意志所需要的阻力：如果不发挥自己的努力，我们就无法自由，因此我们需要一个用来抗争和克服的世界。因此，如果获取自由的职责命令是不可实现的话，世界就将毫无意义；但依照道德意识的裁决来看，世界是完全可以理解的。

这些思想为费希特的哲学赢取了伦理唯心主义的名称：这是一个建立在道德信仰之上的世界观。我们无法向理论理性证明自由的、自我决定的存在者的首要性——因为理论理性从来不会停止寻找根据——但我们却把这一原则作为终极之物来接受，因为它自身就能满足我们的道德本性的要求，并给我们的生命以价值和意义。伦理决断对于哲学来说是基本的，“一个人是什么样的人，他就会选择什么样的哲学”。一个不具备伦理理想的人，一个不能把自身从自然的机械性中解放出来的人，只能会把自身构想为一件产品或事物，也不会对自由的自我感兴趣：他无法认知也无法经验到自由的自我，因为他从来就没能实现它。将自身从感官的奴役中解放出来的人，是一个自我决定的动力，他视自身为高于一切感性事物的力量，不会将自身构想为单纯的物件。

费希特还有另外一条思路，依照这种思路，自我直接感知到自身的自由活
动。唯心主义具有超越独断论或唯物主义的这点优势：唯心主义的基本实在，即 457
自我，在意识中出现，不是作为经验的客体，也不是作为现象或因果序列中的一环，而是作为自在的自我，作为某种超越一切经验的真实的事物。但这种意识并没有被强迫加给我们，我们必须通过一个自由行为在我们自身中将它产生出来。如果我们不能实施这一行为，我们就无法理解唯心主义哲学，就无法瞥见心灵的真实世界。独断论者否定关于自我的自由和独立的假定，因为独断论者无法在他自己的世界中发现它；如果他保持其一致性的话，他就必然会是宿命论者和唯物主义者。我们无法从概念上证明存在这样一种理智直观行为，也不能证明它是什么。每个人必须在自身中直接发现它，否则他就永远无法认知它。试图证明理智直观是什么，就如同试图向天生的盲人解释颜色是什么一样。但是可以指出，它发生在每个人的意识的所有阶段。每个将活动归于自身的人，都在缄默地诉诸于这种直观。费希特认为，哪里有精神活动，哪里就有对这种直观的意识，虽然说它总是逃脱独断论者的注意。

费希特同时指出，唯心主义的真理可以被经验证实。如果唯心主义的预设是正确的，并且已经作出了正确的演绎，那么，最终的结果就一定是个必然观念的体系，或是经验的总和。若是哲学的结论与经验不符合，这种哲学一定是错误的，因为它没有兑现承诺，即演绎出经验之总体并用理智的必然行动来解释它。

但唯心主义并没有把经验看作是需要达到的目的；它不关心任何种类的经验。在其过程中，它从基本观念出发演进自己的命题，而不关注结果会是什么。这就是费希特的言论，但事实上，他确实关心经验；他要求我们观察活动中的理智，观察在运作的心灵。他在隐含地说，对于这样的活动的纯粹观察不是哲学，真正的哲学需要理解这些活动，理解它们的基础和目的，而这样的理解只能够通过逻辑思维实现。

## 第五节　外部世界

费希特将所有实在都建立在自我之上；既然自我是一切，自我之外就一无所有，不存在独立的、精神之外的客体那种意义上的自在之物。因此，唯心主义
458 面临的问题就是去解释我们如何给似乎纯粹主观的东西赋予了客观的实在性，或者，我们如何假设与生命、行动和心灵相对立的存在或存在者。费希特告诉我们，它属于限制自身的自我活动原则本身的本性：在进入存在的同时也限制自身，并且如果它要存在的话，就必须限制自身。在我对于红色、甜味和寒冷的感觉中，我经验到了自身的局限；感觉属性强加于我并因此而限制了我。独断论者试图把这种原初的情感或感觉解释为某种物体的结果，即物自体；但费希特拒绝以任何超出人类经验的客体来解释感觉。在心灵把对于意识的纯粹主观的变化投射到空间中，或是在这些变化被客体化的意义上，客观世界是自我为自己生成的。若没有感觉、没有自我的活动或必然功能，包括时间、空间和因果律，我们就永远无法生成我们知觉到的现象世界。是什么激起了我们的感觉，我们并不知道。但这并不意味着我们关于现象世界的知识没有客观有效性。现象客体的世界远远不是一种幻象，而是唯一的真理领域。只有当独立于我们而存在的物自体出现的时候，现象界才会变得虚幻起来。物自体是一个虚构的概念，是错误的哲学发明；常识认识不到物自体。依照你发现的世界来接受它，努力理解它并对它有所行动——这就是批判唯心主义的态度。我们不能通过我们的理论理性来超越意识。我们能够知道的只是自我设定自身并通过非我来限制自身；但它为何如此却无法得到理论上的解释？费希特以实践的方式解决了这个问题：我们不能向理性解释知识的起源和界限，但我们能够使它们的意义和伦理价值变得十分清晰、明确。有着完善界定范围的知识领域在事物的道德秩序中有着确定的功能。我们通过理性知觉到的事物最具有实在性，并且是与我们相关或为我们而存在的唯一的实在。我们的世界是“我们的职责感性化的质料”；通过我们知道的在世上存在

的事物，我们能够并且必须实现我们的道德理想。世界是实现道德目的的工具；既然它为道德努力提供了空间，那么，世界是实在的还是表象的又有什么区别呢？作为自我活动之存在者的自我需要一个对立的世界，在这个世界中，它能够在其中奋争，在其中意识到自我和自由，在其中它能够实现自由。它需要一个依照道德法则排序的世界，一个绝对被决定的世界，以便自由的自我可以通过依赖这些法则而实现其目的。自我必须知道必须期待什么，否则理性的、目的性的行动就是不可能的。

## 第六节　客观唯心主义 459

这种观点中包含许多暗含有客观唯心主义的成分，费希特的很多同代人也是如此解释的。然而，费希特用作其哲学之基础的自我不是常识中的个体的自我，而是纯粹自我、纯粹的活动、普遍理性，是理智本身。对他而言，绝对自我（自我性或我性Ichheit）和个体性是非常不同的概念。纯粹自我在逻辑上先于个人自我，它是个人自我的条件或逻辑基础。我们不可能想象个体的自我而不把同样的理性、同样的思维的普遍进程归属于这些个体。然而，在费希特这里，逻辑在先并不是简单的逻辑在先；如我们此前所见，纯粹自我不仅是一种抽象。它是一种实在，高于所有的人，是超个人的；它是普遍的活动理性，在所有人中都一样；个体自我可以获得关于纯粹自我的视觉，如果他愿意的话。最高等级的自我意识就是哲学家的意识；哲学家的自我意识是一种理智直观，在这种直观中，自我返回到自身，并意识到自身的活动。自我直观到自身的活动，超出了时间和空间知觉；它不再观察现象的因果秩序，而是回撤到自身之内，观察自身并认知自身。在费希特眼中，给予其哲学这种确定性的东西就是直观的自我知识；自我不仅推理出一个原理，或是通过逻辑抽象达到它，并且经验到它，以康德的分析法所排除的那种方式经验到它。在其早期作品中，费希特谈到了这一作为普遍理性活动于每个人之中的原理；正是自我的那一维度以普遍的方式进行思考，它认识普遍真理并且具有普遍的目的或理想。他对于反驳自然主义和关于实在的机械论和决定论概念抱有兴趣；因此强调所有经验的唯心主义特征。他未能精确地定义自己的概念，再加上他称其为自我，就导致人们错误地将其体系看作主观唯心主义，这是他一开始就表示强烈反对的。随着他的体系的发展，他开始更为清晰地表达自己，而那个被他的对手错误地解释为个人主观自我的原理，他现在毫不含糊地将其描述为绝对自我或上帝。但无论是叫作理性、绝对自我或是上帝，这一原理都被构想为统治每个个体意识的普遍理性。在个人自我之外还有其他的理性存在者，他们在现象界行动并以与我极为相似的方式代表着绝对自我；同样的普遍原理活动在所有的自我之中。自然不是具体自我的创造，而是普遍精神原理在自我之中的现象表达或反映。普遍自我是真正的实在，个体自我是普遍自我的
460 产品或显现。费希特是绝对的唯心主义者，但不是一个主观唯心主义者，因为他假定了关于实在的普遍原理而不是单纯的个体意识；但他拒绝把这一原理构想为一个静态的实体，无论是物质的还是精神的：正是活生生的、流动的、自我决定的精神过程在个体自我之中表达或显现自身，这是他们的自我的本性，是感性或现象生活以及思想的必然法则的共同基础。在我们之中生活、思考和行动的就是这种普遍的生命和理性：我们在其中生活、活动并拥有我们的存在。在实在存在于个体的个人意识之外的意义上，费希特并不否定精神之外的世界的存在；事实上，他努力证明，如果没有普遍的生命过程，就没有这样的意识，也没有个体。只要他承认精神之外的实在，他的立场就可以被描述为实在论。然而，他的实在论是在绝对唯心主义的框架内被判定的。实在的世界不是按照时间—空间—因果的秩序被安排的死寂事物的世界；时间—空间—因果秩序是绝对原理在人类意识中的显现，若没有普遍自我，也就不可能存在。费希特的主观唯心主义受到了一种客观的或形而上学的实在论的补充；他自己则称之为实在的唯心主义。我们是普遍自然的产物或显现；理性的普遍原则在我们之中思考并到达意识；正是因为这一原因，自然必须是精神（Geist，spirit or mind），而不能是其他事物。

普遍的、没有限制的生命原理如何分化进入到无数的个体自我之中呢，费希特竭力通过光的类比来说明白这一点。就像光被障碍物阻拦而反射或返回其源头，同样，普遍活动也必定因障碍物被反射或是返回自身。除非无限的活动遇上某种障碍，不然就没有意识、自我意识、自我决定的思想，也没有知识：它只有在有限的形式中才能够意识到自身，即在因其他有限自我的对抗而受到限制的自我之中。既然普遍生命是无限的，它就不会在有限形式中穷尽自身，而是必定要继续无限地生产自我，并在分离或个体化过程中意识到自我。意识似乎是因为普遍自我的自我限制而发生的，通过一种先于意识之生成的行动，因此，我们作为个体人无法意识到意识的生成。绝对自我以无意识的方式生成自我，而自我并意识不到它们的生成。

然而为什么终究会有生命，为什么绝对自我要在无数的意识形式中表达自
461 身？我们无法把普遍的生命过程或纯粹活动想象为无目的的；如果不把它致力于

一个伦理的目标，它就将是毫无意义的。自然的目的，或者非我，也是一样的：它也要成为实现自我的工具。在人类和自然以及个体自我和非我之中表达自身的是同一个绝对自我。自然界中的事件和个体自我的行动是终极道德目的的可见的表达；我们只能这样理解它们；除了作为宇宙的道德目的的工具，它们并不具有实在性。然而，个体自我可以通过意志行为将自身从纯粹的表象状态提升到对于超感性事物的认知，并通过这种方式使自身与普遍的道德目的等同起来。

因此，在绝对的、独立的自我和有意识的、不独立的个体自我之间就存在着差异。绝对自我在个体自我中作为纯粹的行动冲动和道德目的而出现，作为职责意识出现，它命令自我克服感性世界的对抗，并实现绝对自我为之奋斗的自由理想。当我们察觉到自身中的纯粹活动，我们就认识了实在的本质，当我们努力实现我们的道德目的时，我们就是在实现宇宙的意义，即绝对自我的目的。个体自我在自身中意识到的目的是绝对发出的声音，是同一个绝对自我的目的，这一绝对自我也在物体世界中显现自身。我们可以实现我们的本性促使或迫使我们所做的事情，因为促成这一行动的同一种普遍意志同时也在外部世界产生了相宜的变化。

问题出现了：在这一结构中个体自我还剩下什么自由？个体自我是绝对的活动的表现；在理论方面，它受到感官知觉和思想的必然规律的决定，而在实践方面，则受到普遍目的的决定。普遍目的注定要在世界中实现自身，无论个人愿意或是不愿意，感性世界都会无所顾虑地遵循其规律。但个体有权选择他思考或是不思考——他也可以决定是否将此普遍目的变成自己的目的；那也要依赖他的自由选择。我们有能力决定我们是否要继续做普遍目的的盲目的工具，或是成为服务于善的、有意识的、自愿的工具。一旦我们已经自由地决定要履行我们的职
责，实现普遍的目的，我们就不再自由；我们就使自己成为了绝对的工具，而我 462
们的道德生命也因此而被决定。

在这一点上，自由意味着一种不可解释的自由选择，是漠然的自由，是意志的突然跳跃。从这种观点中，费希特得出结论说，人要么是善的，要么是恶的，要看他是否选择了善，或是继续做惯性机器上的一个小齿轮，只有善人才可以赢得不朽。他也得出结论说，抵抗和道德斗争从来都没有消除；普遍的道德目的从来没有彻底实现过；道德生活是向着一个永远无法到达的善的持续不断的前进过程，一个世界会接替另一个世界，永无止期。道德的善并不在于一次性获得的静态的目标，而是在于为了实现宇宙的道德目的而进行的永恒的斗争。

## 第七节　道德哲学

费希特的整个体系都含有伦理观念的色彩：它以康德的绝对命令为起点，而以关于上帝的普遍道德目的为终点。我们已经看到他如何从道德法则演绎出我们的经验世界。从感官中解放出来是不可能的，除非有一种需要从中解脱出来的东西，即不自由的状态，自然的自我受到了世界的限制。道德法则意味着自由，而自由意味着克服障碍，而障碍意味着一个感性的世界。因此，道德法则就意味着一个无限延续的奋斗的生命，也就是不朽；并且它暗含着普遍目的或上帝。它的预设是：个体以之为目标的事物在他的职责行为中事实上实现并达到了，存在着一个宇宙秩序，一个理应从人的意志的道德决定中产生的秩序，此秩序存在于个人道德意志的范围之外，但必须假定它以便拥有价值和意义。换言之，道德法则暗含着宗教信仰：没有宗教信仰，没有对于道德的世界秩序和道德的世界秩序设定者的信仰，道德法则就没有意义。因此，正是信仰把确定性和信念给予了舍此便只能是纯粹幻象的事物，这种信仰就是意志的决定：我有信仰的意志。所以，道德良心是所有真理和信念的试金石。

伦理目的在世界中实现自身；自然和人类是服务于善的工具。因此，人的使命就是履行职责，为实现最高的善而自愿地、有意识地工作，把目光专注在普遍的道德目的之上。他的良心命令他将自己从感官的奴役下解放出来，成为一个人，而不是一件物。然而，若没有知识，他就无法摆脱自然决定论，没有知识，
463 他也不能对自然有何作为；因此，他必须为了道德目的而追求知识，而不是纯粹出于好奇。因此，人的职责就是要认识自己在做什么，若不认识自己所做的事情，就不要行动。他应该始终依照信念行动，而不是在权威的胁迫下行动。与人应自由的命令相随的，还有运用理性和理解良心所设定的目的的命令。良心要求为职责而职责；良心告诉我我的目的应该是什么。并不是因为某物是我的目的所以我才如此行动，而是因为我应该如此行动，所以那东西才是我的目的。因此，良心永无过失，它总是在每个具体情境中告诉我们如何行动——也就是，如果我们停下来，把问题彻底想清楚的话。

对于费希特而言，道德不仅仅在于善良意志——尊重道德法则是不够的；善良意志必须要将自身表现在行动中，他应该努力克服自然的阻力，内部的和外部的阻力：道德是一场斗争。然而，与自然的战斗并不在于消灭自然，而是要改造自然以适应伦理目的；它能够并且应该被改造成适合理性目的的工具。自然货

物、财产、不同的职业和我们整个工业生活的意义在于，它们全都可以拿来服务于普遍的道德目的。既然道德生活不是孤立的个体存在，而是群体生活，每个个体都应该将自身看作从事劳动的社会成员，并为了共同利益而牺牲自己尘世的财产，只有通过这种方法才能够实现终极的目的。每个人都应该依照良心的指令在世界上自由选择适合自己的行动领域。的确，有必要让个人接受教育以便唤起他的良心；没有教育的话，职责的呼声就不会发出来，职责的意义也不会被理解。

每个个体都在社会中有一个具体的位置以为全体工作。同样，每个人在文明中也有其独特的位置，在为人类自由的战斗中有其独特的贡献。在他的爱国主义作品《对德意志民族的演讲》中，费希特为他的人民举起了统一德意志的理想；他说，德国的使命就是重新获取民族的存在，在文明事务中担当哲学领袖，建立起植根于个人自由的国度，一个名副其实的正义王国，这样的国家从未在地球上出现过，它将在凡有人形尽皆平等的基础上实现自由；人类的天职是要将自身融
入单一的统一体之中、一个普遍的国家联邦，在此联邦中，每个民族和每个时代 464
所贡献的文化都将传布整个地球。费希特为德国提出的民族主义理想是服务于更高的人道主义的。

但尘世的目标不能成为最高的目标：我们促成人类尘世的目的仅仅是作为实现普遍目的的工具——精神王国的实现本身就给现象秩序以价值和意义。人是两个世界的公民：他不可能为另外一个世界工作而不愿为这个世界工作。我们通过使意志善良而为另一个世界工作；每一个符合此意志的行为都影响了上帝，并通过上帝而影响到其他的心灵。良心的声音就是上帝在我之中的声音；经由良心，精神世界下临到达我，通过意志，我向上触及并作用于它。上帝是精神世界和我之间的调停者。我认可你的工作的唯一原则就是良心的声音，它命令我尊重你的工作，而这声音就是上帝的声音。我们对于感性世界之真理的信仰，不外乎是这种信仰，即促成自由和道德的生命将从我们在此感性世界的无私且忠实的职责履行出发，无穷地演进下去。

人类的普遍和平以及他们对于自然机械论的绝对统御的状态，并不是本身值得占有的事物；理想的状况是，人们自己应该造就这种状态，它应该被人类全体——作为一个伟大的、自由的道德群体——创造出来。我们的当前生活作为其组成部分的伟大的道德王国的基本法则是：对于具体的个人而言，除了通过他自身的道德意志，不存在新的或更好的事物，对于群体而言，除了通过社会的道德意志，也没有什么新的或更好的事物。

> 我不了解我的全部天职；我应该是什么和我将会是什么，都超越了我的思维。我在生命中的每一刻都确切地知道，我应该在此刻做什么：我应该发展智慧并获取知识，以便拓展自己的职责范围。我应该把我自己，我的身体和心灵，纯粹看作是实现职责目的的工具。[90]

## 第八节　新唯心主义和浪漫主义

费希特的哲学把他所处时代的不同思潮都考虑在内，并试图把它们导入共同的川流之中。与启蒙运动一样，他反对权威和传统，并力图给世界以理性的解释。在颂扬自由人格和人权的同时，他也颂扬文明和进步，并要求改造科学、哲学、宗教、教育和总体的人类生活，费希特完全表达了整个的现代精神。他对德
465 意志民族统一的爱国主义呼吁以及他的建立在平等和正义之上的国家理想，都表达了受到专制主义压迫并受到拿破仑战争蹂躏的民族的渴望。在使得心灵或精神（Geist）成为实在之中心原则并把人类从机械论的梦魇中解救出来的行为中，他表达了对于理性可以理解并且与人类理想相一致的宇宙的渴望。就像他所阐释的那样，与他的新实在论相一致，并且也与德国文学的伟大领导者莱辛、赫尔德和歌德相一致，费希特将存在构想为由道德目的引导的一个动态演进过程。他既赞成同时代的古典和浪漫诗人，也赞成信仰哲学家——事实上，也赞成康德——认为普遍的生命总体不能够被科学范畴所把握：他赞成歌德，认为宇宙必须被构想为有机的、多样性中的统一体；他赞成雅科比，认为只有在自由行动者的内在生活经验中、在直觉中才能够认识宇宙；在自由行动中、在职责感中、在对真理之爱中，精神与精神交谈。费希特体系中的反理性主义和神秘成分——伴随着他的严密的逻辑——吸引了浪漫主义诗人，施莱格尔（Schlegel）兄弟二人、蒂克（Tieck）和诺瓦利斯（Novalis）。新实在论的很多其他方面也赢得了他们的青睐：它表面的主观主义、历史观点和关于德国文化之独特性的观念。但他们倾向于夸大费希特哲学的这些标志性特征。他们强调费希特的情感主义而忽视其理性主义；费希特的直观变成了诗性天才中的神圣的、富有同情心的洞见；理性和伦理的自我被转变成了浪漫的、神秘的、冲动的甚或奇诡的、个人主义的自我。自然在与这样一种自我的类比中被加以解释，被构想成为玄妙的人格化力量的居所，而诉诸历史则是为了支持传统，已过去给定的权威来统御现在。

---

[90]《人的使命》，第二卷，参见W. Smith译本，第165—166页。

谢林把所有这些思潮都带到了焦点之处，尤其是新实在论和诗性的浪漫主义。他也对斯宾诺莎主义和自然科学运动很感兴趣，这一运动在批判哲学的推动力下径直进入了德国。作为一名青年，当他依然还在图宾根神学院的时候，谢林已经为自己赢得了费希特的最佳阐释者的美誉；并且，数年之后，他用自然哲学补充了费希特的哲学，这种自然哲学不仅取悦了歌德和浪漫主义者，甚至在德国自然科学家中也找到了同道。

## 第六十一章 466

## 谢林

弗里德里希·威廉·约瑟夫·谢林（Friedrich Wihelm Joseph Schelling）生于1775年，于1790年至1795年间在图宾根大学神学院学习哲学和神学。在莱比锡，他为两个年轻学生担任了两年的家庭教师，此间他在大学自学了数学、物理学和医学，此后他在耶拿获得了哲学教职（1798年）。在这里，他倾慕奥古斯特（August）和施勒格尔（Caroline von Schlegel）领导的浪漫派圈子，并创作了自己最优秀的作品。在担任过各种不同的职务——在渥兹堡（1803年—1806年）和慕尼黑（1806年—1820年）担任过美术学院院长，在埃尔兰根（1820年—1827年）和慕尼黑担任过新建大学的哲学教授——之后，他被邀请到柏林为流行的黑格尔哲学潮流掌舵，但基本没有成功。他于1854年去世。

在早期阶段，谢林接受了费希特的哲学，并依照费希特的精神进行了发展；他的作品有：《自然哲学观念》（1797年）；《论世界灵魂》（1798年）；《先验唯心主义体系》（1800年）。在第二阶段，其作品显示出了布鲁诺和斯宾诺莎的影响，他将自然和心灵看作是更高原则的两个方面：这就是他展示在《布鲁诺》（1802年）和《学术研究方法》（1802年）之中的同一哲学。第三阶段，谢林发展了他所谓的实证哲学，关于神秘启示和神话的哲学，与雅各布·波墨的哲学颇为接近。宇宙被看作是来源于上帝的堕落。宇宙历史的意义要在神话和启示的晦涩开端中寻找，谢林认为，我们可能会从其中获得关于人类起初堕落的线索。这一阶段的作品，除了论人类自由的那部分外，直到他死后才得以出版。

他儿子编辑的全集，1856年—1861年出版，共十四卷；O.Weiss编辑的选集，1908年；《论雅各布人类自由》，J.Gutman译，1936年；《世界的时代》，F.Bolman Jr.译，1942年。

## 第一节 自然哲学

谢林受到了以心灵来解释世界的新唯心主义的吸引，并成为唯心主义立场的热心的支持者。然而，他并不满意费希特视自然为绝对自我之产物的原初观念，自然在个人的意识中仅仅作为意志的障碍或刺激物。谢林拒绝诸如“自然是我们职责的材料”这样的论题，而是走向了客观唯心主义和泛神论，费希特自己也是这样做的。知识论的纯粹自我成了形而上学的绝对自我。如果实在从根本上说是与人类精神相近的活生生的自我决定的过程，自然就不能被仅仅看作是意志的外部障碍物或者死寂的机械秩序。我们可以理解自然，因为自然与我们有着亲缘关系，因为自然是动态心灵的表现，因为自然中有目的、理性和生命。但此理性
467 未必就是有意识的智慧；同浪漫主义者、信仰哲学家一样，谢林拓宽了精神、心灵或理性概念的范围，以便它能够把有机和无机的自然中表现出来的无意识的、本能的和目的性的力量涵盖在内，也包括哲学家最高形式的自我意识。对于无意识的自然和有意识的心灵来说，共同的是纯粹活动、自我决定的能量；实在包含有行动、生命和意志。绝对的根据，或者所有事物的源头，是创造的能量，绝对意志或自我，无所不在的唯一的世界精神，一切事物均潜存于世界精神之中，一切实际的事物也都从其中发生。理想与实在、思想与存在，在根本上是同一的；在有意识的心灵中展现自身的同一种创造性的能量可以无意识地活动在感官知觉中，也活动在动物本能、有机生长、化学过程、结晶体、电力现象和引力之中：它们之中全部都有生命和理性。作为无意识的盲目冲动来推动并形成我的身体的那种本原，一旦意识到它自身，就因此而把自身从盲目的奋争阶段抽离出来——但依旧在无意识的层次上存在——变成了纯粹的精神，纯粹的自我意识。普遍自我体现在自我之中，也表现在其他无数个体的自我之中——只有在有意识的心灵中，它才察觉到自我。我们是实在的，因为我们植根于普遍自我之中；作为独立的、孤立的个人，我们就不是实在的：绝对的个人的自我是一种幻象。谢林视自然为可见之精神、精神为不可见之自然的洞见，给浪漫主义的想象力提供了推动力，并激励新诗人把生命和精神赋予世界，用充满爱意的同情心来看待世界，这种同情是他们在一个死寂的机械面前所无法感受到的。

然而，自然和精神、存在和思想并不像斯宾诺莎所认为的那样是绝对的平

行的两个方面，而是绝对精神演化过程中的不同步骤、阶段或时期。**绝对**展开自身，它有自己的历史：这是一个进化性的过程，最高的目标就是自我意识。就像我们自己从无意识或潜意识的阶段过渡到清晰的自我意识，但仍然是同一个自我，普遍的自我从黑暗升进至光明也是如此。有结构的物体——从无生命的自然到人类——的渐进阶梯，清晰地显露出一个创造性力量，它只是在逐渐地向着完全自由演进。死寂的、无意识的自然产物只是自然表现自身的不成功的尝试；所谓的死寂的自然是一种不成熟的智慧，但其现象还是无意识地表达了理性的迹象。自然达到了它的最高的目的，即人类的自我意识；在人类的自我意识中，自然和精神的原初同一被揭示给我们。因此，关于自然的最完满的理论就是所有的 468
自然规律可以被规约为知觉规律和思维规律的理论；在这种理论中，自然之全体皆融化为智慧。

在谢林看来，无论我们从自然开始或是从精神开始，从自然哲学开始或是从先验唯心主义体系开始，都是无关紧要的；无论我们问：自然如何变成了有意识的智慧？或者问：智慧如何变成了无意识的自然？知识的原理与实在的原理都是相同的；知识如何可能的问题和世界如何可能的问题都可以通过求助于同样的条件和法则以得到答案。在追溯自我意识之历史的不同时期时，从原始的感觉到较高级的理智过程，我们同时也是在追踪绝对本原在自然中显现自身的发展过程。“一切性质都是感觉，一切物体都是自然的知觉；自然本身具有感觉和知觉，它是凝结的智慧。”

同样的法则贯穿了所有的事物：位于事物根基处的本原以同样统一的方式活动，在任何地方都以同样的节律波动。它的活动是扩张和收缩的过程：本原展示出自身潜在或暗含的事物，使自身客观化，也就是说，它走出自身，而后又返回自身，变得更为丰富和强大：在自我意识中，自然既将自身表现为主体，也表现为客体，它进行分化，并在此过程中意识到自身。自然的各种不同力量从根本上说是同一的：热、光、磁力、电力是同一种本原的不同阶段，就像无机自然和有机自然一样。不同的有机形式中存在着统一性；它们构成了渐进的阶梯，是同一个组织原则的产物；它们全都是在同一计划之上建立的。自然的所有的产物都被一个创造性的精神所统摄；自然的每个部分都辅助整体。人类是自然的最高产物。在人身上，自然获取了自我意识目标的实现。

就像费希特曾经试图证明精神发展的逻辑步骤，谢林试图先验地构建自然，并推理出其演进过程中的必然阶段。与其前的赫尔德和费希特以及其后的黑格尔一样，他发现在世界上运作的辩证过程，两种对立活动运行其中的过程——正题

与反题——它们在更高的综合中被统一、调和或和谐起来。他称此为三重性法
则：反作用跟随作用；从对立中产生了和谐或综合，而后又在永无止息的时间运
469 动中分解。自然中既不存在死寂的、静态的实体，也没有完全的流变。谢林将此
三重性法则运用到了有机自然和无机自然的细节中；我们发现它表现在序列中：
吸引、排斥和引力；磁力、电力和化学作用；感性、刺激和再生产。我们将不再
追随其自然哲学，其中诗意与科学、幻想与逻辑交织在一起；虽然在细节上有着
令人难以置信之处，谢林视自然为动态演化过程的基本观点却预示着当代物理学
中的物质概念。

因为自然是活的，因为自然中有目的、理性和法则，所以我们可以理解它，它对我们是有意义的。我们与自然血肉相连。与费希特一致，谢林拒绝关于不变的静态实体的旧观念，并用动态观念来取代它，即关于普遍生命的概念，关于活生生的、创造性的、有目的的演化原理的概念，它从无意识过渡到意识，最终目的是人类具有自我意识的理性。他反对关于自然的数学物理概念，并用目的论概念取代之，或者毋宁说，是通过无意识的目的的学说来调和机械论和旧的目的论。在较低级的阶段，**绝对**的行动就好像具有有意识的目的；它在无意图地行动，然而不是从外部被机械地推动着。如果只看到事物的外部的——表象中的变化、事物的不同状态和阶段——观察者能够把自身置于内部；如果他自身可以成为冲动或运动，并且同时意识到它，他就会发现，冲动不是来自外部的强迫，而是来自自身内部的指引。

谢林的自然哲学中包含有不少让人难以置信的内容，时常会出现冒失的断言、幻想的类比，以及华丽的修辞手法，而不是证据或事实。在强迫自然接受逻辑程式的努力中，他总是有意忽视自然的事实细节。然而，它的确激起了对于自然和自然研究的兴趣，抵制了单方面的机械论的影响，保全了哲学的本能或对于统一性的渴望，这始终是德国思想的标志——即便是在德国居于领袖位置的自然科学家之中——并且强调了实在之动态和演化的观念，这种观念即便在今天也仍有其追随者。

## 第二节　心灵哲学

我们并不准备详尽地阐述谢林的心灵哲学，就像《先验唯心主义体系》中
的那样，因为其中对于费希特的依赖十分显著。这种心灵哲学追溯了自我意识在
470 不同时期的历史，从原始感觉到创造性的想象力；从创造性的想象力到反省；从

反省到绝对的意志活动。既然所有的生命形式中都是同一原则在发挥作用，我们就可以期盼心灵的活动与自然中发现的那些活动相对应；自然的力量在人类的意识中继续运作。此处采用的方法与费希特的方法一样：若不是绝对自我或能量限制了自身的无限活动并产生出了现象世界，就不可能存在有限的自我；没有这样的现象世界，自我就无法获得自由和自我意识。客观世界是绝对理性的产物，绝对理性生成了感官知觉、思想的必然范畴和个体中的自我意识。自由和自我意识的更进一步的前提是在社会和有组织的**国家**中的生活。一个孤立的自我不具备关于真实世界的思想，因此也没有自由观念。在这一作为无意识的普遍理性之表现的**国家**中，自然的自私冲动被普遍意志所控制；个人被无意识地社会化了，并准备走向更高的伦理阶段，在此阶段，人们不是出于强制才做正当的事，而是有意识地、自愿地去做。自我意识发展的最高阶段在艺术中得以实现；具有创造性的艺术家模仿自然的创造活动，并意识到这种创造，意识到**绝对**的活动；的确，在艺术性的创造中，**绝对**意识到自身的创造力量。认为艺术——而不是道德，像费希特所想的那样——是人类最高贵的能力的观点，在德国文学的黄金时期颇为流行。

## 第三节　逻辑与直觉

谢林的哲学在其最高发展阶段以泛神论的形式出现，宇宙被构想为有生命的演进体系，一个有机体，其中的每个部分都有自己的位置并为辅助整体而服务。主体与客体、形式与质料、理想与实在是同一的，结合在一起不可分割；一就是多，多就是一。就如同在有机体中我们无法把部分从整体中拆分，实在也是这样一种有着相互关联的部分的有机整体。作为自然之特征的杂多中的统一，或多样性中的同一性，也同样出现在精神生活之中；在知识行为中，认知者与被认知的事物是同一的。

但我们如何相信这一体系之真实不妄，如何证明它？我们有什么可以保证，行动、生命，或意志是事物的原则，并且它经历了谢林所描述的那些演化阶段？他的回答并不总是相同的。有时他认为，既然世界彻底是理性的，那么理性可以理解它就是自明的，我们因此也可以在思想中构建世界。此外，既然历史中存在 471
着逻辑，我们就可以在我们的思维中重现其演化的必然阶段。他的理想是要建立一个有机的知识体系，其中的每个判断都依赖于其他的判断和整个体系而成为真理，并因此拥有自己的合宜的位置。在这种方法中，他模仿了斯宾诺莎，采用了几何学的方法，以使他的哲学在逻辑上毫无漏洞。然而，尽管他试图从绝对的观念和目的中理性地演绎出自然和精神的演进阶段，他却并不总是自信他的体系能够以普遍和必然的先验假定为基础。他认为，哲学既不能证明唯心主义，也不能证明独断论或唯物主义；人类的世界观是自己的自由选择。唯一的证明自由——或者创造原则之实在性——的方法，就是自己成为一个自由的、自我决定的人。当我们将自由设定为自己的理想的时候，我们就缄默地假定了绝对的创造精神的实在性；因为，如果世界仅仅是物质，努力获得自由就毫无意义；对于这一理想的信仰暗含着对于精神世界的信仰。要求自由的意志必定要以唯心主义的术语来解释世界。还有另外一个费希特曾经使用过的论证：自由的人会知道自由是什么，并能理解唯心主义。我们只有在自发的理智活动中和自愿的行为中，也就是在*理智直观*这种哲学家所独有的禀赋中，才能够察觉到自由或者*绝对*。自然中活生生的运动元素，实在的内在意义，是不可能被科学理解力及其时间、空间和因果范畴所把握的。谢林告诉我们："概念所描述的事物是静止的，因此它们只能是关于有限的事物和感官知觉的事物的概念。关于运动的概念不是运动本身，没有知觉的话，我们就永远不知道运动是什么。无论如何，自由却只能被自由理解；活动只能被活动理解。"自然科学和常识对事物持有静态的观点，只能理解事物的*存在*；哲学对事物中活生生的运动元素感兴趣，因此能够理解它们的*生成*。自然科学和常识从外部看待事物；我们必须从内部了解它们，因为它们是自在的，也是自为的，并且我们只有了解自身，才能够做到这一点。或许我们可以这样调和谢林思想中的理性主义和直觉主义倾向，即认为直觉给了我们原理或基本假定，在此基础之上，我们构建了一个关于世界的理性理论。

在谢林生活其中的伟大的诗歌时代和艺术氛围的影响下，他开始将这种直觉
472 视为艺术直观。起初，他把自我意识或者纯粹的自我反省看作是*绝对*的目的，是精神和生命演进过程中的最高成就，并认为只有在哲学家的直观中才能够经验到这种状态。后来他又把宇宙解释为艺术的作品：*绝对*在创造宇宙中实现其目的。因此，艺术，而不是哲学知识，是人类最高级的功能。在艺术作品中，主体与客体、理想与实在、形式与质料、精神与自然、自由与必然，都彼此渗透并融合起来：在艺术中，哲学家所寻求的那种和谐通过感性媒介在我们眼前得以实现；那是一种可以看得见、听得着、摸得到的统一性。自然本身就是一首伟大的诗，而艺术可以揭示其秘密。创造的艺术家在实现其理想的同时，甚至也像自然一样进行了创造，因此他们知道自然如何运作；所以，艺术创造就是世界直观的模范：艺术创造才是真正的哲学工具。像艺术天才一样，哲学家必须具备察觉宇宙中的

同一与和谐的能力：审美直觉是绝对的认识。与审美概念相似的是有机概念，谢林有时候将其描述为理智直观：那是一种将事物看作整体的能力，看到具体中的普遍、杂多中的统一和差异中的同一。他特意声明，这种功能并没有什么神秘之处，但是，如果一个人没有能力超越割裂的、孤立的经验材料，不能穿透外壳而进入到实在[91]的内核，他就没有成为哲学家的希望。

这种思想类型与科学的逻辑数学方法直接对立，德国文学和德国唯心主义哲学都反对逻辑数学方法。歌德的全部的自然观、艺术观和生命观都建立在目的论或有机观念之上；他也把看到部分中的整体、具体实在中的观念或形式的能力，视为诗人和思想家的最高禀赋，视为灵犀一瞥或一种启示，让人隐约意识到自己与上帝类似。浮士德所渴望的、而墨菲斯托所嘲笑的“高级直觉”，正是这样一种禀赋（die hohe Intuition）。[92]

在其哲学发展的最后阶段，谢林形成了一种宗教神秘主义：世界被视为源自上帝的堕落，人类的目的就是向着上帝的回归，它在人类剥除自我并融入绝对的神秘直觉中得以实现。然而，在其哲学的所有阶段，谢林都将绝对定义为有限与 473
无限、精神与自然的统一或同一，并将通过某种直观得来的关于绝对的知识作为人类的理想，无论这种直观是思想家的自我意识、意志的自由行动、艺术创造，或是宗教情感。

## 第六十二章
# 弗里德里希·施莱尔马赫

弗里德里希·丹尼尔·恩斯特·施莱尔马赫（Friedrich Daniel Ernst Schleiermacher）于1768年生于布拉斯劳（Breslau），并在一个虔诚教派的摩拉维亚（Moravian）兄弟学校学习。由于受到了新批判哲学的影响，他在哈勒（Halle）大学（1787年—1790年）继续研究神学和哲学，做过家庭教师，而后成为了牧师（1794年）。1809年，他成为了柏林三一教会的传教士，1810年成为新柏林大学的神学教授，并担任此职直到1834年去世为止。在柏林，他受到了浪漫主义学派的影响，但并

[91] 着重号为译者所加，实在即reality。——译者注。
[92] 参见梯利的《诗人的世界观：歌德的哲学》，Hibbert Journal，1908年4月。

没有追随他们极端的学说。虽然施莱尔马赫作为神学家而取得了最大的声誉，由于他对于哲学经典的卓绝研究，他也获得了哲学史家的美名。

他的作品有：《宗教讲演录》，1799年（Oman译）；《独白》，1800年；《迄今为止的伦理学批判》，1803年；柏拉图《对话录》的德文翻译，附有导言和注释，1804年—1828年；《基督教信仰》，1821年—1822年。全集，1834年—1864年；R.B.Brandt的《施莱尔马赫的哲学》，1941年。

## 第一节　宗教哲学

在施莱尔马赫那里，深厚的宗教情感与显著的理智能力结合在了一起。宗教是其思想之核心。这样一种人格所面临的问题在于发展出关于实在的概念，它既能满足理智的需求，也能满足情感的需求。作为一名思想家，他必须应对迎面而来的伟大的哲学运动，即康德、雅科比、费希特和谢林的理论，以及在当时德国非常显著的趋向斯宾诺莎主义的潮流。他被迫考虑浪漫主义，并与浪漫主义的很多代表人物有友好的个人接触，他们的神秘主义十分投合施莱尔马赫的宗教本性。对古希腊哲学的研究——尤其是柏拉图，他曾将其作品译为德文——也为他的心灵提供了世界观方面的材料。施莱尔马赫有意识地接受了这些思想运动的影响；他自称是哲学的业余爱好者，并无疑是一名折衷者，这一点可以解释他的很多不一致之处。但他的折中主义属于独立的、原创型的；他把时代文化中满足其伦理和宗教需求的元素吸收进来，然后改造它们来为他的基本目的服务：构建一
474 个伟大的新教神学体系。正是由于他对其时代生活的理解和鉴识，他才对宗教思想发挥了如此深刻的影响，并为自己赢得了新神学奠基人的称号。

## 第二节　知识与信仰

费希特试图从自我中推演出所有实在，并假定了实在世界的存在，就此而言，施莱尔马赫拒绝费希特的唯心主义。我们被迫为所有的思想和存在推理出一个超验的根据；所有的具体事物都源自一个本原，它是两者的绝对统一，是同一的原理，在这一本原中，所有的对立和差异都得到了解决。我们认识事物的本质，而不像康德所认为的那样，只能认识其现象。但是，由于我们思想的知觉本质，我们无法获得关于事物之原初源头的充足知识；思想在对立中运动，永远无

法实现绝对同一。问题在于认识绝对的本原，思想与存在的同一，即上帝；但是，任何的理性知识都没有可能把握这一本原的本质。它只能被接近，而永远无法实现：概念思维永远无法把自身从对立和差异中解放出来，而终极的根据是没有对立和差异的。哲学不是科学，而是知识论，关于知识的科学；它是思想的艺术，或辩证法；它是社会或协作思想的产物，教导我们如何到达知识的目标。我们也无法像康德所教导的那样，通过实践理性来获得关于上帝的充分的知识。事实上，施莱尔马赫已经在上帝观念中获得了真理的试金石，并且他的知识观念就建立在它上面：习惯于拆分事物的人类理智无法理解神圣本性的统一性。

我们只能在宗教情感或神圣直观中实现这一理想；在情感中，我们与上帝直接相通。我们无法以概念方式进行界定的思想与存在的绝对统一或同一，能够在自我意识中被直接经验到。宗教是对于绝对的世界根据的绝对依赖感；它当下意识到，一切有限的事物都是无限的，并从无限中获得其存在，一切时间性的事物都是永恒的，并且依赖于永恒者。施莱尔马赫反对启蒙运动中肤浅的理性主义及其神学证明，反对视上帝为赏罚分配者的那种传统的功利性质的概念，同样也反对将宗教建立在伦理信念之上，就像康德和费希特的做法那样。在他看来，宗教不是理论教条或理性主义的证明，也不是道德行为或崇拜活动。既然上帝是不可认知的，神学就必然是关于宗教情感的理论；它的功能在于阐述宗教情感的意 475
义，并使人们清晰地认识宗教情感的意义。

## 第三节　上帝、世界和个人

施莱尔马赫试图在其神学中去做这项工作，他的神学代表了斯宾诺莎主义和唯心主义的融合，这在19世纪初的德国是相当常见的。与人类精神进行类比，绝对被以有机的方式构想为杂多中的统一、思想与存在的同一。施莱尔马赫并没把斯宾诺莎式的观念贯彻到底，而是试图将泛神论与二元论结合起来。上帝与世界为一，这是正确的；但事物并不是上帝的单纯偶性；世界有相对的独立性。合理的宇宙理论必须肯定上帝与世界的不可分割性——上帝从不在世界之外，世界也从来没有脱离上帝——然而，一定要区分上帝的观念和世界的观念。上帝是非时间、非空间的统一体；而世界则是时空的复合体。

我们不能把人格归于上帝，因为那会使上帝成为有限者。我们也不能把无限的思想和意志归属于上帝，因为这些术语互相矛盾；从本质上讲，所有的思想和意志都是有限的。上帝是普遍的创造力量，是所有生命的源头：赫尔德、歌德、费希特和谢林就是这样解释斯宾诺莎的实体的。

构想个人与绝对之关系的方式，是要为个人保留一定程度的独立和自由。个体的自我是自我决定的原则，像莱布尼茨所指出的那样，其自由在于个人能力或禀赋的自然演进。然而，个人也镶嵌在普遍的实体之中；他们是与宇宙相关联的成员，个人的本性必须与宇宙相符合。然而，每个具体的自我都有具体的天赋或才能；它在绝对必然的事物整体中有着自己的位置，因此，必须表达出其个体性以便实现整体的本性。施莱尔马赫在人格上的高度的价值，和他对于自我表达与自我发展的坚持，是德国思想之浪漫主义倾向的特点。虽然他拥有绝对依赖的学说，但正是这种个人主义的嗜好阻止他将人类的灵魂浸没在普遍实体中，这就使得他的个人主义伦理学出现了。对于康德严格的道德观和理性与自然之间的二元论，他几乎毫无共鸣，这种二元论永远不能弥合，除非主观意志和客观意志在起初的自然意志中实现统一。

476 理性和意志存在于自然之中，也存在于人类之中；道德是已经以低级的形式在自然中表达自身的事物的高级发展。自然中固有的理性与具有自我意识的主体的理性是同一的：自然法则和道德法则之间并不存在不可调和的冲突。理想不是低级冲动的破灭，而是与整体和谐的个体的具体本性的展开。个体人格行为的伦理价值在于它们的独特性。道德准则是：作一个独特的人并依照自己的独特本性而行。即便在宗教中，个人也应该被容许以自己独特且私人的方式来自由表达自我。这种教导不应该被解释为自私的个人主义，因为，依照施莱尔马赫的看法，对于自我人格之价值的意识伴随着对于他人价值的认可。普遍性意识是个人自我完善的最高条件；伦理生活是社会中的生活，在这样的独特个人组成的社会中，个人尊重独特的人性，无论是自身的，还是他人的。“个人愈是与普遍相像，他与他人的交流就愈是充分，包容全体的统一性就愈是完备……超越自我并战胜自我，人们就踏上了真正的不朽和永恒之路。”然而，是宗教情感照亮了整个生命并为之带来了统一性。在虔诚的感情中，人们意识到其对于独特人格的渴望与宇宙活动是和谐一致的；“宗教视世界上的所有事件均为上帝的行动”。个人不朽是不成问题的；宗教中的不朽在于与无限合而为一；不朽就是“在时光中的每一刻都成为永恒”。

# 第六十三章
# 黑格尔

乔治·威廉·弗里德里希·黑格尔（Georg Wilhelm Friedrich Hegel）于1770年生于斯图加特，在图宾根学习神学和哲学（1788年—1793年），并且在1794年至1801年间，曾在法兰克福和瑞士做过私人家庭教师。1801年他定居于耶拿，而后于1805年取得了教授职位，但在1806年的耶拿战役之后，他被迫放弃了这一职位。他曾担任班堡（Bamberg）报纸编辑（1806年—1808年）和纽伦堡（Nüremberg）大学预科学校主任（1808年—1816年），而后他被聘至海德堡（Heidelberg）任哲学教授，再后来是在柏林，在那里，他发挥了重大影响，并赢得很多的追随者。1831年，他死于霍乱。

他的作品有：《精神现象学》，1807年；《逻辑学》，1812年—1816年；《哲学全书》，1817年；《法哲学原理》，1821年。他关于哲学史、美学、宗教哲学、法哲学和历史哲学的讲演，在他死后由他的学生出版，收录在十九卷 477
的《全集》之中，1832年。《耶稣生平》写于1795年，于1906年出版；《伦理学体系》，1893年。翻译：《黑格尔的逻辑》（出自《哲学科学百科全书》），W.Wallace译，1892年；《逻辑科学》（所谓的《大逻辑》），共两卷，Johnson和Struthers译，1929年；《精神现象学》，J.B.Baillie译，共两卷，1910年；《精神哲学》，W.Wallace译，1894年；《法哲学》，S.W.Dyde译，1896年，T.M.Knox译，1942年；《伦理学》（包含有《法哲学》的选段），J.M.Sterrett译，1893年；《历史哲学》，E.S.Haldane和F.H.Simson译，1892年—1896年；《历史哲学》，J.Sibree译，1861年；《宗教哲学讲演录》，E.B.Speirs和Sanderson译，1895年；《艺术哲学》，F.P.B.Osmaston译，1920年；《黑格尔的观念和世界逻辑》，H.S.Macran译，1929年；《黑格尔的形式逻辑学说》，H.S.Macran译，1917年；《黑格尔：选集》，J.Loewenberg译，1929年。

E.Caird的《黑格尔》，1883年；G.S.Morris的《黑格尔关于国家和历史的哲学》，1887年；J.H.Stirling的《黑格尔的秘密》，共两卷，1865年；W.T.Harris的《黑格尔的逻辑》，1890年；A.Seth（或者A.S.Pringle-Pattison）的《黑格尔主义

与人格》，第2版，1893年；J.G.Hibben的《黑格尔的逻辑》（对《全书》中《逻辑》部分的重述），1902年；W.Wallace的《黑格尔哲学研究绪论》，1874年；J.B.Baillie的《黑格尔逻辑的起源与意义》，1901年；J.M.McTaggart的《黑格尔逻辑的评论》，1910年，《黑格尔辩证法研究》，1896年和1922年，还有《黑格尔宇宙论研究》，1911年和1918年；G.W.Cunningham的《黑格尔体系中的思想与实在》，1910年；G.Noël的《黑格尔的逻辑》，1897年；B.Croce的《黑格尔哲学中的死的内容与或的内容》，D.Ainslie译，1915年；H.A.Reyburn的《黑格尔的伦理思想》，1922年；W.T.Stace的《黑格尔的哲学》，1924年；M.B.Foster的《柏拉图和黑格尔的政治哲学》，1935年；J.Maier的《论黑格尔对康德的批判》，1939年；R.G.Mure的《黑格尔导论》，1940年。

## 第一节　黑格尔及其前辈

费希特和谢林都从康德的前提出发。精神是知识的本原；所有的哲学最终都是精神哲学，在精神哲学中，形式和范畴发挥着关键的作用。两人都接受了动态实在的观点：对于他们而言，理想的本原是一主动的、活生生的过程。两位思想家尽管有浪漫主义的倾向，却都采用了逻辑方法，竭力通过展示条件来解释经验世界，若没有这些条件，这样的经验世界就不可能存在。我们已经看到谢林是如何改造费希特的早期观点的，或者，至少在几个重要方面进行了详尽发挥。我们可以说，在谢林那里，哲学再次成为形而上学：自然和精神被构想为绝对本原之演进中的发展阶段，这种绝对本原在有机与无机领域中，个人与社会生活中，历史、科学与艺术中表现自身。批判认识论的成果被应用于本体论；思想的必然形式也被看作存在的必然形式。自然在其思维中占有重要地位：无论是在无生命
478 的领域，还是在历史、社会和人类精神领域，无意识过程都在发挥作用。谢林在其早期作品中所沿袭的严格的逻辑方法渐渐被替补或被取代。美学直观成为知识的主要工具，并且美学理想被设定为人类发展的目标，以取代费希特式的伦理理想。

黑格尔在费希特和谢林奠定的基础之上进行建构。他赞成费希特对于逻辑方法的坚持——的确，他着手把他的朋友谢林的世界观建立在理性科学的基础之上；他也赞成谢林将逻辑与形而上学或本体论等同起来；至于视实在为活生生的发展过程，黑格尔则既赞成费希特，也赞成谢林。他也认为，自然与精神或理性是同一的；然而他把自然置于理性之下。事实上，在他看来，所有的存在和理性

都是同一的；在理性中发挥作用的同一种过程也存在于所有的地方；凡是实在的都是理性的，凡是理性的都是实在的。历史有逻辑，自然也有其逻辑，宇宙从根本上说就是一个逻辑体系。因此，绝对就不是谢林所教导的那种无差异的绝对。在批评谢林的时候，黑格尔将对方的绝对描述为："黑夜，黑夜中的牛亦皆漆黑。"绝对也不是实体——像斯宾诺莎所教导的那样；毋宁说绝对是主体，也就是说，它是生命、过程、演进，也是意识和知识。所有的运动和活动，所有的生命都只是无意识的思维；它们都遵循思想的规律；因此，自然中的规律愈多，其活动就愈具有理性。最终，发展的绝对所走向的目标是自我意识；整个过程的意义就在于其最高的发展阶段，在于通过精神而实现善和真理，这一精神知道宇宙的目的与意义，并将自身与宇宙目的等同起来。

## 第二节　哲学问题

在黑格尔看来，哲学的任务就在于认识自然界和人类经验，研究并理解事物中的理性——不是其表面的、瞬息的和偶然的形式，而是它们的内在本质、和谐与规律。事物有意义，世界的进程是理性的：天文系统是理性的秩序，有机组织也是理性的、有目的的、充满意义的。既然实在从根本上说理性的，是思想或观念的必然的逻辑过程，它就只能被思想所认知；哲学的功能将是去理解理性所遵行的规律或必然形式。因此，逻辑和形而上学就是同一的。然而世界并不是静态的，它在运动，是动态的；思想或理性也是如此；观念或真概念是活动、运动的过程，是一个演进过程。在演进过程中，一些未发展的、未分化的、 479
同质的事物，在黑格尔意义上即"抽象"的事物，发展、分化、分裂并呈现出很多对立或矛盾的形式，直至最终我们拥有一个统一的、实在的、具体化的客体，一种多样性中的统一。我们从之出发的不确定的、抽象的基础变成了具体的、确定的实在，其中的对立在整体中协调或统一起来。演进过程的高级阶段是低级阶段的实现，是低级阶段所要成为的目标；在黑格尔的话语中，它是较低阶段的"真理"，目的和意义。在低级形式中晦暗的事物在高级形式中变得清晰或明白起来。演进过程中的每一阶段都包含着此前的所有阶段，并预示着将来的所有阶段：在每一阶段，世界都既是产物又是预兆。低级阶段在高级阶段被否定，也就是说，它不再是其所是；但它也保存在高级阶段之中，已经被延续并被否定。这些观念，黑格尔用扬弃（aufgehoben）一词来表述；而在事物之中，向着对立面转化的过程被他称为辩证过程。

这就是黑格尔宣称矛盾是一切生命和运动的根基时的用意，矛盾原则统治着世界。一切事物都趋向变化，向着对立面转化。种子有着变为他物的冲动：与自身矛盾并超越自身。没有了矛盾就没有生命、运动、成长或发展；一切都将是死寂的存在、静态的客观性。但矛盾并不能说明全部；自然并没有止步于矛盾，而是力图克服矛盾。事物过渡到了对立面，但运动在继续，对立会被克服和调和，也就是成为统一整体的组成部分。对立体彼此对立，但与它们作为部分而存在于其中的整体并不矛盾。单就自身而言，部分毫无价值或意义，但是，作为一个整体——一个过程——的有计划的表达，它们又有价值和意义。它们是事物观念的表达，是其理性或目的之表达。在实现其目的、观念或概念（Begriff）的时候，事物克服了存在与观念之间以及其所是与将是之间的矛盾。因此，比如，整个自然都力图克服其物质存在，剥除自身的现象性的障碍物，以便显明其真实本质。

再者，宇宙是一演进过程，普遍理性的目的或意图在其中得以实现。这是一种有机的或目的论的观念。黑格尔会说，整个有机组织都是有机组织之目的、形式、观念或概念之实现，是有机组织之真理的实现。演进中的重要事物不仅仅是
480 开始时存在什么，而是终点处发生了什么，或者表现出了什么。真理在于全体，而全体只有在完成演进过程时才能够实现；存在最终才显露其真相。因此，我们可以说，绝对根本说来就是结果和完成，但过程的结果不是全部的整体；结果与整个的发展过程才是真正的整体；事物没有在其目的中被穷尽，而是在其成就中得以穷尽。

相应地，哲学也对结果感兴趣；它必须展示一个阶段如何从另一阶段演化出来，它如何必然从另一阶段中浮现出来。这一运动在自然、甚至在历史中无意识地前进——在这一点上，黑格尔赞同谢林。但思想家能够意识到这一过程；他可以描述它，重新思考这些概念。当他把握了世界观念并认识到其意义的时候，当他能够追溯普遍的动态理性及其范畴和观念的运作的时候，他就到达了最高的知识阶段。他心中的概念与普遍概念具有共同的本质；哲学家心中的概念的辩证演进与世界的客观演进是同步的；主观思想的范畴也是宇宙的范畴；思想与存在是同一的。

## 第三节 辩证方法

既然哲学的任务就是理解事物的本质，并告知我们实在之真相、原由与根据，以及事物的存在、根据或是目的和本质，那么，它的方法就必须适应其目

的。这种方法必须重现理性的过程或是世界理性演进的路径。这一目的不能通过谢林和其他人所倡导的那种天才的艺术直观或相似的神秘方法来实现；除了严格的思维之外，别无他途。如康德所宣称的那样，哲学是概念知识。但黑格尔强调，我们不可能通过抽象概念穷尽实在；实在是一个运动的动态过程，一个辩证的过程，不能够被抽象的概念忠实地代现，因为概念只讲述了实在的一小部分。实在时而是此，时而是彼；在此意义上，实在充满了否定、矛盾和对立：植物发芽、开花、枯萎并死去；人们年轻、成熟并衰老。要公正对待事物，我们就必须说出事物之全部，预见到其中的每一个矛盾，并证明这些矛盾是如何在相关联的整体中被协调和保存下来的，这个相互关联的整体被我们称为事物的生命。通常的抽象思维孤立地看待事物，它将它们看作是真正的实在，并通过它们来思考其特殊阶段和各种对立。理智除了进行区分、对立和联系之外，一无所能；它没能 481
够构想对立的统一体，以及事物之生命和内在目的性；在动物本能面前，它只能惊叹。理智看不起思辨或辩证的方法，但却永远无法把握生命本身。事物的矛盾方面就其自身来看，或是脱离开它们的关系来看的话，只是无意义的表象；只有作为一个有机的相互关联的系统时，它们才能够被理解；或者如黑格尔所说，所有具体事物都在统一体中获得其实在性。将事物看成整体，或是将对立体统一起来的活动是心灵的高级功能，然而需要记住，这种功能不能与理智割裂。思辨理性和抽象理智这两种功能携手而行。

因此，思想会从最简单、抽象和空洞的概念走向更为复杂、具体和丰富的概念，即“总念”。黑格尔将这种在康德那里已经被揭示并在费希特和谢林那里得到应用的方法称为**辩证方法**，并且与他们一样，他也将其区分为三个环节或阶段。我们从抽象的普遍概念开始（正题）；这一概念引起了矛盾（反题）；矛盾概念在第三个概念中得到调和，因此是前两者的结合（合题）。举例而言：巴门尼德认为存在是永恒的，赫拉克利特认为存在处于持续的变化之中，原子论者认为两者既对又不对，有些事物是永恒的，有些事物是变化的。然而，新的概念会引起新的问题和矛盾，这些问题和矛盾接下来会留在其他的概念中得到解决。于是，试图追溯实在之演进的辩证过程一直在继续，直到我们到达最终概念或总念，其中所有的对立都被消解并保留下来。但是单一的概念，甚至最高级的概念，都不能代表真理之全体；所有的概念都是部分真理；真理或知识是由整个概念系统构成的，其中的每个概念都是从基本概念发展而来的。真理就像理性实在自身一样，是一个活生生的逻辑过程。

或者，我们可以这样说：一个思想必然跟随另一思想，一个思想激发起一个矛盾的思想，并与矛盾的思想一起在另一思想中统一起来。辩证运动是思想的具有逻辑性的自我展开。黑格尔似乎在说，思想或观念思维自身：它们自身存在内在的必然性，它们就像不断生长的有机体，展开自身，并成为一个有组织的具体整体，一个“具体的普遍者”。因此，所有的思想者都必须让其思想遵循以上描述的逻辑过程；因为这种方法，一旦得到正确的执行，就与世界过程是同一的，
482 它将是事物自身固有的发展过程的重现。以这种方式，我们就可以追随上帝的思想进行思考。

## 第四节　思维与存在

因此，思辨的或辩证的思维就是一个过程，试图正确对待运动的、活生生的、有机存在，在此过程中，差异被调和，区别（不仅仅）被做出，还得到了包容。哲学概念是差异之有机统一体，是部分的总体，是一个统一却又有差别的整体。当黑格尔告诉我们具体的普遍概念是对立体的综合的时候，他希望描述思想的本质和实在的本质。浪漫主义者喜欢这样称呼存在：流动的实在，与精神和生命类似的东西。他们坚持认为具有抽象能力的理智不能够把握存在，这是正确的，因为理智只能捕捉存在之抽象的方面或是偏颇的方面，并将之割裂成碎片，因而忽视了存在的有机特征。然而，黑格尔特别拒绝了浪漫主义者认为可以通过神秘情感、审美直观或是侥幸猜测来通达存在的观点。存在是一个过程，这一过程有意义，且必须被思维。它不是非理性之流变，不是无组织的、纯粹无意义的现象，而是有秩序的演进，是一种进步。我们可以通过其结果而认识它；从它所实现的目标的角度看，所有表面的对立和矛盾都可以被理解并得到调和。我们试图把实在分割为本质与表象、内部与外部、实体与属性、力量与表现、无限与有限、精神与物质、上帝与世界的努力，只能获得错误的区分和武断的抽象。世界并不是由外壳和内核构成的；本质**即**表象，内部**即**外部，精神**即**物体，上帝**即**宇宙。

所以，实在就是逻辑演进的过程。它是一个精神过程，只有在我们于自身之中经验到这一过程的时候，我们才能够理解它。但是，切莫忘记，并不是我们在自身中发现的那些具体观念以及经验或心理的内容，给了我们这种理解。绝对思维结构中有一种理性的必然性，这种结构在我们的个体思维中重现。思维理性地发展或演进；它在逻辑地或辩证地运动。在此意义上，它是普遍的、跨经验的、超验的，或者像黑格尔所称呼的那样，是形而上的。真理也不是某一个人思想的

产物；它是文化传统的产物，从族类的生活和经验中产生。神圣精神或理性在人类历史的种族意识之演进中表达自身。但只有在人类历史是理性的、必然的和逻 483
辑的时候，我们才可以说它表现了神圣理性。

黑格尔称上帝为理念，意思是指潜在的宇宙，是无时间性的所有演进之可能的整体。精神或心灵（Geist）是这一理念的实现。理念自身潜在地、隐含地、理想地包含着在现实世界中展开的整个逻辑—辩证过程。理念是创造的逻各斯或理性；它的活动形式或范畴不是空洞的外壳或无生命的观念，而是客观的思想，是构成事物之真正本质的精神力量。对于处于必然演进中的创造性的逻各斯的研究就是逻辑学。黑格尔的这种教导并不是说上帝作为纯粹的思维或逻辑理念存在于世界创造之前；因为黑格尔宣称，世界处于永恒的创造之中。神圣精神的存在在于自我表现；上帝是世界的活生生的、运动的理性，他在自然、历史和世界中揭示自身，世界、自然和历史是上帝向着自我意识演进过程中的必然阶段。演进是逻辑过程，而不是时间过程。绝对永远是它所要变成的事物：这些范畴永恒地潜在其中，它们不是从虚无中产生的。然而，范畴是相继发展而来的，一个接一个，在辩证序列中，每一个范畴都是后继者的逻辑前提。上帝没有被并入世界，世界也没有被并入上帝；没有世界，上帝就不成其为上帝，不创造宇宙、不在他者中认知自我，上帝就无法存在。绝对中必然既存在对立又存在统一。没有理念，有限的世界就不能存在，它不是一个独立的事物，脱离了上帝就丧失了真实的存在：它的所有真理都要归属上帝。就像在我们的精神中，思维和情感来来去去，但却没有穷尽我们的精神，同样，自然的现象生生灭灭，却没有穷尽神圣精神。此外，就像我们的精神因为思维和经验得以拓展并变得更为丰富，通过思维和经验，并且在思维和经验中上升到更为充盈的自我意识，同样，神圣理念也经由其在自然和历史中的自我表现而丰富起来，并通过自然和历史上升到自我意识。这一理念脱离开其在自然和历史中的表现，只是“自在”地存在；与自我表现联系起来考虑时，就是“自为”地存在。在自我异化和自我占有的有节律的过程中，普遍精神实现了它的命运；它在思维其对象中思维自身，并因此认识了自己的本质。绝对只有在演进中，尤其是在人类中变得有意识起来。因此，黑格尔并不是说上帝或逻辑理念在世界创造之前就作为具有自我意识的逻辑过程而存
在；没有世界，上帝就没有意识，因为他是一个发展中的上帝，只有在人类的精 484
神之中才具有完全的自我意识，人类使暗藏于宇宙理性中的逻辑辩证过程变得清晰起来。标志性的黑格尔学说，即绝对只有在外在于自身的某物中——世界或有限的人类精神——才能具有自我意识，成为一种反省理论。

## 第五节　逻辑与形而上学

对于黑格尔来说，逻辑很明显是基本的科学，因为它从本质上重现了神圣的思维过程。辩证思维表现了宇宙精神最内在的本质；在这样的思维中，宇宙精神了解了自身的真相。在这里，思维与存在、主体与客体、形式与内容都是同一的。逻辑演化出的思想之形式或范畴与实在之形式也是同一的：它们既有逻辑价值，又有本体论或形而上学的价值。在事物本质中，思想认识到了自己的本质，就像在一面镜子中看到了自我。理想在任何地方都是同样的，并且在任何地方，神圣理性都在发挥作用：宇宙，就其真实和永恒而言，是上帝思维的表现。因此，无论我们从何处开始，都没什么区别。无论我们从逻辑开始并研究我们自身之中的辩证过程，或是从形而上学开始并研究宇宙中的辩证法，我们总会达到同样的结果。在逻辑思维中，纯粹思维可以研究自身，因为思想家和思想是同一的；在此过程中，思想家与其思想一同演进。逻辑是纯思维的科学，可以运用到其他的科学上。自然哲学研究“处于他性中”，处于自我客体化或者自我异化中的绝对或宇宙理性；精神哲学彰显了这样的思考，在制服了客观自然之后，理性如何返回自身并获得自我意识。

在理性显现的所有实例中，无论是自然中的显现还是精神中的显现，理性均以无限多样的暂时和瞬息的形式表现出来。这些在表面显示的偶然形式不是哲学的主题内容。哲学的任务是理解事物中的理性、精神和自然中的本质或实体、永恒的和谐和秩序、自然之固有本质和规律、历史和人类制度的意义、暂时与偶然中闪现的永恒的元素，以及配得上哲学知识或先验知识的名号的唯一知识。形而上学的两个领域或“逻辑运用”是自然哲学和精神哲学。

## 485 第六节　自然哲学和精神哲学

逻辑研究概念，显示概念在我们思维的必然演进中如何从另一概念中生成。如果我们正确地思考，我们注定会从一个阶段过渡到另一阶段，直至到达最高级的环节，即过程之完成和顶点，是所有其他过程的缩影。当我们思考哲学概念的时候，我们就处于真正实在的世界之中，处在宇宙之永恒和不灭的过程之中。我们以逻辑思考的概念系统形成了一个有机的整体，并代表了事物的真正本质。逻辑不仅是在我们的精神中发生的主观过程。它也是一个关系结构，体现在世界进程中、自然和精神中、个体精神和社会精神中、世界历史和人类制度中。在逻辑中，我们看到了赤裸状态的纯粹的理性；纯粹的逻辑思想尚未被包裹上宇宙之外衣。这就是黑格尔说——逻辑没有实际的存在，它只在人类的思维过程中被现实化——之时所表达的意思。在逻辑中，我们并不关心自然、历史或社会，而是关注真理之体系，一个观念的世界，就像这个世界是自在的一样。但是，我们也可以研究思想自身所显现之物；我们可以看清楚这一骷髅或框架是如何获得了血肉的。在自然界，理性在他性中、空间之外在性中和时间之相续性中显示自身。

我们不能在真正意义上说逻辑理念进入了自然：逻辑理念即自然，自然是逻辑理念的形式，它是处于时间化和空间化的形式之下的理念。自然即理性，它是概念性的，是处在外在性或“并列性”中的逻辑概念。黑格尔称之为僵化的或无意识的理智。自然是一个逻辑阶段，通过它，演进中的逻辑理念进入到精神或心灵之中；理念具体化了自身，或是在自然中得以外在化，它返回自身并成为精神或心灵：在精神中，理念自己向自己呈现。

精神或心灵通过辩证的演进阶段，作为主观精神、客观精神和绝对精神揭示自身。主观精神将自身表现为灵魂（依赖于自然的精神）、意识（与自然对立的精神）和精神（在知识中与自然调和的精神）。与这些阶段相对应，黑格尔提出了人类学、现象学和心理学。理念或宇宙理性在动物有机体中成为灵魂。它将自身具体化，为自己创造了一个身体，成为了一个具体的、个体的灵魂，其功能和天职就是发挥自己独特的个体性；它是无意识的产物。这种已经为自己塑造了一个有机身体的灵魂，开始意识到自身，将自我与身体区别开来；意识是从下述本原中演化出来的，即身体也是此本原的一种表现。意识的功能就是认知。它从 486
纯粹的客观阶段发生，在此阶段，它将感性对象看作是最真实、最实在的事物，意识从感性阶段进入到下一阶段，在此阶段，理性被认为是自我意识和客观实在的最内在的本质。精神或心灵在最高意义上统一了两种功能：它是一种具有创制作用的认知。我们的确只能认识我们生产或创造的东西。精神的对象是精神的产物；因此，它的本质，尤其是理论精神的本质，就在于认知。沉浸于对象中的精神或理智是知觉。若不以精神的方式生活于对象之中，也就是在真正意义上知觉到对象，就没有人能够清晰地撰述或叙述一个对象。最高形式的知识是概念理性的纯粹思维。表象——包括记忆、想象和联想——介于知觉和理性之间。理性演化或展开了概念，也就是说，通过纯粹思维而构想出了概念的自我发展。知性或理智进行裁判，也就是分开了概念之诸元素；理性进行总结，也就是将概念之诸元素结合在一起。在纯粹思维的发展中，理论理智反省自我，认识自我；通过认识并认同自身的唯理性，它成为了理性。

理智或理性是其唯一的发展基础；因此，它的自我认识的结果是这样的知识，即它的本质是自我决定或意志，或者实践精神。意志表现为具体的主体或自然的个体，为了满足自己的需要或者为了从自身之痛楚中解脱出来而努力。被自身之冲动所淹没的意志是不自由的；但是，当意志与理性的、具有自我意识的目的相一致的时候，它就取得了人类所能够取得的唯一的自由——理性的自我决定的自由。

## 第七节 权利哲学

观念或宇宙理性不仅表现在自然和个人之中，也表现在历史和人类制度、权利和法律（财产、契约、惩罚）、道德或良心、风俗或伦理规则（家庭、市民社会和国家）之中。在这些制度和历史中，理性实现自身或成为现实，也就是表现在外部形式上；在此意义上，它被称为客观理性。造就人类制度的理性与力图理解制度的理性是同一种理性：无意识地演化出法律、习俗和国家的理性在法哲学中意识到了这一过程。法哲学的功能并不是要告诉我们国家应该是什么，而是要认识国家的本来面目，也就是说要展示其内在的理性；只有辩证思维才能做到这
487 点。哲学的功用是要证明理性制度如何从观念本身或者权利或正义的本质中产生的。在研究制度的时候，可以对它们做出历史的解释，并证明它们的存在归因于什么样的环境和条件——社会的、经济的和政治的。但这样一种因果性的解释并不是真正的哲学解释；追溯制度的历史演进，指出让其建立的那些环境、需要和事件，这是一回事；证明它们的合理及其理性的必然性，这是另一回事。只有当我们了解了它们各自的概念的时候，我们才能够理解权利、法律、习俗和国家。

在每个人都依照其民族的法律和习俗行使意志的自由个体所组成的社会中，客观理性得以实现。在这样一种社会里，个人的主观良心服从宇宙理性；他发现普遍的和真正的自我表现在其民族的习俗或伦理规则中：他在法律中认出自己的意志，并在自身中认识到法律的具体化表现。伦理精神演化为具有自我意识的个人的社会，是活动理性演化的结果。在很多社会经验之后，个人认识到，在向往一个普遍事业时，他向往着自己的意志，因此是自由的。在这里，理想与现实是同一的：个体理性将普遍理性作为自己的东西接受下来；个人放弃了主观性，并使个体理性服从普遍理性，普遍理性表现在民族意识中、国家精神中——这就是

公共道德。实现了完满自由的完满国家是宇宙历史的目标和目的：进步意味着自由意识的发展。不同的民族和伟大的历史人物是宇宙理性实现自身目的的工具：每个民族在神圣演进中都有其要履行的使命，并且只有从世界历史总体发展的角度看才能够被理解。当一个民族实现了其存在的目的，它就被更具活力的民族所取代。一个民族对另一个民族的征服说明，失败民族所代表的理念比胜利民族所代表的理念低劣：在此特殊意义上，强权即公理，物质力量和理性正义是一致的。战争，就其是观念之战争而言，都是合理的，因为黑格尔假定强者的事业会击败弱者的事业，人类的进步通过物质和道德的冲突前行。世界历史代表着意识形态的斗争，在这种斗争中，具有辩证优越性的民族取得胜利。天意或宇宙理性借助个人的激情和私人兴趣来实现宇宙目的：这是理念的策略；伟人在历史中并
不具有决定性，他们是理性的执行人。在《历史哲学》一书中，黑格尔竭力证明 488
宇宙精神如何实现由其本质的辩证演化所规定的目的。

## 第八节　艺术、宗教和哲学

然而，在精神此前所有的发展阶段中，宇宙精神都没能在其中认识到自己的本质，没有达到自由和自我意识的最高水平。在其中任何一个阶段，都不能说思想与存在、主体与客体真正是同一的，或者所有的对立都得到了充分的调和。逻辑理念演化的最高阶段是绝对精神，它的唯一工作或目的就是向自身显现自己的目的，因此，它就是自由的、不受限制的精神。每个具体的主体作为一个真正的认知主体，都是这样一种绝对主体。绝对精神同样经历三个阶段，在艺术、宗教和人类精神之哲学中表现自身。在艺术中绝对精神以直觉形式表现其本质或真理；在宗教中以表象或想象的形式；在哲学中以概念或纯粹逻辑思维的形式。在完满的自由中知觉到自身内在本质的精神是艺术，虔诚地想象其内在本质的精神是宗教，在思想中构想并认知其内在本质的精神是哲学。“哲学也以上帝为其唯一的对象，因此，从本质上说，哲学是理性神学，也是为真理之故而对上帝的永恒崇拜。”三种形式各自在辩证的演进过程中实现自身，有各自的历史：艺术史、宗教史和哲学史。

在哲学史中，每个伟大的体系都有其必要的位置，并且代表了逻辑发展中的必要阶段。每个体系都会激起一个对立的体系；这种矛盾在更高的综合中得到调和，而这种更高的综合，接下来会让新的冲突出现，这种辩证会持续下去，直到在黑格尔这里达到顶点。黑格尔的哲学——黑格尔自己认为——代表了最后的

综合，**绝对精神**在其中意识到了自身：它在曾经穿越的历史发展中认识到了自身存在的内容。

## 第九节 黑格尔学派

1820年至1840年期间，黑格尔体系是德国的主导哲学。它受到了普鲁士政府的青睐，在德国几乎每所大学都有代表人物。使得它对众多思想家具有特别吸引力的原因在于其逻辑方法，这种方法似乎既避免了理性主义僵化的抽象，也避免了神秘主义泛滥的幻象，此外还有它宣称的绝对确定性，以及它在——人类研究的几乎每个领域中——克服困难和解决问题方面的明显成功。这位大师去世后，
489 学派分为保守派和自由派。分歧围绕神学问题而产生——上帝、基督和不朽——在这些问题上，黑格尔没有明确地表达自己的观点。保守者依照传统的超自然方式来解释黑格尔的体系，比如教导有神论、个人不朽和肉身化的上帝；而自由派，即所谓的青年黑格尔学派，则坚持一种唯灵论的泛神论：上帝是普遍的实体，在人类中变得有意识起来。这样的精神——宇宙精神而不是个人精神——是永恒的。上帝在基督中肉身化被解释为神圣者在人类中的表现。属于自由一翼的有李希特、卢格，后来还有鲍威尔、施特劳斯和费尔巴哈。然而，后来的一些人最终转向了自然主义。

马克思的辩证唯物主义，及其对于历史的经济学解释，也要以黑格尔的前提为根据。马克思推理说，曾经是理性的事物在演化过程中变成了非理性的：曾经是理性和公正的私有财产，将会作为历史的辩证逻辑过程的结果被颠覆和废弃。

黑格尔给予哲学史研究和宗教史研究的推动力，促成了一批伟大的哲学史家，包括特伦德伦伯格（Trendelenburg）、里特尔（Ritter）、布兰迪斯（Brandis）、厄尔德曼（J.E.Erdmann）、策勒尔（E.Zeller）、费舍尔（Kunoischer）、文德尔班（W.Windelband），还有宗教史家弗雷德勒（O.Pfleiderer）。黑格尔在历史哲学、法理学研究和政治学方面也产生了深远的影响，的确，他的影响遍及所有的人文科学领域。

关于黑格尔之后的这段时期，参看：O.Siebert的《黑格尔之后的德国新哲学》，1898年；O.K ü lpe的《德国当前的哲学》，G.Patrick译，1913年；O.Gramzow的《康德之后的哲学史》，1906年；F.Ueberweg的《哲学史大纲》，1927年；J.E.Erdmann的《康德之后的德国思辨哲学》，1931年。

# 第十八篇 黑格尔之后的德国哲学

490

## 第六十四章 约翰·弗里德里希·赫尔巴特

### 第一节　反对黑格尔主义

黑格尔哲学在一定范围内激起了巨大的反抗，并导致了反对运动，其最极端的做法是把一切形而上学都视为徒劳的事业加以拒斥。新德国哲学的各个方面都受到了攻击：唯心主义、泛神论、理性主义和先验方法。有些思想家坚持要使用更精确的科学方法，并且，通过运用这些科学方法，他们实现了一种与新德国哲学不同的结果：实在论和多元论，这二者代表着对唯心主义的科学反抗。还有一些思想家则拒绝承认世界是理性的，他们指出了现实中存在的非理性因素，并认为哲学必须把它们考虑在内。于是唯意志论、神秘主义、信仰哲学和直觉主义都放弃了理性，而从心灵功能的路子入手来解答世界之谜。思辨哲学最大的两位对手就是赫尔巴特和叔本华。尽管此二人的哲学立场大相径庭，但他们都把自己看成是康德真正的继承人。此外，两人都对自然科学感兴趣，并在经验事实中为他们的思想寻找根据。最后，两人都构建了形而上学体系：赫尔巴特为我们展现了一种多元实在论，可以上溯到莱布尼茨；叔本华的唯心主义类似谢林的自然哲学，而其唯意志论则让我们回想起费希特的哲学和谢林后期的观点。

赫尔巴特有如下作品：《哲学导论》，1813年；《作为科学的心理学》，1824年—1825年；《普通形而上学》，1828年—1829年；《普通教育学》1806年；《普通实践哲学》，1808年；另有Hartenstein编辑的赫尔巴特全集，共十三卷，第2版，1883年—1893年；Kehrbach编辑的全集，共十九卷，1887年—1912年。

## 第二节　实在论哲学思想

赫尔巴特是一位具有独立批判精神的思想家，他反对在康德之后形成于德
491 国的全部唯心主义哲学。他1794年去耶拿之前就已经研读过康德和康德之前的那些理性主义者的著作。在耶拿，他听过费希特讲课，而后就做了特别讲师和教授（1802年—1809年）。他认为新德国哲学背离了格尼斯堡的伟大批判哲学家所拟定的原则，1809年，他接任了这位批判哲学家的教席，并曾声称自己是1828年的康德主义者。他攻击新德国哲学的方法和结论，在几乎所有的重要论点上，都得出了与占据统治地位的学派正相对立的结论。在他看来，我们不能从一条原则中推演出实在：这样一条原则是在哲学的终点出现的，不应该是哲学的起点。我们也不能把存在归约到单一基础之上；单子论和泛神论在哲学上都是站不住脚的。的确，人们无法了解自在之物的终极本质：黑格尔意义上的形而上学是一场迷梦。然而，自在之物确实存在，并且是多、而非一；世界也并非只是我们的观念。赫尔巴特反对理性主义的方法，反对先验论、单子论、泛神论、主观唯心主义和自由意志说，并用经验论、多元论、实在论和决定论来取代那些学说。

他告诉我们，在经验之外，绝无知识进步之希望。哲学的任务就是从经验和科学的普通概念开始，从种族无意识地发展形成的思想开始，但我们一定要在形式逻辑的帮助下审查这些观念，因为形式逻辑的职能就是澄清这些思想观念的意义，并在出现矛盾的地方指出矛盾所在。因此，哲学基本上就是对概念的详尽阐释：分析概念、比较概念，并试图调和概念。逻辑在看似至为简单、清晰、明了的概念中发现困难、偏差和矛盾，诸如事物、变化、生成、物质和自我意识之类的概念，皆为矛盾之渊薮。比如，就通常的看法而言，事物就是属性的复合：金子是沉重的，也是可以熔化的；一个事物就是很多事物，单一体就是复合体。赫尔巴特认为，任何矛盾的事物都不可能是实在的——因此就恢复了古老的逻辑矛盾律在哲学中曾经具有的荣耀地位。实在必须被当作一个绝对自相一致的体系看待，在这种意义上，赫尔巴特又是一个严格的理性主义者：真正的知识是一个自相一致的概念体系，因此，如果经验向我们提供了一个自相矛盾的世界观，我们就要拒绝接受。我们的知识和经验中存在的这些矛盾为形而上学设定了任务；这些矛盾必须被移除、被调和；我们必须修正日常的和科学的概念，以便

它们能够组合到一起，形成关于实在的一致图景，从而使我们的经验世界变得可 492
以理解。

## 第三节 形而上学

赫尔巴特沿着实在论的路线发展自己的形而上学。他接受了康德的教导，认为经验仅仅揭示了现象，但同时坚持这样的观点，即任何一个表象都是关于某一事物的表象；表象概念本身已经暗含了对超出表象的实在的指称。在这里，赫尔巴特再一次暴露了他的理性主义，也就是从逻辑上推论：任何观念都预设了自在之物作为它们的基础。我们总不至于按照唯心主义的理论把感觉解释为心灵自身的产物；虽然感觉是主观的，但它们却暗示了感觉之外的事物，一个关于自在之物的世界。问题在于：这个世界、这个真正的实在是如何被构成的？

展现在我们面前的世界是一个充满矛盾的表象世界，它有着许多属性和变化。比如，我们说，一个事物具有很多属性，事物会改变自身的属性。但是，一个事物怎么会是多个事物呢？同一事物怎么可能会既坚又白、既甜又香呢？它怎么能够此时为一物，彼时又为另一物呢？这是不可能的，因为它是自相矛盾的。一切事物皆是其所是，是与自身绝对等同的一：给予事物多项属性，或者将变化归属于它，毫无疑问会导致矛盾。每一个感觉都指向一个单独的实在或存在。事物是单纯的、不变的、恒常的实体：它是绝对的、不可分割的，且不在时空中延展。不可以视之为连续体，否则它就不再是单纯和绝对的。从这种意义上看，同一性原则是赫尔巴特用来支撑其实在论的基本法则。

然而，如果事物是单纯的、不变的，我们又如何解释多样性和变化的幻象呢？为什么我们经验到的事物会表现出多种属性和变化呢？形而上学若要解释这种现象，就只有假设存在着很多单纯的、不变的实体，赫尔巴特称之为“实在”。每一个貌似单纯的特定事物，事实上都并不单纯，而是拥有很多属性，因此就是许多单纯事物或实在——按照不同程度的恒常性结合在一起而形成——的复合体或集合体。我们必须假定存在很多的实在，因为所谓的“事物”具有很多属性；当某些实在彼此相互结合并形成一定的关系时，就会出现相应的某种现象。变化被解释为实在的来去运动；说某一事物的属性变化了，仅是指构成这一事物的实在之间的关系发生了改变；原先构成事物的实在本身是不变的，并且其中每一种实在都一如既往地是其所是；变化的仅只是关系，实在被添加到了复合体中，或是被从复合体中移除了。正是由于这个原因，我们把现象称为事物的 493

"偶然性的观点"。同一条线既可以作半径，又可以作切线；同理，一个实在也可以同其他的实在处于不同的关系中，且无须改变自身的本质。无论我们看到的实在之间的共同关系是什么，都不会影响实在的本质：我们所采取的仅只是"偶然性的观点"。

实在的世界是绝对的，其中没有变化、没有增长，也没有表象，一切事物都是其所是。但我们又会把此事物与彼事物、此实在与彼实在联系起来；因此，表象存在于我们自身，多元和变化的矛盾是我们自身之中的现象；所有的属性都是次要属性。这种观点把所有的差异和变化统统归因于人自身；而实在的世界却是绝对静止的世界，其中不会发生任何事件；一切事件都是意识中的现象。

然而，实在本身似乎也有变化。对此，赫尔巴特作出了如下解释。每一个实在都竭力保持它的同一性，并抵抗其他实在的侵扰。因此，同一实在于保持自身并抵御侵扰的过程中，会有不同的行为。实在之中并无真正的变化；它只是在维护其本质、确认其性质，并抵御所有的侵扰；但它保护自身的方式却要由威胁它的那些侵扰的程度和性质来决定。即便实在单独处于没有对立的环境之中，它也要维护自身的性质。实在总是在同一层面维持自身；它所呈现的面貌是恒定的、不变的，但在面对不同程度和不同性质的对立时，它就会展现不同程度的努力以保持自身的稳定。然而，在实在互不干扰的论题下，这一切又如何可能？它们看起来确实在彼此之间产生了影响；其他实在的在场，并没有改变任何实在的性质或地位，而只是激发了不同程度的自我保存活动。时间、空间、运动和物质，都被以同样的方式加以阐释：它们都不是实在，而只是实在的客观表象。

## 第四节　心理学

赫尔巴特的心理学是其形而上学的一个部分，属于理性主义心理学。经验主义心理学不能作为哲学的基础；心理学预设了形而上学作为其前提；的确，没有了形而上学心理学，批判理性的问题就无法得到解答，甚至无法进行彻底的讨论。心理学以数学、形而上学和经验为基础。心灵就是一个单纯的、绝对的、非时空性的实在，是科学迫使我们预设的第一个实体；因此，心灵就不应该像心理学家说的那样，有多种不同的官能或能量。赫尔巴特对官能心理学的批评起因
494 于他的形而上学预设。既然心灵是一个单纯的实体，除了自我保存之外，它就不

应该有任何其他的活动。心灵与肉体相关；肉体是实在的集合体；灵魂就坐落在大脑之中。所有的灵魂本质上都是相同的；灵魂的不同以及灵魂发展中的差异，需归因于外在条件，比如，身体结构。灵魂原本没有任何能量或机能，也没有观念、情感或冲动；它对于自身是无知的，没有形式、直觉或范畴，也没有意志或行为的先验法则。当灵魂抵御另外一个实在并确认自身的时候，感觉就从心灵中升起；感觉是灵魂自我保存功能的表现。在发展到高级阶段的时候，灵魂的全部内容都来自于感觉之间的联合和再生产。心理学是心灵力学和静力学。赫尔巴特的目的是要创立一种与物理力学并驾齐驱的心理学科学。旧物理学用力解释一切，而新物理学则把一切都归约为运动；旧心理学用能量和官能解释一切，而新心理学则一定要用观念的运动来解释一切：感觉和观念比较持久，但其他的心理状态也在力争取得主导地位，因此心灵中就存在着作用和反作用的活动。赫尔巴特试图用数学的方法来阐明构成心灵的感觉和观念之间的关系。因此，心理生活就被解释成了观念的交错、融合和对立；情感、奋争或冲动是观念的变形。意识并不能穷尽心理生活；在意识阈限之下的无意识领域，还存在着活动进程。心灵中的一切都遵循固定的法则，心理进程可以还原成数学公式。因此，自由意志是不存在的。

心理生活的永恒基础是心灵实体，而不是所谓的自我同一的自我、作为认知者的自我，或者具有自我意识的人格。的确，具有自我意识的主体这样一个概念本身就是矛盾的。主体如何同时又是客体，自我如何意识到自身，或者再现自身？说认知者就是被认知的事物，或者说主体即客体，是自相矛盾的。此外，我们永远无法认知作为主体的自我，因为当我们想要把捉它时，它总是旋踵而去，只给我们留下了一个客体，即作为宾格的我。眼睛不能看见自己；自我也只能看到自身的图像；并且被看到、被注视的自我已经不再是进行注视和认知的自我：自我始终会逃离我们的把握。具有自我意识的自我不是原则，而是产物；它不是心理生活自发的根基或中心，而是心灵机制所产生的结果。自我意识确实是可能的，但它的出现要晚于对客体的意识，并且是通过自我观念实现的。费希特的纯 495
粹自我是一种抽象；我们所知道的唯一的自我意识，是经验性质的自我意识，并且始终是对于客体的意识。

对机能理论的反驳、将表象作为心灵唯一基础功能的理论、关于无意识的学说、统觉论、联想论、决定论、相互作用理论，还有他视自我为产物而非原则的观点，都是赫尔巴特心理学的重要论点。时空和范畴不再是心灵的先验形式，而是心灵机制的产物，是心理要素相互作用的结果。

## 第五节　价值科学

形而上学与实在相关，但有一种叫作美学的科学，却与实在无关，反而同价值相关——这是一种表达品味判断力的科学。形而上学与美学断然是风马牛不相及，因此，赫尔巴特反对任何试图将这两门科学结合起来的努力。除了理论判断之外，还有表示满意和不满意的判断：我们认为某物漂亮或是丑陋，值得赞扬或是应当谴责。美学的任务就是审查这些判断的客体，并揭示出什么令我们欢喜，什么令我们厌恶。赫尔巴特发现，美学价值并不存在于客体的内容中，而是在其形式中，我们——喜好或是反感——的情绪是由事物之间存在着的某种简单关系引发的。

道德哲学是美学的分支，它研究道德意义上的美。我们会赞成或是反感某些意志关系。经验证明，存在着五种类型的关系，它们导致了伦理判断的出现，这五种关系也可以称作模式或理念。第一，我们依据内在自由理念表示赞成，在这种关系内，个人的意志与信念达成了一致。第二，我们依据完满理念表示赞成，在这种关系内，向着共同目标的各种不同的意志努力达成了和谐。第三，我们依据仁慈理念表示赞成，在这种关系内，个人的意志以其他人意志的满足为自己的目标。第四，我们不赞成那种多个意志彼此相互障碍并导致冲突和混乱的关系，但是我们赞成那种每个意志都允许其他意志自绝其路的关系。在这些情形下，我们依据正义理念表示赞成或是不赞成。第五，我们依据报应理念表示赞成或不赞成，我们反对那种有意的善行或恶行不能得到报应的关系。与这五种理念以倒序的关系相对应的，是五种社会体制：法律体制、酬劳体制、管理体制和文化体
496 制；它们结合在一起以便在运用于社会时能够实现内在自由的理念。社会的最高理想就是实现意志和理性的联合，这样一来，社会成员之间就不会再有冲突。

赫尔巴特通过其教育理论发挥了最大的影响。他视教育学为应用心理学，并用伦理学提供的目的作为指导。他认为心理生活是由观念间的相互作用决定的，由于这样的机械观点，他的教育哲学非常强调教学、兴趣和统觉的重要性。

本尼克（F.H.Beneke，1798年—1854年，《作为自然科学的心理学教材》，1833年；《实践哲学体系，1837年》）受到了弗里斯（Fries）和英国经验主义的影响，也受到了赫尔巴特的影响。他赞成赫尔巴特，认为心理学必须建立在经验之上，但他却反对把数学和形而上学也作为心理学的基础。心理学是内在经验的科学，是所有知识中最确定的一种，因此，它必须成为形而上学、认识论、伦理学和教育学的基础。

# 第六十五章
# 叔本华

叔本华于1788年生于丹泽；他的父亲是一位富有的银行家，而他的母亲则是当时的通俗小说家。这个儿子进入商业圈之后，发现自己极其厌恶商业生活，于是就走出账房、进了大学。在哥廷根（1809年—1811年）和柏林（1811年—1813年），他全身心投入对哲学、自然科学和梵语文学的研究之中。他最钟爱的哲学家是柏拉图和康德；在柏林，他听过费希特讲课，毫无疑问也受到了费希特的影响，尽管他傲慢地将费希特、谢林和黑格尔视为“空谈哲学家”。在黑格尔声誉正隆的时候，叔本华主动担任柏林大学的编外讲师，并在1820年到1831年间，断断续续地进行授课，但作为教师，他是不成功的。1831年，他从柏林大学退休，满怀着对于“哲学教授”的怨毒愤恨之情，定居于美因河畔的法兰克福，全身心投入沉思和写作之中。叔本华的声誉姗姗来迟，在他生命中最后的几年内，他终于如愿以偿。他于1860年去世。

叔本华的主要著作有：《论充足理由的四重根》（1813年）；《作为意志和表象的世界》（1819年）；《伦理学的两个基本问题》（1841年）；《附录和补遗》（1851年）。Frauenstädt编辑的文集，六卷，1873年—1874年第1版；1877年第2版；Grisebach编辑的文集，五卷，1916年；Steiner编辑的文集，十三卷，1894年；P.Deussen编辑的文集，十四卷，1911年—1923年。

译成英文的作品有：《作为意志和表象的世界》，R.B.Haldane和J.Kemp译，1923年；《论充足理由的四重根》，K.Hildebrand译，1891年第2版；《道德的基础》，A.B.Bullock译，1903年；《散文选》，T.B.Saunders编译，五卷，1892年第3版；《文选》，D.H.Parker编辑，1928年；《文集》，W.Durant编辑，1928年。

研究性作品有：R.A.Tsanoff的《叔本华对康德的经验理论的批判》《康奈尔哲学研究》，1911年第9期；J.Sully的《悲观主义》，1891年第2版；
W.Caldwell的《哲学意义上的叔本华体系》，1896年；T.Whittaker的《叔本 497
华》，1909年；H.Hasse的《叔本华》，1926年；H.Zimmern的《叔本华，其生平与哲学》，1876年和1932年。

## 第一节　作为意志和观念的世界

叔本华接受了康德《纯粹理性批判》中的学说，认为经验世界是一个表象的世界，由人类理智的本质所决定。心灵有自身的知觉形式——时间和空间——和认知范畴；叔本华把后者归约为单一的因果范畴。康德宣称说，在我们认知表象的意义上，我们无法知道脱离开理智的世界是什么，并且也永远无从知晓；它是伟大的不可知之物，是人类借以将世界知觉为表象的本体。我们不能在理智直觉中直接面对自在之物，除了知道它存在之外，我们别无所知；心灵的形式，诸如时间、空间、因果等范畴，都不适用于它。

在这一点上，叔本华与他的老师发生了分歧。他认为，如果我们仅只是一个理智存在者、一个向外注视的主体，那么，除了按照时空范畴和因果律构造的现象外，我们的确无法认知任何事物。但是，在我们意识的深处，我们却可以直接面对真实的、实在的、基本的自我；在关于活动的意识中，我们了解到自在之物。自在之物是**意志**；它是无需外因的非时空性质的原始活动，并通过冲动、本能、努力、向往、渴望等方式来表达自身。我们同时也把自身作为现象、作为自然界的组成部分来了解；并把自身表象为延展的有机体。我们以两种方式认知自我：作为意志和作为表象；但只有一个意志，在自我意识中，它作为对于活动的意识出现，而在认知中，它作为物质性的身体出现。意志是真实的自我，身体是意志的表现。

## 第二节　自然和人的意志

这种二元论思想是解决整个形而上学问题的关键。叔本华按照与人的观念相类比的方式解释一切事物：世界是意志和表象；表象之于理智，实际上即表象之于意志。这种唯意志论的世界观通过各种事实得以巩固。当我向内观审时，我直接与自己的意志照面；当我向外观审时，我直觉到作为身体的意志。我的意志将自身客体化为肉体，并通过有生命的机体来展现自身。在石头中，意志表现为盲目的力；在人类中，意志意识到自己。磁针总是指向北方；物体总是垂直下降；
498 物体在其他物体的作用下会形成结晶。这些事件都证明，自然界中活动着与人类意志相似的力量。在植物界，我们也发现了无意识的努力或冲动的迹象。树木渴望阳光，努力向上生长；同时，它也想要得到水分，所以就向土壤下扎根。意志或冲动引领着动物的生长，并指导着它们所有的活动。渴望吞噬猎物的野生动物长出了牙齿、爪牙和肌肉；意志为自身创造了一套与需求相匹配的有机体；功能先于组织：顶撞的欲望是长出角来的原因。生存的意志是生命的基本原则。

在人类和高等动物之中，这种原始冲动是有意识的；它创造出了智力作为自己的器官和工具；智力是世界上为意志照亮道路的明灯。意志为自己创造了大脑；大脑是智力的所在；智力和意识是大脑的功能：在这个方面，叔本华与唯物主义者是一致的。在较低级的生存层面，意志是盲目的追求，它漫无目的地活动，却没有丝毫意识；但在人类之中意志是有意识的；智力被嫁接到了意志之上，是所有用以自我保存的工具中最有力的一种。但它始终为意志服务；意志是主人，智力是奴仆。

意志控制着知觉、记忆、想象、判断和推理；对于那些我们愿意知觉、愿意记住和愿意想象的事物，我们就会直觉得到、记忆得住、想象得来；我们的论证总是出于意志的诉求。叔本华昭示了现代心理学的理性化理论——理性是意志的奴隶，为了论证结论的合理，它就会构造原因，而这些结论都是在意志、情感或其他非理性的基础上为意志所接受的。当我们观察从人类到矿物质的存在序列时，我们发现理智淡化到了背景中，意志却是始终保持唯一、恒定且持久的因素。在孩童和野人身上，冲动支配着理智；当我们下降到动物王国，会发现本能越来越缺乏意识；在植物中，意志是无意识的；在矿物质中，已经不存在有意识的理智的任何迹象。

这种显现在矿物质和人类中的基本意志，既不是一个人格，也不是有理智的上帝。它是一种盲目的无意识力量，以生存为其意向。意志自身是非时空性的，但它却在具有时空性的个体中表现自己；也就是说，在以时间和空间形式存在的个体中，心灵能够知觉到它的活动。它以永恒不变的类型展现自身，柏拉图称之为**理念**。比如，不同种类的有机物种就是永恒不变的类型。物种不会发生改变，
生生死死的是属于某一物种的个体，而**意志类型**或物种却依然存在着。这些类型 499
形成了一个上升的阶次，一个循序渐进的系列或等级，从最低级的物质攀升到人类。个体来来往往，但意志永远存在。因此，作为我们基本组成部分的意志是不朽的；意志用以表现自身的特定的、具体的个体形式却是会死的。所以，自杀就意味着毁灭意志的某一特定表现，而不能毁灭意志自身。

## 第三节　悲观主义

生活和生存的意志是世界上一切争斗、悲伤和邪恶的根源。世界是无休止的

争斗和战争，不同形式的追求存在盲目意志互相斗争，大鱼吞食小鱼。事实上，这个世界绝不是一个美好的世界，而是所有的可能世界中最糟糕、最邪恶的。人类的生活是不值得过的，因为其中充满了痛苦，它之所以充满了痛苦和悲伤，正是起因于人类意志的本性。生命由盲目的渴望构成，只要渴望没有得到满足，就会痛苦不堪；但一旦得到满足，新的令人痛苦的欲望就接踵而至，如此反反复复，直至人们厌倦作呕。我们永远不会彻底满足，因为凡花皆有虫。就像是触礁沉船的水手，我们挣扎着、挣扎着从惊涛骇浪中拯救自己疲惫的身躯，但最终还是被席卷而去。

> 我们的每一次呼吸都在抗拒着死亡持续不断的入侵，时时刻刻都以这种方式与死亡作斗争，还有一些间歇较长的方式，比如我们的每一顿饭、每一次睡眠，或者每一次给身体取暖等。死亡最终必然取胜，因为我们一旦降生，便落到他的掌控之中，他同自己的猎物玩上一小会儿之后，就把它们一口吞掉。然而，我们还是带着极大的兴趣和所有可能的安慰来追求生命，就像是吹肥皂泡，尽管我们确切地知道迟早会破灭，但还是要尽可能把它吹得更大、保持时间更长……结果，兽类和人类一开始就成了痛苦侵袭的对象，就因为他们存在着。另一方面，当缺乏欲望对象时，因为太容易获得的满足会使欲望顷刻消失，一种可怕的空虚和无聊就会降临……于是，生命就像是在痛苦和无聊之间来回摇荡的钟摆。这一点也要以非常奇特的方式表现出来：如果人们把一切痛苦和折磨都转入地狱的话，天堂就只剩下了无聊，除此之外，别无他物。[93]

生命之所以是罪恶的，还有另外一个原因，因为它是自私的、卑贱的；意志的本性决定了生命本当如此。人类是性恶的动物，是无情而又怯懦的自我主义者，恐惧使他变得诚实、虚荣使他变得合群，在这个世界上取得成功的唯一途
500 径，就是像其他人一样贪婪、狡诈。知识和文明的进步于事无补；因为它只能带来新的欲求，以及与之相伴的新的痛苦和新型的自私和不道德。所谓的美德，比如热爱劳动、坚韧不拔，以及节俭和忍耐，都不过是些精致化的自我主义而已。“更多的智慧带来更多的烦恼；拓展知识者徒增忧伤。”“历史是一长串永无止境的谋杀、抢劫、阴谋和谎言；观其一页，尽知其余。”

[93]《作为意志和表象的世界》，第四卷，第57节，Haldane和Kemp译。

## 第四节　同情和自我否定的伦理学

叔本华教导说，同情或怜悯是道德的基础和标尺，一个自私的种族，就是邪恶的种族。善良的行为必须由纯粹的同情心激发；如果行为的动机是出于个人的福利，则此行为毫无道德可言；如果动机是要危害他人，则此行为就是邪恶的。一个人经验上的品性是完全被决定的，但人会懊悔这一事实证明意志是自由的。因此，我的意志最终要为我的品性负责：理性的自我塑造了经验的自我。

因为自私意志是所有罪恶的根基和所有痛苦的源头，所以人们必须否定意志并压制自私的欲望，以便能够享受幸福，至少说是享受平静。有好几种可能的方式以实现这一点。艺术或哲学天才可以从自私意志中解脱出来，沉湎于艺术沉思或哲学思想之中，并忘却自我，这种方法虽然让人提前品尝到了解脱的滋味，但终究只是暂时性的得救。要使自己从自私意志中解脱出来，个人也可以思考世界上的诸多邪恶、欲望的徒劳，以及个体存在的虚幻。如果他能够考虑到这些事情，并牢记所有的个体在本质上都是同一的，都是同一原始意志的不同表现，他就会感受到对于所有造物的怜悯与同情；他将会在他者之中看到自我，并将他人的悲伤感受为自我的悲伤。这属于道德的途径，但依然只能提供暂时的解脱。最好的方法就是在禁欲苦行的生活中彻底否定意志，就像基督教的苦行者和佛教的圣徒所实践的那样。做到了听天由命、无为任化，意志就消亡了。圣者从自我的意志中解脱出来，从那种将自然人束缚到世界之上的冲动中得救；一旦了解了生命，看清了生命的真面目，意志就会消亡。

## 第五节　哈特曼的无意识哲学

受到了谢林、黑格尔和叔本华的影响，哈特曼竭力调和黑格尔的唯理智论和叔本华的唯意志论，他的哲学思辨建立在科学归纳法之上，而他的自然哲学则与谢林的理论类似。他认为，作为一种解释，机械论是不充分的，必须用关 501
于世界的唯心主义概念来加以补充。如果不假定自然界中有意志的运作，我们就无法解释很多事实，然而，就是这种意志，在哈特曼看来，被无意识的目的所控制。比如，动物本能是指向一个目的的智能活动，但本能却意识不到这一目的。本能不是由机械的或物理的条件决定的，但它调整自身以适应环境，并转变机体以满足需求。包括物质在内的所有东西的指导原则，都是一种无意识的、非人格的、具有智能的意志，也就是意志加观念，只有在人类大脑中，意志才变得完全有意识。物质由力的中心或无意识的意志冲动所组成，这些冲动代表着一个绝对普遍的、无意识的精神的活动。这种绝对精神起初处于静止状态，仅仅是潜在的意志或理性，但它被没有根由的意志所激发，进而开始活动。由于它包含有逻辑理性在内，所以无意识的世界意志就被理性目的所控制，并在理性演化的过程中表现自身。但从本质上讲，所有的意愿都是罪恶的，是不幸的根源。这一演化过程的最终目的是绝对意志从自身获得解脱，并回归到原初的宁静状态，即涅槃。当人类绝对不存在时，就能够实现这个目的。然而，人类的职责正是肯定那种不遗余力地生存的意志，而不是隐逸遁世或者实践禁欲主义。

哈特曼的著作有：《无意识的哲学》，1869年（Coupland译）；《道德意识现象学》，1879年；《认识论的基本问题》，1890年；《宗教哲学》，1881年；《范畴学》，1896年；《哲学体系大纲》，1907年。

研究性著作有：J.Sully的《悲观主义》，1891年第2版；H.Vaihinger的《哈特曼，杜林和朗格》，1896年。

## 第六十六章 尼采

尼采生于1844年，他是一位新教牧师的儿子。尼采在莱比锡大学和波恩大学学习，并于1869年被任命为瑞士巴塞尔大学的文献学教授。他成了一位瑞士公民，但在1870年的普法战争中，他离开大学，在普鲁士军队中担任了一名医疗勤务兵。在此短暂的兵役之后，他返回了巴塞尔，健康状况糟糕透顶。他开设的课程有《柏拉图之前的哲学家》《柏拉图对话研究导论》和《希腊文学史》。瓦格纳当时生活在巴塞尔附近，他成为了尼采的好朋友；但是，当这位作曲家回到拜罗伊特之后，尼采对他的批评渐渐增多。“大师”——瓦格纳喜欢的称
502 呼——似乎成了尼采精神独立道路上的障碍；此外，瓦格纳成了德国沙文主义和种族主义的象征，这两者都是尼采所深恶痛绝的。瓦格纳的《帕西法尔》被尼采认为是对基督教的极其伪善的顺从，几乎同时，受到伏尔泰的一句格言的启示，

他完成了《人性的，太人性的》一书，标志着他同瓦格纳的决裂。1879年，尼采从大学教席辞职，理由是健康不佳，此后的十年间，他极其孤独地生活在意大利北部和瑞士等地。他的著作大都没有引起公众的注意，直到1888年，布兰德斯（Brandes）开始在哥本哈根开设尼采讲座。此后，尼采的名声就像野火一般传播。但他自己并不知晓，因为在1889年，他的精神彻底崩溃，直到1900年去世，一直处于精神病状态。

尼采的著作有：《悲剧的诞生》，1872年；《不合时宜的沉思》，共四篇，1873年—1876年；《人性的，太人性的》，共三篇，1878年—1880年；《朝霞》，1881年；《快乐的科学》，1882年，1887年；《查拉斯图特拉如是说》，共四篇，1883年—1892年；《超善恶》，1886年；《论道德的谱系》，1887年；《瓦格纳事件》，1888年；《偶像的黄昏》，1889年；还有尼采的遗嘱执行人出版的著作：《敌基督》《尼采反对瓦格纳》和《瞧！这个人》。尼采1884年—1888年间的笔记作为《权力意志》于死后出版，但编排并非出自尼采本人。尼采的德文作品集有好几个版本，最重要的是大八开本版（Grossoktavausgabe），共二十卷，还有最近的全集版（Musarionausgabe），共二十三卷，1920年—1929年，上述两版本都包含有索引卷。尼采的大部分书信都可以在《书信总集》中找到，共有五卷，分为6册，1900年；但他与瓦格纳、奥夫贝克（Overbeck）和史特林堡（Strindberg）的通信的出版则更迟一些。《历史考订版》的尼采著作和书信集按照时间顺序编排，于1933年开始，尚未编到尼采的第一部作品。尼采全部作品的翻译收入《全集》，Levy编辑，1909年。《尼采的哲学》中收有5部尼采作品的译文（现代图书馆）。

研究著作有：C.Andler的《尼采：其人其思》，六卷，1920年—1931年；A.Bäumler的《哲学家和政治家尼采》，1931年；E.Bertram的《尼采：向着神话的尝试》，1918年；C.Brinton的《尼采》，1941年；E.Förster-Nietzsche的《尼采生平》共两卷，分为3册，1895年—1904年；雅斯贝尔斯的《尼采》，1936年；L.Klages的《尼采的心理学贡献》，1926年；A.H.J.Knight的《尼采生平及其著作之各个方面》，1933年；K.Löwith的《尼采关于同者永恒轮回的哲学》，1935年；G.A.Morgan的《尼采的意图》，1941年；H.A.Reyburn的《尼采：一个人性哲人的故事》，1948年；G.Simmel的《叔本华和尼采》，1907年；H.Vaihinger的《作为哲学家的尼采》，1902年。尼采文学多达千卷。对尼采的深层阐释在考夫曼的作品中发展得更为详尽，《尼采：哲学家、心理学家、敌基督者》，普林斯顿大学出版社，1950年。

## 第一节　尼采的前辈

青年时期的尼采极其崇拜叔本华，并且在其影响下发现了古希腊人中“悲剧的诞生”的线索，这条线索在于“酒神”和“日神”的区别——这两个概念分别反映了作为意志的世界和作为表象的世界的思想。酒神与音乐相关，更为普遍地指向人性中的激情方面，这种激情在酒神节日中找到了发泄口；而日神与视觉
503 艺术相关，更为普遍地指向人类的规训和赋型（form-giving）原则。悲剧从酒神合唱发展而来，它的产生是两条原则融合的结果。然而，《悲剧的诞生》的中心论点却是直接指向叔本华的：古希腊人对于人生之苦难的敏感性并不亚于叔本华，但他们没有像叔本华那样以一种佛教徒式的否定来回应意志；相反，他们从艺术中获得慰藉，在他们的悲剧中，古希腊人为生命欢庆，因为“从根本上说，虽然（生命的）表象千变万化，但它却不可摧毁、强大而且欢愉”。后来，尼采进一步发挥这一主题，认为巨大的力量在于其承受巨大苦难和创造性地应对巨大挑战的能力，并将看似有害的事物转变成自己的优势；他称这种能力为“酒神精神”。在他的后期作品中，这一术语的意义发生了变化，先前是酒神和日神，而今则由“酒神精神”指代二者的综合体。

尼采同时深受达尔文的影响；但是，他没有像他的很多同代人那样持有乐观主义，并在进化理论中找到无限进步的许诺。相反，尼采对于达尔文否定人兽之间的肉体差异这一事实中所暗含的潜在危险感到震惊：这种学说可能会摧毁西方传统中人类的独有尊严，尼采担心人们因而完全丧失彼此间的尊重，并且会有极为糟糕的历史结果。因此，尼采为自己设定了一项任务，即创造“一幅新的人类图画”，挽回人类自身的尊严感。进而，他追问自然主义的道德是否可能，也就是说，在超自然的裁断之外是否有人类价值的可能。因为他感觉到，我们这个科学主宰心灵的时代丢失了对于神圣启示的现实信仰，并处于一种彻底的“虚无主义”的危险之中。

## 第二节　权力意志

对于这些问题，由于无法给出让自己满意的解答，尼采改变了追问的方向，并撰写了一系列因其心理学洞察力而闻名的格言式著作，其中很多作品都——引用弗洛伊德的话说——“以一种让人吃惊的方式与心理分析的艰辛成果相符

合”。最终，这种不系统的思考达到了顶点，归纳结论为：人类的行为可以归约为单一的基本冲动——权力意志。只有在非常特殊的贫乏环境中，生命才会被高度重视，仿佛它就是终极目的；但人们不应该像达尔文那样，“错把马尔萨斯当作自然”。人类所渴望的不仅仅是对存在状态的保持，而是对存在的加强，也就 504
是获得更大的权力。在竞争中取胜（这是古希腊文化和教育中的突出因素）、打动他人的能力、艺术创造力和哲学家对宇宙的理智征服都是这种权力的例证，禁欲者的自我征服和殉道者所理解的不朽，也都是如此。这种观点与对快乐原则的明确拒绝相一致。人们最终欲求的不是快乐——如果这一词语意味着没有痛苦的话。为了获得更大的权力，人们自愿地牺牲快乐并招致痛苦；在创造性活动中得以表现的权力提供了终极的幸福，这是所有人都渴望的，尽管它包含有巨大的痛苦和不适。幸福——从终极欲求状态的意义上讲——并不是对于没有痛苦的快乐时刻的主宰，而是对权力的占有和创造性的应用。追求这样的幸福需要一种高度的自律，因为只要我们依然为动物性欲望所支配，我们就无法拥有伟大的权力。通过升华自身的冲动并创造性地运用它们，人们就可以将自身超脱于禽兽之上，并获得人类所独有的尊严，在先前的哲学家看来，这种尊严是人们与生俱来的权利。那些达到这种状态的人就是“超人”，并且尼采认为，这样的超人确实在过去的历史中偶或出现过——歌德或许就是最近的例子。超人的优越性并非出于种族的作用，在各种大不相同的文化中，都可以找到这样的人物。

## 第三节　永恒轮回

与超人的概念相关联，尼采又发展出了永恒轮回学说。他首先在毕达哥拉斯主义者那里遇到这个概念，而后总结说，这是纯粹科学推理的逻辑结论。假定宇宙已经存在过无限漫长的时间，而宇宙的组成部分却是有限数量的原子或者“力量子”以及有限的能量，那么很自然，只可能存在着有限数量的不同组合方式；因此，同样的事件组合就不可避免地会发生永恒轮回。这种思想剥夺了历史的全部目标或目的，但对超人来说却并非可怖之事。超人毫无保留地、充满欢愉地肯定自己的创造性存在，肯定生命的每时每刻，这反而使得他欢迎永恒轮回。只有那些生命缺乏目标的人和那些根本就不满足的人，才会需要一种对于宇宙目的的信仰，这种信仰可以使他们得到救赎，天堂给他们带来满足，而地狱却是为了那些他们暗自嫉妒和憎恨的人。

505
## 第四节　对基督教的攻击

此处讲述尼采对基督教声名狼藉的攻击的背景。基督教的温顺、宽容、忍耐和慈爱只不过是经过伪装的怨恨，这种怨恨是无能的，它不敢有所为，所以只能温顺、宽容，除了表现慈爱，它不敢呈现别的模样，尽管它在梦想着天堂和地狱。这种态度与罗马帝国的奴隶有很特别的关系，他们很早就接受了基督教，因此尼采就说到了道德领域中的“奴隶革命”和“奴隶道德”。他将“奴隶道德”与其他文明中的“主人道德”进行了对比，但他自己的伦理学却与这两种道德有明显的差别。它与“主人道德”不同，因为尼采强烈地谴责了任何无视弱势人群的行为，比如，摩奴法典中对于被放逐者的处理。另一方面，尼采对于基督教道德的批判主要是围绕着与之相关的心态问题展开的，也就是怨恨。尼采所说的怨恨是对于那些胜过自己的人们的一种隐秘的仇恨和嫉妒，以及那种对复仇的舍弃，这种舍弃与如下信仰密不可分：“报复在我；我得报应，主说。”（《罗马书》12章19节）因此，尼采“对一切价值的重估”并没有一个新的价值列表，而只是对他所认为的基督教伦理进行了内在的批判，他竭力要证明，通常那些被视为当然的基督教道德，在用他们自己公认的标准去评判的时候，却是不道德的。

一些形式的同情心和邻人之爱也由于其他的原因而受到谴责。要完善自我，就需要对自己狠，人们没有这么做，反而是“逃向”了邻人，“并乐意于将此变成一种美德”。尼采之所以反对同情，完全在于它是建立在这样一种假设之上的，即痛苦必然是罪恶。如果人们最渴望的是“权力”，那么一定程度的痛苦就是不可或缺的，它既是自我控制的手段，也是创造性生命的元素。不应该通过怜悯来表达对于同胞的爱，而应该是帮助他们获得更为丰富的存在状态，为了达到这个目的，有时候要对他们狠一些，并在竞争性的努力中与之对抗。因此，我们应该彼此成为对方的导师和鞭策。只要道德的目的植根于——人类因其本性而受制于欲望——这样一种状态之中，尼采的伦理学就可能被视为自然主义。

## 第五节　理性的功用

尼采并非寻常意义上的非理性主义者。可以断定，理性是权力意志的工具，但它是独一无二的工具，没有了它，人类就无法取得终极的权力或幸福。只有理
506 性能够使我们的冲动得以整合和升华，没有了它，人类从本质上说就依然是禽

兽。因此，尼采就在理性的名义下批判基督教信仰；他认为理性的贬值和对于消灭激情的鼓吹是相互依赖的，在有些基督教作家中就是这样。那些缺乏理性力量的人无法驾驭自己的冲动并创造性地加以应用；他们要么向冲动屈服，要么就竭力消灭它们。

## 第六节　形而上学和认识论

尼采的形而上学和认识论大都是通过他死后出版的笔记作品勾勒出来的，因此就不如之前描述的那些观点那样连贯、明晰。宇宙被认为是由有限数量的“力量子”构成的，与莱布尼茨的单子类似。每个单子的本质都与其他单子的关系密不可分，因此，尼采坚持了内在关系说。每个单子都在追求权力的加增，这一点丝毫不逊色于人类；但并不存在终极的进步，只有永恒的轮回。此外，每个单子都从自己的观点出发来解释其他的单子，这就暗含有视角主义的成分。但是哲学家已经错误地将范畴和公式作为真理和实在的标准；他们天真地将人类看待事物的方式——一种人类中心主义的癖好——作为万物的尺度，即“真实”与“虚幻”的标准。如此一来，世界就被割裂成了真实的世界与虚幻的世界，生成、变化、多元和对立的世界丧失了名誉并遭到了诽谤。真实的世界被人们称为表象和假象的世界，是虚假的；而虚假的世界，那个虚构的、超感官的永恒世界却被吹捧成是真实的。然而，“起作用”的东西，甚至于对于生存来说必需的东西，未必一定是“真实”的事物。有甚于生存，我们觊觎“权力”；被如此认定的状态与自我欺骗是无法调和的。因此，虽然人类的求真意志确实可能会妨碍其生存，但尼采依然接受了求真意志的优先权。

## 第七节　尼采的影响

尼采的影响是巨大的，但通常都是有害的。他的风格，要么是格言式的——《查拉斯图特拉如是说》尤为突出——要么就是高度象征性的，对于夸张和修辞对仗的热衷更使得他极易为人们误解，尽管这并非他的初衷；在他死后，他妹妹出版其笔记的方式——尤其是那些包含在《权力意志》标题之下的那些笔记——从学术的观点来看，不仅令人生厌，而且极其误导视听。结果，尼采的批评者和崇拜者，包括纳粹在内，都忽视了他对于升华的重要坚守，而是把他对基督教的 507
攻击和权力意志概念解释为野蛮兽性和恣意妄为。与尼采的名字时常联系在一起的就是这样一种“影响”，在英语世界中尤其如此；但他的思想对于现代一些最著名的作家、神学家、心理学家和哲学家的影响，同样毫不逊色。的确，很多当代德国哲学家都感受到了尼采的影响：齐美尔的文化哲学，费英格的实用主义，斯宾格勒的历史哲学，舍勒的现象学，还有雅斯贝尔斯和海德格尔的存在哲学，此处仅是聊举数例而已。性情和兴趣大相径庭的人都从尼采的作品中得到了启示，尼采的哲学在19世纪90年代开始变得“时髦”，可以毫不夸张地说，此后它将永远“时髦”下去。

# 第六十七章
# 自然科学和唯物主义

## 第一节　对思辨哲学的反动

康德曾试图对抗休谟的怀疑论并为数学和自然科学建立有效性，但他否定了作为物自体之先验科学的形而上学的可能。在他看来，理性神学、宇宙哲学和心理学都没有科学价值：我们无法通过理论理性来证明上帝存在、灵魂不死和意志自由；在这里无从提及理论知识，因为这些事物不是也不可能是经验的对象。诚然，我们可以形成一些具有或多或少的盖然性的形而上学假说，但无法通过这些假说来获得普遍的、必然的知识。然而，我们可以上升到关于自由、不死和上帝的更高种类的知识，其途径是道德直觉：实践理性为我们保证了此类真理的有效性，虽然我们无法赋予它们感性内容并在科学的意义上了解它们。

我们看到，康德的那些伟大的继承者——费希特、谢林、黑格尔——却没有他那样对于形而上学的忧虑。黑格尔为宇宙的所有不同阶段提供了一种逻辑解释，并且他的哲学在1840年之前的德国一直处于统治地位。然而，对理性主义形而上学的批判反抗始终在后康德学派之外持续着；这种反抗表现在弗里斯、贝尼克、赫尔巴特、叔本华和很多其他人的作品之中。哲学宣称在谢林的艺术直觉或黑格尔的辩证过程中拥有一种特殊的知识方法，很多具有科学头脑的思想家对此发起了挑战；并且拒斥唯心主义的观点，因为它宣称科学研究仅仅是哲学的准
508 备，甚至是一种错误的方法。思辨哲学被指责忽视事实或是试图从自己的内在意识中编造事实，因此名誉扫地。进步的自然科学欢迎对经验的深层研究，并催生

了实证主义以及对于——那种与后康德学派唯心主义者的思辨哲学相等同的——形而上学的蔑视。1842年，迈耶尔发现了能量守恒原则；1859年，达尔文发表了他的划时代作品《基于自然选择的物种起源》。唯心主义哲学的消退与自然科学的胜利鼓舞着唯物主义的成长。

## 第二节　唯物主义

19世纪50年代，德国唯物主义运动势头正盛，其代表有佛格特（Karl Vogt，1817年—1895年），曹尔博（H.Czolbe，1819年—1873年），莫乐斯舒特（J.Moleschott，1822年—1893年），和毕施纳（L.Büchner，1824年—1899年；著有《力与物》，1855年），他们是反抗唯心主义体系的领导力量。这一运动既抗议神学的反动理论，也反对思辨哲学的夸夸其谈；的确，其唯物主义形而上学与人道主义和唯心主义的伦理学结合在了一起。这群人所提出的理论，无一例外，全然不是前后一致的唯物主义理论，而是很多观点的杂糅体：心灵或思想时而被当作是运动，时而又被当作是运动的效果，有时被看作是运动的伴随物，有时又被看作是一种未知的潜在原则的某一方面，在这里，运动是此原则的类似表达。毕施纳的书很受欢迎，从50年代起，至少印行了20版。后来海克尔（Ernst Haeckel）的《宇宙之谜》（1899年）取代了它，但是同毕施纳的著作一样，这本书显示了同样的不一致性。[94]

化学家Wilhelm Ostwald（1853年—1932年；著有《克服科学唯物主义》，1895年；《自然哲学》，1902年）摈弃了唯物主义和机械论，而青睐"能量"理论或活力论。物质的各种特性是能量的具体形式——动力的、热能的、化学的、磁力的、电力的等——它们不可以相互还原。精神能量是另外一种形式的能量；它是有意识或者无意识的神经能。相互作用被解释成是从无意识的能向有意识的能的过渡，相反的变化也是如此。

[94] 参见梯利的《一个科学家的世界观：海克尔的哲学》《通俗科学月刊》，1902年9月。

# 509 第六十八章
# 德国唯心主义的复兴

## 第一节　新康德主义

随着黑格尔主义的衰落，自然科学和唯物主义便开始其统治，一切哲学都暂时衰微。任何一个不了解、不尊重自然科学和哲学的方法和结果的人，都没有希望去重新建立哲学受人尊重的地位。德国出现了若干思想家，其中有些来自自然科学阵营，通过他们的努力，哲学在自然科学的等级中重新获得了一个光彩的位置。这个群体中最突出的人物是洛采、费希纳、哈特曼、冯特和保尔森。这些人都通过研究各种各样的思想运动而受益：诸如实证主义、唯物主义、批判主义和后康德学派唯心主义。他们认为，任何脱离自然科学并试图经由理性主义的方法来构建形而上学的努力都是徒劳的。尽管他们都摈弃了主观唯心主义以及先验的和辩证的方法，但他们依然可以被视为德国唯心主义的继承人。与康德的《纯粹理性批判》相一致，他们认为没有经验就没有科学和哲学知识；与实证主义相一致，他们认为不存在拥有绝对确定性的形而上学体系。

## 第二节　批判主义的复兴

在这样的情形下，哲学家自然应该再次面对康德曾经认真而又清醒地考虑过的知识问题，并把时代的各种学术倾向都加以批判审查。对于那些既反对黑格尔式的方法又反对唯物主义的推进的人，以及那些完全不信任形而上学的人来说，批判哲学就成了他们重整旗鼓的地方。1865年，利伯曼（O.Liebmann）在《康德与其追随者》一书中大声疾呼："回到康德那里去。"1866年，F.A.Lange出版了他的名动一时的作品《唯物主义史》。新康德主义运动日渐强劲；其成员强调认识论研究的必要，有些人——比如费英格，B.厄尔德曼，雷克（Reicke），科尔巴赫（Kehrbach），阿迪克斯（Adickes），E.阿诺德——甚至将对于康德作品的哲学研究，尤其是《纯粹理性批判》，看作是具有首要的重要性。还有些新康德学派的成员则将知识限定在认识论的范围内，并接受实证主义的论点，认为我们只能认识到现象，结果就拒斥所有的形而上学，无论其是唯物主义的还是唯心主义的形而上学，都统统被视为超出了我们的知识领域。Lange（1828年—1875年）在实证主义的圈子内发挥着巨大的影响，在他看来，唯物主义作为一种方法是正当的，但作为一种世界观却是不合适的，因为它不能解释物理对象的基 510
本性质和人类自身的内在自我。他认为，形而上学和宗教沉思是人类的“构造本能”的产物，并没有理论价值：理想世界的存在无法得到证实，但这样一种观念在人类生活中却有实际的价值。柯亨（H.Cohen，1842年—1918年）是马堡学派的首领，他发展了批判哲学，并在康德的方法的基础上完成了自己的体系（《哲学体系》，1902年—1912年）。他的学生有纳托尔普（P.Natorp，1854年—1924年；《社会教育学》，1899年）和斯达默勒（R.Stammler，《关于正当权利的理论》，1902年）。最近的一名新康德主义运动的著名代表是恩斯特·卡西尔（Ernst Cassirer，1874年—1945年），他的《实体概念与功能概念》（1910年）出现了英文版本，名为《实体与功能》（1923年）。

## 第三节　洛采

所受教育与气质均令其适合于担当重建哲学之任务的思想家是赫尔曼·洛采，他所完成的体系结合了莱布尼茨的单子论和斯宾诺莎的泛神论，并试图调和一元论与多元论、机械论与目的论、唯物主义与唯心主义、泛神论与一神论。他将自己的体系称为目的论唯心主义；他的目的是要给费希特的伦理—宗教的唯心主义哲学以公允的评价，同时也公正地对待对于自然现象冷静的科学解释。

洛采（1817年—1881年）在莱比锡大学学习医学和哲学，并成为该校的生理学和哲学教师（1839年），此后在哥根廷大学担任哲学教授（1844年），直到1881年被邀请至柏林。

洛采的著作有：《形而上学》，1841年；《作为机械自然科学的普通病理学和治疗法》，1842年；《逻辑学》，1843年；《生理学》，1851年；《医疗心理学》，1852年；《微观宇宙》，共三卷，1856年—1864年；《哲学体系：逻辑学》，1874年；《形而上学》，1879年。

1888年，E.Hamilton和E.C.Jones将《微观宇宙》译为英文，共两卷；1884年，B.Bosanquet将《逻辑学》译为英文，共两卷；1884年，B.Bosanquet将《形而上学》译为英文，共两卷；《逻辑学大纲》，G.T.Ladd译，1892年。

研究洛采的作品有：H.Jones的《洛采哲学批判介绍》，1895年；E.Hartman的《洛采哲学》，1888年；E.P.Robins的《关于洛采知识理论的若干问题》，1900年；V.F.Moore的《洛采形而上学的伦理方面》，出自《康奈尔哲学研究》，1991年第4期；E.E.Thomas的《洛采关于实在的理论》，1921年。

## 机械论和目的论

人并不仅仅是事实的镜子；他无法在一个机械化的宇宙中为伦理和宗教兴趣寻得满意。然而，包括生命在内的物理世界却要在机械原子论的基础上通过物理和化学定律来加以解释。有机物质与无机物质的不同不在于它们具有生命力，而
511 在于其组成部分的不同排序；这种排序是一个物理反应体系，决定了每个部分的形式、方向和演化。生命体是个自动机器——比任何人造的机器更是机器。这种观点似乎没有给人类及其目的和理想留下任何余地；然而，审查机械主义理论得以立足的那些前提就会发现，事实并非如此。呈现给知觉的外部世界并不像幼稚的实在论者所想象的那样是实在的摹本，而是我们的意识对于外部刺激的反应：是心灵在自身之中的创造。时空意义上的世界是一个现象的世界，是意识的产物。感觉、知觉和我们用来解释给定感觉的逻辑规律，都是主体的功能。那么，自在之物或者真实的外部事物的本质是什么？我们只能通过类比推理来回答这个问题，而这样的推理会把我们带回到形而上学唯心主义。自在之物一定要有作用和被作用的能力，或者说是经得起变化的考验，在所有的变化之后依然保持自身同一。我们立刻会在自身之中发现具有这种性质的存在：它就是具有自我决定原则的统一体，即心灵。这种意识的统一体，心灵在意识统一体中把多重现象结合起来的能力，迫使我们假定存在着不可见的、超感官的心灵，作为一种与身体不同的存在。只有在心灵中我们才能找到杂多中的统一、变化中的持续和发展：曾经经验到的东西并没有丢失，而是作为精神生活的全部被带往当下。因此，真实的世界必须依据心灵、依据我们直接认识到的唯一实在来加以解释。科学家所说的原子是非物质的本质，就像莱布尼茨的单子或者力的中心，与我们在自身的内在生命中所体验到的事物类似。空间并不是形而上的实在，而仅是这些动力单位存在的可感知的表象，是感觉恒常的产物。即便最低级的物质也不是死寂的、惰性的质量，而是有着精密组织的系统，充满了生命和活动。有不同等级的实在：人类心灵在精神生活层面代表着具有自我意识的最高级别，但精神生活同样也出现在意识不甚清晰的存在类型之中，甚至存在于粗糙的物质形式之内。

洛采在实践的或伦理的立场上接受了形而上学唯心主义。认为冰冷的、物质的、原子机制存在的唯一目的居然是为了在进行感知的心灵中构造出一幅充满色彩和声音的美妙幻象，这是一种让人无法接受的思想。这样的世界将丧失其意义和伦理价值。我们只能把实在解释成我们绝对赞赏的东西，某种绝对善的事物； 512
因此，现象世界就不能是毫无意义的幻象，而必须被当作具有伦理秩序的精神世界的显现来认知。所以，洛采的逻辑学和形而上学是以伦理学为其根基的。我们无法想象任何一种不应该存在的事物；我们的思维形式——逻辑规律——根基于我们对于善的需求，而实在自身就植根于至善之中。

心灵与肉体是相互作用的关系。肉体如何可能引起心灵之中的变化，这无从得到解释，反之亦然，但其他地方也有着与此处类似的困难。我们所说的任何一种因果关系行为至多意味着在此物体发生变化的时候，彼物体也发生了变化：至于变化是如何发生的，我们却道不出其所以然。那种——认为心灵对于物质的因果影响侵犯了能量守恒的物理原理——论证是无效的，不足以反驳心灵与肉体的相互作用。心灵与肉体彼此之间的因果作用由于下述事实而成为可能：肉体从本质上说与灵魂无异。在洛采和莱布尼茨看来，肉体是单子或精神力构成的体系，灵魂居于大脑之中，并且只在大脑中与身体发生关系。只要肉体是有生命的，灵魂就控制着肉体；肉体解体之后心灵变成了什么，这是一个无法解答的问题，但是洛采作为信仰加以坚守的是：每个存在者都要在某一时刻适得其所——若非在这次生命之中，就是在肉体死亡之后的生命之中。

## 泛神论

我们看到机械主义理论如何在洛采的思想中被转变成彼此具有相互关系的精神实在体系。这样一种多元的世界是不可想象的，除非有一个起到统一作用的包罗万物的实体，一切现象皆是此实体的形式或表现。即便是机械主义的世界观也必然需要这样一种无限存在者的概念，因为机械主义世界观确实假定了最小原子的运动与世界上其他所有原子的运动之间存在着和谐的相互关系；的确，自然机械论是绝对意志的表现，是**绝对**以有限的外在形式展现自身的方式。如果不将自然的复杂进程看作是同一个包罗万象的实体的不同状态，我们就无法理解一项简单的相互作用，甚至无法理解物理或心理领域中的因果效应，即一物体对于另一物体发生影响的可能性。因此，洛采的哲学就发展成为一种唯心主义泛神论，把莱布尼茨和斯宾诺莎的元素融合在了一起。人类心灵被迫依照其所知之最高实在 513
来解释实体——人类自身的人格；并且我们不得不将这种神圣的人格视为绝对善

的存在者，即仁爱的上帝。

## 第四节 费希纳

费希纳（1801年—1887年）是莱比锡大学的物理教授，也是心理物理学的创始人之一，这种科学研究物理刺激与相应感知之间的关系，费希纳是此运动的代表人物。

他的著有：《死后的生命》，1836年；《至善》，1846年；《南娜，或论植物之精神生活》，1848年；《查拉斯图特拉古经》，1851年；《灵魂问题》，1861年；《心理物理学原理》，1860年；《美学入门》，1876年。

费希纳通过类比进行推理，他从存在于人类自身中的精神过程及其在身体中的表现开始，推论到物理生命的存在，按照清晰度递减，从动物、植物直到最后的无机物，而原子则是力的中心。他以一种泛心灵论的精神坚持认为整个宇宙都是心灵构成的。存在着高于人类的精神生命；地球和其他星球均有灵魂，这些灵魂与所有的心灵存在者一道，被更高的灵魂，即世界灵魂或上帝的灵魂所包括。上帝同宇宙的关系，就如同灵魂与人体的关系；自然是上帝的身体，是世界灵魂的客观表现，它高于自然，就像人类的灵魂高于人类的身体一样。

本世纪（按：20世纪）初，在德国和美国有一本广为传诵的著作，即保尔森（1846年—1908年）的《哲学导论》，它提供了一种与洛采和费希纳颇为相似的唯心主义世界观。[95]

## 第五节 冯特

冯特（1832年—1920年）的作品显示，他受到了斯宾诺莎教诲的影响，同时还有德国唯心主义、赫尔巴特、费希纳、洛采和现代进化论。他起初在海德尔堡任生理学教授（1864年—1873年），1873年在苏黎世大学任哲学教授，并于1875年被邀至莱比锡大学。他是现代实验心理学的鼻祖。

---

[95] 参见Thilly，《保尔森的伦理著作》，《国际伦理学期刊》，第十九卷，第二期。

他的著作有：《生理学教程》，1864年；《人类和动物心理学讲演》，1863年（Creighton和Titchener翻译），第5版，1911年；《生理心理学》，1874年，第6版，1908年—1911年；《心理学导论》，Pinter译，1912年；《逻辑学》，共三卷，1880年—1883年；《伦理学》，Titchener，Washburn，和Gulliver翻译，共三卷，1897年—1901年；《哲学体系》，1889年；《哲学导论》，1901年。

冯特将哲学定义为通用科学，其功能是将获自各门具体科学中的普遍真理结合在一起，形成一个一贯的体系。意识事实是我们所有知识的基础；所谓的外在经验，即对外部世界的知觉，是内在经验的一个阶段；一切经验都是精神性的。 514
但是，我们并不能以主观唯心主义的方式对它进行解释，认为世界仅仅是意识的映像；因此，冯特的立场就属于批判的实在论。时间与空间、因果与实体之类观念都源自于心灵，若是没有客观世界的配合，它们永远不会在人心中出现。没有外在原因和观念形式，自然知识也是不可能的。如果我们把外部经验作为世界观的基础，我们就被迫走向原子论唯物主义；如果我们将自身局限于精神生活之事实，我们的结局将是唯心主义。然而，我们不能把外部世界解释成全然没有内在生命的外部世界：宇宙机制是一个外壳，外壳之后尚且隐藏着一种精神创造，一个在努力、在感知的实在，与我们在自身中体验到的那种实在类似。精神因素获得了优势地位，因为，与知识理论的结果相一致，内在经验必须作为原始材料。心理学证明，精神生活从本质上说就是活动、意志——冯特的心理学是唯意志论；意志在凝神、统觉、联想中展现自身，也在情感和决断中展现自身，并由此构成了心灵的中心要素。

心灵不应该被看作实体——实体是具有唯物主义性质的概念——而是纯粹的精神活动，即actus purus。实在必须作为努力着、意愿着的存在者来理解，它以物质的形式展现自身：实在由独立的存在者构成，这些存在者受到内在目的的决定，因此，冯特的哲学具有目的论和形而上学的双重性质。在伦理原因的引领下，我们将这些个体意志囊括在了一个包罗万物的绝对意志之中，对于绝对意志的本质，我们无法进一步界定。世界就是精神的演化，是相互关联的、有目的的形式的推进发展。

## 第六节　价值哲学

有些新康德学派的哲学体系将价值视为终极的本体论范畴；他们依据至善来

解释实在：世界从根本上说必须是伦理、美学和逻辑意识作为理想要求的那种东西。在康德看来，宇宙从本质上说就是道德意识所暗示的事物——其应当所是的宇宙：本体世界必须是一个精神领域、目的王国，是一个自由、理性的共同体，在那里，每个人都渴望这种联盟。费希特的世界观与此类似，洛采也是如此，都被善的概念所指引：我们无法构想不以善为基础的世界。很多人认为，将善的概
515 念引入形而上学会剥夺形而上学的科学品格。他们认为，哲学是理论理智的工作；其任务就是为实在提供一种摆脱人类道德、美学或宗教本性之要求的解释。看待我们的宇宙，不应该依据我们的欲求，也不应该按照其所当是，而应该按照其所是。与这种科学和理性主义的观点相对立，价值哲学家指出，渴望理性和真理的欲望、对于统一体和一致性的需要，本身就是在追求事物之所当是；同样，在这里我们也受到了理想的驱动：将实在构想为一种混乱，会冒犯我们对于秩序与和谐的热爱，冒犯我们的完美理想，或者对美的渴望。因此，他们争辩说，逻辑冲动并不具有高出我们本性的其他需求的优先权，任何一种哲学体系，如果不能公正地对待所有这些需求，就不可能是充分的体系。

## 第七节　文德尔班

文德尔班（1848年—1915年；《序曲》，第3版，1907年；《历史和自然科学》，第3版，1904年；《自由意志》，第2版，1905年；《求真意志》，1909年）受到了康德和费希特的影响，他完成了一套以价值为中心的哲学体系。在他看来，哲学是普遍价值的科学，研究的是绝对价值判断的原则——逻辑判断、伦理判断和审美判断；但是，所有其他科学的判断都包含有理论判断。这两个命题之间存在着根本差异：“此物是白的”与“此物是善的”。在前一命题中，我们断言了一种性质，这种性质归属于呈现出来的客体之内容；在后一命题中，我们断言了一种关系，这种关系指向了一个设定目的的意识。逻辑公理、道德法则和美学定律的有效性无法被证明；因为它们的真理性依托于一个目的，而这一目的必须作为我们思维、情感或意志的理想被先行设定。因此，如果你追求真理，你就必须承认思维原则的有效性；如果你相信存在着是与非的绝对标准，你就必须承认某些道德规范的有效性；如果美并不仅仅是主观的满足，你就必须承认普遍的审美准则。所有这些公理都是准则，其有效性建立在这一前提之上，即思想以真为目的、意志以善为目的、情感以美为目的——均以一种可以普遍接受的形式。对于普遍目的的信仰是批判方法的前提；没有这种信仰，批判

哲学就毫无意义。

如此一来，逻辑规律就是求真意志的工具。然而，并不能在实用主义的意义上将之理解为：有用性即真理；真理不是从意志中派生出来的，而是来自于事物本身，因此不是任意独断的事情。文德尔班区分了自然科学与历史科学或者历史 516
事件：自然科学处理的是恒常的、抽象的、普遍的事物，研究的是规律，因此是“普遍立法性的”；历史科学研究的是个别的、具体的、独特的、新异的事物，因此是“具体描述性的”。

同样的观点也出现在李凯尔特（H.Rickert，《自然科学概念构成的界限》，第2版，1913年；《文化科学和自然科学》，第2版，1910年）和敏斯特伯格（H.Münsterberg，《心理学与生活》，1899年；《永恒的生命》，1905年；《科学与唯心主义》，1906年；《永恒的价值》，1909年）的作品中。狄尔泰（《精神科学导论》，1883年）强调“精神”科学区别于“自然”科学的独特性。我们必须研究精神科学的关系、方法与前提；通过反思精神在心理学和历史中的表现，我们从中获得了关于实在、价值、标准和目的的知识。然而，作为关于实在、价值和目的的形而上学却是不可能的。精神科学建立在具有分析性和描述性的目的论心理学之上，它包括普通心理学、比较心理学和社会—历史心理学。

## 第八节　奥铿

奥铿（1846年—1926年）完成了一套竭力合理对待人文价值和逻辑理智的形而上学体系，并成功地在很多国家和学术圈子之外激起了对于伦理唯心主义的兴趣。

他的著作有：《当代思潮》，1909年（Booth译为《现代思想主潮》），此书首版出于1878年，《当代基本观念之历史与批判》；《伟大思想家之人生观》，1890年，Hough和Gibson译为《人生问题》；《向着精神生活内涵的奋斗》，1896年；《生命的价值与意义》，1907年，Boyce Gibson译为《生命的价值与意义》；《一个新的人生观的原则》，1907年，Widgery译为《生活的基础与理想》；《精神生活哲学导论》，1908年，Pogson译为《精神的生活》；《伦理和现代思想》，1913年。关于奥铿的研究著作，参见Boyce Gibson的《奥铿的人生哲学》；Booth的《奥铿：他的哲学和影响》；A.J.Jones的《奥铿：人生哲学》。

在奥铿看来，自然主义和理智主义都不能给实在以充分的解释；前者以默许的方式预设了精神世界为其前提，而这个精神世界是自然主义的原则所否定的；后者永远无法使经验与逻辑思想达成一致。精神渴望无限，并在人类和历史中展现自身，这表明存在着宇宙的精神进程，即彼岸的一个可理解的独立世界，它是所有个体之精神生命的来源。人类在自身中经验到自由和自我主动的精神：
517 这是一种自明的事实或行为，但我们无法通过演绎加以证明，而只能在当下得以理解。就人类之本质而言，他超越历史；他不完美，但追求完美，唯有此时，人类才是历史性的存在。精神生活要么是物质自然的附带现象，要么就是独立自存的总体和大全，即一切存在者的源头。如果人类在自然界中只是一种偶然，他就是没有意义的；人类之中存在的一切至高至善的事物，就不过是一场虚幻，而宇宙也将是非理性的宇宙。宗教为之奋斗的，不是人类的幸福，而是在人文的基础之上保存本真的精神生活。人类所处的现实境遇与人类拥有的精神天赋之间存在着鲜明的比照，这就激发出了他的深层信念：人自身之中活动着一种更高级的力量。人类渴望爱和真理，渴望过本真的生活而不仅仅是随着现象之潮流漂浮，对于这些渴望，我们永远无法将之从内心根除。若非那种无限的力量在人类之中活动，那么，人类无止息的奋斗以及对于自主活动、当下领悟和无限性的冲动追求就无法得到理解。如果不存在超验的世界，精神生活就会破裂成碎片，从而丧失了内在的真实性。唯心主义泛神论起源于人类对于一个更高世界的渴望。

宇宙生命构成了一切存在物的基础——包括人类的历史、人类的意识和自然界本身。宇宙进程从无机物向有机物演进，从自然向心灵演进，也从自然的心灵—生命向精神生命演进；在这个向着独立和自我实现的演进过程中，世界开始变得自觉。然而，人类之人格并没有淹没在宇宙精神之中；的确，只有处于宇宙精神之内并分享宇宙精神，个性才可能得以发展。

# 第十九篇 法国和英国的哲学

518

## 第六十九章 法国实证主义及其反对者

### 第一节　对感觉主义的反动

在法国，启蒙运动依托于自然主义哲学，并引发了一场大革命以及相应的社会动荡和政治变迁。孔狄亚克、百科全书派和霍尔巴赫等人的唯物主义和感觉主义理论在18世纪后半期曾经备受欢迎，但大革命之后，他们失去了风头，新的哲学家走到了前沿。毫不奇怪，过度的批判主义和自由主义会激起保守主义的反对，对于自由思想的要求也遭遇了来自一派强调权威原则的思想家的阻力，他们提出用超自然主义的哲学来医治这个骚乱的时代。迈斯特勒（Joseph de Maistre，1754年—1821年）宣称，理性已经证明其自身没有能力管理人类，唯有信仰、权威和传统才能够起到约束作用，并为社会带来稳定秩序。然而，心理学似乎提供了反驳唯物主义的最好的论证，因而成为了最有前景的研究领域。孔狄亚克的感觉主义甚至于不能使本学派的成员感到满意。唯物主义者Cabanis推出了生命感觉和本能反应，诸如此类的意识生命元素很难被解释为仅仅是外部感官的产物。麦因·德·毕朗（Maine de Biran，1766年—1824年）起初是孔狄亚克和加巴尼斯（Cabanis）的追随者，他在努力中发现了意识的中心要素和知识的基本原则：他认为，在对于努力的内在经验中，人们直接知晓了心灵活动和物质世界的存在。努力的感觉也是力量、因果律、统一性和同一性之类概念的基础。

519 然而，唯物主义最重要的反对派是华耶—高拉德（1763年—1845年），库辛（Victor Cousin，1792年—1867年）和如夫瓦（T.Jouffroy，1796年—1842年）。华耶—高拉德是索邦大学颇有口才的哲学教师，他接受了托马斯·里德的常识哲学。库辛完成了一套具有唯心主义基调的折衷体系，显示出了来自里德，高拉德，毕朗，谢林和黑格尔的影响，并成为法国教育方面的领导力量。

对于19世纪上半期的法国哲学的研究，参见L.Lévy-Bruhl的《法国现代哲学史》，G.Coblence译，1899年；J.H.Merz的《19世纪欧洲思想史》，1904年—1914年；G.Boas的《欧洲哲学的主要传统》，1929年；和《浪漫时期的法国哲学》，1925年。

## 第二节　圣西门

凡此诸种运动，无一具有足够的活力以满足那个依然对自由、平等和博爱抱有兴趣的时代。改造人类社会依旧是很多法国思想家的梦想，与折中主义哲学家的理论相比，现实问题能够更为强烈地打动他们。的确，政治革命并没有带来全面的幸福；底层人民的愚昧和苦难并没有因为普遍人权的公布而被消除。但现在有人认为，可以通过社会演进来实现这一目标，利用启蒙和教育来对社会进行渐进的改良。圣西门（1760年—1825年）形成了一种新的社会科学观念，认为它可以消除财产、权力、文化和幸福的不平等分配。在他看来，重点在于在经济和文化方面解放劳动者；政府的形式是无关紧要的。他声称人们需要一种新的基督教，这种宗教将不再宣扬克己精神，而是主张爱世界，并且强调爱的戒律，对圣西门而言，就意味着爱贫穷卑贱之人。对社会的改造需要以社会规律知识为前提，而这就意味着需要改造科学和我们的世界观。他认为，当前的时代是一个批判、否定和瓦解的时代，是一个精神混乱的时代，是一个有批评而无组织的时代。而中世纪却是一个建设的时代，是有精神组织和社会组织的有组织时代，我们必须再次回归到那个时期。我们需要一种新的思想体系，它必须是实证哲学：一个以经验和科学为基础的体系。

## 第三节　孔德

圣西门是一个富有同情心的观察者，一个充满热情的人，但不是一名系统的

思想家，也不是构建实证哲学的人选。这一任务落到了孔德的肩上，他受圣西 520
门的委托为《实业家问答集》（1823年—1824年）一书撰写教育之科学体系的部分；但在圣西门看来，孔德的论述没有能够妥善处理关于教育的情感和宗教环节。

孔德于1798年生于蒙特利埃，是一个正统的天主教家庭的孩子。他在巴黎技工学校学习（1814年—1816年），并在那里获得了精确全面的实用科学知识，也接受了圣西门主义的各项原理，这些原理在那个学校有热情的追随者。离开学校之后，他学习了生物学和历史，为了生计问题，也讲授数学课程。他与圣西门有过几年的交往，但两人并不和睦，于是孔德开始脱离其导师独立地开创自己的思想，并通过写作和私人授课竭力维持生计。虽然他曾经数次尝试谋取教授职位，但都未能如愿。孔德于1857年去世。

他的著作有：《重组社会必需之科学工作计划》，1822年；《实证政治》，1824年；《实证哲学教程》，共六卷，1830年—1842年（H.Martineau的删节译本题为《孔德的实证哲学》，1896年）；《实证政治体系》，共四卷，1851年—1854年（英译本，1875年—1877年）；《实证主义问答集》，R.Congreve译，1858年。

研究孔德的作品有：J.S.Mill的《孔德和实证主义》，第4版，1891年；J.Watson的《孔德、穆勒和斯宾塞》，1895年；L.L é vy-Bruhl的《孔德的实证主义》，K.de Blaumont-Klein译，1903年；T.Whittaker的《孔德和穆勒》，1908年；F.J.Gould的《孔德》，1920年；H.Gouhier的《孔德和圣西门》，1941年；F.S.Marvin的《孔德：社会学之父》，1937年；R.L.Hawkins的《孔德与美国》，1936年，以及《实证主义在美国》，1938年。

## 对社会和科学的改造

从书中标题可以看出，孔德的理想与圣西门相似，都是要改造社会。要实现这个目的，就必须具有关于社会规律的知识，即社会科学，相应地，社会科学需要以其他科学和哲学观点为前提。因此，要改造社会，就需要改造社会科学、政治科学以及哲学——一种新型的哲学，为此孔德付出了毕生的精力。中世纪有它自己的世界观，那是关于宇宙和人生的普通观念，并且建立在神学之中，代表着思想发展的原始阶段。现代自然科学的卓越发展，尤其是在法国，意味着在这项新的任务面前应当遵循科学方法。科学的唯一目标就是揭示自然规律或是事物中存在的恒常关系，只有通过观察和实验才能做到这一点。如此获得的知识就是**实证**知识；并且只有这种经过实证科学核实的知识才能够成功地被应用到其他领
521 域的人类实践之中。如果什么地方尚且缺乏这种知识，那么，我们的任务就是通过效仿先进的自然科学所使用的方法来获得它。孔德与经验主义学派的思想家站到了一起；他属于以休谟和狄德罗为其重要环节的那一系哲学家。

## 知识的演进

作为孔德的理想的实证主义是历史演进的结果。人类的精神经历了三个阶段——三个阶段的规律——或者说使用了三种进行哲学讨论的方法：神学的、形而上学的和实证主义的，每一种方法都有其实用价值以及与之相应的社会机构。在神学阶段，即童年时期，人类以神人同形同性的方式看待事物，将之视为超自然存在的表现，并从拜物教发展到多神教，进而成为一神教。这是君主政体和绝对权威的时代，其领导者是牧师。在形而上学阶段，即青年时期，抽象力量或实体取代了人格性存在物；力量或本质被认为是各种事物所固有的，并且是我们从事物中观察到的现象的必然原因；有了这些关于原因的知识，关于其结果的知识就被说成是演绎出来的。起初，不同的力量被认为是用来解释不同组群的现象的——比如化学力量、生命力量和精神力量——但其倾向是要达到一个唯一的原初力量，这就与神学阶段类似。形而上学时代是民族主义和民众主权的时代；法理学家是此时代的主导精神。神学和形而上学都相信绝对知识的可能，以及解释事物内在本质的可能。在实证主义阶段，揭示事物内在本质的努力被视为徒劳并加以抛弃，取而代之的是发现存在于现象之间的统一关系的努力。这里要问的问题不是为何，而是如何。自然规律取代了绝对原因；现在的目标是通过观察的方法确定事实之间存在的不变的关系。伽利略、开普勒和牛顿已经建立了实证科学。我们无法从本质上认识光、热和电，但我们能够了解它们出现的条件，以及控制它们的那些普通规律。要解释光就是把光放置到运动规律之下。这样一种知识对于实用的目的来说已经足够了；“看见乃是为了预见”（voir pour prévoir）是实证主义者的座右铭。

人类的心灵力图将一切归于统一，但这只是其主观的旨趣。我们不能把很多不同的自然规律归约为唯一一条包罗万物的规律；因为经验向我们展示了太多不可还原的差异。孔德表示，实证一词的意思是真实、有用、确定、精确和不可还
522 原，它是否定的反面：实证主义知识不是纯粹的否定或批判。

## 科学的分类

孔德为自己设定了构建实证主义哲学的任务，实证哲学将搜集并排列得自各门具体科学的普遍规律，向我们提供它们的共同方法，并证明它们是如何彼此结合起来的，也就是说，为我们提供一套科学的分类。这样一种综合对于教育是有价值的，同时也是克服专业化弊端的手段。孔德按照进入实证阶段的次序来编排科学：数学（算术、几何和力学）、天文学、物理学、化学、生物学和社会学（后来他又加上了伦理学作为所有科学的顶点）。这种分类也表现出了从简单到复杂的渐进过程：数学包含着最简单、最抽象且最普遍的命题，所以居于首位并成为一切学科的基础，而社会学最为复杂，它以前面的各门科学为其前提。其原因在于，规律越是简单、越是普遍，则其应用范围就越发广泛。几何学的真理适用于一切具有延展性质的现象（静力学观点）。力学的真理则适用于一切处于运动中的对象（动力学观点）。尽管这个上升序列中的每门科学都以前面的学科为其前提，但并不能因此而认为它所处理的现象也是从更为简单的现象中派生出来的，比如，认为生命现象来自于运动现象。那将会是唯物主义，而孔德拒绝唯物主义：我们不能用机械和化学方法解释有机现象。在这六个科学领域中，每个领域都拥有一项与其他领域不同的新元素。这种说法也适应于一门科学内部的现象：热与电不同，动物与植物不同，不同的有机物种则互不相同。

在孔德的科学列表之中我们找不到逻辑学、心理学和伦理学。逻辑作为研究理智功能的科学似乎应该比数学更要靠前，但法国哲学家把逻辑学看作是心理学的分支；而心理学在孔德看来，算不上是专门的科学。心灵或灵魂是形而上学实体，与实证主义无涉：从主观方面说，我们无法观察到精神进程，因为内视反观是不可能的。我们所能够做到的，只能是客观地研究它们，研究那些与精神相关的有机现象以及精神活动体现于其中的那些人类制度。因此，心理学就部分地属
于生理学，部分地属于社会学。事实情况是，把心理学塞进孔德的体系内，给他 523
带来了很大的麻烦：几何学和力学不适用于精神活动这样的独特进程，因为他的分类将会坍塌。尽管有机进程是不能用力学方式解释的独特进程，但只要它在整个序列中占有一个位置，我们就无法解释为什么心理学要被排斥在外。孔德没有做到前后一致地处理这些观点；对高尔（1758年—1828年）骨相学的兴趣和对一切唯心主义心理学的反感促使他将精神状态视为大脑的功能。

## 社会科学

即将进入实证阶段的是科学等级中最后也是最复杂的学科，即社会学，它依赖其他科学，尤其是生理学——因为社会是由有机个体构成的——并且涵盖了经济学、伦理学、历史哲学和一大部分的心理学。孔德拥有社会学之父的美誉，是他给出了社会学的名称。不可能脱离社会科学和历史哲学研究心理学、伦理学和经济学：它们所处理的现象同社会和社会演进之间处于双向关系之中。社会静力学研究社会事实，研究社会存在的规律和社会**秩序**；社会动力学则研究演化中的社会：它属于历史哲学，旨在追踪社会**进步**的轨迹。

社会生活不是起源于自利之心，而是起源于合群冲动。人类具有自我中心的冲动，但这些冲动同样与社会不可分离。由智力支撑的更为高尚的冲动和利他主义的情感压倒了自私的本能，这种本能在起初阶段要比利他主义——孔德杜撰的术语——更为强烈，因此必须加以控制，社会方才得以存在。家庭是一个社会单位，也是向着更大的社会生活的准备。进步，在于人之所以异于禽兽之诸功能的发展，在于理性的进步以及更高级或更高尚的冲动。社会经历了三个阶段的演化，与我们已经指出的那些智力阶段相对应。军国主义的特点是秩序、纪律和强制：组织是进步的首要条件。而后是革命阶段，是政治权利的时期，是一个否定的过渡时期。作为“人类之最终阶段”的实证时期是产业主义时代，重点被放在了社会问题之上，而不是政治问题和个人权利。这是一个专家的时代，一方面，
524 他们的职能在于指导科学研究、督导公众教育和启蒙民众思想；另一方面又要调节社会生产。孔德反对大众代表，因为这会使得专家受制于愚昧之人。公共舆论是行政腐败的最好的解毒剂。他相信，社会问题归根到底是道德问题，通过转变思想和风俗，人们能够最终走向实证主义国度。

像我们在一开始就指出的那样，孔德的主导思想是改造社会，这就必然要以其伦理理想为基础。他依照自己的理想来解释历史：进步意味着人类理想的实现，意味着人在社会中得以完善。历史在向着理想前进，思想的、社会的和伦理的演进都在向着实证主义直奔：**人类之最终阶段**。不难看出，实证主义以独断论结束：成为了一套形而上学体系。

## 伦理学说和人道宗教

到了后期，孔德更着重强调生活的情感和实践方面，其伦理理想显得更为突兀。先前，智力被强调为改造社会的关键因素；而今，理性和科学摆正了它们同

情感和实践的关系。客观方法被主观方法取代，主观的意义在于：这种方法将知识与主观需求的满足结合在一起，将知识与追求世界观之单纯和统一的需求结合在一起。伦理学被作为最高的第七级科学添加进来，其他所有科学都是伦理学的组成部分，并且以它为目标。人类所面临的大问题就是尽可能地使个性服从合群性；一切事物都要与人道联系起来，爱是居于中心地位的冲动，为他人而生活是绝对的要求。人道成了值得崇拜的神明——这就是实证主义“人道宗教”的重要信条。

## 第四节　唯心主义对抗实证主义

实证主义并没有使得库辛的唯心主义折衷论走到终点。但在唯心主义学派的内部却出现了反动势力，一批具有独立精神的思想家——博尔达斯-德莫林（Bordas-Demoulin）、拉魏松（Ravaisson）、赛克里坦（Secrétan）、法舒和（Vacherot）——开始对折衷论发起攻击，有些人从科学的立场出发，也有些人是从德国唯心主义的立场出发。我们也发现了出现于法国天主教牧师拉门内（Lamennais，1782年—1854年）中的柏拉图主义—基督教运动，尤其是在比利时鲁汶大学，托马斯主义体系重新复活，直到今天，它依然是严肃的哲学研究的重要领域。然而，拥有大批追随者——李特磊（Littré）、泰纳（Taine）、雷南（Renan）——的实证主义对于形而上学研究并不感兴趣，而是鼓励心理学（Th.
Ribot）和社会学中（G.Tarde，E.Durkheim）的专业研究。进化论也起到了削弱 525
唯心主义影响的作用。

## 第五节　雷诺维叶

雷诺维叶（1818年—1903年）是《批判哲学》的主编，在他的领导下出现了一个新的学派，此学派以康德的批判理论为依据，既反对实证主义，又反对传统的唯心主义。雷诺维叶称自己的体系为新批判主义，然而，它却发展成了一种唯心主义形而上学，与莱布尼茨的单子论颇为类似，并以多元论和人格主义为其典型特征。不存在本体世界或自在之物；凡是向我们呈现的事物，均属于现象，人类面前除了观念，别无他物。认为存在着一个实际的无限之物的观念，在经验上和逻辑上都是自相矛盾的。宇宙是有限存在者的有限总和，因此，现象中不存在无限的过渡过程；这就意味着必然要出现断裂观念。断裂观念暗示着自由意志是可能的，没有起因的开始也是可能的。因此，知识就具有相对性，并且被限定在揭示存在于事物之间的关系的范围内。雷诺维叶的一些主要思想是以库尔诺（Antoine Cournot，1808年—1877年）为先导的，他发现了自然和历史中的偶然与巧合；自然规律只是趋近于真实。埃米尔·伯特卢克斯（Emile Boutroux，1845年—1877年）是这场强调科学中的偶然因素的运动发展到顶点时的代表。归属于独立的事件序列中的事件同时出现，就形成了巧合。

## 第六节　富耶

富耶（1838年—1912年）试图在其关于观念力的唯意志论和演化论哲学中调和唯物主义和唯心主义。当唯物主义强调运动却忽略其他因素的时候，它是片面的；当唯心主义强调思想的时候，它也是片面的。精神和物质、意识与生命是作为单一的原则活动于自然之中的。它们是唯一的整体实在的两种抽象，是对同一事物的两种认知方式。所有的精神现象都是欲望和冲动的表达。精神存在是唯一直接呈现给我们的实在，因此，我们有权利通过类比能动心灵或观念力来解释世界。

雷诺维叶的著作有：《普通批判论文集》，共四卷，1854年—1864年，第2版，1875年—1896年；《新单子论》（与L.Prat合著），1899年；《人格主义》，1902年；《最后的谈话》，1905年。研究雷诺维叶的作品有：O.Hamelin的《雷诺维叶的体系》，1927年；R.Verneaux的《雷诺维叶，康德原理与批判》，1945年，以及《雷诺维叶的唯心主义》，1945年。

Boutroux的作品有：《论自然规律的偶然性》，1874年，第4版，1902年，F.Rothwell的译本，1916年；《科学与宗教》，J.Nield译，1909年；《道德和教育问题》，F.Rothwell译。参见L.S.Crawford的《Boutroux的哲学》，发在《康奈尔哲学研究》，1914年，第16号。

526 富耶的观点表达在下述作品中：《自由与决定论》，1872年；《观念力的演化论》（主要著作），1890年；《观念力心理学》，1893年；《观念力道德》，1908年；《思想》，1912年；《世界阐释大纲》，1913年。

对于19世纪后半期的法国哲学，参见L.Lévy-Bruhl的《法国现代哲学史》，1899年；E.Boutroux的《1867年之后的法国哲学》；H.Höffding的《现代哲学家》，1915年；J.A.Gunn的《现代法国哲学》，1922年。

# 第七十章
# 苏格兰的唯理论哲学

## 第一节　惠威尔

虽然英国哲学在奥康的威廉之后就表现出向着唯名论和经验主义的坚定倾向和对于形而上学的漠视，但对立学派从来没有彻底消失。我们已经提到过17世纪的剑桥柏拉图主义者，以及18世纪和19世纪初由托马斯·里德及其学派所代表的反对休谟的运动，那时候，常识哲学在苏格兰的大学中居于统治地位。反休谟运动的价值不在于其实证主义教导，更多的在于它对经验主义的批判，以及它在英国所起到的敦促作用，促使人们对流行的原理进行更为深入的审查。苏格兰的哲学后来受到了康德的批判哲学的影响，这在汉密尔顿（1788年—1856年）和惠威尔（1795年—1866年）等人中表现得尤为明显。惠威尔著有《归纳科学史》《关于归纳科学的哲学》和《道德哲学原理》，他在归纳法中发现了一项经验主义忽视的元素：心灵本身为现象知识提供了若干观念和原则，用以组织和统一经验内容。我们通过它们来解释自然，并在远远尚未意识到它们的时候，把得自自然的数据翻译成我们自己的语言。它们是无意识的推理，并且在无法想象其对立方面的意义上是必然的。

此类基础观念和原则在简单的理解中也发挥作用；的确，我们无法想象任何一种它们不起作用的心灵活动。它们经由经验得以发展，并通过经验为我们所获得，尽管它们不是从经验中派生出来的：它们并非心灵中的现成之物，但伴随着心灵的活动出现；它们似乎是心灵具有的作用于物质的方式。在这些原则中，惠威尔提到了：时间、空间、因果、目的，和我们应该做正确的事情的道德公理。与常识哲学相似，惠威尔重视一些知识原则，但没有能够对这些观念进行细致的分析，并使它们统一起来。他在归纳科学方面所做的工作是杰出的；穆勒说，若 527
是没有惠威尔的贡献，他就无法在此领域完成自己的工作。

## 第二节　汉密尔顿

汉密尔顿爵士沿着康德学派的批判方向前进，超越了常识学派的哲学。他是一位比惠威尔更深刻的思想家，一位敏锐的逻辑学家和辩证法家，并且拥有比其任何一位前辈都更为广博的哲学史知识。他的著作有：《关于文学和哲学的讨论》，1852年及之后；《形而上学和逻辑学讲演录》，1859年。他主要感兴趣的是道德和宗教问题，并且在批判哲学中为其神学理论找到了基础。

汉密尔顿认为存在着**先验的**或必然的真理——本身具有绝对可信度的纯粹且自明的真理——普遍性和必然性是对此类真理的最终检验。比如，所有人都深信，两条线不可能围起一个空间；的确，人们甚至无法想象用两条线建构的空间。然而，在一些所谓的必然真理的情形中——因果律、实体律、同一律、矛盾律和排中律——人们无法想象这些意识的裁断是错误的；然而，在某些偶然真理的情形中——外部世界的存在——却并非不可想象，并且我们无法在实践上相信它的虚假性。一个命题的矛盾反命题不可想象，并不能证明命题本身的真理性，因为命题本身或许同样是无法想象的。因此，自由行为和彻底被决定的行为都是不可想象的。所以，命题必须具有正面的必然的：它是可想象的，并且其矛盾反命题是不可想象的，此时命题方才为真。“一切确定的思想都处于两个极端之间，任何一端均无法被认为是可能的，但两者相互矛盾的时候，我们就必须承认其中之一为必然。”这就是汉密尔顿的条件定律，并且他把这条规律应用到了因果原则之上。我们无法想象存在之绝对起始，也无法想象其绝对终结。“我们必然在思想中拒绝承认：那个明显开始存在的客体真的就是那样开始的；然而，我们必然要将其过去的存在与当前的存在等同起来。”“我们被迫相信此客体（也就是确定的**质**和**量**，它们作为现象而存在已为我们所见证）在其以其他形式出现之前就确实已经存在过。但是，说某一事物先前曾经以其他形式存在过，就等于是在变相地承认，此事物是有原因的。”然而，我们又不能够想象一个无限的无始或者无限的无终。所以，我们就不能将因果律视为具有绝对的确定性；因果律纯粹
528 依赖于反面的不可想象性，而这种不可想象性，我们已经看到，并不是检验真理的标准。如果这个规律具有正面的必然性，自由意志就是不可能的，然而，既然因果律并不是一个正面规律，那么自由意志就是可能的。因此，意志是否自由，要由证据来决定；而有关自由的事实，我们可以提供直接或间接的意识证据。

我们只能认识有条件的、有限的事物；存在是自在的，是绝对不可认知的，

只通过特殊的形式才与我们的智力发生联系。设若果真如此，我们就无法认识终极的存在，或者上帝，因为终极之物是没有条件限制的。而无条件之物要么是绝对的（即圆满的、完善的），要么是无限的，它不能够同时是两者，因为绝对和无限是相互矛盾的对立体。然而，既然上帝要么是绝对的，要么是无限的，而我们又无法确定应当站在哪一方来看待上帝，理性神学就是不可能的，因为人类无法先验地认识上帝。迄今为止，还没有哪个思辨神学的倡导者能够证明上帝要么是绝对的，要么是无限的，尽管有很多人将上帝定义为两者的结合，而这是自相矛盾的。汉密尔顿并不认为无条件之物的观念是自相矛盾的，也没有认为绝对之物或者无限之物的观念是自相矛盾的。信仰上帝是可能的，认为上帝是绝对的或者无限的也是可能的，但认为上帝既是绝对的又是无限的，却是不可能的：然而，我们断然无法先验地证明上帝是绝对的或者是无限的。

无条件定律还被应用到了实体和现象的原理之上。关于精神和物质的一切知识都是相对的、有条件的；我们只能意识到有条件的存在。我们因本性之必然所促使而认为现象是关于未知实体的已知现象。我们无法将这种相对性看作是**绝对**的相对性——现象只是现象，别无他物。我们会把它视作是某种没有露面的事物的现象；看作是主体或实体的偶然性。

汉密尔顿在其自然实在论的学说中透露出了苏格兰常识学派对他的影响：我们拥有关于世界确实存在的直接意识。我们相信世界是存在的，因为我们认识到它是存在的、感觉到它是存在的、知觉到它是存在的。但我们并没有直接知觉到物质实体或精神实体。我们直接知觉到的是现象，是表象的某种序列、集合或者补充，或者是共存之物所展示的现象。我们一定会认为这些现象或性质是某物的现象，是某种有形的、广延的、实在的事物的现象。这种事物只在其性质上、效用上以及其相对意义或者现象意义的存在上，才是可以想象的、可以认知的。思
维规律迫使我们认为：绝对的和不可知的事物是相对的和已知的事物的条件或基 529
础。适用于物质也适用于精神。物质和精神，作为已知之物或可知之物，只是现象或性质的两种不同序列：作为未知之物和不可知之物，它们是两种实体，不同的性质被认为是实体所固有的。因此，我们直接知觉到性质、属性和现象，而无法直接知觉到实体。

J.S.Mill著有《汉密尔顿哲学研究》，1865年；关于汉密尔顿及其学派，参见J.Seth的《英国哲学与哲学流派》，1912年；以及H.Laurie的《自然发展中的苏格兰哲学》，1902年。

# 第七十一章
# 穆勒的经验主义

## 第一节　经验主义与实证主义

休谟从经验主义的前提中得出了他所认为的终极结论。如果我们的知识被局限于印象以及关于印象的模糊模本或观念，并且自我仅仅是一组感觉的集合，那么，我们就没有普遍的和必然的知识：关于原因的概念被化简为时间相续观念；而伴随时间相续观念的必然性意识，则被归约为习惯或信仰；无论是假设精神实体还是物质实体作为我们感觉的起因，都被看作是一种幻想。休谟的反思最终的确偏向了怀疑论、不可知论和现象主义，激起了剧烈的反抗，并催生了苏格兰学派的常识哲学运动，我们已经目睹了这一点。然而，由于自然科学的进步以及法国实证主义的兴起，经验主义思想卷土重来，并在19世纪中叶占据了英国思想的主导地位。它从休谟和哈特利（Hartley）的学说发展而来，并在约翰·斯图亚特·穆勒（John Stuart Mill）的《逻辑》中达到了顶峰。尽管穆勒并没有逃脱孔德的影响，并且非常崇拜孔德，但他还拥有传统英国学派中的领军人物作为其学术前辈，其中有杰里米·边沁（Jeremy Bentham，1748年—1832年）和他的父亲詹姆士·穆勒（James Mill，1773年—1836年），他甚至于在孔德的作品问世之前就已经选定了自己的立场。的确，法国实证主义和后来的英国经验主义之间有着很多共同之处，多到足以使有些历史学家视后者为孔德运动的旁支。两种思想的特点表现为一种共同的心态：两者都强调事实和科学方法的价值，并且都在原则上反对形而上学；两者的目标都是社会改革，并且要把人类的进步和幸福作为伦理理想。然而，实证主义者关注的是专门科学的方法和结果，并试图对人类知识加以
530 分类和系统化，而穆勒则忠守着自己的学派，把孔德所忽略的心理学和逻辑学作为出发点，并从中找到了解决各种问题的方法。

约翰·斯图亚特·穆勒（1806年—1873年）是詹姆士·穆勒的儿子。詹姆士·穆勒是东印度公司的一名秘书，也是论及经济学、政治学、社会学和哲学等问题的作家。老穆勒在儿子婴幼年时期就开始了对他的学术训练，并悉心照料。

他引导儿子学习18世纪哲学、哈特利的心理学和边沁的伦理学——所有这些都给小穆勒留下了深刻的印象。哈特利的观念联想学说成为了穆勒——其父亲也是如此——心理学和相关研究的指导原则；而边沁的功利主义原则，穆勒自认不讳，使得他对事物的看法统一起来，并且也使得他的雄心和抱负有了清晰的头绪。1823年，在经过几年的游历和法律学习后，穆勒在东印度公司就职，他一直待在那里，直到1858年议会撤销东印度公司。1863年，穆勒作为自由党成员被选入议会，任职三年，但他主要是通过写作对英国政治生活产生巨大的影响。

穆勒的著作有：《逻辑》，1843年；《政治经济学原理》，1848年；《论自由》，1859年；《关于议会改革的看法》，1859年；《代议制政府》，1860年；《女性的屈从》，1861年；《功利主义》，1861年；《孔德于实证主义》，1865年；《汉米尔顿哲学研究》，1865年；编辑詹姆士·穆勒的《人类心灵的分析》，1869年；《论文与探讨》，1859年—1874年。此外还有《自传》《宗教三论：自然，宗教的功利》和《有神论》，均在他逝世后出版。Lévy-Bruhl编辑有孔德和穆勒的书信集；另有与d' Eichthal的通信；《书信集》，Elliot编辑，共两卷。新版见《新万有书库》。

研究著作有：E.Albee的《功利主义》，1902年；W.Davidson的《从边沁到穆勒的功利主义者》，1915年；F.Thilly的《穆勒的个人主义》，见《哲学评论》，第32册，1923年；O.A.Kubitz的《穆勒逻辑体系的发展》，1932年；G.Morlan的《承自穆勒的美国遗产》，1936年；D.Fosdick的《穆勒社会自由论入门》，1941年。

## 第二节　科学与社会改革

社会和政治改革的理想引导着穆勒学术活动的方向。他拥有18世纪的对于启蒙与进步的热忱，信奉教育至高无上的效用，并认为人类所有的自然冲动都可以通过教育来剔除或是转化，人的性格会随着思想的转变而发生变化。要实行改革，就必须有知识，那些关于正确目标以及实现途径的知识。但要获得知识，就必须使用正确的方法，穆勒在《逻辑》一书中对这些方法进行了探讨。自然科学的突飞猛进提醒人们研究这些科学方法以及它们在精神或道德科学领域的应用——心理学、伦理学、经济学、政治学和历史学。然而，如果没有对于知识理论的普遍原则的考察，对于知识方法的研究就无法成功开展，《逻辑》一书中就 531
有这样的考察，并且被认为是有史以来对于经验主义知识论的最全面的论述。

## 第三节　逻辑

休谟曾经教导说，我们无法达到普遍知识和必然知识：我们在事物之中经验不到任何必然的联系；直觉主义者甚为重视的必然性判断，只不过是习惯的结果。我们只知道自己的观念，这些观念以相似、接近和因果等联想定律为依据，并按照一定的时间序列相继出现。哈特利推出了联想律，并把休谟的三条定律归约为单一的接近律：一些观念唤醒那些之前在意识中曾经与之相关联的另一些观念。他试图把所有的精神过程都解释为这一定律的实例。在这一理论基础之上，知识不过是观念之间连贯而又固定的联想，而所谓的思想之必然性不过是表达了这些联想的固定性而已。因此，求知就是学习观念的序列，排除偶然的、瞬息的联想，并揭示永恒的、持久的、反复再现的联想，也就是正确的、有效的序列；可以通过穆勒描述的归纳法实现这一点，它被运用到了现代的实验研究中。因此，所有的推论和证明，以及所有的非自明的真理的发现，其内容不外乎是归纳以及对于归纳的阐释。凡是非直觉的知识，无一例外，都来源于此。

## 第四节　归纳推理

穆勒的整个逻辑理论都建立在联想律之上。小孩子推理说火会燃烧，是因为之前火与燃烧相伴出现；在这个实例中，推理是从一个具体事物拓展到另一个具体事物，而不是从普遍到具体，也不是从具体到普遍。这的确是所有推理的基本形式。无论我是从彼得之死推论出了保罗之死，还是从彼得之死推论出了所有人的死，其间并无任何不同：在后一种情形中，我只是把推理拓展到了无限数量的具体实例上，而不是局限于单一实例而已。在两种情形中，我都从已知事物过渡到了未知事物，但包含其中的推理过程却是相同的。归纳结论把从某些具体事物中观察到的现象拓展到一个或多个相似的具体事物之上，因此，结论所包含的内容超出了前提的内涵。

三段论步骤——比如，所有的人都是会死的，保罗是人，所以保罗是会死的——并不是一个推理过程，因为它不是从已知事物发展到未知事物。在每一
532 个三段论式中，就其被视为用来证实结论的论据来看，都存在着对这样一个问题的回避：保罗是会死的这样一个命题，事先已经被包含在了普遍命题之中，即所有的人都会死的。三段论的大前提并没有证明结论，因为当我们断言“所

有的人都是会死的”时，推理就已经完成了；大前提是其通过具体事例得以建立：它是很多观察和推理结论的简要的或压缩的表达形式。事实上，它告诉了我们那些已经被发现的事物；它登记注册了那些已经被推理的事物，即什么事件或事实曾经相伴出现，因此被推理为归属在一起；它也为未来的归纳推理指引了方向。

## 第五节　归纳推理的保证

但是，我们拿什么为这样的推理做担保？每一个归纳实例中都包含着这样的假设：曾经发生的事情，在有着充分相似性的条件下，会再次发生，其频度与相同条件出现的频度等同。然而，我们拿什么为这个假设自身作担保？经验的保证：凡在某一实例中为真者，在其他所有同类实例中亦皆为真，就我们所知而言，世界就是这样构成的，并且这是一项具有普遍性的事实。这样一条原则，即自然进程是齐一的，是归纳法的基础原则。然而，这一原则自身也是一项归纳实例，是最新获得严格的哲学精确性的归纳之一。设若事实的确如此，这条归纳如何能够被视为其他所有归纳的保证呢？穆勒是不是在进行循环论证呢？即通过假定自然的齐一性定律来证明具体的归纳实例，而后又通过这些归纳实例来证明这条定律。穆勒的回答是否定的，他认为自然进程齐一性原则同其他所有归纳之间的关系，等同于三段论的大前提同其结论之间的关系：它并不起到证明的作用，却是被证明的必要条件——也就是说，除非此定律为真，否则结论就无法得到证明。之所以说对于彼得、约翰以及其他人为真，则对于整个人类亦皆为真，其真正的证据只能是：此外的假设将会同我们所知的存在于自然进程中的齐一性相悖。穆勒将这一自然定律看作我们往昔经验的节略或总结：它只是将被观察到的一切登记在册。它并不能证明具体的归纳，而只是增加具体归纳的确定性。然而，虽然我们在这里可以免除对于穆勒循环论证的指控，但很明显，他并没有为自己的归纳理论找到一个逻辑基础。穆勒没有能够兑现他所承诺的，并且也似乎没有意识到他所持立场的怀疑论后果。

穆勒指出，被讨论的齐一性并不是严格单一的齐一性，而是多种齐一性。每
当确定的条件出现，某一确定的事实就一定发生，而条件缺失时就不会发生；这 533
对于另一事实也是如此，依次类推。这样一种自然现象中的齐一性被称为自然规律。归纳逻辑的问题在于确定这些自然规律，并探究其结果。目的在于确定哪些种类的齐一性被发现是完全恒定的，并渗透到了整个自然界中，还有哪些被发现

是随着时空和其他可变条件的不同而发生变化的。尽管没有任何一种齐一性是绝对确定的，但有些齐一性——就人类的目的需要确定性而言——可以被看作是具有最高程度的确定性和普遍性。借助这些齐一性，我们就能够把更多其他的归纳推论提升到相同的水平点上。因为，如果关于某一归纳推理，我们能够证明它要么为真，要么那些具有高度确定性和普遍性的归纳论证中就必须有一条来承认一个例外，那么，前一种归纳在其被指派的范围内，将获得与后一种归纳相比具有同等程度的确定性。

## 第六节　因果律

存在着同时并起的齐一性和先后相继的齐一性。在关于数字和空间的规律中，我们以一种最绝对的方式发现了我们所寻求的严格的普遍性。但在与现象相关的所有真理中，对于我们来说最有价值的还要数那些与它们的前后相继的秩序相关的真理。在这样的一些真理中，目前我们只发现了一条，无论它是在何种情形之下，从来都没有由于条件的变化而失效或是被悬置。这条真理就是因果律，它存在于整个前后相继的现象领域之内，所有的前后相继的个案都是它的例证，在此意义上，因果律具有普遍性。凡有起始之事皆有原因，这条真理适用于所有人类经验到达之处。

原因概念是整个归纳理论的根基；因此，有必要把这一概念清晰化、精确化。归纳理论所需要的唯一的原因概念是那种从经验中获取的概念。因果律不过是这样一条人们熟识的真理：前后相继的不变性是通过观察得来的，存在于任何一项自然事实和先行的另外一项自然事实之间。对于某些事实，总有另一些事实在其之后而出现，并且将来也会继续出现。提到原因，我们并不是说事物之间存在着一种强大而又神秘的纽带，或者说事实上是某种本质实体产生了另外一些东西。不变的前件被称为原因；而不变的后件则被称为结果。从哲学的角度讲，事实的原因是所有正面和负面条件的总和。

534 对于这样一种关于原因的定义，或许会出现反对的意见，认为它忽略了一个重要的因素，即必然性或必然联系的观念。如果不变的前件是原因，那么黑夜就一定是白天的原因，白天也是黑夜的原因。为了避开这样的反驳，穆勒补充说，因果律并不仅仅意味着前件总是**已经**产生了相随的后果，而且，只要当前事物的构成保持不变，其后果也始终**将会**出现。必然性一词的全部内涵不过是无条件性。所谓必然的、必须如此的，意思就是将会如此的。因此，现象的原因就是前件或者同时并起的多项前件，在此之上必然会无条件地产生结果。我们如何得知一个序列是无条件的？对这一问题的回答是：通过经验。在有些情形中，我们无法确定迄今为止的某一不变的前件**就是**这一不变的前件。但是，存在着一些原始的或永恒的原因，所有现象都是其结果，并且这些不变的原因的确是无条件的。任何人只要知晓当前时刻存在的所有动力因、它们在空间中的搭配以及它们的性质——换言之，即它们的运作规律——就能够预见宇宙全部的随后历史。任何一个人，只要他熟知全部自然界动力因的原始分布和它们前后相继之规律，就能够通过推理的方式建构宇宙历史中所有事件的序列，无论其是过去的还是将来的。

穆勒潜在的假设是，有一种牢不可破的规律和秩序统治着宇宙，不变的、无条件的序列是存在的，并且这些序列可以通过归纳、演绎和证实之类的科学方法来确定。这样一种学说，如果被贯彻执行的话（事实并非如此），就会导向理性主义科学，并且至少会在理论上，使得绝对知识体系成为可能。然而，这同归纳理论并不吻合，因为依据归纳理论，因果观念充其量只是对于现象前后相继的信念，一种以意识中的观念的前后相继为基础的信念。对于因果律概念，穆勒在理性主义和经验主义之间摇摆：一者认为因果律意味着必然联系；一者认为因果律不过是时间上不变的前后相继。对于后一种假说而言，我们只能说，随着对于前后相继现象的经验的增加，对于因果律的信念亦将增加。的确，当穆勒审查我们假定因果律之普遍性的权利的时候，他所坚持的大体上就是这种看法，我们在所有的归纳方法中也是如此。穆勒告诉我们，我们不能通过人类心灵具有信仰因果律的倾向这一事实来为此假说提供合理性论证，因为信仰不是证明，此外，没有
一条所谓的本能信仰是不变的。即便是现在，也有很多哲学家认为意志不受因果 535
律的支配。他在这一问题上的立场与他的自然齐一性看法保持了一致。我们通过概括很多作为片段的序列的齐一性，从而得出了普遍的因果律。既然因果律是通过以简单枚举为基础的不严格的、不确定的归纳法得出的，那么，乍看起来，这样一条原则作为科学归纳法的基础，似乎并不牢靠、稳定。但是，这种方法的不牢靠性的程度与概括的广泛性的程度是成反比的，并且就现象的共存和前后序列而言，因果律在其主题内容上拥有——对于以经验为保证的所有概括的——最广泛的适用性。在确定性方面，因果律居于所有被观察到的齐一性之首，并且它从齐一性中获得多少证明，反过来也为这些齐一性增加多少证明。将归纳奠基于因果律之上，而后又将因果律自身解释为归纳的一项实例，有人批评说这是自相矛盾的；对此，穆勒的回答方式与他回应对于自然齐一性的反驳时相同。如果我们

确定，除了任一事件是否有原因这样一种怀疑之外，具体的结论不会遭受任何的怀疑，这时候，我们就已经把工作做到了极致。然而，穆勒忘却了他对于因果律作为**无条件**之序列的假设，以及自然中存在某些原始的永恒原因的假设，这些假设决定了宇宙历史中整体事件的序列。依照这种看法，具体结论不会遭遇到任何形式的怀疑，因为它假定**所有**的现象都是自然中的那些原始的和永恒的原因的结果。

从证据方面来看，我们既不能要求，也不能获得绝对者。无论是何种事物，只要是在无数的事例中被发现为真，并且还从未被发现是错误的，那么，它就可以作为具有普遍性的事物被暂时安全地接受下来，除非是出现了一项毫无疑问的例外；假设说自然界的情形是这样的：例外几乎不可能逃脱人们的注意。但是，我们不能自信地断言，这个普遍规律能够超越我们的经验范围，并适用于遥远的星际领域。我们绝不可把它作为宇宙定律来接受，而只能视之为宇宙的部分定律，即在我们观察手段的范围内，在向邻近事例拓展的合理程度之内。

## 第七节　拒绝先验真理

自然进程的齐一律和普遍的因果律都是从经验中得来的结论。它们并不是必然的或先验的真理；的确，那样的真理是不存在的。即便是逻辑原则和数学上的
536 归纳，也都是对经验的概括。两条直线无法围成一个空间的命题是从我们获得的全部经验中归纳出来的。此外，数学命题只是接近于真；不存在没有宽度的线；完满的圆半径相等，但这样的圆并不存在。没有任何真实的点、线或者圆与几何定义相符合；数学名目是对我们经验到的点、线等概念的理想化——它们是一种抽象、虚构。因此，数学命题就只具备假设的有效性。一个命题，如果其反面无法想象，就必然为真，这样的论证也是无效的。对于事物的存在——只能通过经验性的证据来断定——不可想象性没有证明任何事物。所谓的演绎科学的结果，在它们必然跟随——叫作定义和公理的——第一原则而出现的意义上，是必然的；也就是说，如果这些定义和公理是正确的话，它们当然是正确的。定义是根基于大量明显事实的经验性观念，而公理只是来自经验的归纳法的普遍类别，是我们的感官和内在意识向我们提供的最简单、最容易的各种概括。实证科学无一例外，全都是归纳科学，它们的证据来自经验；但它们也全都是假说性的科学，因为它们的结论只是在某些命题的基础上为真，而这些命题是，或者应该是趋近于真，然而它们却从来都不绝对为真。

## 第八节　外部世界和自我

在批判唯心主义面前，穆勒认为我们只能认识现象而无法认识物自体。就思维原则的最深层性质和物质的最深层性质而言，我们的确处在，并且只有始终处于黑暗之中。因为物理客体只有通过感觉向人类展现自身，并且人类把外在的客体当作是这些感觉的原因，所以，心灵或者思维原则，以人类之本性，只有通过它意识到的这种感觉使自身呈现出来。然而，如果我们认识到的只是感觉，也就是一种未知的外部原因的结果，我们如何能够相信那些独立于我们的事物呢？穆勒以记忆、期待和联想律为基础，给予我们的信念一个心理学的解释。我看到桌子上有一张白纸，我闭上眼睛或是去了另外一个房间；我不再能看到那张纸，但我记得它，并且期待或是相信同样的条件再次出现，我就能够再次看到它。我形成了关于某种恒久、持续之物的观念；所谓的外部事物只是一种可能性，即某些感觉会按照同样的曾经发生过的次序再次出现。外部世界是“感觉的恒久的可能性”。我们开始相信这些恒久的可能性就是真正的实在，而瞬息的感觉不过是偶 537
然，或者是可能性的代现。因此，对于外部世界的信念就是对于感觉会再次出现的信念。这种信念不是原初的信念或者固有的信念，而是我们经验的结果，是习得的信念，是观念联想的产物。穆勒并不是要试图证明客体是外在于我们的；他只是要给下述事实一个解释：尽管除了观念之前后相继之外，我们并没有经验到任何东西，但我们依然能够形成一个关于——存在于意识之外的——恒常的客体世界的图景。

我们也在穆勒的哲学中发现了关于物自体的学说——一种未知的事物或者外部原因，我们将它与感觉关联起来。尽管有着这样的现象主义和唯心主义的成分，穆勒仍然不能抛弃超验实体，或者感觉的原因。知识世界是一个现象世界，但除此之外还有一个本体界，一个未知的、不可知的关于物自体的世界。这种学说引发了一个问题，而穆勒并没有严肃地进行考虑：在他自己的前提之下是否存在本体界的可能。他甚至于没有探讨这样的观点在他关于实体和原因的定义之下是否可能，就已经把物自体当作实体和原因进行谈论。如果我们以实体指称感觉的复合体，并用原因指称不变的现象的前件，我们又怎能将感觉序列之外的某物当作是实体和原因呢？

穆勒关于自我和心灵的观念有点左右摇摆。在詹姆士·穆勒和休谟那一面，他称心灵为感觉序列。他竭力以解释我们对外部世界的信仰方式来解释我们对自我的恒常性或恒久性的信仰：这是对于感觉的恒久之可能性的信仰，它伴随着我们实际的感觉。但是，穆勒看到了将心灵简单地视为感觉之相续这样一种联想主义观念中存在的困难，并且坦然承认了这种困难。穆勒思想中的诸多不一致之处——比如那些与物自体和自我相关的论述——都起因于他对于英国联想心理学的固守不放，这是他从父亲那里继承来的，同时他又默默地接受了，至少说是欣赏很多同时代的理性主义思想家的学说。在他的功利主义伦理学理论中，我们会遇上相似的摇摆不定的态度。

## 第九节　心理科学和道德科学的改良

如先前曾经指出的那样，穆勒对于人类幸福和社会改良极具兴趣。他相信政
538 治和社会领域中知识的进步能够取得与自然科学领域中相同的结果。但要获得这样的知识，他认为必须采用在物理学、解剖学和生理学领域中成功施行的各种方法。他坚持认为，需要在心理科学和道德科学中进行一场改革。

## 第十节　心理决定论

然而，对人性进行科学研究预设了在心理领域中存在着秩序、法则、不变的序列和一致性；问题随即就会出现：这一领域中是否会有科学，人类行为是否受制于法则？反驳意见认为人类不受制于法则，是自由的，而非被决定的。与休谟一样，穆勒发现对于必然论学说的主要反对意见是出于误解。正确地加以理解的决定论意味着不变的、确定的和无条件的序列，而不是强制或限制。应用于人类行为的决定论并不是指一种现象强制造成另一种现象，一种给定的动机会强制造成一种确定的结果，而是说，在某些动机、性格和环境给定的状况之下，我们能够预见到行为。一定的条件并不必然产生某种行为；其他的条件会意外出现并产生不同的结果。必然性意味着给定的原因会伴随着某一结果，这一结果也受制于由其他原因所引起的各种反作用之可能性；并不是说原因是不可抗拒的。宿命论的错误在于假定自我的性格是由外在的力量为我塑造的，而不是由我塑造的。事实上，试图塑造自我性格的欲望是行为的原因之一。如果我愿意，我就可以改变我的性格；如果我希望，我就可以抵制习惯和诱惑。但我如此去作的决定是内在因果律的产物。道德自由感在于意识到如果我希望的话，我就可以按照某种方式行动。关于意志的另一个普遍误解认为，我的行为动机始终是对快乐或痛苦的预

判。穆勒并不否认快乐和痛苦可以是行为的动机，但他坚持认为，我们有时候会以与快乐和痛苦无关的方式行动。与联想律相一致，快乐和痛苦可能会中辍而不再作为动机，所以我们会形成不被痛苦或快乐思想推动的意愿习惯或欲念习惯。穆勒特别拒斥人们所说的心理享乐主义的动机理论——这种理论认为，人们的唯一动机就是对快乐的欲望和对痛苦的反感。

穆勒关于意志和动机的理论可以进行如下总结：（1）行为与因果一致性相伴，从人的环境和动机中产生，在此意义上，所有的人类行为都是被决定的——不存在没有原因的行为。（2）只要内在的希望和欲念在指引着行为，人类就是自由的；人不是被外在力量控制的宿命的玩偶。（3）人类的意志，尽管时常指 539
向快乐或痛苦，却并非始终被享乐主义动机所支配。

因此，事实依照规律在哪里相继出现，哪里就有科学可言。然而，这些规律或者尚未被发现，并且，以我们现有的手段来说，的确是可能无从发现的。我们不能在人性科学的相关领域中进行预见，因为我们不知道所有的情况，不知道个体人的性格。然而，很多结果都是由普遍原因决定的；它们视全人类的共同情况和性质而定。与这些结果相关，我们能够制订出近乎始终正确的普遍命题。这些近似概括必须与本性规律有演绎性的关联，这些概括是从本性规律中得出的；我们必须证明它们是本性之普遍规律的必然结果。换言之，我们需要一种关于人类本性的演绎科学，无论如何，它都要建立在具有归纳基础的普遍规律上。我们并不去追问心灵的本性是什么，而是要追寻心灵中不同的思想、情感、意志、感觉等的规律是什么。此外，心理学不是生理学；它的主题内容不是神经兴奋而是心理事件。简单且基础的心灵规律是通过普通的实验探索方法发现的。此类规律中有记忆和再现规律，观念的联想律：它们构成了关于人类本性的哲学的基础性假说。来自普通经验的所有箴言——比如，年高多智慧，年少多勇力——都是这些规律的结果或者后件。然而，我们并不能担保在我们的观察界限之外，这样的经验规律依然会是正确的，因为后件——在此即智慧——并不真正是前件——年高——的结果，并且有根据可以相信，这一前后次序可以分解为多个更为简单的次序。真正的科学真理是解释那些经验性箴言的因果规律；箴言证实普遍理论。经验规律永远不会彻底可靠，除非是在天文学这样的“单纯”科学之中，在此，原因或动力为数较少：少量原因，大量规律性。对于关乎人类行为的真正科学而言，人类本性诸现象的复杂性是一个障碍，尽管它不是一个无法逾越的障碍。

## 第十一节　品格学

心理学从总体上确定了一些单纯的心灵规律；它是一门实验和观察科学。
而品格学，或者说是关于性格构成的科学，则追踪存在于诸种情形之复杂结合体
540 中的那些单纯规律的运作轨迹，完全是演绎性质的。这是一门依然有待创建的科
学；它的重要问题就是从单纯或普遍的心理学规律中推演出必需的居中原则；在结合我们人类在宇宙中的普遍地位的情形下，通过心灵的普遍原则来决定什么样的实际或可能的诸种情形之结合，能够促成或是阻止我们所感兴趣的那些人类性格或本性的性质的产生。这样一门科学将会是一种相应学科的基础，即教育。的确，对后验的证实必须与先验推演同时进行。除非通过观察，否则理论结论便不可信；观察的结论也不可信，除非能够将它们隶属于理论，即通过从人类本性以及与某一理论得以应用的特定情形的诸条件的细致分析中推演出它们，从而将之隶属于这一理论。

## 第十二节　社会科学

接下来，在关于个体人的科学之后，就是关于社会中人的科学——关于人类群体集体行为和组成社会生活的各种现象。我们能够使关于政治学和社会现象的研究科学化吗？所有的社会现象都是人类本性的现象，由外在环境施加于人类群体而引发；因此，社会现象也必然遵循固定规律。在这里，预见即便不是不可能的，也是十分困难的，因为数据不可计量并且永远在变化不止，而原因的数量也是如此之巨大，以至于超出了我们有限的计算能力。有两种对政府和社会进行哲学解释的错误方法，排他性的实验研究模式和受限制的几何模式。当然，真正的方法是依照演绎法进行的，只不过是从很多的原始前提或公理出发，而不是像在几何学中那样，只有极少的几条；它把每一个社会结果都看作是由一组多重原因所引发的，有时通过同一，有时则通过不同的心理动因或人类本性规律运作。关于社会现象的科学是演绎科学，但并非以几何学为模型，而是以更为复杂的物理科学为范本。的确，很难计算出互相冲突的倾向的结果，这些倾向在数以千计的不同方向上发生作用，并在给定社会的给定时刻促成数以千计的不同变化。但我们的补救方法在于验证：将我们的结论与实在的社会现象自身进行比照的过程，或是将结论融入到——已经完好建立的关于社会行为的——规律中的过程。

然而，社会学作为一种先验演绎的体系，不可能是实证预见的科学，而只能
是关于倾向的科学。因此，它的所有普遍命题都是假说性的：这些命题以某些假 541
设性的情形为基础，并指出一个给定的原因是如何在那些情形下发生作用的，设
若在此情形中并没有出现其他的因素。穆勒同时指出，不同种类的社会事实或社
会存在，大体上说，都取决于不同种类的原因——比如，对财富的渴望——必须
独立地加以研究，它会给我们提供清晰且独特的（虽然不是独立的）社会学预见
的分支或领域。比如，政治经济（经济学）研究那些制约各种活动的规律，假设
说人类从事的唯一活动就是获取或消费财富。如果追逐财富的欲望没有受到其他
任何欲望的牵绊，会出现什么样的行为？因此，每门独立科学的结论事后都一定
要由其他独立科学所提供的改进意见来加以修正。

不存在孤立的行政科学，因为作为原因和结果的政治事件，与特定之人或特
定时代的性质糅合在了一起。行政科学必须是总体的社会科学的组成部分。在这
总体的社会科学中，不可能存在任何真正的科学品格，除非是通过逆向演绎法，
它不去追问在某一确定的社会状况中一个给定原因的结果是什么，而是追问导
致这些总体社会状况的原因是什么，凸显这些社会状况的现象是什么。关键问题
在于找到规律，依照这些规律，一种社会状况产生相继的另一社会状况，并取代
了前者的位置。这就开启了人类和社会进步的问题。人类的性格和人类所处的外
在环境都有了进步性的变化。如果明智地加以审视的话，历史会证实社会的经验
规律。社会学必须通过演绎来确认这些规律，并且将之与人类本性的规律关联起
来，这些演绎证明它们是派生的规律，很自然地被期望是那些终极规律的结果。
对于经验规律的唯一的核实或矫正就是通过心理学和品格学规律来进行持续的验
证。经验规律是同时并起和前后相继的一致性，因此，我们就有了社会静力学和
社会动力学。社会动力学是在视社会为进步运动的状态下对其进行的研究；社会
静力学是对**一致**的研究，也就是说，对当代社会现象相互的作用和反作用的研
究，即研究现存的秩序。社会静力学学科的一个主要问题是确定稳定的政治联合
体所必需的条件。穆勒自己为稳定的政治秩序搜罗的条件有：教育体制，忠诚或
忠贞的情感，还有相互之间的同情心。 542

有必要以动力学来补充关于社会现象的静力学观点，既要考虑到不同因素的前进变化，又要照顾到各自同时代的条件；因此，我们不仅在共时状态之间，也在那些因素的共时变化之间，从经验上得到了对应的规律。这个对应规律如果及时得到了先验证实，就会成为人类和人类事务发展的真正科学的派生规律。历史和人类本性的迹象已经提供了足够多的证据，说明人类的预见能力，包括人类对

自身及其所生活于其中的世界的普遍信念——无论这些信念是如何取得的——是社会进步的决定性因素。预见是社会进步的决定性原因；人类本性中所有其他的为进步作出贡献的素质都有赖于它来获取属于自己的那份任务。在很大程度上，所有方面的人类进步的秩序均以人类思想信念的进步秩序为转移，也就是说，取决于人类观念的相继转化的规律。穆勒采纳了我们今天所谓的对于历史的意识形态主导性解释。一种几乎是与之并行的解释，尽管可能更为极端，是由巴克尔（Thomas H.Buckle，1812年—1862年）提出的，他试图在《英国文明史：1857年—1861年》一书中证明：进步纯粹取决于思想。穆勒接着探讨是否历史进步规律作为经验规律能够首先从历史中被确定下来，而后通过先验演绎从人类本性的原则中把它转化为科学定理。为了实现这一点，有必要把整个过去考虑在内，从有史记载的最早历史直到当今时代值得记忆的现象。这是一项艰巨的任务，但却无法回避。它已经成了具有科学精神的思想家的目标，即把理论与可得到的历史事实结合起来。唯有如此，才有希望实现关于人类本性和人类社会的综合科学的理想。

## 第十三节　伦理学

穆勒的伦理学基本上是追随英国传统的享乐主义学派，此学派最重要的代表有洛克、哈奇森、休谟和边沁（J.Bentham，1748年—1832年）。穆勒将阅读杜蒙的《立法论》——对边沁主要思想的阐释——视为自己生命的新纪元，是其思想历程的一个转折点。在《功利主义》一书中，他赞成边沁的观点，认为幸
543 福，或者是最大多数人的最大福利，是至善（summum bonum）和道德准则。然而，他也在几个关键点上与其导师存在分歧。在边沁看来，快乐的价值是由其强度、持续时间、确定或不确定、邻近或遥远、丰富、纯粹和范围（受到影响的人数）等来衡量的。不存在质的区别；在其他条件相同的情况下，“图钉不逊于诗歌”。然而穆勒却教导说，快乐也有质的区别，那些与智能的发挥相符合的快乐要高于、优于感官的快乐，并且那些经历过两种快乐的人更倾向于高级的快乐。“没有哪个有思想的人会甘当愚蠢之徒；没有哪个有教养的人会乐做愚昧之辈”；没有哪个有情感或良知的人会同意自己成为自私或卑鄙的人。即便你信服傻瓜、白痴或恶棍的人生比你的运道获得了更大的满足，你也不会愿意同他们交换命运。“做一个不满足的人胜过做一头满足的猪；做一个不满足的苏格拉底胜过做一个满足的蠢才。”傻子或猪可能不这么想，那是因为“它们只能从它们的角度看问题”，也就是傻瓜和猪的角度。边沁和穆勒都认可应该为最大多数人

的最大利益而奋斗；但边沁以自利为基础进行论证，而穆勒则把它建立在人类的社会情感之上，即与我们的同类联合的渴望。他告诉我们，功利主义要求一个人在自我的幸福和他人的幸福之间做到严格的不偏不倚，就如同他是一个宽厚仁慈且无关利害的旁观者。“耶稣在拿撒勒的金律中，我们读到了功利伦理的完美精神。希望自己如何被别人对待，就以同样的方式对待别人，还有爱邻如爱己，它们构成了功利主义道德的完美理想。”实际上，最大幸福的原则仅仅是一个没有合理内涵的语言形式，除非一个人的幸福——假设说程度相等，并且适当地考虑到了类别问题——与另一个人的幸福在重要性上精确对等；或许边沁的名言，“人人平等，无人凌越”，可被看作是功利原则的解释性注脚。

穆勒的功利主义也像他的很多其他理论一样，在两种对立的观点之间摇摆；除了与享乐主义、自我主义和决定论相关的经验主义联想心理学外，我们也发现了朝着直觉主义、完美主义、利他主义和自由意志的倾斜。然而，就是这种理论上的不一致，让它吸引了很多思想家的关注，并且其中还有很多反对学派也会赞成的内容。如T.H.格林指出的那样，穆勒版本的功利主义在实践中具有重大意义；它以批判和理智的态度来遵守传统的道德教诲，而不是以那种盲目且不假思 544
索的方式。最大多数人的最大幸福的理论有助于改善人的性格和行为。也有助于人们以一种有益于更大群体的方式来拓展他们的理想；这一理论已经做到了这一点，补充一下，这并不是因为它的享乐主义元素，而是因为它对功利主义的强调；因为，毕竟功利主义所指向的目标是要实现更好的社会生活，在那里人人平等，无人凌越。尤其是，穆勒成为了英国自由主义的哲学代言人，并打了一场民主的思想战争。在他的《论自由》和《女性的屈从》中，他坚持个人最大限度的可能的权利，因为他认为社会的福利与个人的福利是不可避免地联系在一起的。他指出了“对于个人和社会而言，存在大量的不同类型的性格的重要性，以及给予人性以充分自由的重要性，以便它能在不计其数的、乃至相互冲突的方向上得以拓展”，并且，他将对女性的压制看作巨大的损失，其对社会的损失远甚于对女性自身的损失。在他的《政治经济学》初版时，他尚且赞赏经济个人主义，但不久他“终极进步的理想就超越了民主”，这使他接近了社会主义。

> 一方面，我们以极大的精力谴责社会施加于个人的暴政，而这在社会主义制度中也时有发生，然而我们依然渴望未来的社会不再会分裂为闲散者和劳苦人这两类；那时，不劳者无食的规则将不仅仅适用于贫苦者，而是不偏不倚地应用到

> 所有人身上；那时，劳动成果的分配也不像今天这样在很大程度上取决于出生的偶然，而是一致赞成应该按照公认的公平原则；那时，人们竭尽全力谋求福利，不是为了独属于自己的福利，而是要与生活于其中的社会共同分享——这将不再是不可能的，也不会被看作是不可能的。我们认为未来的社会问题是如何将个人行为的最大自由度与地球上原材料的共同占有权结合起来，与所有人在联合劳动的福利中的平等享有权结合起来。[96]

穆勒对人类本性的可能性具有坚定的信心。“教育、习惯和情操培养能够使一个普通人为他的国家耕作或纺织，就像可以轻而易举地使他为国家而战斗一样。”

545 

## 第七十二章
## 斯宾塞的进化论

赫伯特·斯宾塞（Herbert Spencer）于1820年出生在英国德比，是一个教师家庭的孩子。他的学术资质似乎是从父亲那里继承来的，他父亲被描述为一个拥有良好的文化和独立思想的人，并且他教学生去思考而非去记忆的做法对斯宾塞的教育观点有影响。由于斯宾塞体质虚弱，他的父亲并不催促他学习，并且我们听说他在学校里边懒惰、执拗、精神涣散、不守纪律。在父亲的指导下，他在课堂之外取得了更好的进步，父亲教他在自然中学习，鼓励他收集的欲望，并引导他做物理和化学实验。此后（1833年—1836年）斯宾塞接受了叔父托马斯·斯宾塞的教导，托马斯是一名英国国教牧师，具有为公精神和民主理想，他为斯宾塞入剑桥打下了基础；但斯宾塞拒绝去一个以他不感兴趣的方式授课的地方。他能够把握原则得出结论，在数学和力学方面超越了自己的同学，但他不喜欢记忆词汇和语法规则。他的作品显示了他接受的训练的影响：他是独立的、原创的、自然的。1837年，他开始辅助父亲教书，并学习了土木工程。他时断时续地从事教学工作直到1846年，而后投身报刊界。空闲时间都被他用来学习地理和其他学科。他的第一部吸引了为数不多却是思想界精英的

[96] 穆勒：《自传》。

伟大著作是《社会静力学》（1848年—1850年）。1852年，斯宾塞放弃了《经济学家》的编辑职务，将余生投入到了酝酿其综合哲学体系的工作中，体系大纲发表于1860年。为了出版自己的著作，他在经济上损失严重，而他的文学尝试也颇不成功，直到一个美国的崇拜者安排在美国为他出书时才有起色。斯宾塞于1903年逝世。

斯宾塞的著作有：《政府的适当权力范围》，1842年；《社会静力学》，1850年；《心理学原理》，1855年；《论教育》，1858年—1859年；《第一原理》，1860年—1862年；《生物学原理》，1864年—1867年；《社会学原理》，1876年—1896年；《伦理学原理》，1879年—1893年；《个人对国家》《论文集》，第5版，共3卷，1891年；《事实与评论》，1902年；《自传》，共两卷，1904年。

研究著作有：F.H.Collins的《综合哲学摘要》（包含斯宾塞所做的前言，概括了他的哲学），第5版，1905年；W.H.Hudson的《斯宾塞哲学导论》，1900年；D.Duncan的《斯宾塞的生平及书信》，1912年；J.Royce的《赫伯特·斯宾塞》，1904年；J.Rumsey的《斯宾塞的社会学》，1934年；E.Asirvatham的《斯宾塞的社会正义理论》，1936年。

## 第一节　关于知识的理想

斯宾塞的知识理想是一个完全统一的思想体系。普通人的知识是散乱的、断裂的、前后不一的；各个不同的部分不能整合在一起。科学为我们提供了部分统一的知识。而哲学则是完全统一的知识，一个有机的体系：其问题在于揭示最高的真理，从中可以推演出机械力学、物理学、生物学、社会学和伦理学等学科 546
的原理。这些命题都必须彼此协调。《第一原理》构成了整个体系的基础，其中推出了基础性的公理，后来被应用到了《生物学原理》《心理学原理》《社会学原理》和《伦理学原理》等著作中。《伦理学原理》一书重述了此前著作中作出的概括，以使伦理学的真理以其他所有知识领域中的结论为基础。这些学科的概括可以得到经验的证实，也可以通过第一原理演绎出来。

斯宾塞称自己的哲学为综合哲学，并认为这样一种大全科学的功能就是将得自各门具体科学的普遍真理整合成一个统一的体系。就此而言，他不同于汉密尔顿和穆勒。汉密尔顿根本没有提出任何哲学体系，并认为人类的能力不可能完成这一任务，绝对是不可知的。穆勒批评孔德在试图统一各门科学的时候堕入哲学之中。尽管穆勒也设想了一个由他的道德科学逻辑的普遍原理统和在一起的理想真理体系，并且也暗示了关于自然的先验科学的可能，但他没有去尝试将自己的思想体系化；从他的总体立场来看，根本就不可能实现这样一个大全性的综合，他的前辈休谟早就清晰地看到了这一点。

斯宾塞也与经验主义者不同，他试图把知识建立在康德所谓的心灵的先验形式之上，并把其功能归约为简单的原则。在这方面，他受到了批判哲学的影响，他主要是通过汉密尔顿的著作认识了批判哲学。他认为，人类所有的知识都来源于思想的基本活动；即便是试图否定知识之可能性的怀疑论者也要以思维的基本功能为其前提。若不是心灵要求逻辑的一致性并且具有揭示相似和差异的能力，知识就是不可能的。没有任何一项功能是个人经验的结果。通过运用进化论假说，斯宾塞试图将它们解释为族类经验的结果，如此一来，便在经验主义的立场上调和了直觉主义和经验主义。经验的绝对齐一性催生了思想的绝对齐一性。外部的齐一性在不计其数的年代中重复出现，就形成了固定的观念联想和必然的思想形式。在今天，没有心灵的先验综合就不可能实现联结，但在知识初生之时这种联结是如何实现的，斯宾塞并没有告诉我们。他也没有把知识的有效性建立在
547 遗传的基础之上：原则是对人类在不计其数的年代中传承的经验的概括，但这一事实本身并没有保证这些原则是绝对真理。

## 第二节　知识的相对性

与汉密尔顿一样，斯宾塞关注知识的相对性，并论证说这一结论可以通过对思维过程的审查和思想成果的分析推导出来。解释是具有相对性的事件，并且进行解释的基本原则是无法解释的。我们获得的最普遍的认知无法被纳入到一个更具普遍性的认知之中，因此也无法被理解、被阐释或说明。解释最终必然会引我们走向无法解释的事物；而我们所能够得到的最深刻的真理必然是无法解释的。此外，思维过程本身包含着**关系**、**差异**和**相似**；凡无此表现的事物，均无从认知。思维就是进行关联的过程，除了关系之外，思想没有表达出任何多余之物。我们用以揭示相似和差异的基本思维行为是我们知识的基础，既包括知觉知识，也包括推理知识。没有了这种基本的思维行为，哪一种知识都将不复存在，因此，必须预设心灵的这一主要功能的有效性。

哲学的职分就是要拟制出根基于意识之中的观念体系，揭示出我们的基本直觉的含义，并构建出一个相互关联的命题体系。思想有效性的标准就是它的必然

性。一方面，对真理的验证即反面的不可想象性，另一方面，就是结果与我们的实际经验的符合。斯宾塞采用理性主义标准的同时也采用了经验主义的标准。

如果知识在上述意义上是相对的，那么，我们就只能认识一定范围内的事物和有限的事物。**绝对、无限和第一因**均无法认知，因为无法将之与其他任何事物进行比拟或区分。然而，我们却总是能够把事物同绝对联系起来；的确，我们必须有一个绝对者以便同这些事物相关联。若不是与一个真正的非—相对者关联起来，相对自身就是不可想象的——相对以绝对为前提。因此，我们能够依照事物的彼此关系以及它们与绝对的关系来认识事物。如果我们不能将之与绝对者相关联，也就无法认识它们；的确，它们自身就会成为绝对者。我们形成了支撑所有现象的实体意识。根本不可能消除那种存在于现象背后的实在观念；并且这种不可能性产生了对于那种实在观念的不可摧毁的信仰。因此，斯宾塞坚持实在论。然而，绝对自身无法与任何事物发生关联：既然没有可以将之引出的头绪，它就是不可知的。绝对的不可知性不仅从人类智力的本性中得到了推演证明，也经由 548
科学事实而被归纳证明：我们无法理解终极的科学观念，比如时间、空间、物质、运动、力和心灵的起源。

尽管如此，我们不能形成关于绝对者的任何概念，却不是否定其存在的理由。科学和宗教能够在这一点上达成一致：一切现象背后有着一个**绝对的存在**。宗教竭力向我们阐释这个普遍的实体；为我们提供了关于它的各种定义，但是，宗教越是趋向高级，它就越是发现绝对者是彻底的神秘。思想也在继续寻找对它的定义，以形成关于它的概念，如此做法无可厚非，只要在心中切记下述事实：人们用以表述它的所有形式都仅只是符号而已。我们被迫将它含含糊糊地认知为肌肉紧张或主观情感活动的客观关联物，即能量或力量。本体和现象是统一过程的两个方面，只是后者的真实性次于前者而已。

## 第三节　力的持久性

这一客观的能量，是主观的情感力量的关联物，必须被看作是持久的。认为某物会变成无物是无法想象的；因为当我们说某物变为无物时，我们是在两个实存之间建立一种关系，而其中一个实存是不存在的。力的持久性是指超越我们的知识和知觉的某种原因的持久存在。在我们断定它的时候，我们就断定了一种没有开端和结束的无条件的实体。在背后支撑着经验而又超越经验的唯一真理就是力的持久性。它是经验的基础，因此必须是对经验进行任何科学组织的科学基础。终极的分析必然会引我们与这一力量照面；我们的理性综合必须建构在它的上面。

物质不灭意味着物质作用于我们的那种力是不灭的。这一真理经由对于先验认知和后验认知的分析而变得非常明显。另一普遍真理是运动的连续性。某物——在此即运动——居然化为无物是不可想象的，然而运动却是不断地消失的。事实上，穿越空间的平移本身并不是一种存在，因此，运动的终止，就其被单纯地看作平移而言，就不是存在的终止，而是某种存在符号的终结。换言之，运动中的空间因素本身并不是一项事物。位移不是一种存在，而是存在的表现。
549 这种存在可能会停止以平移的方式表现自身，但只能通过将自身表现为张力来实现。活动的原理是不可见的，它时而表现为平移，时而表现为张力，但常常是两者兼有；在运动中展现出来的活动原理是我们主观努力感觉的客观关联物。运动的持续性确乎是以力的方式为我们所认识的。

力分为两种：物质借以向我们展现为存在的那种力，和物质借以向我们展现为作用的那种力；后者被称为能量。能量是微粒运动和大体积物质运动所表现的能力的通称。每一种力的出现都可以解释为是先行的力的结果，无论其是无机的运动、动物的运动，还是思想或感情。心理能量和身体能量要么与产生它们的某种能量以及它们所引发的某种能量有着量的关联；要么，无物必须生出某物，而某物又变化为无物。我们要么否定力的持久性，要么就得承认：任何一种物理或心理的变化都是由某种先行的力所引发的，给定量的如此这般的力只能够产生不多也不少的如此这般的物理和心理变化。

因此，科学的基本原理就是能量守恒的原理：没有能量产生，也没有能量消失。斯宾塞并没有尝试用实验方法证明这条原理；事实上，照他看来，这是所有实验的前提。这是思想的必然性和基本公设：我们无法设想某物化为无物，或是无物生出某物；这条原理暗含在因果律之中，或者说是与因果律相等同的。我们被迫假定某物的持久性。

## 第四节　心灵与物质

绝对者或不可知之物在对立对称的两组事实之间展现自身：主观和客观、自我和非我、心灵和物质。但那是在两方面表现自身的同一种力量或能量；我们所思维之物与我们的思维自身是不同种类的力量；物理的和心理的事物都受到同样的经验规律的支配。如果心理的和物理的事物被认为是绝对者的不可归约的两个阶段，那么，心灵就不可能是从物质中派生出来的；物质的无法转变成心理的，就像运动转化为能量那样。在《第一原理》和《心理学》的早期版本中，斯宾塞假定转化是可以发生的；事后他发现以物理方式阐释的能量守恒原则无法解释意识。但是他继续 550
将以物质、运动和力之类的术语表述的进化论公式运用到了包括生命、心灵和社会在内的所有现象之中。正是这样的做法使得他的体系具有了唯物主义的表象，并因此而时常受到攻击，尽管他自己警告我们不要以这种方式进行解读。绝对是不可知的；我们可以用唯物主义或者唯灵论的术语来解释它，但无论是哪种情形，我们都不过是在使用符号而已。一种能量在我们身上产生了某种作用，这种能量的性质我们无从得知，我们也无法将这种能量设想为是受时空限制的。我们用物质、运动和力之类的术语来概括其中最普遍的作用；在绝对产生的作用中存在着某些相似的关联，其中最恒常的那些关联被拟定为具有最高确定性的规律。

## 第五节　进化的规律

在知识领域，我们被局限于相对的现象，局限于绝对的内在和外在表现。我们哲学家的事业就是要揭示所有现象中共有的特征，或是发现事物的普遍规律。这样的规律出现在进化规律之中。进化过程包含了不同的阶段：（1）集中，就像云、沙堆、原始星云、有机组织和社会的形成那样；（2）分化，或是物质从环境中的分离，并在自身之中形成特殊的物质；（3）确定，或是不同部分形成一个统一的、有组织的整体，其组成部分互不相同，然而彼此都处于共同关系之中。这就是进化与分解的不同，分解中只有分化，没有组合。在确定阶段，既有部分的分化，也有部分形成整体的整合或集中。在此意义上，进化就是从不确定的、不连贯的同质性状态向着确定的、连贯的异质性状态的过渡。这一规律是通过归纳法得出的，但也可以从力的持久性这一基本原则中推演出来，如我们此前所见，斯宾塞将力的持久性等同于因果律。从因果律中可以得出物质不灭和运动的连续性——潜在与实在——各种力之间的关系的持久性，力之间的对等与转化——包括心理的与社会的——运动方向的规律以及运动不停顿的节奏。普遍综合的规律就是物质和运动的连续不断的再分配的规律。进化在于物质的整合和运动的消耗；分解在于运动的吸收和物质的解体。当集中和分化达到了平衡状态的时候，进化就到达了高潮。平衡不可能长期存在，因为外在的影响总是要破坏它。换言之，分解注定要出现，整个过程会重新开始。这一切不仅适用于宇宙整 551
体，对于在我们的经验中出现的具体部分也是如此。

得自于《第一原理》的普遍原则被斯宾塞应用到了各种存在形式之中——生命、心灵、社会和行为。它们被假定为真理，并被拿来证明生物学、心理学、社会学和伦理学中的具体真理：后者是对前者的证实。于是，进化规律适用于所有的现象；不同研究领域中揭示出的特殊规律因此也可以被归属到普遍规律之下，或者当作是普遍规律的表现。当这些经验规律或真理被证明是普遍规律的特殊实例时，它们就以演绎的方式得到了证实。

## 第六节　生物学

生命是对外在关系或环境关系的持续不断的内在调整或生理调整。生物不仅接受影响，也因之而经历变化，这就使得它能够以特定的方式对外部世界的相应变化作出反应。也即是说，生物体内发生的内在变化使之适应了外在关系：内部事件和外部事件之间存在着双向关系。若非是进化出了一套内在关系体制以对应外在关系，生物就无法保存自身。这种内外关系的关联越是紧密，生物发展的程度就越高。最完美的生命在内在关系和外在关系之间拥有完全的适应和协调。

有机形式并不是从无机物中产生的，而是在外在原因的影响下，从原始的无结构的有机物质或具有同质性的原生质中产生的。有机组织内的差异的产生遵循进化的普遍原则的运作；也就是说，原始的异质物质在分化。物种的出现起因于有机物和外在世界的相互作用。形态学和生理学的分化是外在力量变化的直接结果；天文、地理和气象条件变化缓慢，但它们已经持续变化了千百万年。有机体通过外在原因的作用而发生变异，并且，如果是适应性的变异，就会通过自然选择而被保存下来。通过各个部分的持续作用（功能先于结构的原则），在构成有机体的生理单位的关系中，出现了变化，并且这些变化被传递给了后代——遗传
552 习得特征的理论。斯宾塞认为，自然选择本身不足以解释物种起源，达尔文夸大了这一间接进化模式的影响。有机体调整自身以适应外在影响，而且这样的调整能够在有机体中造成新的平衡状态。

## 第七节　心理学

物理学如实研究外部现象；心理学如实研究内部现象；生理学则研究内部和外部之间的关系和联系。主观心理学是内省式的：它研究——伴随着内部关系对于外部关系的可见调整的——情感、观念、情绪和意志，并且探究意识状态的起

源和相互关系。物理事件和神经活动是同一种变化的内外两个方面。被客观地看作是神经变化的东西，在主观方面看，则是一种意识现象。客观心理学并不这样研究精神过程，而是在它们同人类和动物行为的关系中加以考虑。作为生物学的一部分，它将精神现象作为功能来考察，通过这些功能，内部关系与外部关系得到了协调。

当外在影响的数量如此众多，以至于必须按照次序加以排列的时候，意识就出现了，此时的有机体，若没有这种有秩序的安排，就无法适应环境。因此，意识就被定义为调整依序排列的内在状态以适应外在状态的一种形式。但意识并不是一组单纯的情感和观念，它们背后有实体性的东西或具有结合作用的媒介，然而，这种东西是不可知的，道理依旧，所有终极的事物都是不可知的。但是，我们可以研究那些实体借以显示自身的变化状态或者调整过程。心理学的责任就是揭示意识的单位，它是意识的构成元素。对意识的现象学层面的分析揭示出了终极单位，斯宾塞将之视为“与我们所谓的神经冲击处于同一等级的东西”——是神经冲击的心理对等物。正如不同的感觉是由共同的单位构成的一样，知觉也是由感觉原子或感觉单位构成的。我们把物质原子认知为阻力，与我们自己努力的感觉相类比；也就是说，我们把自己的活动意识读入其中。斯宾塞在意识生命中发现了出现于所有相对实在中的同一特征：集中、分化和确定；意识是一种进化，并且只有作为发展过程才能理解，作为一个连续的渐变的序列，从反射行为 553
到本能、记忆和理性。这些都不过是智力的不同等级和阶段，无声无息地从其一向另一过渡，并与不断增强的复杂性和外部条件的分化相对应。比如，记忆和理性就来自本能。最初的推理完全是本能的。由于环境的复杂性而使得自动行为无法实现的时候，意志就出现了。我们已经见识了斯宾塞是如何从种族经验中派生出知识原则的。以同样的进化论方法，他解释了情感；愤怒、正义和同情是个体所本有的，是种族所习得的，也是我们的祖先与环境持续不断的斗争的结果。

## 第八节　外部世界

认为我们原本只意识到感觉，并从感觉中推论出了外部物体的存在，这是不正确的。唯心主义是一种语言的痼疾；它只在语词中活动，却不在思想中活动。理性一旦颠覆了知觉的断言，也就摧毁了自身的权威性。实在论由意识的基本法则强加于我们，此法则是理性的普遍公设。我无法想象看到并感受到的物体是不存在的。我们被迫去设想一个超心理的实在，被迫将之设想为力，设想为主观的力感或肌肉紧张感的客观关联物，我们在自身中体验到这些感觉，它们是不可知的客观存在或持久性实在的普遍标志。这一不可知的实在也在我们的下述观念中被标志出来：时间观念、空间观念、物质观念和运动观念。

这种改观后的实在论，如斯宾塞所称呼的那样，取代了素朴的实在论。它认为，在我们意识中被代现的那些事物不是客观实在的影像、副本或图片，而是标志物，这些标志物与实在本身的共同之处可谓微乎其微，就像字母与它们所标志的心灵状态一样。意识之外有某物存在，这是一个无法避免的结论；舍此而采用其他的思路，就是在设想变化的发生无需先行的前件。“存在着某种本体论秩序，从其中产生了我们认作空间的现象界秩序；存在着某种本体论秩序，从其中产生了我们认作时间的现象界秩序；存在着某种本体论关系，从其中产生了我们认作差异的现象界关系。”这样一种关于外部世界的知识受到了很大的局限，但
554 它是对于我们有用的唯一知识。我们并不知道外部的推动者自身，而只知道它们之间持久关系，并且我们可以拥有关于这种关系的知识。对于真实的存在的永远在场的感觉正是我们的理智的基础。对于——持续存在并且独立于我们的知识的特殊条件——这样一种东西的感觉会永远伴随我们。我们无法对这种绝对存在形成概念；我们形成的关于它的任何概念都彻底与它不一致。我们不可能根除对于存在于现象背后的实在的意识，从这种不可能性中导出了我们对于实在的不可摧毁的信仰。

## 第九节　伦理学

在《伦理学资料》的前言中，斯宾塞宣称他作为一个综合哲学家的任务的所有先前部分，都是它的道德原则的辅助。自从他的第一部著作——《政府的适当权力范围》（1842年）——问世之后，他的目的始终是为关于一般行为的正确与错误的原则找到一个科学的基础。为了理解道德行为的意义，他告诉我们，我们必须把行为作为一个整体来理解，即所有生物的行为以及行为的进化，并且我们必须从物理学、生物学、心理学和社会的方面来审视它；换言之，在参照其他学科成果的情况下进行研究。

这样一种研究会使我们把行为界定为适应目的的活动或者活动对目的的适应，并且将证明最高程度的进化——因此也是最好的伦理行为——是这样的：它使个体及其子孙、乃至他生活于其中的人群的生命更为丰富、更为长久。在永久和平的社会中，进化达到了极限，每个社会成员都能在不妨碍他人实现目标的

情况下实现自己的目标（正义），社会成员在追逐目标的过程中互相帮助（仁爱）。凡是有助于每个社会成员的协调适应的事物，都会提升总体的协调适应，并有助于使所有人的生命更为完善。我们假定生命带来幸福多于苦难（乐观主义），并在此基础上将服务或妨碍生命的行为称为善的行为或恶的行为。总体说来，善的就是可供享受的（享乐主义）。只有当行为能够导向未来的幸福并且在当下即是快乐的时候，它才是完全正确的。有一大部分人类行为并不是绝对正确的，而只是相对正确，因为它们包含有痛苦在内。绝对伦理学的理想标准拟定了在彻底进化的社会中完全适应的人的行为准则。这样一种绝对准则使我们能够解释真实社会的现象，当社会处于过渡阶段时，充满了因缺乏协调适应而带来的苦 555
难。这一准则也为接近正确的结论提供了基础，那是关于现实社会的反常性质的结论和最趋向于正常方向的行为轨迹的结论。

斯宾塞坚持认为，道德的终极目标始终是社会群体或成员的幸福感，而不仅仅是社会福利。社会的福利作为整体是实现成员福利的途径，因此，凡是威胁到总体的事物，同时也有害于其成员。在社会进化的早期阶段，利己主义强烈而利他主义微弱；这就说明了为什么相对道德准则强调那些由于同胞的在场而对行为施加的约束。道德准则禁绝侵犯行为，出于合作（正义）考虑而对个人行为施加限制，并责成推进福利（仁爱）的自发努力。正义和仁爱的根源在于同情心。既然理想是最大程度的个人幸福和完善，利己主义就不可避免地要先于利他主义；每个人都享受自己本性所带来的好处，同时也要准备好忍受自己本性所带来的恶果，无论此本性是习得的还是遗传的。但利他主义对于生命的进展和幸福的增加也是至关重要的，自我牺牲和自我保存同样原始。每个成员在社会中获得的利己主义满足都要依赖这样一些利他主义的行为：行为公正、保障正义的实现、支持并改良司法机构，并在身体、智力和道德方面使他人得到提升。纯粹的利己主义和纯粹的利他主义都同样是不合理的。随着社会规训的加强，人们将会逐渐自发地追求同情之快乐，并发现它有利于彼此双方。最后，乌托邦的平衡和谐将会实现，每个社会成员都热衷于放弃自己的利己主义的权利，而其他人却出于利他主义而不允许他这么做。

斯宾塞把英国传统功利主义的享乐主义教导同强调生存与适应的新进化论结合起来，创造了一套进化式的享乐主义。这种结合而成的伦理理论之所以可能，在他看来，是因为最高形式的进化行为能够产生最大量度的幸福。他也把自己的理性论功利主义同其前辈的经验论功利主义区分开来；他的伦理体系是理性的，因为他是从各门科学提供的基本原则中推演出了道德原则。

## 第十节　政治学

伦理理想于是乎就是造就幸福且完善的个人，以及最适应的个体的生存和
556 最适应的变异的流布。只有当每个个体都接受——得自其本性和出自本性的行为的——利益和恶果之时，才能够实现这一目的。但是，既然群体生活对于最适者生存来说是至关重要的，每个个体都必须把他的行为置于约束之下，以便它不至于在很大程度上阻碍他人的同等行为。在防御战争之中，个人会受到更大的限制，乃至于被要求牺牲生命。因此，正义就在于使得每个成熟男人能够在不侵犯他人的同等自由的条件下为所欲为。权利，名副其实地说，是同等自由律的附件：每个人都有权在某一限度内行动，而不可超越它。

从这些前提出发，斯宾塞驳斥现代的社会主义国家。他认为，无所不包的国家功能是低级社会类型的特点；向着更高的社会类型进步的标志就是放弃一些功能。公民结合体必须维持这样的条件，在此条件下每位公民都能够获得最丰富的可能生活，并与其同胞的最丰富的生活相协调。国家必须阻止内部的侵犯行为，并保护其成员免受外国入侵；当国家的功能越出此范围，它就践踏了正义。事实证明，国家功能的扩张总是灾难性的，只有以平等思想为指导的立法才被证明是成功的。此外，不同的非政府机构在竞争的压力下运行得最好。竞争迫使它们进行改进，迫使其利用可以得到的最好的技术，并保证最优秀人员从事公共服务。人们的社会和经济需求在这种途径下能够得到最大的满足。最后，国家干预对于个体的道德个性具有邪恶的影响。我们从未开化的往昔传承来的本性依然同不完全文明的当今时代极不完善地组合在一起，如果任其自行发展，就将会渐渐调整自身以适应一个充分文明化的未来的需求。在过去的几千年中，社会风教已经取得很大的成绩，在时代的推进过程中，它将会在没有国家控制和干预的情况下继续发挥作用。有足够的证据显示，人为的埏埴所取得的成就无法与自然的陶铸相提并论。斯宾塞对社会主义的所有方面均深恶痛绝；他认为社会主义终将到来，并且它将是人类的巨大灾难，因此之故，也不可能长久存在。他并不反感互助和自愿合作；事实上，他认为作为工业主义之特征的自愿合作最终会取得统治地位，并且，在这样的合作社会之中，成员将被塑造为群体的目的服务，因为经由自我调整和自愿合作，这种塑造会自然而然地得以实现。在社会、经济和政治领
557 域，斯宾塞忠于放任自由理论，并认为只有通过让个人实现自身的救赎，而不是由政府来施加不必要的干预，才能够实现普遍的幸福。

# 第七十三章
# 英美的新唯心主义

## 第一节　德国唯心主义的影响

在19世纪初，德国唯心主义以康德为基础，通过一些伟大的文学领袖，比如柯勒律治、华兹华斯、卡莱尔和拉斯金等，进入到英国，并开始影响经验主义和直觉主义——既包括约翰·斯图亚特·穆勒，也包括惠威尔和汉密尔顿。然而，对于新德国哲学的严肃研究一直没有出现，直到1965年斯特灵（J.H.Stirling）的《黑格尔的秘密》一书出版为止。在19世纪此后的时段内，乃至到20世纪，一批受到康德和黑格尔深刻影响的有活力的哲学家在英国思想界取得了领军地位。此运动中的领袖有托马斯·希尔·格林（Thomas Hill Green）、爱德华·凯尔德（Edward Caird）、约翰·凯尔德（John Caird）、F.H.布拉德雷（Bradley）和B.鲍桑葵（Bosanquet）。

被人们称为新黑格尔学派的第一部伟大著作是格林的《休谟导论》（1875年），随后就是爱德华·凯尔德的《康德哲学批判介绍》（1877年），这是他更大一部著作《康德的批判哲学》（两卷，1889年）的前驱，此后还有大量的论文和对德国哲学家的翻译。詹姆斯·沃德（James Ward，1843年—1925年；著有《自然主义和不可知论》，第3版，1907年；《目的王国》，1911年）是洛采类型的唯心主义者，他宣扬多元论，并用作为世界统一体的创造性上帝观念来取代一元论的绝对。

此学派代表人物的共同特点在于，他们都强调心灵和知识的有机思想，以反对英国联想主义特有的原子论方法；他们反对将机械力学作为普遍理论；并认为经验世界构成了哲学的主题内容。英国哲学家并没有采用德国老师的辩证法和先验方法，没有不加批判地接受他们的结论；但是，沿着格林的线索，他们以一种新鲜而又独立的方式“重温”了一遍整个德国唯心主义的全部思想，并且保持了康德所发起的那场运动的基本原则。

研究英美唯心主义的著作有：R.B.Perry的《当代哲学趋向》（1912年）和《过去几年中的哲学》（1927年）；A.K.Rogers的《1800年以来的英美哲

558 学》，1922年；R.Metz的《英国哲学一百年》，J.H.Muirhead编辑，1938年；《英国当代哲学——个人陈述》，J.H.Muirhead编辑，第一辑，1924年，第二辑，1926年；H.Haldar的《新黑格尔主义》，1927年；G.W.Gunningham的《当代英美哲学中的唯心主义争论》，1933年；拓展性的参考文献出现在F.Ueberweg的《哲学史大纲》一书中，第5部分，第12版，T.K.Oesterreich编辑，1928年。

## 第二节　托马斯·希尔·格林

格林的哲学立场属于客观唯心主义，这种哲学的发展受到了德国唯心主义者的影响，并且与英国传统的对于世界和人生的看法形成对立。在康德的批判哲学及其后继者的唯心主义形而上学的基础之上，格林攻击休谟的经验主义、穆勒的享乐主义和斯宾塞的进化论，并试图用唯心主义形而上学来补充自然科学。他的哲学试图调和他所处时代的两种对立倾向——理性主义和经验主义，宗教和科学，多神论和一神论，古希腊文化和基督教文化，完善理论和功利主义，自由主义和决定论，个人主义和全体主义。在格林看来，人并不仅仅是自然的产物：作为纯粹的自然力量之结果的存在物，如何能够形成关于这些力量的理论并用来解释自身呢？人，是一种精神的存在，因此，并不属于自然事件的现象序列中的一个链条。人类自身之中存在有一个非自然的原则，此原则的特定功能就是使知识成为可能。同样的使得知识成为可能的精神原则还有另外一个表现，那就是道德理想意识以及由此而来的对于人类行为的确定。没有这样一种对于精神自我的设定，就既不可能有知识，也不可能有道德。

### 形而上学

自然科学处理的是自然的和现象的事物，时间性和空间性的事物，处理那些可以通过观察和经验来确定的事实。哲学或形而上学面对的是心灵或本体界，它们的原则在于事实即表达。经验主义者和进化论者的错误在于，他们研究产生现象秩序的事物的方法就是研究这一秩序的产物的方法；就此而言，格林赞赏康德的《纯粹理性批判》。但他更进一步得出了与后康德主义者相同的结论，认为设若没有这样一种原则，就不可能出现自然的秩序。自然具有多重性，但其自身也存在同一性；因此，我们必须通过与自我意识进行类比来解释它，将之视为一个精神宇宙，视为一个相互关联的事实体系，这一体系因为永恒的智能而

成为可能。世界的存在已经暗含着一个无所不包的意识的存在。我们只能通过 559
它在我们自身中的活动来了解这种永恒智能：它使得我们能够拥有关于世界和道德理想的知识。

## 人类在自然中的位置

人类在这样一种宇宙中的位置是什么？作为一种进行认知的具有自我意识的存在，人类作为自由活动而存在——作为一种不在时间中的存在，不是自然生成之链条中的一环——在他之前，没有先行者。自我意识没有起源，它从来没有开始，因为从来就没有它不曾存在的时间。所有的大脑、神经和组织的过程，所有的生命和感觉的功能，包括我们的心理历程的连续现象，都是由宇宙意识决定的。但人类意识自身是宇宙意识的产物——至少就此而言，人类意识是综合的、自我生成的。我们并没有受到宇宙意识多少决定，因为我们是宇宙意识自我交流的主体。格林认为，即便接受进化论，它也不能以任何方式削弱这种观点。人类的有机体也许是从动物中进化而来的；而动物的有机体也许已经在无数的年代中得到改良，以便永恒智能可以通过自然功能来实现自身，并对自身实行再生产。原初的精神原则的终极性断然不会因为这一承认而有所改变：整个现象界秩序，包括整个生物进化序列，就是永恒的、普遍的自我意识的表现。

格林论证说，单纯的印象或感觉的前后相续并不是知识，若没有一个拥有感觉并且组织感觉的自我，知识就是不可能的。同样，单纯的动物欲望、冲动或是食欲的前后相续也不能构成**人类**的行为：这与将此种欲望展现给自身的主体不一样。食欲或动物的欲望是一项自然事件，并不是严格意义上的动机：它并不会造就一个清晰的人类行为，除非是一个具有自我意识的主体将之提供给自身，换言之，除非人们有意识地使之成为自己的欲望或冲动，批准它、确认它，并竭力将其所意识到的欲望或冲动中的理想事物变成现实的存在。仅仅是被动物欲望推向某一活动，并不能算作是人类行动或人类行为。当一个人确认了向着不同事物的某种冲动、激情、影响，或倾向的时候，他就在意愿。他的意愿是一个欲望，人们在欲望中实现自身，而不是欲望作用于人。诚然，一个人为自身谋取何种善，取决于他过去的激情、行为和环境，有赖于他内在生命的过往历史——在此意义 560
上，格林接受了决定论。但在整个过往经验之中，他是自我的客体，并因此是自我行为的主宰者。因此，他就要为那种当前推动他的那种善负责。此外，他能够为自身策划一个更好的状态，并因此而试图在将来成为一个比现在更好的另一个自我，在此更深层的意义上，人类拥有自由意志。

## 伦理学

正是因为人类能够为自己谋划一个更好的状态，能够努力实现这种状态，并能够意愿，所以他是一个道德动因。他之所以能够做到这些，因为他是能够自我意识的主体，是永恒的自我意识的产物。个体人关于自我的更好状态的理想至少是存在于上帝心灵中的理想的胚胎或者终极目的传输给他的结果。通过将他自己提供给自己的客体作为绝对可欲之物保持在人们面前，这种观念得以在人类自身中活动，它是人类生活的道德化动因。

那么，道德的善是什么？那就是满足道德动因之欲望的事物。真正的善是一个目的，道德动因的努力能够在其中找到安宁，他的基本自我、他的真实意愿会把这个目的看作是无条件的善，看作是具有绝对价值的绝对可欲之物。如此一来，人们就对存在于自身中的某一事物就有了概念，它是绝对的可欲之物。这一自我受到很多旨趣的影响，比如对他人的关注。他人是我的目的；毋宁说，他们是目的的组成部分；他们被包括进那个我为了自己而生活的目的之中。也就是说，我将人格的实现（无论其为自我的人格抑或他人的人格）、人类心灵的完善和心灵能力的伸张看作是最高的善；在为此目标奋斗的同时我也必须帮助其他的心灵；在我的心灵之中有一种绝对的、公共的善在起作用，它是我的善，也是其他人的善。有了这种道德观念——尽管它在范围上可能受到局限——也就有了未来的或潜在的完美道德的理想，在理想的社会之中，每个人都视他人为邻人，每个理性的道德动因都认为其他动因的幸福或完善是包含在自我完善之中的。把关于自我发展的道德理想定义得如此宽泛，乃至于把他人的完善也包含在内，格林借此完成了解决利己主义和利他主义之间矛盾的方案。

很多道德学家说，如若不是因为法律和权威性道德习俗对于我们祖先的作用，我们在道德上就不会是今天的模样。格林承认这是正确的，但他坚持认为，
561 这样的法律和习俗本身原本是理性动物的产物，是拥有理想的动物的产物。此外，服从它们的个人认识到了它们所具有的好处，并在那些行为规范上设立了价值，这些行为规范要求人们限制他们追求快乐的倾向。格林对于接受有关道德的基因和进化理论是有准备的，但他最坚定的观点是：道德本身的进化是以我们道德理想的理性资源为前提的。道德理想不是历史进程的产物；它们从一种超验资源进入了历史序列。

起初，道德理想只是一种要求，此要求对于其客体的全部本性并无意识，但它同对于快乐的欲望是有区别的。在最低层面，道德理想也将是对于某些福利的

要求，这些福利对于渴望此福利的那些个人来说是共同的；只有在作为这样一种要求时，它才产生了家庭、部落和国家之类的机构，这些机构进而决定了个人的道德。机构的自然发展，以及对于机构和有助于维持机构的行为习惯的反思，促使形成了一个更为完备的关于目的或要求的概念。一个不断扩展的相关人群范围的概念就是这种反思的结果，而整个人类共存的大同社会之理想也渐渐出现了。

对于理想的人生，我们没有完备的概念，但这种理想包括了全体人类的完善和社会中的人的完善。这样一种生活必须由和谐意愿来决定——一个属于每个人的、所有人的意愿——一个有奉献精神的意志。格林所谓的有奉献精神的意志并非抽象之物，它是一个有关仁爱活动的统一体系，由一个全面的道德理想来协调支撑。此外，他认为行为的道德价值依赖于动机或动机所代表的品格，并假定真正的道德动机必然产生道德行为。

格林赞扬自我牺牲，这是社会类型的善，是改革者的类型，其中表现出了他的时代精神。但他似乎将中世纪类型的完善，即圣徒或宗教类型的善看得更高。他告诉我们，道德努力的终极形式是心灵向着上帝提升的精神行为，在这种行为中，整个内在的精神都在追求个人神圣性之理想。这种努力具有内在的价值，并不是从此努力所促成的超越自身之外的某种结果中派生出来的。善良意志——即社会意志——和这种精神行为均有内在价值。此外，善良意志的实践体现还具有作为工具的价值，因为它们促进了人类社会的改良。但是，所有这些改良的目标 562
和理由终归在于一颗神圣的心；人的最高价值是人自身的完善。实践类型的善和更加具有自我追问精神或是有意识地寻求上帝类型的善，也都具有内在的价值，因为两者的价值都取决于品格、心地和意志。两种类型均不无效果，尽管在改革者的情形中，效果更为外露且短暂，而在圣徒式的情形中，其效果则更为玄妙且具有内在性。于是格林就解决了存在于社会改良式伦理和圣徒式伦理之间的不可调和性。

格林的主要伦理洞见可以这样总结：社会奉献和改革的目的终归是人在精神方面的完善，是人的品格和理想的发展。格林用一种带有宗教意味的语言来表达自己的理想：他把神圣性说成是亘古不变的完善模式；把神圣理想面前的自谦精神说成是具有最高价值的心灵状态。所有的道德努力的最终目的必须是要实现人类心灵的一种态度，实现人格中的某种形式的高贵意识。社会改革是件好事情，但社会改革必须有一些超越于提升肉体舒适和物质满足的目的。给人体提供住房和食物固然不错，但首要的问题永远是：居住在那些躯壳中的是什么样的灵魂？

格林的著作有：《休谟〈人性论〉导论》，见发行于1874至1875年间的Green和Grose版的《休谟的哲学著作》一书；《伦理学序言》，1883年；《关于政治义务原则的演讲》，1895年；《格林作品集》，R.L.Nettleship编辑，共三卷，1885年—1888年，收录有除《伦理学序言》之外格林所有的作品。

563 研究格林的文献有：W.H.Fairbrother的《格林的哲学》，1896年；R.B.C.Johnson的《知识形而上学：对格林的实在理论的审查》，1900年；A.Seth（或者A.S.Pringle-Pattison）的《黑格尔主义和人格》，1887年；H.G.Townsend的《格林哲学中的个体性原则》，1914年。

## 第三节　F.H.布拉德雷

最精巧和最著名的英国唯心主义思想家是布拉德雷（F.H.Bradley，1846年—1924年），他被称为现代哲学中的芝诺，他的形而上学体系在《表象与实在》一书中以最成熟的形式展现出来。

布拉德雷的著作有：《批判历史的前提》，1874年；《伦理学研究》，1876年；《逻辑学原理》，共两卷，1883年；《表象与实在》，1893年；《真理与实在论文集》，1914年。

研究布拉德雷的作品有：H.Rashdall的《布拉德雷的形而上学》，1912年；H.Höffding的《现代哲学家》，1915年；W.S.Gamertsfelder的《布拉德雷和鲍桑葵视角中的思想、存在于实在》，1920年；R.W.Church的《布拉德雷的辩证法》，1942年；R.G.Ross的《怀疑论与教条：布拉德雷哲学研究》，1943年。

布拉德雷赞成德国唯心主义者，认为形而上学是超越纯粹的表象以认识实在的努力，或者说是对第一原理或终极真理的研究，或者是将整个宇宙作为整体来理解的努力，而不是仅仅作为支离破碎的断片。我们拥有关于绝对的知识，确定而且真实，虽然不甚完整。既然人类具有反思终极真理的本能渴望，那么，思考和理解实在的努力最好能够彻底竭尽本性之所能。与费希特、谢林、黑格尔和浪漫主义者一道，布拉德雷认为推论的理解力不足以理解世界。通过对一系列思考实在的典型方式的批判审视——比如，按照首要属性和次要属性，独存性和从属性，关系和性质，时间和空间，运动和变化，因果和活动，自我，以及自在之物——他得出了否定性的结论，认为它们全都是自相矛盾的。依照那种方式获得的现象充满了矛盾；它们仅仅是作为现象出现而已。然而，现象是存在的，这是毫无疑问的事情。尽管现象与自身不一致，因此也不可能是真正的实在，然而现象也不会彻底脱离实在。那么，现象所归属的那种实在的性质到底是什么？除了说它存在之外，我们是否能够有更多的表达？难道它只是康德的物自体或斯宾塞的不可知之物？布拉德雷认为终极的实在是一个自我一致的整体，以一种包容性的和谐囊括了所有的差异；令人困惑的一团多样性的现象必须被带向统一并实现自我一致；除却在实在之中，根本无法实现这一点。此外，实在的内容只是感性的经验；情感、思想和意志只是存在的材料，此外更无其他现实的或可能的材料。人类作为有限的存在根本不可能精细地构建出绝对生命，无法拥有它包含在自身之内的具体经验；但我们能够获得有关其主要特征的概念，因为这些特征是存在于我们的经验之中的，因此关于特征相结合的抽象观念就很容易为我们所理解。

## 当下情感和思想

在这一点上，布拉德雷与那些——竭力在理智之外的其他心灵功能中寻求解决世界问题的帮助的——思想家站到了同一阵线上。然而，他并没有诉诸神秘直
觉来使自己与**绝对**照面，而是在人们的普通经验中寻找终极实在之意义的线索。 564
我们在单纯的情感或当下表象中拥有对于整体的经验。这一整体包含着杂多，并且同时也是一种和谐。这就向我们提供了整体经验的普遍观念，在此经验中，意志、思想和情感在此合而为一。我们能够形成关于绝对经验的普遍概念，现象区分在此经验中融合起来。因此，布拉德雷作出结论说，我们拥有对于绝对的真实知识，建立在经验之上的实证知识，并且，如果我们作具有一致性的思考的话，作为经验的**绝对**观念就是不可避免的。

然而，仅仅思考并不能把我们带往期望中的地方。思想是关系性的和推论性的：它展示的是剖析图而永远不是实际的生活。如果思想停止这种做法，那就是在自戕；只要思想依然如此，它如何可能包含当下的表象？思想的目标是实现当下的、独立的、无所不包的个体性；但它如果要这么做的话，就会失去自己的本性。布拉德雷试图——通过证明思想能够构想一种类似于情感那样具有直接性的理解模式——逃避这种两难局面，但情感之中也包含有推理思维所得出的关系性与结构性的特征。单纯的当下情感对于绝对是一无所知的，单纯的推论性关系思维同样一筹莫展。但是，如果我们竭尽所能以接近当下情感和当下理解，也就是说，如果我们能够对它形成观念的话，我们就能够理解绝对。实在将是客体，

并被以下述方式思考，即单纯思维融入到了整体感之中。这种实在是彻底得到满足的情感。这种认知模式具有当下性和简单理解的力量，但它没有受到不一致性的强迫而进入到无限过程之中，并不停地进行联系和剖析而无视事物之整体。意志和情感一样，也进入到了我们对于绝对的理解之中；意志在实现目标时与绝对合而为一。我们再一次达成了观念与实在、整体与杂多的统一。布拉德雷退一步承认我们无法想象这样的当下经验是如何具体出现的，但我们可以说，它是真实的，它把存在于整体理解的鲜活的体系内的某些一般特征结合了起来。

## 绝对

于是，绝对在上述方式下是可知的。它是一个和谐的体系，而不是事物的总和；它是一个统一体，聚拢到一起的事物以相同的方式被转化、转变，尽管并不是同等程度的变化。在这个统一体中，分离和敌对的关系得到了肯定，但被吸纳融合了。错误、丑陋和罪恶经历了转变，并被吸纳融合其中；这些都为绝对所拥
565 有，并从本质上对绝对之丰富性有所贡献。没有一种关于实在的模式可以将其他模式视为是从属性的，或者是将它们融合到自身之中。从单纯的原始性质框架的意义上考虑，自然是死寂的，既不能说是美丽的，也不能说是可敬的。如此理解的话，它就几乎没有什么实在性，只是科学所要求的一种理想架构，是必要的、起作用的虚构。我们还要在我们的自然概念上加上次要属性，甚至还有快乐和忧伤，以及被它所激发的温情和激情。所有的专门科学，无论其为心理学或是物理学，所研究的仅只是虚构：灵魂和身体均为表象和抽象之物，或是现实的具体方面；因此，心灵主义和唯物主义都是半个真理。

实在乃一经验。除了感觉、思想、意志、激情，或者别的一些东西之外，我们无法从其中发现任何东西。这是否会导致唯我论呢？布拉德雷认为不会，有限的经验从来不会以任何方式被关闭在围墙之内。在我们的第一个当下经验之中就有整体的实在在场；整体作为一种独存性，呈现在它的每个从属性之中。一个有限的经验已经部分地是宇宙。整体的宇宙，不完善地呈现在有限经验之中，仅仅是有限经验的完善而已。我的经验内容是我的灵魂或自我状态的一个方面。但它不可能仅仅是自我的从属性。自我是实在的产物，是一个现象；那么，经验如何会是它的产物呢？

于是，实在不仅仅是我的经验；它也不包含心灵或是自我。绝对不是个人的，因为它超出了个人，它是超个人的。我们可以将它看作是个人的来谈论，但仅是在它作为经验的意义上，并且它是一个完全渗透并包含其细节在内的统一

体。但是，用于绝对的“个人的”这一词语是具有误导性的；绝对凌驾于它的内部区分之上，而不是伏于其下；它将诸种区分包含在内，作为其丰富性之要素。

绝对没有自身的历史，尽管它包含有不计其数的历史。这些历史只是时间表象领域的部分方面而已。对于宇宙而言，进步是没有意义的，但在布拉德雷看来，这一事实并不会颠覆道德。至于不死，个人的延续是可能的，但事情不止于此。毕竟，如果有人相信不死，并发现自己为此信念所支撑而生活，这种可能性终归还是可以存在的。布拉德雷坚信，最好是既没有恐惧，也不要希望，这总比陷入任何形式的有关个人不死的有辱人格的迷信要好。

真理是经验的一个方面。只要真理是绝对的，他就体现了实在的一个本质
方面。在其普遍性质方面，宇宙已经被充分了解，但它的具体细节尚未被认识， 566
也永远不能被认识。真理是处于某一方面的整个世界，一个哲学中至高无上的方面，然而，即便在哲学中，也意识到了自身的不完满性。

## 第四节　罗伊斯

唯心主义哲学，部分地是由于英国新黑格尔主义的影响，部分地是由于德国思潮的直接影响，在美国吸引了大批的追随者，很多大学教授都是其信徒。约西亚·罗伊斯（Josiah Royce，1855年—1916年）是任教于哈佛大学的教授，他学术视野广阔、善于思索领悟、富有文学品味，是美国唯心主义学派的领军人物。依照他的教导，我们的常识世界中没有任何事实是不可以用观念加以解释的；这个世界彻头彻尾都是由此类观念材料构成的。我们归属于世界的那种实在性，就我们能够知道并因此能够说出我们的意指而言，都变成了观念性的。事实上，存在着一个由经验强加给我们的观念体系，它为我们的行为提供了指导。我们称之为物质世界。但实际上在此之外是否还有某种东西与我们所经验到的序列有着对应的关系？是的，但这一序列本身就是存在于我们的心灵之外的一个观念体系，但它并不在每个心灵之外。如果我的那个世界是可知的话，它就必须是一个本质上自在、自为的精神世界。它存在于一个标准或普遍精神之中，并且为此标准或普遍精神而存在，此标准或普遍精神的观念体系确乎构成了这个世界。我可以理解精神，因为我自己就是一个精神。一个完全不具备精神性质的存在，对我而言完全是不透明的。但是，没有任何绝对不可知的东西是可以存在的；这种观念本身就是荒唐的废话。凡可知之物均为观念，均为某一精神的内容。如果实在可以为精神认知，它从本质上说就是观念性和精神

性的。真实的世界必须是精神或精神的群体。

但是，我如何抵达那些超越于我之外的精神之观念？从某种意义上说，我不会也不能越出我的观念之外，我也不应希望去那样做，构成我的外围真实世界的那些他人的精神，从本质上说，是与我的自我合一的。人们所认识的作为客体的外部实在与人的自我是合一的——彼即是尔。“意指”客体[97]的自我与那个拥有这一客体的更大的自我是同一的，就好比，当一个人发掘出丢失或遗忘的观念时，他会发现这一观念就存在于那个寻找这一观念的自我之中。这个更深层的自我，在其统一性之中，是了解全部真理的自我。因此，只存在一个自我，在有
567 机体的层面上、在反思的层面上，以及在意识的层面上都涵盖了所有的自我，也因此涵盖了所有的真理。它是逻各斯，是问题的解决者，是无所不知者。关于这个世界，唯一绝对确定的就是：它是可知的、理性的、有秩序的，就其本质而言是可理解的。因此，所有关于它的问题都得到了解决，它所有的幽暗的秘密都被至高的自我所认知。这一自我在无限和反思的意义上超越了个体的意识；既然它包括了所有的有限的自我，它至少是一个人格，并且要比个体自我具有更确切的意识；因为它拥有自我反思的知识，且自我认知是什么？不过是一种意识形式而已。自然的和精神的秩序、物理的和道德的秩序、神明和人类、宿命和自由，在罗伊斯看来，都可以通过康德的——在先验或超俗世自由与我们全部俗世行为之必然性之间进行调和的——学说得到解决。

以上对于罗伊斯哲学的介绍大都来自于他的《现代哲学精神》一书——这是一部具有历史意义的作品，在审视现代哲学的伟大体系的过程中，罗伊斯自己的思想也浮现出来。在他的大部头系统著作《世界与个人》一书中，他的理论演绎得更为详尽，并被运用到解释自然和人类事实之上。部分地是由于他所研究的问题的性质，部分地或许是为了摆脱他夸大了理智主义因素的批评，与早期的思想表述相比较，罗伊斯在其后期著作中更多地强调了经验的意志性与目的性的方面。“存在仅仅意味着去表达、去体现某一绝对观念体系的全部内在意义——并且，这是一个真正暗含在（每个有限的观念形式的真正内在）目的或意义中的体系，无论此体系是多么的支离。”最终的观念形式，也即“当我们寻求存在时得到的最终客体，是（1）对于有限观念的内在意义的完全表达，不管怎么说，这种有限观念是我们开始追寻的出发点；是（2）部分地体现在此观念中的意志或

[97] 这里的“客体”就是自我，因为自我可以作为自我认识的对象，所以自我可以作为客体被“意指”。——译者注。

目的的完全实现；是（3）任何其他人都不能替代的个人生命。”

换言之，为了逃避理智主义的指责，罗伊斯强调观念的能动方面，为了逃避神秘主义的指责，又强调个人的自我在绝对自我中的地位。

《忠诚哲学》对罗伊斯的伦理理论作了一番雄辩的阐述，他从基本的道德原理推演出了唯心主义的世界观，这种世界观将忠诚与忠诚相连接，也就是说，忠诚于一个能够使最大量度的忠诚成为可能的事业。我的各项事业必须形成一个体系，各项事业必须构成一个单一的事业，一个忠诚的生活；它们必须使普遍的忠诚成为可能。因此，忠诚就意味着对于普遍原因、最高的善和最高的精神价值的 **568**
信念。为忠诚而忠诚的原则是毫无意义的幻象，除非是存在一个精神统一体，所有的价值都能够保存于其中。忠诚原则不仅是生活的指导，它也是来自无所不包的永恒精神统一体的启示，这种精神统一体保存并维护善和真理。因此，罗伊斯就推出了一种关于上帝存在的道德论证，与康德在《纯粹理性批判》中的论证相似。

罗伊斯的著作有：《哲学的宗教方面》，1885年；《现代哲学精神》，1892年；《上帝观念》，1897年；《善恶之研究》，1898年；《世界与个人》，共两卷，1900年—1902年；《心理学纲要》，1902年；《赫尔伯特·斯宾塞》，1904年；《忠诚哲学》，1908年；《威廉·詹姆斯及其他论文》，1911年；《宗教洞见的渊源》，1912年；《基督教问题》，共两卷，1913年；《现代唯心主义讲演录》，1916年。关于罗伊斯的文献资料出现在《哲学研究》，第25期，1916年。

研究罗伊斯的作品有：G.Santayana的《美国的观点与特点》，1920年；C.Barrett编辑的《美国当代唯心主义》，1930年。

# 反对理性主义和唯心主义

## 第七十四章
## 浪漫主义对理性主义的反抗[98]

### 第一节 反理智主义的功绩

近来的反理智主义哲学的特别之处在于它们对于任何形式的极端决定论体系的反感，无论其为唯物主义决定论抑或唯心主义决定论。此种哲学呼唤一个更具弹性的宇宙，呼唤一个人类的生命能够有所作为的世界，在那里，人生不再是一出单纯的木偶剧，各个角色只是表演自己被预定的部分而已。这种哲学全都斥责这样一个世界，其中缺乏自由、首创精神、个人责任、新奇、冒险、机遇和浪漫——未受哲学影响的个人所过的那种生活；兴趣从普遍转向了具体，从类机械转向有机化，从理智转向意志，从逻辑转向直觉，从理论转向实践，从上帝转向人类。近来的浪漫主义要求一个人类在其中拥有奋斗机会的世界，有了这样的机会，他就可以通过努力来塑造自己的目标和理想，可以成功或是失败。这种哲学想要看到的世界与展现给常人的世界类似，与在无须反思的常识中呈现的世界类似。

这些新的倾向中有不少值得赞赏之处。首先，它们激励旧有的经典体系奋发有为，迫使它们为自身的存在进行辩护。没有了对抗，没有了需要战斗的战

[98] 这一节是原版的结尾部分，经过细微改动后，从梯利教授的《浪漫主义与理性主义》一文中析出，参见《哲学研究》，1913年3月号。

役，哲学很容易陷入沉睡，陷入到“既定观点的酣眠之中”。冲突要比自满的确信或漠然态度好得多。“斗争是万物之父、万物之王”，精神领域也跟其他领域
570 一样，没什么东西能够比业已接受的教条显得更为死寂。换成穆勒的话说就是：“一旦场地上没有了敌人，老师和学生都在岗位上入睡了。”完成的哲学，就是完蛋的哲学。

这些新的哲学家除了在重新唤醒哲学活力方面发挥了重要作用，他们也帮助人们将注意力放到那些易于被人忽略的问题上。他们再次把整体的知识问题以及自然科学和哲学的关系这一问题推向前沿，并强调事物结构中的人类价值的意义——随着人类的不断探究，这些问题也会不断召唤出新的答案。他们告诫我们不要把实在的普遍框架当作是实在自身，并坚持要求我们与实实在在的经验保持紧密的距离。他们抗议那种固执一面的形而上学，那种不能公正地对待人类的各种经验的形而上学，那种纯粹依照经验的某些方面来解释世界的形而上学，将世界设想为物理的、逻辑的，或是有目的的机械。他们拒绝把向外看的理智作出的关于实在的论述当作完备的论述来接受，拒绝仅仅依照抽象认知来审视实在。他们强调实在的动态特征，以赫拉克利特式的世界观来对抗埃利亚学派静态的绝对，并通过与人类意志的类比来思索存在。

## 第二节　对理性的缄默诉求

这些观点，还有最新哲学改革家作品中的很多其他看法都收到了较好的理解，并在思想史上被一次次地加以强调。隐藏在这种对于理智的全面不信任背后的动机，乃是对于道德标准和宗教价值贬损的恐惧，对于先入为主的形而上学的恐惧，以及对于稍显狭隘的理智概念的恐惧。然而，不应该忘记，建立在渴望意志的基础之上的对理性的不信任，并不一定就是一种合理的不信任。满足了信仰意志的事物，未必能够满足理解我们的经验世界的意志。信仰意志本身必须是可理解的；接受信仰意志之要求的理由必须被给出，而这些理由又必须满足认知意志。有必要为站在信仰意志这一边给出理由，也就是说，需要向理智诉求，即帮助我们摆脱自然的奴役的理智和帮助我们摆脱自身迷信的奴役的理智。任何一个反理智主义者和任何一个要求我们接受其理论的实用主义者都会作出这样的诉求，因为这是理性的，因为当我们看到事实的时候它解释了事实，也因为它是真的——在“真”字旧有的意义上是真的。总有理由被给出，甚
571 至是被“信仰哲学”家给出；他们为我们构建了一个世界，在那里，信仰意志本

身并不会被视为一种非理性因素。

## 第三节 极端理性主义的危险

然而，如果反对理智能力的观点能够证明理智伪造了实在，证明理智强迫我们建构了一个完全不真实的世界观，那么，这种反驳就是有效的。这种反驳是以我们拥有某种形而上学或其他的知识资源为前提的，我们可以把它当作更为真实且更具权威性的事物，以便与理性的结论抗衡。如果理智撂给我们一个整块宇宙，而事实上并不存在整块宇宙，那么，对于理智，我们就应该鸣鼓而击之，将之逐出阵营之外。但问题会很自然地出现：是否人类理智真的挤干了存在中的所有生命，只留给我们一具髑髅？是否理性思想要求一个绝对封闭的体系，在那里，没有一种现今存在着的事物此前是不存在的，没有一种事物不可以依照原则从业已存在的要素中推演出来？是否从理性之本性出发自然就会推论说，现今存在的事物总是过去曾经存在并且未来将要存在的事物，太阳下没有新事物，所谓的新事物不过是旧事物的重新组合？首先，如果我们把实在定义为可以推，可以拉的、僵硬的、惰性的物质块儿，仅此而已、别无他物，那么，就会得出结论说，没有任何原先不在那里的东西可以从其中产生。如果我们把实在设想为精神，又把精神设想为一种事物，一种除非被另一事物推动、否则便无所作为的东西，或者说，设想为静态的宇宙目的，那么，世界就再次成为一个封闭的体系：没有任何原先不在那里存在的东西可以进入其中。但是，我们并没有被强迫按照上述某一方式来定义实在，人类理智依其本性而言也没有被强迫去如此构想；它只是被迫接受这种定义的结果，如果这种定义被接受下来的话。此外，这也不是历史上的伟大体系所给予我们的关于实在的观点；如此构想它们就是在错误地构想它们。诚然，人类的精神有自己的思维路径；我们的问题本身就是从我们的思维本性中产生的，并且某些结果会随之出现。没有一个信仰哲学家、直觉主义者，或者实用主义者可以脱离这些普遍的人类路径，可以不去努力追求一致性，可以不在他的经验中寻找相似和差异，可以不去按照某种确定的方式进行关联。心灵有其自身的路径，并且其中某些路径一旦放任发展的话，就很容易在普罗克鲁斯忒的床[99]上拉伸实在；总是存在着这样的危险，即理智在其片面性之中，

[99] 普罗克鲁斯忒（Procrustes）是古希腊神话中据守山林的强盗。他有一张铁床，被他捉到的人如果比床长，就把长出的部分截掉，如果比床短，就拉伸到与床齐平为止。男人多被截肢，女人多被拉伸。普罗克鲁斯忒后来被自己发明的酷刑杀死，斗杀他的英雄是特修斯。——译者注。

如同是出于本能，会为它遇上的一切事物都织出同样一张旧网，会把仅仅适用于
572 死寂世界的方法运用到所有地方，会像对待尸体一样对待生命和意识。这样一种危险存在着，并且那些主要研究抽象公式的思想家常常会屈从于这种危险。而哲学家的使命正好就是要避免这种危险，并理智地运用这些方法；理智的解药就是更多的理智。

人类精神之本性中没有任何东西强迫自己把实在归约为可以计算、可以按照次序安排并加以衡量的死块块。没有任何东西阻止它公正地对待经验中的动态的、鲜活的、流动的、飞奔的方面，那个新哲学家十分关注的方面。理性主义与程式化的数学物理方法之间并没有宿命的联系，与静态的绝对也没有宿命的联系，更没有被任何前提所阻止，使它不能达成一个发展的动态宇宙的概念。黑格尔设定了这样一个世界，并使理性的运动与之保持同样的步伐；或者，毋宁说是，他无法阻止理性与之同步，因为，在他心目中，理性思想正好是这样的世界中的一个动态过程。没有哪个浪漫主义者在不信任单纯的理智方面能够比他对于理智的不信任显得更为高调，并且，在避免落入理智之陷阱方面，他更为坚定。但他并没有因此而打算把思想扔在岸上，并把信仰和直觉作为自己的领航；就像他认为的那样，理性本身已经提供了治疗推论式理解力之短视的良药。

但是，无论黑格尔是否在思想中成功地再现了动态的宇宙过程，人类的理性都不会从一个静态的世界中得到满足。理智地讲，我们也没有必要通过与逻辑学家的心灵进行类比来把实在构想为一种无血无肉的范畴之髑髅，或是把它化简成毫无激情的沉思的上帝。哲学的目标就是解释它所发现的所有经验；它竭力理解经验，使经验变得可以理解，提出一些问题并回答它们。它并不想从先验真理中钩织出一种实在，不想脱离经验来构建一个观念体系，不想闭目塞听，从黑暗和沉默中构想出一个世界来。它竭力正视经验，按照它们的本来面目来看待经验，并在人类能够理解它们的唯一方式的意义上来理解经验，也就是说，在它们彼此间的多重关系中进行理解。它并不拒绝任何有望给这种努力带来光明的方法或经验源泉，哪怕是理智的、艺术的，或宗教的直觉；但它也不会不加批判地接受其中任何一种，就像它不会不加批判地接受普通的感性经验一样。

573 此外，很明显，没有哪种新派哲学会试图将其直觉或意志强加到我们身上并要求我们信服，但不为我们提供接受此种知识方法而不是另外的方法的理由：唯一的问题在于，这些理由是否充分。认为纯粹经验、当下经验、理智直觉、同情的艺术情感、道德、宗教信仰等给予我们有关实在的至为清晰和真实的洞见——这种观点背后有着或多或少的理性主义理论。对于巫婆和魔鬼的盲目信仰，在其

为自身提供证据的基础上，不会为那些具有强烈求知意愿的人所接受，任何谣传的经验，若不能为自身提供理由，就不会被不加批判地接受。

## 第四节　反对整块宇宙

被费希特、谢林、柏格森和其他无数的浪漫主义哲学家加以强调并给予不同名称的内在经验，即人自身的内在精神生活，不能够被搁置一旁，或是化简为单纯的现象，除非是存在这样做的充分的认知性担保。新运动反对将生命和精神机械化的抗议是合理的，但他们并没有对理智和理性主义提出抗议；理性主义自身对静态和机械观点的反抗已经体现在自从柏拉图的时代以来的一大批著名思想家身上。改革者对精神之整块宇宙提出抗议，反对精神生活的原子论概念或者是那种由一个大目的所统御的目的论暴政思想，但这并不是对于理性主义的有效抗议，因为理性主义绝对没有被胁迫去以这样僵死的方式看待精神生活。理性主义所忠守的唯一职分就是理解经验，对经验发问——不是随便哪个傻瓜都能问的，而是只有智者才能回答的问题。

的确，理性只能在理性世界中起作用，一个相似伴随差异、统一伴随复多、永恒伴随变化的世界。理性的作坊并没有要求一个死寂的、静态的世界；理性并没有在生命、变化和进化面前受挫，甚至没有在创造性进化和新事物面前受挫，设若新事物和创造并非绝对变化无常的：在一个颠三倒四的世界中，理性会感到眩晕并闭上眼睛。面对绝对的无常性和彻底缺乏节奏和理性的新生事物——它们漫无目的地旋生旋灭，与其他事物绝对毫无关联——无论是理智还是直觉，都将一筹莫展。新事物若与旧事物毫无联系，也就毫无意义：没有故旧之物的地方，就没有所谓新奇。然而，新事物的到来并没有给理性探究致命一击。与机械事件相比，生命现象和意识现象可能都是极不寻常的，而理性主义如果不能把它们归
约于一个单一的原则的时候，就不得不承认它们的独特性。伪造经验世界不是人 574
类理性的事业，理性的事业是理解经验世界；它将简单和统一的理想放在自己面前，但是没有必要把所有的差异都埋葬到一个坟墓中。理性本身就是复多中的统一，是一也是多，它永远不会自戕其本性。

## 第五节　理智和直觉

没有任何事物阻止我们把使经验机械化的思想方法称作理智，而把另外一

个名称给予我们借以得出不同概念的功能。如果我们愿意的话，我们可以在理智和直觉之间作出区分，Verstand和Vernunft，前者被视为科学研究方法，后者是更高等级的形而上学知识的源头。但这种区分是人为的区分，浪漫主义者猛烈抨击这种区分，认为是将不可分割的事物强行分割。没有任何一种直觉可以彻底摆脱理智、哲学、知识，也就是说，在那里，理智是麻木的。极端的经验主义、质朴的实在论和直觉主义都代表着一种直达事物中心的努力，都是渴望实在的强烈表达，是形而上学之乡愁的征兆。理性主义可以接受其中一个，也可以接受所有那些攻取实在的英雄尝试——如果这些尝试皆合格的话。但是，纯粹的、当下的或直觉的经验是否能够在不被日常生活中发挥作用的同一种理智的审查下成为哲学真理的基础；这种理智是否会陷入缄默，是否会在单纯的、非理智性的神秘注视中迷失自身，如果会的话，理智对于科学和哲学还有什么用处？虽然所有的理论都必须使其方法和知识来源有效，但没有一种理论能够拒绝反思其当下经验，拒绝为我们分析经验，拒绝告知我们经验如何形成，并在这些行为中拒绝使用范畴。这种被新哲学家描述的纯粹经验根本就不是什么纯粹的经验，而是反思和分析的产物，正是他们所谴责的概念运算的结果。声音是赫拉克利特的声音，而手却是巴门尼德的手。[100]

然而，如果坚持认为理智向我们揭示的仅仅是一个外部世界，是因果力学关系中的物理客体，那么，它就的确没有告诉我们全部的真相。如果说理智摧毁了它自身所见的任何事物，停止了运动、戕害了生命、屠杀了实在，那么，科学思维就是不充分的，因此有必要采用新的方法或是放弃哲学。如果概念思维是这一大毁灭的罪魁祸首，那么，直觉主义者将逻辑和概念投诸水中或者至少是将它
575 们的破坏活动限制在业已死寂的事物范围之内的做法就是正确的。他们正确地认识到感官知觉不是唯一的源头，感官获取的事物也不是唯一的知识对象。一个只会向外观看的存在者将会错过身体的经验，这些经验是那个仅仅向外部注视的理性所不能通达的。活的意识是只有活的意识自身才能了解的那个世界中的事件。如果只有在静态绝对的领域内才存在科学，那么，任何以科学方法研究生命和心灵的努力都将是对生命和心灵的歪曲，科学最好不要插手。但是没必要对心灵和知识采取这样一种片面的观点。科学并没有被局限在外部知觉之中。理智并没有

---

[100] 直觉主义者拒绝死寂的整块宇宙，宣称要把握鲜活的、变动的、当下的经验，这与赫拉克利特所持有的万物流变的世界观相符合，所以说“声音是赫拉克利特的声音”。一旦落实到实际的研究过程中，所谓的纯粹的、当下的、直觉的经验事实上已经被理智加工过了，是概念运算的产物，而概念运算的理性方法是巴门尼德思想的主要特点，所以说“手却是巴门尼德的手”。——译者注。

被局限在切碎事物并计算、度量和整理这些碎片的功能之上；综合与分析一样，同是理智的功能。这两种功能互相包含对方，任何一方都无法脱离对方而单独存在；如果不是同时具有分析和综合，如何可能有计算、度量和整理。

因此，我们的结论是这样的：如果有人找到了根据，认为理性主义的目标就是从先验原则中演绎出一个世界，或是从独立于经验的绝对体系中构建出一个世界，那么，他对于理性主义的敌意就是合理的。所有思想的目的都是要解释那些我们见到的经验，而不是从先验原则中编织出经验。我们在寻找理论，如果这种理论是可能的话，我们要找到一种有助于我们理解事物的普遍理论；这种理论必须以经验为基础，而不能悬在空中。虽然心灵渴望确定性，并将相互关联的判断的体系作为自己的理想，但当前的理性主义不能也没有宣称占有全部的真理。再者，人类的思维具有自身的方式或习惯，理性主义承认这样的思想范畴是正确的。但范畴并不仅仅是随意的形式，它们并没有虚构实在。人们会很自然地设想，在世界中成长起来的心灵应该会浸染世界的某种精神；很难明白心灵如何会在一个没有习惯的世界中形成习惯，或者，心灵如何会在不懂得规律的环境中生存，然而却认为环境是服从规律的。如果将世界范畴化就是在歪曲世界，我们就必然要面对双重的奇迹：健全的心智降生于疯人院内，并在疯人院内保持健全。

此外，如果人们认为理性主义意味着经验的表面之多样性被贬斥为单纯的幻象，而实实在在的具体事物则被诸如物质、能量、精神或上帝之类的抽象物所统治，那么，多元论者的抗议就是合理的。脱离多样性的统一性是死寂，脱离统一性的多样性则是混乱。的确，在绝对的单调性面前如同在绝对的混乱面前一 576
样，思维自身将会完全失灵。感官知觉、情感和知觉亦皆如此。理性主义并没有强迫我们把所有的过程都归约为单一的原则；一个差异、对立和变化的世界并不是非理性的世界。的确，在一个没有整体性和齐一性的世界中，是不可能出现知识的；但同样真实的是，在既没有差异也没有变化的世界里，知识同样是不可能的。理性主义并没有先验地为科学和哲学制订目标；它并没有把心灵束缚在数学物理方法的狭窄外套之内；它并没有强迫我们把生物学、心理学和历史学归约为物理学；它并没有迫使我们把一切事物都化简为静态绝对和整块宇宙。理性主义为冒险和变化留有足够的空间；它如实地接受经验，并在其中发现理性与原因。即便大自然和它的规律被认为是变动不居的，理性主义也不会放弃这个幽灵，只要存在着在这些变化的规律中揭示出一条变化规律的可能性。只有在没有变化规律的情况下，假设说自然是彻底地毫无规律，理性主义才会失败。但是，在那种情况下，所有其他的哲学——实用主义、直觉主义等——都将触礁沉没，因为它们都是尝试理解经验的一种努力，在非理性的世界中，无一能够胜出。在这样的世界中，没有任何东西能够发挥作用。

理性主义的基本公设是，经验终究是可理解的，所有真正的问题都可以在某个时刻或者以某种方式加以解决；如果理性能够以可理解的方式提出问题，理性也就能给出答案。然而，对于合理性的要求并不必然排除自由、责任、变化、新奇和进化的可能性，并因此而落到绝对决定论的手掌中。的确，如果实在被解析成因果序列或是具有同等特征的精神序列，那么，实实在在的个体，比如事物或是人，将会落入环境的控制之中，无论那是力学的控制还是目的论的控制。无论是受到了物理机械的钳制，还是受到了宇宙目的的钳制，人都同样是奴隶。但是，我们为什么要以这样一种僵硬的方式来解释原因、目的和进化之类范畴，并要坚持以静态绝对的形式来看待包括生命和意识在内的一切事物呢？这样看待它们，就对理性和理智采取了一种毫无疑问是狭隘且非历史的视角，从而将胜利拱手送给了机械论。逃脱整块宇宙的方法不能是通过浪漫主义获得的，而是要由胸怀宽广的理性主义哲学来提供。

577 于是，我们发现了很多不满的迹象，不仅有对于长期以来作为主导体系的唯心主义的不满，也有对于理性主义科学和普通哲学的方法和结果的不满，人们认为，此两者都破坏了个体的自由，没有为人的价值留下余地。无论是在自然科学机械论那里，我们从运动的物质微粒出发，还是在客观唯心主义那里，我们从逻辑概念或宇宙目的出发，人类的生命都被认为是被降格为一种单纯的附带现象。哲学思辨史上已经有很多的尝试，试图逃脱人类思维似乎必然要产生那些结果——这些尝试以稍加变化的形式在不断翻新。然而，对于理性主义的反抗并不仅仅局限于那些其主要关注点是将个人从自然主义和唯心主义的决定论中拯救出来的人，这种反抗也存在于自然科学阵营的内部，来自于那些其知识理论受到了休谟和实证主义者影响的思想家。在针对传统学派的当代反抗运动中，可以区分出好几条不同的路线，需要指出，其中有些路线的追随者是由性情迥异的人组成的——怀疑论者、信仰哲学家和理性主义者等。在有些人看来，人类的理智不能解决世界之谜：形而上学是不可能的。他们要么认为知识被局限在对于经验事实的描述和研究上，要么认为知识纯粹是为生存意志服务的工具，或者说，知识的结论——即便是在自然科学领域——仅仅是些约定、符号或是真理的近似物；或者是，他们接受上述所有立场。另外一些思想家，在承认理智或推论理解力无法认识实在的意义的同时，在人类心灵的其他功能或其他方面——在情感、信仰、当下或纯粹经验、意志，或直觉中——发现了更为确定的知识来源，并试图在其中找到逃避怀疑论、机械论、决定论和无神论的道路，这些都是个人加以反抗的令人不快的学说。我们看到，这种运动并不是哲学中的新生事物；事实上，我们在唯心主义学派自身的阵营内也发现了反理智主义或反理性主义的倾向——比如在费希特、谢林、黑格尔、洛采、奥铿、文德尔班、敏斯特伯格、雷诺维叶和布拉德雷那里。与那些在主要的唯心主义传统的内部和外部发展起来的浪漫主义和反理性主义潮流形成对比的是英美哲学中的实在论学派。新的实在论者保护理性理智免受科学性质和哲学性质批评者的攻击，但又反对唯心主义的有机观念、一元论和可疑的主观主义，视分析法为科学哲学的真正方法，而多元论和实在论则是其逻辑结果。还有一些人，他们主要强调对于传统观点的唯心主义 578
方面的反抗，并回归到自然实在论上来，不是将事物看作主观精神或客观精神的表象，而是完全独立于精神，而精神则被视为在事物自身的进化过程中产生的事物。

接下来我们就介绍一些表达了这种不满情绪的当代和近代作家，这种不满情绪形成了后来的哲学思想的特点。

近期哲学的总体作品有：G.Santayana的《思想风潮》，1913年；O.K ü lpe的《德国当代哲学》，1913年；A.Aliotta的《针对科学的唯心主义反抗》，1914年；H.Höffding的《当代哲学家》，1915年；R.F.A.Hoernl é 的《当代形而上学研究》，1920年；G.de Rugiero的《现代哲学》，1921年；A.K.Rogers的《1800年以来的英美哲学》，1922年；J.H.Gunn的《现代法国哲学》，1922年；C.E.M.Joad的《当代哲学导论》，1924年；《当代英国哲学——个人陈述》，J.H.Muirhead编辑，共两卷，1924年—1925年；J.A.Wahl的《英美多元论哲学》，1925年；F.Ueberweg的《哲学史大纲》，第4编，T.K.Oesterreich于1927年修订（关于自19世纪初开始的德国哲学之外的哲学，此书中包含了广泛的文献材料）；I.Benrubi《法国当代思想》，1926年；A.O.Lovejoy的《反抗二元论》，1930年；《当代美国哲学——个人陈述》，G.P.Adams和W.P.Montague编辑，共两卷，1930年；W.T.Jones的《当代德国思想》，1931年；G.H.Mead的《当代哲学》，1932年；H.G.Townsend的《美国哲学思想》，1934年；W.Brock的《当代德国哲学导论》，1935年；C.E.M.Joad的《回归哲学》，1935年；R.Metz的《英国哲学100年》，1938年；D.D.Runes的《20世纪哲学》，1943年；H.W.Schneider的《美国哲学史》，1946年。

# 第七十五章
# 德国的存在主义

## 第一节　基尔克郭尔的发现

19世纪早期的丹麦哲学家索伦·基尔克郭尔（1813年—1855年）在经过长时期的相对沉寂之后，开始对一战前期的德国哲学产生深刻的影响。这一影响在两次世界大战中间的岁月中迅速增长，已经跨越了德国国界，并对法国、拉丁美洲和美国的存在主义产生了塑形作用。基尔克郭尔的哲学有着神学的动机、文学和诗歌的美学形式和伦理学的内涵。早年他研究神学，并被他所认为的新教基督信
579 仰的伟大洞见所深深打动——人类个体的自由和价值。他后期的全部哲学都是对于个体人的基督教观念的详尽阐述，直面基本选择的个人在其信奉中意识到他自身以及自我的内在自由。基尔克郭尔极端个人主义的新教思想尽管使他后来的生活陷入同丹麦教会的公开冲突之中，但却对后来的新教神学——主要是通过卡尔·巴尔特（Karl Barth）——产生了深远的影响。基尔克郭尔的哲学思想以宗教和神学为主要导向，并融合了文学和艺术的敏感性——事实上常常是与这种敏感性处于冲突之中——这表现在他作品的想象的和诗意的形式中，也表现在他对于人性的基本的浪漫主义解释中。基尔克郭尔认为自己是一名诗人，他也曾经被他的一个传记作者描述为“宗教诗人”。然而，基尔克郭尔并不允许其唯美主义和浪漫主义分散他对人之伦理本性的关注。虽然他没有提出任何伦理体系，但一种道德热忱精神弥漫在他的整个哲学之中。他的伦理哲学具有个人主义色彩，坚持认为每个个体都面临着他自己能够作出、并独立为之承担责任的伦理选择。个人所作出的每个决定都是不可逆转的，并且把作出随后决定的必然性摆到了他面前。

从技术和体系的意义上讲，基尔克郭尔算不上是哲学家，任何试图使其哲学程式化的做法都不可避免地会歪曲他的立场，并对他的思想精神造成破坏。然而，我们却可以把他的存在主义思想的主要哲学主题勾勒出来，就是由于这些主题，他成为了当代存在主义的源头。基尔克郭尔哲学的三个主要概念是真理、选择和上帝。

（1）基尔克郭尔关于哲学真理之性质的观念从本质上说是苏格拉底式的。

“真理不是从个人之外引入的，而是始终存在于个人之中。”基尔克郭尔将存在主义思想与抽象思辨进行了鲜明的对比：抽象思维通过逻辑技巧来探索可能领域，并且只获得了假说性知识，而存在主义思想取得了关于现实的、具体的个人的真理。存在主义的真理是对于在客观意义和理论意义上均不确定的某种事物的内在的、充满激情的信奉，是存在着的个人所能够获得的最高真理。基尔克郭尔非常清楚，依照他的定义，真理等同于信仰。（2）基尔克郭尔哲学的中心观念是选择——这一概念在他的早期著作《非此即彼》中有详细叙述，并存在于他此 580
后的全部作品之中。在《非此即彼》中，选择被看作是在两种生活方式之间进行的：（a）审美的生活，投身到艺术、音乐和戏剧中，还有（b）伦理的生活，在婚姻和职业事务中寻求幸福。在基尔克郭尔看来，不可能有关于选择现象的充分心理描述；只有经历了，才能够明白。选择的特点只有通过诸如个体、主观、瞬息、绝对、自由、不可逆转之类的词汇才能够隐约显现。个人对于生活方式的选择是一种“跨越深渊的跳跃”。（3）存在主义思想的顶点就是关于上帝的知识。个人在进行选择的内在经验中，至少会暂时性地获得关于永恒上帝的知识。基尔克郭尔说：“永恒是从人头顶上指向存在着的个体的，而个体由于存在而处于运动之中……”个人暂时性的存在和上帝永恒实在之间的一致，被公认是自相矛盾的，但这仅只是对于思辨理智而存在的矛盾，它可以毫不费力地为信仰真理所包容。基尔克郭尔对于个体接触上帝的论述，承袭了伟大的基督教神秘主义者的传统。在这一词汇严格的字面意义上，基尔克郭尔乃神秘主义者——他相信个人同上帝融合的可能性，这种融合并不抹杀个体。即便个人同上帝建立了关系，他依然保持着自己的个性，而上帝依然是“绝对的他者”。基尔克郭尔坚信基督介入了人的自我超越，因而属于基督教神秘主义者；基督被描绘成一位将世人引向上帝的“邀请人”。

基尔克郭尔是一位存在主义思想家，从他那里，德国存在主义哲学家获得了很多灵感，但他不能被合适地描述成存在主义哲学的奠基人，因为他的作品中的存在主义观点无法结晶成固定的学说。基尔克郭尔给“存在”（Existenz）一词以特别意义，至今依然为德法当代存在主义所使用——这一意义在此前章节中已有描述，并且与中性意义的存在（Dasein）有很大的区别。基尔克郭尔和后来的存在主义哲学家并不是在强调说，人类仅仅在个体的马或者个体的狗——而半人半马却不存在——的那种中性意义的存在方式下存在；个体的人在具有独特维度的意义上、在以选择为其特征的意义上存在。基尔克郭尔式的“存在”概念在存在主义哲学家海德格尔和雅斯贝尔斯那里，成为了哲学存在主义的中心概念。

581 参考书有J.A.Wahl的《存在主义简史》，F.Williams和S.Maron翻译，1949年；H.Kuhn的《遭遇虚无》，1949年；R.Harper的《存在主义，关于人的理论》，1948年；M.Grene的《可怕的自由》，1948年。

基尔克郭尔的作品有：《恐惧概念》，W.Lowrie译，1944年；《非科学的总结附言》，D.F.Swenson译，1941年；《非此即彼》，共两卷，D.F.Swenson，L.M.Swenson和W.Lowrie译，1941年；《恐惧与战栗》，W.Lowrie译，1941年；《哲学片论》，D.F.Swenson译，1936年；《生命之路的各个阶段》，W.Lowrie译，1940年；R.Bretall编辑的《基尔克郭尔选集》，1946年。另有W.Lowrie的《基尔克郭尔》，1938年。

## 第二节　海德格尔和雅斯贝尔斯的存在主义

海德格尔于1927年在其《存在与时间》（*Sein and Zeit*）一书中精心构造了一个存在主义的哲学体系。海德格尔哲学的中心问题是“存在”，从它聚焦于人的生命和存在的实践性和历史性特征上来考察。他分析了个体人同自身、环境和他人的关系。个人的存在是有限的、时间性的，正是因为人对自身的有限性和短暂性的意识，他的存在才被赋予了特别的性质。人的整个存在都弥漫着悲剧性的焦虑或畏惧（Angst），这是由于意识到死亡之不可避免性而导致的。预见到自己死亡的个体，就与绝对的虚无照面——这种虚无不是纯粹的存在的缺席，而是一种原始的实在。通过将死亡与虚无相联系，海德格尔给死亡以一种超越了个体之单纯不存在的地位。这便是他断言人的存在是“向着死的存在”的含义。

在对个人存在的进一步描述中，海德格尔再次承袭了基尔克郭尔的精神，强调所有人类行为和决定中的冒险因素；每一个决定，包括信奉某一哲学立场，都会危及到作出决定的个体，甚至还会在一定程度上波及他人；正是在此背景下，海德格尔将哲学定义为存在者危及存在。接受或者拒绝一种哲学立场不是轻率或不负责任的，因为它不仅危及哲学家自身，也危及到他人，就个人被镶嵌在世界中而言，所有的存在者均被牵涉到其哲学信念之中，并受到它的影响。

个人并没有被幽禁在自身之内，他通过果敢的决定实现一种自我超越——尽管这不是到达上帝的通道。海德格尔剥除了基尔克郭尔哲学中超越观念所具有的宗教和神学内涵。海德格尔所列举的第一种超越是与世界相关的。个人同世界的
582 关系主要不是认知类型的关系，这种认知类型的关系是笛卡尔—洛克传统中所设想的，它甚至于保存在康德和后康德唯心主义中；个人同世界的关系不是一种主

客观系，而是直接的、主动的参与。笛卡尔的自我中心的困境和关于超越的知识论问题对于海德格尔来说，根本就不存在。第二种类型的超越是个体同他人的关系，而这也是一种直接交往的关系，而不是单纯的传导。最后，个人在其对未来的操持和焦虑中，尤其是对于死亡的忧虑中，实现了他对于当下短暂性存在的超越；他不仅在认知层面上预见未来，而且在某种意义上生活在自我之前。关于存在之本质时间性的学说，如他的著作（《存在与时间》）所暗示的那样，被海德格尔加以详尽的描述，在其微妙性与深刻性方面，有时候会让我们回想起柏格森。

卡尔·雅斯贝尔斯（1883年—1969年）这个名字通常与海德格尔相提并论，他的哲学是存在主义主题的另一世俗化版本。在雅斯贝尔斯手中，存在主义获得了最清晰、流畅和有条理的形式。雅斯贝尔斯的早期作品存在于心理分析领域，他把作为科学家的工作特点的某种清晰性和描述的精确性带入到了他的哲学之中。他于1919年出版的《世界观心理学》（*Psychologie der Weltanschauungen*）一书已经预示了他后来的存在主义，此书将各种可能的世界理论看作是个体人在诸如偶然、罪恶和死亡之类不可避免性面前所作出的很多基本人类反应或决定。历史地看，存在主义思想本身就是对于当前文化危机的一种基本反应。

雅斯贝尔斯三卷本的《哲学》是对其存在哲学的系统阐述。他在讨论方法论问题的时候，区分了在哲学史上演化形成的三种方法。这些方法彼此间不是相互排斥的，每一种方法都对哲学研究有独特的贡献。（1）哲学的世界导向法（philosophische Weltorientierung），利用科学知识以寻求对于人类和世界的哲学理解。物理和心理科学促进了人在世界中的导向性，假设说哲学家从来都不会忽视科学研究的根本性局限——这对于雅斯贝尔斯而言，是一条重要的附带条件。科学的重要局限在于其不完整性；无论是在数学和逻辑的形式科学中，还是在关于人和自然的经验科学中，都不可能获得完整的真理体系。有些具有科学 583
根基的哲学——比如实证主义和唯心主义——确实取得了一种人为的、虚假的完整性；但真正的批判哲学家会认识到科学本质上的不完整性。这是康德哲学的一个主要洞见，它将完整性视作科学没有能力实现的限制性概念。（2）第二种方法雅斯贝尔斯称之为“存在的阐明”（Existenzerhellung）；这是现象学思维方法，在与基尔克郭尔和海德格尔相关处，我们已经注意到了这种特征。个人在其所有选择中的自由和随之而来的绝对责任是存在主义解释的主要论断。雅斯贝尔斯的存在主义强调自由个人之间的交流，他称其为“交往”。不存在彻底孤立的人格这样的事物；人与人之间总有相互作用，这不仅发生在当代社会，也存在于历史结构之中。在历史进程中，雅斯贝尔斯看到在不同领域中实现其自由的人们之间的相互作用。（3）第三种模式是形而上学（Metaphysik）。在雅斯贝尔斯的心目中，形而上学是哲学家对于“作为一的存在”的追寻，是无所不包的（umgreifend）绝对，是哲学家心中的上帝之对等物。哲学的绝对是思辨哲学的目标，不可能通过科学来实现，甚至不能单独通过存在主义思想来实现。除了存在主义思想之外，形而上学思维还动用了各种辩证的、想象的、思辨的和符号的技术以勾勒终极的实在。

雅斯贝尔斯的哲学方法要远比海德格尔的方法构想得更为宽泛，然而，尽管有着这样的宽宏性，他的哲学却同样充盈着作为所有形式的存在主义之特征的痛苦与绝望。同样的对于死亡的忧虑在基尔克郭尔那里的表述是“致死的痼疾”，而海德格尔的“向着死亡的存在”在雅斯贝尔斯的论证中也非常明显，他认为人因其自由和自我超越而注定毁灭（naufrage），他自由地、欢喜地将此命运作为存在的实现接受下来。

## 第三节 存在主义的意义

存在哲学是反对黑格尔和黑格尔主义者的极端唯理论的最新阶段。存在主义是非理性主义的哲学，它给予人的激情和审美本性以突出地位，给予他的痛苦
584 感、爱恋感、罪恶感和内在自由感以突出地位，因而属于浪漫主义传统。就真理作为个人自由信奉之结果这一概念而言——海德格尔的“决断”——存在主义是“信仰哲学”的一种形式。然而，将存在主义描述为唯意志论哲学的变体是不合适的，因为决定不是作为自我能力的意志的功能，而是作为整体存在的个人的选择。事实上，虽然存在主义夸大了他对于个人自由的强调，确切地说，它却不是关于自由意志的学说。由于它给予了个体人以突出地位，因此可以说是一种个人主义的形式，但把它标志为多元论断然是错误的，因为个人通过自我超越与他人进行交流，并最终与无所不包的**存在**交流。虽然存在主义的很多见解来源于唯心主义，但海德格尔和雅斯贝尔斯都拒绝唯心主义这样的标签；它们拒绝把存在与意识、心灵、思想、精神，或者其他的唯心主义原则相等同。存在主义规避通常的哲学分类，宣称已经超越了自然主义与唯灵论，唯心主义与实在论以及多元论与一元论之间的对立。

存在主义的意义不在于它对技术哲学的贡献，因为在这方面，此前的哲学体系已经至为清晰、雄辩、系统，它几乎无从置喙，它的贡献在于为当代文化的普

遍气质提供了哲学话语。存在主义哲学首先是危机哲学；它把人类整体和宇宙存在解释为危机情景的延续（海德格尔的术语为“临界状态”），各自都充满了危险，并在个人全部的内在才智中要求决断，而这整个序列导向最终的“毁灭”。存在主义是幻灭与绝望的哲学。然而，确切地说，它并不是哲学悲观主义，因为它没有把罪恶嫁祸于终极存在；终极存在超越了善与恶。存在主义是虚无哲学，它把所有的人类努力都径直消减为乌有；但存在主义者从危机的连续以及同虚无的终极遭遇中演绎出了一种变态的慰藉。

卡尔·雅斯贝尔斯的著作有：《世界观心理学》，1925年；《时代的精神状况》，1931年；《哲学》共三卷，1932年。

海德格尔的作品有：《存在与时间》，1927年；《根据的本质》，1929年； 585
《什么是形而上学》，1929年。

存在主义者的作品有：让-保罗·萨特的《存在于虚无》，1943年；马塞尔的《存在哲学》，M.Harari译，1949年。

# 第七十六章
# 科学虚构主义和约定论

## 第一节　马赫

恩斯特·马赫（1838年—1916年；物理学教授，后来是哲学教授）推出了以休谟和法国实证主义者的现象主义为根基的知识理论：世界完全是由感觉构成的，而自在之物仅仅是一个幻象。构成其知识理论基础的既不是公理也不是先验真理，而是当下的“纯粹经验”。科学的目标就是完整地描述事实，即我们的意识内容；它的唯一功能就是去揭示感觉的“不可进一步分析”的元素间的关联——去认识这些关联，而不是试图通过形而上学的前提来解释它们。发展出一种囊括所有领域的普遍物理现象学——一种摆脱所有假设的物理学——的途径就是类比。科学从假设开始，但这只是权宜之计，是让我们能够理解事实的间接方法，这些事实逐渐被直接观察取代，也就是说，被经验或感觉之表象证实。所有科学都是在思想中对于事实的概要式再现。如果不能在多重变化中找到某些相对恒常的东西，在思想中反映世界就会是一场徒劳。每一个科学判断中都包括有或是压缩着大量的观察：我们的概念和判断是感觉组的简化后的思想符号，是表达事实的一种速写法。这是思想的经济原则。规律不过是对于事实的全面的、精简的陈述，是对于对我们显得重要的那一方面的事实的陈述。物质仅仅是一个统一的感觉复合体。自我也是这样，是感觉的组合。物质是相对更为固定、恒常的感觉复合体；语言加强并加固感觉组合，使之成为复合体，即我们所谓的物理客体。与被称为自我的具体身体相关联的记忆、情绪和情感的复合体是另外一种相对恒定的组织感觉的方法。被认为是依赖于身体的感觉构成了心理学的主题内容；同样，那些被认为是依赖于其他物质客体的感觉构成了物理学的主题内容。
586 物理学与心理学都与感觉相关，但这两种科学把感觉与不同的背景或概念框架关联起来。身体并不产生感觉；相反，感觉的复合毫不夸张地构成了身体。世界并不包含神秘的自在之物，通过与自我的相互作用，产生出其他的我们称之为感觉的神秘事物。直接观察到的感觉自身就是唯一的实在。科学的目标就是把不甚恒常的、尚未充分建立的感觉复合体与最恒常的和牢固建立的复合体联系起来。

虽然马赫把我们的知识限定在感觉领域，并因此反对形而上学——只会扰乱科学经济的一项徒劳的事业，他却颇为不一致地在唯意志论中为自己的知识理论寻找基础。知识是意志的工具，是实际生活需要的结果。马赫哲学中的唯意志论的一面昭示着后来的实用主义。思想不是生活的全部；与过去一样，它们现在仍是短暂的光束，目的是要为意志照亮道路。我们需要一种把我们同环境带入到某种关系中的世界观；并且为了以一种经济的方式实现这一点，我们创造了科学。寻求思想与观察之一致性的科学，是适应的工具和生物选择的基础。身体和自我之类概念只不过是在这个世界上以现实为导向的权宜之计，并且一旦它们不能实现其目的，就可能会被抛弃；同理，原子、力和规律等观念也都是概念建构，它们的唯一合理性在于方便与节省智力。

当我们的思想成功地对感觉事实进行了再生产的时候，现实的和理智的需求就得到了满足。当我们的概念思维把归属在一起的全部的感觉材料都带到我们面前的时候，我们就感到满足，并且这些概念系统看起来就像是材料自身的替代品一般。马赫谈到了一种将事实理念化、系统化并加以完整的冲动。

《发展中的力学》，1883年，T.S.McCormack以《力科学》为标题译出，第4版，1919年；《感觉分析的贡献》，1886年，C.M.Williams以《感觉的分析》为标题译出，1910年。

## 第二节　阿芬那留斯

阿芬那留斯（1843年—1896年；著有《纯粹经验批判》和《人的世界概念》）是经验批判学派的创始人，他发展了一种与马赫相似的科学经验主义。知识方法是建立在精确知觉基础之上的描述。科学哲学是对于普遍的和**纯粹** 587
的经验之内容与形式的描述确定。纯粹经验是所有可能的个体经验所有共有的经验，而知识的任务就是提出可变的个体经验的成分。阿芬那留斯关于纯粹经验的理论是威廉·詹姆士的极端经验主义的来源之一，也是罗素的温和唯名论和美国新实在论的来源之一。阿芬那留斯非常清楚获取纯粹经验的困难，但他相信哲学在逐渐接近这样一个关于世界的纯粹经验概念。起初，所有人都分享了一个共同的世界概念；但是，通过把思想、情感和意志“内摄”到经验之中，通过把经验分割为内部经验和外部经验、分割为主观和客观，人们就虚构了实在。如果消除了“内摄”，我们就能够恢复原初**自然的**世界观，即纯粹经验的态度。

表达了同马赫观点接近的看法的人有James Clerk Maxwell（1831—1879年；《科学论文》）、克里福德（William Clifford，1845年—1879年；著有《看与想》，1879年；《精确科学常识》，1885年）和Karl Pearson（1857年—1936年；《科学语法》，1892年，1900年第2版）。

## 第三节　费英格

汉斯·费英格（1852年—1933年）在他于1911年出版的《仿佛哲学》（*Philosophie des Als Ob*）一书中推出了一种实证主义和虚构主义的知识理论，与美国的实用主义有着不少的相似之处。费英格的主要洞见，以及他用以描述自己立场的“仿佛”一词，是因为研究康德的《纯粹理性批判》得来的，他对此书写过一个非常有名的评论。关于“仿佛”哲学的主要论点是，数学和自然科学、经济学、政治理论和法理学，以及伦理学、美学和哲学所得出的概念和理论都是方便性虚构，是人类心灵构造的事物。费英格的虚构主义属于极端型的：他坚持认为，心灵的虚构与实在“相抵牾”，在最冒失和最成功的虚构中，甚至是“自相矛盾的”。然而，虚构并不是完全脱离经验的——它们并不是在真空中创造出来的。他坚持说，感觉是“所有逻辑活动的起点，同时也是他们必须返回的终点”。[101] 当然，这并不是说虚构要由感官经验来证实——虚构的特点排除所有的证实——而是说感官经验为心灵发挥其创造活动提供了契机、刺激和线索，也
588 提供了虚构的构建活动提供了施展和应用的场所。就他给予经验在引发思想和施展思想方面以不可或缺的作用而言，费英格的立场可以被确定为经验主义；但是他归属给经验的那种功能显然与英国历史上的经验主义的论断有所不同。在费英格看来，感官的材料被思想进行了根本的加工改变；它已经被“重塑、重铸、压缩……清洗掉了渣滓，并通过心灵自身与合成金属相杂……”

费英格的虚构主义强调精神或者“心灵”在构造概念和理论时自由的创造发明性活动；心灵不是尸体，而是所谓的心理活动和有机体反应的大全体。心灵的很多创造性活动起初都是在无意识的状态下进行的，只是在后来才进入了意识；还有一些活动则是有意的，是在有意识的状态下进行的。无论是有意的构造还是无意的构造，最终的虚构在结构上都是精神性质的。由于坚持心灵在进行虚构方面的创造性，费英格的理论属于唯心主义；的确，他的立场被描述为“实证主义唯心主义”或者“唯心主义实证论”。

费英格提出其虚构理论的背景具有生物学和目的性意义。与詹姆士的实用主义和杜威的工具主义一样，费英格的虚构主义把逻辑思维解释成一种用来实现生物学功能——辅助有机体调整自身以适应物理和社会环境——的活动。费英格反复强调思想的实用价值和目的性；他用一种让人不禁想起詹姆士和杜威的语言说道：“我们最重视实际确证，重视对于作为思维有机功能之产物的逻辑结构的有用性的检验。”虽然在强调思想的生物学功用和实际价值方面，费英格与美国实用主义的倡导者保持了一致，但在他坚持认为思想构造与实在“相抵牾”乃至自相矛盾方面，他与实用主义却存在着分歧。典型的实用主义者将真理归于概念系统——一个由使用结果验证的真理。费英格的虚构构造虽然与实在相互矛盾，但有预见功能：通过它们的帮助，我们能够“计算发生的事件”；自身是虚构性的，但它们能够得出关于未来感觉表象的“正确”预言。在另一个重要方面，费英格也减轻了自己的虚构主义：他承认，思想除了创造虚构之外，也构造假说，假说是“指向实在”的。假说是观念建构，它“声称或是希望能够与未来的知觉
589 重合。它把实在付诸验证并要求证实，也就是说，它想要被证明是真实的、正确的，是实在的表达”。费英格认为虚构和假说之间、虚构的和有疑问的判断之间

[101] 全部引文均来自C. K. Ogden的英文翻译，1924年。

的区别对逻辑和哲学具有至为重要的意义，他把过去哲学中的很多荒谬之处都归因于这两种观念建构之间的混淆。

费英格的《仿佛哲学》包含有对于虚构理论的丰富例证，它们取材于数学、物理学、心理学、经济学、政治学、法理学、伦理学、美学和形而上学等领域。尤其是在数学领域，虚构方法得到成功的运用，并且为数学家自己有意识地承认。费英格指出，所有的基本数学概念——空间、点、线、表面——都是观念性的、想象性的、“矛盾的”，因此也是虚构的。在费英格看来，芝诺的悖论就产生于将时空虚构当真看作是点和瞬间：“虚构变成了假说，最粗朴的矛盾就会出现。”作为对于数学虚构的另外一个证明，费英格引用了一些几何证明，其中的弧线被认为是由无数多的直线片段构成的；在这一例子中，数学家完全知道，弧线不是无限多的直线。微积分的基本概念——导数，是通过极限来定义的，因此是严格的虚构概念——因此整个微积分就有着一个虚构的基础。在物理学领域，比如物质和力之类的基本概念，也属于虚构类型。费英格接受了贝克莱物质不存在的有力论证。贝克莱把物质概念中固有的矛盾暴露出来，但不幸的是，他没有给虚构物质的科学功用以其应得的认同。就像物质自身一样，原子作为物质客体的组成部分，也是纯粹的虚构——却是一个对于物理科学来说必不可少的虚构。

费英格提到了孔狄亚克假想的只被赋予嗅觉的雕塑，认为这是心理学领域虚构法的卓越例证。通过使用这种坦白承认的虚构，孔狄亚克能够从人全部的感性生活中的混乱复杂中进行抽象，从而为心理学理解意识、注意力、记忆、判断力、想象、抽象、反思等作出了贡献。因此，虚构的只有孤立嗅觉的人对于理解人的总体起到了帮助作用。社会科学史提供了很多运用相似的虚构取得丰硕成果的鲜明例证。费英格提到亚当·斯密和边沁的虚构假设，即人的经济和商业活动是由利己主义单独驱动的；与惩罚相关的虚构的自由和责任概念支撑着整个刑事 590
法律体系；在某些方面国家作为人格的立法概念；现代经济的货币和信用体系建立在纸币的“虚构价值”之上。费英格伦理学的中心概念——道德理想——是“实践性虚构”。他说：“理想是一个观念建构，自身矛盾并且与实在相矛盾，但却拥有不可抗拒的力量。”道德理想是历史上最高尚的灵魂的创造性想象，人类固守着它们，并依照它们来指引自己的行为。费英格把自己的伦理学观点追溯到了康德的《伦理形而上学》，在此书中康德提出了诸如“人的尊严”“目的王国”之类作为“纯粹观念”的道德概念，也就是用以指导行动的“探索性虚构”。尽管费英格没有提出一个论述精细的虚构美学，但他把所有的诗歌和文学比喻、隐喻、拟人和寓言都解释成美学虚构。科学虚构是适用的工具，而美学虚构则起到激发“某种上升感或别样的重要情感”的作用；费英格坚持说，两个领域中的虚构的最终标准是实用价值。思辨形而上学也是类比的和形而上学的虚构。费英格相当细致地证明了形而上学范畴，比如实体与属性、部分与整体、原因和结果、目的等，何以可以被看作是观念构造——“用来统御感觉集合的方便辅助”。只有当它们被当作是对独立实在的理论的和直接的描述时，才会导致错误出现。哲学体系和哲学体系使用的范畴“只在实践中具有价值，而不是在理论中——也就是说，为了秩序、交流和行动的目的；理论上它们是毫无价值的，但在实践中却很重要”。虚构主义自身——这种区分了虚构与假设并描述了知识领域中虚构之作用的理论——并不是虚构，而是一种假说。

## 第四节　彭加勒的约定主义

法国数学家和物理学家亨利·彭加勒（1854年—1912年）发展出一套对于科学的实证主义和约定主义的阐释，与马赫的实证主义理论极为类似。彭加勒认为，科学的基本假设是方便的定义或约定，它们既不是通过先验方法来获得其有效性的，也不是通过从经验中归纳概括得来的；我们在各种可能性约定之中的选
591 择，尽管是由实验事实启发和指导的，但最终说来，却是由简单、方便的考虑所控制的。彭加勒在两种主要的科学假设之间进行了严格的区分：（1）第一种类型的假设从本质上说是无法证实的；它们是心灵自由活动的产物，是科学精神强加给科学体系的。尽管它们既不能为经验所证实，也不能为经验反驳，但这样的一些假设对于任何从广义方面来构想的科学理论来说都是不可或缺的。（2）第二种类型的假设是通常的归纳概括，它们之所以有价值，其原因在于它们可以被实验程序证实或证伪。科学理论会包含这两种类型的假设。彭加勒给予第一种类型更多的关注，即本身无法证实的那种，因为他认为学习科学方法论的学生通常会忽略它们；而第二种可证实的类型，已经被从培根到J.S.穆勒的经验主义逻辑学家和方法论者加以广泛地研究过了。彭加勒对于那些在科学知识体系中不可证实的假设的本性和功能作了全满的、富有启发性的论述。他坚持认为，这样一种假设，尽管不能通过经验得到证实，却从经验中得到了启发，并且从对经验的科学解释的成果中获得了自身的价值。从经验中得来的事实可以被吸纳到无限多的可供选择的假说建构之中；每一种建构都是心灵自由活动的产物，在他们之间进行的选择是出于方便考虑进行的。因此，不可证实的假设的确是约定性的，但不是随意的：“经验留给我们选择的自由，但它又通过辅助我们洞察到的最方便

的途径来引导我们。”[102] 彭加勒的约定主义远没有费英格的虚构主义那么极端。费英格的虚构建造是自相矛盾并与实在“相抵牾”的，而彭加勒的约定假说均具有内在的一致性，与事实并不相悖，因为事实既不能驳倒它们，也不能证实它们。

在那些被观察到的事实可以融入其中的无限多的可供选择的假说中，是什么控制着我们选择了其中之一？这一问题对于约定主义来说是至关重要的，彭加勒毫不含糊地回答——简单。“在所有的可能总结之中，我们必须选择，并且只能选择最简单的那个。因此，我们就被引导去行动，在其他条件同等的情况下，就好像简单定律比复杂定律更具或然性。”我们选择最简单的定律，不是因为自然喜爱简单，因此最简单的就在客观意义上是正确的，而是纯粹出于思维经济的考 592
虑。置复杂假说于简单假说之上的变态偏好会使科学事业遭受挫败。“当我们在相对较少的实验基础之上制定出普遍、简单且精确的定律时……我们不过是在遵行人类心灵所无法摆脱的一种必然性而已。”

彭加勒把他的约定主义应用到了他所擅长的两门科学之中：数学和物理学。在他解释数学的基础的时候，彭加勒既反对经验主义，又反对理性主义。历史上所有形式的先验主义都不能让人满意：几何学的公理并不像笛卡尔所说的那样是先验直觉；数学也不可能像莱布尼茨所尝试的方式那样单独从矛盾原则中通过分析推导出来；而康德将数学作为依托于纯粹时空直觉的先验综合真理体系来论证的努力也是不成功的。彭加勒发现穆勒对于数学的经验主义论述同样是不可接受的：几何公理并不是对于知觉空间性质的归纳概括。可以肯定，经验“在几何起源方面扮演着不可或缺的角色；但总结说几何学，即便部分地，是实验科学却是错误的”。“如果它是实验性的，它就只能是近似的和暂时的。”彭加勒在约定主义之中为经验主义和理性主义找到了另外一个真正的选择：几何学公理是公设，也就是说这些假设之所以被接受，不是因为他们是真实的，而是因为它们很方便。经验“没有告诉我们何者是最真的几何学；而是哪个最为方便”；因此，尽管几何学不是实验科学，它却是“生就贴合经验”的科学。就是在非欧几何学体系之中，彭加勒找到了他对于数学的公设性解释的证实：观察到的现象既可以融入到欧式几何学体系中，也可以融入到非欧几何体系中；他说，不可能想象出一种真实的实验，此实验只能由欧式体系来解释，却无法在罗巴切夫斯基的体系中得到解释——一种非欧几

[102] 这一引文以及之后的引文都摘自Halsted翻译的三部彭加勒的作品，在同一标题《科学的基础》下发表。

何体系。没有任何经验会与欧几里得的公设相矛盾；另一方面，也没有任何经验会与罗巴切夫斯基的公设相抵牾。任何几何学的公设，无论其为欧式几何或是非欧几何，都是无法被证明也无法被反驳的；它们将被理解为无法证实（也无法证伪）的类型，是出于简单和方便的考虑才被采用的。

在他的卓越而又富于启发性的论文《科学的价值》中，彭加勒写道：“数学有三种目的。它必须为研究自然提供工具。但这并不是全部：它有哲学目的，我
593 敢断言，还有审美的目的……他的科学功用是为我们表达自然知识提供一种简单、精确和经济的语言；普通的语言太拙劣，并且太含糊，无法表达如此丰富、精确和微妙的关系。”数学的哲学功能在于促进哲学家对于数字、空间、时间、数量和相关范畴的研究。但最为重要的是彭加勒所高度赞赏的数学中固有的美学价值。“数学爱好者在其中发现的乐趣可以与得自音乐和绘画的乐趣相媲美。他们崇拜数字和形式中的微妙和谐；他们因为新的发现为之开启了意外的视角而惊喜；尽管感官没有参与其中，难道这样感受到的快乐就没有美学特性吗？”在《科学与方法》一书中，有一章题为“数学的创造”，精彩之至，彭加勒于此展示了他对于科学家的创造过程的本质的深刻洞见。他带着极大的心理学的敏锐性描述了自己的一次数学发现；论述阐明了数学创造所需要的长期的准备阶段，在获得最后的洞见中无意识过程的作用，类比、直觉和想象力的自由发挥的重要性，而最终是美学的满足和伴随着最后成果的近乎神秘主义的欣喜。

物理学，尤其是力学，在彭加勒看来，是约定主义假说发挥着不可或缺之作用的第二个科学领域。他把牛顿和伽利略经典力学中的基本概念和基础性假设加以评判审查，并得出结论说它们在相当程度上都是约定性的。力、惰性、绝对空间和绝对时间之类基本假设，就其既不能被证实也不能被证伪而言，均为约定性概念。彭加勒的约定主义在物理学中与在数学中一样，也在传统的经验主义和理性主义的冲突之外提供了第三种重要的可能性。约定主义为数学的基本公理和自然科学的基础性假设的知识论特征提供了一种可信的描述，并避免了先验真理理论的那种独断论性质的狂妄自负和后验理论的盖然说。约定主义旨在将理性主义的精确和严格与经验主义的实验上的丰富性结合起来。

《科学与假说》，1902年，英译《科学与假说》，1914年；《科学的价值》，1905年，英译《科学的价值》，1907年；《科学与方法》，1909年，英译《科学与方法》，1914年。上述所有作品的英译本被G.B.Halsted收录于单册之
594 中，题为《科学的基础》，1946年。

## 第五节　近期实证主义潮流

近期哲学中最具影响力的运动是起源于20世纪早期的维也纳学派的逻辑实证主义，它与大卫·休谟的怀疑论经验主义以及马赫和彭加勒的科学约定主义有着历史性的亲缘关系。维也纳学派的原初成员大都不是从事哲学的专家：莫里兹·石里克（1882年—1936年）是学派初期的中心成员，他原来是一名物理学家，而初期的成员则是由数学、历史、社会学和物理学领域的专家所组成的。路道尔夫·卡尔纳普（1891年—1970年）于1926年加入维也纳学派，1936年之后在芝加哥大学，他给予实证主义见解一个精确、严格的体系。全仗卡尔纳普之功，实证主义得以被移植到美国，并在那里继续对美国的哲学思想产生着深刻的影响。实证主义在美国的令人吃惊的成功适应，部分地是因为它自身固有的活力和灵活性，同时也因为它与美国实用主义、操作主义和实在论的哲学潮流意气相投。实证主义在英国也十分兴盛，在那里，《逻辑哲学论》（1922年）的作者维特根斯坦是主导人物。实证主义在英美受到青睐和欢迎主要应归因于它与源自休谟的英美经验主义近似。在英国，它已经与G.E.摩尔和伯特兰·罗素的分析哲学和实在论哲学发生了联系。

逻辑实证主义在它简短的发展过程中经历了不少激进的转变。此运动的不同代表人物之间存在着很大的差异，但实证主义立场的主要纲领却清晰而又引人注目。实证主义的核心在于将可证实性作为意义的标尺：当且仅当一个经验陈述可以通过诉诸经验得到证实的时候，它才是有意义的或是有所指的。“最强”形式的可证实性原则要求，一个陈述如果是有意义的，就应该通过与经验的直接遭遇来接受证实或是证伪。因此“我的视野中有一片红”就是在“最强”意义上的有意义的陈述。石里克和其他的维也纳学派成员坚持狭义的意义；但结果证明是太过严格了，现今的实证主义者大都接受更为宽泛的标准，既接受直接的也接受间接的可证实性，也就是实践中的可证实性和原理上的可证实性。诸如“没有支撑 595
的身体总会跌倒”这样的普通陈述，对于无法进入的过往历史的陈述，以及那些不可在经验中得到证实的陈述，比如“月亮的另一面有山脉”，在此改良过的检验标准之下，都是有意义的。

逻辑实证主义研究了知识的形式或先验的方面，也研究了其经验的或后验的方面。在形式方面，它借重现代数理逻辑的成果和语言分析技术来支撑自己的论断，即知识中的先验是分析型和重言式的。实证主义者拒绝了康德先验综合知识的有效性，坚持莱布尼茨的观点，认为先验始终是分析型的。唯一合法的先验陈述就是那种重言式的表达：全部的形式逻辑和纯粹数学都是由重言陈述组成的。于是，在逻辑实证主义者看来，所有在认知上有意义的陈述要么是可以经验证实的陈述或事实，要么是重言式的陈述，要视其语言结构或其他符号体系而定。

对于知识进行实证分析的最严重的哲学后果就是，它几乎将全部的形而上学看作是毫无意义的——纯粹废话。传统的哲学作品所充斥的陈述，既非对于事实的经验陈述又非分析式的重言论断，实证主义者可以从经典哲学家中随意选取这样的陈述来证明他们的论点，即形而上学基本上就是胡说。A.J.艾耶尔是英国实证主义的代表，他从布拉德雷的《表象与实在》一书中随意抽出了一句话作为形而上学伪命题的例证："绝对参与进化和发展，但它自身没有能力进化和发展"，并说"人们无法构想一种观测以令其确定绝对参与或是未曾参与进化和发展"。[103] 其他一些实证主义检验斥之为胡说的哲学论述有"感官经验世界完全是不真实的"，"实在是单一实体"和"实在是多"。[104]

如果全部或大部分的形而上学话语都被实证主义标准掷入废话的地狱之中，哲学的功能将是什么？在实证主义的框架内，哲学有好几项合法的任务。哲学家可以构想对于宇宙类型的思辨概括，这种思辨概括是从物理学、天文学和生物学
596 的事实证据中派生的。对物理宇宙过往历史和生命起源的猜测可以是有意义的事实性假说，它们至少在原理上是可以证实的。实证主义者对于宇宙理论的有效性是极端怀疑的，但并没有把它们当成是形而上学的胡言乱语而加以拒绝。哲学还有一项完全合法的任务就是分析哲学概念和随之而来的对于哲学意义的澄清。比如，实证主义者也会承认阐明可能性、存在、或然性和因果律之类哲学范畴的哲学意义。但是，他会把这样的概念或"范畴"研究的结果设想为是纯粹分析式和重言式的——如康德所设想的那样，它们不可能为先验综合知识提供基础或者根据。语言类型的哲学分析或许是有意义的和富有成果的，尽管不可能期待它产生综合真理。

实证主义分析已经拓展到了伦理和价值分析领域。有两种方式可供实证主义者将伦理和其他的价值评判融入到其理论之中：一方面，他可以将伦理视为对于作为事实的价值判断的经验陈述；或者，他可以将伦理陈述看作是非认知性的。

---

[103]《语言，真理与逻辑》，第36页。

[104] 同上书，引自第39页及其后。

石里克在他的《伦理问题》中采用了第一种途径：“价值、善，是纯粹的抽象，但价值判断与核准却是实在的心理事件……我们必须放置到伦理中心的问题是纯粹的心理学问题。”[105] J.A.欧文已经提出了一种与伦理学相近的实在的、心理学的方法：“我们的分析显示，正确的伦理方法是将不可否认的道德意识作为事实研究……因此，伦理学必须成为关于道德意识的科学。”[106] 依照这种版本的实证主义，伦理学的内容是——对于价值判断以及它们在道德和社会行为中的道德效用的——实在的心理学陈述。

还有另外一条对待伦理问题的途径与实证主义立场相符，依照这种立场，伦理的和其他的价值评判陈述都被视为非认知性的。因此，艾耶尔断言，有一种类型的伦理陈述——对道德善行的规劝——“根本就不是命题，而是感叹或命令，用以激发读者进行某种行为”。[107] “偷盗是错误的”这样的陈述什么也没说，只是表达了对于盗窃的不赞成而已；“你应该说真相”这样的句子，等同于一个命令——“说出真相”。这些情形中的伦理语言的功能纯粹是“情感式”。 597
C.L.斯蒂文森的《伦理学和语言》一书中包含有关于伦理学的情感理论的具有高度启发性的原创论述。斯蒂文森对于伦理陈述的语言分析证实了实证主义理论用途的广泛性和实证主义分析在澄清非认知性和认知性陈述时的丰富成效。

M.石里克的《哲学的未来》，见《太平洋刊物哲学学院》，1932年；R.卡尔纳普的《哲学与逻辑语法》，1935年，还有《可验证性与意义》一文，见《科学哲学》，1935—1936年；M.石里克的《伦理学问题》，1930年，由D.Rynin以《伦理学问题》为题译出，1939年，还有《意义与证实》一文，见《哲学研究》，1936年；A.J.艾耶尔的《经验知识的基础》，1940年；H.Feigld的《逻辑经验主义》，见由D.D.Runes编辑的《20世纪哲学》，1943年；C.L.斯蒂文森的《伦理学与语言》，1944年；H.Feigl和W.塞拉斯的《哲学分析选读》，1949年；G.Bergmann的《逻辑实证主义》和《符号学》，见《哲学体系史》，V.Ferm编辑，1950年。

［105］D. Rynin的英译本，第21页及其后。
［106］引自A. M. Kallen和S. Hook编辑的《美国哲学的今天与未来》中的《走向伦理学中的激进经验主义》一文，第243页。
［107］《语言、真理和逻辑》，第103页。

# 第七十七章
# 实用主义

## 第一节　皮尔士的实用主义原则

美国实用主义可以追溯到查理斯·S.皮尔士（1839年—1914年），他在那篇题为《怎样使我们的观念清晰》的划时代的文章中阐明了实用主义的原则，文章于1878年1月刊登于《通俗科学月刊》。就像他的标题所暗示的那样，皮尔士的实用主义原则是一个旨在促使澄清概念和命题之意义的行为准则。一个智性观念或概念的意义，如实用主义原则所拟定的那样，是此概念的可预见到的实际结果："为了确定一个智性观念的意义，人们应该考虑从这个概念的真理中能够必然得出什么样的可想象的实际结果；这些结果的总体将构成这个概念的全部意义。"[108]（5.9）对实用主义原则的另外一种阐述——被引用得最为广泛——是下面出自《通俗科学》文章中的话："考虑考虑，我们所设想的概念的对象具有什么样的效果，这些效果可能具有可想象的实际影响。因此，我们对于这些效果的概念就是我们对于对象的概念的全部。"（5.2）我们应该防止在皮尔士对于实用主义原则的早期论述中，把皮尔士的时或过于狂热的门徒所演绎的学说也
598 给歪曲地添加进去。如皮尔士本人所认可的那样，"实用主义不是一种世界观，而是一个目的在于使观念清晰化的反思方法"；（5.13n）它甚至不是关于真理的理论，而只是确定概念之意义的技术。皮尔士自己的阐释清楚地说明了他所预见的实用主义原则的有限的意图。他使用了硬度和重量两个例证："……让我们追问一下我们称一物硬的时候意味着什么。很明显是说它不会被很多其他实体刮破。对于这一性质的全部概念，就像其他所有的一样，都在于其所想象到的效果……让我们再追寻一个清晰的重量概念……说一个物体重只不过是在说，没有独立的力量，它就会坠落。"（5.40）观念的意义是由想象的或预见的效果所构成的；因此，确定概念的意义就是一种理想的、智性的活动，并不需要实际执行计划的行动。皮尔士警告我们说，实用主义"如果真的使行动成为了生活首要的

[108] 对此引文的解释在601页的参考文献中。

和最终的目标，那就是实用主义自身的灭亡。因为，如果说我们仅仅是为了行动的目的而行动，全然不顾及行动本身所携带的思想，就等于是在说，不存在理性目的这样的事物”。（5.429）

皮尔士的方法论洞见十分重要，但因为他作为实用主义运动创始人的地位，时常被过分强调，以至于忽略了他体系的其他方面。皮尔士是一位具有原创性和广博性的哲学与科学天才，在他的崇拜者看来，可以与莱布尼茨并驾齐驱。就像在莱布尼茨那里，阐述他的体系会面临很多困难，因为他的哲学作品支离零散，也没有能够写出单行的巨著。然而，我们依然能够在其作品中辨认出他思想体系的纲领。

## 符号学和认识论

皮尔士对于认知的核心论述是“符号学”或者关于符号的理论。符号是指任何一种——用来指称独立于自身的客体——事物。因此，“三角形”一词就是一个符号，用来代表和指称几何图案。在描述使用符号的情景时，皮尔士区分了（1）符号自身（被说出或写下的“三角形”一词），（2）符号的客体（作为指代对象的三角形），（3）符号的“诠释体”，它是起到解释或翻译原始符号作用的另一种符号（对“三角形”的解释将会是“三边平面图形”）。既然符号的使用，在皮尔士看来，是心灵的特权，那么，解释者，也就是运用和解释符号的 599
人，或许就应该被列为符号情景中的第四点不可分割的要素。皮尔士的符号理论支撑着他的整个认知理论；在知觉认知中，知觉对象是被认知的客体的符号。他的知觉理论主要是实在论。“没有任何事物能够阻止我们把外部事物作为它们本真的样子来认知，并且极有可能，我们在无数多的情况下就是这样认知事物的……”（5.311）在他的符号理论的背景下，皮尔士又提出了相应的真理理论：只要在被视为符号的命题和命题所指称的客体之间存在着对应，这个命题就是真的。对真理的追求就是向着理想真理的不断接近——一个永远无法完满实现的理想。皮尔士对于获得绝对确定、直觉真理之可能性的否定——他的易谬主义学说——是他的认知理论的标志性特征。易缪主义的原则事实上意味着，没有任何综合陈述可以最终并彻底被证实。“有三种东西，我们永远都不能希望得到，即绝对的确定性、绝对的精确性和绝对的普遍性。”（1.141）然而，不可将易谬主义同不可知论或怀疑论混淆起来。任何具有清晰意义的问题都是可以回答的，在此意义上一切都是可知的，只要我们的研究进行到足够的程度。尽管不可能知道一切，但一切都是可知的。随着知识的进步，我们带着与日俱增的确定性获得越来越多的知识，尽管我们不能以绝对的确定性来认识任何事物，也无法奢望获得关于一切事物的知识。没有任何足够大的数字，可以用来“表达已知事物的数量同未知事物的数量之间的关系”。（5.409）

## 现象学和本体论

形而上学包括认识论（关于知识的科学）和本体论（关于存在或实在的科学），在皮尔士这里是一种观察科学：“形而上学，即便是坏的形而上学，也是有意无意地建立在观察之上的……”（6.2）严格应用皮尔士的实用主义原则剥夺了大部分传统形而上学的全部意义；然而皮尔士坚信，在把伪问题从哲学中剔除之后，“哲学中剩下来的将是一系列能够通过真正科学的观察方法来研究的问题”。（5.423）合法的形而上学类型是根植于现象学的，现象学是“一门把现象单纯当作现象来研究的科学，只需睁开眼睛并描述其所见……”（5.37）皮尔士的现象学与胡塞尔的现象学有很多相似之处：两者都试图描述被给予的现象，两者都把焦点放在现象的普遍或本质的因素上面。但皮尔士的现象学在某些方
600 面甚至比胡塞尔的现象学更为极端；在1898年的一次关于胡塞尔的讨论中，皮尔士强烈谴责他所认为的胡塞尔现象学基础中存在的不可救药的心理学性质。（参见4.7）

现象学探究指向现象经验的普遍的和遍在的方面——它是关于范畴的学说。在所有范畴归属于所有现象的意义上，范畴是普遍的、遍在的，尽管在给定的现象中，某一范畴可能比其他范畴更为显著。皮尔士仅发现了三个对于解释现象来说既必要又充分的范畴；它们——出于某些逻辑的原因我们将不去解释——被称为第一性、第二性和第三性。第一范畴，即第一性的范畴，“构成了现象的属性，比如红色、苦味、枯燥、坚硬、伤心、高尚……”（1.418）性质并不是单纯的殊相，毋宁说是质性本质的本性；此外，它们彼此融合，在视觉和听觉性质中，构成有序的序列或体系。皮尔士提出了一个有趣的见解，如果没有我们经验的片段性，所有的性质就会整合成一个连续的体系，而毫无突兀的分界线。（参见1.418）皮尔士对于性质的现象学描述，在极端经验主义的框架内，提供了一种不同于休谟和英国传统中休谟的追随者所持有的质性原子主义的重要选择：休谟的印象是特别的、互不关联的，并且在性质上是非连续性的，而皮尔士的性质是普遍的，相互渗透的，并且可能是连续的。皮尔士在其对于现象性质的实在论解释中，避免了休谟理论中的心理主义或心灵论。第二种范畴，即第二性的范畴，是由现象经验的粗朴事实性构成的；此种性质是普遍的，是有点模糊的、潜

在的，而事实却是具体的、确定的和实在的。皮尔士谈到了事实的“粗朴性”，他以此来说明它们对我们的意志的抵抗。通过感觉直接为人所理解的物质，例证了粗朴事实性的这个方面。因此，第二性就是粗朴事实性的要素，在偶然性和事物与事件的重合中、在我们感觉的不顺从中与我们照面。（参考1.419，1.431）第三范畴，即第三性的范畴，指代事物的规律，要与事物的质性和事实性区分开来。现象规律是普遍的，因为它不单纯指向所有实在的事物，而是所有可能的事物。“什么样的事实集合都不能构成规律；因为规律超越了完成的事实，并决定
可能的——但这些可能事实的全部原本永远不会出现——事实将如何被标示出其 601
特征。”（1.420）形而上范畴性质、事实和规律穷尽了现象的本质范畴；不再需要其他的事物来解释现象世界了。

皮尔士可以列为原创性思想家——就像苏格拉底、圣奥古斯丁和莱布尼茨一样——他丰硕的思想伸展到了很多方面，并为后来的更具体系性的哲学家提供了引导观念。在其哲学的引导观念中，我们会留意实用主义、实验主义、现象学、实在论、易谬论；他丰硕思想中的这些倾向和其他的倾向已经发挥了影响，并且可以稳妥地预言，在20世纪的后半叶中，皮尔士将会继续影响实用主义者、工具主义者、操作主义者和实证主义者，同时还有实在论和唯心主义者。

由Charles Hartshorne和Paul Weiss编辑的《查里斯·桑德斯·皮尔士论文集》于1931至1935年间有哈佛大学出版社出版，共六卷，分别是：1.《哲学原理》；2.《逻辑基础》；3.《精确逻辑》；4.《最简单的数学》；5.《实用主义和实效主义》；6.《科学形而上学》。此前论述中的所有引用均是指《论文集》中的卷数和段落数；因此5.9指的是第五卷的第9段。J.Buchler出版于的1939年的《查里斯·皮尔士的经验主义》一书中包含有对皮尔士的逻辑和认识论学说的解释，并且澄清了皮尔士的经验主义与近期的逻辑实证主义学说的关系。J.Feiblemand的《皮尔士哲学导论》，1946年，是对皮尔士整个体系的解释，收有对皮尔士学术发展的介绍，他与康德、邓斯·司各脱、达尔文和笛卡尔的关系，并且还注意到了皮尔士对詹姆斯、罗伊斯、杜威和近期实证主义和实在论的影响。

## 第二节　詹姆斯的实用主义

威廉·詹姆斯（1842年—1910年）于1898年9月在加利福尼亚大学哲学学会发表的一篇演讲中，以下述文字重新表述了皮尔士的实用主义原则：

> 要在思想中获得关于一个客体的完满的清晰性，我们只需要考虑这一客体能够带来什么样的可想象的实际类型的效果——我们从中期盼什么样的感觉，并且必须为之准备什么样的反应。那么，这些效果的观念对我们来说，就是我们的客体观念的全部，只要那观念终归具有实证意义。[109]

有了这样的宣言，实用主义原则对于詹姆斯而言，就如同它在皮尔士那里曾经的情形一样，就是一种使得我们的观念清晰的方法——是对于我们的概念和命题之意义的检验——而詹姆斯建议把实用主义对于意义的检验作为“解决形而上学争论的方法，舍此就会争论不休”。[110] 他争辩说，如果形而上学的取舍问
602 题，比如在唯物主义和唯灵论之间的取舍，并没有现实的差别，那么，“选择项实际上就意味着同样的东西，而所有的争论都是闲扯”。詹姆斯所发展的实用主义不仅包括了意义理论，也包含了真理理论，并因此而拓宽了实用主义的功能和范围，与皮尔士更为谦逊和克制的阐述相比，詹姆斯向前跨得更远。作为真理理论，实用主义断言“任何一个观念，只要它成功地将我们从经验的这一部分带到了另一部分，令人满意地将事物联系起来，稳定地发挥作用，节省了劳动，那么，它就在此程度上、在此地步上是真的，在工具意义上是真的”。[111] “真……只不过是思维方式的权益手段，就如同正确是我们行为方式的权益手段。”

实用主义是依照命题是否实现了我们的目的和满足了我们的生物和情感需求来确定其为真理或谬误的一种方法；真命题是那种被接受后就引向成功的命题，错误的命题是那些导致失败和挫折的命题。在定义真理的时候，詹姆斯引入了与满意性、权益性、实用性和工具性相关的内容，因此极大地改变了皮尔士的更具学术性的实用主义面貌。

那么，对于一个理论、信仰、学说的检验，必须是它对我们的影响，它的实际结果。这是实用主义的检验。始终要问自己你是否接受唯物主义或唯心主义、决定论或自由意志、一元论或多元论、无神论或有神论在经验中会有什么不同。一方面，它是一个绝望的学说，另一方面，它又是希望的学说。“在实用主义原则下，如果关于上帝的假说能起到令人满意的作用，在这一词语最宽泛的意义上，它就是真的。”因此，对于真理的检验，就是它的实际效果；拥有真理本身

[109]《论文集》，第411页。
[110]《实用主义》，第45页。
[111]《实用主义》，第58页。

并不是目的，而只是其他重要满足感的前奏。知识是一种工具；它为着生活的目的而存在，而不是生活为知识而存在。詹姆斯拓宽了这一实用主义或工具性的概念，以便把逻辑一致性和证实都包括在实际功用的概念之中。真的观念是那些我们可以吸纳、查验、证实和确证的观念。那些告诉了我们应该期待何种实在的概念可算作是真的概念。因此，我们可以说真理是有用的，因为它是真的，或者说它是真的，因为它是有用的。“科学真理是那种给予了我们最大限量的可能性满足的东西，趣味也包含在内，但与先前真理和新生事实的一致始终是最迫切的要
求。”即便有了这些对于实用主义原则的重要补充，但是，如果要为真，哲学就 603
必须满足那些不属于逻辑的要求，在此意义上，实用主义是反唯智论的。

## 多元的宇宙

实用主义是在所有领域中确定真理的方法，包括哲学领域在内；通过考察詹姆斯自己使用实用主义方法来解决一个实际的哲学问题，比如一元论和多元论的问题，我们可以很好地理解实用主义方法的性质。詹姆斯发现多元论在实用方面比一元论更值得青睐。他告诉我们，正是雷诺维叶对于多元论的大手笔的支持，使得他得以从成长于其中的一元论迷信之下解放出来。“整块宇宙”，唯物主义和唯心主义一元论的僵化的、决定论的体系，均不能使他感到满意：“如果一切事物，包括人在内，纯粹是原始星云或无限物质的效果，那么，道德责任、行动自由、个人努力和抱负将是什么；的确，需求、确定性、选择、新奇和奋斗将是什么？”个人岂不是成为了绝对实体手中的纯粹的傀儡吗？无论是把绝对实体设想为宇宙物质还是宇宙精神，这样的体系不能够满足我们本性的全部需求，因此也不可能是真的。所以，成功的行为需要以认同我们生活于其中的世界的复杂性和多样性为前提；在完全统一且无区别的绝对面前，意志将会瘫痪。在詹姆斯看来，现实的道德和宗教要求青睐于多元论、自由和个人主义，以及唯心主义和有神论。这些是意志信奉的概念，并且为了保留它们，詹姆斯谴责把理智作为真理之绝对仲裁者的做法。同样，一致性始终是最紧迫的要求。

虽然——认为完满是永恒的、原始的，且是最真实的——这样一种绝对主义假说有着完善确定的意义，并且在宗教领域中发挥作用，多元论路子却与实用主义的气质最为契合，因为它能够令确定的活动开始运转。多元论的世界观只能作为很多“单个”行为的结果在事实上被零碎地保留下来。我们也可以相信，存在着一种比我们现存于宇宙中的人类经验更为高级的经验形式；以宗教经验的证据为基础，我们相信更高的力量是存在的，这些力量为保存世界发挥着作用，并且

它们在追求理想目的方面依着与人类心灵相似的方针运作。

詹姆斯从另外一个方面，从激进的或纯粹的经验主义的方面得出了同样的结论，这一角度既反对古典理性主义也反对英国古典经验主义。并不是说凡属理性
604 的皆为真，而是**凡是经验过的皆为真**。我们必须在经验受到概念思维的摆布之前将之原封接受——纯洁而又质朴无辜的经验——如果我们能够通达实在的话。我们必须完全跨越概念功能，并且在更为原始的感性生命流之中寻找实在的真实形态。哲学应该追寻这种对于实在之活动的鲜活的理解，而不是徒劳地跟随着科学将其死寂结论的碎片缝合起来。与其说哲学是逻辑的问题，不如说它是激情所见的问题，逻辑只为后来的所见物找到原因。

对于德国唯心主义，詹姆斯赞成说科学理解损害了实在，并且我们的普通感官经验并没有揭示出实在的原貌。但是，与布拉德雷不同，他把自己的信念置于鲜活的纯洁的人类经验之中。实在是独立于人类思维的**洁净的**经验；这是很难找到的东西；它是正在进入经验且有待被命名的事物，或者说它是经验中某些想象的原始在场，存在于任何关于此在场的信念产生之前，在任何人类概念被应用之前。它是绝对静默且转瞬即逝的东西，纯粹是我们心灵的理想界限。我们可以瞥见它，却永远无法把捉它；我们所能够把捉的始终是它的替补，是先行的人类思维为了我们的消化理解而将之蛋白化并烹调好的东西。然而，这种当下的经验是杂多中的统一；统一性与其杂多性一样原始。因此，经验主义说我们的精神生活包含着多样的互相独立的感觉是错误的，而理性主义说这些感觉已经结合了栖息在我们心灵之中的范畴也是错误的。对于起到结合媒介作用的所谓的心灵的信仰是多余的，因为不存在需要结合的独立要素。这两种概念都是抽象物。实在，部分地说，是我们的感觉流，我们不知其从何而来；部分地说，是从我们的感觉中得出的关系；并且，部分地，是先前的真理。有些关系是可变的和偶然的，其他一些关系则是固定的和本质的，但两者都是当下知觉的内容。关系和范畴是直接经验的对象，与事物或现象并没有区别；观念和事物是“子父同质”的，由同样的中性材料构成。

詹姆斯似乎在两种观点之间摇摆：实在是纯粹的经验，独立于所有思想的经验，婴儿或半昏迷状态的人趋近这种生活；或者实在是成年人意识的整个领域，经验中渗透着思想。或许他的意思是说，后一种形式乃是从前一种形式中产生的。他告诉我们，存在一个感觉之流，但事实上这个感觉之流自始至终似乎都主
605 要是我们自己的创造。存在着的世界是可塑的，并且准备在我们手中接受最后的润色。实在并不是现成的，不是来自全部永恒的完满，而是依然处在成型之中，

尚未结束，并在思维存在者发挥作用的各种各样的地方继续成长。真理在所有确定的经验中心成长；精神互相依赖，但精神之总体却没有可依赖的事物。（感觉）流之外没有任何东西能使关于它的问题安全无虞；它只能在自身固有的潜能和希望中获得拯救。纯粹的现象事实之后无物存在，没有自在之物，没有绝对，也没有不可知者；试图通过一个假定的实在——就此假定的实在，我们不能形成任何观念，除非是通过来自我们经验自身的符号——来解释给定的现实实在是荒谬的。这听起来有点像主观唯心主义，但詹姆斯的用意并非如此，他从来就没有怀疑过心理之外的世界的存在；纯粹的原始经验不是主观的，而是客观的；它是意识得以从其中浮现的原始材料。

激进的经验主义促成了多元论：经验向我们展示了多样性、复杂性、对立面，而不是一个整块宇宙，不是绝对主义者或一元论者的彻底结构化的和谐体系，在其中，所有的差异和对立都得到了调和。此外，多元论的宇宙满足了我们的道德本性的要求，而绝对主义的宇宙却不能；多元论经由实用主义方法而被合理化。的确，一元论也不是纯粹理智的学说；对一元论的接受要以其结果为基础，它满足了一些人的美学和神秘的冲动。但它并没有说明我们的有限意识；它制造了关于罪恶的问题；它不能说明变化；并且它是宿命论的。多元论按照知觉经验的表面价值来接受它们，而现实的知觉之流，就在它们到来的时刻，在我们的自身的活动场景中提供了一种完全可理解的因果行为或自由意志的例证。世界为变化、新奇、无条件和偶然的事物提供了空间；这就是所谓的偶然论或机遇论。詹姆斯的多元论是淑世主义的；淑世主义在悲观主义和乐观主义之间寻求妥协：世界既非善亦非恶，但在其组成部分均戮力提升的前提下，世界是可以改善的。在社会类比之后，淑世主义的宇宙被构想为多元的独立的力量。这些向着成功的工作做得越多，淑世主义就会在多大程度上成功。如果根本没有一种力量发挥作用，它就将失败；如果各自竭尽全力，它就不会失败。在这样一个世界中，人可以自由地冒险以实现自己的理想。

有神论是唯一的可以满足我们的情感和意志本性的上帝概念。上帝是宇宙的
一部分，是一个富有同情心的强有力的助手，是伟大的伴侣，是与我们本性相同 606
的、有意识的、有人格的道德存在，我们可以与之交流，就像某些经验所显示的那样，比如突然的皈依。这种上帝观念与詹姆斯的淑世主义相协调。上帝并不像乐观主义者所设想的那样，是世界之善的保障者，而是我们对抗罪恶的努力中的强有力的盟友。因此，上帝是善的，但并非全能的；詹姆斯把上帝放到了有限主义的理论之下。可以肯定，这种神学假说是无法得到彻底证明的，但任何哲学体

系也都做不到；任何一种都根基于信仰意志之中。信仰的本质不是情感或理智，而是意志，相信那些不能被科学证明或反驳的事物的意志。

## 哲学心理学

詹姆斯的伟大著作《心理学原理》不仅仅是在狭义的科学意义上对于心理学的论述，同时也对有关心灵之本性和功能的更为宽泛的哲学问题有着重要的贡献。事实上，他的心理学是哲学心理学，或者关于心灵的哲学，在其分析精神生活的事实时，提出并提供了对于有关心灵、意识、自我和自由意志的主要问题的至少是尝试性的解决方案。詹姆斯坚信，内省，也就是心灵对其自身的内容和运作的反思性和反观性的检查，尽管不是心理学研究的唯一方法，却是心理学不可或缺的技术。它是心灵对自身的过程和活动的监察。詹姆斯相信，自我观察虽然很困难，但却是可能的，并且会产生科学有效的结果，而詹姆斯自己就是一位具有无与伦比的精确度和微妙性的内省者。但詹姆斯并没有想要用内省法取代心理学中的心理和实验方法。他的医学训练在他心中留下了意识对于身体——或者更为具体地说即大脑——条件的功能性依赖。他的心理学的基本假定是，“没有任何心理变化的发生会没有身体变化伴随或跟随”。[112] 因此，对于身体反应的实验测量而言，内省是一种补充，而不是替换。这就解释了那种明显的异常现象，即詹姆斯作为心理学内省方法的拥护者，为约翰·B.华生的行为主义学派铺平了道路，而华生却斥责内省为不科学和虚幻的东西，并单独倚重局限于行为的观察技术。

607 詹姆斯的内省法的发现的确是卓越的；他辨认出了要么被先前的心理学家完全忽略，要么就是仅仅被他们隐约意识到的那种意识现象。他的很多内省洞见不仅仅具有心理学的重要性，而且具有深远的哲学意义。詹姆斯的“意识流”概念，他的最具特色的洞见之一，与对于心灵本质的传统的心理学和哲学论述形成了对比，比如感觉主义和唯灵论。感觉主义或联想主义把心灵仅仅看成是离散观念的集合，它们以不同的方式结合并再结合。依照大卫·休谟的理论，心灵纯粹是一“束”印象和观念。詹姆斯没有接受这种解释，因为它没有能够正确地对待心灵意识生活的统一性。作为对立理论的唯灵论在意识过程背后设定了一个作为实体的心灵。在詹姆斯心目中，这种理论是蒙昧主义的牺牲品：对于这种原理来说，不存在经验或反省的证据。他提出了意识流学说作为那两种观点之外的另一种选择，将心灵看成是意识过程自身的统一，并在意识过程中统一。

[112]《心理学原理》，第一卷，第5页。

在他的著名文章《意识存在吗？》之中，詹姆斯特别用“不”回答了标题中提出的问题——也就是说，如果人们用意识指代某种实体或心灵物质的话。但是，如果人们用意识指称功能的统一性，那么，毫无疑问，它是存在的。怀特海在评价这篇文章时说，詹姆斯关于意识的新的功能性概念在哲学和心理学领域内引发了一场革命，足以与笛卡尔开创的现代哲学的“我思”概念相提并论。[113]

詹姆斯对于意志心理学的贡献的革命性不亚于其新型意识概念。意志在传统中被视为隐藏于心灵深处的神秘的能力，它的决定是随意的、不可测度的。詹姆斯对于这种功能心理学的蒙昧主义表示不信任；通过描述思维过程并将它们与意识生活的其他方面相关联，詹姆斯将意志大白于天下。意志不是孤立的现象，与意识的其他方面毫不相关；而是意识的普遍特征的特殊化，也就是说，所有的观念都倾向于化为行动，除非有竞争者和冲突观念阻止其实现行动。詹姆斯把观念产生运动的这种固有倾向取名为“意念发动行动”；每一个意志行为都是一个意念发动行动的例证。

意志的本质在于心灵将注意力聚焦到一个观念之上而排除其他所有观念的那 608
种能力。当实现了这一点的时候，外显的行为就自然会随之而出现。因此，意志自由就是心灵控制自身注意力的能力。詹姆斯相信，由于一些我们无须深究的原因，人类意志是自由的。但我们是否接受这一最终的结论，我们必须考察一下他对于——具有心理学启发意义并且为研究自由意志问题提供了语境的——意志行为的分析。詹姆斯对于意志的心理学阐述也非常重要，因为它给我们了其后期实用主义的一条线索。毫无疑义，詹姆斯经由其心理学理论的本质性的唯意志论而被引向实用主义。在他的《心理学原理》一书第二卷中一段著名的论述推理的段落里，为了取代对推理作严格的逻辑解释的贫瘠的形式主义和唯智论，詹姆斯提供了一种以睿智的方式对推理过程进行的心理学描述。推理是一种解决问题的形式，其目的在于使人适应环境。在其推理心理学中潜藏着詹姆斯自己对于知识的实用主义观念，和杜威工具主义的探索理论。

《心理学原理》，共两卷，1890年；《信仰意志》，1897年；《人类的不朽》，1898年；《与牧师的谈话》，1899年；《宗教经验种种》，1902年；《实用主义》，1907年；《真理的意义》，1909年；《多元的宇宙》，1909年；《哲学中的一些问题》，1911年；《记忆与学习》，1911年；《激进经验主义文

[113] 参见怀特海的《科学与现代世界》，第205页及其后。

集》，1912年；《散文与评论集》，1920年；（与C.G.Lange合著）《情感》，1922年；《哲学论文集》，1929年。

Horace M.Kallen编辑的《威廉·詹姆斯的哲学》（《现代丛书》）收有詹姆斯作品的选录；《宗教经验种种》可以在《现代丛书》中找到，而《心理学原理》现在有单行版本。可参看Henry James的《威廉·詹姆斯书信集》，1920年；R.B.Perry的优秀作品《威廉·詹姆斯的思想与特点》，1935年；R.B.Perry的《威廉·詹姆斯著作的注释目录》，1920年。

A.Menard的《威廉·詹姆斯的〈心理学原理〉之分析与批判》，1911年；J.Royce的《威廉·詹姆斯》，1912年；H.V.Knox的《威廉·詹姆斯的哲学》，1914年；J.S.Bixler的《威廉·詹姆斯哲学中的宗教》，1926年；R.B.Perry的《威廉·詹姆斯的精神》，1938年；J.M.Moore的《宗教经验理论》，1938年；A.A.Roback的《威廉·詹姆斯，其旁注、人格和贡献》，1942年。

## 第三节　杜威的工具主义和实验主义

约翰·杜威把自己的实用主义标示为“工具主义”或“实验主义”，并以这样的话语来描述其基本目的和方法：“实用主义是一种主要通过考察思想如何在对于未来结果的实验决定中发挥作用来构成一套关于概念、判断和各种形式的
609 推理的精密逻辑理论的尝试。”[114] 以工具主义形态出现的实用主义的基本特征在于它关涉到了结果。“‘实用主义’一词仅意味着一种将所有思维和所有反思都交付给结果以获得其最终的检测和意义的规则。”[115] 判断的意义是由判断所预期的结果构成的，其真理是由这些结果的实际证实确立的。因此，无论何种类型的判断——包括对于事实的范畴判断——将被构想为一套假说性判断，这些假说性判断包含了正被讨论的判断的预期结果：“一切陈述发现或确定的命题、一切范畴命题都将是假说性的，并且它们的真理将与它们的检验结果相一致……”[116] 在杜威看来，用来检验判断之真理和意义的结果并不限于那些产生情感和审美满足的事物；他的实用主义“没有因为情感满足或欲望作用的介入而复杂化”。[117] 一个命题尽管在情感上会与个体研究者不相宜，但却可以

[114]《观念史研究》，第二卷，第353—371页；重印出现于D. S. Robinson的《近期哲学选读》，第431—445页，还有D. D. Runes的《20世纪哲学》，第451—468页。

[115]《实验逻辑论文集》，第330页。

[116] 同上，第347页。

[117] 同上，第347页。

在工具或实验层次上为真。

杜威在早期的逻辑学论文中提出的工具主义理论依然存在于1929年的《追求确定性》一书中，并在出版于1938年的《逻辑学：探索的理论》一书中获得其最系统化的表述。在其中的第一部作品中，工具主义的立场是通过关于科学概念之意义的操作理论的语言表达出来的，这种操作理论是布里奇曼（P.W.Bridgman）提出的。杜威赞成并引用了布里奇曼的论点，即“我们的任何概念的意义不过是指一套操作；概念与相应的一套操作是同义的。”[118] 结合了关于概念定义的操作技术和实用主义对于结果的强调，杜威提出“依照执行的操作来定义观念的本质，并通过这些操作的结果来检验观念的有效性……”[119] 于是，操作主义就补充并加强了杜威早期实用主义理论的工具论和实验主义。杜威赞扬操作理论，说它第一次实现了“一种关于观念的经验主义理论，这种理论摆脱了感觉主义和先 610
验理性主义所强加的各种重负”，[120] 并且相信，从历史的角度考虑的话，操作主义成功地完成了康德曾经勇于尝试却又无果而终的经验主义和理性主义之间的调和。杜威饱含热情地描述了操作主义的成就，并将科学探索理论并列为“思想史上的三项或四项杰出功绩之一”。[121]

在其给人留下深刻印象的著作《逻辑学：探索的理论》一书中，杜威将他于40多年前研究逻辑理论的早期论文中第一次展现的逻辑研究推向了成熟。在这本书中，他回避使用实用主义一词，因为这个标签与太多的误解纠缠在了一起，但却在前言中这样说道：“被合理解释的‘实用主义’也就是结果之功能，它是对于命题有效性的必然检验，如果这些结果是在操作意义上制订的，并且能解决具体的问题（这些问题呼唤这些操作）的话，随后的文本彻底是实用主义的。”在这里，我们再次看到杜威把关于概念和命题意义的操作理论嫁接到了他的根本的工具主义之上，其结果是一个健康的逻辑有机体。逻辑的基本形式、法律和原理都在操作主义的背景下被解释为公理或约定。杜威拒斥理性主义者视基本的逻辑规律为先验原则的论断，认为“它们从本质上说就是探索的、同时也是为了探索的公设，是在探索过程自身中被发现的条件之体系，若是它们要产生出有保证的可断定性作为结果，就必须有更进一步的令人满意的探索”。[122] 作为公

[118] 杜威在《追求确定性》一书第111页中引用的Bridgman的话，参见其《现代物理学的逻辑》，第5页。
[119] 同上，第114页。
[120] 同上，第114页。
[121] 同上，第114页。
[122] 同上，第16页。

设或规定，逻辑规律与契约规律同样随意，“提前拟定进行某些商务活动的条例”。[123] 因此，对于逻辑原理所作的假定解释就把逻辑形式放置到了现实的经验背景的框架下，同时，也说明了理性主义理论所强调的制约的功能。

在强力改造旧有的哲学概念方面，杜威的工具主义与詹姆斯的实用主义同样激进。杜威不厌其烦地嘲弄传统形而上学和知识论的方法和结论，他认为，传统形而上学和知识论的目标是那隐藏于自然过程背后并超于自然进程之上的实在，并通过超越通常的知觉和推理模式的理性主义形式来研究那些实在。这些问题，
611 在他看来，是毫无意义的，因此，也不可能得到解决；在批判审查之下，它们就会消失。他反对通过与人类本性的认知方面进行类比来构建一个宇宙，作为处于固定关系中的固定元素之体系，无论这些固定元素是力学的、感觉的，或是概念的，并因此使得人类本性之所有其他方面——信仰、憎恶、温情——都变成单纯的附带现象、表象、主观印象，或是意识的效果；他也反对给予现实自我、具体情感、意志存在者和他们所效忠的信仰等一种纯粹的现象主义的解释；反对那种人类的奋斗已经永远得以实现的世界观，其过错已经永远被超越，他偏颇的信仰已经永远被理解，在这样的世界观中，需要、不确定性、选择、新奇和奋斗都没有位置。实在，在他这样的进化主义者看来，不是完全被给予的，根本不是现成的、固定的体系，甚至不是一个体系，而是变化的、增长的、发展着的事物。哲学必须宣布放弃研究绝对起源和绝对的目的性，以便研究使它们出现的具体价值和具体条件。唯一的可验证的且有成效的知识对象是造成这种研究对象的一组特殊的变化，还有从其中生出的结果。此范围之外的问题都是无法解答的——比如关于具体变化背后的全部本质，关于一劳永逸地塑造了万物的那种智能，或者是关于作为终极目的的善。进化主义哲学家所感兴趣的问题不是旧的本体论问题，而是现实的、鲜活的、道德的和社会的问题：具体的变化是如何服务于现实的目的或是挫败了现实的目的，甚至事物是如何在现在塑造具体的智能，如何实现正义和幸福的直接增长，对现存条件的智慧的管理可以获得这些正义和幸福，而当前的粗心或是愚蠢就会使之遭到破坏或减损。

这并不是说工具主义专注于形而上学之怀疑主义，并且我们发现，在杜威的后期作品中，尤其是在《经验与自然》（1925年）和《追求确定性》（1920年）中，存在着一种对于某种形而上学和本体论思辨之有效性的认可，甚至是一种自愿，尽管带有很多的保留，要进行认识论的推测。“自然主义的方法，如果一贯

[123] 同上，第17页。

地遵循，就会破坏曾经珍视的事物……但它的主要意义并不在于破坏；经验论的自然主义是一把除尘的扇子。”[124] 通过遵循经验论自然主义的方法，杜威发现经验与自然并不像源自笛卡尔的现代哲学传统所坚持的那样是隔离的，反倒是， 612
如果经验能够被智慧地使用、正确地理解，就可以提供一种揭示自然之实在的途径。经验与自然之间的二元分离使得身体精神问题成了一个“不解之谜”；在笛卡尔式的体系中身心问题的确是一个伪问题。当经验和自然的本质的连续性、个体自我和外界世界的本质的连续性被认可之后，身心问题就得到了解决。人的机体被置于其与自然的动态关系中加以审视，则自然与精神之间的关联，在思想和行动中，就变得完全可以理解。自然与精神之间的连续性并没有妨碍心理学和物理学研究的分工；然而，它的确帮助我们统一了心理学成果，另一方面也统一了物理学和生物学的成果。

在杜威看来，哲学必须成为道德和政治的诊断和预测的方法——世界在形成之中，我们必须参与这一过程。这样一种新的哲学要求我们改造思想理论，要求一种新的进化性质的逻辑，这种逻辑径直从作为**探索**的思想概念出发，从作为探索之条件的纯粹的外部存在出发。经过改造的思想理论将依照有效性、客观性和真理——既是真理之体系，又是对真理之检验——在探索活动中的实际作为和实际意义来构想它们。杜威在思想中发现了一个去除被给予之物和想要之物之间的冲突的工具——一个实现人类欲望、确保事物秩序的方法，它意味着满足、充实、幸福。这样一种和谐是思想的目的和对思想的检验：在此意义上，成功是思想的目标。当我们构造的观念、观点、概念、假说和信念成功了，确保了和谐与适应，我们就称之为真。我们不停地改造、改变我们的观念，直到它们成功为止，也就是说，我们使它们变得真，我们**核实**它们。观念的有效运作，其成功，即其真理。当人们说这种观念起作用的时候，就等于说它是真的。真观念的本质特征就是能够成功发挥作用，而观念的成功既不是其真理性的原因也不是其证据，而是真理本身：成功的观念即真观念。对于真理的检验或标准在于观念所带来的和谐的实在。每当一个观念在探索过程中得到检验并发挥好的作用时，现实的存在中就会产生变化，一种完善的或和谐的情景。然而，我们决不能把获取的存在同其过程分离。当一个观念以其给定的、与其过程分离的状态被接受时，它 613
既不是真理，也不是真理的标准，而只是与其他事物无分别的事实状态。

思想服务于人类目的，它是有用的，它去除冲突，满足欲望；而它的功用，

[124]《经验与自然》，第3页。

它的目的论，就是它的真理。换言之，人类意志教唆思想，因为思想是实现人类目的的工具。原子或上帝之类所谓的固定性——只在有意识的代理人和病人的需求、挣扎、问题和工具性中才会存在并有意义。我们拥有的宇宙中的确存在着的不确定性、怀疑以及其他的个人态度。

思想理论的改造也为自身带来了信仰原则。信仰——纯粹的、直接的、十足的个人信仰——作为起作用的假设重新在科学中出现。信仰是所有事物中最自然、最形而上的东西；知识是人类信仰的现实衍生物，用以得出信仰之意义和内在关系的有组织的技巧，并用以指导其形成和应用。因此，信仰改造并塑造了现实；而经验的有意识的存在者真正决定着存在。如果确实如此，就没必要害怕自然科学会侵略并破坏我们的精神价值，因为我们总是将价值转化为存在——社会和政治机构。杜威感兴趣的是一个由鲜活的发挥作用的个人构成的实际的、交际的世界。

进行探索的工具主义理论——将当代认识论者区分为唯心主义和唯物主义两大敌对阵营——使得大部分认识论核心问题变得毫无意义。杜威对笛卡尔式二元论的拒斥以及他对于自然与经验之连续性的坚持，几乎是以同样的方式颠覆了形而上学问题——尤其是与身心关系相关的问题——的整个巢穴，因此，拒绝在认识主体和被认识客体之间作出截然分判就阻断了认识论中存在于实在论者和唯心主义者之间、亲接主义和表现主义者之间的各种问题。早在1917年，在他为《创造的智慧》——美国实用主义者发表的合集——所撰写的文章中，杜威认为使得认识论者分裂的问题都是伪问题，起源于他们一开始就在知识中对主体和客体所作的区分。在杜威看来，“现代哲学的主要流派，不同类型的唯心主义，各种各样的实在论，所谓的常识二元论，不可知论、相对主义、现象主义都是在主体与客体的一般关系周围成长起来的”。他进而追问：“哲学家们应该从他们试图确
614 定对各种问题之答案的相对价值的努力中转向对持有这些问题的权利的思考，难道不正是时候吗？”[125] 关于感觉材料之主观性或客观性的认识论问题，知觉的直接或是表现特征，都起源于一个错误的假设，即意识外在于自然，作为一个超然的旁观者在观察自然。杜威也猛烈攻击感觉主义和其他很多形式的新实在论所共同持有的关于感觉材料之原子性的学说。为了某些目的对感觉材料进行分析是合理的，但是，如果理论从原子性感觉出发而不是从事物之普通知觉出发，就会滋生人为的不可解决的问题。工具主义并不是一概反对重要的认识论探索，假设说这样的探索的出发点是“日常经验的对象，是我们生活于其中的世界的现实事

[125]《创造的智慧》，第34页。

物，从我们的实际事务的角度看，我们的欢乐和痛苦构成了我们生活于其中的世界”。[126] 从日常经验之客体出发，杜威描述了我们藉以进入原子和电子之类的科学对象的推论；将存在和属性归于这样的科学对象只不过是在对特定条件下所需要的知觉进行预测而已。杜威采取了操作主义解释来处理关于物理对象的陈述，因此就阻断了关于知觉客体与物理或科学对象之关系的令人困惑的认识论问题。

世界在形成之中，并且将来也仍在形成之中，我们按照自己的目的塑造世界，在此过程中，有意识的个体存在者的思想和信仰起到了积极的作用。需要记住的是，在杜威看来，认知并不是唯一真实的经验模式。所有事物都是作为存在被经验到的东西，任何经验都是事物。事物是作为被认知之物被经验到的，但它们也在审美、道德、经济和技术的层面上被人经验；因此，给予某物一个公正的描述就是要说明那种具体事物被经验为何物。这就是亲接经验主义的基本公设——杜威的与詹姆斯的激进经验主义的对等物。如果我们要发现一个哲学概念——主观、客观、物理、心理、宇宙、原因、实体、目的、活动、罪恶、存在、量——的意义，我们必须去经验，去弄清楚被经验到的是什么。个体人不仅仅是一个认知者，同时也是一个感情的、冲动的、意志的存在者；反思的态度是由意志引起的，意志是自我的基本的和主要的方面。

《心理学》，1887年；《莱布尼茨的〈新论〉》，1902年；（与J.H.Tufts合 615
著）《伦理学》，1908年；《达尔文对哲学的影响》，1910年；《我们如何思想》，1910年；《德国哲学和政治学》，1915年；《实验逻辑文集》，1916年；《民主与教育》，1916年；（与其他实用主义者合著）《创造的智慧》，1917年；《哲学中的重构》，1920年；《经验与自然》，1925年；《追求确定性》，1929年；《哲学与文明》，1931年；《作为经验的艺术》，1934年；《人之本性与行为》，1935年；《逻辑学：探索的理论》，1938年。

J.Ratner编辑且带有导读的《现代世界的智慧：约翰·杜威的哲学》，其中有杜威作品之选段，1928年；M.H.Thomas的《约翰·杜威文献目录，1882年—1939年》；D.T.Howard的《约翰·杜威的逻辑学理论》，1918年；W.T.Feldman的《约翰·杜威的哲学》，1934年；S.Hook的《约翰·杜威》，1939年；P.A.Schilpp（编辑）的《约翰·杜威》（在世哲学家丛书），1939年；S.S.White的《F.C.S.席勒与杜威哲学之比较》，1940年；G.M.White的《杜威工具主义的起源》，1943年。

---

[126]《追求确定性》，第195页。

# 第七十八章
# 柏格森的直觉主义

## 第一节 理智与直觉

本世纪反唯理论运动中最有趣也最受欢迎的人物就是亨利·柏格森（1859年—1941年），他的作品就像威廉·詹姆斯的作品一样，在学术圈子之外赢得了大批的志趣相投的读者。面对浪漫主义者、实用主义者和神秘主义者，柏格森宣称科学和逻辑没有能力洞察终极实在；在生命和运动面前，概念思维孑立无助。科学只能够理解那些凝结于死寂之中的事物，即创造之废弃物，它是静止的，是逃脱了时间和变化的惰性之残渣，关于这些事物，我们能够作出预见。然而，理智的活动并不是没有目的的；就像实用主义者所宣称的那样，理智是服务于生存意志的工具。但在柏格森看来，却不止于此，实用主义只是半面真理。概念思维适合于在死寂的静态世界中运用，即机械力学所统治的惰性物质世界，在这里，它取得了伟大的胜利。在没有个体性、没有内在性而只有死寂表象的地方，科学和逻辑就具有实践和理论的双重价值。然而，当它们的活动拓展到一切事物皆在运动、生长、变化、生存的世界中时，它们就会残损并歪曲实在。受挫于无限的多样性和变化的形式，并将涡旋之流看作是幻象，理智就构建出一个僵硬的、瘦削的髑髅框架，将此作为真正的实在以取代令其不安且不悦的时间之延续。它始终要在流动之中读出静态因素、永恒实体和原因，把不能整合入逻辑体系的东西
616 看作单纯的表象而加以忽略。科学之理想乃是一静态世界；它将流动的时间转化为空间关系：因为它的延续、运动、生命和进化都是单纯的幻象；它使得一切都被机械化。生命和意识不能在数学、科学和逻辑层面上加以研究；以普通的数学物理方法分析并研究它们的科学家，会肢解它们、破坏它们，并错过它们的意义。形而上学家不能为我们给出关于它们的科学知识；哲学是、并且要保持是对于实在的直接洞察，是真正意义上的*世界观*，即直觉。直觉即生命，当下而且真实——直视自身的生命。宇宙中存在一种与诗人之创造精神类似之物，一种鲜活的推动力量，即*生命冲动*，它回避数学智慧，只能为一种神圣的同情感所欣赏，一种比理性更为接近事物本质的情感。哲学就是在其过程中、在生命冲动中把握

或理解宇宙的艺术。直觉是类似本能的东西——一种有意识的、升华的、精神化的本能——而本能比理智和科学更为接近生命。我们只能通过直觉的功能来理解实在、“变化”、内在的“绵延”，以及生命和意识。只有为了观察而观察，而非为了行动而观察，绵延才会呈现自身。其本质是心理性质的，而非数学的或逻辑的。一种充分的哲学必须公正地对待理智和直觉，因为只有在这两种能力的联合中，哲学家才能成功获得真理。

## 第二节　形而上学

柏格森在理智与直觉、科学与哲学之间所作的严格区分是以其带有二元论色彩的形而上学为基础的。物质是一种没有记忆的庞大机器；心灵或意识是本质上自由且本质上具有记忆力的力量，一种创造的力量，其功能在于把过去累加到过去之上，就像滚雪球一般，并在每一个绵延时刻都利用过去来组织新的事物——这是真正的创造。意识不仅仅是部分彼此间相续之组合，而且是没有重复的不可见的过程；它是自由的创造过程。从原则上讲，意识存在于所有的有生命物质之中；的确，生命不外乎是意识为着自身之目的而使用物质而已。一个生命存在就是一个不确定性和不可预见性的贮存库，是可能行为或可能选择的贮存库。生命利用了物质的一定的伸缩性，潜入惰性物质所提供的任何无限微小的不确定性，
并使之有利于自由。动物通过产生一些无限小的火花来执行一些自愿的运动，这 617
些火花激发了贮存在生理系统中的潜在能量。

意识是不断创造和增殖的行为，而物质是不断自毁和消耗的行为。物质构成世界和利用物质的意识都不能通过自身得到解释；物质和意识有着共同的源头。我们星球上的全部生命都是这种本质的创造力量跨越物质以到达某物的努力，此物只能在人之中得以实现，甚至在人那里也只能不完满地实现。为了组织物质并使之成为自由的工具，意识陷入了自身的困境之中：自由被自动性和必然性跟随，最终窒息而死。对于人类自身而言，这条锁链已被打破；因为人的大脑可以用另外一种习惯来反抗积习已久的习惯；它设置反抗必然性的必然性。当我们的行动是从自己的全部人格出发的时候，我们就是自由的；因此，真正的行为自由在我们的生活中是很少见的。

物质既起到了障碍的作用，也发挥了刺激的作用，使我们感受到我们的力量，也使我们能够加大这种力量。每当我们的行动得到充分施展时，欢乐——而非快感——是通知我们的符号，是生命取得胜利的显著信号；哪里有欢乐，哪里

就有创造。人类生命的最终原因是所有人均可同等地每时每刻追寻的那种创造活动，是自我对自我的创造，是通过令其从自身涌动出来，而非从外部索取而来的元素来不断地丰富自己的人格。经由物质而向意识的过渡注定要使起初混乱的潜能或倾向精确化——以明确的人格的形式出现——同时，允许这些人格检验他们的力量，并通过自我创造的努力来增加力量。但意识也是记忆，它的一个本质功能就是积累并保存过去；在*纯粹*的意识中，过去的一切都不会丢失，一个有意识的人格的全部生命就是一个不可分割的连续性。这使我们设想到：这种努力会持续到生命之外。也许只有在人那里，意识才是不朽的。

在柏格森的最后一部重要作品《道德和宗教的两个来源》中，人类之道德和宗教本性被加以描述，具有深刻的洞察力。作为理智与直觉的对立出现在柏格森知识理论中并作为机械力与生命力的对立出现在其形而上学之中的动态和静态的对立，同样也贯穿在他对道德和宗教的研究之中。第一种类型的道德依赖从
618 社会结构中得来的义务和社会因素施加于彼此的压力；第二种类型的道德是创造性的道德，是人的道德天才和洞见的表达。“在第一种道德和第二种之间存在着静止与运动之间的全部距离”。[127] 最后，在宗教领域，柏格森在作为人类心灵的神话创造活动之产物的静态宗教和具有本真的神秘洞见的动态宗教之间作了平行区分。柏格森哲学的所有方面都渗透着这一基本的动态与静态之间的对立。

《时间与自由意志》，1888年，F.L.Pogson译，1910年；《物质与记忆》，1896年，N.M.Paul和W.S.Palmer译；《笑声》，1900年，F.Rothwell译；《形而上学导论》，1903年，T.E.Hulme译，1912年；《创造进化论》，1907年，A.Mitchell译，1911年；《精神-能量》，1919年，H.W.Carr译，1920年；《道德和宗教的两个来源》，1932年，R.A.Audra和C.Brereton译，1935年；《创造的精神》，1946年（录有论文和散文的译文）。A.D.Lindsay的《柏格森的哲学》，1911年；J.Stewart的《柏格森哲学的批判解说》，1911年；G.R.Dodson的《柏格森与现代精神》，1913年；H.M.Kallen的《威廉·詹姆斯与亨利·柏格森》，1914年；H.W.Carr的《亨利·柏格森》，1912年；E.Le Roy的《亨利·柏格森的新型哲学》，V.Benson译，1913年；D.Balsillie的《伯格森教授哲学之审查》，1912年；H.W.Carr的《变化的哲学》，1914年；G.W.Cunningham的《柏格森哲

[127]《道德和宗教的两个来源》，第47页。

学研究》，1916年；G.W.Peckham的《柏格森哲学的逻辑》，1917年；J.A.Gunn的《柏格森及其哲学》，1920年；J.Solomon的《柏格森》，1922年；K.Stephen的《精神之滥用》，1922年；C.Nordmann的《时间之专横，爱因斯坦或是柏格森？》，1925年；J.Chevalier的《亨利·柏格森》，1928年；J.A.MacWilliam的《柏格森哲学批判》，1928年；A.Szathmary的《柏格森的美学理论》，1937年；S.E.Dollard的《柏格森式的形而上学与上帝》，1940年；B.A.Scharfstein的《柏格森哲学的基础》，1943年；N.P.Stallknecht的《柏格森创造哲学研究》，1934年。

# 第七十九章
# 德国现象学的发展

现象学是过去50年中德国哲学界最具影响力的运动。现代现象学的前身主要是唯心主义。这种理论从笛卡尔的系统怀疑方法以及笛卡尔对于自我和自我活动的分析中得到了不少启发；从康德对于现象世界的结构和组成的分析中，以及从黑格尔的精神现象学中都得到了不少启发。然而，虽然在对经验的分析及其标志性方法方面，现象学受惠于这些唯心主义思想家的地方颇多，但它的认识论和形而上学理论却显示出源自于柏拉图主义的彻底的实在论倾向。德国现象学将现象 619
分析和经验描述与逻辑本质理论结合了起来。

## 第一节　布伦塔诺的意向性心理学

现象学中心洞见的最直接来源就是佛朗茨·布伦塔诺（1838年—1917年）的心理学。布伦塔诺的著作《从经验主义立场出发的心理学》（*Psychologie vom empirischen Standpunkt*，1874年）——通过在思想的心理起源与思想的逻辑或认识论的意义和有效性之间进行严格区分——为后来的现象学铺平了道路。对于心理起源问题的排他性关注——源自休谟的大部分英国经验主义心理学的特点——犯有“心理主义”的过错。依照布伦塔诺的用语，真正的“经验主义”心理学关心的不是意识内容的起源，而是在精神关照到客体的地方对心理行为进行分析和描述。布伦塔诺心理学的中心概念是从经院哲学的资源中衍生出来的，即意向性指称；依照他的心理学，精神的本质性和规定性特征就是心理活动指向超越于自身的某物的能力。我们的思想始终是对某物的思想。精神越出自身的指称能力是其本质的和固有的能力之一。布伦塔诺的心理学在很大程度上局限于对精神指称功能的描述；他并没有从事更为雄心勃勃的审视意向性指称"对象"的工作。现象学的客体性理论的展开发展，是梅农和胡塞尔的成就。

除了他的那本有影响力的《从经验主义立场出发的心理学》（1874年）一书，布伦塔诺的作品还有《伦理认识论的起源》（1884年）；《论哲学的未来》（1893年）；《哲学的四个阶段》（1895年）。

## 第二节　梅农的客体理论

A.梅农（1853年—1921年）是布伦塔诺的学生，他在修改了布伦塔诺的意向性理论之后，提出了"关于客体的理论"（Gegenstandstheorie）。在梅农的包含一切的意义上，客体即可意向或可想象的事物，在其客体理论中，他给自己设定了研究并区分不同种类的客体的任务。具体的存在物——数目、桌子、椅子和书籍等——构成了一种客体。因为这些是我们日常实际关注的对象，我们倾向于单独把它们看作是实在的，并把其他一切思想的和想象的对象全都贬谪到非实在的
620 地狱之中。梅农为这种"青睐现实事物的偏见"感到悲哀，这种偏见使得很多哲学家把实在和存在等同起来。有一组非存在的客体是观念的对象，比如关系和数字等，它们在逻辑和数学中被加以研究。"3是存在于2和4之间的整数"，是一个潜存的客体，"2""3""4"这样的数字均是如此。除了观念的或潜存的实体之外，还有另外一组非存在的客体——想象的诸如"金山"甚或"方形的圆"之类对象。这样的客体不仅具有某种类型的存在，并且我们可以研究它们的性质，甚至形成有关它们的真实陈述。

梅农使用"客观性事物"这一专门术语来标志一种特殊类型的客体，即那些在判断和命题中呈现的事物。"太阳明天会升起""4大于3"都是"客观性事物"，而"太阳""4"和"3"则是客体，而不是"客观性事物"。客观性事物和客体的不同关键在于前者有真伪之别。依照梅农的理论，客观性事物可以带着不同程度的确信而被肯定或否定，或者也可以仅仅被假定或假设，而无须关涉其真伪。我们的陈述和判断指称客观性事物的理论，通过G.E.摩尔和B.罗素对英美哲学产生了相当的影响。梅农的客观性事物，附上某些条件，就成了

罗素所谓的命题。

梅农关于客体和客观性事物的理论处在柏拉图式的型相理论和中世纪的共相学说的传统之中。通过将实在性归于潜存的和其他非存在的客体，梅农将自身置于实在论者的阵营之中。然而，他的实在论学说与典型的柏拉图主义有着重要的区别。与柏拉图不同，他并没有截然区分知觉和理智，而是倾向于将二者同化到一个框架中来。他的客体理论不是本体论；他的主要关注点也不是给潜存的客体一种独特的本体论地位；而是要描述不同种类和不同等级的客观性。他的哲学的总体气质属于现象学而非本体论。

梅农的作品包括《对价值理论的心理学-伦理学研究》，1894年；《论假说》，1902年；《关于客体理论和心理学的研究》，1904年；《全集》，共三卷，1914年。

J.N.Findlay的《梅农的客体理论》，1933年，是对梅农哲学的全面而又出色的介绍，并特别强调了影响B.罗素和G.E.摩尔的那些理论。

## 第三节　胡塞尔的现象学 621

现代现象学的先驱是布伦塔诺和梅农，它的真正奠基人是埃德蒙·胡塞尔（1859年—1938年）。胡塞尔为自己设定的任务是用一般术语来描述纯粹现象学这一新科学中的主题内容和方法；他还进行了不少细致深入的现象学研究。现象学是对现象的研究——也就是说，经验中发现或展现的事物。现象是与主体照面的任何事物，没有丝毫暗示，比如像康德所认为的那样，视现象纯粹是基本实在的表象。因此，现象学不能与现象主义混淆——现象主义把我们的知识局限于一种不可通达的实在的现象性表象。在《逻辑研究》（*Logische Untersuchungen*，1900年—1901年）的第1版中，胡塞尔把现象学科学定义为对于主体过程的描述，因此使得现象学在主题内容方面与心理学并行存在；两门科学的区别唯独在于心理学试图用因果性和发生性的术语来描述现象，而现象学仅仅依照其被呈现的模样来描述和分析现象。现象学作为对主体现象的描述性分析，独立于所有的哲学或认识论的前提或信念，被胡塞尔所推崇，并被他看作是其他所有科学的不可或缺的序曲。胡塞尔把纯粹现象学当作是必要的准备性科学，颇似亚里士多德将逻辑学视为基础性科学。

现象学是主体性的，因为它的研究一开始就以笛卡尔的方式指向自我和自我的表象。胡塞尔在笛卡尔的《沉思》中发现了纯粹现象学研究方向中的第一个停顿步骤。然而，现象学在心理学或心理主义的意义上却不是主体性的。现象学的主题内容不是洛克或贝克莱所肯定的心理观念的领域，而是在经验中与自我照面的理想意义和普遍关系。胡塞尔猛烈攻击流行于很多同时代人之中的“心理主义”，包括Stumpf和Lipps；他反对将逻辑还原为心理学的努力。胡塞尔坚持对于经验中的理想关系因素进行理性探索的自主性。现象学是限于心理学且独立于心理学的哲学性科学，然而，它并不排斥合理的心理学研究。胡塞尔反对心理主义的争辩仅仅针对以心理学取代逻辑学和现象学研究的狂妄宣言——并不反对作为特殊的事实科学的心理学。

622 现象学方法的一个本质特征就是其对于我们经验的事实方面进行“加括号”或“取消”的技术，目的是将我们的注意力集中到本质的、理想的方面——哲学研究的合宜的主题内容。现象学家关心的不是特殊事实本身，而是闪耀在特殊事物之中的理想的本质。胡塞尔经常使用“悬置”（中止判断）来指称对于经验的事实性的清洗；关于存在，典型的现象学态度包括对于有关意识表象——无论是物理的或心理的——的判断的初步悬置。现象学对于存在的“加括号”或者“取消”是一种方法论的态度，必须被贯彻始终以确保对于经验的本质构成的研究。数学为持续应用现象学的技术提供了典型的例证；纯粹数学把我们对于空间和量的经验中的事实和存在方面系统性地加上括号，并将注意力排他性地集中到理想的关系之上。胡塞尔说，现象学也像数学一样，是“纯粹可能性的科学，必须在任何地方都走在关于真实事实的科学前面。”[128]

现象学的分析和描述是在同理想的实体打交道，这种理想实体在我们取消了事实性或是为其加上括号之后才与我们照面的。于是就会出现这样的问题，即这些现象学研究的理想对象是否为柏拉图式的共相。胡塞尔的回答是否定的：他拒绝通过将这些理想之物实体化或实存化以使自己忠于柏拉图式的实在论。相反，像梅农一样，他在解释现象学研究中的客体时援用了意向性指称的理论。意向性（Intentionalität）是主体性意识过程的固有特征，他们借以指称客体；现象学研究的客体是意向性客体。除了他们所观察到的纯粹的事实之外，现象学家并不承诺要给予这些客体任何本体论地位。从现象学的角度看，重要的不是理想对象的地位，而是这样的对象将在其相互关系中被研究的事实；这样的描述性分析的结果是有强制性的，且是可传播的。因此，他们就拥有唯一一种客观性，此客观性

[128]《观念：纯粹现象学总体导论》的作者前言，第13页。

对于真正知识的目的来说是必要的或是需要的。胡塞尔和他的追随者进行了很多细致而又重要的现象学研究，其中很多研究过于技术化，无法在此重现。现象学 623
运动在德国经由席勒、盖格尔、海德格尔和其他人而得到发展，并且能够在移植到英美的土壤上之后继续存在，这些都证明了现象学的活力。

《算术哲学》，1891年；《逻辑研究》，1900年—1901年；改版于1913年—1921年；《纯粹现象学的观念》（W.R.Boyce Gibson以《观念》为题英译于1931年，录有胡塞尔所作的前言）；《形式逻辑和超验逻辑》，1929年；《笛卡尔式沉思》，1932年；《经验和判断》，1939年；《大英百科全书》第14版，“现象学词条”，1927年编辑。

参看E.P.Welch的《埃德蒙·胡塞尔的哲学》，1941年，包含了一个不错的文献目录；Marvinarber于《20世纪哲学》（D.D.Runes编辑）上发表的论述“现象学”的文章，1943年；《哲学辞典》（D.D.Runes编辑）中论述“现象学”的文章，1942年；Marvinarber的《现象学的基础》，1943年；《胡塞尔纪念文集》（Marvinarber编辑），1943年；还有《哲学和现象学研究杂志》。

# 第八十章 近代英国实在论

## 第一节　G.E.摩尔

英国实在论的开端在很大程度上要归功于剑桥哲学家G.E.摩尔（1873年—1958年）的那篇题为《反驳唯心主义》的富有活力并且具有高度原创性的文章，此文于1903年发表在哲学杂志《心灵》之上。（这篇文章收录于摩尔的《哲学研究》一书中。）在这篇文章中，摩尔追随德国现象学家梅农的步伐，摩尔在察觉的行为和察觉的客体之间作了区分，并依照这种区分，阐述了他对于贝克莱类型的唯心主义的尖锐的反驳，并勾勒出了他自己的实在论的认识论。他认为贝克莱由于未能在认知行为和被认知对象之间作出严格的区分，而错误地得出结论说客体只在其被认知的意义上存在。在论证任何知识的客体——以对于蓝色的感觉为例——只在被知觉时存在之时，贝克莱犯了混淆的错误，未能在作为有意识的感觉行动的感觉和作为被感觉到的客体的感觉之间进行区分。可以肯定，对于蓝色的感觉是一个有意识的或心理的行为，它只有在我们有意识的时候才存在，但是，被感觉到的蓝色却是感觉的“客体”，完全可以在不被感觉和不被知觉的情况下存在。摩尔说：“因此，我们在每一种感觉中都拥有两个相区别的因素，其一我们称之为意识，另一我们则称之为意识之客体。”[129] 在运用到感觉之上
624 时，贝克莱将存在等同于被感知的貌似合理行为起因于“感觉”一词的模糊性，它既指感觉行为，也指被感觉的客体。感觉行为在内省中常常被忽略，因为它是“半透明”或透明的；很容易审查蓝色，却很难去内省对于蓝色的感觉。如果我们把蓝色的存在看作是与蓝色的意识或蓝色感觉的存在截然不同的东西，“我们就能够并且必须设想，蓝色可以存在，而蓝色的感觉并不存在”。[130] 蓝色作为一种感觉的客体可能在不被感觉的情况下存在；它的存在不是被感知。摩尔随即承认，通过在有意识的感觉和感觉客体之间进行区分来反驳支持贝克莱和其他形式的唯心主义的本质的和必要的论证，他并没有驳倒唯心主义；唯心主义的立场很有可能是正确的，尽管它的基本论证是错误的。但是，摩尔对于存在即被感知的反驳破坏了唯心主义立场的主要基础，这种唯心主义立场为贝克莱所推动，并被费希特、叔本华、布拉德雷、罗伊斯和其他唯心主义传统中的人物变相地加以重复。摩尔的反驳的否定性成就为他的建设性实在论清理了道路，也为英美的整个实在论运动提供了动力。

作为一种有建设性的认识论立场，实在论断言知识的对象区别于并独立于察觉活动；察觉的对象，“当我们察觉它时，毫厘不爽地是它所是的样子，即使我们未曾察觉”。[131] 摩尔应用于感官知觉的建设性实在论在一篇论“感觉材料的地位”的文章中得到了清晰的阐述，此文发表于1914年。在这篇文章中，他提出了感觉材料——或者，他倾向于称其为“可感材料”——“是否在它们完全不被经验的时候也依然存在”。[132] 他回答说，有理由相信，某些类型的可感材料——也就是那些在我们日常清醒经验中被经验到的材料，而不是事后印象、记忆和想象的那种感觉类型，如梦和幻觉等——事实上有可能在没有任何感知者在场的条件下存在。[133] “有大量的可感材料随时存在着，却完全没有被经验到，

[129]《哲学研究》，第17页。
[130] 同上，第19页。
[131] 同上，第29页。
[132] 同上，第180页。
[133] 同上，第181页。

但是（它们仅只是）受到严格局限的那种可感材料，也就是说，如果拥有某种构造的身体处在一种非给定的物理条件下，就能够在合宜的感觉中经验到这些可感材料。”[134] 这是对于实在论论点的清晰明白的表述，应用到重要的尽管是受限制的一类客体之上——即颜色、声音、味道、气味和其他普通的感官知觉材料。 625

接着，摩尔迈向了更为费解的关于可感材料或感觉材料如何与物理客体相关联的问题。物理客体是指硬币之类的事物，从上方看是圆形的，从其他的角度看则是椭圆形的，被认为有里边和外边之分。摩尔采取了这样的立场，即由之以知觉到硬币的可感材料或感觉材料，能够在不被感知的情况下存在，而物理客体却没有这样的独立地位。硬币作为物理客体，只能在下述意义上不被感知而存在：“在某些条件得到满足的情况下，我或其他任何人都应该直接把握到某些其他的可感材料。”[135] “很明显，在这种观点下，尽管我们可以说在我看到它们之前，硬币就是圆形的等等，但所有这些表述，若是为真的话，就必须在匹克威克式的意义上加以理解。”[136] 为了以一种假定的匹克威克式的方法来阐释关于物理客体的命题，摩尔已经在很大程度上削弱了应用于感觉材料的那种原初的实在论。的确，他的实在论几乎完全是洛克立场的倒转，在有关物理客体的实在论中结合了感觉性质的主观性。摩尔关于物理客体的实在论，如他在其他文章中所暗示的那样，是对于穆勒所持的那种观点的重新肯定，穆勒把物质描述为“知觉之恒常的可能性”。[137]

《伦理学原理》，第2版，1922年；《伦理学》，1912年；《哲学研究》，1922年（收录有《反驳唯心主义》）。

## 第二节　伯特兰·罗素

罗素（1872年—1970年）的新实在论表现出了G.E.摩尔关于感觉材料和物理客体的理论的影响，也显示了梅农关于客体理论的逻辑实在论的影响。在他漫长的哲学生涯中，罗素的立场经历了很多的变化，但某种实在论是其一贯主题，存在于他从《哲学问题》（1911年）到《人类知识》（1948年）的所有著作之中。像摩尔一样，罗素在《哲学问题》一书提出的知觉理论中，区分了作为有意识的经

[134] 同上，第182页。
[135] 同上，第189页。
[136] 同上，第190页。
[137] 同上，第224页。

验的“感觉”和我们察觉到的感觉材料：“因此，每当我们看到颜色，我们就有关于颜色的感觉，但颜色本身是感觉材料，而不是感觉。”然而，在摩尔把感觉材料解释成能够不被感知而存在的公共客体的时候，罗素却将它们描述成私下的客体，因为它们只能够向一个人显示为当下在场，[138]并且认为它们只能在被感
626 知的时候存在。“颜色，”罗素说道，“在我们闭上眼睛的时候就停止了存在，如果我们把手从与桌子的接触中移走，硬的感觉也随即消失……”[139]与摩尔不同，在感觉材料方面，罗素接受了唯心主义的论证；它们的存在即被感知。“贝克莱在处理构成我们对于树的知觉的感觉材料时，认为它们具有或多或少的主观性是正确的，因为这些感觉材料在多大程度上依赖于树，也就在多大程度上依赖于我们，如果树没有被知觉到，它们就将消失。”[140]但他与贝克莱的相同之处也止步于此，因为我们主观的感觉材料调停了我们对于物理客体的知识，而物理客体拥有独立于知觉行为的实在论地位。那么，接受感觉材料之外的物理客体的根据是什么？罗素承认，我们永远无法证明处于我们的感觉材料之外的物理客体的存在，然而他将物理实在论作为用以解释普通的感官知觉的最简单的假说接受下来。“每一个简单原则都促使我们采取自然的观点，即我们和我们的感觉材料之外确实还有客体存在，它们可以不依赖我们对它们的知觉而存在。”[141]

在《哲学问题》一书中，罗素把他的实在论拓展到了物理客体之外的共相，并因此将物理实在论与逻辑实在论结合起来。通过断定诸如白色这样的质性共相和平等之类的关系共相为超心理的实在，他推出了一种与柏拉图的型相或理念理论类似的共相理论。共相是既非存在于心理世界、亦非存在于物理世界的真正实体，然而具有潜在的或逻辑的地位。罗素声称，心灵对共相有直接的认识或知觉，这样的知觉为我们的先验真理的理性知识提供了基础。“所有的先验知识全都是在处理共相。”[142]比如，算术命题“2加2等于4”就是一个关于——共相“4”和作为共相复合体的“2与2的整体”之间的——对等关系的真理。在罗素看来，他的逻辑实在论有着一个直觉基础，因此，比其仅仅作为假说推出的物理实在论有着更为坚固的根基。

1914年出版的《我们对于外部世界的知识》一书也以《哲学中的科学方法》

[138]《哲学问题》，第32页和第213页。
[139] 同上，第32页和第213页。
[140] 同上，第64页。
[141] 同上，第37页。
[142] 同上，第162页。

为题出现，罗素在好几个重要的方面改造了《哲学问题》中的认识论的实在论。他保留了早时对于知觉知识三要素的区分：（1）“意识”或心理察觉行为，（2）我们察觉的“感觉材料”或“感觉客体”，还有（3）通过对感觉材料的沉 627
思而认识到的知觉对象。“可感对象”并不是桌子这样的东西，而是当我观看或触摸桌子时瞬间察觉到的颜色块或感觉。罗素已经不像他在早期作品中那样坚信这一假说，即独立的物理客体是最简单的，因此也是真实且正确的观点；他现在将知觉客体，比如被知觉到的桌子，仅仅看作是建立在——同时或不同时刻呈现给固定的观察者或者不同的观察者的——关于桌子的各种不同表象的基础之上的“逻辑建构”：“事物的所有方面均为真，而事物却只是一个逻辑建构。”他为其假说性的建构理论所作的唯一声明是“不存在反驳此信念之真理性的基础，但我们也没有得出任何正面的根据来支持它”。[143] 罗素视物理客体为逻辑建构的理论与彭加勒的约定主义有着显见的亲缘关系。

在于1921年出版的《心灵的分析》一书中，罗素在美国新实在论的影响之下，发展出了自己的认识论立场，在此立场之下，他早期作品中的纯粹意识行为完全被取消，而“感觉材料”或“可感对象”——现在通常被称为“感觉”——被作为真实的方面或视角景象来处理，构成了物理和心理的客体。“感觉”是中性的实体——也就是说，它们既非物理的亦非心理的——作为某一类别或集合的组成部分，它们构成了物理客体，当其归属于另一集合时，又构成了心灵。他说：“感觉为心理世界和物理世界共有；它们可能会被定义为物质和心灵的交叉点。”[144] 上述引文中总结的理论可能会被描述成中性一元论；实在的终极构成部分全都属于一种（一元论），并且既非精神的亦非物理的（中性主义）。个体心灵是中性实体的某种选择；物理客体则是另外的选择。当心灵客体和物质客体出现重叠或部分等同的时候，知识就发生了。因此，在知觉中，物理客体的某种中性视角景象的构成部分也是我们经历的构成部分；在一种背景下它们可能被称为“心理的”，在另一种背景下则被称为“物理的”。有“两种为具体事物归类的方式，一种是归为‘事物’或‘物质的碎片’，另一种是归为‘视角景象’的序列，每一个序列都是可被称为‘经历’的东西”。[145] 比如，“当我
注视星星的时候，我的感觉是：（1）一组具体事物的成员，是星星，并与星星 628
的所在位置有关；（2）一组特殊事物的成员，是我的经历，与我所在的位置有

[143]《我们对于外部世界的知识》，第99页。
[144]《心灵的分析》，第144页。
[145] 同上，第124页。

关”。[146] 与罗素的中立一元论相关的认识论立场完全是实在论的，因为现在是我经历之组成部分的给定视角景象继续作为物理客体之视角景象存在着，即便是在没有被我或者其他任何观察者经验到的时候。

在罗素《探求真理和意义》一书中提供的那种实在论里面，几乎找不到一点《心灵的分析》一书中的视角景象实在论的踪迹；而是与他最早的认识论作品中的表象实在论更为接近。他的讨论依然把关注的重心放在了我们的“视角景象经验”，比如“看到太阳”或“看到一只猫”，与相关的物理客体之间的关系的问题之上。“我们有不止一种‘看到太阳’的经验；依照天文学来看，有一大团炙热的物质是太阳。那么，这一团物质与所谓的‘看到太阳’的事件之间的关系是什么？”[147] 太阳和“看到太阳”之间存在着因果关系，并且两者之间被认为具有相似性：“太阳在我的视觉空间中看起来是圆的，并且在物理空间中是圆的。”[148] 造成我的视角景象经验并且可能与其相似的那种物理客体的存在，是以归纳推理为基础的。“因此，我们有根据认为……当我‘看到一只猫’的时候或许就存在着一只猫。我们不能比‘或许’走得更远，因为我们知道，人们有时候会看到不存在的猫，比如在梦中。”[149] 在他于《人类的知识》（1948年）一书中对知觉知识的近期讨论中，罗素在此面对了这一问题：知觉对象是如何、并在多大程度上成为了我们关于物理客体的知识的来源？他继而回答说是通过符合物理规律的或然性因果推论：从作为结果的知觉对象推论到作为原因的物理客体是可能的；但他退一步承认“被设想为是被认知到的那种知觉对象与物理客体的关系，是模糊的、趋近的，并且多少有些不确定。”[150] “我们无法在精确的意义上说知觉到了物理客体。”[151] 在罗素漫长的哲学发展历程中，罗素一直被知觉经验与物理对象之间关系的问题所吸引，尽管他在认识论立场上有着激进的转
629 变，但他从来没有抛弃基本的物理实在论；在他所有的作品中，他着重声明，物理客体无论是如何被认识的，当我们没有知觉到它们的时候，依然存在着。

《数学原理》，1903年，1948年；《数学原理》，1910年—1913年（与怀特海合著）；《哲学论文》，1910年；《哲学问题》，1911年；《哲学中的科学方

[146] 同上，第129—130页。
[147] 《探求真理和意义》，第146页。
[148] 同上，第147页。
[149] 同上，第151页。
[150] 同上，第207页。
[151] 同上，第207页。

法》，1914年（又以《我们对于外部世界的知识》为题出版于1914年）；《神秘主义和逻辑》，1918年；《数学哲学导论》，1919年；《心灵的分析》，1921年；《物质的分析》，1927年；《哲学》，1927年；《怀疑论文集》，1928年；《我的信仰》，1929年；《科学世界观》，1931年；《宗教与科学》，1935年；《探求真理和意义》，1940年；《哲学和政治学》，1947年；《人类的知识》，1948年；《权威与个人》，1949年。

P.A.Schilpp编辑的《罗素的哲学》，第五卷，见《在世哲学家丛书》，1941年。

## 第三节　萨缪尔·亚历山大

英国实在论在萨缪尔·亚历山大和阿尔弗雷德·诺斯·怀特海的作品中获得了最为系统的表述，两人都在自然主义形而上学的背景下形成了认识论的实在论——然而，这种自然主义反对传统唯物主义的机械论。亚历山大的自然主义和实在论哲学包含在两卷本的独立著作中，即《时间、空间与神》，出版于1920年。在这部作品中，亚历山大实现了卓越的哲学综合，其重要构成部分为：（1）与物理学相对论有着亲缘关系的时空形而上学理论；（2）与柏格森的创造进化论联手的突变进化论学说；（3）与摩尔、罗素和美国新实在论者的直接实在论接近的视角景象主义；（4）英国传统中的经验主义知识理论，这种理论在先验的或非经验的领域中找到了位置；（5）关于价值、人类自由和神的理论，这种理论与布拉德雷和鲍桑葵所代表的英国绝对实在论学派的主要见解有着不少共同之处。

在开始介绍他的哲学的时候，我们可以顺便地研究一下亚历山大的知识理论，尽管他用这样的话驳斥过知识论的首要性："知识的问题，认识论之主题内容的问题，仅仅是一个篇章而已，尽管在更为宽广的形而上学科学的意义上是一个重要的篇章，却不是其必不可少的基础。"[152] 尽管知识论不是形而上学的不可或缺的前奏，却是形而上学的一部分，并且亚历山大告诉我们说，在他自己的思想发展过程中，第一到来的就是认识论。

亚历山大在两种形式的知识之间作了区分，他称之为"欣赏"和"沉思"：
"欣赏"是心灵直接察觉自身，是心灵在通过自身活动而生活；"沉思"是心灵 630
对自身之外的客体的理解。"心灵欣赏自身，并沉思对象。"[153] 在心灵对于客

[152]《时间、空间与神》，第7页。
[153] 同上，卷一，第12页。

体的认识中，欣赏和沉思是相互区别而又不可分割的两个方面；心灵在沉思外在客体的过程中“欣赏”自身。亚历山大假设性地把“欣赏”当作自我理解的终极的和不可规约的形态；心灵能够欣赏自我因为它是自身。沉思是欣赏活动和被沉思的客体之间的同在关系。这种同在，或“共在”，如亚历山大所称谓的那样，不是一种独有的认知关系，而只是遍在的时空共在关系的一例而已。在亚历山大看来，心灵在宇宙中并未占据特权地位；他没有独特的尊严和优势。“心灵只不过是我们所知的事物之民主状态中的最具有天赋的成员。在存在或实在那里，所有的存在物都有着平等的立足点。”[154]

对于亚历山大的知识理论而言，感官知觉是基本的，因为“我们所有的经验，无论是被欣赏或是被沉思，都是通过感觉器官激起的”。[155] 感官知觉要比它表面的表现更为复杂。物质的首要性质是对于处在时空特征中的真实客体的决定，并且直接被直觉所把握。次要性质是由感觉活动所把握的，“这种活动揭示了感觉材料的性质，蓝或热，甜或硬。”[156] 对首要性质的直觉和对次要性质的感觉在统一的知觉活动中被融合起来。

亚历山大的形而上学是自然主义的，但不是唯物主义的，因为终极的形而上学的实在，包容万物的普遍的基质，不是物质而是具有连续性和无限性的时空。亚历山大坚持时空的相互依赖关系，或者是不可分割性，并试图证明一者的特征依赖于另一者的特征：他争论说“空间有三维的原因在于时间是连续的、不可逆转的，并在方向上是一致的”。[157] 他声称，通过形而上学论证，他已经得出了四维空间连续体的概念，与闵可夫斯基于1908年通过数学方法获得、并被爱因斯坦整合入相对论之中的概念相同。依照他的作为“纯粹事件或点—瞬的无限连
631 续体”的时空概念，他阐述了自己的视角景象理论。视角景象被描述成是“与点—瞬相关的时空剖面，点—瞬被看作是参照中心”。[158] “时空的视角景象与普通固体的视角景象可以类比。”时空视角景象之体系支撑并规定着知识。当心灵“欣赏”某部分的时空之时，它就能够“沉思”其他的在时间和空间上遥远的区域，因为视角景象存在于任何一个参照点上。因此，知觉、记忆和其他的心灵认知过程，在关于实在的原始视角景象结构中有着它们的基础。亚历山大的形而

[154] 同上，第6页。
[155] 同上，第56页。
[156] 同上，第160页。
[157] 同上，卷一，第57页。
[158] 同上，卷一，第68页。

上学自然主义为他的实在论的知识论提供了基础，依照这种理论，知识被看作时空中的自然事件加以解释，仅仅有别于心灵面前的非认知性事件。

时空是无限的连续的基质，它的元素是点—瞬或单纯的事件。整个时空和时空的每个区域与部分都以遍在的特性或范畴为其特征。同一性、差异性、存在、关系、实体、因果、量、密度和运动等范畴是时空的基本属性，并且不像康德所设想的那样，将其必然性和普遍性归之于心灵。它们在经验上是可以揭示的。然而，既然它们是一切可能被经验到的事物的普遍的和本质的组成部分，它们可能也会被看作是事物的先验的或非经验的特征。因此，亚历山大相信自己已经通过关于实在的自然主义和实在论理论获得了哲学范畴的有效性，并且没有诉诸康德关于实在的那套唯心主义的和先验的演绎方法。通过拒绝接受康德的思想，即心灵通过范畴为自然立法，亚历山大逆转了康德在哲学中的革命。相反，范畴能够被应用于心灵是因为它们是自然的主要特征，而心灵是自然发生的事件。

突变进化论的学说被整合入亚历山大的自然主义之中；时空是宇宙的基质，实在的更高的属性层面在其中出现。追随着Lloyd摩根，亚历山大认为心灵是来自生命的“一项‘突变’，而生命是来自更低的物理—化学存在层次上的突变”。[159] 应用于心灵的“突变”一词起到指称心灵所拥有的新奇——当这种新奇被放置到与潜在的、中性的和物理—化学的过程的关系中加以考虑的时候——
的作用。当物理—化学过程达到了某种程度上的组织的复杂性，生命之性质就出 632
现了，而相应地，当有生命的有机体中的中性过程达到了某种复杂程度之后，意识或心灵就作为新奇的突变出现了。同样，价值也是突变；这种突变起源于客体与心灵对客体之欣赏的交融。“第三类性质，真理和善和美，尽管它们作为心灵之创造物与首要的和次要的属性不同，却也同样真实。它们严格地属于客体与心灵的交融或统一。”[160] 神是比心灵更高程度的突变性质：“这种性质是什么，我们无从知晓；因为我们既无法欣赏它，也无法沉思它。我们从思辨层次上确信宇宙中蕴含着这样一种性质。”[161] 上帝并不像传统中所想象的那样，是第一因和创造者，而是突变序列中的最后一环。

《道德秩序和进步》，1891年；《实在论的基础》，1919年；《时间、空间和神》，共两卷，1920年；《艺术创造和宇宙创造》，1927年；《斯宾诺莎和时

[159] 同上，卷二，第14页。
[160] 同上，卷一，第244页。
[161] 同上，卷二，第347页。

间》，1927年；《斯宾诺莎》，1933年；《哲学与文学片段》，1939年。

A.F.Liddelld《亚历山大的〈时间、空间和神〉》，1925年；P.Devaux的《亚历山大的体系》，1929年。

## 第四节　A.N.怀特海

阿尔弗雷德·诺斯·怀特海（1861年—1947年）的哲学与亚历山大的哲学在几个重要方面都比较相似：两人都受到了现代相对论物理学的发展的启发；两人都把从生物学中得出的有机和进化的概念吸纳进来；两人的思想，从认识论方面来说，都是视角景象实在论的形态，并且在其形而上学的方面来说，是自然主义的，但并不是唯物主义的，因此，可被归于当代对于二元论的反抗；最后，两人都采取了对于价值的客观主义解释，并试图在自然主义的宇宙中为上帝找到位置。

在怀特海的知识理论中，知觉被当作知识的基本的和典型的形式，而在从最基础的感官经验到最精细的科学和宇宙理论的各个层面中，在知觉中得以体现的知识结构都会再次出现。知觉一词在通常的使用中指称对于客体的有意识的、认知性的理解。怀特海觉得需要一个比知觉和理解更为普遍的术语来指称将客体之本质特征考虑在内的过程，并建议使用“融会”（prehension）一词，这一词语略去了“理解”（apprehension）一词的前缀。“对于非认知性的理解，我使用了融会一词：我以此指称或许是或许不是认知性的理解。”[162] 怀特海使用的融
633 会一词与亚历山大的支撑“沉思”的认知过程的“同在”或“共在”紧密呼应。在怀特海和亚历山大这里，认知已经失去了唯心主义者赋予它的优势地位，并被解释成贯穿于整个自然之中的更为普遍的非认知性关系的具体化。怀特海说：“实在的世界是一个多方面的融会世界……知觉仅仅是对于融会统一体的认知；或者更简洁地说，知觉是对融会的认知。”[163] 怀特海的融会理论的历史原型是莱布尼茨的反映论，每一个单子都从其独特的视角景象出发反映宇宙；的确，莱布尼茨关于微小的、无意识知觉的理论（petites perceptions）在怀特海的非认知性的或者前认知性的融会中已经有了前兆。

支撑着认知性知觉的融会处境非常复杂，并且在其1929年的主要作品《过程与实在》中，怀特海将其构成分析为如下的重要元素：（1）“主体”，（2）“初始

[162]《科学与现代世界》，1925年，第101页。
[163] 同上，第104页。

材料”和（3）“客观材料”。[164] 这一分析可以通过对于声音之听觉在认知层面上得到证明；并且“为了避免不必要的复杂性，声音被设为一个确定的音阶”。[165] 听者是“感觉”或者听到声音的主体；当下被听到的声音就是被感知到的初始材料；被视作是由这个或其他实际实体构成的、复杂的有序状态之组成部分的声音，是主观材料。这种三元分析没有被构想成一种关于表象知觉的理论，因为“初始材料”和“客观材料”不是在算术意义上相区别的实体，而是完全结合在一起的。“作为初始材料的实际实体是被认知到的实际实体，‘视角景象’是实际实体得以在其下被认知的客观材料，而简单的物理感觉的主体是认知者。”[166]

尽管知觉在其知识理论中占据中心地位，怀特海却敏锐地察觉到感官知觉领域所固有的限制，以及因为“将知觉与感官知觉悄然等同”[167] 而带来的对于认识论和系统形而上学的威胁。他雄辩地驳斥了自休谟而来的、作为英国认识论之特点的那种对于纯粹感官知觉的专注。“注视一片红。作为在自身之中的客体并且独立于其他的关注要素，这一片红，作为当前知觉行为的纯粹客体，对过去或未 634
来都是缄默的……没有任何用来解释感觉材料的材料是由感觉材料自身提供的，因为感觉材料赤裸裸地矗立着，是纯粹的当下在场。”[168] 这种对于所有形式的感觉主义的控诉——尤其是对于源自休谟的英美感觉材料认识论的控诉，是怀特海对于认识论的最重要的贡献之一；它标志着英国经验主义传统内部潮流的激进逆转。的确，英国的唯心主义者，格林、布拉德雷和鲍桑葵都攻击了英国认识论传统中盛行的原子性，但他们的攻击在很大程度上都未能摧毁心理原子主义，因为他们的攻击是以一种绝对主义的形而上学为支撑的，而这种形而上学与英国人的旨趣不合。在亚历山大和怀特海那里，对于原子论感觉主义的批评是从经验主义、自然主义和实在论哲学出发的，因此，对于英国思想家而言，就有着更大的说服力。怀特海对感觉材料理论的批评依托于经验具体性原则，这种原则拒斥错误的抽象。感觉材料理论犯有过度抽象的错误；它犯下了怀特海所谓的“误置具体性的错误”。这种错误在于把从具体经验中得来的抽象当作具体事物来处理——因此，它就“误置”了具体性。怀特海远远没有断言说这样的抽象是非法的——的确，他把很多精力投注到了逻辑、数学和物理科学中的抽象的作用。

[164] 参见《过程与实在》，第337页及其后。
[165] 同上，第357页。
[166] 同上，第361页。
[167] 《观念的冒险》，第231页。
[168] 同上，第232页。

> 将注意力局限在一组明确的抽象之上的优势在于，你把思想限定在了清晰明确的事物之上，它们具有清晰明确的关系……进一步说，如果这些抽象有很好的基础，也就是说，如果它们没有脱离经验中的一切重要事物，将自身局限于这些抽象之物的科学思想就能够获得与我们的自然经验相关的各种重要真理……对于一组抽象的排他性关注的缺陷，无论这种抽象有着多好的基础，必然是：你已经脱离了事物的其余部分。[169]

从休谟到摩尔和罗素的英国经验主义经常把经验材料——独立于且脱离于具体的知觉经验——看作是知觉认知的真正构成部分；怀特海的融会将时空中遥远的事物带入了当前经验的统一体中，避免了错误的抽象主义。

怀特海的融会理论并不局限于知觉；他随即把我们直接过去的主要记忆也吸
635 纳到了融会的理论之中："在人类经验中，非感性知觉的最强势的例子就是我们对于直接过去的知识……粗略地说，它是存在于此前的十分之一秒与半秒之间那部分过去……它已经逝去但还在这里……"[170]在怀特海看来，只要当前与未来事物有着本质的联系，未来也"内在于当下"。在论证当前融会了过去和未来时，柏格森对怀特海的影响是明显的。

《自然知识的原则》，1919年；《自然的概念》，1933年；《过程与实在》，1929年；《科学和现代世界》，1925年。

# 第八十一章 近期的美国实在论

## 第一节 新实在论

美国产生了一种对于唯心主义的实在论反抗，它视科学为最确定的知识体，并把哲学与科学的分离看作哲学的灾难。与它所信任的科学方法的精神相符，这一学派拒绝唯心主义的认为关系是有机的和内在的那种认识论，因此认为它们不

[169]《科学和现代世界》，第85页。
[170]《观念的冒险》，第232页及其后。

会对事物的本性或相关条件产生影响，也就是说，认为关系是外在的。无论是作为圆的半径、方形的边或是三角形的高，直线都是同样的直线。因此，这一学派强调分析——正是黑格尔及其追随者，还有实用主义者和直觉主义者曾经拒斥的那种不充分的真理的工具——并发现自己被迫走向多元论而不是一元论。

美国新实在论学派起始于1910年发表于《哲学期刊》之上的《六个新实在论者的纲领和首次宣言》一文，还有此六位作者——霍尔特（E.B.Holt）、马尔文（W.T.Marvin）、蒙塔古（W.P.Montague）、佩利（R.B.Perry）、皮特金（W.B.Pitkin）和斯鲍尔丁（E.G.Spaulding）合著的《新实在论》一书。在其消极方面，新实在论沿着摩尔批评唯心主义的路线攻击贝克莱式的论证。蒙塔古以三段论的形式来表述贝克莱式的主要论证：“*观念不能脱离心灵而存在。物理客体，就其被知觉到或被认知而言，当然是‘观念’。因此，所有的物理客体都无法脱离心灵而存在。*”所以，贝克莱式的谬误就被诊断为对“观念”一词的含混使用，“在大前提中，它被用来指称知觉的过程或行为，但在小前提中，它被用来指称行为的对象，也就是被知觉到的事物或内容”。[171] 蒙塔古把类似的谬误 636
也推诿到布拉德雷的绝对唯心主义之上，认为他含糊地使用了经验一词。“经验一词始终被用来指代*进行*经验的经验和*被*经验到的经验，”蒙塔古说：“这就在唯心主义者的心灵中造成了一种奇怪的幻象……即我们经验到的客体只能够在它们被经验到的时刻存在。”[172]

新实在论的认识论在其建设性方面提供了与摩尔的新实在论极为类似的对于知识情景的分析。新实在论者根据独立性理论提出了他们的主要实在论理论，这一理论由佩利在他的一篇题为《关于独立性的实在论理论》文章中加以界定，规定为对于特定关系没有依赖性或缺少依赖性。当独立性概念被应用到知识关系中的时候，佩利发现至少有一些物理事物、逻辑或数学实体，还有其他人的心灵是独立于认知意识的，并且可能在不牺牲其独立性的条件下成为意识的对象。蒙田说。“实在论认为被认知的事物可以在它们不被认知的情况下继续完好地存在，或者说，对于一事物的经验不依赖也无关于下述事实：有人经验到它、知觉到它、想象到它或是以任何方式察觉到它。”[173]

新实在论者的另一独特论点是认识论的一元论——认为知识是表象性的、知识的对象是直接呈现给意识的学说。这里的问题存在于认识论的一元论和认识

[171]《新实在论》，第258页。
[172] 同上，第260页。
[173] 同上，第476页。

论的二元论之间——直接呈现论和表象主义之间。知识论的二元论是这样一种学说，即认为知识的“客体”只有通过“观念”或知识“内容”的中介调停，才能够被认知；知识的客体和内容是知识情景中的两个在数值上迥异的元素。或许，历史上最典型的二元实在论的鼓吹者是洛克；在洛克看来，观念的世界包含有心灵之外的真实世界的影像、副本或者表象。新实在论在其一元论方面是对洛克的认识论的反抗。

> 佩利说，认识论的一元论意味着，当事物被认知的时候，它们与认知状态的观念或内容有着元素对应元素式的同一性……通常被称为知识之“客体”的
> 637 事物，按照这种观点，就与观念融合在一起，或者它是事物的总体，而这个观念是其组成部分。因此，当我们知觉到郁金香的时候，郁金香的观念和真实的郁金香就重合在一起，元素对应元素；它们在颜色、形状、大小、远近等方面是同一的。[174]

错误、错觉和幻觉是一元论的实在论的关键现象：如果所有的知识都是当下和表象的，就很难在知识的真实形式和不真实形式之间进行区分，而这样的区分又是不可避免的。新实在论者并没有试图回避由虚幻知识这一事实所导致的认识论的困难。E.B.霍尔特在收入《新实在论》的“实在论世界中的虚幻经验的地位”一文中，以及在《意识的观念》（1914年）一书中论述“错误”的一章内，紧紧地把握住了这一问题。我们在此并不考虑霍尔特和其他的一元论的实在论者将虚幻认知吸纳到他们的知识理论中的巧妙手法；我们所关注的只是，在很大程度上，他们拥有赋予虚幻和虚妄的客体以实在性的那种勇气和一贯性。

## 第二节　批判实在论

表象知觉理论在认识论上是二元论，因为它坚持真实的外部客体和直接呈现给心灵的感觉材料在数值上的二重性。这一理论源起于现代早期阶段中笛卡尔和洛克关于知觉的因果理论。通过笛卡尔和洛克，关于表象观念和外部客体的认识论的二元论，就与关于心理和物理秩序的形而上学二元论结合起来，并被这种二元论采纳；但这种结合并没有逻辑上的必然性，所以，在当前的一节中，我们将忽略心理—物理的二元论，而单独关注认识论的二元论。认识论的二元论在美国有一帮批判实在论者支持，他们的成员有G.桑塔亚纳、斯特朗（C.A.Strong）、

［174］《当代哲学潮流》，第126页。

罗杰斯（A.K.Rogers）、拉夫齐（A.O.Lovejoy）、塞拉斯（R.W.Sellars）、普拉特（J.B.Pratt）和德拉科（Durant Drake）。这些思想家在一般的哲学取向和形而上学信仰方面有着很大的差异，但他们在其合著的《批判实在论文集》（1920年）中抨击了新实在论者的一元论信条，并在二元论的认识论的关键点上达成了一致，可以概括如下：（1）心灵与感觉材料直接遭遇，感觉材料构成了知识的载体和内容；（2）物理客体独立于心灵而存在，并通过感觉材料的中介调停而被认知；（3）物理客体与通过物理客体而得来的材料在数值上是迥异的。

与新实在论者的情形一样，这几个批判实在论者也没有能够继续他们共
同的认识论探索，而是很快在不同的方向上发展出了各自的理论。A.O.拉夫齐 638
（1873年—1962年）的《反抗二元论》（1930年）和G.桑塔亚纳（1863年—1952年）的《怀疑主义和动物信仰》（1923年）代表了这样两例批判实在论的认识论的分道发展。拉夫齐的作品主要是批判的：书中的早期论文中有对于“客观相对主义”的详尽阐述和批判，尤其是对于怀特海和罗素；只是在最后的两篇讲稿中，他才用明确的术语阐明了自己的认识论。拉夫齐的二元论的实在论的典型原则有：（1）心灵直接察觉“观念”。拉夫齐以观念一词指“被经验到的非物理的具体事物”；他基本上在笛卡尔和洛克的意义上使用“观念”一词；（2）观念提供了推理出“存在或事件的次序”的证据，这一“存在或事件的次序在不被人知觉到时依然存在”“同我们的感觉材料有着因果关系”。外部对象“不能与我们的感觉材料等同”。[175]“我们所拥有的关于真实客体的任何知识都是间接的或表象的；你借以认知任何此类客体的材料都不能等同于被认知的客体。”[176]（3）记忆和预料也是——甚至比知觉更为明显——间接或表象性的理解模式：“在记忆和其他的反省中，存在着一个有意识的和内在的推论，指向给定内容之外的一种实在……”[177]“反省是……被认知的事物和材料的二元性当下显现的情形……”“关于其他形式的跨时间性认知，实际的或是设想的——也就是，预见或期盼——二元论的含义，如果可能，甚至更为明显……”[178]“未来的事件不仅仅是现在没有被经验到，它们至今还没有作为事件进入存在；对于它们来说，没有任何一个神志正常的人会认为他的认知把握是直接的和确定的。”

---

[175]《反抗二元论》，第298页。
[176] 同上，第303页。
[177] 同上，第305页。
[178] 同上，第308页。

桑塔亚纳在《怀疑主义和动物信仰》中所阐述的认识论立场与拉夫齐的思想几乎毫无共同之处，除了都提倡表象实在论之外。（1）拉夫齐把知识的直接材料描述成存在的，而桑塔亚纳反对一切存在性的材料。“……材料存在的观念，”桑塔亚纳说，“是没有意义的，如果坚持的话，就是错误的。”[179] 在桑塔亚纳看来，知识的当下的和不可还原的材料是本质，这种本质“虽然具有柏拉图式的‘观念’所拥有的结构和本体论地位……但在数量上是无限的，在价值上是中性的”。[180] （2）本质在桑塔亚纳的认识论中起到知识载体的功能；他
639 说，“本质在对于事实状态的知觉中是不可或缺的条件，并且使得传递知识成为可能”。[181] 桑塔亚纳同拉夫齐一样激烈反对任何形式的直接呈现型实在论；他谈到了“希望获得关于事物的直觉的荒诞性……”[182] 他的实在论是表象型的，但同样很自信；“知识就是知识，因为它具有先行存在的强制性的对象。”对象并不是从材料中推理出来的——任何从本质到事物的因果推理都是不可能的；物理客体的存在是在动物信仰的基础上被接受和信奉的。“因此知识就是信仰：对于事件之世界的信仰……这一信仰对于动物来说是天生的，并且存在于将直觉作为关于事物的描述或符号之前……”[183] （3）同拉夫齐一样，桑塔亚纳认为记忆提供了表象知识的一个重要例证；在检查“记忆的认知内容”的时候，他坚持认为“记忆自身必须汇报自然世界中的事实或事件，如果它要成为知识并且配得上记忆这一名称的话”。[184]

新实在论的著作有：E.B.Holt和其他人的《新实在论》，1912年；E.B.Holt的《关于意识的概念》，1914年；R.B.Perry的《当代哲学潮流》，1912年；E.G.Spaulding的《新理性主义》，1918年；W.P.Montague的《认知的途径》，1925年。

批判实在论的著作有：D.Drake和其他人的《批判实在论文集》，1925年；G.Santayana的《怀疑主义和动物信仰》，1923年；A.O.Lovejoy的《反对二元论》，1930年。

---

[179] 《怀疑主义和动物信仰》，第45页。

[180] 同上，第45页。

[181] 同上，第80页。

[182] 同上，第88页。

[183] 同上，第179页。

[184] 以上对于新实在论和批判实在论的论述援用了题为《当代认识论学派》一文中的部分内容，此文是Ledger Wood为Vergilius Ferm主编的《哲学体系史》所撰写的文章。在此使用文章中的内容得到了“哲学丛书”主编，D. D. Runes博士的善意许可。

# 索引